索·恩

THORN BIRD

忘掉地平线

Jürgen Habermas: Eine Biographie
By Stefan Müller-Doohm

The translation of this work was supported by a grant from the Goethe-Institut which is funded by the German Ministry of Foreign Affairs

By Stefan Müller-Doohm

〔德〕斯蒂芬·穆勒-多姆 / 著
刘风 / 译

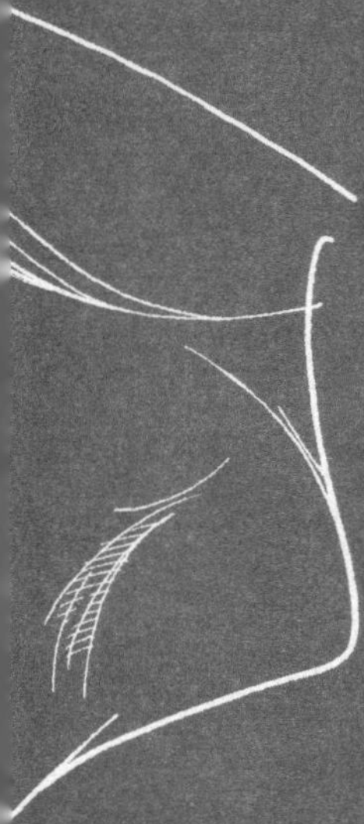

于尔根·哈贝马斯 知识分子与公共生活

Jürgen Habermas: Eine Biographie

译 歌德学院（中国）
翻译资助计划

社会科学文献出版社
SOCIAL SCIENCES ACADEMIC PRESS (CHINA)

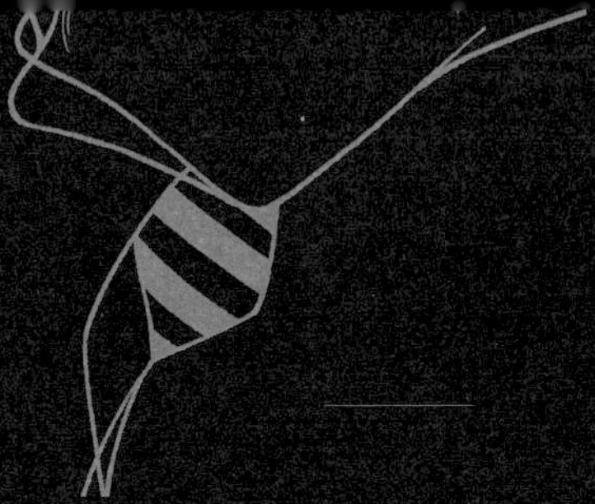

Jürgen **Habermas**

献给我的妻子海德琳（Heidlind）

引　言

对于这本讲述我个人生平的书，我既不是作者，也对书中内容未有任何影响。因此，不宜在这里发表评论。不过，有另外一个原因，使我想在书的前面写几句话略说一下这本书，原因在此稍作解释。

由于我的学术兴趣主要集中在系统问题方面，所以到晚年我才花费更多精力在哲学史上。比如，过去十年，我读了很多哲学著作——很多是以前没读，现在补读的，也有很多是过去常读的，但过去读，某种程度上是由于要“用”到书中的观点而读的。而现在，我则是第一次怀着对作者生平的兴趣去读——关注作者生活的历史环境。在这个过程中，我有一种体会，透过思想生成的历史的和生活史的语境去看，思想便带有了一种不同的色彩：对这些思想你会有与以往不同的也往往更透彻的理解。如果读者与所读作品之间存在较大的文化距离，则更是如此。我很幸运，我最重要的作品早已有了中译本。所以我很高兴，拥有如此伟大的文化的读者诸君，能了解和熟悉这些思想生成的原初语境。

出于这个原因，我要感谢该书出版社和译者刘风，2001 年在中国逗留期间我认识了这位称职的译员。我对这部译作的信赖，亦是基于我喜欢回想的这次经历。

于尔根・哈贝马斯

2019 年 2 月，施塔恩贝格

一位批判理论家的未完成学历

——读斯蒂芬·穆勒－多姆《于尔根·哈贝马斯》

童世骏 *

德国哲学家于尔根·哈贝马斯（Jürgen Habermas）非常有名；用美国哲学家德沃金（Ronald M. Dworkin）的话来说，就连他的有名，也已经非常有名了（His fame itself is famous）（见第 430 页，本文正文括号内标注的都是该书中译本的页码）。对这样一位著名哲学家，不仅研究其思想的论著已经不计其数，而且介绍其生活的传记也已经有了一些。但在很大程度上，这本哈贝马斯传记才是人们久已盼望的那一本：作者对传主的“人品”和“作品”总体上非常认同，但作者在书中表达其保留意见的地方，并不算太少；传主对传记作者的写作既有相当程度参与，又尽量保持距离；作者对传主的无字之书（个人生活的经历）和有字之书（公开发表的著述）不仅都相当熟悉，而且努力对两者做相互诠释。读完全书以后我们会感到，作者在回答读者们都很希望了解的那两个问题（哈贝马斯是如何成为交往理性哲

---

* 童世骏，1958 年 9 月生于上海，现任华东师范大学哲学系教授，中共华东师范大学委员会书记，兼任教育部社会科学委员会委员、上海市社科联副主席等职。主要研究领域为认识论、实践哲学和社会理论，已出版《当代中国的精神挑战》（2017）、《批判与实践——论哈贝马斯的批判理论》（2007）等学术著作十余种。译有《在事实与规范之间》（J. Habermas 著，2003，2011）、《时代之思》（G. Skirbekk 等著，与郁振华等合译）等。

学家的？哈贝马斯是如何成为有影响的公共知识分子的？）的时候，是努力把它们作为同一个问题来处理的，而且处理得很好。

当然，对于学者传记的所有作者来说，尽可能把传主的学术活动和非学术活动关联起来加以理解和叙述，可能是共同的目标。但是，不管是与艾萨克森（Walter Isaacson）的《达·芬奇传》、《爱因斯坦传》和《乔布斯传》相比，还是与蒙克（Ray Monk）的《维特根斯坦传》、《罗素传》和《奥本海默传》相比，这本《哈贝马斯传》把传主的学术活动和非学术活动关联起来加以理解和叙述，其必要性更大，其难度也更高。

之所以说必要性更大，是因为哈贝马斯的哲学理论，以及以此为基础的社会理论，都以“交往行动”作为核心概念，而在哈贝马斯那里，“交往行动”的典型形式之一就是公共领域中的说理论辩。本书叙述了哈贝马斯参与的大量公共讨论，从 1953 年 7 月 25 日在《法兰克福汇报》上那篇题为《通过海德格尔反对海德格尔》的文章的毅然发表，到进入新世纪以后关于基因工程和所谓“自由主义优生学”的频频发声。在叙述后面这场讨论时，作者以此为范例刻画了哈贝马斯参与社会问题之公共讨论的典型方式：起先是有一种印象或一种直觉（在这个案例中，就是对克隆人类之可能性有一种深深的恐惧）；然后他设法追究和确认这种印象或直觉（亦即这些恐惧）的理性内核；而由这种理性内核所激发起来的思考（在这个例子中就是在哈贝马斯那里有特殊含义的所谓“伦理反思”），则是他接下来要为之提供论辩依据的。最后的步骤，是把自己的想法（通常是通过媒体）公之于众，以便引发出政治领域的一场争论，而他自己则进一步利用这场争论来展开和细化自己的立场。在这个过程中，交往行动与其他行动（尤其是工具 - 策略行动）的区别，交往行动的专家形式和日常形式的联系，不同领域中商谈过程的共性和特点，尤其是作为交往行动、专家讨论和公共商谈之核心的“理由”

之有效性的表现方式、认定条件、现实限度和理想空间，概言之，“交往理性”的种种特征，都可以找到具体的理解参照。

但在写哈贝马斯传的时候，把传主的学术活动和他的非学术活动关联起来加以理解和叙述，难度也更高。

就知行关系而言，理论的创立者亲自把理论付诸实践，固然有可能促进该理论的澄清、传播甚至加强，但问题是，实践的“成功”与否与理论的“成立”与否，往往并不是简单对应的；借用哈贝马斯本人很重视的“易错性”概念[①]，理论的易错性和实践的易错性，往往并不是简单对应的。哈贝马斯在德国统一和欧洲一体化等问题上的立场和表态引起的争论，比起他的“交往行动”理论引起的争论，如果不是更加激烈的话，至少是更加复杂。对中国读者来说，印象尤深的是哈贝马斯对科索沃战争的表态。他在 1999 年 4 月 29 日发表的文章《兽性与人性：一场处于法律与道德边界上的战争》，不仅在其国内广受批评，“就连他儿子提尔曼和一些亲密的朋友也都纷纷摇头表示不解”（第 305 页），“有很多批评来自他自己所属的‘信念共同体’”（第 306 页），而且在中国也受到尖锐批评。

就公私关系而言，书中叙述的哈贝马斯参与讨论的话题和平台都是公共的，但讨论的参与者都是活生生的个人，他们都有独一无二的生活史，都有自己的个性、偏好和利益，哈贝马斯在与他们进行一场公共争辩之前往往已经与他们有了特定的亲疏关系，而这种亲疏关系有时也会因为参与公共争辩而发生变化。私人关系是如何影响公共讨论的，反过来说，公共讨论是如何影响私人关系的，对这两个问题感兴趣的读者，应该能通过阅读本书找到不少信息。本书作者是一位社会学家；他在本书前言中解释说，他之所以对写这

① 本书“后记”部分有一节标题是“真理与道德的易错性”，我倒觉得，说“求真和行善的可错性”或许更加合适些。

本书感兴趣，是他觉得“追述哈贝马斯这样一个人物的生平轨迹，对研究社会学诞生以来的考察核心——个人与社会的辩证关系——将大有裨益”（第1页）。“个人与社会的辩证关系”的内容当然还有许多，但公共讨论参与者之间的个人关系与公共讨论之间的关系，确实是当代社会中一种比较重要的关系。

从知行关系和公私关系的上述复杂性出发，我们还可以看到，哪怕是像哈贝马斯这样的交往理性的研究者和实践者，他作为学者的教学科研活动与他作为公民的社会参与活动，也有必要做适当的区别，尽管这个区别怎么才算“适当”是很难判断的。本书提到，哈贝马斯希望，人们能将他的政治介入行动，与他作为学者的教学科研活动严格区别开来；对那些看不到这种角色区分的人对他的攻击，他感到相当恼火（第11页）。这方面的叙述在本传记中可以找到不少，包括他在1971年到1981年之间在施塔恩贝格担任马克斯·普朗克社会研究所所长期间，两次被离施塔恩贝格不远的慕尼黑大学拒绝授予荣誉教授称号，也包括2006年，诺贝尔文学奖获得者君特·格拉斯（Günter Grass）在《自传》中自曝自己17岁时曾加入过党卫军以后，有人想炒作比格拉斯晚生两年但也属于其同代人的哈贝马斯的所谓“纳粹经历”的“纸片事件”。今年已经90周岁的哈贝马斯的人生经历当中充满着在本书中提到无数次的颁奖仪式和获奖演讲所代表的光鲜和荣誉，也充满着为数不少的挫折、羞辱、遗憾、失望甚至痛心。与以往其他所有关于哈贝马斯的论著和叙述相比，这本传记的最大特点之一，是其作者虽然强调没有把有些纯粹私人的或私密的东西写进书里，但他并没有回避对呈现传主人生全貌来说非常重要但外人不容易了解的一些故事情节。

对哈贝马斯这位以交往理论和交往实践为毕生事业的思想家来说，个人方面最大的挑战，是他出生时的生理状况：先天性唇腭裂。由于这个原因，他小时候不得不多次接受手术，长大以后也一直无法完全消除腭裂患者特有的那种鼻音。哈贝马斯虽然曾因此在年轻时被认为是只适合做科研不适合做教学（第 474 页），后来却成了全球各地争相邀请的演讲者；他虽然曾因此甚至在成年以后还会遭人讥笑（如本书第 165 页提到的在 1968 年学生运动中他的相关遭遇），他却设法把这种自然禀赋的偶然缺陷，变成他自己教化成长的特殊营养。2004 年 11 月，哈贝马斯在获得稻盛和夫基金会颁发的京都学术奖后做了一个非同寻常的演讲，在这个演讲中哈贝马斯生平第一次公开地谈论他的私人生活，谈论他的思想和政治参与的生活史根源，谈论从幼年到成年包括唇腭裂在内种种遭遇对自己作为学者和公共知识分子的思想和活动的影响（第 366 页）。在很大程度上，哈贝马斯通过这个演讲为本传记的撰写提供了一个有特殊价值的基础。

对本传记来说，哈贝马斯的京都讲演的重要性不仅在于他自己也公开谈论自己的私人生活，不仅在于他在演讲中提供了自己的不少私人生活素材，也不仅在于他肯定自己作为学者和公民的公共角色与他的私人生活经历之间存在着内在联系，而且在于他在演讲中，对“人是什么”这个问题，对这个每一位传记撰写者都非常感兴趣的问题，进行了明确论述。在本传记的第十三章，也就是在该书集中讨论传主思想的最后一章（第十四章是“著作展”），作者借助于康德的四个问题——“我能知道什么？”“我应当做什么？”“我可希望什么？”“人是什么？”，来介绍哈贝马斯的“后形而上学现代性中的哲学”。在介绍哈贝马斯对“人是什么？”的回答时，作者把哈贝马斯早年的人类学兴趣与最近几年来对基因技术的思考贯穿起来，而用来贯穿的主线，就是在京都讲演和这本传记中都频繁出现的一个词——“学习”。①

① 关于哈贝马斯的工作中“学习”概念的意义和重要性的讨论，见童世骏《“学习”与“批判”——为哈贝马斯八十寿辰而写》，刊于《哲学动态》2009 年第 6 期。

在京都讲演中，哈贝马斯说道："如果我们对种种新生哺乳类动物的生物特征做一个比较，我们会发现，没有另外一个物种像我们那样，在进入这个世界的时候，是那么幼稚、那么无助。也没有另外一种动物，要在那么长的养育期内，依赖于家庭的保护，依赖于一种与其同类借助于文化而主体间地分享的公共文化的保护。我们人类是相互学习的。而只有在一个文化上具有激发力的环境之中，相互学习才有可能。"①

在本传记中，"学习"一词也频频出现。比如，哈贝马斯在1991年回顾1956年到1959年在社会研究所的经历时说，"与阿多诺的合作是一个学习过程"（第78页）。在1999年评论北约军事干预南斯拉夫、论述世界主义秩序的时候，哈贝马斯说"一种超越了当前冲突，甚至武装冲突所带来的鸿沟的世界公民社会形态"，是一个"须共同完成的学习过程"（第304页）。2004年1月19日，在与后来成为教皇本笃十六世的天主教神学家拉辛格（Joseph Ratzinger）对话时，哈贝马斯说民主过程要求公民所具备的公民德性，是需要在参与自由的交往的过程中加以学习方可得到的（第416页）。

但对哈贝马斯来说，"学习"的重要性不仅仅是对特定的个人（比如他自己）或集体（比如当下各国）而言的，而是对整个人类来说的。本传记最精彩处之一，是它把哈贝马斯的学术生涯的开端追溯到他早年在波恩大学时期对哲学人类学的兴趣（第421页），把哈贝马斯20世纪70年代在施塔恩贝格形成的一个有关学习的命题（交往行动的理性主体不仅具有学习能力，甚至还"不能不学习"；人类的"学习"不仅是一个基本事实，而且是一个具有先验性地位的事实）与哈贝马斯最近几年对自然史和自然进化概念结

① Jürgen Habermas: *Between Naturalism and Religion: Philosophical Essays*, translated by Ciaran Cronin Polity, 2008, 第13-14页。

合起来：“文化学习基于语言习得，并取代了基因演化机制。”（第403页）2009年，在为美国心理学家迈克尔·托马塞洛（Michael Tomasello）致黑格尔奖授奖辞时，哈贝马斯说：“使人和猴子区别开来的是一种交往方式，这种交往方式实现了认知资源在主体之间的聚集、代际传承和再加工。”（第427页）

对哈贝马斯来说，当代社会最重要的一种学习过程，是不同文化之间尤其是不同宗教世界观之间的“互补性学习”[①]。本传记不仅介绍了哈贝马斯在2005年11月接受挪威卑尔根大学授予的霍尔堡国际纪念奖时做的题为《公共领域中的宗教》的演讲（据笔者自己统计，“学习”一词在该演讲中出现了十多次），而且介绍了哈贝马斯对中国、日本、韩国、伊朗、以色列和俄罗斯等国的学术访问。关于他2001年4月对中国进行的为期两周的访问，本书介绍了哈贝马斯自己的感觉，他说他在中国感觉像是“希腊意义上的双料‘野蛮人’——不懂语言，不熟悉文化——此行不为教导别人，只为寻求与同类的文化对话”（第351页）。

哈贝马斯的这番话可能并非全都出于谦逊。总的来说，他作为“行万里路的哲学家”的跨文化对话收获，无论在这部传记当中，还是在笔者所了解的哈贝马斯本人的著作当中，都不算特别明显。当然，仅仅看一下这部传记所展示的内容就可以看到，要求今年已经90周岁的这位哲学家还要参与更多形式的学习过程，还要收获更多的学习成果，是有点不近情理的。笔者在写这篇文字的时候了解到，哈贝马斯的一本1700页的两卷本著作（*Auch eine Geschichte der Philosophie*）将在今年9月由Suhrkamp出版社出版。从这个角度说，本传记虽然篇幅不小，但只是呈现了一位批判理论家的一

① Juergen Habermas: “Religion in the Public Sphere”, *European Journal of Philosophy*, 14:1, p. 4.

份未完成学历；正如传记作者所言，“它所书写的生活和工作仍在继续”。

对于中国读者来说，在阅读这位批判理论家的漫长而丰富的学习经历，以及了解他深度参与的各种形式和各个层面的“集体学习”（微观的有各种各样的讨论班、课题组和学术圈的学术活动，中观的有大学、研究所和出版社的各类事务，宏观的有德国、欧洲乃至全球的各种议题的各种讨论）的收获和教训的时候，最好的态度是通过这种阅读和了解，不仅更好理解有关传主本人的各种问题（比如哈贝马斯与法兰克福学派、20世纪60年代学生运动和经典马克思主义传统是什么关系，他在战后德国政治文化发展、欧洲一体化进程和全球化运动中起了怎样的作用，他作为著名学者是如何与家人、同事、政界和公众相处的，他作为德国哲学家是如何出入于不同民族文化、不同学科领域和不同学术传统的，等等），而且更好理解有关我们自己的一些问题。中国人向来好学；四十年前开始轮廓逐步清晰的当代中国发展道路，使得中国知识界对四十年前就已经相当有名的这位继承社会主义传统、捍卫现代性价值、重视本土政治文化的欧洲思想家，这位致力于大西洋两岸哲学传统之沟通的德国哲学家，很自然地多了一些关注。经过四十多年来的改革开放，我们对当代中国发展道路的理解和自信提高了不少；在这样一个语境中阅读哈贝马斯所提供的文本，阅读他在过去四十年中新写出的大量文本，也包括阅读本传记所提供的他的生活史这个独特文本，相信能使我们对构成当代中国发展目标的三要素，即民族复兴、现代化和社会革命的内涵，对它们之间的关系，对知识界在全中国甚至全人类集体学习过程中的独特责任，对我们自己如何在当代世界中讲好学人故事，有更好的理解。

2019年4月14日于苏州河畔清水湾

Contents /

Contents /

前 言

谁也无权这样对待我，好像他了解我。

——罗伯特·瓦尔泽（Robert Walser）[1]

过去的几十年中，于尔根·哈贝马斯身上被贴了很多标签，比如:“现代性卫士”、“交往理论大师”、“国家政治文化的公共良心”、“联邦共和国的黑格尔”，还有“美茵河畔的权力”、“法兰克福的烈性子”、“德国导师”等，不一而足。[2]诸如此类并不完全是恭维之词的中性标签还能随手写出一长串。可见哈贝马斯的新闻价值有多高，再说，就其作为学者和时代诊断者的影响来看，他委实不缺知名度。那么，为什么要为他写一部人物传记？尤其为什么要写这样一部传记，既不想突出刻画（公众并不熟悉的）于尔根·哈贝马斯这个人物，也无意为“思想大师”的85岁寿诞奉上一份纪念？毕竟，我们生活的时代，如哈贝马斯本人所言，既不需要英雄，也不需要反英雄。促使笔者作为社会学家一头扎进传记资料调研中，尝试再当一回传记作者的原因是，我相信，追述哈贝马斯这样一个人物的生平轨迹，对研究社会学诞生以来的考察核心——个人与社会的辩证关系——将大有裨益。也就是研究：这个人物怎样在与他人的生活互动中，成为唯有置身于时代并深刻剖析时代，才塑造了其人生的唯一性与独特性的那个个体。

诚然，把这部传记写成一个非同寻常的励志故事的诱惑很大。但倘若如此，就形如对这一生活史中部分人所熟知的阴暗色调的修饰，况且，哈贝马斯至少乍看属于典型中产阶级的生平，也与励志故事相去甚远。他在采访中一再强调，他总体上顺风顺水的成长经历没有什么特异之处，与同代人的历史命运和重获自由后实现个人抱负的途径相差无几。若相信他这一自我描述的字面意思，对哈贝马斯的一生，人们可能会得出这样的结论：这不过是一步步走过一个又一个人生阶段的成长历程，一种普通意义上的生平而已。确实，他的一生基本是衣食无忧、按部就班的一生：童年、小学、中学时代，然后上大学、结婚、生子、就业。他的一生也有曲折和坎坷，也经历了历史的断裂和重大转折，和万千普通人别无二致。那么，这样一种生存历程的独特性——寻常中的不寻常，又在哪里？

哈贝马斯在学术上的卓越建树无疑令人瞩目。他的专题著作和文集被翻译成 40 余种文字，他作为学者在国内外享有盛誉，作为作者得到了学术界内外的广泛好评。这样说来，应该不难猜到结论：哈贝马斯传基本就是哈贝马斯作品史。而这样一种人生之所以迷人，是因为它远不是一摞高深莫测的学术著作能够体现的，是因为这个人一次又一次走出大学这个象牙塔，扮演起好斗的辩论者角色，以图通过这种方式影响——或许可以说，确实影响了——这个国家的心态史（Mentalitätsgeschichte）。就此而言，从某种程度上说，回顾哈贝马斯一生经历的事件，是体现本部传记真正主题的主线（Basso ostinato），即描述其本职工作和业余职业之间的相互交缠，以及在当代历史事件背景下，其哲学思想的形成和发展与公共知识分子介入之间的交互关系。

必须承认，无论传记作者如何确定传记重点，都难免有僭越之嫌。因为在传记资料调研和撰写过程中，必然会有轻率和冒犯的时刻，甚至可把传记资料调研称作怀有敌意的行为。传记作者不得不将好奇的目光对准私人生活。更过分的是，还要在传记主人公的生活中掘地三尺，任意决定资料的选用，比如哪些事件须仔细观察，哪些可一目十行迅速带过，哪些可甄选待用。换言之，他必须决定，略过哪些生活瞬间，舍弃哪些事件，是否可凭借“精确的想象”（阿多诺语）来填补空白，如果可以，填补在哪里。

在这些时刻，传记作者几乎无异于小说家。如马克斯·弗里施（Max Frisch）《我的名字据称叫甘腾拜因》（*Mein Name sei Gantenbein*）中的主人公一样，传记作者也在黑暗中反复琢磨，追溯一个人的生平所获得的认识究竟意味着什么——“到底发生了什么？”为把握坎坷曲折、矛盾重重的人生经历，传记作者的做法和弗里施小说中那位佯装盲人的主人公一样：“我想象故事。”[3]然后开始挖掘故事中的故事，传记作者在这方面可能比作家更有优势，因为他在讲述故事时有大量资料可以依托。

所以，一部传记充其量能做到言之可信，而永远做不到准确无误。在我看来，若打算将一段真实人生依样画葫芦搬到传记里，注定行不通。本传记不追求这样的真实性。因此，如果期待作者以一种满足读者猎奇心理的方式对待传记对象，或期待爆料耸人听闻的内容，一定会失望。

本书重点描述哈贝马斯的生活及其显见的思想活动，不奢望如人物特写那样还原人物的真实性。本传记研究聚焦各种各样的文本类型。说得直白些：重点描述行动，其次才是行动者。我首先剔选的是哈贝马斯作为最宽泛意义上的作者，并且是作为哲学家及推动了政治的那种知识分子类型的代表，即作为行动者所留下的印记。

系统收藏这些印记的地方当然是档案，包括我个人的哈贝马斯档案，里面藏有多年来收集和系统整理的有说服力的原始资料：能搜集到的哈贝马斯的公开出版物，部分来往信函、访谈和自传片段及大部分他自1953年以来在报刊上发表的文章。另外还有照片及其他图片，以及若干与同道人和时代见证者的对话记录。[4]如何对这个档案及其他档案中的资料进行筛选、系统整理和分析利用，取决于本传记的特殊问题提法：哈贝马斯怎样一方面成了提出了交往理性理论的哲学家，同时又成为具有广泛影响力的公共知识分子？

/ 015 关于哈贝马斯的知识分子对话实践，我观察的重点并非哈贝马斯这个人物，而是他在公共场域的介入行动。很重要的一个方面就是研究如下问题：在哈贝马斯经常参与，甚至部分由他挑起的争夺公众关注和知识分子解释权的斗争中，是怎样逐渐产生了两极分化。另外，我还观察，作为知识分子论争的核心人物，他采用了哪些话语手段或政治思想战略。最后一个问题是：在其知识分子干预的过程中，被冠以所谓“左翼意见领袖”名头的哈贝马斯的立场的轮廓是如何显现的？

本传记差不多完全舍弃纯粹的个人传记视角，对哈贝马斯在这样或那样场合下可能的“所思”或“所感”不妄加揣测，贯穿本书始终的是凸显哈贝马斯独特影响的哲学反思与知识分子介入间的相互作用。本书意在阐明生活史与作品史在当代语境下的相互依存关系。

在传记创作过程中，传记作者对传记对象的态度有什么样的作用呢？撰写传记的挑战无疑在于，能否把握与传记主人公距离的近与远、中立分析的外部视角与解释性阐述和重点理解的内部视角之间的平衡，而解释性阐述和重点理解只能通过亲和力和移情能力。我也必须找到自己的方法，对传主采取一种既有距离又接近的态度。以这种方式试图从线团样缠绕纠结的生活史中抽出线头，希望以此呈现生命线的铺陈和走向。我主要按时间顺序来写，但偶尔会回顾
/ 016 或提前叙述某个事件，便于照顾到按时间顺序描述会被遮蔽的事件关联性。此外还有一点需要说明：对于哈贝马斯终生都在思考的一

些问题，我做了近似于定格的处理，拉近镜头放大，便于仔细观察。这主要涉及哈贝马斯理论发展的连续性及非连续性。这方面我尽量不发表自己的阐释意见，而是保留传记主人公自己的声音。

最后还要提及的是，不可否认，这部传记存在着可言说性限度。所有纯粹关涉个人隐私、对理解哲学和知识分子实践无益的内容，一概隐去。当然，这部传记有个开放性结尾。因为它所书写的生活和工作仍在继续。

序言　同类中的异类

确实，我不认同20世纪40年代初成型的“批判理论”的基本假设。[1]

漫画家的讽刺生日祝福。这幅后来广为人知的漫画，出自画家、诗人及摇滚音乐家福尔克·克里格尔（Volker Kriegel）之手，他20世纪60年代在法兰克福上大学时与画中人物有过接触。严格说来，哈贝马斯与这幅群像并不协调。这幅漫画1969年发表在

《公众》杂志（*Publik*）上，漫画中体型硕大的马克斯·霍克海默（Max Horkheimer）十分扎眼。他像大家长一样把三位重要人物聚拢在“膝下”，不过漫画中这三位重要人物缩成了侏儒。这三人是马尔库塞、阿多诺和哈贝马斯。画中他们四人构成批判理论四架马车的寓意，只可能是反讽。的确，作为诞生在法兰克福的批判理论
/ 018 的旗手，在阿多诺眼中，“对权力关系嗅觉灵敏”[2]的霍克海默，这一生得以在科学领域书写了历史，也是他创造了“批判理论”这个概念。然而，对聚集在法兰克福社会研究所、迥然不同的这三人而言，霍克海默并不是他们无私的精神导师。他们不是一个拥有共同价值取向的共同体，更不是以一位克里斯马型“领袖”为核心的团体，就像格奥尔格圈，或巴黎存在主义者的萨特圈子那样。相反，他们以独立而坚定的立场各自代表着不同的思想方法和思维方式。不过他们有一个共同的分母，虽然很小，即他们对自己眼中的社会畸形现象持启蒙批判立场。

无论在漫画中还是在现实中，哈贝马斯都比马尔库塞和阿多诺身形高大，若说他是这个哲学家和社会学家四人联盟的离经叛道者，无疑言过其实。但细察之下会发觉，他的确是他们中的异类。在哈贝马斯眼中，另外三位均以各自不同的方式扮演了知识分子典范的角色，他比他们小了近30岁，属于另一代人。三位年长者均出身犹太家庭，而哈贝马斯出身于一个新教氛围浓厚的家庭。在纳粹时期度过了童年和少年的哈贝马斯，未遭受过种族和政治迫害，也未经历流亡的命运。这几位犹太裔左翼知识分子与哈贝马斯的另一个重要区别是，哈贝马斯——尽管他因先天性唇腭裂有语言障碍——从未被视为局外人。哈贝马斯成为政治人（homo politicus），主要源于二战后
/ 019 初期的经历。尤其是年轻的联邦共和国的统治集团对罪恶的纳粹政权遗留问题的处理方式，及德国民主生活方式构建过程中逐渐凸显的不足，对他有着决定性影响。尽管哈贝马斯历来都与他周围的社会和政

治环境保持批判距离，但他始终视自己为社会和政治事件的积极参与者。那种无地方性（Ortlosigkeit）或被边缘化的感觉，即如影随形般跟随马尔库塞和阿多诺一生的局外人意识，在哈贝马斯身上是没有的。有一次他谈到自己时说，他一生经历总体来说无波无澜、平淡无奇。[3]事实的确如此：这是没有经受重大事件和生活断裂的人生，生平特点主要是成就斐然的学术生涯和对政治事件的积极介入。

阿多诺和马尔库塞为了获得霍克海默的青睐有时互争雄长，霍克海默精明地利用两人的这种博弈，而哈贝马斯作为迁回法兰克福的社会研究所的临时工作人员，从一开始就很不讨这位所长喜欢。无论这位新晋助手旨在考察马克思主义作为历史哲学的实践适应性的理论方案，还是他对政治的积极参与，都入不了霍克海默的法眼。在战后恢复期的德国，与大多数研究所成员的立场截然不同，霍克海默采取了一种（至少表面看来）极为审慎的政策。这与研究所被迫逃离纳粹德国前的反叛精神，与进步的马克思主义 - 社会批判的目标极不相称。

那时的哈贝马斯之所以是同类中的异类，或许最重要的原因在于，在他看来，最迟自 20 世纪 60 年代中期起风靡世界的“法兰克福学派”从来不存在一个有明确定义的理论体系。他在一次谈话中坦承，“那时对我来说，不存在批判理论，或者一种不管怎样具有一致性的学说”。[4]他当时别无办法，只能在书籍和文章里摸索，而在 20 世纪 60 年代以前，相关的书籍和文章少得可怜，而且相当分散。研究所具有奠基意义的论文，包括魏玛共和国时期以及流亡美国期间研究所成员写的论文，“一概看不到。霍克海默特别怕我们往箱子那儿走，那里面堆着 1932~1941 年间出版的、对批判理论最初的理论构思具有纲领性意义的所有《社会研究杂志》。”[5]这当然没有吓退哈贝马斯；因为，要是愿意，可以在一墙之隔的政治研究所搞到那本赫赫有名的杂志——这片藏着革命性遗产的“沉陷的大陆”[6]。

卡尔·施密特（Carl Schmidt）在该所担任教席，他的助手威廉·亨尼斯（Wilhelm Hennis）从一个巴黎旧书商手中悉数买下了这些杂志，收入了该政治研究所的图书馆馆藏。哈贝马斯在这些杂志上所读到的东西，如他自己所言，“令他更敏锐地认识到了民主、国家和经济之间的错综复杂的关系”。[7]

但随着时间进入20世纪70年代，在美国语言哲学的影响下，哈贝马斯开始发展自己的交往理性理论和沟通行动理论范式，从而告别了法兰克福学派第一代代表人物的批判理论路径。从此以后，他的哲学就专注于“研究参与者自身可对道德及伦理问题做出理性回答的条件”。[8]

偏离与归属。克里格尔的漫画发表时，哈贝马斯已过不惑之年。他这时已意识到正统批判理论的缺陷，开始着手确立自己的哲
/ 021 学纲领。因此，确切说来，关于法兰克福学派从第一代到第二代再到第三代具有明显连续性的普遍说法，涉及哈贝马斯，与实际情况并不相符。人们之所以依然认为他是法兰克福学派的代表人物，原因很简单：到20世纪60年代末，哈贝马斯已在法兰克福大学哲学系任教多个学期，且还坐拥哲学和社会学教席。恰恰是哈贝马斯继承了霍克海默的哲学与社会学教席，这实乃历史的讽刺。对于他被归入一个理论学派这件事，1993年6月，哈贝马斯接受沃尔夫拉姆·舒特（Wolfram Schütte）和托马斯·阿斯豪尔的采访时，谈了自己的看法：“人们给理论贴上的标签，表现的其实是理论被误读的效果历史，而不是理论本身。这也适用于像‘对话’或‘非强制性交往’这类警语。若真想把一个理论的成果打包，吸引人们的注意，至少应当把它与作为理论出发点的问题提法联系起来。我是以早期批判理论的极端否定性批判为出发点的，早期批判理论的分析以法西斯主义和斯大林主义为经验基础。尽管1945年后我们所处的境况不同

了，但对社会自我毁灭的发展态势的清醒认识，驱使我去寻找尚未完全淤塞的人与人团结的源泉。”[9]

哈贝马斯没有躺在批判理论的遗产上，而是实现了批判理论的转型，使社会理论转向了交往理论。他以语言实践的理性潜能为出发点，以落脚在“对自由互认的对称关系的预期”中的未受损害的主体间性概念为目标视角……哈贝马斯阐述道：“与之紧密相连的，是一种现代意义上的人文主义，一种久已体现为具有自我意识的生活、真正的自我实现和自主性等观念的未僵化为自我确认（Selbstbehauptung）的人文主义。”[10]如果说其社会理论的批判性仍体现在道德观（moral point of view）和坚持“消除一切歧视和苦难的消极主张”上面，[11]那么，他的后形而上学思维模式，则远离了历史哲学关于此在的绝对否定性概念。

尽管如此，哈贝马斯仍一直被归入以霍克海默和阿多诺为核心的圈子，这在很大程度上与他坚持不懈地介入公共政治有关。正是他的政治介入，使他成了反抗精神的象征。在决定德国政治和文化自由化走向的几十年中，他扮演了倡议者和至关重要的变革解释者的角色，故人们把他与认同于对黑格尔、马克思和弗洛伊德的法兰克福式解读的，激进的批判思想流派联系在一起。正是积极介入政治的公共知识分子角色——作为民主国家的积极公民，虽无政治授权仍坚持表达意见——使他成了批判理论第二代主要代表人物。再次顺便说一下，哈贝马斯希望，人们能将他的政治介入行动和学者的学术教研活动严格区分开来看。“让我很恼火的是，”他在一次谈话中表达了不满，“那些看不到我身上这种角色区分的人对我的攻击。……我想，……在扮演一个角色的同时，也能让人看到我的另一个角色。”[12]实际上，哈贝马斯不但对“更佳论据的非强制的强制力量”进行了理论上的繁复论证，而且他也对这种理性做了充分的公共运用。

第一部分

灾难与解放

灾难时刻就是解放的时刻。[1]

第一章　作为生活常态的灾难岁月：在古默斯巴赫度过童年和少年时代

我辈的生活形式，通过
家族、地方、政治和智识传统的相互纠缠交织，
即通过塑造了今之我辈的历史背景，
与父辈和祖父辈的生活方式联结在一起。[1]

1929年。1929年6月18日，在莱茵河畔的杜塞尔多夫城，于尔根·哈贝马斯降生到人间。哈贝马斯家共有三个孩子，于尔根是次子。这是一个明媚的夏日，这年托马斯·曼获诺贝尔文学奖，雷马克的反战小说《西线无战事》（*Im Westen Nichts Neues*）正风靡全球。他出生时，德国在经济上危机四伏，左右翼极端势力企图搅乱局势，已初显覆亡端倪的魏玛共和国摇摇欲坠。1929年作为世界经济大危机的年份被写入历史。艺术大胆创新、肆意挥洒的时代早已渐行渐远，之后"黄金20年代"终结，此前一直相对较高的实际工资水平下降。人们还在跳着查尔斯顿舞，街上女人的裙裾越来越短。电影院自1月起开始放映《我亲吻您的手，夫人》，这是最后几部默片之一，不过它已经携带少量声音。黛德丽（Marlene Dietrich）在片中饰演女主角。由理查德·陶贝尔（Richard Tauber）演唱、1928年发行的这首探戈歌曲成为大热门，唱片卖出了50万张。在慕尼黑，约瑟芬·贝克（Josephine Baker）遭禁演，因为教会担心她的演出有伤风化。在柏林，报纸纷纷报道当局意在 / 026

防止造船工人大街剧院发生剧院丑闻的审查行为。[①] 无法防止的是各类交火事件，包括在帝国首都发生的纳粹分子与共产党人的交火。这类街头交火只是大量增长的政治和世界观对立冲突的一小部分，乃冰山一角。“君主主义者反对共和主义者，保守派反对自由派和社会民主派，文化新教徒反对天主教徒，种族主义者反对拥护公民社会者，反犹主义者反对赞同犹太裔德国人持续融入社会的人，为战争大唱赞歌派反对战争怀疑派，笃信帝国神话者反对现实主义政客，特殊道路辩护者反对具有自我批判精神的实干派，虔诚的社会主义者反对正统路德派教徒，狂热的空想者反对墨守成规者，信奉地缘政治的教条主义者反对冷静的利益至上派，意大利法西斯主义的同情者反对共和制度的拥护者，极权主义国家的拥护者反对自由民主派，凡此种种——委实是一个各色政治理论纷纷登场、政治恐惧无处不在的大乱局，在这其中根本性的，往往是原教旨主义的对立矛盾占了主导地位。”[2]

1929 年 10 月，保守自由派政治家古斯塔夫·施特雷泽曼（Gustav Stresemann）去世，他的辞世对德国外交政策造成了灾难性后果。德国外交失去了最重要的代表人物。他曾致力于各方利益的平衡与协调，代表德国支持阿里斯蒂德·白里安（Aristide Briand）

---

① 剧院丑闻泛指因上演突破社会、道德、宗教、艺术传统或触碰政治禁忌的作品而引发激烈的公众舆论反应，导致观众不满甚至肢体冲突，当局对曲目实施严格审查甚而禁演。柏林造船工人大街剧院（Theater am Schifferbauerdamm Berlin），是德国最著名的剧院之一，也是风云变幻的德国近代史的缩影。该剧院于 1892 年揭幕，上演了歌德的《伊菲格尼在陶里斯》。此后有很多批判现实主义作品在这里首演，如格哈特·霍普特曼（Gerhart Hauptmann）的《织工》。1928 年，布莱希特的《三分钱歌剧》在此首演。该剧院一直以上演前卫和实验性剧作而闻名，引发了一些所谓剧院丑闻，1944 年被迫关闭。自 1954 年起，该剧院是海伦娜·魏格尔和布莱希特于 1949 年创立的柏林剧团的演出场所。——译者注

的非同寻常的倡议——白里安曾在日内瓦国际联盟大会上提议成立“欧洲联盟”。这一年失业人数逐月增长，最后突破800万大关。1929年10月24日纽约股市崩盘，引发世界性经济危机：“大萧条”时代开始了。纳粹分子因此才得以在1929年的州议会选举中大大提高其所获选票在总票数中的比例。纳粹宣传当时主要针对6月达成的德国作为“一战”战败国的战争赔款方式，尽管所谓的“杨格计划”减轻了德国年度赔款负担，而且德国重获经济自主权。 / 027

当时在位的共和国总统，是1925年选出的一位敌视共和制的白发苍苍的陆军元帅。自1930年春开始，这个没有共和党人的共和国由社民党人海因里希·布吕宁（Heinrich Brüning）领导下的五大党派组成的联合内阁执掌。由于政府明显的执政缺陷，反对魏玛共和国的极端政党取得突破性发展，成为群众性政党。德国国家社会主义工人党（NSDAP）的冲锋队（SA）发展为凶悍的恐怖组织，纳粹党摩拳擦掌，要迅速打造自己的宣传帝国。渐渐地，纳粹掌控了所有可能的公共话题，制定了对抗失业的新的“自助”行动方式，并且开始大肆宣传元首“救世主”的形象。[3]

在格蕾特·哈贝马斯（Grete Habermas）和恩斯特·哈贝马斯（Ernst Habermas）的居住地，位于上贝尔吉施地区、拥有1.8万人口的莱茵河畔的普鲁士小城古默斯巴赫，人们也觉察到各类事件的频频发生：爆炸性的政治事件，灾难性的经济事件，以及引起轰动的文化事件。大概后来人们给成长中的少年于尔根讲过，在他出生的这个黑暗多于光明的年份都发生了哪些重大事件。在他成年后的回忆中，那时的古默斯巴赫刚进入新世纪，是一个“具有城市气息的乡镇”和“工业城市”。“去格里斯肉铺要经过温特客栈、嘎纳菲尔德咖啡馆和韦茨拉尔家；在每周一次去温特贝克街上钢琴课的路上，会看到科斯特饭店和地方法院。……在我少年记忆里留下更深 / 028 印象的是有轨电车……室内游泳池、市政厅、舒楞城堡、镇公所和施拉姆玩具店。”[4] 另外他还提到城中心人称“城堡”的区镇地方长官故居（Vogteihaus），建于11世纪的罗马厅堂式上贝尔吉施大教堂，以及林木蓊郁的上贝尔吉施地区数不胜数的拦河坝。

少年哈贝马斯沉迷在卡尔·梅（Karl May）的世界里。他承认，在这个时期，在很长一段时间里，他都表现得很自我为中心，他纠缠在自己的心理问题当中。[5]还是学生的他在家中的图书馆里找到了丰富的文学书籍，其中有戈特弗里德·凯勒（Gottfried Keller）和康拉德·费迪南德·迈耶（Conrad Ferdinand Meyer）的中篇和长篇小说。后来他读了恩斯特·荣格（Ernst Jünger）的《小树林》（*Das Wäldchen*）和《冒险的心》（*Das abenteuerliche Herz*）。瑞典作家特莱弗·古尔布兰森（Trygve Gulbranssen）的Bjoerndal小说三部曲①，塞尔玛·拉格洛夫（Selma Lagerloef）及克努特·汉姆生（Knut Hamsun）的小说和戏剧作品也在少年哈贝马斯的阅读书目之列。

于尔根·哈贝马斯成长于其中的这个家庭是基督教新教家庭，混合了母亲这一脉的小市民气息和实现了社会阶层跃升的父亲一方的公务员家庭传统。

作为有据可考的姓氏，哈贝马斯最早出现在16世纪下半叶的图林根西部地区：汉斯·哈贝马斯（Hanns Habermas）于1570年前后在艾森纳赫（Eisenach）以北的特雷弗尔特（Treffurt）获得公民权。此后哈贝马斯家族若干代在这座城市生活，是受人尊敬的鞋匠世家。

家世。恩斯特·哈贝马斯（Ernst Habermas，1891~1972）

① 经查此处“瑞典”为“挪威”之误，维基百科显示，古尔布兰森为挪威小说家。——译者注

的父亲先后担任过牧师和教师培训学校校长，母亲出身于富裕农家。他最初在古默斯巴赫实科中学高年级教书。[6]后为赚取更多收入，于1923年在婚前不久放弃了最初的职业，到贝尔吉施工商 / 029
会（Bergische Industrie-und Handelskammer，IHK）担任地方法律顾问。他工作之余在科隆大学学习，并于1925年凭论文《上贝尔吉施地区的采石场工业发展》获得政治经济学博士。从古默斯巴赫实科中学毕业后，他先在波恩和哥廷根修习了哲学和语文学专业，但1914年7月毕业时只通过了高年级德语、英语和法语教师资格考试。他是波恩阿勒曼尼亚学生社团（Bonner Burschenschaft Alemannia）的活跃分子，这是个以“上帝、荣誉、自由、祖国”为格言的颇有影响的社团。恩斯特·哈贝马斯博士担任工商会负责人35年之久。他们一家住在科尔纳街33号的一座租用住宅里。战后他重新担任法律顾问一职，全家搬到了塔尔街23号的新居，商会会址也在这条街上。恩斯特·哈贝马斯从1956年起开始担任法律顾问直至1962年，后由他的长子、法学博士汉斯-约阿希姆·哈贝马斯（Hans-Joachim Habermas）接任该职。他们两人都发表过专业文章，都是通晓地区经济的颇有名气的专家。给次子于尔根的中间名，除了祖父和教父（父亲的弟弟）的名字弗里德里希外，还有父亲的名字恩斯特，这是那个年代的习俗。不过这或许也暗示了父亲一脉家族对这个后生的期望：延续基于新教生活方式的有教养的资产阶级和公务员家庭传统。

在这个小儿子的记忆中，祖父约翰·奥古斯特·弗里德里希·哈贝马斯（Johann August Friedrich Habermas）是个榜样式人物，因为他在家族传说中倍受景仰。[7]身为牧师的他秉持普鲁士劳动美 / 030
德，同时性格也十分倔强，为建立一个独立的新教牧区不惜与州基督教教会多次发生争执。1904~1911年，他在新成立的普鲁士教师培训机构担任执行校长，是受人尊敬的古默斯巴赫公民，另外，他还因撰写了一本基督教释经手册而闻名遐迩。1911 年，被人背地里议论说有德意志民族主义意识的威严的教师培训学校校长约翰·奥古斯特·弗里德里希·哈贝马斯死于心脏病，时年 51 岁。他身后撇下了妻子卡塔琳娜（Unterhössel，1872~1955）和六个孩子。这位 38 岁的寡妇所得的退休金十分微薄，三子三女不得不在极为窘迫的经济条件下成长。于尔根·哈贝马斯的母亲，安娜·阿玛丽·玛格丽特·哈贝马斯（Anna Amalie Margarete Habermas），娘家姓科特根（Köttgen，1894~1983），上过中学和高级女子学校，获得中等学历。她在“一战”期间曾当过护士，1923 年与两年前结识的恩斯特·哈贝马斯完婚。恩斯特没有急于成家，直到 32 岁有了稳定的职业，认为有能力为婚姻和孩子提供物质生活保障时才成了家。和她丈夫恩斯特一样，玛格丽特也会弹钢琴，爱好文学和艺术。不过，和那个年代的妇女一样，她的全部工作就是专心教育二子一女和操持家务。他们家最初在科尔纳街上，后搬到了塔尔街。她父亲尤里乌斯·科特根（Julius Köttgen，1858~1936）是酿酒师和客栈店主，他和母亲（1870~1947），父亲的第二任妻子安娜，娘家姓泰森（Theissen），在杜塞尔多夫城的杜塞塔尔街上经营着加姆布林努斯（Gambrinus）啤酒作坊和客栈。每次她儿子汉斯－约阿希姆和于尔根到杜塞尔多夫城来玩时，这个客栈都是他们特别喜欢的去处。汉斯－约阿希姆比弟弟大 4 岁。妹妹安雅（Anja）生于 1937 年，那时于尔根已在公立学校上学。安雅 20 世纪 50 年代末上大学，学习心理学、日耳曼语言文学、艺术史和教育学专业，通过教师资格毕业考试后曾当过一段时间教师。她 1964 年结婚后住在诺伊斯（Neuss），三个子女均已成年。

于尔根·哈贝马斯出生的这一年，爆发了世界经济危机。在古默斯巴赫，人们也觉察到经济衰退和失业人口增长。1932 年 4 月，纳粹党也在上贝尔吉施的州议会选举中获胜，在古默斯巴赫获得1/3选票——但低于其在全国的平均得票率，这也与该城具有民族自由主义倾向的市民阶层更支持德国国家人民党有关。在1932年7月31日的帝国议会选举中，纳粹党获得近1380万张选票，成为议会第一大党。1932年10月31日，阿道夫·希特勒现身古默斯巴赫，城中举行了各类庆典、火炬游行和礼拜仪式——这是该城有史以来最大规模的政治集会。受纳粹宣传的影响，尤其在来自上贝尔吉施后成为德国劳工阵线（Deutsche Arbeitsfront）领导人的罗伯特·莱伊（Robert Ley）发动的宣传攻势下，再加上纳粹党控制的区域性大报《上贝尔吉施信使报》（*Oberbergische Boten*）的支持，希特勒和纳粹分子在该城的影响持续扩大。[8] 1933年3月5日，近半数古默斯巴赫选民把选票投给了纳粹党。[9] 在人称纳粹夺权的这一年——古默斯巴赫成为纳粹党地区领导小组所在地——在上贝尔吉施也发生了反犹太人和抓捕政治对手的事件。伴随着一体化政策（Gleichschaltung）的实施，纳粹恐怖统治开始了。自1938年11月的犹太人大屠杀后，迫害犹太人的事件开始增多，[10] 对这些事件及犹太人被迫贱卖财产的情形，当地居民不可能没有察觉。在后来成为盖世太保驻地的古默斯巴赫，纳粹主义的民族共同体（Volksgemeinschaft）也通过军队行进、集会和夏至庆典等活动大规模造势。

于尔根·哈贝马斯9岁那年，在他就读的实科中学的体育馆里，举办了一个“上贝尔吉施地区种族、民族和家族”展览，展览由当地教师组织。[11] 生活在小城氛围中的少年哈贝马斯，也许对极权主义党国及其独裁者希特勒作为诸多现实之一有所感受。人都会适应。恩斯特·哈贝马斯的保守民族主义倾向并未妨碍他于1933年春加入了纳粹党。与大多数“社会中坚阶层精英”一样，他也随波逐流进行自我一体化（Selbsgleichschaltung）。对新统治者，人们表现出一种不啻传统极权主义思维的忠诚，这在公务员中尤为普遍。恩斯特·哈贝马斯是纳粹党的地区经济顾问。作为经济顾问，他“在1939年战争即将开始前认为，未来最重要的任务之一就是缓解劳动力匮乏的状况，通过推进住宅建设项目把引进的劳动力留在当地，…… 此外他还要求继续对工作流程进行合理化改革，更多使用机器，以在劳动力有限的情况下实现赫尔曼·戈林（Hermann Göring）在季度计划中提出的提高劳动效率的目标”。[12] 恩斯特·哈贝马斯在1914年10月曾作为志愿兵奔赴“一战”战场，并参加了欧洲西线战场的凡尔登战役。和“一战”时一样，这时年已48岁的他主动在德国国防军报名服兵役，此时希特勒的军队正磨刀霍霍准备发起灭绝式战争。他在1933~1937年曾参加过国防军的训练。在国防军，一开始他是上尉军衔。1941年春，他被分配到法国港口城市洛里昂（Lorient）的地方及驻防部队司令部，后又分到也位于布列塔尼海岸的布雷斯特市（Brest）地方及驻防部队司令部。1940年，布雷斯特市扩建成德国在大西洋地区最大的潜艇基地，后来也因此遭到盟军的猛烈轰炸。恩斯特·哈贝马斯被授予地方和驻防部队司令部上尉军衔，是被占领区的管理机构负责人，任务是征调城市住房供国防军家属使用。[13] 后来他以少校军衔获得“一级战功十字勋章”。1944年6月至8月间，他参加了双方损失惨重的城市保卫战，当时盟军已在诺曼底登陆。[14]

在布雷斯特，恩斯特·哈贝马斯还结识了比他小10多岁的文学研究者本诺·乔治·冯·维泽和凯泽斯瓦尔道（Benno Georg von Wiese und Kaiserswaldau），他虽是在卡尔·雅斯贝尔斯（Karl Jaspers）门下攻读的博士，但汉娜·阿伦特（Hannah Arendt）证实说，他并不反对大学的一体化运动。[15] 恩斯特·哈贝马斯曾请冯·维泽帮忙过目他写的一部喜剧，两人结下了友谊。关于恩斯特·哈贝马斯，冯·维泽后来写道，他是“一位绅士，不止如此，他是个高贵的人，他…… 诙谐风趣，极有人情味，……他自由奔放的莱茵人生活方式，他的通达和温文尔雅，他乐观的个性和开明的思想，他的温暖和总是恰如其分的妙语佳句，我永远都不会忘记”。冯·维泽还写道:“他不循规蹈矩，但又受保守传统的束缚。……他看穿了军队这个虚幻世界，但保持了坚定的军人本色，尽管身上依然有一种令人动容的人情味。”[16]

童年和少年时期。再回到这个身上有着令人动容的人情味的坚定的军人的幼子身上。于尔根这个孩子是父母的特殊关照对象，因为他年幼时就要接受手术治疗。由于患先天性唇腭裂，他不得不多次接受手术。即使这样，鼻音也无法完全消除。哈贝马斯说，他5岁就必须承受手术和永久性语言缺陷，这对他的思维方式的影响不可谓不大。他一方面认识到人在生存中是相互依赖的，另一方面他亲身体验到“语言交往媒介作为共性的表层的重要性，没有它，我们作为个体无法生存”。[17] 2005年哈贝马斯曾在自传中坦承，这种特殊经历使他意识到“与他人交往的重要性”。[18]

于尔根·哈贝马斯1935年入读小学一年级，是在古默斯巴赫的一所公立学校——蒂斯特威格学校（Diesterwegschule）。他在那里读了四年。1939年，他转到摩尔特克街上的实科中学（即后来的文理高中），他的重点科目是自然科学和现代外语。在古默斯巴赫公立学校的这些年有灰暗的一面。已到古稀之年的他对当时遇到的困难仍记忆犹新:“我在班上和校园里和别人讲话都带着浓重的鼻音，说话含混不清，而我自己对这些浑然不觉。”[19]他因语言缺陷受到的嘲笑和愚弄可想而知。早年遭受的歧视让他对任何形式的排斥都有一种道德上的敏感，[20]这对他的政治思想有不小的影响。

除了因语言缺陷[21]受到诋毁和伤害，哈贝马斯的童年和少年时代与同代人没有太大不同，他们都视自己为“民族共同体”（Volksgemeinschaft）的一分子，这个民族共同体有诸如国民收音机、大众汽车、帝国高速公路，还是通过在公共空间按美学原则精心设计和强化强权政治等明显的标志来凸显的领袖国家。战争爆发前那几年的暑期，哈贝马斯一家在瓦尔纳明德（Warnemünde）、钦诺维茨（Zinnowitz）或吕根岛（Rügen）度过。

/ 035 哈贝马斯童年时期有个朋友，约瑟夫·多尔（Josef Dörr），他显然非常喜欢这个朋友。两个几乎同龄的男孩子的相识要追溯到1932年，那一年多尔一家搬到了古默斯巴赫。认识不久，幼小的哈贝马斯就和这个初来乍到的乡村孩子一起开始探索周围的世界。在一张黑白照片上能看到他们俩，都是夏天的装束，上面还有哈贝马斯过6岁生日时邀请的其他小伙伴，照片背景显然是位于科尔纳街上的他们家的花园。从1939年4月开始，两个好朋友一起就读实科中学。课外时间他们特别喜欢在森林密布、富有乡村野趣的郊区玩野外侦察游戏。据他这位朋友讲，那是一段无忧无虑的时光，但是，随着战争在1939年夏天的爆发，这段时光也就一去不复返了。而战后他们谈论的话题主要是关于未来，他们自己的前途会怎样，也谈到国家的前途会怎样。在多尔眼中，他这位朋友喜欢交往，非常自信，却从不骄傲自大。[22]

由于有法律规定，或许也由于父母的机会主义思想，[23] 哈贝马斯10岁时加入了德国少年团，后加入希特勒青年团。1936年12月，希特勒青年团成为所有德国青年都必须加入的全国性机构，1939年3月规定了其强制性团体性质后，具备了将所有10~14岁及14~18岁青年纳入进来，并将他们按年龄和性别编入各纳粹党青年组织的法律前提。于是，在希特勒青年团领袖巴尔杜尔·冯·席拉赫（Baldur von Schirach）的领导下，希特勒青年团成为纳粹党设立的最大组织。加入青年团要符合种族和意识形态条件。[24] 和他的朋友们不一样，于尔根·哈贝马斯没有收到加入少年团的通知。他
/ 036 有种被排斥的感觉。父亲因此给相关负责部门打了电话，儿子虽然

被吸收了进去，但在这个殴打属于团员体能训练一部分的环境中，他感觉很不舒服。为逃脱每周六强制训练时间的准军事化培训和军事训练，哈贝马斯告诉他们说他想当医生，这也确实是他当时的职业目标。于是，他被分配去当军医助理，接受护理人员培训，而不用经受那些以备将来服国民劳役和兵役的严格操练。很快他就不得不上阵，在职业学校的教室里讲授急救课程。哈贝马斯接替的是一位被征服兵役、年长他三岁的文理中学学生，他战后开了家诊所行医。时隔几十年后，当时教会他卫生员知识的海纳・吕肯（Henner Luyken）回忆说，[25] 他还记得那个年纪比他小的继任者，“他是个聪明的小伙子，喜欢这个差事，因为他将来想当医生”。

几十年后，将有人企图诟病哈贝马斯的希特勒青年团团员身份。不过，他既没有受纳粹“种族优越论”世界观的影响——至少据他自述是这样——也不相信关于“最后胜利”的宣传。[26] 他的经历和观点显然与汉斯 - 乌尔里希・维勒（Hans-Ulrich Wehler）不同。维勒同样在古默斯巴赫长大，在实科中学念书，与哈贝马斯在希特勒青年团相识。维勒写道，由于盟军的极大优势，他和许多同龄人因将要在战争的最后岁月保卫“帝国”而斗志昂扬。1943 年受坚信礼、大他两岁的哈贝马斯，对这种“意志崇拜”态度大概多少有些疏离。[27] 毕竟学校的生物教科书上有三种“遗传病”配的是贬损性图片和注释，这几种病是精神分裂症、畸足和唇腭裂。不过哈贝马斯承认，那时人们一般很难做到不被纳粹的宣传、蛊惑和许诺所蒙蔽。

战争岁月。战时的古默斯巴赫也实行食品限量配给。后来也是空袭警报不断，房屋淹没在火海中，有轨电车被毁，交通路线被破坏，当然也有因盟军空袭而死伤的人。1940 年 5 月对科隆的大规模空袭，尤其是 1943 年 6 月 29 日夜的空袭，在古默斯巴赫都历历可见。情势极端危急也另有原因：时间已经是1945年3月，希特勒还亲自下达命令，禁止驻扎在上贝尔吉施的军团指挥官撤回前沿部队。和许多年轻人一样，为避免在战争最后几周的“决战”疯狂中无谓牺牲，哈贝马斯得加倍小心。该地区从1945年3月直到投降宣判了若干例死刑的“特种法庭”，一定没有逃过他的眼睛。在古默斯巴赫就有个从部队开了小差的年轻人遭遇了特种法庭。他被判处死刑，被绞死示众。[28]

15岁的哈贝马斯1944年秋被派往所谓的“齐格菲”（Westwall）防线，充当高射炮助手。1945年2月他收到国防军入伍通知书。“真是太巧了，”哈贝马斯说，“宪兵来找我的那天夜里我在别的地方①。然后就到了3月10日，谢天谢地，美国人来了。”[29]

战争结束时，比起那些满目疮痍的大城市，古默斯巴赫的状况好得多。但轰炸造成的灾难性后果也殃及这里，成千上万难民和流离失所的人流落到此。另外，在这里也能感受得到美军改造政治经济生活的非纳粹化措施。

/ 038 **1945年后。**在古默斯巴赫，哈贝马斯经历了哥哥归来，然后又经历了父亲归来。1947年1月，父亲从美国战俘营回到家中。1944年9月，恩斯特·哈贝马斯被美军俘虏。在美国，他先后被押往多个不同的战俘营，其中有路易斯安那州的拉斯顿营（Ruston）、阿肯色州的杰罗姆营（Jerome）和德莫特营（Dermott）。1946年1月初，他在波士顿战俘中转站被释放。美国战俘营履行《日内瓦战俘公约》规定，战俘被当作有偿劳动力使用，待遇相对而言还算不错。另外恩斯特·哈贝马斯出色的英语也帮了他的忙。回国后他被划为“追随者”，但由于他的纳粹党员身份，等待了一段时间后，

---

① 指不在家。——作者注

才得以继续在德国工商会当法律顾问。这时家里的经济情况极为窘迫。科尔纳街那所住宅的房间被没收，用来安置来自西里西亚的难民和来自科隆因轰炸而流离失所的人。由于这种不安定的状况，难免发生家庭矛盾，当时年仅 9 岁的小女儿后来对这些还有记忆。另外，作为父亲，恩斯特·哈贝马斯还要面对一个并不轻松的任务，就是缩短他于前线和战俘营期间和（几乎）成年的儿子们之间产生的情感距离。曾经的保守民族主义者恩斯特·哈贝马斯在 1949 年后政治上更倾向于基督教民主党人的政策，而不是自由民主党人的自由主义政策。他将致力于德法间的和解，这也是时代使然。[30]还在联邦德国成立前，恩斯特·哈贝马斯就得以重操旧业，继续从事法律顾问职业，直到退休。

哈贝马斯是否曾和父亲就其纳粹过往进行过交锋？这位为纳粹罪行感到羞耻和震惊的年轻人，可能听了 1945 年春托马斯·曼的广播演讲。他在演讲中说："要求被强奸的欧洲和全世界人民清楚区分'纳粹分子'和德国人民，简直匪夷所思。如果还有人民这样一种集合，如果还有作为历史整体的德国这样一个国家，那么也应该有责任这样一种东西——罪责这个异常复杂的问题且不去论。"[31]这位文理中学学生是否读了卡尔·雅斯贝尔斯的《罪责问题》（*Die Schuldfrage*）后受到启发而暗自发问，难道否认集体责任能使人轻易躲进生活谎言中，认为作为个体从没有做错什么，不是罪犯，而是宣传和恐怖的受害者？于尔根·哈贝马斯是否认为他父亲是这个意义上的"受害者"，无从知晓。若"以亲近纳粹政权恐怖和灭绝政策为标准"来看，[32]恩斯特·哈贝马斯并不能算作狭义上的纳粹精英分子。没有迹象表明，他的父亲是忠实追随那位"史上最伟大统帅"的典型狂热分子。[33]可以说，恩斯特·哈贝马斯并非典型的生于 1900 年和 1919 年间的"绝对服从一代"（Generation des Unbedingten）。[34]那类"第三帝国"的杀人狂魔坚信元首的绝对统治主张，信仰种族主义和反犹主义，并时刻准备着，如有必要，无所不用其极地疯狂作恶。

至于他们家的政治气氛，哈贝马斯回忆说，在宗教方面，他们家信奉新教，政治方面则“和那时大多数家庭差不多”，也就是持“中产阶层对政治环境的顺应立场，既不完全认同，也不认真批评”。[35] 但父亲在“第三帝国”是有声望的经济界代表人物，在国防军一路被擢升，官至少校。对儿子而言，这些似乎并未成为父子关系破裂或疏远的理由。父亲在民主政体的德国重新寻找方向的那些年，纳粹党员历史使他背负沉重的罪责，心情压抑，这些于尔根都看在眼里。父亲晚年对小儿子流露过谈谈此事的念头。[36] 后来，涉及对纳粹历史的“交际性沉默”（kommunikatives Beschweigen）和所谓务实性选择的辩护，[37] 儿子成为最激烈的批评者之一，但他怯于和父亲就此进行正面对质。虽然他并不质疑政治对立立场的可逾越性，但这并未延伸到私人关系上。1999 年 3 月 31 日，他在《时代周报》撰文说：“因为我们无从知道，自己在那样的情况下会有怎样的行为，所以在对父辈和祖辈犯下的错误做道德评判时，保持一定程度的谨慎和克制是可以解释的，而这不仅出于面对亲人的心理顾虑和障碍。”[38]

哈贝马斯并不讳言与父亲的政治分歧。他在 1955 年写给文化杂志《水星》（*Merkur*）编辑汉斯·派施克（Hans Paschke）的信中坦言：“我父亲和我在政治问题上见解不同。”[39] 莫非他已打算彻底摆脱他的家庭氛围，所以才未与父亲进行正面交锋？也许吧。1954 年 10 月，25 岁的他在《南德意志报》发表了一篇文章，从文中可知年轻的哈贝马斯战后对纳粹时期德国人行为的道德评判问题所持的“公开”立场，他说：“在我看来，只有将我们父辈的美德与我们在历史困局中的经验相对照，官方小心维护的（父辈）恢复了名誉的意识状况才会与事实相符；没有什么比这种经验更能使我们找到一种符合实际的、创造性的、起码是恰如其分的答案。因此，作为最宝贵的经验，让我们记下年轻一代面对集体过程的残酷恶果表现出的恰当的分寸感和崇高的敏感吧。”[40]

/ 041

1929一代

战后得到了所有机会，并利用了这些机会的我们这代人，主导知识界时间之长异乎寻常。[41]

若干个同年份出生的群体合在一起称为“代”，因为他们身上刻着共同的时代印记。尽管存在个性差异和个体特征，正如我们在哈贝马斯身上看到的，这代人仍拥有一代人独有的共同的时代经验，即他们童年和少年时期在纳粹德国的经历。当这些经验累积叠加成为整整一代人的知识，则影响着这一代人的性格形成。

社会学家卡尔·曼海姆（Karl Mannheim）对不同历史时代人们获得的知识要素做了比较。这些知识要素是指，个体言说者用在并不自知的情况下形成的、以自己的方式使用的语言所吸收的知识。结果发现，构成“社会空间中的共同储存库的并非年龄，而是因年龄相仿而拥有的参与同样的事件和生活内容的可能性”。[42]

那么对于1927~1930年间出生的“高射炮助手”这代人，或确切地说1945年代人，是什么让他们的代际特征看起来是可以解释的？[43]首先是他们在纳粹德国长大的事实，他们在那个时期度过了整个童年和少年时代；与父母不同的是，他们除了生活在这个“正常世界”中，无法有其他选择。他们年纪尚幼就经历了纳粹主义这个事实提出了一个问题：在纳粹独裁统治期间由青少年组织及教师实施的教育，是否对这代人——除哈贝马斯外，这代人的代表人物还有拉尔夫·达伦多夫（Ralf Dahrendorf）、君特·格拉斯

/ 042

(Günter Grass)、汉斯·马格努斯·恩岑斯贝格(Hans Magnus Enzensberger)、马丁·瓦尔泽(Martin Walser)、瓦尔特·肯波夫斯基(Walter Kempowski)、海纳·米勒(Heiner Müller)及克里斯塔·沃尔夫(Christa Wolf)等——产生了持续性的影响?[44] 对这个争议性问题,哈贝马斯从未明确谈过自己的看法。他很少提及自己身为1945年代人的经历,有一次他谈到此事时说,“我自己这一生……平平常常”。[45] 概括了自己整个生平的这一谨慎表述的言外之意是,他们这代人没有可能因自己在道德上令人厌恶的行为而承担个人罪责,没有可能成为罪犯;在这一点上,赫尔穆特·科尔(Helmut Kohl)(*1930)和君特·格拉斯(*1929)——究竟谁是始作俑者不得而知——所说的话,尤其前者说出的“晚生的恩典”这句话很有代表性。哈贝马斯对他们这代人也有类似描述,他写道:“确切地说,就是这一代人,纯粹因为出生年份的缘故,没有因参与纳粹犯罪和对纳粹罪行的缄默而丧失名誉,但对影响了每个人一生的法西斯主义的清晰的记忆,却盘踞在这代人的心头挥之难去。”[46]

对于这些年份出生的人,纳粹独裁统治的影响仅限于他们的童年和少年时期。至于具有代际特征的哈贝马斯的社会化经验,他父亲在战争中和后来在美国战俘营期间在家庭中的缺席,大概有一定影响。所以,这个阶段典型的父子冲突在哈贝马斯身上几乎没有发生这个说法,有其道理。

恩斯特·哈贝马斯除了是五口之家的家长和他们社区的公民外,还扮演了他幼子的人生导师的角色。哈贝马斯仅有一次流露过这个意思。在战后,父亲曾把调和自由主义代表人物写的一些关于国民经济的书籍塞到他手里,还推荐他阅读竞争理论方面的书,如威廉·罗普克(Wilhelm Röpke)和瓦尔特·欧根(Walter Eucken)——“受自由竞争思想影响强调‘中央计划经济’缺陷”

/ 043

的作者的书。“那时，让我惊奇的是，对全世界都称之为‘社会主义’的这个事物居然有如此中立的说法。就这样，我很早就接触了朝圣山学社（Mont Pelerin Gesellschaft）的调和自由主义。”[47] 成年的儿子显然没有感觉到自己有任何象征性弑父倾向，而是客观地看待父亲，认为他是雄心勃勃的有教养的中产阶级人士，在他心里在军队中谋求少校身份比什么都重要。[48]

除了家庭——母亲大多数时候是被忽略的——和青少年组织，纳粹时期的学校生活当然也影响了这代人。在古默斯巴赫，大部分教师是亲近纳粹世界观的，只有个别教师与之保持距离，这与“大德意志国”举国上下的情况一样。据维勒回忆，校园政治光谱的“一端是迅速屈服于纳粹极端民族主义的顽固的德意志民族主义者，另一端是坚定的自由主义者，即使到了1944年，后者也仍然对近期历史保持一种清醒和疏离的，甚至是讥讽的立场，连我们这些孩子都能明显感觉得到。总体来看，校园里普遍以右翼自由主义和保守主义立场为主导，因此教师和大部分学生家长的立场是一致的，直到一些激进的国社党党员质疑双方这种令人疑惑的立场一致”。[49] 对10~15岁的少年人来说，很难搞清楚这些东西，也许根本不可能搞清楚。对国家社会主义得到普遍支持、元首广受敬仰的战前岁月，哈贝马斯大概只有模糊的记忆。不过，最终在一定程度上保护他，使他免于对主流意识形态产生认同的，主要还是他的先天语言缺陷。少年的他“根本没有机会对主流世界观产生认同”。[50] / 044

“面临紧要关头”。1944年末，所有16~60岁扛得动枪的男性，都被号召加入“德国人民冲锋队”（Deutscher Volkssturm）。到了1945年2月，1928年和1929年出生的人也被征召参加作战师和训练师，这时15岁的哈贝马斯和他的同龄人也都开始提心吊胆，万分

032 害怕陷入那场罪恶的灭绝性战争中。[51]虽然最终他们不用奔赴早已溃败的前线，但他们已经，确如维勒所说，“面临紧要关头”。[52]

1944年8月，在盟军登陆诺曼底两个月后，哈贝马斯就面临这样的紧要关头。在家庭私人档案收藏的一张照片中，可看到这样一个场景：奉地方党部头目的命令，他坐上了一列装载同龄人的火车，从家乡小城穿城而过，要前往某个军营待命，等候被派往齐格菲防线挖反坦克战壕。作为前线助手，哈贝马斯没有士兵身份，不用拿起武器作战，但无疑他也是胆战心惊地等待着即将降临的命运：在一场失败了的战争尾声和同龄人一起毫无意义地奔赴危险。对他来说，不幸中有万幸。因为他接受的是卫生员培训，所以在齐格菲防线，他立刻被分到兵营卫生所，不用参加战斗。

/ 045

1945年的重大转折

通过创造新的事物，一代人成为一代新人……[53]

民主消失点。对“大德意志国”的无条件投降，哈贝马斯的感受不是耻辱，而是“一种解放，历史意义上的和个人意义上的解放”。他回忆道：“还有，那天是个好天气。”[54]那年5月的第一周，他是在故乡小城的家中度过的，那时家中就剩下母亲和8岁的妹妹。在丈夫参战和被羁押在战俘营期间，格蕾特·哈贝马斯保护全家安然度过了艰难岁月。她女儿安雅说，那些年让母亲忧心的事情很多，炸弹轰炸时待在地下室的那些夜晚令她担心，担心食品紧缺，为最初在法国后来待在美国战俘营的丈夫担心，后来又为两个儿子担心。这位家中最小的孩子说她痛恨战争。她谈到，有些时候母亲情绪低落，那种时候她就试图通过更严厉地对待孩子们来疏解情绪。她的小儿子的突出印象是，父亲离家期间勇敢挑起家庭重担的母亲性子急躁。

和平降临和独裁者之死让人们如释重负，继而是得知对犹太民族实施令人难以置信的灭绝行为后的震惊。1945年11月，哈贝马斯在广播中听到纽伦堡国际军事法庭对24名主要战犯——戈林（Göring）、莱伊、凯特尔（Keitel）、卡尔腾布鲁纳（Kaltenbrunner）、罗森堡（Rosenberg）、冯·里宾特洛甫（Rippentrop）、弗兰克（Frank）、弗里克（Frick）、施特莱歇尔（Streicher）、约德尔（Jodl）、赛斯－英夸特（Seyß-Inquart）等人——的审判，那是他第一次知道纳粹政权暴行的真实规模和程度。他在电影院看了美国起诉轴心国罪行委员会（Counsel for the Prosecution of Axis Criminality）——一个为控诉纳粹主要战犯收集证据的机构——为了调查制作的纳粹集中营纪录片，片中可看到累累尸首和幸存者的画面，还有模拟的集中营工作人员的施刑方式。“我们自己的历史，”哈贝马斯说，“骤然暴露在光天化日之下，它令所有最重要的方面都瞬间不复原来的模样。人们突然看到，自己曾生活在其中的体制是个罪恶的政治体制。”[55]

/ 046

那么，在获得如此令人震惊的认识后，年轻人如何面对和自处？对于这种也包括罪责问题在内的令人绝望的现状，“高射炮助手”一代努力当作挑战接受了下来，这一点得到反复证实。[56]哈贝马斯也是如此，他不久将走上两条路。一是在历史政策方面，他将激烈批评对“纳粹戕害人类行为”[57]的任何形式的盲视，并由此引起公众关注。另外就是毫无保留地认同民主主张。1949年，基民盟（CDU）作为上贝尔吉施地区最强大的政治力量，在乡镇选举和专区选举中脱颖而出。当时，哈贝马斯刚从古默斯巴赫文理中学毕业，对民主作为国家形态尚无具体概念，但他寄希望于，从西方战胜国引进的民主政体宪法能够持续，能使这个国家的人们以相互尊重和宽容的心态融洽共处。在这位少年人的心中生长出这样一种信念：德国只有作为民主政体国家，确切地说，只有作为符合西方模式的民主政体国家，才有未来。[58]

/ 047 自20世纪50年代起，随着战胜国解放德国而步入了成人门槛的这代人，对战后德国发展的影响明显与日俱增。维勒指出，年轻知识分子不但对希特勒独裁统治的后果有深刻感受，而且也见证了它的崩溃，后来又因得知自己民族的深重罪孽而感到困惑、羞耻和悲痛，这些至少对他们中大部分人的思想和行动有决定性影响。所有这一切，标志着他们人生中特殊的，无疑也是沉重的重大转折，但也使他们以更积极的心态，决心将盟军胜利四年后建立的“新的共和国，视作一个不期而遇的机会，以根本性的支持立场，但很快也以批判的态度陪伴着它的成长”。[59] 维勒说，他们无论如何要利用这个可以参与民主制度形成过程的机会，他以此解释1945一代人何以持续地积极参与政治，而这也是哈贝马斯身上的一个典型特征。在这方面，沉默这种父母辈的主流行为方式，不是这一代人的选择：“在德国这些幸存的年轻一代身上，天然有一种必须要干预的直觉……至于哈贝马斯朋友圈子中的人，我想他们自己未必清楚，但他们都有这种感觉：我们活下来了，现在我们必须积极参与。”[60]

实际上，哈贝马斯是这一立场的典型写照。他不想做“被动适应的民主主义者”，他要积极参与。他求知若渴，立刻开始深入了解政治事件。关于他对知识的兴趣，也许他的姨父，战争快结束时流落到古默斯巴赫的彼得·温根德（Peter Wingender）对他有一定影响。他有一个像模像样的图书馆，外甥就在里面找哲学书来读。少年哈贝马斯在地下室把一个以前的厨房变成了自己的私人王国，在那里他不仅沉浸在康德的世界里，还高声朗读尼采的《查拉图斯特拉如是说》的片段。“不过”，哈贝马斯说，“书中精髓‘权力意志’让人联想到纳粹政治口号，这终究太过尴尬”。[61]

/ 048 到20世纪50年代，哈贝马斯将越来越频繁地公开表达自己的立场。与达伦多夫一样，促使哈贝马斯这样做的动机是，参与并影响将面目一新的德国的民主稳固进程。他行为的背后有一种忧虑，深恐法西斯主义人格旧病复发——直到 20 世纪 80 年代他一直都有这种忧虑。[62]

事实上，对他而言，1945 年的重大转折不仅在上述意义上是重大历史事件，而且也促使他开始思考存在的问题，“否则我大概不会走向哲学和社会理论研究”。[63] 在他年满 16 周岁的前后几个星期里，重大事件接踵而至。在进行了一场人类历史上迄今为止最残酷的战争之后，德国不复为一个完整的主权国家，这个国家丧失了领土完整性。民族主义在德国大地上现出了其自大妄想狂的恶的原形。德意志历史“倒退回野蛮状态”。西方的文化概念，如马克斯·弗里施（Max Frisch）在 1948 年和 1949 年交替之际在《月份》杂志（*Der Monat*）上撰文所言，成了“不在犯罪现场的证明”。

对哈贝马斯来说，这个转折同时意味着，对过去发生的一切，对这段不能“清除”的历史，如他自己日后所言，进行深刻剖析。[64] 理解“民族共同体”作为极权主义的、凶残的统治制度的真实面目，深入剖析纳粹历史遗产，成为他成年后政治生活的两个主题。显然，哈贝马斯在上大学前就已开始反思这段历史，对自己以及德国民族的罪责进行拷问。文理中学快毕业时，他放弃了学医的想法，开始对当代史和哲学产生兴趣。在 1948 年 12 月 1 日的毕业考试上必须交一份“简历”，他在人生的第一份简历中写道：“我的职业规划一向都是：当医生。至于理由，无疑与孩提时经受的若干次腭咽成形手术在我心中刻下的永久印记有关。后来接受的军医助理培训激发了我从事人体解剖学的念头。当我开始较能独立思考时，眼前打开了一片新的视野。……我对关于人的认识的兴趣依旧，只不过我的解剖学的视角扩展为一种包含生物学、心理学和哲学在内的普遍视角，我以前的解剖学视角也绝不主要源于一种对自然科学的偏好。”

在这份简历中，哈贝马斯写的职业目标是“记者”，并相当自信地补充道，他“打算‘以贴近时代的方式’，即怀着提炼出时代重大问题的现实意义的意识，去写东西，而不是‘为时代’而写”。[65] 在高中毕业几个月前，恩斯特·哈贝马斯把小儿子的一篇作文拿给和他交情不错的法学家奥古斯特·德雷斯巴赫（August Dresbach）看。德雷斯巴赫是科隆工商会负责人，是属于基民盟的北威州议会议员。在给恩斯特·哈贝马斯的信中，德雷斯巴赫说这位年轻作者很有写作天赋，并建议让他在调和自由主义的研究上多下点儿功夫。[66]

灾难经历把哈贝马斯引向了哲学，并决定性地影响了他和哲学的关系。[67] 回首这一阶段，他坚持认为：“对于我做出学哲学而不是医学这个决定，那时的哲学时代精神也功不可没。我当时对存在主义哲学特别着迷。”他坦言，“那些几乎不被理解的存在主义的语汇的模糊低语”攫住了他的心。[68]

从1945年末到1949年复活节毕业，实科中学高年级的课程满足不了这个迷惘的年轻人寻找时代方向的需求。哈贝马斯回忆，当时在课堂上并没有触及如国家社会主义、“二战”和奥斯维辛等爆炸性的现实政治话题。[69] 但中学时代的一些老师还是给哈贝马斯留下了深刻印象。比如艺术和绘画老师马丁·扬（Maring Jahn），他给学生们讲述始于库尔贝（Gustave Courbet）和柯罗（Camille Corot）的现代艺术纷繁芜杂的种种流派，让他们不要再看恩斯特·巴拉赫（Ernst Balach）的作品*Hiob*。建筑和工业设计也是艺术课内容。哈贝马斯说：“在相当长一段时间，我对绘画中实验性的及源于立体主义的建构主义一脉，也怀有浓厚的兴趣，而对德国表现主义的热情则是后来才有的。这对将来研究阿多诺的遗著《美学理论》倒是很好的准备。”[70] 知识分子气质浓厚的高年级拉丁语老师鲁道夫·克林霍尔兹（Rudolf Klingholz）也给他留下了很好的印象。哈贝马斯曾出于个人兴趣写了篇作文交给他，作文通篇都是“驳斥”马克思主义。这位老师不但教拉丁语，还激情洋溢地谈论先锋艺术，不过谈到哈贝马斯欣赏的沃尔夫冈·博尔歇特（Wolfgang Borchert），他会皱鼻子。博尔歇特的剧作《在大门外》（*Draußen vor der Tür*）是德国战后“废墟文学”的代表作。至于生物老师奥托·贝克（Otto Bäcker），哈贝马斯知道，他曾在附近的纳粹精英学校教过不长时间的课，后来回来了。他生物课的内容有新达尔文主义、动物行为研究和遗传学，他给哈贝马斯的生物毕业论文《与捕猎者斗争的动物》（Das Tier im Kampf gegen seine Verfolger）的评分是“优”。哈贝马斯后来这样描述他那时对自然科学的兴趣：“我对自然科学的兴趣不是出于宇宙观的视角，而是出于人类学的视角。”[71]

对哈贝马斯来说，哲学课有着特殊地位。中学低年级和高年级的哲学老师都是彼得·温根德。他是父亲的连襟，在维也纳心理学家和语言理论家卡尔·比勒（Karl Bühler）门下获得博士学位，战争末期从被摧毁的科隆流落到古默斯巴赫。哈贝马斯说，他要感谢姨父，“战争结束后不久就在阅读方面给我建议和指点。他鼓励我读康德哲学绪论，尽管我读《纯粹理性批判》（*Kritik der reinen Vernunft*）时只读到超验美学就止步了”。[72] 至于他在哲学方面受到的其他影响，他认为要归功于他的希腊语老师。哈贝马斯在他那里上个别辅导课，他敬仰他，视他为真正的哲学家：“这位老师立志要让我熟悉他的老师理查德·西蒙（Richard Semon）的哲学，西蒙 1908 年出版了一本关于‘记忆作为有机体内部事件变化中的保存原则’的著作。通过‘记忆印记’，我了解了不想了解的一切。”

从哈贝马斯的高中学习成绩和毕业班老师的评价来看，他是名好学生，虽然并非鹤立鸡群，但在一些方面确实很突出：“哈贝马斯绝对是班上最有天分的学生，而且是最有意识关注自己精神成长的学生。他是个独立思考者，他有种欲望，要通过自己提出课题和独立思考去弄清楚世界观和文学问题，并用富有文采的语言描述出来。……他无须启发就自发提出哲学问题，这方面他天赋异禀。上六年级时他就埋头阅读哲学书籍，总是手不释卷，不有所领悟不罢休。”评语强调他的文字文采斐然，着重指出他对历史课的兴趣，“他对历史问题，尤其宪法领域的历史问题，以及对国家法和经济发展理论的兴趣，滋养了他的哲学热情”。[73]

虽然不应过高评价高级中学毕业生的德语作文，但这篇用苏特林字体写于 1949 年复活节的题为《风景中的人》的毕业论文绝对可以证实，19 岁的哈贝马斯酷爱哲学的问题提法，且学识广博。他论及的题目，包括主客体关系、人与自然的关系、人存在于世间、人作为有缺陷的生灵、人的自由决定等。第一个出现在他文章中的名字是海德格尔，其他还有达尔文、拉马克（Lamarck）、狄尔泰（Dilthey），古典哲学三巨头苏格拉底、柏拉图和亚里士多德，不过他也提到了马克思及埃里希·罗塔克（Erich Rothacker），日后他就是在罗塔克指导下写的博士论文。引人注意的是，哈贝马斯在毕业论文中援引了医生和人类学家保尔·阿斯贝格（Paul Alsberg）出版于 1922 年的《人类之谜，原则性解决方案的尝试》（*Das Menschheitsrätsel. Versuch einer prinzipiellen Lösung*）一书中的观点，这本书当时大概就鲜为人知，如今更是彻底被人遗忘了。后来，社会学家迪特·克莱森（Dieter Claessens）也援引过阿斯贝格的生物社会学观点。[74]

哈贝马斯以优异成绩毕业，后来和位于摩尔特克街上的母校一直保持着联系。2002 年 12 月，他为校报写过一篇文章，文中就有怀念中学时代的内容。时光流逝，和同学们渐渐都失去了联系，与约瑟夫·多尔——哈贝马斯和他在古默斯巴赫共同度过了孩提时代——也不再有联系。

“这个子宫依然能生养”。从复活节到秋天，是毕业考试和大学生活开始之间的一个短暂的空档期，这期间哈贝马斯在古默斯巴赫的生活主要是阅读。除姨父图书馆里的书外，他还从共产主义书店买书，古默斯巴赫居然还有这种书店，令人称奇。这些书里有马克思和恩格斯、列宁和普列汉诺夫（Plechanow）的文章，他很用功地在里面用铅笔做标记。他记得他曾找过专门论述社会问题的书：“赫尔德的《关于人类教育的另一种历史哲学》（*Auch eine Philosophie der Geschichte zur Bildung der Menschheit*）让我灵感涌动，忍不住又自发写了篇作文。康德的《世界公民观点之下的普遍历史观念》（*Ideezzu einer allgemeinen Geschichte in weltbürgerliche Absicht*）想来也是这个时期读的。”[75] 他还记得参加过当地业余大学举办的讲座，讨论过赫尔德的文章。

然而，在那个时期，读书并非生活的全部。在供应极度短缺的战后岁月，人们饱受饥饿煎熬，不得不靠黑市交易和囤积物资度日，因为凭政府的食品配给连最低生活水平也难维持，[76] 还是学生的哈贝马斯也不得不帮衬着家里，设法去弄吃的。他到贝尔吉施山区梅特曼附近的一个农庄去劳动。在那里，他因语言障碍多次受到别人的嘲讽和奚落：“有一次，一个小伙子又对我评头论足。我手里正好拿着一把干草叉，我把它使劲儿插到干草车上，默默转过身去，回房间收拾了东西，一言不发地离开了。解放在我们每个人的生活经历中有不同的意义，但对我来说，那一刻就是解放。”[77]

希特勒独裁政权崩溃后的最初那些年，“当民族自豪感无声地化为对经济的自豪”，[78] 哈贝马斯内心形成了一个坚定的信念，即他们这代人的确有责任直面德国人的个体罪责和集体责任这个话题；至少应当怀疑，随着这个政权的消失，它的幽灵，即权威性格，是否也随之消失了。1945~1949 年间在古默斯巴赫度过了中学最后几年的哈贝马斯，当时大概还不知道布莱希特（Bertolt Brecht）的句子——“曾从里面爬出这个东西的子宫，依然能生养。”①[79] 但这句台词，说出了他和许多同龄人的感受。

回想及此，他证实说，“知识分子中那些旧政权的开路先锋……——除少数例外——毫发无损地度过了非纳粹化运动。他们面对批评安然自若，也不认为有理由自我批评。通过以反共产主义（Verdrängungsantikommnismus）为幌子排挤历史，纳粹人员顺利得到安置，纳粹思想毫无障碍地延续着。这令人不由担心会倒退回独裁行为模式和精英思维习惯——我甚至直到 20 世纪 80 年代都一直有这种担心。而我们用以应对令人不安的阿登纳政策的反对反共产主义（Antiantikommunismus），则被对方指责为‘极权主义’思想”。[80]

① Der Schoß ist fruchtbar noch, aus dem das kroch. 这是布莱希特讽刺剧《阿吐罗・乌伊发迹记》中的台词。——译者注

第二章　在哥廷根、苏黎世和波恩的大学生活

“我极热衷于政治。”“奥斯维辛真相公之于世后，一切都具有了双面性。”[1] 在这一背景下，“阿登纳时期复兴德国的明确方针”，很快让年轻的哈贝马斯内心产生了一个坚定信念：德国的新开端必须要有民主理念的引领。“对我而言，”他后来回忆道，“那个神奇的词是‘民主’，而不是盎格鲁－撒克逊式自由主义。当时我通过通俗描述所了解到的合乎理性建构的传统，结合了现代性的觉醒精神和解放承诺。正因为如此，在战后无丝毫改变的权威性格环境中，我们大学生愈发感到孤立无助。阿登纳为换取对其政策的支持，维持了原有社会精英阶层及偏见性结构的连续性，这是一种扼杀积极性的政策。没有与过去的决裂，无论人员安置，还是国民性格，一切如旧——既没有道德更新，也没有政治观念上的反思。”[2]

哈贝马斯本人的基本政治观念，“是‘再教育’（reeducation）[3] 的结果”：他在战后初年有机会了解，从西方强国引进的民主宪政国家制度有怎样的价值，捍卫它并警惕任何形式的不受制约的权力的产生有何等重要意义。1953 年 3 月，独立报纸《进步》周报（*Der Fortschritt*）发表了年仅 23 岁的哈贝马斯题为《刀俎下的民主》（Demokratie auf der Schlachtbank）的长篇读者来信。他在文中赞成民主实践，在这种实践中，“公民是最终和唯一的选择主体”。“谁从竞争中胜出取决于公民的判断。而要让公民做出判断，就得起码以明白易懂的方式让他们了解，竞争是怎么一回事。”为此需要公开和公共的讨论，同时也需要确保不同意见能被听到的议会及政党形式。“我们现在重又需要有能力和决心做出个人判断的议员了。”虽然这位来信者也倾向于精英民主观念，即民主竞争的更深层意义在于确定最佳人选，但这种“产生精英”的方式，应是不受外部影响、没有派别压力下意见交换的结果。对于在政治领域中获得成功的不是

有更佳论据，而是政党政治中有影响力的那些人，也就是议员，他不无微词。若无法做到“让独立人士进入议会”，[4]民主就会沦为“刀俎”之下的鱼肉。

1949年夏季学期，哈贝马斯在大名鼎鼎的乔治 - 奥古斯都 - 哥廷根大学注册入学，主攻哲学，另外还学习历史、心理学、文学和经济学。“我极热衷于政治。因为当时还没有朋友，有些百无聊赖，在竞选活动中认识了几乎所有日后进入阿登纳政府内阁或以其他方式担当了某种角色的人物。”[5]

在哥廷根大学学习的几个学期，哈贝马斯目睹和聆听了1949年5月和10月在两个德国建国之际举行的一系列庆典、广播演讲和辩论。在联邦议会选举中，保守党作为最强大的政治势力以微弱优势胜出，康拉德·阿登纳当选德意志联邦共和国第一任总理。1949年曾公开说出“全体德国人的耻辱”的自由民主党人特奥多尔·豪斯（Theordor Heuss）当选第一任总统。第一届联邦议院名誉主席保

罗·罗贝（Paul Löbe），在就职演说中提醒人们牢记纳粹遗留的历史负担。而阿登纳在他发表的首次政府声明中，只字未提德国人屠杀逾600万犹太人的罪行及为此应负的责任；也“没有任何一家德国报纸要求联邦议院或联邦政府对屠杀犹太人公开表态”。[6]政治上十分警觉的哈贝马斯愤怒地注意到，政府聘用了曾服务于纳粹政权行政、司法和政治部门的人员，年轻的民主国家并不重视与旧“价值”告别。[7]

年轻学子哈贝马斯在哥廷根住的是转租房，他通过了68岁的哲学家尼古拉·哈特曼（Nicolai Hartmann）的课程所要求的入门考试，不过课程内容并非其质料价值伦理学和本体论。哈特曼的课程讲的是里尔克和康德。“我的大学学习，”哈贝马斯说，“基本上贯穿着一种二分法——我的哲学信念和政治信念的二分法。后来我才明白：

这两者之间其实没有联系。我对戏剧文学，对乔治·凯泽（Gerog Kaiser）、哈森克莱弗（Hasenclever）、韦德金德（Wedekind），当然还有对萨特的兴趣起了一种媒介作用。我能真切地想象，讨论戏剧是在更高的普遍性层面上讨论政治的媒介。”[8] 除了哈特曼的课，哈贝马斯还上从事“现实辩证法”研究的赫尔曼·韦恩（Hermann Wein）的课，以及史学家恩斯特·施拉姆（Ernst Schramm）和赫尔曼·海姆佩尔（Hermann Heimpel）的研讨课。施拉姆是中世纪专家，他曾在纳粹国防军最高统帅部担任要职，此事有确凿证据。海姆佩尔讲授中世纪史和近代史，他在战后担任 1956 年成立的哥廷根马克斯·普朗克历史研究所所长，是专业领域声名赫赫的代表人物之一。人们背地里议论说，他至少是纳粹同情者。哈贝马斯回忆说，在哥廷根的两个学期，他过着形单影只的生活，显然他有大把时间和艺术灵感。他创作了一个名为《和平主义者》（*Der Pazifist*）的剧本。另外他还利用这段时间，以“宽容行为”为主题写了博士论文初稿交给赫尔曼·韦恩。这一切都发生在他开始逐渐熟悉学术哲学的大学学习阶段。剧本原计划要在一个小剧场上演。但导演汉斯·提特根斯（Hans Tietgens）删减剧本内容太狠，所以哈贝马斯收回了剧本。 / 058

学习之余，哈贝马斯还花时间去了解纳粹时期被斥为“堕落的艺术”而遭禁的现代文化和艺术流派。尤其是他开始对造型艺术产生兴趣。当时在科隆展出了约瑟夫·豪布里奇（Josef Haubrich）二战期间和纳粹时期抢救下来的现代艺术作品，通过欣赏这些作品，哈贝马斯在 1946~1947 年就接触了现代派绘画，尤其是表现主义绘画。他回忆说：“在杜塞尔多夫的博物馆中，我初步接触当代绘画，除温特（Fritz Winter）、舒马赫（Emil Schumacher）和维尔纳（Werner）外，还有我最欣赏的包美斯特（Willi Baumeister）和内（Ernst Wilhelm Nay）的作品。”[9] 1959 年他前往卡塞尔参观第二届文献展（ducumenta II），展览展出的不仅有“二战”前现代艺术流派的表现主义作品，也有当代最新绘画流派“行动绘画”（Action Painting）代表人物杰克逊·波洛克（Jackson Pollock）、弗朗茨·克莱恩（Franz Kline）和威廉·德·库宁（Willem de Kooning）的作品。从哈贝马斯和夫人的私人收藏中能看出，他们尤为偏爱抽象艺术，他们的藏品中也有君特·弗鲁特伦克（Günter Fruhtrunk）和肖恩·斯库利（Sean Scully）的作品。哈贝马斯在他致敬斯库利的一篇题为《现代性的传统主义者》（*Traditionalist der Moderne*）的文章中写道：“斯库利不认同其他人对现代性延续能力的自恋式怀疑。”[10]

据哈贝马斯自述，上大学时他去过几次东柏林：“去的是西弗鲍尔达姆剧院，就是在我们这边还不能上演布莱希特剧作的那个时期。……那次我还去了洪堡大学，到哲学系看了看。……这是与那边‘官方’世界的为数不多的几次接触之一，给我的感觉和弗里德里希大街火车站检票处一样陌生，透着权威主义，令人生畏。”[11]

大学生哈贝马斯读诗歌，“从特拉克尔（Georg Trakl）到戈特弗里德·贝恩（Gottfried Benn）的诗都读”；与同学们讨论格奥尔格·毕希纳（Georg Büchner）、阿瑟·米勒（Arthur Miller）和布莱希特的戏剧作品；开始接触和了解“包豪斯和功能主义”；读托马斯·曼的《浮士德博士》（*Doktor Faustus*）、赫尔曼·黑塞（Hermann Hesse）的《玻璃球游戏》（*Glasperlenspiel*）和弗朗茨·卡夫卡（Franz Kafka）的《审判》（*Der Prozeß*）等小说。对哈贝马斯有重要影响的是很快就在战后德国上映的当代电影，如卡罗尔·里德（Carol Reed）导演、约瑟夫·科顿（Jeseph Cotten）和奥逊·威尔斯（Orson Welles）主演的《第三个人》，马塞尔·卡尔内（Marcel Carne）导演、让－路易斯·巴劳特（Jean-

Louis Barrault）主演的《天堂的孩子》，以及让·谷克多（Jean Cocteau）执导的《奥菲斯》和《美女与野兽》，两部电影的主演都是让·马莱（Jean Marais）。就这样，哈贝马斯了解了当代先锋派艺术家，视他们为德国迫切需要的“精神一道德革新”的先驱。[12]

那时，哈贝马斯就已开始密切关注日常政治。他倾向于左派立场，对 1949 年参选的政党有自己的看法。在他看来，库特·舒马赫（Kurt Schumacher）领导的社民党（SPD）的问题是，他们不合时宜地发现了民族问题。至于新成立的基民盟，他认为党内有太多人赞同与国社党（NSDAP）的连续性。1949 年，他在哥廷根参加了持民族保守主义立场的德意志党的一次竞选活动，该党自视为被驱逐者协会的代言人。当人们在活动现场与汉斯－克里斯多夫·希鲍姆（Hans-Christoph Seebohm）——大选后他作为联邦交通部长进入阿登纳内阁——一起高唱《德意志之歌》第一段时，哈贝马斯愤然离去。[13] 如果说在战后初年他还对什么人抱有政治同情，那就是后来因反对阿登纳谋求重新武装而辞去联邦内政部长职务的古斯塔夫·海纳曼（Gustav Heinemann）。“我第一次参加选举是 1953 年的联邦议院选举，我把第二选票投给了……海纳曼所属的政党，把第一选票，简直咬牙切齿地，投给了在我看来民族色彩过浓的舒马赫领导的社民党。那时，我对阿登纳这个词汇量有限的老叟的正常化政策愤怒不已。他不仅对年轻一代的生活感受和期待一无所知，而且对其所主导的大刀阔斧恢复（德国传统）价值观的政策——恢复的不只是价值观——带来的精神损害完全麻木。”[14]

1950 年，朝鲜战争爆发，自 1945 年起随着伊朗危机显现的“冷战”进入关键期。这一年，哈贝马斯去苏黎世学习了一个夏季学期。这对那个年头的一名德国大学生来说，虽算不上特权，也属于特例。多亏支持他出国的父亲的资助，他才有幸享受一个学期的国外留学生活。在他眼中，拥有著名学府的苏黎世是个迷人的地方，是他见识的德国境外第一座未被战争摧毁的大城市，现在他要在那儿生活几个月：这是一扇通往世界的大门。他搬进了城郊欧利康区的一个小房间，和汉斯·赫贝格（Hans Herberg）合住，他是哈贝马斯在古默斯巴赫时认识的一个朋友，当年他们常对坐下棋。他在学校听讲座课，上哲学、德语文学和历史专业的研讨课。留在他记忆中的教授，有1945年以《真理与意识形态》（*Wahrheit und Idiologie*）一书闻名的哲学家汉斯·巴特（Hans Barth），那个夏季学期他讲的是马克思和尼采。还有哲学家威廉·凯勒（Wilhelm Keller），他开设了一门关于克尔凯郭尔的研讨课。课余时间他去苏黎世美术馆看展览，也常去剧院看演出。在苏黎世剧院能欣赏到布莱希特、汉斯·亨尼·雅恩（Hans Henny Jahnn）等剧作家的剧作。他还在阿尔卑斯山湖区长途骑行。学期末他和朋友曾一路骑行
/ 061
到泰辛州的基亚索（Chiasso），从那里乘火车去罗马，外国朝圣者在"慈悲圣年"乘火车免票。

在波恩大学。在哥廷根度过了两个学期，又去苏黎世留学一段时间后，1950年暮秋，他怀着鸿鹄大志开始了在波恩大学的学习。在这里感受不到丝毫新气象，[15]一切照旧，还是那种"传统的德国高校生活"。已是成年人的大学生们一般彼此以"您"、"先生"或"小姐"相称。一般朋友间才称"你"。在哲学系是学术导师掌控课堂，从他们那里可以获得有关苏格拉底之前的希腊先哲们的知识，了解狄尔泰和洪堡的思想，学习有关胡塞尔、海德格尔和新康德主义的一些内容。然而，并不学如何"追根究底地提出问题和系统性地回答问题"。[16]哈贝马斯之所以选择了比哥廷根大学风气保守的波恩大学，有主观原因，也有客观原因。在哥廷根大学，博士论文初稿搁浅，使他心情不畅。这时，他从少年时的朋友、在战争中受过伤的曼弗雷德·哈姆比策（Manfred Hambitzer）那里得知，波

恩有一个风气开明的话剧团，顿时对这座莱茵河畔的城市很是向往。他还听说哲学家罗特哈克（Erich Rothacker）的研讨课气氛十分开放，而他看过他的一些著作。

不过，由于他对历史和政治的兴趣，他最感觉如鱼得水的还是在里夏德·纽贝格（Richard Nürnberger）的历史研讨课上。纽贝格在课上讲析像雅尔塔会议这样的当下热门话题，在讨论课上探讨马克思的早期著作。哈贝马斯还埋头于让－保罗·萨特的新书，对他来说，萨特作为剧作家亦为他打开了通往另一个世界的大门。他中学时就有了首版于1940年的奥托·弗里德里希·鲍勒诺夫（Otto Friedrich Bollnow）的《存在哲学》（*Existenzphilosophie*）这本书，现在重新开始研读。尽管鲍勒诺夫身为阿尔弗雷德·罗森堡（Alfred Rosenberg）领导的反犹主义德意志文化战斗联盟成员，是背负"褐色"历史的纳粹党徒，但他1946年就已被准许在美茵茨重返讲台。维也纳哲学家和社会学家威廉·耶路撒冷（Wilhelm Jerusalem）出版于1907年的《实用主义》（*Der Pragmatismus*），哈贝马斯上中学时也看到过，是在父亲的书架上找到的。

1950~1951年，在波恩大学的最初几个学期，即威廉·佩尔佩特（Wilhelm Perpeet）、奥托·佩格勒尔（Otto Pöggeler）、卡尔·海因兹·伊尔丁（Karl-Heinz Ilting）和赫尔曼·施密茨（Hermann Schmitz）同在哲学系担任助手的那一时期，他很快结识了一位将对他的人生道路产生至关重要影响的人物——卡尔－奥托·阿佩尔（Karl-Otto Apel）。他当时已获得博士学位，在罗特哈克门下当助手。哈贝马斯几十年后回忆说，在一小群大学生眼里，他已然是"哲学导师"了。在他身上体现着"哲学本身的特性，……不放弃解释学的认识，不放弃任何解释学的长处，总是保持对历史语境的敏感，始终觉察对手思想上的优势"。[17] 正视他们这代人经历的"道德意识的摧毁"的阿佩尔，[18] 一定注意到了这位年轻哲学学子的天赋。虽然他并不是那种在课堂上独占鳌头、语出惊人的学生，却以思维敏捷、文采出众、能将独特想法形诸笔端而见长。阿佩尔善言，哈贝马斯善写。[19]

阿佩尔的哲学思辨方式给哈贝马斯留下了极深刻的印象，两人逐渐建立了友谊，这份友情一直持续至今。尤其是阿佩尔早期对语言哲学各流派的吸收，将对哈贝马斯自身的理论发展起着决定性作用。

波恩大学哲学专业的两位教席教授，罗特哈克和奥斯卡·贝克（Oskar Becker），对哈贝马斯有怎样的影响呢？两人都非常亲近“国家社会主义运动”。[20]贝克是现象学家埃德蒙德·胡塞尔的学生，他和同龄的海德格尔曾同期在胡塞尔门下担任助手，科学史学家格雷翁·沃尔特斯（Gereon Wolters）甚至称当时年逾花甲的贝克是“日耳曼条顿民族至上的种族主义者”，他一向有“一种文艺爱好者特有的反犹主义”。[21] 在战后，贝克起初被禁止执教，后幸得伽达默尔（Hans-Georg Gamamer）相助，才重新被聘为教授。他曾致力于创造一个与海德格尔《存在与时间》对立的概念——如今早已被人遗忘。[22] 另外，他还因对数学基础研究的贡献，被视为（埃尔兰根）建构主义方法论（methodische Konstruktivismus）的创始人之一。尽管据其弟子沃尔弗拉姆·霍格雷柏（Wolfram Hogrebe）的说法，他“不是一位有趣的学术导师”，不过“他对二战后波恩大学新生代哲学家的影响不容低估”。[23] 据霍格雷柏回忆，在贝克的讲座和研讨课上崭露头角的有保罗·劳伦森（Paul Laurenzen）、阿佩尔和哈贝马斯。在贝克 1950~1951 冬季学期开设的“谢林哲学训练”课上，哈贝马斯有机会深入阅读这位哲学家的著作，后来他的博士论文课题就是谢林哲学。

以文化人类学为研究重点，亦位居“‘千年帝国’思想巨匠”之列的罗特哈克，[24] 很早就“嗅出了风向”。早在 1933 年之前，他就在 51 名高校教师支持希特勒参加竞选的呼吁书上签了名。他 1933

年成为国社党党员，还曾向戈培尔的宣传部呈交了一份关于国民教育广播系列讲座的建议书。在高校政策方面，他将党的宗旨奉为圭臬。罗特哈克战后是否对自己的反犹主义立场和对独裁统治的盲从感到后悔，不得而知。人们所知的是，在1945年后的第一届哲学大会上，他呼吁抛开过去的恐怖，求取一个“无论怎样都必须坚守”的“公分母”，即“古典文化和基督教遗产”。[25] 罗特哈克在他1963年发表的《愉快的回忆》(Heitere Erinnerung)一文中，将他与纳粹牵连甚深的历史当作一段不值一提的插曲，实在让人惊讶。沃尔特斯不无诧异地发现，无论贝克还是罗特哈克，抑或德国其他大学的哲学同仁，几无一人曾参与值得一提的“对自身直接或间接经历的战争恐怖的哲学反思”活动。[26]

/ 064

很难想象学术导师们的投机行为未被哈贝马斯察觉。大概，他对一个人的哲学思想能防止错误的政治行为这种看法产生了怀疑。人数如此众多的哲学家的怯懦，使他失望透顶，在完成哲学学业前不久他写了一篇批评海德格尔的文章，表达了这种失望，文章1953年发表在《法兰克福汇报》上。

博士导师的影响？毕业30年后，哈贝马斯曾谈到当时在政治上对罗特哈克的反感。尽管如此，其文化哲学体系对他这个哲学专业大学生不无影响，只是这种影响并不持久。[27] 无论怎样，自1950~1951冬季学期开始，哈贝马斯都定期去上学术导师的讲座和研讨课，喜欢其跨学科研究风格也是原因之一。他无疑从罗特哈克那里吸收了将所有人类行为置于特定环境下进行考察的观念，同时显然也不拒绝其文化人类学的核心内涵，即随着历史发展形成的生活方式与世界观相伴相随。[28] 罗特哈克认为，自然和人文科学学科中的认知方式受世界观引导。相比有自然主义倾向的人类学家阿诺德·盖伦(Arnold Gehlen)，哈贝马斯更偏爱罗特哈克的文化人类

/ 065

学，罗特哈克对他的影响至少由此可见一斑。[29]

而罗特哈克看起来对他这位博士研究生也是赞赏有加。哈贝马斯写过一篇题为《符号与意义》（Zeichen und Bedeutung）的小论文，是打字稿，论文分了14个段落，共40页。罗特哈克为这篇小论文做了细密的评注并收藏了起来。该论文是哈贝马斯为罗特哈克和语言学家利奥·魏斯格贝尔（Leo Weisgerber）在1950~1951年冬季学期共同开设的一门关于洪堡语言哲学的研讨课而写。[30] 21岁的哈贝马斯在这篇论文中援引了胡塞尔、海德格尔、洪堡、卡西尔（Cassirer）、比勒（Bühler）以及魏斯格贝尔和盖伦的著作。他重点运用纯现象学分析进行术语阐释。在文章的核心部分，作者阐述了其论点：符号的基础是语言，所以说，没有语言的动物就没有符号。有些段落详细阐述符号的来源及由此产生的原初显现行为（Akt des Zeigens）的意义。文章中有些地方可看作他在交往理论上的牛刀小试。比如，哈贝马斯探究了"交往循环结构"，他写道："对消息传递的需求，很可能在最初从基因上推动了语言的发展。"[31] 以下摘自小论文论述"启示"的这段文字，体现出这位年轻学子仍受到海德格尔行文风格强烈影响的写作特色："在符号显现从而产生的过程中，发生了存在者的遮蔽（Verbergung）。语词（Wort）先于存在者出场。存在者脱离语词与我们相见。由此，存在者陷入了新的断裂（Bruch）。存在者在语词中作为在显现过程中已被领悟的显现在我们面前。"[32] 在一篇《补遗》中，哈贝马斯探讨了"言说本身的基本结构"。[33] 大学毕业四年后，在法兰克福社会研究所工作期间，为费舍尔（S.Fischer）出版社出版的《哲学大辞典》（*Lexikon Philosophie*）写的一项词条中，有几个简明扼要的段落，他重点援引了罗特哈克的人类学观点及其关于生活方式的理念，以突出说明"人与环境的紧密关系和对世界的开放性（Weltoffenheit）的交叠。在历史发展中形成的生活方式会取代动物物种'固有的'生活方式"。

重述罗特哈克的思想，就是“人们只会在各自所属社会的具体生活世界中，而绝不是在一个‘泛指’的世界中，生活和行动”。在这里，哈贝马斯借用罗特哈克的观点批判一种假定人类学的常量、“某种程度上陷入本体论”的思维方式。[34]

完成哲学辞典词条的同一年，即1958年，他参与了为罗特哈克制作大型纪念文集。这既是个人忠诚的一种表达，也是哈贝马斯不想逃避的一个学术仪式。他贡献了一篇题为《简评劳动与业余时间的关系》的文章。文中无一处提到其导师的哲学，却有若干处谈到马克思和工业社会学的研究成果。从该文的社会学段落中能看出作者对术语的把握还不太到位。他在文中称，要“解放性地”利用社会发展中增加的业余时间来参与政治生活，因为人们只有通过积极参与才能在“监督政治权力运行”方面发挥作用。[35]这些论点与罗特哈克的思想相去甚远，在该文中几乎看不到哈贝马斯与其有任何共性。

除了两位有历史“污点”的教席教授的研讨课，哈贝马斯还上约翰内斯·蒂森（Johannes Thyssen）讲授胡塞尔的课程，以及文化哲学家和教育家西奥多·李特（Theodor Litt）的课程。李特的讲座内容几乎无懈可击到可付印成书，他在讲座中所展现的是一种受狄尔泰影响的理解方法。在阿佩尔看来，比之他的两位同仁，他的哲学理应得到更高评价。1937年李特被限制教学自由，因此申请退休，1947年受聘到波恩任教。1948年，他出版了《人与世界－精神哲学基本原则》（*Mensch und Welt - Grundlinie einer Pholosophie des Geistes*）。战后他的研究重点是教育革新，以及运用社会学方法确定个体与社会的关系。

在波恩的求学岁月里，哈贝马斯深入研究洪堡的语言哲学，并通过阿佩尔的介绍与美国实用主义有了初步“接触”。至于对费希特和黑格尔的了解，他主要是通过自学，因为没有相关研讨课可上。

后来他曾不无讥诮地说，他“学术上是在一个封闭的德国语境中，即在新康德主义式微，德国历史学派、现象学和哲学人类学风行的德国哲学界成长起来的。他受到的最大的系统性影响来自早期海德格尔”。[36]此外，马克斯·舍勒（Max Scheler）、阿诺德·盖伦、赫尔穆特·普莱斯纳（Helmuth Plessner）以及利奥·魏斯格贝尔的著作对他也有一定影响。

以关于谢林哲学的论文获得博士学位

人与自然的一体性和历史性。1954年2月，哈贝马斯仅用九个学期就完成了博士论文。这篇“怀着感恩献给父母”的题为《绝对与历史：论谢林思想中的矛盾》（*Das Absolute und die Geschichte。Von der Zwiespältigkeit in Shellings Denken*）的论文，是他将海德格尔基本本体论奉为圭臬的明证。他在论文中阐释了“世界时代哲学”（Weltalterphilosophie），这是谢林自1810年起就在研究的命题，此时谢林“哲学天才”的声望早已被遗忘。弗里德里希·威廉·约瑟夫·冯·谢林16岁被破格录取到图宾根神学院（Tübinger Stift），与比他年长的好友荷尔德林和黑格尔是同窗。据推断，很有可能是在1795年，他们三人共同撰写了《德国唯心主义最古老纲领》。谢林年仅23岁就受聘为耶拿大学教授，他在那里加入了施莱格尔兄弟的圈子。

24岁的哈贝马斯的博士论文，着重研究了谢林1809~1812年间的著作，是其关于创世，关于上帝、世界和人的关系的推想。论文几乎未经导师罗特哈克、贝克和李特（Litt）的任何指导，基本是他自己独立构思和完成的，长达424页，共有34个章节。论文一直没有发表，只存有学院规定的打字稿赠阅本。在论文最后，作者认为有必要加以说明：“描述困难反映了把握素材信心不足，原因在于我个人经验水平与谢林这样一位哲学天才的不对等。我认为，编辑时对这种不对等不加掩饰是恰当的做法。”[37] 论文的核心观点后来用在了一篇文章中，大约 8 年后他又加以修改润色用在了在海德堡的一次讲座中 ，再后来则以《辩证唯心主义到唯物主义的过渡》（Dialektischer Idealismus im Übergang zum Materialismus） 为题收入他的第二本书，即 1963 年出版的《理论与实践》（*Theorie und Praxis*）。

他在论文中[38]探讨了如下问题：这位把人的历史存在作为自然与精神的同一性来思考的“天才”哲学家，如何看待绝对（Absolute）与世界的有限性之间的关系？[39]哈贝马斯把这一关系作为反论来加以分析，透过其对绝对的历史性的阐释来考察谢林哲学体系所经历的各个发展阶段。谢林是否做到了使探寻万物终极根源的哲学反思与人类世界的历史性相协调？是否不独他的“理性科学危机”论断令人信服，他的存在（Sein）优先于思维（Denken）的论断也有着合乎逻辑的解释？

哈贝马斯得出的结论是：“洞悉史前时代人与自然的同一性，同样亦洞悉人与自然疏离的历史性”[40]的谢林，其关于世界时代的思辨就此搁浅。这位博士生认为，谢林把历史的无条件（Unbedingt）置于本体论的神的存在性（Gottesbeweis）和神人同形同性论（Anthropomorphismus）的背景之下思考是有问题的。如此一来，突破了“我”优先于“自然”这一哲学论断的谢林，重又陷入了主体哲学的圈套；而他，一如后来海德格尔着意追求的，本来意在克服主体哲学。哈贝马斯批判道，谢林将历史性的存在方式（Seisweise）归因于一个东西，一个自身就无根的非历史性的原初基底（Urgrund）。

他论文结尾抛出的噱头是探寻以下问题：这一创世神话如何影响了谢林的思想，即把创世理解为上帝的双重行为的思想——一种既解释为否定的退却，亦解释为肯定的开启的行为。在论文最后某页他强调："经由推翻上帝创世完成说，人又一次开启了上帝历史的进程。……[人，—— 作者注] 对于自身是历史性存在的理解，是他可用以点燃其辩证认知努力火炬的自然之光（lumen naturale），他必须这样做，倘使他愿意履行其完成上帝历史的世界历史使命。"[41]

论文已经完成，结果哈贝马斯遇到了卡尔·洛维特（Karl Löwith）的《从黑格尔到尼采》一书，书中洛维特对海德格尔保持了批判的距离，思考了个体在同类中的角色问题。"这本书，"哈贝马斯说，"令我印象深刻，以至于事后，就是说在完成了论文的主要部分后，我又补写了一章介绍这位青年黑格尔派。"[42]

在多年后收录于《理论与实践》的关于谢林哲学的那篇文章中，哈贝马斯沿着博士论文中已铺设的路径继续探索。他试图指出，这位同一哲学创立者关于扬弃国家中的政治暴力性质的观念，"已预示了某些历史唯物主义的意图"。[43] 关于拯救自然和人的解放的观念同样如此。[44]

罗特哈克对其博士论文有如下评价：该博士生有着稀世才华，他既熟练掌握和运用哲学史料，又借助系统视角找到哲学问题提法的现实切入点，论文呈现出"两种天赋罕见的统一"。罗特哈克的结论是：论文完全超出平均水平，可马上将论文作者列入新生代讲师之列。"我认为优秀（egregia）是最中肯的评价。"[45] 由于论文和准备博士学位口试他都是独立完成的，所以整个毕业考试过程中他内心始终有些忐忑不安。1954 年 2 月 24 日口试考核的专业，除了主专业哲学外，还有两门辅修专业——中世纪史和近代史以及心理学，中世纪史和近代史的口试老师是马克斯·布劳巴赫（Max Braubach），心理学是温森茨·吕弗纳（Vinzenz Rüfner）。系主任海因里希·吕策勒（Heinrich Lützeler）所做的考试备忘录中有如下记录："口试总评分：极优等（magna cum laude)”。博士学位授予仪式在波恩大学巴洛克大厅举行，是1945年后首批正式博士学位授予仪式之一。罗特哈克与哈贝马斯在20世纪50年代中期为数不多的几次通信，再次证实了教授对他的博士生——那时已是拥有博士学位的哲学家——的高度评价，反之亦然——尽管这位后生不认为自己是追随这位年长者的忠实弟子，且对此亦并不讳言。[46]

和在哥廷根和苏黎世不同，在波恩，哈贝马斯心无旁骛地专注于哲学学习。不过他仍像以前一样关注政治事件，起码他会阅览报纸，或定期去波恩、科隆和杜塞尔多夫看戏剧。约翰·斯坦贝克(John Steinbeck)、尤金·奥尼尔(Eugene O'Neill)、保罗·克洛岱尔(Paul Claudel)、萨特和弗朗索瓦·莫里亚克(François Mauriac)的剧他都看。另外，他还参加了汉斯·提特根斯(Hans Tietgens)领导的大学生戏剧艺术团，并参与成立了一个大学生电影俱乐部。提特根斯后来在成人教育领域很有名气。那时他加入了一个讨论小组，他们定期观赏电影或戏剧，之后聚会讨论，君特·罗尔巴赫(Günter Rohrbach)也是讨论小组的成员。聚会中他们热情发言，激烈争论。如今已是德国最著名电影电视制片人之一的罗尔巴赫回忆道，每次和哈贝马斯一起看电影，看完后不讨论两个小时绝不罢休。哈贝马斯发起言来滔滔不绝，受齐格弗里德·克拉考尔(Siefried Kracauer)的启发，讨论中他非常强调电影和戏剧作品的社会政治影响。[47]

哈贝马斯随同提特根斯戏剧艺术团去埃尔朗根参加一年一度的戏剧节。[48]另外，他还尤为积极地参与在大学城波恩颇有名气的康特拉·克莱斯剧院(Contra-Kreis-Theater)的活动。该剧院不仅上演古典作品，也上演当代剧作，如萨特的《肮脏的手》(*Schmuzige Hände*)，田纳西·威廉斯(Tennessee Williams)的《玻璃动物园》(*Die Glasmenagerie*)，格雷厄姆·格林(Graham Greene)的《最后的房间》(*Der letzte Raum*,)以及阿瑟·米勒的《都是我的儿子》(*All meine Söhne*)。日后创刊《电影评论》杂志(*Filmkritik*)的威尔弗里德·薄格汉(Wilfried Berghahn)和罗尔巴赫也参与大学生的各种活动。罗尔巴赫讲述了那时他们这个群体如何痴迷于意大利新现实主义电影,如卢奇诺·维斯康蒂(Luchino Visconti)的《大地在波动》,罗伯特·罗西里尼(Roberto Rossellini)的、由阿尔多·法布里齐(Aldo Fabrizi)和安娜·玛格纳妮(Anna Magnani)主演的《罗马,不设防的城市》,维托里奥·德·西卡(Vittorio De Sica)的《偷自行车的人》和米开朗基罗·安东尼奥尼(Michelangelo Antonioni)的《一次爱情的始末》等。

他在古默斯巴赫时就相识的朋友曼弗雷德·哈姆比策,也是他圈中好友。尤其他和薄格汉,随着时光流逝友情日渐深厚。薄格汉读大学违逆家庭愿望,由于早早有了一个女儿,因此他不得不做各种临时记者工作多赚取薪水。他的妻子苏珊娜是裁缝,他们在代特莫尔德(Detmold)上文理中学时相识,1952 年结婚。这个圈子中的人有些共性,一是大家对年轻的联邦共和国的日常政治均持批判立场,另外就是对艺术领域的所有新鲜东西都兴趣浓厚。20 世纪 60 年代初,薄格汉从慕尼黑出发奔赴欧洲各地,采访了欧洲所有著名的电影导演,他制作的访谈在巴伐利亚电视台系列高端文化节目中播出。[49] 同哈贝马斯一样,薄格汉也是在波恩大学读的博士,26 岁的他撰写的博士论文是首篇关于罗伯特·穆齐尔(Robert Musil)的论文。1963 年,脱胎于该论文、广受关注的《罗伯特·穆齐尔自述与图片纪录》(*Robert Musil in Selbstzeugnissen und Bilddokument*)一书问世。这位当时已颇有名气的文学和电影评论家 1964 年因患皮肤癌去世,时年 34 岁。弥留之际薄格汉把妻子和两个孩子托付给朋友哈贝马斯。薄格汉去世 4 年后,哈贝马斯把自己的《知识与兴趣》(*Erkenntnis und Interesse*)一书题献给他。

/ 073

自由记者的言说者角色

> 若哲学之蛇蜷缩成灵魂孤芳自赏、没完没了地自说自话，则这个世间富有启迪的反对之声未被听见就已消散了。[50]

海德格尔式腔调。取得博士学位后，24 岁的哈贝马斯没有马上开始谋求学术上的发展，而是先选择当自由记者。采访中哈贝马斯说，总的说来，他那时候不喜欢从事知识工作，尤其无法忍受以哲学为业。[51] 实际情况是，波恩大学哲学系没有向他提供助手职位，1954 年 5 月他在给汉斯·派施克（Hans Päschke）的信中曾这样写道。

尽管有经济压力——他在给《水星》杂志出版人派施克的信中写道，“当记者不只出于兴趣，也有经济上迫不得已的考虑”。[52]——但是，如果他觉得编辑部寄来请他评阅的书教益不大，他也会寄回去。在《商报》副刊负责人阿道夫·弗里泽（Adolf Frisé）的鼓励下，他开始在该报发表文章。此外，由于《法兰克福汇报》副刊负责人及出版人之一、[53] 近来倍受弗兰克·希尔马赫（Frank Schirrmacher）赞赏的卡尔·考恩（Karl Korn）的支持，他得以经常在这家全国性报纸发表文章。同时，他也为著名的《水星》杂志和《新社会》杂志（*Frankfurte Hefte*）撰文。哈贝马斯经常要面对编辑们对他文章内容和形式的各种异议。关于这一点，他和那本长期无经济保障的代表欧洲思想的德国杂志的两位责编——汉斯·派施克和约阿希姆·莫拉斯（Joachim Moras）——的通信就是证明。对于为其撰文的作者而言，这本杂志的魅力不仅在于其刊载文章水准之高，也在于它的两个突出特色，一是它刊登反思道德和政治灾难根源的文章，二是它赞同以西欧为标杆的开放。[54] 难怪它对哈贝

/ 074

058 马斯有着莫大吸引力。事实上，该杂志的创立者和出版人也深谙克里斯多夫·马丁·维兰德（Christoph Martin Wieland）主编的《德意志信使报》（*Teutscher Merkur*）的精髓，麾下拥有属于不同阵营、政治观点迥异的作者，如属于保守派的盖伦、戈特弗里德·贝恩、恩斯特·荣格、海德格尔，甚至卡尔·施密特，又如像阿多诺、汉娜·阿伦特、让·阿梅利（Jean Améry）、达伦多夫和哈贝马斯这样的“自由主义者”。[55]

哈贝马斯发表的文章所涉主题范围较广。除了评论当代广播剧——那个年代兴起的一种文学形式，作为“声音剧场”令哈贝马斯着迷——他还撰写影评、剧评、大量书评（书评中间或引用他的学术导师贝克和罗特哈克的观点），以及关于劳动世界、机械化、官僚体系威力、大众社会的危险等主题的时评。当年在哲学系学习时他就曾作为记者初试牛刀。1952 年 9 月 15 日，一份昙花一现、名为《文学报》（*Die Literatur*）的报纸刊登了他的标题为《反对文学批判的道德教育傲慢》的文章，文章清晰表达了作者的思想。他应用最新哲学文献，比照人类学研究（戈登·威拉德·奥尔波特 [Gordon W. Allport]，阿诺德·盖伦），探讨人与技术的关系。在他看来，这是理解人的孤独化、平均化、一律化和流动等种种社会现象的一把钥匙。“作为以科学为基础的自然统治工具，它 [技术，——作者注] 本质上是具有了自主性的方法。……技术自身的发展，导致技术统治一切。”哈贝马斯认为，流行的文化评论关于技术“冷漠”的争论，和以教育学立场对待技术一样都有其不足。尽管文章篇幅很长，但他并未就如何对待技术正面作答，只是建议，要说明技术的重要性，而不是仓促给出答案。

1952 年 6 月 19 日，他在《法兰克福汇报》发表对戈特弗里德·贝恩新书《幕后声音》（*Stimme hinder dem Vorhang*）的评论文章。从评论中可看出，作者一方面对“艺术家的生活形态”怀有一些共鸣，因为这种生活“完全不为外物所困”，是“因为淡泊所以逍遥”。另一方面，他不仅对“反人文主义的绝对的教理问答形式”表示怀疑，也对年轻的贝恩的信条，即醉心当下才是真正的生活，表示怀疑。“诗人幕后的第二个声音，”哈贝马斯强调说，“要求为现在被感受为历史性存在的生活辩护。”

继续教育机构和全国大学生联合会举办了根据佩尔格莱西（Pergolesi）、莫扎特和奥芬巴赫音乐作品制作的系列木偶剧演出，哈贝马斯为该系列剧写了标题为《木头脑袋和石膏脑袋之讽刺》的剧评，发表在1953年1月29日的《法兰克福汇报》上。他写道："木偶戏要认真看，才能体味其中的乐趣。”木偶戏吸引他的是戏仿的可能性、“动作的滑稽”，尤其是动作编排的“表现价值”。

哈贝马斯为路德维希·兰德格雷贝（Ludwig Landgrebe）的《当代哲学》（*Philosophieder Gegenwart*）一书写的评论，是他最早发表的书评之一。这篇书评凸显了其新闻作品的一个典型主题。该评论1952年7月12日发表在《法兰克福汇报》副刊上。他在文中断言，整个西方思想的“存在物和非存在物”（Wesen und Unwesen）都在“现代技术中完成了”。他以海德格尔式腔调要求一种回归（Umkehr)："人必须强迫自己看到事物的本质，并学会，让它们存在着，而不是统治它们。”[56]年轻的哈贝马斯在这里引入了一种进步概念，根据这一概念，理性极需要在技术可行性、经济收益性和社会影响性等问题上“自我克制”（Selbstbegrenzung）。[57]在有关德国工程师协会大会和斯图加特工业设计展的长篇报道中，他探讨了同一主题，该文标题为《毁灭一切的暴力和艺术》，于1953年5月30日刊登在《法兰克福汇报》副刊上。当时及之后很长一段时间都是海德格尔忠实信徒的哈贝马斯，以技术和工业设计为例，批评技术手段凌驾于实际用途之上。绝对的合目的性（Zweckmässigkeit）是一个神话，这从技术对“物”的“疏忽”

(Achtlosigkeit)上可见一斑。技术产品“把什么是有用的，强加到人的头脑中”。此乃“手段的统治”(Herrschaft der Mittel)，这种统治是“物脱离了人的原因，同时也是人疏忽物的原因”。

1954年10月2~3日，哈贝马斯在《南德意志报》发表长达四栏的影评，讨伐一部名为《黎明》(*Morgengrauen*)的电影。该片讲述了战争的落幕，由维克多·图岩斯基(Viktor Tourjansky)执导。尤令他愤怒的是，“影片把1945年的失败比作不过像输了一场网球赛一样，表现的是战后恢复期无忧无虑、安然自得的景象……历史现实与经验被完全忽略”。1955年1月6日，他在《商报》撰文，对派施克和沃尔夫冈·爱因希德尔(Wolfgang Einsiedel)出版的《水星》年刊《昨日与明日之间的德意志精神》(*Deutscher Geist zwischen Gestern und Morgen*)发表评论，深表赞赏。迫于副刊编辑弗里泽的催稿压力，这篇文章他用了一个周末就一气呵成。他在文中探讨了德国知识分子应如何面对自己的过去。在相关讨论中，

/ 077

“一众老前辈”控制了主流声音，哈贝马斯写道。然而，他们所面对的是理智的、对激情和极权主义倾向持批判态度的年轻一代。

他在《德国大学生报》(由德国大学生联合会出版)第5期年刊发表的文章值得注意，透过这篇文章，我们可一窥正是在战后获得博士学位的哲学家哈贝马斯的政治立场。该文编辑是迪特·维勒斯霍夫(Dieter Wellershoff)，他在波恩大学以研究戈特弗里德·贝恩的论文获得博士学位。文章标题为《名单上“没有我”》('Ohne mich' auf dem Index)，他在文中对近年不断遭诟病的他们这一代，尤其是年轻代表人物对政治冷漠的原因，做了分析。文章从以下诊断切入：恰是那些对政治抱有兴趣、思想开明的公民对现实政治的运作方式感到失望。失望累积进而变成冷漠，即一种“躲进私人生活和个体生活，关注内心的寂静主义”倾向。哈贝马斯分析道，公民漠然逃离的并非政治，而是执政党的政治运作方式：“人们根本上

的无兴趣，和被阻挠以可被社会关注到的方式表达兴趣，是有区别的。”因此，认为“没有我”是整个青年群体特有的态度，失之片面和肤浅。导致见解不同的原因并非人们的出生年月，而是人们的反应。为何恰是年轻人对所有顺应现状的行为持怀疑态度？1945 年之前的经验和之后的现实都可解释；战后德国仓促实施了非纳粹化措施，迅速搁置历史，立刻谋求在世界政治中重新发挥影响力。不过，哈贝马斯明确否认他们这代人普遍对政治冷漠——看来这也代表了他的个人立场。当然，能受到人们拥护的政治和社会制度尚有待去发现。对政治持保留态度的具体原因有很多，哈贝马斯写道。比如以德国的欧洲政策为例，它对化解东西方对抗毫无益处。此外，他批评所有政党宣布的统一德国的目标是民族主义。他也批评德国谋求重新武装，称此举实质上是非民主的。文章发表后编辑部收到了六封长篇读者来信，来信均对作者的观点表示赞同。

1955 年 11 月 12 日，在索伦·克尔凯郭尔（Søren Kierkegaard）逝世 100 周年之际，哈贝马斯在《法兰克福汇报》发表了一篇文章，文章单凭篇幅就引人瞩目。在该文中，他对听过谢林的讲座、“以对话反射所思”方式思考的克尔凯郭尔的哲学进行了阐释。他将其哲学阐释为，一种以“激情、反讽和幽默的辩证形式”进行的“对生存的挑衅”（Existenzprovokation）和“文学实验”。他这篇文章主要依据最近出了德文译本的克尔凯郭尔的一些重要通信。哈贝马斯写道，通过这些信函可以看出，克尔郭凯尔的“本真性在于，面对他人表现出非本真性”。对这位“存在主义之父”而言，重要的是“通过激发内求性（Innerlichkeit）来弥补宗教教义的意义丧失”。

哈贝马斯为第三次再版的雅斯贝尔斯的《哲学》写了一篇书评，刊登在《德国大学报》（*Deutsche Universitätszeitung*）1956 年第 23/24 期上。他在书评中肯定了这位存在主义哲学家的作品所展现的“一种观照内在自我意识的哲学的生命力”。他提倡这样一种哲学观：作为启蒙哲学，它想超越精确的科学，但它不会根本无视科学思维。“科学保证正确性，而哲学还保证其认识的重要性。”这里值得注意的是，对雅斯贝尔斯称为“知识权力博弈”的科学自由模式，即“理性辩论”（rationale Diskussion），是否足以产生具有约束力的决策，哈贝马斯表示怀疑。他说，虽然辩论可能会演变成论战，但可以“保持宽容的理性交往状态……因为原则上讨论各方……都可参与一个具体真理的显现过程”。

1958年2月23日，在雅斯贝尔斯75岁寿诞之际，《法兰克福汇报》推出哈贝马斯撰写的雅斯贝尔斯人物特写。他在文中称，雅斯贝尔斯这位哲学大家勾画了普遍交往的可能性，是对世界历史传统多元论的一个补充。接下来，哈贝马斯从历史哲学的角度论证了存在的客观强制特征，以此来反驳雅斯贝尔斯的观点。在文章最后，哈贝马斯谈到，要通过区分信仰和科学认识——这是科学的根本——来拯救哲学。他写道：“雅斯贝尔斯要求：在克服所有学说或主义所具有的偏颇时，要持守唯一的、巨大的偏颇，即理性的偏颇。……可当这一要求不但要接受理性的偏颇，还要接受不可能在理性规则的意义上来确定这种偏颇时，它已丧失了锐气。”

社会学和政治问题。记者哈贝马斯不但撰写有关哲学问题的文章，在社会学和政治问题上也倾注了大量精力。盖伦与赫尔穆特·舍尔斯基（Helmut Schelsky）主编的《现代社会学研究教材及手册》（*Lehr-und Handbuch zur modernen Gesellschaftskunde*）及社会学辞典出版后，哈贝马斯于1955年7月23日在《法兰克福汇报》上撰文予以高度评价，称这不啻宣布“德国社会学的回归”。他过于激动，以至于忽略了德国社会学即使在纳粹时期也绝非完全“与世隔绝”。相反，两位手册编纂者恰恰表明，这一领域后继有人。在评论中，他对盖伦的人类学学说表示赞同，高度评价家庭在抵御大城市匿名性问题上所起到的“黏合剂”作用。另外，哈贝马斯也对教材和手册中奥托·施塔默（Otto Stammer）论“政治社会学”一文表示赞赏。施塔默指出，民主作为“政治意志形成的形式规则，有‘在观念上’僵化”的危险，哈贝马斯将持续探究这一问题。

1955 年，“联盟”学会（Der Bund）第九次会议在乌珀塔尔召开，哈贝马斯做了关于“文化消费与消费文化”的报告。他此次参会是应舍尔斯基之邀。盖伦、君特·安德斯（Günther Anders）和汉斯·弗莱尔（Hans Freyer）也在会上做了报告。[58]哈贝马斯后来将报告内容修改润色，整理成一篇关于这次会议的评论文章。他在文中援引了 1950 年出版的大卫·里斯曼（David Riesman）的《孤独的人群》（*The Lonely Crowd*，德文书名：*Die einsame Masse*，1958）一书，他赞同该书观点：错误意识“作为受他人支配的消费习惯机制，似乎具有了实际强制力。意识所能做的，唯有简单复制现存事物（das Bestehende）到其表面，并极力阻止现实事物（das Wirkliche）的显现。[59]

1956 年 4 月 7 日，《法兰克福汇报》文学版刊登了他为盖伦《原始人与后来的文化》（*Urmensch und Spätkultur*）写的书评。在评论中，他虽然同意作者做出的“持续的自我强化”（chronische Ichbetontheit）的时代诊断，却激烈反驳盖伦将其根源归结于制度动荡。他不仅称这是“怨愤长期郁积所致”，而且批评说，盖伦“接受了启蒙运动的理性主义理念，又……拿它来反对其人文主义理念”。

1957 年 4 月 13 日他在《法兰克福汇报》周六版发表的社会学时评所讨论的内容，显然是那时他花费很多精力思考的问题：劳动和业余时间的关系，以及消费领域受到强制劳动的过度影响。比如，

他观察到，人们在业余时间越来越沉迷于“追求丰富体验”。那时他就已从批判资本主义的视角做出断言，生产力水平“让满足几乎
/ 081 所有欲望成为可能”。然而“消费者却陷入欲求永不满足的困境，因为生产满足消费者当下欲望的目的是唤起新的欲望——新的欲望是生产的欲望，而不再是人本身的欲望”。

哈贝马斯记者生涯之初的作品，往往基于文化和社会批判立场。[60]尽管后来他称这些新闻评论是“年轻人的粗陋之作”。[61]事实上，它们远不止是一个年轻人在第一份营生中挣扎着立足的青涩之作。毕竟从1952年至1956年，即到他在法兰克福担任助手为止，他共撰写了70篇文章，其中大部分得以在报刊上发表。基本上，他一生都在从事新闻工作，利用纸媒发表批评性观点和进行知识分子介入，而且取得了一些成功。不过狭义上的日常新闻报道从来不是他的重点，尽管他偶尔也接受一些撰文邀约。那时他感兴趣的是精神和文化生活发展状况，尤其是当代的精神和文化生活发展状况。在他初当记者写的文章中，凡涉及政治结论或立场，他都十分犹豫和谨慎。无论对阿登纳的融入西方政策、1953年6月17日民主德国起义，还是对不平衡的军事同盟政策、德国统一问题及欧洲经济联盟问题，他都不明确表达自己的观点。

到20世纪50年代末，随着“潮流转向”，德国出现了“新的政治文化”，[62]哈贝马斯这时才开始旗帜鲜明地表达政治立场。在自1955年起成为主权独立国家的联邦德国，围绕西德重新武装和日益明显的阿登纳复兴政策的大辩论，是促使哈贝马斯明确表达自己立场的原因。然而，在那个年月，哈贝马斯所想到的替代政治方
/ 082 案，如扩大西德民主、清算纳粹罪行、摒弃“德意志特殊道路论”及反对联邦国防军重新武装，在内政和外交上实现的可能性，和阻止重新军事化一样渺茫。由于“冷战”升级导致东西方冲突的激化，1949年4月签署《北大西洋公约》的个别成员国，包括美国和加拿

大，放弃反对西德重新武装。1955 年 5 月 6 日，德意志联邦共和国加入北约。为与之对抗，包括民主德国在内的 8 个东欧国家于 5 月 14 日由苏联牵头签署了《友好互助合作条约》，简称《华沙条约》，更广为人知的名称为《华沙公约》。西德社会弥漫着反共气氛，在这样的背景下，以自由、安全和主权为竞选纲领的基民盟 / 基社盟成绩惨淡，以至于阿登纳在 1953 年、1957 年和 1961 年连续三次当选总理。

1957 年，欧洲经济共同体成立。这一年，有关 1955 年《巴黎协定》签署后建立的联邦国防军是否可使用核武器的内部争论愈演愈烈。18位知名自然科学家，包括诺贝尔奖得主马克斯·玻恩（Max Born）、奥托·哈恩（Otto Hahn）、维尔纳·海森堡（Werner Heisenberg）、马克思·冯·劳厄（Max von Laue）和卡尔·弗里德里希·魏茨泽克（Carl Friedrich von Weizsäcker）等，于 1957 年 4 月 12 日发表《哥廷根宣言》，反对联邦国防军使用原子武器装备，并声明，不“以任何形式参与原子武器的制造、试验或使用”。“哥廷根十八人”的声明发表在 1957 年 4 月 14 日的《明镜》周刊上，随后一批著名知识分子，包括海因里希·伯尔（Heinrich Böll）、埃里希·凯斯特纳（Erich Kästner）、阿克塞尔·埃格布雷希特（Axel Eggebrecht）和欧根·考根（Eugen Kogon）纷纷声援。由此，在日益政治化的公共领域，反对重新武装的抗议声愈加高涨，联邦共和国为与西方融合的政策付出了代价。议会反对党社民党（SPD）发动了由联邦议员瓦尔特·门泽尔（Walter Menzel）1958 年 3 月组织的“向核死亡宣战”（Kampf dem Atomtod）运动，哈贝马斯也参加了该运动。是年春天，在西德若干大城市，包括法兰克福，爆发了大规模游行示威，哈贝马斯也置身于示威队伍中。1958 年 5 月 20 日，哈贝马斯在法兰克福大学生报《铁饼报》（*Diskus*）发表题为《抗议，首要公民义务》（Unruhe erste

Büergerpflicht）的文章："如今再也不能通过准备战争去阻止战争了。"他写道："政治强人们是该受到良心啃啮了。他们连这东西的名字都不敢说出口。过去，当纳粹向人们兜售脱脂奶时，说这是'已提取了乳脂的鲜奶'。现在，政治强人向人们兜售原子弹和氢弹，说这是'最现代的武器'。真是魔幻现实啊——他们将脱离人类控制的事件视为禁忌，三缄其口。多么离奇的世界观！——他们在所有反对者身上都能嗅出黑暗和'遥控'的神秘力量。"他批评"强人政治"逻辑和当下的民主状况，即推行"既成事实政策"，人民的"权力"只剩下对政府已做出的决策点头同意。[63] 哈贝马斯批评保守政府的"民主观念"，这种观念"把公民大众当作不成熟的愚众对待，在所有命运攸关的政治问题上，替人民做出决策，而不是与人民共同做出决策"。

哈贝马斯当记者时大多为纸媒撰稿，但间或也给电台写稿。他第一次为电台撰写的一篇长文引起了知识界的关注。德国西北广播电台记者提罗·考赫（Thilo Koch）策划了一档专题系列节目，哈贝马斯为该节目写了一篇文章，题目为《犹太哲学家的德国唯心主义》（Der deutsche Idealismus der jüdischen Philosophen）。他在文章结尾得出的结论有明显的挑衅意味："我们的生活和生存……已离不开源于德国精神的那种犹太遗产。……若没有这样一种德国犹太传统，如今我们为了自己也必须要去发现它。现在有这样一种传统；但因为我们已经杀害和摧残了其肉身载体；因为我们正在一种不分青红皂白的和解氛围中让一切被宽恕，也让一切被遗忘……所以，现在我们不得不在没有犹太人的情况下重新开始研究犹太问题。历史何其讽刺。"[64]

刚获得博士学位时，哈贝马斯对是否走学术研究这条路犹豫不决。但他发现，靠记者工作难以维持生活。因此，在罗特哈克的支持下，他博士毕业后向德国科学基金会申请为期两年的奖学金，并得到了一个研究意识形态概念的项目奖学金。他通过该项目也集中深入研究了马克思理论和马克思主义，研究成果并未完整发表，但后来都用在了若干文章中。

结婚。在波恩大学仅过了几个学期，哈贝马斯就认识了他未来的妻子乌特。乌特生于 1930 年 2 月 6 日，在波恩大学学习历史和日耳曼语言文学。他们是在历史学家里夏德·纽贝格（Richard Nürnberger）的课上相遇的，当时乌特·维泽尔霍夫特（Ute Wesselhoeft）正上到第三个学期。这个年头遇见女大学生的机会少之又少，很多男生追求这位女生，哈贝马斯也是追求者之一。他请她去看电影。不过直到后来参加全国大学生话剧节学习之旅，两人的关系才密切起来。他们在现代艺术、电影和文学方面志趣相投，也都十分关注政治现实。

婚礼于 1955 年 6 月 30 日在波恩举行。几周后，夫妇俩去荷兰的斯希蒙尼克奥赫岛（Schiermonnikoog）上的多恩兹赫特酒店（Duinzicht）度假。当然，新婚夫妇也拜访了新娘的父母，国民经济学家维尔纳·维泽尔霍夫特（Werner Wesselhoeft）博士和安娜·玛格丽特·维泽尔霍夫特（Anna Margareta Wesselhoeft，娘家姓瓦特曼 [Watermann]）。他们住在杜塞尔多夫格茨海姆街 113 号，两年前就认识了女婿。

当然，学历史的乌特向夫婿介绍了她们家的家世。维泽尔霍夫特家族有一支于 1798 年移居耶拿。在耶拿，约翰娜·夏洛特·维泽尔霍夫特（Johanna Charlotte Wesselhoeft，1765~1830）嫁给了有名的出版商卡尔·弗里德里希·恩斯特·弗洛姆曼（Carl Friedrich Ernst Frommann，1765~1837）。出入耶拿他们家沙龙的都是那个时代的大人物，如歌德、费希特、黑格尔和谢林。弗洛姆曼家有两个养子，一个是黑格尔的私生子路德维希·黑格尔，他曾服务于东印度公司，后来下落不明。下一代的罗伯特·维泽尔霍夫特（Robert Wesselhoeft，1796~1852），印刷工人约翰·卡尔·维泽尔霍夫特（Johann Karl Wesselhoeft）之子，是个风云人物。他作为耶拿青年联盟（Jünglingsbund）和学生社团主席，召集了瓦尔特堡纪念大会[①]。在学生社团被《卡尔斯巴德决议》（Karlsbader Beschlüsse）禁止之后，他于1824年1月被捕，被处以15年堡垒监禁。在马格德堡（Magdeburg）被监禁7年后，他被赦免，不久即流亡美国。在美国，他和兄弟威廉·维泽尔霍夫特（Wilhelm Wesselhoeft）都从医，他们在伯瑞特波罗（Brattleboro，佛蒙特州[Vermont]）共同创办了一家水疗机构。两兄弟被认为是美国顺势疗法的先驱。

乌特·哈贝马斯-维泽尔霍夫特成长在一个有反对派背景的新教家庭，在家里可以公开自由地讨论所有政治问题。维泽尔霍夫特家从一开始就憎恶国家社会主义世界观。维尔纳·维泽尔霍夫特对借助《行动》杂志公开表达立场的圈子抱有好感——《行动》是汉斯·泽伦（Hans Zehren）1929~1933年出版的一份颇为成功的月刊。维泽尔霍夫特已退出教会，但在纳粹时期因政治原因加入了一个兄弟会，该兄弟会属于基督教新教抵抗运动，即以马丁·尼默勒（Marting Niemöller）和迪特里希·朋霍费尔（Dietrich Bonhoeffer）为核心的“认信教会”（Bekennende Kirche）。战后不久，维尔纳·维泽尔霍夫特写过一篇题为《自我反思》（Selbstbesinnung）的文章，这篇文章是马尔堡（Marburg）哲学家尤里乌斯·艾宾豪斯（Julius Ebbinghaus）1946/47年出版的文集

① 1817年10月18日，德国学生社团在瓦尔特堡举行纪念大会，纪念宗教改革300周年和莱比锡战役胜利4周年。这次大会是第一次瓦尔特堡纪念大会，亦被视为德国第一次民主请愿集会。——译者注

《大困局》(*Die große Not*)中的一篇。在该文中，他呼吁那些战争近尾声时没有能力发动革命政变的德国人，针对“使他们堕入人类灾难深渊”的原因进行反思。他说，盲目的责任感，再加上受到宣传蛊惑，导致虔诚的纳粹主义者轻而易举地犯下惨绝人寰的无耻暴行，而毫不受良心的谴责。由于“精神与灵魂的机械化”，民族共同体(Volksgemeinschaft)意识形态落入肥沃的土壤中。维泽尔霍夫特建议用民主这剂药来对抗他称为“众生之敌”的国家社会主义。他理解的民主是一种政治制度，在这种制度中不存在“上层下达的、必须不假思索执行的义务”。[65]

这位坚定的民主主义者的女儿，在杜塞尔多夫读了女子高级文理中学，之后在波恩大学以研究巡回传道人伯克尔森(Bockelson)和明斯特的再洗礼派教徒的论文通过了国家考试。毕业之初，乌特在学校当见习教师，有时担任候补正式教师。哈贝马斯夫妇共育有三个子女：提尔曼(Tilmann，1956~)、丽贝卡(Rebekka，1959~)和尤蒂特(Judith，1967~)。长子和长女选择走学术道路，尤蒂特·哈贝马斯从事出版业。

关于妻子对他参与政治活动的影响，给予多高的评价都不为过。他们的婚姻始终充满着智识活力。后来收入《哈贝马斯政论集》(*Kleine Politische Schriften*)的多数文章都是经过她点头认可的，否则不会流出家门。而对孩子们来说，当涉及历史、政治或艺术方面的问题时，由于乌特有全面的基础教育背景，主要由她负责解答。

哈贝马斯作为父亲又扮演了什么样的角色呢？可以说，他扮演的就是传统的父亲角色。身为大学教师，他的学术抱负高于一切；而且他越来越频繁和积极地以公共知识分子身份介入公共事务。他在家伏案专注于学术工作时——他在家几乎总是专注于工作——家人都注意不去打搅他。总之，哈贝马斯家也有着传统的角色分工，后来他在谈到孩子们时曾这样说：“有孩子和与孩子相处的幸福，我是在当了祖父后才真正认识到的。我这个父亲，在按说本该多陪孩子们的时候，却事务缠身抽不出时间。”[66]

开始公共知识分子生涯

易于愤怒的性格，使学者
成为知识分子。[67]

/ 088

公共领域是一个舞台。只要登上这个舞台，就必须预想到会招致观众的不满。1953 年，24 岁的大学生于尔根・哈贝马斯初登这个舞台，也曾有这样的经历。1953 年 7 月底的一个周末，阿佩尔将海德格尔最新出版的《形而上学导论》(*Einführung in die Metaphysik*) 递到他手上，书中有海德格尔 1935 年在弗莱堡大学的讲座内容。阿佩尔特别提醒哈贝马斯注意其中一段文字，在未加任何评论重新发表的这个讲座内容的末尾，作者讲到“这个运动的内在真理与伟大”。之前一直对海德格尔有高山仰止之感的哈贝马斯，不敢相信自己的眼睛:“我们的一位最伟大的哲学家怎么会做出这样的事情?”[68]“这篇每个细微的修辞都浸透着法西斯主义的讲稿”[69]让他越读越愤怒，于是，他花了几天时间写了一篇文章。从文章的独特文风可以看出，这篇文章想要表达的不止是一个海德格尔门徒在知晓他所敬仰的思想家——曾经，而且现在仍然——有如此投机主义的行为后的震惊。“针对同样的事件，1935 年呼吁实施暴力，而今却谈的是保护、纪念、守护、仁慈、爱、谅解、谦恭……他的呼吁随着政治环境至少变了两次颜色，而呼唤让人回归本真、对抗沉沦的思想巨匠却面不改色，岿然不动。1935 年的演讲无情暴露了他那时的法西斯主义倾向。”[70]哈贝马斯在文章中主要表达了对人们面对这段近期历史的“交际性沉默”的失望，由失望而盛怒。哈贝马斯认为“沉默”与反共产主义立场有直接关联。1953年6月17日民主德国工人起义被苏联坦克镇压后，反共产主义占据了社会思潮的主流。[71]

哈贝马斯写下了他内心深处“无以复加的震惊”。[72] 文章写完后他只给乌特看过。两人内心都清楚发表此文可能对哈贝马斯的声誉造成的损害，大概，他们对此举将对哈贝马斯的学术前程造成什么样的后果也有过交谈。那个时期，若跟人提及不久前他们还是希特勒忠诚的“民族同志”（Volksgenosse），还行“德意志问候”礼，就是无礼和冒犯。一场丑闻是不可避免的。哈贝马斯把文稿寄给了卡尔·考恩，[73] 考恩将文章冠以《通过海德格尔反对海德格尔》（Mit Heidegger gegen Heidegger denken）的标题，刊发在1953年7月25日《法兰克福汇报》周六增刊《图片与时代》上。文章占了整整一个版面。

除了海德格尔行话（Heideggers Jargon）、其精英主义思维姿态，以及他对西方传统的民主平等主义的厌恶，让哈贝马斯大跌眼镜的，主要是前文所述他关于纳粹主义运动“内在的真理与伟大”的言论。早在1933年之前，海德格尔就公开赞同“民族革命”，这位国社党党员明显被希特勒迷住了。他显然浮想联翩，正如雅斯贝尔斯猜想的那样，“想引领领袖”。[74] 哈贝马斯的批评，主要并非针对他对纳粹主义抱有的好感、幻想及背后的政治错误。同样他也不想公开指责他的哲学思想。让他愤怒的是：事情过去将近18年，战争结束整整8年后，海德格尔竟然愿意只对讲稿稍作润色，不加任何评论地发表；就是说，对事件中让人费解的部分和自己过去的致命政治误判只字不提。关于犹太人大屠杀，海德格尔始终缄口不言。对于哈贝马斯这位浸淫在海德格尔——1889年出生，自1928年起在弗莱堡执教[75]——的精神世界中成长的年轻哲学学子，现在面临的一个问题是：这种看似英勇无畏的对批判性自我反思的拒绝，是否确与海德格尔的哲学内涵有关联性。他在文中质问："难道有计划地屠杀数以百万计的生命——如今这已世人皆知——也能用存在主义历史观解释为是注定的错误？…… 难道澄清过去的责任，让人们铭记历史，不是思想者最重要的责任？——然而恰恰相反，事实是，广大民众，尤其是那时和现在负有责任的那些人继续坚持复辟路线；事实是，海德格尔发表了他 18 年前关于纳粹主义的伟大和内在真理的言论……看来，是时候通过海德格尔反对海德格尔了。"[76]

不过，哈贝马斯显然不想彻底告别海德格尔的"第一哲学"（prima philosophia），[77] 因为他严肃地提出了如下问题：通过批评是否能使它得到拯救；是否能将这位黑格尔以降最有影响的哲学家的基本本体论的真理内涵，与其错误的世界观及对此在分析的政治曲解——一种"试图同时从此在存在的历史性和整体性意义上来论证人作为此在的此在分析"——切割开来？[78] 他认为，海德格尔哲学的缺陷在于：一方面，他的"存在的遗忘"（Seinsvergessenheit）的诊断忽略了其理论前史，这其中包括基督教平等与自由理念发轫于此的上帝观念；另一方面，在海德格尔那里，"现代发展的辩证可塑性并未显现出来，而正是这一辩证法赋予了那种旨在通过客体化来统治的思想以独特的合法性……此外，还有海德格尔的根本性误导。他抛出了决定地球命运的技术与现代人相遇①的言论。1935 年，在那种技术决定论还在大行其道的状况下，他在演讲中发表上述观点，无形中必然导致下意识的误解，使其克服技术化生活的本意在实际执行中被歪曲。"[79]

由于上述对海德格尔的批判性视角，哈贝马斯修正了他向来对

① 海德格尔原话为："今天还作为纳粹主义哲学传播开来的，却是和这个运动——决定地球命运的技术与现代人相遇的运动——之内在真理和伟大毫不相干的东西。"——译者注

这位哲学代表人物所持的彻头彻尾的正面看法。从他那时还未完全定稿的关于谢林哲学的博士论文，以及 1952 年 7 月 12 日刊于《法兰克福汇报》的对现象学家路德维希·兰德格雷贝的新书的评论中，还能看出他此前对海德格尔的敬仰。他对兰德格雷贝 1952 年出版的《现代哲学》（*Philosophie der Gegenwart*）一书总体上予以高度评价。在书评最后，哈贝马斯还写道，"老教授们"的战后哲学得先提升到一定水平，方能"与海德格尔进行实质性讨论"。[80] 然而现在，在他心目中，海德格尔超群绝伦的"思想家"人设荡然无存，而成了在短暂历史时期内连续两次犯下过错的这代人的突出代表。两位波恩教席教授贝克和罗特哈克也属于这代人，哈贝马斯深知他们与纳粹的牵连。他父亲也属于这代人，可他私下不敢，也从未与父亲就这方面话题进行过对质。他选择了与德国哲学"教父"交锋，并且首次明确提到了他称为"公共批判守护者"的话题。从此以后，他将以越来越激越的姿态行使知识分子的守护者职责。

哈贝马斯的文章引发了各种各样的反响。1953 年 8 月 13 日，观念保守的《时代周报》文化编辑克里斯蒂安·E. 雷瓦尔特（Christian E.Lewalter）在该报——这份报纸在总编里夏德·屯格尔（Richard Tüngel）执掌下已远离自由主义立场——上发文称，哈贝马斯已堪比有病态恐惧性格、喜欢公开非难他人的阿多诺。雷瓦尔特写道，阿多诺"作为新马克思主义者对所有的所谓'法西斯分子'，从理查德·瓦格纳（Richard Wagner）到恩斯特·荣格（Ernst Jünger），逐一实施新闻迫害"。雷瓦尔特指责哈贝马斯"满腔恶意"，是"迫害狂"。他还写道，遭到哈贝马斯指责的"这场运动的内在真理和伟大"这句话，指的是"技术与人类的相遇"，实际上是对纳粹世界观的讽刺性批评。

8 月 29 日，哈贝马斯接着在《法兰克福汇报》发表读者来信，对关于他文章的各种声音直接做出回应。此信不仅针对雷瓦尔特的文章，也针对这期间其他人发表的言论，包括记者、作家和时评人鲁道夫·克莱默-巴道尼（Rudolf Krämer-Badoni）和随笔作家及评论家埃贡·维埃塔（Egon Vietta）。《时代周报》拒绝刊登哈贝马斯的读者来信。他在信中写道："难道现在海德格尔只局限于用存在历史观来解释纳粹主义运动，而由此成了一个标志，我们普遍的复辟倾向的标志？……"他继续写道："我的极受人尊敬的老师，罗特哈克教授，在一次颇具启发性的研讨课上曾说过，海德格尔必须不断地问：小苹果啊，你滚向何方？这是对一位致力于存在研究的思想家无奈处境（Ausgeliefertheit）的有趣描述；对他而言，所有的新，仅仅因了它的新，就会作为当下存在（das Jeweilige）而获得权威尺度所具有的地位和威望。"所以必须要追问："是否可以将有诱因所致，而非由于历史的、注定的条件而发生的过失（Fehlleistungen），也全盘当成天命来接受？抑或其实是，那种情况下所发生的，始终是对真理的吁求，对于这样的吁求你或者能回应，或者不能回应。"薄格汉也在同期《法兰克福汇报》发表言辞犀利的读者来信。信中说，"战争已结束 8 年，精神上克服法西斯主义的最基本的思想条件都不具备"，这是可怕的。和卡尔·考恩一样，薄格汉也力挺朋友哈贝马斯。卡尔·考恩隆重介绍"这位接受了出色哲学训练的一代大学生的代言人"，称他为具有新思想观念的代表人物。[81] 两周后，考恩又发起一轮攻击。他在副刊撰文，概括了这一论争的始末，并在涉及罪责问题时引述了《存在与时间》（*Sein und Zeit*）中的内容。

海德格尔本人有何反应呢？这位平素憎恶"常人闲言"（Öffentlichkeit des Man）的哲学家，最终也以读者来信方式表态，来信登载于 1953 年 9 月 24 日的《时代周报》。他在信中对雷瓦尔特的解释表示高度认可，不仅遭指控的那句话，对雷瓦尔特关于他演讲的全部解释也一概表示赞同："……他（雷瓦尔特）对我其他言论的阐释，也准确表达了我自1934年以来所持的政治立场。”他在文章最后写道：“现在很少有人能判断，那时在这样的讲座中什么可言说，什么不可言说。但我知道，听众中真正的听者准确理解了我所言说的。”三个星期后，海德格尔在巴伐利亚慕尼黑美术学院，在人数众多的听众面前，做了那场大受好评的《技术的追问》（Die Frage nachder Technik）的演讲，并与维尔纳·海森贝格（Werner Heisenberg）进行备受公众瞩目的讨论。汉斯·卡罗萨（Hans Carossa）、恩斯特·荣格、何塞·奥尔特加·加塞特（José Ortegay Gasset）也光临讲座现场。海德格尔的演讲以“因为问是虔诚的思”[82]这句讳莫如深（ominous）的话收尾。当然这句话并不是针对哈贝马斯。

尽管当时舆论如此分裂，论争双方差异又是这样悬殊——一方是声名赫赫的思想大师，一方是籍籍无名的哲学学子，但哈贝马斯引发的这场论争标志着一个漫长进程的开始，这一进程最迟至“1968”年将如火如荼地展开。子女辈开始公开向他们的父母师长发出诘问。这个年轻的民主政体国家将成长起来。

30年后，海德格尔与纳粹主义的牵连再度成为公共话题，特别是在维克多·法里阿斯（Victor Farias）和雨果·奥特（Hugo Ott）的一系列著作的推动下。虽然这时哈贝马斯依旧指责，海德格尔刻意运用“通过提取本质进行抽象化”的哲学方法，[84]回避谈论史上独一无二的灭绝犹太人事件，也继续批判他“把理论意识形态化”，[85]但由于现在风向已变，到处刮着“鞭挞海德格尔”风，所以他也明确表示：“不可以，也不应该借追究海德格尔的政治行为，全盘贬抑海德格尔。……作为晚生的人，我们无法确知他们在政治独裁环境下的行为，所以对他们在纳粹时期的作为以及不作为，我们应尽量不做道德评判。”[86]他警告人们不要过于浅薄地将人品与作品联系在一起，在其他场合他也不断申明这一观点，这与他自身的人生经历有关。实际上哈贝马斯从来都不讳言，海德格尔“转向”（Kehre）前的哲学给他留下了极深刻的印象，在他及其亲密同道者的思想中刻下了永远的印记。比如，海德格尔的嫡传弟子马尔库塞，就尝试使海德格尔的存在主义哲学转向马克思主义哲学。哈贝马斯也以自己的方式继续着海德格尔克服意识哲学的事业。在 1985 年将讲座内容结集出版的《现代性的哲学话语》（*Philosophischen Diskurs der Moderne*）一书中，他重提海德格尔生活与作品的联系这个话题，对于其晚期哲学突出强调的“存在离弃的状态”（Seinsverlassenheit）——存在意义的丧失——他做出如下解释：这并非表示海德格尔对他与德国这场浩劫的牵连的忏悔，相反，他这是企图自我解释、自我狡辩和自我剖白。他的晚期哲学是“经历纳粹主义的结果，是经历降临到他身上的历史事件的结果”。[87] 简而言之，与其说这是谴责海德格尔在纳粹统治时期的立场，毋宁说是谴责他 1945 年后拒绝承认自己的过失。

没有榜样？当然，哈贝马斯不是第一个以公共知识分子角色批评德国人对待自己历史的态度的“思想家”，更不是第一个这样做的哲学家。在这方面尤为突出的是托马斯·曼，[88] 不过也应提到卡尔·雅斯贝尔斯。1937 年，雅斯贝尔斯受到纳粹逼迫，提前退休，他的作品被禁止出版；战争结束后他参与了海德堡大学的重建，1948 年应邀到巴塞尔大学任教。在海德格尔加入国社党之前一直与其友情甚笃的

雅斯贝尔斯，很早就谴责德国人对待自己历史责任的淡漠态度。[89]1946 年他出版了《德国人的罪责问题》（*Die Schuldfrage*）一书，他在书中写道，“全体国民为犯罪政权的政治罪责负有集体责任”。这本书，如前文所述，无疑令哈贝马斯印象深刻并启发了他。雅斯贝尔斯那时就已赞同哈贝马斯的说法：“若无对政治责任的清醒认识，那种可怕的土

壤和环境——导致产生了建造集中营的政权和任何随意认定的少数群体在其中都可能被谋杀的社会——就得不到彻底根除。”[90]

多尔夫·斯登贝格（Dolf Sternberger），《转变》月刊（*Die Wandlung*）的负责人，在《转变》发表了一系列文章，他对历史政策的看法也影响了哈贝马斯。《新社会》杂志上关于纳粹主义和大屠杀的讨论同样对他产生了影响，该杂志由尤金·考贡（Eugen Kogon）和瓦尔特·迪克斯（Walter Dirks）于1946年创办，哈贝马斯经常阅读该杂志。[91] 此外，对于德国人对欧洲犹太人种族灭绝所持的冷漠态度，1949年底结束流亡回到德国的西奥多·W.阿多诺（Theodor W.Adorno）开始借助大众传媒频频发声，表达他的立场和观点，这对哈贝马斯影响颇大。从美国回到法兰克福大学仅几个星期，阿多诺就通过发表时评，直指德国人的罪责问题。当时还不认识阿多诺的哈贝马斯，不会不知道阿多诺的名言——“奥斯维辛之后，写诗是野蛮的”，[92] 这是阿多诺1951年首次发表的《文化批判与社会》一文中的句子。也许哈贝马斯也听到了阿多诺4月18日在黑森广播电视台晚间直播室发表的演讲《复活的文化》（*Die auferstandene Kultur*），该演讲内容1950年5月刊载于《新社会》。阿多诺在演讲中批评德国人回避追问所发生的一切，这与汉娜·阿伦特同期发表于《评论》杂志的《纳粹统治的后果：来自德国的报告》（The Aftermath of Nazi-Rule:Report from Germany）一文的观点不谋而合。他批评他们不反思产生极权主义的根源，而是一味肯定传统和过去。他在文章最后说：在战后德国，文化和学识（Bildung）的功能，就是“让人忘记过去的恐怖和自己的责任”。“文化被用来掩盖向野蛮状态的倒退。”[93] 汉娜·阿伦特也得出结论：德国人的勤劳忙碌致使他们拒绝历史的真实；社会上弥漫着一种对纳粹历史的普遍的淡漠，极权主义在民主政体中阴魂不散。盟国实行的“非纳粹化运动”，对待纳粹党员一视同仁，未加具体区分，实际上他们中有些人是因情势所迫或者恐惧而加入，但一部分人确是出于信念而志愿加入的。另外，未经历“非纳粹化”的那些人，可能会结成政治上危险的丧失信誉者利益团体。[94] 阿多诺越来越频繁地公开发声，明确指出知识分子的批判职责，他以对理性进行公共运用的方式成为新型知识分子的典范。这种知识分子类型想必吸引着年轻的哈贝马斯。批评海德格尔一文中的“批判的守护者”之语，甚至可能是他初次提到这个榜样。很快，哈贝马斯将试着走近阿多诺。

第二部分

政治与批判

只有通过有意识的吸收，才能从历史经验中有所领悟，否则历史经验就无法获得形成同一性的力量。[1]

阿多诺的助手。在1954~1955年，有段时间哈贝马斯主要靠为报刊撰稿维持生活。那时，阿道夫·弗里泽提携过这位比他小近20岁的年轻人。弗里泽当时住在巴德-戈德斯贝格（Bad Godesberg），他不但是研究罗伯特·穆齐尔的著名专家，还是黑森广播电视台的编辑。从1956年至1962年，他负责主持具有传奇色彩的“晚间直播室”节目，阿多诺、霍克海默、伽达默尔（Hans-Georg Gadamer）、西格弗里德·伦茨（Siegfried Lenz）和恩岑斯贝格都曾上这档节目发表演讲。弗里泽主动向哈贝马斯表示，自己和阿多诺相熟，可以借此机会为他和这位哲学家及社会学家在法兰克福安排一次会面和交流。阿多诺那时名气还没那么大，他是在20世纪60年代逐渐名声大噪的。他们这次谈话的地点是马克思咖啡馆，社会研究所（IfS）在1923年创建后不久就有了“马克思咖啡馆”的别称，后来乔治·卢卡奇（Georg Lukács）颇带攻击意味地称其为“深渊大饭店”（Grand Hotel Abgrund），这正是那个时代典型的贴标签现象。[1]

阿多诺在1951~1952年冬季学期开设的哲学讲座课，也有关于“海德格尔与语言混乱”的内容，[2] 或许，他对这位在《法兰克福汇报》上写批评海德格尔文章的作者感到好奇。另外，哈贝马斯新近在1954年8月号的《水星》杂志上发表了首篇长文《合理化的辩证法》（Die Dialektik der Rationalisierung），他在文中探索了“生产和消费领域的贫困化”。后来谈及这篇文章时他说，此文已包含了其成熟的哲学体系的基本主旨。[3] 从阿多诺1955年12月14日写 / 100 给哈贝马斯的一封信中可知，[4] 那篇关于“强制消费与消费假象”的文章确实引起了他的注意。他邀请哈贝马斯来法兰克福时大概心里清楚，只能先答应给他一个类似于“见习职位”的工作。再说，当时也没有职位空缺。而且，霍克海默担任社会研究所所长（他任所长至 1964 年）期间，阿多诺的决策权极其有限，至少在人事政策方面是如此。基本上，不经过霍克海默点头同意，他不能做任何人事决定。

哈贝马斯在《水星》发表的那篇文章的标题让人不由猜想，它与 1947 年出版的《启蒙辩证法》——霍克海默和阿多诺流亡美国期间所写——有密切关联。尽管从主题来看，确实存在一些相同之处，但哈贝马斯否认[5]自己的分析参考了《启蒙辩证法》。他说，他实际上参考了马克思和海德格尔，另外还提到了盖伦、罗特哈克及法国社会学家乔治·弗里德曼（Georges Friedmann）。他在 1955 年 12 月 20 日写给阿多诺的信中说，他学习《启蒙辩证法》是很早以前的事了，这本书“只是略微引导并丰富了他的问题提法”。[6] 但文章中仍有这样的句子：“西方大肆宣扬一种放之四海而皆准的立场，即一切为我所用的立场（Verfügbarmachen），因而造就了一种高级文化，其传染力……史无前例。”[7]

霍克海默和阿多诺的《启蒙辩证法》主要探讨了理性被单一化为工具理性的原因和后果，以及启蒙运动在文明史上的失败。哈贝马斯是从技术批判和劳动社会学的视角阐述自己的观点，同时讨论了标准化生产和补偿性消费领域的异化现象。他做出的断言使人联想到海德格尔的技术诊断，他分析道，“机器文化”越来越深地侵入并日益严重地支配了生活关系，[8]“这种异化在机器文化中呈现出无所不在、无孔不入的态势，我们的世界围绕着机器的节奏运转，而越是对这一事实茫然无知，就越糟糕：科研机器充斥着试验场、研究所、实验室；生产机器在工厂和办公室轰隆作响、咔嚓作声；飞机和汽车等运输机器在航路上飞翔，在公路上奔驰；电话机、电报机、照相机、麦克风等通信技术设备使相隔遥远的地区紧密连通；娱乐机器，从电影到游戏机，让人血脉偾张；先进机器，从多功能录音调音台到微型照相机，源源不断地制造出新的舒适需求。……长此以往的结果将会是——这也是问题的关键所在——拥有最大影响半径的机器，同时也将在最大程度上导致人与自然疏离，与他人疏离，甚至最终导致人的自我疏离。真的还有机会使科技进步某种程度上对贫困化免疫吗？”[9]

哈贝马斯也认为技术理性是一种统治。尽管他的技术理性批判与霍克海默和阿多诺理论的思想来源不同，却与他们的历史哲学阐释有惊人的相似性，至少就一般诊断而言是这样。但涉及面对这一发展应该做些什么的问题，却存在明显的分歧：霍克海默和阿多诺着眼于概念上的努力，可以说，他们寄希望于启蒙实现自身启蒙的致命一跃，而哈贝马斯则含糊其辞地表示，在“文化自身成了危害”的时代，需要一种新的立场。

不久，哈贝马斯以类似的文化评论腔调——那是他表达自己思想的典型风格——写了一篇题为《汽车驾驶：手握方向盘的人》（Autofahren. Der Mensch am Lenkrad）的文章，发表在 1954 年 11 月 27 日的《法兰克福汇报》上。此文讲了汽车交通“辩证法”，他以汽车交通为例，推翻了技术完美、尽在掌控中的说法。“完美的汽车”，[10]他写道，“把地面变成了车道，把风景变成了地带”，驾驶由中枢机构的“多种因素决定”，汽车驾驶越来越成为一件被外部因素控制的事情。尽管汽车退化为“单一用途工具”，但汽车驾驶“有点儿像研究一门人文科学”，在这个过程当中“你必须不断翻译不熟悉的文字，你得事先预想，可能会遇到陌生的领域、奇异的文风，以及怪诞的思想”。 / 102

哈贝马斯不久前刚通过驾照考试，所以也加入了“手握方向盘的人”的行列。而且，他很喜欢开车。大学时代他曾骑行到法国南部（艾格 - 莫尔特 [Aigues-Mortes] 和勒格罗 - 迪鲁瓦 [Le Grau-du-Roi]）。现在是 1953 年秋，他和哥哥汉斯 - 约阿希姆，还有朋友哈姆比策开始了长达数月的自驾旅行。他们开着一辆灰色欧宝，那是父母租来的、1936 年出产的车，名唤“小灰”。他们驾车一起漫游法国，探索西班牙，最后抵达葡萄牙。对旅行者来说，汽车的舒适是一种新鲜而又矛盾的体验。哈贝马斯在他的文章中如此描述道:“若有机会把穿越罗纳河谷、抵达法国地中海沿岸的自行车骑行和同一时间去往葡萄牙和安达卢西亚的自驾旅行进行对照的话，可以非常清楚地看出，驾车者的完美框定了一个什么样的方向，‘异化’在这里呈现出怎样的趋势。在汽车轮胎的橡胶凹槽之下，大地变成了沥青。一种让人‘自由自在’的进步的演变，或者随便把这个过程叫作什么吧。可如果几乎所有的道路自动装置功能越来越完善，如果驾车者被约束在轨道中，被计划着，越来越听从机器、公路网和交通规则指令的摆布，如果汽车操控这件事越来越由中枢机构来决定，将会是什么结果呢？结果就是：汽车将不仅与大地（Erde）疏离，而且将与轮胎之下的地面（Boden）疏离；剩下的唯有‘车道’。”另外，他还描述了穆尔西亚（Murcia）的窄巷，说“旅游指南上讲它是西班牙最寒碜的城市”，他提到去往“卡塔赫纳（Cartagena）的坑坑洼洼的沿海公路”，还描写了盐场风景和毛驴车。

/ 103

1955 年 12 月，哈贝马斯和阿多诺通了几次信，1956 年 1 月 6 日两人进行了面谈，2 月中旬他正式成为社会研究所工作人员，并成为阿多诺首任私人助手——最初没有报酬，自 8 月 1 日起月薪 751 西德马克，比社会保险缴费基数高 1 马克。哈贝马斯在给阿多诺的信中写道:“对我来说，重要的是能与社会学实证研究（不一定仅局限于经验主义）搭上关系。”[11]

这份助手工资来得很及时，因为妻子乌特——1956 年 2 月她面临着国家考试——这时诞下了他们的第一个孩子提尔曼，他 1956 年 5 月 17 日出生。虽然哈贝马斯还有德国科学基金会提供了短期奖学金，但数额太少，不足以养家糊口。所以他也兼职做记者，以便能让家里多点儿进项。当时除了从波恩美茵河畔的韦伯街 29 号搬走，他们也没有其他更好的法子。他们先搬到埃森巴赫街 36 号的一间陋室，后又搬到费尔德贝格街 9 号的阁楼间，最后搬到了沃尔夫冈街 121 号。他曾申请维尔茨堡社会学专业的教职，但没有申请到；于是又利用与工业社会学家汉斯·保罗·巴特（Hans Paul Bahrdt）和海因里希·波皮茨（Heinrich Popitz）的关系，想谋取多特蒙德社会研究所——该所先后由贡特·易普森（Gunter Ipsen）、汉斯·林德（Hans Linde）和赫尔穆特·舍尔斯基任所长——的职位，同样无果。[12] 1955 年夏，哈贝马斯参加了由舍尔斯基组织的战后德国社会学会议（参加者有赫尔穆特·普莱斯纳 [Helmuth Plessner]、海因里希·波皮茨 [Heinrich Popitz]，汉斯·保罗·巴特、卡尔·马丁·博尔特 [Karl Marting Bolte] 和达伦多夫等）。他此行是为《法兰克福汇报》对这次会议做报道。 / 104

在这次会上认识的社会学家中，他与其中几位发展了更进一步的关系，比如舍尔斯基。他后来甚至还和普莱斯纳保持了私人交往。但让他印象最深刻的，还是与他同年出生的达伦多夫。达伦多夫虽是与会者中最年轻的一位，但“他雄辩的口才、坚定威严的举止和言辞辛辣的演讲风格吸引了大家的目光。他扫除一切旧事物的先锋派的自信，也让他在这个圈子中显得卓尔不群”。[13] 尤其是，达伦多夫的这种思维方式和姿态与哈贝马斯不无相似之处，这给他留下了深刻印象，两人后来建立了终生友谊，尽管他对达伦多夫当时的自由市场经济观念持怀疑态度。

关于这次会议，哈贝马斯得出的结论有些矛盾。他写道，所有报告都忽略了下述重要问题：尽管社会二分化图景在多数工人身上得到了实际验证，但对当代社会中的阶级对立和社会冲突均未提及。所 / 105
以，战后社会存在“走向一种积极复辟”——被迫顺应技术进步带来的困境和成果——的危险。[14]这种对事物的看法，人们会想，对他在法兰克福社会研究所，在做出“被损害的生活”这一时代诊断的阿多诺身边谋求前程，倒不是最差的先期储备。

与阿多诺的相互信任

到研究所一上任，阿多诺就交给他大量工作，在这里不过数月，他和阿多诺的关系就密切起来。他得为阿多诺的演讲整理资料，或为他根本没有参与的实证研究写导论。1956~1957 年冬季学期，他就与长他 2 岁的霍克海默的女助手黑尔格·普罗斯（Helge Pross）一同，给学生上“社会学概念”辅导课。阿多诺还交给他一个任务：为“业余时间问题实证研究”拟提纲。在赫尔穆特·贝克的指导下，1957 年 5 月哈贝马斯就呈上了一份提纲，它将是正在计划中的这项研究的理论基石。哈贝马斯的论述从以下论点出发：“在业余时间的行为的随意性”是“凭空想象的”，因为业余时间仍旧“很大程度上由工业劳动的具体形式决定”。他发展出了一个将对实证研究富有指导意义的业余时间的行为取向类型学。[15]

在这几个月里，哈贝马斯成了阿多诺思考的见证者，这也是令他印象极为深刻的一种前所未有的体验。阿多诺试图“提出当代社会辩证发展的理论，而且是以马克思主义为理论源头”。哈贝马斯描述了阿多诺的尝试对他的影响，他说：“这对我来说闻所未闻，难以置信……那时，在我这里哲学和政治才开始碰触在一起。”[16] 虽然阿多诺表面上有一种“思之无畏”，但哈贝马斯也觉察到，他与之相处的这个人，“在那些不曾受伤的成年人中间，即在善于利用他弱点的圆熟老练者中，毫无还手之力，……因为他们不知道或不承认阿多诺特有的弱点和他的杰出品质密不可分。”[17]哈贝马斯眼中的导师——他几乎从不像上司那样对待自己，因为他根本不知道如何运用组织权力——是这样一个人，他恨不得全身心投入写作，他培养了对反对资产阶级的公民这一独特角色的敏感性，而他就扮演了这样的角色：他是经济来源依靠研究项目的研究所的所长；[18]是国立大学教授；是在媒体上，特别是在当时具有进步文化性质的广播电台，对有迫切现实意义的问题发声的“自由职业”知识分子，是颠覆观念的思想家，是具有高度文学素养的写作者。

这个地方给作为工作人员的哈贝马斯的印象是矛盾的。他对阿多诺丰富而独特的思想方法，对法兰克福社会研究所的传统，满怀敬仰。但所里那种彻头彻尾的精英式的群体精神，又让他倍感困惑。“我感觉自己就像巴尔扎克小说中的人物——一个在大城市开了眼的、笨拙的、没文化的乡下小伙。我意识到自己在思维和感觉上的传统和保守。”[19]他注意到，“研究所的……时代具有双面性”。一方面，研究所力图在战后德国确立社会学作为现代学术学科的地位，并通过实施具有现实性的研究课题使研究所获得声望。另一方面，1933年前对德国思想有着决定性影响的思想流派，包括德国-犹太思想传统，在这里像空气一样无所不在。哈贝马斯任凭自己被“流淌的思想熔岩”裹挟。[20]“以前，”哈贝马斯说，“我从未遇见过如此争奇斗艳、异彩纷呈的思想正在生成的状态——流动的、诉诸文学表达之前的状态。”[21]

在研究所里，阿多诺是与哈贝马斯关系最近的人，他在阿多诺那里寻求“支撑”，并得到了他的支撑。哈贝马斯说，他“是我平生真正喜欢，且在某种程度上热爱的第一个人，在他身上，我见识了作为学者无偏无党、收放自如的坚定的艺术立场，以及生活方式的完美的不协调”。[22]阿多诺在这些年里出版了一系列重要著作：先是《最低限度的道德》（*Minima Moralia*），接着是《无调音乐：受控制的世界的音乐》（*Dissonanzen*）和《认识论的元批判》（*Metakritik der Erkenntnisthoerie*），之后又出版了《黑格尔研究三则》(*Aspekte der Hegelschen Philosphie*)和《文学附注I》(*Noten zur Literatur*)。对哈贝马斯来说，读阿多诺的这些书自是不言而喻。不过，令哈贝马斯着迷的不仅是著书立说的阿多诺，一个“在客观精神上其生活不过局限于一方书斋之内，其他一切都或多或少有赖于此的写作者”，[23]同样吸引他的是，阿多诺那时还是以批判立场公开在政治、社会和文化问题上发表意见的寥寥可数的知识分子之一。其批判性评论涉及的话题，从德国历史清理被耽误、高校民主改革受阻、半教育趋势①，到那时在德国已很普遍的电视对人产生的操控效应等，不一而足。[24]

哈贝马斯正在社会研究所对大学生政治意识实证调查数据进行评估——顺带说一下，调查显示，恰恰是这一群体对政治话题关注度较低，而阿多诺则激怒了联邦德国的公众，因为他断言，这个国度的人们“并未真正体会到民主是他们自己的事”。他告诫人们，警惕国家社会主义在民主政体中死灰复燃，并预言，这比公然反民主的法西斯主义趋势更具有潜在的威胁性。[25]作为鞭笞反民主观念的批判者，阿多诺之名无人不晓，此外，他作为研究所所长之一，也推动了若干研究项目。由此，哈贝马斯了解了阿多诺关于社会学作为启蒙科学的独特理念；他不仅结识了这个领域的专业代表人物路德维希·冯·弗里德堡(Ludwig von Friedeburg)和埃贡·贝克(Egon Becker)，还接触到亚历山大·克鲁格(Alexander Kluge)和卡尔·马库斯·米歇尔(Karl Markus Michel)这样的思想家。哈贝马斯夫妇与研究所研究助理、生于1927年的弗里德里希·维

尔茨(Friedrich Weltz)是彼此性情相投的朋友，是他把哲学家哈贝马斯带进了掌握社会学实证研究技能的门槛内。哈贝马斯与报纸

---

① Halbbildung，意指浅薄的、一知半解的功利化教育，与追求人格完善的通识教育相悖。——译者注

及广播时评人伊沃·弗伦策尔（Ivo Frenzel）、乌尔里希·盖姆巴特（Ulrich Gembardt）、约阿希姆·凯泽（Joachim Kaiser）和提洛·科赫（Thilo Koch）都建立了友谊，另外还和来自希腊的施皮洛斯·希米提斯（Spiros Simitis）成了朋友。他和希米提斯是在阿多诺的研讨课上认识的。希米提斯在马尔堡学的法学，获得博士学位后来到法兰克福，在沃尔夫拉姆·缪勒·弗莱因费尔斯（Wolfram Müller-Freienfels）门下当助手。1963年他的题为《福利国家原则的意义在于保护家庭和企业的权利》（Der Sozialstaatsgrundsatz in seiner Bedeutung für das Recht von Familie und Unternehmen）的法学专业教授资格论文获得通过，取得教授资格。他和未来的妻子，精神分析学家、弗洛伊德研究者依丽莎·格鲁布里希-希米提斯（Ilse Grubrich-Simitis）相识就是在乌特和于尔根·哈贝马斯的家中；后来在他们的希腊东正教婚礼上，哈贝马斯夫妇当伴郎和伴娘，围着头戴花冠的新婚夫妇跳舞，这也是希腊东正教礼仪。[26]

尽管哈贝马斯不仅对阿多诺，而且对有马克思主义背景的整个法兰克福圈子，都有一种同声相求的亲近感，但他还是察觉到一个关系错综复杂的群体所特有的圈子文化和僵化刻板的东西，即必须认可的“研究所文化”（Geist des Hauses）：“到法兰克福以后，我留意到，霍克海默和阿多诺鲜少提到当代哲学。……我也从不相信阿多诺仔细研读过海德格尔。……这种选择性……让人感到陌生。……主观来看，我觉得自己是个无拘无束地吸纳哲学和科学传统的人，而这里‘准许’阅读的文献范围十分狭窄，又近乎教条化。”[27]

在研究所的最初那段时间，哈贝马斯丝毫不认为自己已找到了一个足以安身立命的职业，这种“无拘无束”无疑是导致哈贝马斯产生顾虑的原因之一。如他在给派施克的信中写道：“我在这里不可能长期待下去，这什么都不怪，只怪我不太愿意去适应一些东西。”[28]

鉴于最初阿多诺和哈贝马斯之间工作安排不明确，产生这样的疑虑完全可以理解。另外，伽达默尔这时向他提供了海德堡大学哲学系的助理职位，不过他拒绝了。显然，阿多诺是更大的智识挑战。人生的路把他引向海德堡大学是后来的事了。

无与伦比的学习过程。虽然有些保留和顾虑，但社会研究所的新职位还是吸引了哈贝马斯，主要是因为作为哲学家，他在这个职位上能够而且必须更多转向还相对较年轻的社会学学科，从而有机会拓宽学术视野。在这里不仅要研究社会学的哲学基础及其理论概念，而且还涉及他过去完全不熟悉的社会学实证研究方法。就此而言，他在社会研究所的工作是一个学习过程。在回顾 1956~1959 年间与阿多诺共事的过往时，哈贝马斯也称与阿多诺的合作是一个学习过程。

阿多诺不吝花费时间，细读助手的文稿，在上面密密麻麻地写满评注。[29] 而且他还养成了一个习惯，每当兴之所至，一般是写作过程中脑子里想法涌动时，就到研究所二层的助理办公室找哈贝马斯，和他进行思想碰撞。哈贝马斯处在一种非同寻常的情境中：某种程度上可以目睹老师的哲学思考过程，亲历其“意识的呈现、思想的自发、表述的力量”。“人们看不到阿多诺思想的生成过程，”

哈贝马斯回忆说，“因为他的思想一出来就是思想成品；……他一刻也不能忍受思想的紧张。只要和阿多诺在一起，思想就始终在澎湃激荡。”[30]

在工作之外，阿多诺和哈贝马斯的私人关系也密切起来。他们有时私下相互拜访。格丽特·阿多诺（Gretel Adorno）讲，乌特和于尔根·哈贝马斯 1957 年圣诞节来他们家做客时，送了她丈夫一只银质汤匙助送勺 ——一种很讨人喜欢的儿童餐具。向来无所顾忌地美化自己童年经历的阿多诺非常感动，喜出望外。

哈贝马斯和这个时期在研究所工作的格丽特·阿多诺也有不错的交情。格丽特打心底里喜欢年轻的哈贝马斯，他让她想起她在柏林时的朋友，多年的笔友瓦尔特·本雅明（Walter Benjamin）——他1940年在躲避纳粹迫害的途中自杀。[31] 也是格丽特，试图让哈贝马斯进一步了解本雅明思想中犹太教弥赛亚观念和马克思主义思想的广泛融合。她鼓励哈贝马斯为她和丈夫1955年出版的本雅明《文集》（*Schriften*）写一篇书评。哈贝马斯的妻子从出版社给他拿来那两本“浅棕色亚麻布面装帧的书”，他一头扎进那些“看起来体裁难以归类，时而明白晓畅、时而隐晦曲折”的文字。[32] 纵是如此，他仍无法满足格丽特的请求。这个时期，本雅明对他来说还太陌生。虽然1972年他将以题为《提高觉悟抑或拯救性批判：瓦尔特·本雅明的现实性》（Bewußtmachende oder rettende Kritik-die Aktualität Walter Benjamins）的论作参与世界范围的本雅明复兴，但对他而言，本雅明的思想大概终究都有那么一丝陌生。[33] 对此，后文还会谈及。哈贝马斯说，格丽特和他的办公室门对门，他在她那里见过保罗·克利（Paul Klee）那幅名为《新天使》（Angelus Novus）的画作。本雅明的《历史哲学论纲》阐释说，这幅画表现了进步的灾难性的一面。虽然所有这些都令他痴迷，但格丽特请他写的书评却一直躺在抽屉里未能成稿。[34]

这并没有影响格丽特·阿多诺对哈贝马斯的信任。比如，她向他透露了当时还严守着的秘密：《启蒙辩证法》的两位作者究竟谁执笔了哪些章节。她告诉他：“书名同名文章和关于萨德的文章，主要出自霍克海默之手，有关奥德修斯和文化工业问题的部分则为阿多诺所写。”[35] 最重要的是，她建议他和自己一道去听她丈夫的哲学讲座，那时的上课地点还是在一间小阶梯教室。1956年夏季学期，阿多诺开设了关于“纯粹现象学阐述与批判”和“现代工业社会学问题”的讲座，1956~1957年冬季学期开设了“伦理学问题”和“哲学导论”讲座，以及“启蒙辩证法”和“意识形态概念”研讨课。再后来，他又开设了“历史哲学入门”和“认识论”等课程。[36]在第一堂课上，哈贝马斯说：“我听得很吃力——出神入化的表达和论述令人头晕目眩，我受着那独特思想风格的牵引，懵懵懂懂地听。启蒙的逻辑亦往往流于单纯的故作姿态，我是后来才发现的。当时主要印象仍停留在，启蒙引导人们从蒙昧黑暗走向光明——使被遮蔽的事物的相互联系得以显现的承诺。”[37]

关于弗洛伊德的讲座。当哈贝马斯在法兰克福开始找到头绪，并准备学习职业社会学（sociology on the job）时，[38]研究所与海德堡心身医学教授亚历山大·米切利希（Alexander Mitscherlich）合作举办了一系列讲座，引起很多关注。米切利希是后来于1960年创立的西格蒙德-弗洛伊德研究所（当时是另外一个名称）的首任所长。举办这一系列讲座，表面看是为了纪念弗洛伊德100周年诞辰，但从讲座题目来看，却关乎精神分析的学科地位。1956年从春到夏，哈贝马斯听了此间的全部讲座，包括勒内·斯皮茨（René Spitz）、迈克尔·巴林特（Michael Balint）、弗朗茨·亚历山大（Franz Alexander）、古斯塔夫·巴利（Gustav Bally）和路德维希·宾斯万格（Ludwig Binswanger）的讲座，这些讲座令他印象深刻。“战争过去还不足10年，这些杰出的科学家在德国听众面前作关于精神分析学的报告，讲述1933年被以卑劣手段驱逐出德国的这个学科的进步，”哈贝马斯说，“而我在大学学习心理学时，凡涉及弗洛伊德的篇章，都带有轻蔑的意味；我不知道，是这些卓越人物，还是出色的讲座内容，更让我着迷。”[39]前不久他还写道，这些讲座“如来自陌生世界的思想激流，在早期的联邦德国倾泻而下”。[40]在发表于《法兰克福汇报》上关于此次系列讲座的旧文，以及2011年的“回忆”中，除重点讲述米切利希和爱利克·埃里克森（Erik

H.Erikson）关于精神分析疗法和无意识的理论，他尤为强调马尔库塞的两个报告。马尔库塞在报告中介绍了其即将出版的《爱欲与文明》（*Eros and Civilization*）一书中的思想。对他而言，马尔库塞完全就是“一个启示。我读到年轻的马尔库塞的东西，写于1930年的那些论作，我发现这正是我所寻觅的，也就是马克思和海德格尔。”[41]——哈贝马斯在一次广播采访中这样回忆。

马尔库塞曾师从胡塞尔和海德格尔，流亡期间仍是社会研究所成员，他此次访问德国是以马萨诸塞州布兰迪斯大学（Brandeis University）哲学和政治学教授的身份。7月，他在法兰克福和海德堡做了题为《爱欲本能论与自由》（Trieblehre und Freiheit）和《精神分析学影响下的进步观念》（Die Idee des Fortschritts im Lichte der Psychoanalyse）的讲座。哈贝马斯遂在《法兰克福汇报》发文表示，马尔库塞“勇于以18世纪的自由不羁，在我们这样一个时代，重又释放出乌托邦的能量。他……令最顽冥不化之辈亦开始沉思：思索我们如何全体无意识地陷入顺应传统、听天由命的境地，如何在自己的头脑中强化现存事物，而不去检验其‘概念’，检验其历史发展的客观可能性”。从其语言风格可以看出，哈贝马斯已迅速适应了“法兰克福学派”的语言表达方式（façon de parler）。[42]总之，马尔库塞令哈贝马斯倾心不已。对他而言，与这位非正统思想家的第一次“相遇，是我们与法兰克福学派老一代政治精神的化身和活生生的代表初次面对面的时刻”。[43]另外，该系列讲座对哈贝马斯自身理论的发展也意义非凡，因为他第一次清楚地认识到，“弗洛伊德创立了一门重要的科学理论，为影响深远的精神分析学研究奠定了基础”。[44]

哈贝马斯此次为《法兰克福汇报》和瑞士《民族报》（*Nationalzeitung*）做的报道，导致霍克海默决定约他——副所长的助手，私下谈一谈。这是霍克海默第一次与这位新晋员工谈话，原因是对他有些不满。他责备哈贝马斯的文章没有突出社会研究所作为系列讲座重要举办者的作用。这让哈贝马斯感到诧异：一是对霍克海默的指责背后潜藏的“我们和他者”思维模式感到诧异；二是也惊讶于霍克海默——在其思想和著作中，批判极权主义体制传统占据着极其重要的地位——显然认为他可以规定下属在发表的文章中写什么和怎么写。[45]

霍克海默对“辩证的 H 先生”的敌意

哈贝马斯与霍克海默之间变化无常的关系本身就是一个故事，微妙莫测，外人亦难以揣测。总之，两人关系从一开始就不太好。看到阿多诺对霍克海默的恭顺谦卑已至何种程度，哈贝马斯觉得，面对老所长的强势霸道必须要保护敏感的阿多诺。他也不喜欢霍克海默身上的政治投机倾向。总之，作为年轻助手，他对霍克海默如何试图顺应现有社会形态和政治关系大为惊讶。当时他大概在某种程度上错以为，霍克海默对西方民主政治持肯定的态度，这是抵御来自左右翼阵营民主蔑视者的夹击、捍卫民主政治所必须坚持的立场。日后哈贝马斯会以自己的方式将这一观念内化于心。

哈贝马斯也注意到了阿多诺和霍克海默思维方式上的差异——对他们自身而言可能是暂时的。他后来对此作了详述，并指出，霍克海默自流亡归来在社会理论思想上几乎没有任何新建树，“更让人无从看出与昔日思想的一致性”。[46]霍克海默的思想似乎陷入了停滞。与霍克海默不同，阿多诺则全身心投入工作，尤其是学术教育。哈贝马斯说，在这方面阿多诺完全扮演了启蒙者的角色；不仅如此，他具有“将哲学中的否定论（Negativismus），与相信公共话语之顽强不息（Eigensinn）的知识分子改良主义结合在一起的高超本领。……在这里，人们看到的是一位孜孜以求的国民教育家，他……掘出所有陈腐的、极权主义的东西，使之经受公共话语瓦解的逻辑的检验。虽然在理论上批判启蒙道德，但他在公共领域所实践的却是康德走向成熟的教育理念”。[47]

对目前研究所有资金可用，一名新员工已开始工作，霍克海默大抵是高兴的。那时，所领导们一直在寻觅高水平人才。当时前途看好的年轻社会学家达伦多夫，突然辞去了上任不久的职位，[48]放弃在霍克海默手下做实证研究项目，而后接受了萨尔布吕肯大学的邀请，受聘该校的教授职位。

对于哈贝马斯这个名字，至少霍克海默不会太陌生，因为他 1955 年 2 月曾回复过哈贝马斯一封信，介绍了“意识形态”课题的情况。因此，哈贝马斯在获得博士学位后和在研究所入职前的这段时间，参与了由德国科学基金会资助的研究项目。由于这时在芝加哥大学担任客座教授，加之研究所外的一些活动，所以霍克海默常常不在所里，因此，他最初几乎没有注意到阿多诺的这名从波恩来的助手。不过他很快就会注意到他，导致情况出现变化的是伽达默尔。霍克海默曾与伽达默尔共事，由于他曾师从海德格尔，霍克海默对他不信任。霍克海默可能了解到，伽达默尔与他的老师一样，1933 年 3 月曾在《德国大学和高等院校教授支持希特勒和民族社会主义国家声明书》上签名。[49]

汉斯 - 格奥尔格 · 伽达默尔，这位执教于海德堡大学、不断自我革新的哲学诠释学的大师，与慕尼黑哲学家赫尔穆特 · 库恩（Helmut Kuhn）于 1953 年共同创办了期刊《哲学评论》（*Philosophische Rundschau*）。在写于 1956 年 1 月 18 日的一封信中，伽达默尔约请哈贝马斯撰写一篇关于西方马克思主义流派的文献综述。这个任务不轻松，在“冷战”全面爆发、共产主义“妖魔化”正大行其道之时，这甚至是个烫手山芋。当时学术界也众口一词地认为，可以把马克思当作过了气的人物弃之不谈。对于哈贝马斯，伽达默尔所了解的是，这位年轻的哲学家正在研究意识形态概念，擅长写作，而且1955年刚在《水星》杂志发表了一篇题为《透视马克思》(Marx in Perspektiven)的书评。在书评中，他评论了奥古斯特·科尔纽(Auguste Cornu)、路德维希·兰德格雷贝(Ludwig Landgrebe)、海因里希·波皮茨和达伦多夫的著述，并以此为出发点，开始发展自己的马克思批判理论。[50]这个时期，哈贝马斯本人对马克思主义的接受有两个重点：一是马克思在哲学史学框架中阐述的革命理论；二是物化理论，主要是《1844年经济学哲学手稿》(*Ökonomisch-philosophische Manuskripten*)所阐述的物化理论。哈贝马斯愿意利用这次机会，在一本有名望的、读者有哲学背景的专业杂志上发表文章，所以接受了伽达默尔的撰稿邀约。

《关于马克思和马克思主义讨论的文献综述》。1957年12月，哈贝马斯完成了文稿，伽达默尔一看到这篇洋洋洒洒、内容丰富的文章，就果断刊发在了杂志上。因为"显而易见，作者对马克思主义基本思想持肯定态度，却避免作任何政治评价，仅限于对关于马克思的文献进行概念上的考察。令我印象深刻的是，他深谙二者的区分之道，以符合杂志的学术要求"。[51]

确如伽达默尔所言，哈贝马斯在该杂志的第3、4期成功地对当时的相关重要论述做了富有启发性的总览。他的评述从以下问题视域出发：如何能充分利用历史唯物主义来分析当代问题，而不是将马克思主义作为哲学经典"博物馆化"？首先，和这个时期的马尔库塞一样，哈贝马斯明确反对苏联教条式的马克思主义。[52]其次，他探究了如何合乎时代精神地思考异化现象这一问题。他的答案是，不要像海德格尔那样，将异化看作"一次形而上学事故的密码"(Chiffre eines metaphysischen Unfalls)，而要视之为"实际存在的贫困化状况的标志”。[53]不过，哈贝马斯的评述聚焦的核心问题是：历史哲学和革命理论相统一的马克思主义遗产在当今的重要意义何在？具体而言就是：相关论述如何讨论年轻的马克思所思考的革命实践中的哲学自我扬弃问题？

他在文中透露，接下来几年他将坚持“具有实践意义的经验可验证的历史哲学”的研究方向，[54]研究对象为人类种群历史（Gattungsgeschichte）作为一种自我反思的教育过程。他在这里关注的，首先是作为“批判的范畴论”（Kategorielehre der Kritik）一部分的认识论视角下的革命概念。[55]他阐明，只有在一般历史进程和革命进程相互交织的特殊历史条件下可以期待，在现行社会发生彻底变革的同时，对现行社会的哲学批判会提升到实践的高度。这不仅与海德格尔的观点，而且也与马克思的观点对立。哈贝马斯写道，“社会……历来都是必定要变化的”。[56]要想知道变化何时及怎样发生，一方面，需要通过实证研究获得关于社会危机状况的准确的社会科学认识；另一方面，需要进一步发展像马克思及其继承者，如马尔库塞、梅洛·庞蒂（Merleau-Ponty）及萨特发展出的那种社会批判理论。这种取代了作为道德“善”的哲学的社会批判理论，并非旨在为糟糕的世界重新给出一个解释，而是为了揭示现行社会的内部矛盾，以令萌生变化的迹象凸显出来。哈贝马斯援引了“按其原初理论形态……可理解为历史哲学和革命理论相结合的历史唯物主义实践观，一种革命的人道主义，它以异化分析为出发点，目标在于推动现行社会关系的彻底变革”。[57]在文章结尾，哈贝马斯引述了马尔库塞《爱欲本能论与自由》中的大段文字，大意是：尽管生产力进步了，但压迫性的技术统治阻碍了历史上可能的自由形式的出现，这对了解哈贝马斯自身的哲学定位具有启发意义。

哈贝马斯借助该文致敬马尔库塞，同时也探讨了阿多诺运用唯物主义武器对源始哲学的批判。不仅如此，他在文章开篇就提到了霍克海默早期对历史唯物主义的解释，以说明霍克海默对马克思理论的吸收并非教条式的。重重保险并未使此次“哲学讨论”的作者逃脱被所长冷落厌弃的命运。距离这位所长作为哲学和社会学教授正式退休还有好几年，他就已经和夫人大部分时间都住在瑞士卢加诺湖（Luganer See）畔的蒙塔诺拉村（Montagnola），但他仍然要求掌控社会研究所的政策。

霍克海默 1958 年 9 月忍着“痛风和视力模糊”，如他信中所言，给阿多诺写了一封长信，表达了他在哈贝马斯这件事情上的几点疑虑。不只哈贝马斯的政治活动，尤其是抗议联邦国防军重新武装的行动令他反感，他也极讨厌哈贝马斯的文章。霍克海默武断地认为，反对德国核武装的抗议行动是东部操纵的群众运动。在其“1958 年 5 月中旬”的札记中，有如下记录：这些反对核武器运动的异见者，“在科技时代，通过抗议和静默游行重温法国大革命，这是对法国大革命的空泛化、简单化和庸俗化。在大学生、政府行政官员和形形色色的参与者思想短路一样的思维定式中，‘人民’属于最高范畴。……然而，年轻人的团结一致只意味着，他们就是要有所行动”。[58]

/ 119 霍克海默认为，在哈贝马斯身上也能看到这种政治行动主义；不过，他讨伐哈贝马斯的重点其实是伽达默尔杂志上的那篇文章。霍克海默在给阿多诺的信中写道，对哈贝马斯这位“辩证法的 H 先生”而言，革命意味着一种“积极的主张，一种被有限化的绝对，一种偶像，彻头彻尾地伪装成我们所认为的批判和批判理论的偶像”。[59] 这表现在，他“如此暴力地对待哲学，一如他暴力地对待社会学。在他那里马克思成了提线木偶……像 H 先生这样写东西的人，纵是聪明过人，却终究目光短浅、头脑狭隘，他缺乏常识（bon sens）……”[60] 让人担心的是，这位“H”会“用他的概念崇拜摧毁我们的学生的基本观念和社会认知……可我们不能听任这位助手肆无忌惮的行为毁了研究所”。[61]霍克海默强调，人们一直都知道，“靠革命去拯救的想法徒劳无益”。[62]号召革命——他硬给哈贝马斯栽上这个罪名——就是“对东部先生们的煽动”，就是“对内部潜在的法西斯分子的纵容”。霍克海默得出结论：哈贝马斯是个“十分积极活跃的人”，他在研究所学了些东西，但“几乎没有什么关乎与社会问题打交道的经验”。[63]他明确要求阿多诺让这个29岁的年轻人离开研究所。

虽然阿多诺一向对霍克海默逆来顺受，但这一次他没有顺从，而是站出来力挺自己的助手。他在原信稿上做了若干评注，足以证明他对霍克海默的指责难以苟同。[64]在后来写给霍克海默的几封信中，他直言不讳地表达了对哈贝马斯的欣赏。[65]终归他是非常了解自己的助手的，而霍克海默与哈贝马斯仅有过一次交谈，也就是因弗洛伊德讲座的事斥责他那次，这个霍克海默自己也承认。阿多诺试图向霍克海默阐述自己对这个事情的看法。

回顾霍克海默和哈贝马斯之间的关系，或不如说没有关系的这段时期，浮现出一个问题：霍克海默对哈贝马斯的指责——暂且不论显然出于对积极参与政治的年轻助手的成见而抛出的恶言恶语——是否也有几分道理？阿多诺肯定是第一个对此有所察觉的，并在给霍克海默的复信中明确表达了这层意思。他写道，[66]哈贝马斯对唯物主义历史观和哲学观的阐释，与霍克海默早期发表在《社会研究杂志》最初几期的文章中的纲领性观点何其相似，这是一种虽被历史哲学怀疑论所打破，却受到社会主义鼓舞的、相信市民-资本主义社会的对抗状态会被超越的信念。哈贝马斯对马克思主义文献的评论，无疑围绕着应如何评价革命理论的真理内涵这个葛丽卿难题。但这一评价性观点与霍克海默“总是一再表示，信奉革命……是哲学的固有意义之所在”的看法，绝不能相提并论。[67]很多事实证实了阿多诺的公开猜测：霍克海默之所以恼羞成怒，也是因为哈贝马斯让他想起了自己参与社会革命的过往，而在战后德国，他自然根本不想再提或多提此事。另外，他生怕与一位异见知识分子具有政治动机的行动沾上关系。哈贝马斯与霍克海默一直以来所持的观点特别接近，即不应将革命实践主张视为超越时代的。几十年后，哈贝马斯称，他在“冷战”时期的政治立场是反对反共产主义立场。[68] 以后人们还将看到，他对马克思主义的吸收有大量违背理论本意的地方。霍克海默当时对他是误解，抑或是过度理解，难以道清，在此姑且搁置不论。

/ 121 总之，1973 年 7 月霍克海默去世后，哈贝马斯在其遗物中初次看见那封只听闻过的致阿多诺的臭名昭著的信，惊讶万分，这并不让人感到意外。[69] 尽管在研究所担任助手期间，他隐约感到霍克海默对他怀有敌意，但如此这般恶意诋毁，是他万万没有想到的。他在 1977 年 2 月写给马尔库塞的信中，表达了他的愕然：只有被威廉时代的恐惧折磨过的人，才会认为这篇综述是“革命宣传册”。[70] 后来，哈贝马斯在某种程度上理解了霍克海默。“在霍克海默畏首畏尾和投机取巧的厚壳之下，裹藏着极端悲观主义的基本观念——一种个人的处事之道，考虑到他明知自己死后日记内容会被公开，他理应得到尊重。”[71] 甚至忆及霍克海默勒令解雇他一事，他也认为“从心理学的角度完全可以理解”，还补充说，霍克海默对他的质疑“并非完全没有道理。我那时没有认识到霍克海默 30 年代在知识界的特殊地位”。[72]

至于阿多诺，仍是立场坚定的面对“猛犸象”的“河马”。自加利福尼亚流亡时期起，在朋友圈子里人们常用这样的绰号称呼他们二位。当霍克海默再次致信阿多诺，表示反对发表关于大学生政治意识的实证研究报告时，阿多诺再次站出来维护哈贝马斯。该研究课题由哈贝马斯与路德维希·冯·弗里德堡、克里斯托夫·于勒

/ 122

（Christoph Oehler）和弗里德里希·维尔茨共同负责；哈贝马斯撰写了导论，详细介绍了民主理论的有关体系。该研究项目关注的核心问题是，大学生对年轻的德国民主政体有什么样的看法，以及他们在多大程度上有意愿参与这一政治进程。在遭到霍克海默指摘的导论中，哈贝马斯对“政治参与”概念做了深入思考，并力图阐述，伴随着社会进一步的科学化，大学功能亦发生了转变，经济因此直接侵入到科学机构中。从根本上说，必须通过“对私有资本财产功能的政治监督”来遏止私有经济利益的权力增长。[73] 另外，他还提出了如何应对大众非政治化的危险，及怎样加强民主的参与性元素的问题。哈贝马斯援引政治学家沃尔夫岗·阿本德罗特（Wolfgang Abendroth）设计的社会民主模型，提到阿多诺在社会研究所的讲座中发出的呼吁，以证实政治参与概念是有民主理论依据的。哈贝马斯认为，民主是一种生活方式，它是随着自由社会及其成员的成熟而产生的。他对民主的理解，与阿多诺20世纪50年代末其政治和教育社会学分析中提出的观点完全一致。

霍克海默则相反，在福利国家民主制度保障所有公民政治参与的物质前提这一要求的背后，他嗅到了革命概念复活的气息。他在致阿多诺的信中写道：“革命这个词，也许是受您的影响，已被‘从形式民主到实体民主、从自由民主到社会民主的发展’所替代。”[74] 另外，霍克海默也十分反感哈贝马斯想当然地认为目前局势极端恶化，因为他对德国当前的政治局势——执政的保守党开始制定《紧急状态法》——危言耸听，认为这样下去，会最终导致再度出现威权国家。

/ 123

但对这一切，阿多诺却很不以为然，他甚至当着霍克海默的面，称赞《大学生与政治》（*Student und Politik*）——调研报告出版时的标题——的导论是“杰作”，是“辉煌的成就”。他坚持“书中无论如何要保留”导论，说“哈贝马斯真是下了功夫”。[75]

1959年秋，德国社会学家代表大会在柏林召开，此次会议主题为“社会学在现代社会中的作用”。在这次会议上，受到称赞的哈贝马斯甚至在关于“学校和高校教育对学生政治意识的影响”的报告中，介绍了调研成果。但这也于事无补，霍克海默对调研报告一竿子打死的批评态度，得到了至交弗里德里希（弗里茨）·波洛克的支持；这不但导致调研成果的发表大大推迟，也导致它未被纳入社会研究所系列丛书，而是由赫尔曼·鲁赫特汉德（Hermann Luchterhand）出版社于1961年收入“社会学文丛”出版。1960年6月3日，哈贝马斯在致所长的信中写道：“与鲁赫特汉德出版社的商谈目前非常顺利，关于此事，冯·弗里德堡先生一直向您汇报最新进展。出版社对调研报告兴趣颇大，他们打算最迟在9月份书展上推出。当然，调研报告，与我们最初设想的不同，不是收入政治学系列丛书，而是收入同期的社会学系列丛书出版。”[76] 哈贝马斯最初的两本书不久将在这家出版社出版。

由此可见，哈贝马斯在社会研究所还是“不舒心”，所以当他在伽达默尔的支持下又一次获得德国科学基金会奖学金时——这笔奖学金用来资助他完成教授资格论文——他当即决定，在1959年10月放弃社会研究所的职位，靠“领取奖学金维持生活”。1960年6月11日，他在给《水星》杂志约阿希姆·莫拉斯的信中，既自嘲又忧愤地这样写道。[77] 这是个鲁莽的决定。他妻子得知他已辞职时，简直不敢相信自己的耳朵，[78] 毕竟7月女儿丽贝卡刚出生，这个家已壮大为四口之家。但哈贝马斯的辞职有充分理由，再说，在自己的能力方面，他并不缺少自信。他心里清楚，单靠阿多诺的支持，他几乎不可能通过教授资格考试，阿多诺刚被聘任为教席教授，在学院的地位尚不稳固。[79] 而霍克海默对他教授资格考试计划的支持有附加条件，就是要求哈贝马斯——他想尽快甩掉的这个人——必须参与研究所内部的德国法官实证调研，他已为这一研究计划筹措了资金。拖延教授资格论文数年，这对哈贝马斯来说是根本不可能的事。研究所的法律顾问赫尔穆特·贝克对给哈贝马斯附加的条件做了明确解释：让他别抱幻想了。他已在论文上投入了大量时间，让阿多诺看过的第一稿即将完稿。再者，出于经济原因，他也得尽快找到未来能取得教授资格的固定学术职位。

“最有前途的知识分子”

重新定位和离开研究所，迫使哈贝马斯要做出一番调整，以适应新的职业起点。回想这段经历，生活和职业规划及伴随着的知识分子形象的自我确认，经历了四个阶段。这不是一个线性的发展过程，哈贝马斯作为社会理论家的思想成长亦非如此，我们向前稍作展望就会一目了然。

他先四处寻找打探，哪里有做教授资格论文的机会，并最终落脚在沃尔夫岗·阿本德罗特，这位随大流者国度里的“游击教授”那里，[80] 历经一波三折后终于取得高校执教资格。教授资格论文还未通过，他就被海德堡大学聘为哲学系副教授，成为终身制公务员，这是一个颇有名望的较稳定的职位。在海德堡，他开始作为跨多个研究领域的学者崭露头角——此为第二阶段，他的研究重点包括批判的马克思主义、阐释学传统、社会科学理论及精神分析学。

第三阶段，哈贝马斯在一场以“实证主义之争”书写了历史的论战中备受瞩目。这次论争始于 1961 年德国社会学学会图宾根工作会议，引发争论的是阿多诺和在伦敦政治经济学院执教的哲学家卡尔·R. 波普尔（Karl R. Popper）。哈贝马斯在参与此次论争所写的两篇文章中，反对“批判理性主义”，捍卫批判理论立场，由此使“法兰克福学派”思想作为社会科学中的独立范式引起了人们的注意。

第四阶段从1964年初算起，此时哈贝马斯终于分别收到了柏林自由大学和法兰克福大学请他担任哲学和社会学教席教授的聘任邀请。他接受了法兰克福大学的聘任，因此成为霍克海默的继任者，此时霍克海默已改变了对他的看法。或许这位年轻助手当年离开研究所的方式令他敬佩；或许被他严厉诟病的研究报告《大学生与政治》得到很多积极反响，也令他印象深刻。[81]

当哈贝马斯向政治教育留学办公室[82]——该办公室自1960年起成立并资助赴美研究旅行——申请奖学金，并在2月14日的一封信中请霍克海默作为主要鉴定专家提出评价意见时，得到他毫无保留的支持。不止如此，当哈贝马斯的赴美之旅于1965年成行时，昔日的成见似乎全被抛到九霄云外了。霍克海默更是向美国犹太人委员会高调称赞哈贝马斯是“德国最有前途的知识分子之一”。相比英裔美国学术文化中的一些做法，这样的入场券（billets d’entrée）还不错。[83]

/ 126

不过，哈贝马斯也为缓和两人关系做了努力。霍克海默70岁生日时，哈贝马斯写来一封情真意切的贺信；1964年4月，于马克斯·韦伯100周年诞辰之际在海德堡召开的社会学大会上，哈贝马斯在霍克海默负责的会议小组参与了关于美国著名社会学家塔尔科特·帕森斯（Talcott Parsons）的讨论。他做了有关“价值自由与客观性”[84]的报告，就这位美国结构功能主义代表人物的理论，及马克斯·韦伯的决断论和政治威权主义理论进行了批判性分析。后来他也努力维护与霍克海默的良好关系。他支持霍克海默将早期文章结集出版的计划。1972年，两卷本文集《批判理论》由费舍尔出版社出版后，他致信霍克海默：“我现在有些惊讶地发现，我们是如此旨趣一致，甚至在具体而微的细节问题上也是这样。”[85]

在海德堡的社会学大会上，他又一次见到了马尔库塞。马尔库塞是主讲人之一，他在报告中炮轰韦伯的统治理论和官僚制理论

（Herrschafts-und Bürokratietheorie）。他送给哈贝马斯一本《单向度的人》（*Der eindimensionale Mensch*），1964年在美国出版的版本。他给哈贝马斯的亲笔题词引用了瓦尔特·本雅明的话：“只是为了那些绝望者，希望才被赐予我们。”[86] 马尔库塞也以这句话作为他这部著作的结束语。在这次大会上，哈贝马斯见到了第一代批判理论的三位代表人物共聚一堂的场面，以后这样的机会就屈指可数了。他不但再次目睹三人迥然不同的性情，也再度见证了三人思想上的差异。这期间，这种差异已通过阿多诺的否定辩证法、霍克海默的历史哲学的悲观主义和马尔库塞的乌托邦革命论显现出来。

在法兰克福大学的就职演讲。1965年6月28日，哈贝马斯在法兰克福大学做就职演讲。虽然夏日炎炎，但大礼堂座无虚席。他选了《认识与兴趣》作为演讲题目。他开宗明义地向听众说明，讲座的目的是，“在将近一代人的时间过去之后”，重新探讨最初由霍克海默提出的关于传统理论和批判理论的问题，以便搞清楚一种声称包含解放的认识兴趣的科学形态的基础。[87]

哈贝马斯把就职演讲稿寄给了霍克海默，他虽然未能亲临讲座现场，但在给哈贝马斯的回信中表示，他对“演讲内容非常满意”；哈贝马斯“确实重拾了一些至关重要的问题，对问题的表述极具前沿性”。[88] 霍克海默是否仔细看过讲稿，不好断定。至少档案里的原稿看上去几乎丝毫未动，也未加任何评注。

不过，讲座稿中有一段他一定喜欢，因为它与霍克海默20世纪40年代的思考有着惊人的相似。在1941年写给阿多诺的若干信件中，霍克海默表达了对理性和语言的关系的思考，还提出了一个具体问题：语言是否具有超验的地位？即，语言是否超越了作为描述世界的媒介的功能？霍克海默当时对自己的语言哲学直觉做了清晰的表述："对一个人言说，根本上意味着，承认听者可能是未来自由人联合体的一员。言说启动了一段通往真理的共同的关系，因此是对被攀谈的陌生人的，甚至是对所有可能的陌生人的最内在的接受。"[89]如今，时隔近25年后，哈贝马斯在大学就职演讲中讲了一句话，这句话不仅是对他未来研究纲领的概括，而且也使他不自知地（当时他尚不知阿多诺与霍克海默之间的通信内容）延续了霍克海默当年铺设的思路："使我们区别于自然的，是……我们据其本质能了解的唯一东西：语言。凭借语言结构而确定了我们的成熟状态。"[90]事实表明，法兰克福大学的就职演讲是他步入国际学术舞台的序幕，然而，这并非一条一帆风顺的坦途。

取得教授资格。上文已提到，离开社会研究所后，哈贝马斯开始设法寻求支持，以取得教授资格，这个过程不太顺利。他先向舍尔斯基和普莱斯纳提出申请，但均遭婉拒，他们的解释是，想优先支持本校的年轻学者。哈贝马斯向弗莱堡大学的保守派政治学家阿尔诺德·贝尔格史特莱泽（Arnold Bergstraesser），甚至向“（希特勒）攫取政权”后屈服于“第三帝国”价值观的海德堡大学伦理学家恩斯特·米尔曼（Ernst Mühlmann）小心翼翼地打探情况，[1]他们的反应与舍尔斯基和普莱斯纳一样，也婉拒了他。

在友人希米提斯的鼓励下，情急之下他去向一位彻头彻尾的圈外人求助，他就是马尔堡大学政治学家和宪法学者沃尔夫岗·阿本德罗特，当时“德国大学中唯一一位马克思主义学者”。[2]哈贝马斯打去电话探问情况，第一次通话后，阿本德罗特当即表示了对这篇教授资格论文的主题和作者的兴趣。“阿本德罗特接电话时自报姓名，声如洪钟，犹如起床号——听上去，晚霞①化作了万丈朝霞。阿本德罗特用愉快的语气善意地、毫无保留地面对来电者，尚不知对方何人，就毫无戒备地把自己袒露在别人面前。阿本德罗特无端地信任这个常令他失望的世界。”[3]他邀请哈贝马斯周四去听他的高级研讨课。两人见了面，他仔细阅读了论文，然后收下了 已基本完成的关于“公共领域的结构转型”（Strukturwandel der Öffentlichkeit）的论文稿。

他们之间迅速建立了友谊。在哈贝马斯眼中，阿本德罗特“为人低调，没有职业虚荣心和个人野心，淡泊名利”。[4]由于他公开表

---

① “阿本德罗特”的德文拼写 Abendroth 与“晚霞”Abendrot 仅一个字母之差。——译者注

示与工人运动团结一心，所以他不同于这个时代绝大多数被聘任公职的教席教授，但他也有别于如德国共产党（KPD）和德意志共产党（DKP）内部教条化的斯大林主义左派。他持“反对反共产主义立场，与浓厚的冷战气氛形成鲜明对照，就这方面而言，他是个例外”。[5]哈贝马斯在马尔堡切身感受到，“对阿本德罗特等少数人而言，……非强制性对话原则成了一个性命攸关的问题”。[6]那时以卡尔·施密特（Carl Schmitt）及其门徒恩斯特·福斯特霍夫（Ernst Forsthoff）为代表的右翼保守主义学派的影响仍如日中天，阿本德罗特运用自己受赫尔曼·黑勒（Hermann Heller）宪法学派影响的对民主福利国家制度的解释，来反驳他们的理论，属于当时与这一学派针锋相对的少数人之一。对于“福利国家制度今天被认为是民主的法治国家的合法性条件”，[7]也要归功于阿本德罗特。哈贝马斯在庆祝阿本德罗特100周年诞辰的讲话中如是说。

虽然已有阿本德罗特的支持，但教授资格也并非唾手可得。参与教授资格论文书面评审的除阿本德罗特外，还有社会学家海因茨·莫斯（Heinz Maus）、史学家彼得·沙伊贝特（Peter Scheibert）、弗里茨·瓦格纳（Fritz Wagner）以及教育学家莱昂哈德·弗罗泽（Leonhard Froese）。评审专家中，只有阿本德罗特教授逐步复述了论文内容，并对研究结果一一做了评述。他对仅以资产阶级公共领域为样本分析公共领域的历史形成，提出了批评意
/ 131 见；对从社会学的视角分析公共领域的瓦解，及论文中论证的通过党内和社团内的民主机制来应对非政治化加剧的危险的解决办法，给予了肯定性评价。论文评审组的其他成员也都参考了阿本德罗特的阐释。莫斯称赞论文的跨学科视角，沙伊贝特对其批判资本主义的方向提出质疑，瓦格纳则批评论文倾向于将历史与社会发展归因于经济的影响。弗罗泽仅评论说，论文写得过于仓促。不过评审小组成员一致同意通过论文。[8]

哈贝马斯的教授资格论文答辩题目是《民主的精英理论》（Elitetheorie der Demokratie），答辩以系里在场成员多数同意获得通过，哲学系主任与哈贝马斯握手，以表示授予他大学政治学专业执教资格。但有参与了该程序的狡猾的教授立刻发现，实际上，他还够不上全系多数成员同意方可获得大学执教资格这个条件。由于这一程序上的原因，起初人们拒绝承认哈贝马斯已取得的教授资格，拒绝制作教授资格证书。整个程序眼看要搁浅。然而，身为法学家的阿本德罗特以提出行政申诉相威胁，坚持认为口头授予大学专业执教资格具有法律约束力，最终使哈贝马斯取得的教授资格获得承认。1961 年 12 月，哈贝马斯做了他学术生涯的首次讲座。讲座开始前，系主任按照流程，将证书亲自交到他手中，然后转身拂袖而去——一个羞辱性的姿态，使本就紧张的气氛愈发剑拔弩张起来。在 6 月 7 日写给“亲爱的派施克”的信中，哈贝马斯抱怨说：“德国大学的反理性……通过教授资格考试程序暴露无遗：整个过程让申请教授资格的人忙碌不堪、疲于应付，根本无暇去做有意义的事。”[9]

他获得教授资格后的首次讲座题目为《古典政治学与社会哲学的关系》。[10] 他在讲座中先概括介绍了政治哲学的权威立场和观点——马基雅维利（Machiavelli）、莫尔（Morus）、霍布斯（Hobbes）、洛克（Locke）和维柯（Vico）的思想，并重点讲述了从亚里士多德式的古典政治概念到现代政治理解的转变。他的意图在于，唤起人们对已被遗忘的政治概念的记忆。在亚里士多德那里，政治是指导人们实现一种良善、正义的道德生活的正确实践，而现代政治哲学“科学化”的目的却在于，在方法论指导下获得完全服务于生产、支配和应用的知识。这些知识基本是关于技术上可应用的知识，哈贝马斯由此得出结论，像这样以自然科学理想为取向的政治学，是将实践等同于技术。不过这提出了一个问题，“如何能兑

/ 132

现在古典政治学的具体情境下，以正确的和正义的行动为实践准则的承诺，而又不放弃现代社会哲学所宣称的——与古典实践哲学的宣称不同——认识的科学严谨性？或者反过来讲，如何一方面兑现社会哲学对社会生活情境的理论分析承诺，另一方面又不放弃古典政治学的实践观？”[11]在讲座最后，哈贝马斯讲到“公共舆论的调解功能”，强调历史地形成和发展的政治公共领域的启蒙－解放功能，从而点出了他的教授资格论文的主题。

该讲座稿的扩展版，后来成为他出版于1963年的文集《理论与实践》的首篇文章，他在后来所做的有关社会学历史的报告中，也经常追述该讲座的内容。此外，讲座中关于思想史的重建这一段，经改编收入1966年赫尔曼·昆斯特（Hermann Kunst）和西格弗里德·格伦德曼（Siegfried Grundmann）出版的《福音派国家词典》（*Evangelisches Staatslexikon*）中由他撰写的“社会学”词条。[12]另外，哈贝马斯的父母也从古默斯巴赫来到马尔堡，出席儿子取得教授资格后的首次讲座，毕竟这是一件人生大事。在经历了系里的风波之后，哈贝马斯巴不得能马上离开马尔堡。哈贝马斯和阿本德罗特及其家人一直保持着私人交往，直至阿本德罗特1985年9月去世。

在海德堡大学执教。哈贝马斯并不是在决定去马尔堡进行教授资格考试的时候，才有了“马克思主义者”的名声。当阿佩尔，他波恩时代的朋友，“第一次在公开场合称他是新马克思主义者”时，他吓了一跳。[13]不过，这显然对他刚刚起步的学术生涯没什么坏处。因为他还未通过教授资格考试，伽达默尔就已在努力为他争取海德堡大学哲学系的副教授职位。

1961年，正在古默斯巴赫休假的哈贝马斯，得到了海德堡大学将向他提供教授职位的消息。面对这个激动人心的消息和即将来临的工作，他突然出人意料地患了肺炎，卧床不起。1962年秋，哈贝马斯一家四口从法兰克福迁往内卡河畔的海德堡，搬进了汉德舒斯海姆区（Handschuhsheim）圣施特凡街2号（St.Stephans-Weg）的一所房子里。他的办公室在位于奥古斯丁路15号的哲学楼上。对哈贝马斯来说，令人高兴的变化，同时意味着新的开始："在海德堡，自1961年起，伽达默尔的《真理与方法》（*Wahrheit und Methode*）帮我重新找到了回归学术哲学的路径。"[14]

雅斯贝尔斯在海德堡大学的教席继任者伽达默尔，当时尚未声名鹊起。他从一开始就竭尽全力替哈贝马斯说话，最终说服哲学系接受了哈贝马斯，尽管阿佩尔也是该教授职位的可能人选，在哲学上也更靠近他。"这个过程相当艰难，……洛维特坚决要阿佩尔，而我说，不，我宁愿要一个能做我们做不了的事的人。阿佩尔已经很有名气，他是个认真严肃的人，和哈贝马斯一样，都是罗特哈克的学生，聘任他顺理成章；但当时我强烈反对，坚决表示要哈贝马斯。"[15]在伽达默尔看来，让他决定选择哈贝马斯的关键，并不是哈贝马斯的以海德格尔哲学为榜样的论谢林哲学的博士论文，而在于如下事实：当时难以将哈贝马斯的思考方式归入阐释学；而且，由于他那篇从社会学和政治学视角撰写的教授资格论文《公共领域的结构转型》，哈贝马斯实际上被视为学术哲学圈外人。伽达默尔尊敬哈贝马斯，视他为对话者，他"根本上不把他人视为对手，即使是反对他的人"。[16]他高度评价哈贝马斯，认为他是当时熟悉黑格尔-马克思主义传统的屈指可数的西德哲学家之一。1961年7月，在被聘任前——就人生意义而言，这大概是最重要的一次聘任，哈贝马斯在哲学系以"辩证唯心主义到唯物主义的过渡"为题作了首次讲座，由此架起了一座从谢林的政治哲学和历史哲学到马克思唯物主义的桥梁，他将后者阐释为这样一种理论：它探究驾驭外在自然和内在自然的条件，并指出"人的自然化"和"自然的人化"是失败的。[17]

/ 134

哈贝马斯以前曾试图阐述他本人对马克思主义科学观的看法。应苏黎世哲学协会之邀，他于1960年12月在苏黎世做了题为《在哲学与科学之间：作为批判理论的马克思主义》（Zwischen Philosophie und Wissenschaft:Marxismus als Kritik）的讲座，他在讲座中表示反对正统地解释马克思理论。他严厉批驳对被极大误
/ 135 读的著名“经济基础和上层建筑”理论的经济主义的解释，而且也怀疑“异化”和“贫困化”这两个范畴的解释力，而1957年在关于马克思主义文献的综述中他还曾援引过这两个范畴。他认为，关于阶级对抗是社会发生革命性变革的驱动力的理论，现在看来是成问题的，从联邦德国的现实情况来看更是如此：“当前，即使在工人阶级核心阶层中也不能确定有阶级意识的存在，至少看不到革命性阶级意识的存在。在这种情况下，任何一种革命理论都缺乏接受者。”[18] 马克思根本不曾预想到，在随着生产力的提高实际工资也水涨船高的福利国家规模扩张的时代，阶级意识已基本丧失，以此为前提的潜伏着危机的资本主义经济的自我扬弃没有发生。此外，马克思还低估了国家的作用和经济制度的自我修复能力。剩余价值学说在哈贝马斯看来也站不住脚。只有马克思对生产资料的私人支配和分配不均——这不但是收入不平等的原因，也是资本主义积累过程无序混乱的原因——的批判，仍具有现实意义。

在讲座最后，哈贝马斯提出这样一个问题：批判——作为介于哲学和实证科学之间的一种反思形态——“是否无须为使批判方法合法化而去探究社会具体生活世界的具有历史可变性的经验关联”。[19] 换句话说，批判者应转换视角：把目光从以生活世界的角度看遥不可及的无产阶级革命，移向“不断发展的社会民主化进程”，这个进程“在资本主义经济秩序内，并非从一开始就毫无考虑余地”。[20] 自此以后，他一直坚持这样一种资本主义主张，即单纯依靠有福利
/ 136 制度支撑和法治保障的民主就可驯化的资本主义。这一主张同时也

标志着马克思和哈贝马斯的理论路径就此分岔，尽管这是在研究马克思的过程中才发生的。他在采访中强调："我并不是那种把马克思主义当作专利声明来信奉的马克思主义者。但马克思主义启发了我，同时为我研究民主和资本主义的关系如何发展这一问题提供了分析工具。"[21]

哈贝马斯与伽达默尔。伽达默尔和哈贝马斯在海德堡共事的三年里，两人相互敬重、惺惺相惜。据哈贝马斯说，伽达默尔把海德堡"变成了共和国的哲学重镇，那里的哲学盛况持续了二三十年之久"，他周围聚集了"亨利希（Henrich）、施佩曼（Spaemann）、特尼森（Theunissen）和图根哈特（Tugendhat）这样一群哲学家，以及新一代哲学才俊"。[22]伽达默尔开启了"小地方海德堡的都市化"，[23]这恰逢其时，因为伽达默尔早就开始脱离海德格尔的基本本体论，发展自己的语言和理解哲学。[24]1960年，哈贝马斯在海德堡大学就职前夕，60岁的伽达默尔阐述"哲学诠释学的基本特征"（Grundzüge einer philosophischen hermeneutik）的代表作《真理与方法》出版。1979年6月13日，伽达默尔获得斯图加特市颁发的黑格尔奖，哈贝马斯致授奖词。他高度评价伽达默尔的哲学，称它是独一无二的诠释学形态，因为它强调了"先行将通过交往而社会化了的个体联结起来"的那种"语言的主体间性"。[25]

不过，从1961年开始深入研究伽达默尔的诠释学对哈贝马斯自身的理论发展也具有重要意义。他曾描述这是"一座桥……。从这里可以回望对岸的波恩，我从那里——尽管与友人阿佩尔仍有联系——离岸去了法兰克福。同时这座桥使我眺望到我正向之奋力靠近的彼岸"。[26]

然而，在深入研究了社会科学逻辑后，哈贝马斯对"诠释学的普遍性要求"提出了质疑。[27]尽管他视伽达默尔的诠释学为走出实证主义研究模式“被腰斩的理性主义”的一条出路，正如伽达默尔70岁寿辰之际他在祝辞中所说的那样。但他认为，必须通过社会意识形态批判方法，拓宽意义理解的内涵，以免掉入表面理解的陷阱。哈贝马斯在诠释学家身上观察到某种程度的保守主义，因为他们没有给予理解过程中的反思力量以足够的空间，因此这个理解倾向于始终是肯定的理解。“我们的传统不由我们自己选择，”他在与让－马克·费里（Jean-Marc Ferry）的访谈中说，“但我们能够认识到，怎样传承传统由我们自己决定。……所有传统的传承都是选择性的，而正是这种选择性，如今必须经过批判过滤器……的过滤。”[28] 伽达默尔1980年接受《科隆日报》（*Kölner Stadtanzeiger*）采访时，也谈到他和哈贝马斯在这方面的分歧：“我不理解，哈贝马斯还在指望‘解放’可以解决一切问题。人们早已重新开始寻求亲密关系、安逸和新秩序。人们明白了一点：只有学会了遵守纪律的人，才能摆脱盲目接受的权威。很多援引哈贝马斯观点的激进者，头脑里全是盲目的追随思想——绝不是非强制性对话。”[29] 不过，哈贝马斯和伽达默尔的关系从没有真正阴云密布。因此可以说，哈贝马斯在海德堡的几年总体上算是顺利。

在海德堡的相遇。在海德堡大学哲学系的教授中，32岁的哈贝马斯是最年轻的一位，而且年龄比其他教授小一大截。他开设的课程有社会哲学、科学理论、社会学逻辑，另外还有实证主义和实用主义，甚至还有当时已开始在社会学领域泛滥的控制论问题的课程。

日后成为《时代周报》编辑的贡特·霍夫曼（Gunter Hofmann）回忆了哈贝马斯最初几个学期给人们的印象：“来听这位年轻教师的课的学生寥寥无几，最小的阶梯教室都显得空空荡荡。不过，人们倒真想听听这位离开法兰克福，告别批判理论的代表人物阿多诺和霍克海默，辗转投靠马尔堡‘游击教授’阿本德罗特，最后在诠释学家伽达默尔处落脚，一路兜兜转转的年轻的于尔根·哈贝马斯讲些什么。人们从一开始对他就有一种挥之不去的印象，不论他的课听上去多么深奥复杂、晦涩难解，他的目的并不在于讲述抽象的社会哲学，而是为了切入僵化的时代现实。”[30] 1962 年夏季学期期末，这位“年轻的大学教师”做了题为《黑格尔对法国大革命的批判》的就职演讲，他在演讲中提出如下论点：黑格尔的革命哲学实际上是对那种以拯救哲学为己任的哲学的批判。“黑格尔将革命定位为自己哲学的核心，以防哲学变成革命的皮条客。”[31]

哈贝马斯聘用了在法兰克福时认识的奥斯卡·耐格特（Oskar Negt）做他的助手。耐格特 1934 年出生在东普鲁士的一个农庄，出身于一个小农和工人之家，比上司小不了几岁，曾在法兰克福师从霍克海默和阿多诺主攻哲学和社会学，1962 年在阿多诺门下以一篇论述黑格尔和孔德哲学的论文获博士学位。1956 年，他加入德国社会主义学生联盟（Sozialistische Deutsche Studentenbund），公开对“工会运动和民主社会主义”表示同情。显然，正是这种“左”让哈贝马斯产生了聘用他的想法。他心里清楚，耐格特后来说，“我……是极其顽固的正统马克思主义者。不过，当然这种‘正统’必须要有论据支撑”，[32] 因为“哈贝马斯需要一位立场对立者。他有意选择了一位与他立场迥然相异的助手。那时，我不得不整天不分昼夜昏晓、无休无止地和他辩论。对于反对立场，他要求对方举出大量论据，进行充分论证。他自身在这个过程中也得到了成长。哈贝马斯需要倒钩，至今依然如此。这是他智识生活方式的一个特征。”[33]

哈贝马斯曾被邀请参加伽达默尔在家中举办的非公开研讨课。在这样一次课上，他平生第一次，也是唯一一次，在私人场合遇到了海德格尔：“我在贝尔格街 148 号那个由隔断门隔开的大客厅里参加海德格尔的研讨课，课没给我留下什么印象——那是我与举止中透着些霸道的老先生的唯一一次相遇（而我未发一言）——次日，伽达默尔掩饰不住难过地对我说：‘真遗憾，您没在海德格尔最辉煌的时候认识他。’”[34]

另一位大学同事和对话者是1897年出生在慕尼黑的卡尔·洛维特，他从1952年起在海德堡大学哲学系担任第二任教席教授。他在20世纪20年代与伽达默尔结交，是海德格尔在马尔堡时期收的学生中唯一一位通过教授资格考试的。日后他将成为其导师政治立场的最严厉批评者之一。洛维特也曾被迫流亡美国，在纽约社会研究新学院（New School for Social Research）工作了3年。洛维特在海德堡期间，哈贝马斯在《水星》杂志发表了对其最著名作品的综合评论，评论总体上是批评性立场。他特别指摘洛维特的是，“这位杰出人物”，[35]与海德格尔一样，“将西方两千年发展中的灾难，完全归结于由哲学和神学主导的对世界的理解这一背景”。[36]哈贝马斯的批评并未影响到他们的关系，洛维特和哈贝马斯两家交情渐深，时常相聚一堂，把盏夜谈。

/ 140 遇到医学家及精神分学家亚历山大·米切利希和他的第三任夫人玛格丽特·米切利希－尼尔森，对哈贝马斯的思想成长有着尤为突出的意义。1908年出生在慕尼黑的亚历山大·米切利希，在战后时期是以阿尔弗雷德·韦伯（Alfred Weber）和卡尔·盖勒（Karl Geiler）为核心的“海德堡民主和自由社会主义行动组织”（Heidelberger Aktionsgruppe zur Demokratie und zum freien Sozialismus）的成员。[37]他与道尔夫·斯滕贝尔格（Dolf Sternberger）、阿尔弗雷德·韦伯以及尤金·考贡和瓦尔特·迪克斯（Walter Dirks）也有交往。[38]米切利希在海德堡大学任精神病学副教授，同时也是1960年成立于法兰克福的精神分析和精神病学研究所和培训中心的首任所长，该研究所后来（1964年）更名为弗洛伊德研究所。1973年，在阿多诺、霍克海默和哈贝马斯的支持下，他得到了法兰克福大学精神分析学和精神病学教授职位。[39]在海德堡私下接触几次后，米切利希和哈贝马斯两家关系逐渐密切起来，结下了终生友谊。在哈贝马斯夫妇的记忆中，米切利希家“有着资产阶级生活方式，格调高雅、思想开放、富有浓郁的知识分子气息”。[40] 通过与米切利希夫妇的交谈，更加深了哈贝马斯对精神分析作为文化理论和方法的兴趣。在他接下来几年写的文章中，弗洛伊德的理论将占据重要地位。[41] 米切利希的《走向没有父亲途中的社会》（Auf dem Weg zur vaterlosen Gesellschaft）对哈贝马斯产生了持久影响，而且不仅限于此。他后来在为亚历山大·米切利希写的悼文中提到这位精神分析学家与其夫人合著的《无力悼念》（*Die Unfähigkeit zu trauern*）一书时写道，这本书的“出版恰逢这样的时刻，没有任何一本书像它那样，直抵这个国家政治文化的神经，起到疗愈的作用”。[42] 显然，在哈贝马斯眼里，年长他 20 岁的米切利希不但是他在精神分析领域的老师，而且还是一位知识分子楷模，他“性喜交游又学养深厚”。米切利希也是令他敬佩的知识渊博的现代绘画收藏家，不过，更让他欣赏的是他“在平常与他人交往中透出的无拘无束又周到体贴的人文气质”。[43]

在海德堡的社交生活中，玛丽亚娜（Marianne）和戈尔德·卡洛夫（Gerd Kalow）是另外一对核心人物。玛丽亚娜是翻译家，后在苏尔坎普出版社担任编辑，戈尔德是作家和时评人，自 1964 年起担任黑森广播电视台晚间节目主编——他们的居所是海德堡最漂亮的宅邸之一。

1963年夏初，布莱希特的《小市民的婚礼》（*Kleinbürgerhochzeit*）在市立剧院首演，从 1959 年起任苏尔坎普出版社独立出版人的西格弗里德·温塞德（Siegfried Unseld）与其第一任夫人希尔德来海德堡拜访哈贝马斯夫妇。虽然哈贝马斯在法兰克福给阿多诺当助手时他们偶尔也有私人交往，但此时哈贝马斯作为哲学家和社会理论家已小有名气，这让活跃勤奋、不知疲倦的温塞德看到了他的价值。哈贝马斯的书——《大学生与政治》、《公共领域的结构转型》和《理论与实践》——之前都是由鲁赫特汉德出版社（Luchterhand Verlag）出版的，他那时与该社科学图书编辑弗兰克·本泽勒（Frank Benseler）的关系还不错。不过这并不妨碍温塞德争取哈贝马斯，尤其因为他的出版扩张战略中也有丰富学术图书种类的计划。温塞德和哈贝马斯相谈甚欢。这个气场强大、仅年长他五岁的男人吸引了哈贝马斯，他的出版理念也令他信服。而温塞德呢，并没有被哈贝马斯过激的、有时颇富攻击性的言论吓跑。他们的关系迅速向着友谊的方向升温，尽管他们并非在所有问题上都见解一致，尤其后来更非如此。

其实，温塞德此次来海德堡的目的是争取让哈贝马斯成为正在酝酿中但尚无眉目的理论系列丛书的编者之一。两年后，当哈贝马斯一家重返法兰克福时，该出版计划成为现实；而且事实证明，计划的实现恰逢其时，因为读者，特别是年轻读者，在接下来这些年将会对哲学和社会学明显产生兴趣。回想这段经历，哈贝马斯说："萌生出版一个学术图书系列的想法……是在 1963 年。苏尔坎普图书系列的第 12 本是维特根斯坦（Ludwig Wittgenstein）1960 年出版的一篇文章的再版，最初在其全集的第一卷中。这本看似晦涩难懂的逻辑哲学小红书的意外成功，引起了出版人的深思。看来，狭义上的学术图书的出版时机也已成熟。…… 继本雅明和阿多诺之后，温塞德又将布洛赫和维特根斯坦收入苏尔坎普麾下。他希望下一代，也就是他这一代，将已成功开启的事业继续下去。"[44]

/ 142

理论图书系列。1963 年 6 月 21 日，温塞德和编辑瓦尔特·博利希（Walter Boelich）与阿多诺、哈贝马斯、汉斯－海因茨·霍尔茨（Hans-Heinz Holz）及威廉·魏施德（Wilhelm Weischedel）在法兰克福初次碰头，商议哲学图书系列出版计划，该系列暂定名为《逻各斯：哲学文集》。[45]该系列后经改动作为岛屿文丛出版，文丛除古典哲学作品外，还特别推出鲜少或基本不被经院哲学重视的遭打压的启蒙哲学家的著作。[46]会面几天后，哈贝马斯向温塞德表示，他对顾问和编者人选有疑虑。他称，1905 年出生的魏施德“让人很有好感，是个杰出人物”，但对霍尔茨——其同代人及布洛赫弟子——却吹毛求疵，说他没有能力将自己的左派政治兴趣和“哲学知识”相融合。“霍尔茨摆出一副列宁的姿态，然后却提议文丛收入尼古拉·哈特曼（Nicolai Hartmann）的著作——让我感到匪夷所思。”他在给温塞德的信中写道：“坦白说，您若期待魏施德（涉及您的图书系列）将做出与伽达默尔先生截然不同的决定，同样会让我惊讶——这恰恰是一个非常明智的、富有人文倾向的、与传统相得益彰的高水准的选择；这正是我要向您建议的，因为这个选择是高品质的保证。”[47] 在这封信中，哈贝马斯对（该图书系列拟收入的）哲学家提出了若干初步建议：“当然要收入‘智者学派’（Sophisten）……。还有一类就是教父学和经院哲学不得不与其诺斯替主义主张进行斗争的古希腊文化中的新毕达哥拉斯主义和新柏拉图主义传统。这里几乎能找到在中世纪基督教哲学讨论中无一不带有异教痕迹的所有主题。布洛赫继承的亚里士多德左翼传统，并非沿着这一神秘主义路径，而是沿着自然主义 - 启蒙，即中世纪中期犹太 - 阿拉伯传统路径发展的。至于近代时期，可以循着两条不同的路径：一是从玖恩·维夫斯（Ludovicus Vive）论心灵的著作，经培根（Bacon）到伽利略（Galilei）的文艺复兴晚期的近代自然科学发展前史；再晚些则以 18 世纪的英国和法国为重点，确切地说，指社会哲学及政治哲学启蒙著作（包括曼德维尔 [Mandeville]、弗格森 [Ferguson]、约翰·米勒 [John Millar]、边沁 [Bentham]、爱尔维修 [Helvetius]、霍尔巴赫 [Holbach] 等一系列百科辞典中的名字，再加上莫莱里 [Morelly]、梅叶 [Meslier]，

孔多塞 [Condorcet]、萨德 [de Sade]）；另一路径从早期德国神秘主义，经犹太教和新教神秘主义代表（卢里亚 [Luria]、晚期喀巴拉派和波墨 [Jakob Böhme]），到施瓦本虔敬主义作品（选欧丁格 [Oetinger] 的一篇东西亦无不可，他的哲学读起来与谢林哲学差不多），最后以巴德尔（Baader）、斯德芬（Steffens）或谢林的较深奥的作品，如《克拉拉》收尾。走笔至此就说到了官方哲学家，我不建议收入他们的经典作品，而应收入他们那些或因太过晦涩，或因过于政治化而未广泛流传的作品——如费希特的《封闭的商业国家》(*Geschlossener Handelsstaat*)、黑格尔的《耶拿现实哲学》(*Jenenser Realphilosophie*)、谢林的《世界时代第一部残篇》。最后迫切需要收录完全被排斥的仅以海德格尔的‘上手状态’(Zuhandenheit）形式被接受的实用主义：皮尔斯（Peirce）、詹姆斯（James）、杜威（Dewey）、米德（Mead）、莫里斯（Morris）。另外，再选几篇维也纳学派的‘经典’篇章……。就我来说，也可以收入语言分析哲学作品，尽管老维特根斯坦的保守主义（在德国）捅了不少娄子：这方面除了像厄姆森（Urmson）和温奇（Winch）这样的地道牛津人写的美文外，也有相当有教育意义的著作，如史蒂文森（Stevenson）或黑尔（Hare）的伦理学著述。”[48]

在给温塞德的这封长信中，他提了若干意见和具体建议，但在信末他写道，提这些建议是想“从这个计划中把自己赎身出来”。[49] 他谈到自己承担的若干极耗神费时的工作；另外，他已经是鲁赫特汉德出版社的作者，同时还是奇维出版社（Kiepenheuer & Witsch）的编者。尽管如此，温塞德还是通过电报、信函和电话交谈等各种方式，成功地把哈贝马斯拉了过去。哈贝马斯在给温塞德的信中则表示，经过“仔细斟酌又改变了想法”。然后又补充道，如果薪酬足够的话，他可以减少其他工作，把更多精力放在苏尔坎普出版社的工作上。这种积极的姿态对温塞德和新项目的责编 K.M. 米歇尔来说，可谓梦寐以求，因为当时其他出版社也在做类似项目。欧洲出版社（Die Europaeische Verlagsanstalt）正在筹划由阿本德罗特、奥西普·K.弗莱希泰姆（Ossip K.Flechtheim）和伊林·费彻尔（Iring Fetscher）任编者的《政治文丛》（*Politische Texte*）；鲁赫特汉德出版社也想聘请社会学家海因茨·茅斯（Heinz Maus）和弗里德里希·菲尔斯滕贝格（Friedrich Fürstenberg）出任编者，以加强其理论图书出版业务板块。阿多诺和魏施德都称工作压力过大，均已退出该计划，温塞德已决定放弃与汉斯·海因茨·霍尔茨（Hans Heinz Holz）合作，所以暂由哈贝马斯和在其海德堡执教的同行迪特·亨利希担任新的理论图书项目的编者。不过，后经与出版人协商，又决定再聘请两位哲学家担任编者，这两位是汉斯·布鲁门伯格（Hans Blumenberg）和雅各布·陶布斯（Jacob Taubes）。[50]《理论 I》系列除哲学经典外，也将收入在德国关注度较低的那些哲学家的文章。每篇文章都由编者指定专家作序或跋。《理论 II》系列将更具有现实特色，会收入人文和社会科学领域当代作者的作品。

同一时期，在苏尔坎普出版社还有一个项目诞生，该项目显然违背了哈贝马斯的提议。1965 年 6 月，恩岑斯贝格和 K.M. 米歇尔主编的文化杂志《列车时刻表》（*Kursbuch*）① 出版。该杂志在 1965~1970 年间每年四期均在苏尔坎普出版社出版，而哈贝马斯在这本发行量巨大、具有长期影响力的杂志上未发表任何东西，尽管恩岑斯贝格一再向他约稿。[51]

大量密集的信函往来显示，理论系列丛书的规划拖拖拉拉耗时两年之久。这个过程中，在共同会议上提出了若干建议的四位编者，开始竞短争长，都想在思想独创性方面一枝独秀。1966 年 2 月 4 日，

① 该杂志为 1968 年议会外反对派和学生运动的机关刊物和重要舆论阵地。——译者注

哈贝马斯在给米歇尔的信中写道："对于布鲁门贝格先生和亨利希先生两人之间的较量，我作壁上观。"[52] 亨利希在写于1966年2月7日的信中，流露了他对与布鲁门贝格合作的疑虑，他认为，布鲁门贝格有要脱离大家、自辟蹊径的倾向。

/ 146

从上述只言片语的评论可看出，编者们从一开始就摩擦不断，他们疑心重重，仔细揣度着各自对温塞德的影响力；而显然温塞德对他们四位也并非一视同仁。布鲁门贝格抱怨这个群体不团结，后来批评仓促推出《理论》系列导致反响平平，[53] 两年后他离开了这个编者群体。经哈贝马斯提议，由社会学家尼克拉斯·卢曼（Niklas Luhmann）接替他的位置。哈贝马斯和亨利希两人彼此尊重，而陶布斯行动做派令人难以捉摸。后来陶布斯在写给卡尔·施密特的信中谈到他对哈贝马斯的看法。他说，顾问办公室"回荡着哈贝马斯咆哮而出的'极端'言辞，充溢着他的法西斯才智"。在另一处他讥讽地称"哈贝马舍的嚎叫"①。[54] 确实，哈贝马斯当时在苏尔坎普出版社已经享有特权地位。在一份温塞德和米歇尔记载当时事务进展、所订协议和约定的一份四页的文件记录中有如下文字："最重要的人是哈贝马斯先生。……他将放弃与柏林贝克研究所②的合作，以便更有效地把精力投入到《理论》系列的编选工作中。哈贝马斯从贝克研究所获得的报酬为每月500马克。苏尔坎普出版社付给他的报酬肯定不会低于这个数额。……与哈贝马斯和亨利希签订的关于《理论Ⅰ》的合同，确定支付如下款项：1.对于策划工作，向每人支付一次性酬金2000马克（该酬金已支付，属于应得报酬）。2.对于编者工作，每本书支付200马克。即：每年约计2000马克，

① 作者在Habermas后缀以se，变成了Habermasse。Masse有过度、过量之意，此处意在嘲讽哈贝马斯总是高声大嗓发表意见。——译者注

② 柏林马克斯·普朗克教育研究所。——译者注

因为预计每年出10本书。3. 如图书再版（从印数5001起算），支付占零售价2.5%的成功酬金。……与编者所订立合同应包括如下几点：1. 苏尔坎普出版社出版由布鲁门贝格先生、哈贝马斯先生、亨利希先生和陶布斯先生共同编选的《理论》系列的全部图书；2. 整套理论系列包括《理论I》、《理论II》和一部《理论年鉴》。《理论I》是加了导论的哲学篇章，《理论II》包括哲学、社会学、心理学、伦理学、语言学和科学史等领域（'人文学科'）的较新的研究论文。……若哈贝马斯先生和亨利希先生一方与布鲁门贝格和陶布斯先生一方发生争议，当事编者务必设法达成一致。"顾问报酬最终确定为每月500马克。经济因素固然吸引着他们，但从另一方面来看，能够参与出版按照学术标准精心编选、价格合理、用于学术教学的教科书，对他们同样具有吸引力。在学术图书出版项目的建设期，哈贝马斯大约每周去出版社一次，与米歇尔商谈关于项目计划的进展情况。 / 147

1966年秋，两套理论系列丛书进入出版阶段。《理论I》的第一卷是黑格尔的《黑格尔政治著作选》(*Politische Schriften*)，哈贝马斯写的后记。在后记的第一页他慷慨激昂地写道："世界历史是经验的媒介，哲学必得经受它的考验，且有可能经受不住而败下阵来。……哲学要证明自己符合当今时代的理论要求，即从世界历史的视野去理解当下现状。"[55]

霍克海默主编的《社会研究杂志》的后续项目《理论年鉴》(*Jahrbuch Theorie*)，这时显然也已有很大进展。从1966年12月22日陶布斯写给阿伦特的信中可知这一情况，他在信中向她约稿，请她为《理论年鉴》第一卷写一篇关于萨特的《辩证理性批判》(Critique de la raison dialectique[德文版名为Kritik der dialektischen Vernunft]，1967年出版）的文章。[56]

哈贝马斯反对做这个项目，理由是，现在无法达到原杂志的 / 148

水准。由1965年7月14日的另一份文件记录可知，他向温塞德建议，苏尔坎普出版社收购柏林的《论据》（*Das Argument*）杂志，它能吸引年轻的左翼知识分子读者。后来这一并购计划不了了之，和做自己的社会学年鉴或杂志的计划一样。最后他们决定做一个图书形式的论坛："理论－讨论"系列，哈贝马斯为该系列贡献了两本书——《诠释学和意识形态批判》（*Hermeneutik und Ideologiekritik*）及《社会理论抑或社会技术学——系统研究有何成就？》（*Theorie der Gesellschaft oder Sozialtechnologie-Was leistet die Systemforschung?*），后一本书是他和卢曼合著，于1971年出版，当年卖出了14000册。温塞德说得对："人们对学术的兴趣、对理论的好奇在不断增长。"[57]

哈贝马斯与温塞德因重新推出苏尔坎普版图书系列发生争执——他指责出版人改变了政治路线，他于1979年退出理论图书系列编委会。[58]时隔不久，出版人决定停出这三个相互独立的图书系列，将它们并入学术图书综合项目，由弗里德里希·赫博特（Friedrich Herbort）担任项目编审。

这一时期，哈贝马斯在苏尔坎普出版社的顾问工作量大增，需要投入越来越多的精力，他也因此大大减少了在柏林马克斯·普朗克教育研究所的顾问工作。该所于1961年创立，首任所长是赫尔穆特·贝克（Hellmut Becker），哈贝马斯刚参加工作就为这个多学科研究所工作，直到1971年在自己任所长的马普研究所就职，才完全终止在该所的工作。不过他与自1973年起任该所所长的社会
/ 149 学家及教育科学家沃尔夫冈·爱德斯坦（Wolfgang Edelstein）仍继续合作，他的首次美国研究旅行就是与这位同代人同行，他们还将于1983年合作出版《社会互动与社会理解：关于互动能力发展的论述》（*Soziale Interaktion und soziales Verstehen. Beiträge zur Entwicklung der Interaktionskompetenz*）一书。后来，1982~1994

年间有两个时期，哈贝马斯重又成为该所学术顾问组成员。曾在法兰克福担任他助手的乌尔里希·奥夫曼，自1969年起在该所从事他那项关于特定阶层的社会化环境及其对语言行为的影响的著名研究。奥夫曼放弃了他的哈贝马斯助手职位，以便能在柏林马普研究所全职从事研究，同时在法兰克福大学担任兼职教授。

民主左翼人士

公共领域思想。1960年，德国东部和西部都在举行首次复活节反核武装游行，这时哈贝马斯为了研究政治与道德的复杂关系，正埋头于康德的《永久和平论》（*Zum ewigen Frieden*）、黑格尔的《法哲学原理》（*Grundlinien der Philosophie des Rechts*）和雅斯贝尔斯的《原子弹与人类未来》（*Die Atombombe und die Zukunft des Menschen*）。在慕尼黑第六届德国哲学大会上，他也以此为题做了报告："康德的世界公民状态构想，不再是对由道德哲学派生出的改良世界的想象的具体描述；从当下情况来看，它更是阐明了理论上可识别的保证世界作为整体存在下去的机会。…… 不管怎样，毕竟这是一个史无前例的局面，此时，整个世界的命运、国际冲突的法律规范化、……取缔战争，一同成为话题。"[59] 当事关"整体"（das Ganze），评价世界基本状态的哲学不再被视为与"以理性讨论形式"自行构建关系、对自己行为负责的人一样的参与者。[60] 从这个报告能清晰地看出，对政治的兴趣如何在早期就主导着哈贝马斯的哲学诊断，他怎样尽力做到不高估纯学术哲学的当代诊断潜能。 / 150

1961年9月17日，第四届德国联邦议院选举举行。选举深受柏林危机的影响。一个月前，民主德国政府决定修筑一道墙封锁东柏林，阻止越来越多的难民从东部逃往西部。尽管西方三国反对这种在他们看来明显打破四国联合占领状态的做法，并向苏联提出抗议照会，要求解除道路封锁，立即停止筑墙，尽管英美军队进入尚未封锁的过境通道，但民主德国一方的措施继续升级。开始筑墙仅数天后，联邦德国总理康拉德·阿登纳访问西柏林。他希望，在联邦议院选举之际发生的柏林危机能对他的政党有利，但未完全如愿。基民盟/基社盟组成的联盟党的选票从4年前的50.2%跌至45.3%，失去绝对多数。而初次推举维利·勃兰特为总理候选人的社民党大有斩获（4.4%），自民党也收获不菲（5.1%），第二票得票率达12.8%，是该党在联邦议院选举中的史上最佳战绩。[61] 11月，基民盟/基社盟和自民党组成联合政府，阿登纳再度当选为联邦总理。虽然阿登纳的"不进行试验！"政策[62]渐渐失去认同，但在20世纪60年代初，大多数西德民众所关心的，主要还是自己物质生活水平的保障或改善。在阿登纳时期的最后阶段，政治氛围仍具有"对过去畏惧、对政治逃避、对民主冷漠"的特征。[63]

/ 151 1961年1月，哈贝马斯在著名文化杂志《玛格南》（*Magnum*）[64]推出的特刊《从何处来，向何处去——联邦德国历史回顾》（*Woher wohin-Bilanz der Bundesrepublik*），发表题为《联邦共和国——一个选举君主政体？》（Die Bundesrepublik - eine Wahlmonarchie?）的文章。他在文中深刻剖析了政党政治的别无选择立场——那时人人还没都把这个词挂在嘴上——和现在人们所称的政治冷漠现象发生的根源：他担心的是，在政治上强制达成共识，不会产生真正的替代选择。竞选采用吸引消费者的模式，会加剧选民行为的非政治化倾向。"广泛的决策方案不是经过公共领域公民大众的讨论，而是基本上通过投票来决定。实际上，选举之前决策方案就已按公共关系套路散布出来，以……提升大人物们的'声望'，现如今公共关系……取代了个人与政治的直接关系。"[65]

哈贝马斯对总理民主制（Kanzlerdemokratie）、各政党操纵性的公关活动和个人化的新闻报道的批判，在当下也仍然（或重又）

显示出其现实性。这又一次与他的教授资格论文《公共领域的结构转型》的内容联系起来。该论文1962年由鲁赫特汉德出版社出版，他将此书“怀着感激之情，敬献给沃尔夫岗·阿本德罗特”。[66]这本书大获成功，几年内多次重印，很快成为各个学科的权威著作和畅销书，几十年来被翻译成30余种文字。[67]这篇论文至今仍然引起人们的共鸣，因为不断变化的公共领域每每会对民主政治实践产生新的影响。哈贝马斯那时就已发现的问题——伴随着大众传媒私营经济运作方式而出现的商业化，在西德传媒企业集团的不断集中化趋势——今天仍然存在，只是有所限制，关注点不同而已。20世纪60年代末，在反对施普林格传媒集团言论垄断的斗争中，议会外反对派发言人将援引其关于在公共领域内权力形成（Machtbildung）的诊断。 / 152

这里顺带提一下，关于公共领域——此处应加上“资产阶级”这个词，即资产阶级公共领域——的“命运”，哈贝马斯的诊断结果相当悲观。他讲述的基本是资产阶级公共领域的衰落史，这个过程始于19世纪末，之后，曾经分化的公共领域和私人领域发生重叠，原因在于“随着社会不断的国家化同时发生的国家的社会化的辩证法”。这一发展“逐渐摧毁了资产阶级公共领域的根基——国家与社会的分离”。[68]伴随这一社会结构的转型，公共领域发生了政治功能的转变。当在大众民主中，公共领域通过那些以销售其商品为宗旨的大众媒介建立起来，就导致公共领域越来越非政治化。唤起并满足消费者欲望的传媒工业商品，“其实是诱使人们对刺激欲望的休闲产品的无个性消费”，而非引导人们“行使理性的公共运用”。[69]批判的公共性被一种示范性的、操纵性的、服务于宣传权势利益群体立场的公共报道所取代。

哈贝马斯得出结论：大众传媒，无论像大多数传媒集团那样的私营性质的，还是像部分广播和电视那样具有公法组织形式的机构，都绝非中立的公共领域的中间地带。相反，它们是公共领域内的权力要素，既满足国家政治的合法性需要，也成为被经济和政治利益群体利用的工具。由于权力形成而被扭曲的公共领域本身是个矛
/ 153 盾，就是说，公共领域反转成为自身的对立面，不复为原来及应有的模样，因为外部对公共领域施加影响与公共领域内大众传媒作为权力要素的建立相伴，因此出现了新的“影响类别，即媒体权力”，[70] 它为实现自身意图而操纵公共领域。传媒集团与政治权势群体在特殊利益上步调一致，实现了公共领域的“再封建化”。五花八门的政治宣传、广告、市场营销手段和公关活动，明显体现了这一趋势。娱乐与资讯的融合最终成为公民私人主义和政治冷漠现象蔓延的根源之一。

内部民主化。在论文结尾，哈贝马斯试图通过论证，极力挣脱历史悲观主义诊断的绝望的泥沼，描绘了可能的出路。比如，他提出，必须重新解释公共性原则，并按照福利国家准则重新加以评价，就是说：在以福利国家性质保障自由主义法治连续性的民主政体中，必须通过使参与这一过程的所有制度符合公共性需要，来促使商谈式意见和意志形成的民主前提发挥效用。因此，大众传媒应按照公共性原则安排其制度结构和“内部布局”，[71] 即，使其在内里符合民主原则。对于体制内民主，哈贝马斯不仅希望它为批判的公共性提供具有制度保障的空间，更希望它能扩大政治参与——“私人参与由体制内公共领域引导的过程”——的机会。[72]

/ 154 他在为 1990 年该书再版写的序言中，批评了自己论文当初所持的（公共领域）衰落的理论视角，这一视角恰恰表现了“被理想主义拔高的过去和被文化批评歪曲的现在”之间的规范落差。[73] 他不再视公共领域为聚合起来的公众，而是社会对自身政治意愿的自我理解和自我启蒙的一个过程。

1962年，《公共领域的结构转型》由鲁赫特汉德出版社出版，是《政治》系列第4卷。之后，该系列的两位编者威廉·亨尼斯和罗曼·史努尔（Roman Schnur）为是否也应把文集《理论与实践》收入该系列发生争执，两人分别是宪法学者鲁道夫·斯门德（Rudolf Smend）和卡尔·施密特的学生。1963年亨尼斯和史努尔关系破裂，因为亨尼斯坚持将这部文集收入该系列，后来这部著作得以在鲁赫特汉德出版社问世，为该系列第11卷。[74]

在争论中定位正确的批评和良好的政治

实证主义之争。1961年10月，现已成为传奇的德国社会学学会的一次会议在图宾根召开，拉开了日后所谓（德国社会学界）"实证主义之争"第一轮论战的序幕。大会的倡议者是刚受聘来到图宾根的达伦多夫，会议主讲人卡尔·波普尔和阿多诺以"社会科学的逻辑"为题做了专题报告。波普尔做了开幕报告，他在报告中介绍了他的被贴上了"批判理性主义"标签的科学哲学，提出了27个命题。阿多诺在同题报告中用了波普尔的论点，来证明批判理论是一个独立的理论范式。出乎很多人的意料，关于这两个报告——哈贝马斯也参与了讨论——并未出现太多争议。波普尔和阿多诺都只是阐述各自科学理论立场的基本假设，并未与对方划清界限。大概哈贝马斯觉得这个会议开得太过温和；总之，他认为阿多诺的论据过于单薄，这促使他——他本人称——两年后挑起了下一轮实证主义论争的战火，且调子明显拔高。他在阿多诺60岁生日之际写的一篇祝辞中，正面攻击批判理性主义的科学观点，招致在曼海姆任教的哲学家汉斯·阿尔伯特（Hans Albert）的迎头反击，其文章1964年发表于《科隆社会学与社会心理学杂志》。[75] / 155

哈贝马斯参与实证主义论争所撰文章，使得对哈贝马斯应否被归入法兰克福圈子的疑虑多少得以消散。因为他完全赞同阿多诺的立场。但他主要受到“在‘无任何强制的讨论’……中充分发挥效力的理性概念”的引导，他的这一思想超越了阿多诺的思想方法。[76] 而波普尔和阿尔伯特则理所当然地（eo ipso）信奉“切割为两半的理性主义”（halbierter Rationalismus），因为他们的科学分析停留在解决技术上可解决的问题上，但必须将这些问题与实践－规范问题区别开来。[77] 哈贝马斯认为，辩证思维的一个优点是，正如阿多诺所宣扬的那样，“将生活的社会背景视为一个决定着研究本身的整体”。[78] 换言之，每项研究，无论你想做到多么客观，研究方法多么缜密周全，它都是——无论人们愿意与否——嵌入在生活世界中的，这种社会嵌入性必须以自我反思的方式加以考虑。因此必须“用诠释学的意义阐明取代以假说－演绎法推理句子的语境”。[79] 回溯到这里，有充分理由把哈贝马斯 1963 年、1964 年参与实证主义论争的文章称作科学理论测试，从这个意义上，也可以说，这是他在一条将进入死胡同的道路上的“产品”。到 1970 年代初，他将明确放弃运用认知理论和科学理论建立批判科学的冒险做法。[80]

显然，这场关于社会科学逻辑的争论的结果是两败俱伤。1963 年 11 月，阿尔伯特致信他的伟大榜样波普尔，信中谈到对手时言辞还相当友好。他说，尽管哈贝马斯“染上了‘辩证法’的毛病，但倒是很宽容和好学”；他着实做了些努力去理解批判理性主义。后来，通信的调子陡然改变。如 1969 年 12 月，波普尔在致阿尔伯特的信中写道：“我收到了阿多诺出版的《实证主义论争》那本书，里面收入了论争的重头文章。唉，可怜的阿多诺已不在世——他真不知道，什么叫知识分子的责任（或本分）。那个哈贝马斯又是个头脑简单的人，根本预想不到他还会整出什么事儿来。”之后不久，阿尔伯特不得不承认，哈贝马斯“在知识分子圈子里”是个明星，颇受人敬佩。波普尔安慰他说，辩证论者所讲的智慧也不过都是些一本正经……的“陈词滥调”罢了。[81]不过，哈贝马斯也晓得还以颜色，当即一口气发了好几篇文章讨论这一话题，其中最突出的一篇是《反对被实证主义切割为两半的理性主义》（Gegen einen positivistisch halbierten Rationalismus），他明确称之为“檄文”，该文1964年也发表在《科隆社会学与社会心理学杂志》上。他在《认识与兴趣》（*Erkenntnis und Interesse*）中，将继续重申对实证主义的批判。波普尔则终其一生都反对被称作“实证主义派”。他的反对也许有些道理，因为其立场确实与维也纳学派（Wiener Kreis）的实证主义没什么关系，统一科学理想对他而言也是陌生的。

1962年10月，哈贝马斯参加了在明斯特举办的以“哲学与进 / 157
步”为主题的德国哲学大会。他做了关于“自然法与革命”的报告，也听了阿多诺的报告。阿多诺在报告中详细阐述了“进步自身的辩证法”。他讲道：“进步意味着：跳出魅惑的符咒，甚至包括进步本身的符咒，这是进步的本质所在，前提是：人类意识到自身的自然属性，从而停止对自然的统治，对自然的统治亦是自然对人的统治的继续。在这个意义上可以说，进步发生在进步终止处。”[82]后来哈贝马斯评述，在这里，在一众有学术从业许可的哲学“官员”中，人们听到了一位“作家”的声音。[83]

1962年1月，哈贝马斯在柏林做了《社会学的批判与保守使命》（Kritische und konservative Aufgaben der Soziologie）的报告，几个月后他接到了德国社会主义学生联盟（下文简称SDS）的邀请，他被邀请难道是因为报告中的观点？[84] 1962年10月4日，SDS代表大会在美茵河畔法兰克福召开，在会上他以主讲人身份做了报告。哈贝马斯长期以来一直与SDS有接触；1961年夏，社民党因政治分歧与作为其后备力量的该大学生组织断绝一切关系后，他也未中断与他们的联系。SDS不喜欢其所属政党的《哥德斯堡纲领》(Godesberger Programm)①，而是支持有别于此也有别于东部德国统一社会党（SED）的教条式共产主义的一种社会主义方案。1961 年，在政治学家阿本德罗特和奥斯普·弗莱希泰姆（Ossip Flechtheim）倡议下，SDS 促进协会成立，哈贝马斯加入了该协会。他为 1961 年初出版的 SDS 研究报告《大学与民主》(*Hochschule und Demokratie*）一书（作者为沃尔夫冈·尼奇 [Wolfgang Nitsch]、乌塔·格哈德 [Uta Gerhardt]、克劳斯·奥弗 [Claus Offe] 和乌尔里希·卡尔·普鲁士 [Ulrich Karl Preuß]）写了简短的序言，对大学生的目标表示赞同。[85]

/ 158

然而，他 1962 年在法兰克福 SDS 代表大会上的报告及随后的讨论，也标志着他和左翼学生“知识分子阵营”——SDS 自视属于该阵营—— 之间的激烈争论拉开了序幕，尽管尚还节制。那时，哈贝马斯就提醒他们警惕两种可能的“诱惑”：一是成为一个新政党的知识分子干部；二是成为地下职业革命者。[86]

《明镜》周刊风波。1962 年的 10 月可谓“风云变幻”：10 月 14 日古巴危机开始，月末，年轻的西德民主首次面临严峻的考验。由于《明镜》周刊知名记者对北约军演的批评性报道涉嫌叛国，几名主编和发行人鲁道夫·奥格斯坦（Rudolf Augstein）于 1962 年 10 月 26 日在当局的一次突袭行动中被捕。当局的行动得到了国防部长弗朗茨·约瑟夫·施特劳斯（Franz Josef Strauß）的授意，由于无法打消人们对此举合法性的怀疑，发生了声势浩大的公众抗

① 该纲领是德国社民党 1959 年 11 月 15 日在德国巴德哥德斯堡（今波恩）通过的。纲领确定社会主义基本价值为：自由、公正、团结；确定民主社会主义的思想源泉为：基督教伦理、人道主义、古典哲学，放弃了马克思主义。通过该纲领，社民党由社会主义工人政党转变为人民政党。——译者注

议。政治阶层悍然厚颜无耻地游离于法外之地，引起了左翼知识分子和作家塞巴斯蒂安·哈夫纳（Sebastian Haffner）、历史学家格哈德·里特（Gerhard Ritter）及政治学家卡尔·迪特里希·布拉赫（Karl Dietrich Bracher）等自由派人物的愤怒，致使公共争论白热化。在时任内政部长赫尔曼·胡歇尔（Hermann Höcherl，基民盟成员）身上，上述作风一览无余。1963 年 9 月他曾嘲弄地说，宪法保卫局的工作人员毕竟不可能“总是腋下夹着基本法到处跑”。[87]

海德堡大学师生发起了向联邦总统欧伊根·格斯腾迈尔（Eugen Gerstenmaier）——他曾是反对希特勒的克莱骚集团（Kreisauer Kreis）的积极分子——的请愿行动，这是若干抗议活动之一。在请愿书上签名的除米切利希、滕贝尔格、洛维奇、亚历山大·吕斯托夫（Alexander Rüstow）和彼得·瓦普内夫斯基（Peter Wapnewski）外，也有哈贝马斯。请愿书上说：“在德国缺乏民主连续性，对魏玛共和国衰亡的记忆，以及随后希特勒统治时期法治传统的中断，所有这些使我们人人都有行使监督的责任，以确保宪法秩序和政治道德准则得到遵守。监督政府行为是整个国会的责任。”[88]

这一次，国会履行了它的监督职能。一时间，群情激愤，《明镜》周刊风波迅速演变成一场真正的政府危机。1962 年 11 月 19 日，为表示对施特劳斯的抗议，自民党部长们辞职，施特劳斯最终于 11 月 30 日辞去职务。12 月中旬，政府联盟破裂，组建阿登纳新内阁迫在眉睫。

时隔近 30 年后，哈贝马斯撰文论说《明镜》周刊风波，他写道，这一事件使人们从根本上开始认真对待介入政治的知识分子，因为毫无疑问，他们能够以某种方式把公众动员起来，使政治阶层再也不能漠视他们。不过，知识分子同时也发现，他们可以相信“公共领域的社会整合力量，在其中通过论证能使人们的观点发生改变”。[89]

在20世纪60年代上半期，哈贝马斯在媒体上也很活跃。如1964年6月12日，他在《时代周报》撰文评论彼得·魏斯（Peter Weiss）的剧作《德·萨德先生导演、夏朗东精神病疗养院剧团演出的让·保尔·马拉的迫害与谋杀故事》①。该剧由康拉德·斯温纳斯基（Konrad Swinarski）执导，4月29日在柏林席勒剧院首演，对比由厄文·皮斯卡托（Erwin Piscator）执导，在选帝侯大街剧院（柏林自由人民舞台）首演的罗尔夫·霍赫胡特（Rolf Hochhuth）的“基督教悲剧”《上帝的代理人》（*Der Stellvertreter*），他褒此抑彼。两个剧哈贝马斯在柏林都看过。霍赫胡特以纪实戏剧的形式表现梵蒂冈对犹太人大屠杀的立场，而魏斯并未采用当代史，也没有——像布莱希特那样——拿预先确定的事实做文章。

1963年7月，他在《水星》杂志“边缘”栏目发表檄文，讨伐以“西方”为标准的“道德重整”倡议。他谴责该倡议针对同性恋、和平主义者和知识分子等少数群体的若干指控，指控完全以“反犹主义模式”罗织罪名，为“未来的大屠杀做准备；迫害那些过去成为政治恐惧和道德蔑视混合情绪牺牲品的群体”。[90]

1964年4月，一群持左翼政治立场的公民，其中包括阿本德罗特、马克斯·玻恩（Max Born）、赫尔穆特·戈尔维策（Helmuth Gollwitzer）、埃里希·凯斯特纳、阿尔弗雷德·冯·马丁、汉斯·埃里希·诺萨克（Hans Erich Nossack）、蕾娜特·里梅克（Renate

① 该剧简称为《马拉／萨德》，剧本以法国大革命为背景，取材于革命者马拉被吉伦特派的同情者贵族少女科黛刺杀的事件。该剧全部使用文献所记载的二人的言论，杜撰了1808年在夏朗东精神病院病人的一次演出，展现了两种意识形态，即个人主义同主张政治与社会变革的思想之间的交锋与冲突。——译者注

Riemeck）以及一大批神父和牧师，向路德维希·艾哈德（Ludwig Erhard）递交了一封公开信，艾哈德 1963 年 10 月在阿登纳辞职后成为联邦总理。哈贝马斯的岳父维尔纳·维泽尔霍夫特，也在公开信上签了名。该行动主要反对扩军，积极主张放弃核武，哈贝马斯对有关情况比较了解。他在政论杂志《德国与国际政治》（*Blättern für deutsche und internationale Politik*）上发表文章，呼吁"放弃军事企图，这样的企图既无法打破今天东西方之间的核'僵局'，也与总体上趋向缓和的政治需求不符"。[91] 1964 年 7 月末，艾哈德邀请他参加"从内部和外部视角看德国"的主题座谈，他以健康原因为由婉拒。

显然，哈贝马斯那时还抱持彻底的和平主义主张。1964 年 9 月 18 日，他在《时代周报》撰文，尖锐批评右翼保守主义作者阿明·莫勒（Armin Mohler）的观点。莫勒在赫尔曼·施马伦巴赫（Herman Schmalenbach）和雅斯贝尔斯门下以论文《德国保守主义革命：1918~1932》（Die Konservative Revolution in Deutschland 1918-1932）取得博士学位，曾担任恩斯特·荣格尔（Ernst Jünger）的私人秘书，后担任卡尔·弗里德里希·冯·西门子基金会主席，直至 2003 年去世，被视为"新右派"思想先驱。莫勒在 1964 年出版的《第五共和国：戴高乐背后是什么？》（*Die Fünfte Republik.Was steht hinter deGaulle?*）一书中，以戴高乐主义的爱国外交政策原则为例，宣扬一种国家利益至上的强权政治概念，将主权国家的民族自我确认（Selbstbehauptung）建立在互相确保摧毁能力的核恐怖平衡之上。1964 年 8 月 28 日，《时代周报》刊登了莫勒与玛丽昂·邓恩霍夫伯爵夫人（Marion Gräfin Dönhoff，1909~2002）① 的讨论。接着，哈贝马斯于 9 月

① 《时代周报》发行人和总编辑。——译者注

18 日在该报撰文说："基本上不受限制的主权国家自我确认的实质性暴力，丧失了其原始清白。"事情的荒谬之处在于，核大国虽然拥有有效威慑力，但为自保也不可能采用这些暴力手段。美国总统肯尼迪所热衷的"世界内政"——在这里这个概念和"世界舆论"（Weltöffentlichkeit）一样初次登场——就有对这种"奇特的威胁辩证法"的考虑。"限制军备和缩小贫富国差距的政策，如今是强权政治的需要，却又暗含着自我扬弃。"[92]

1965 年初，皮珀出版社（Piper）出版了雅斯贝尔斯的新书《联邦德国向何处去？》（*Wohin treibt die Bundesrepublik?*），哈贝马斯为该书写的书评，发表在 1966 年 5 月 13 日的《时代周报》上。他在其中对 1965 年 3 月 10 日联邦议院举行的"关于（纳粹罪行）追诉时效问题的辩论"（Verjährungsdebatte）表达了自己的观点。他和雅斯贝尔斯一样，批评联邦议院原则上"已承认（纳粹罪行）追诉时效，是因为他们想有个'了结'"。对于雅斯贝尔斯担心德国即将沦为徒有其表的法治国，哈贝马斯也表示认同——他以《明镜》周刊风波和德国共产党被禁为例指出基本法受到了蔑视。但他不赞同雅斯贝尔斯的无所作为的失败主义，他认为，民主有赖于公民将安排社会生活的主动权掌握在自己手中。

汉斯·派施克这时提出在《水星》杂志为哈贝马斯开设独立专栏，定期发表国际时评。这对他很有吸引力，但他拒绝了，理由是，一个人承担这项工作压力太大，另外，"涉及和我的长期合作，我夫人——她非常了解我的工作心理状态——现在确信：只有在保持固定工作节奏方面达成一致，才有合作的可能。比如我可以每季度开始（或每学期开始）时写一篇新书书评，或就以社会学 - 政治 - 哲学为主的我专业领域的现实性问题写一篇评论"。[93]

对哈贝马斯而言，政治作为市民社会行动具有极其重要的意义，

这在他 1964 年 10 月 17 日发表于《法兰克福汇报》的对恩岑斯贝格的政论文集《政治与犯罪》(*Politik und Verbrechen*)的书评中，有清晰的体现。文章标题为《论政治的终结——或犯罪新闻报道者恩岑斯贝格传播谣言》，他在文中批评恩岑斯贝格不分青红皂白把所有政治都往犯罪概念上扯。他认为，随着民主宪政的实现，政治不再活动于法律真空——法律绝不仅仅是统治的反射。因此，恩岑斯贝格认为，“重又认出了道德与政治的模糊关联”的“奥斯维辛再现”这一极端表述，是有问题的。哈贝马斯在讨论中引入了汉娜·阿伦特的“平庸之恶”的视角，[94] 虽然他并不太喜欢这个说法。因为“这是去神话化”，他在书评结尾写道：“这种去神话化既不足以打破神话的权力，亦不足以打破权力的神话。若敬畏不存，恶魔还会卷土重来。”从他反对“政治实质上等同于犯罪”这一自 20 世纪 60 年代中期以来甚嚣尘上、在他看来空洞无物的观点可知，[95] 那时，或许直到现在，始终萦绕在他脑际的究竟是什么。他认为，政治不是学者最好避而远之，以免弄脏自己双手的社会特殊领域。学者不应当嘲讽、蔑视或憎恶政治，而应当认真对待政治及其具有民主合法性的塑造空间，通过“干预”(Einmischung)来利用政治，以这种方式影响并改变人们的看法。这不是革命者的立场，而是一位改革者的立场。从他在媒体发表的文章可知他当时的主要改革主张。一方面，他开始积极支持严格民主维度上的宪法理解，这与后来维利·勃兰特提出的口号“勇于争取更多民主”相当接近。因此，他反对同为阿本德罗特学生的总理顾问吕迪格·阿尔特曼(Rüdiger Altmann)[96] 提出的“有序社会”(formierte Gesellschaft)概念。另一方面，他支持自 60 年代中期以来日益高涨的高校改革和民主化吁求，同时积极探索规模不断扩大、具有公共意义的学生运动的目标及其政治行动。

教育与高校政策。研究报告《大学生与政治》——他为该报

/ 164 告写的具有激进民主思想的导论曾令霍克海默震怒——并非哈贝马斯初次涉足关于“大学与政治”的课题研究。1957 年春，他已在《水星》杂志发表了《高校改革的慢性疾患》，该文借鉴了由阿多诺主导、与社会学家汉斯·安格（Hans Anger）和弗里德里希·腾布鲁克（Friedrich Tenbruck）合作进行的研究项目“大学与社会”的成果。[97] 他指出，被视为学术行业持续合理化自动机制的高校改革，把自己限制在具有短期效果的修修补补和肯定性改良主义（affirmativer Reformismus），在这种改良中，高校真正的核心，即科学的统一性、教学与科研的统一以及教学与学习自由的实施，蜻蜓点水、浅尝辄止。哈贝马斯当时就反对日益强化的学科界限、机构官僚化和大学教学中学化。在他看来，只有当高校起来抵制技术官僚化时代趋势，坚持独立于政府，不只是奖励高效率和转化率，才有机会彰显其进步精神：“与任何其他机构一样，大学很少能摆脱新时代错综复杂的关系网络。它受到双重干预：从某种程度上说，政府和经济界都是大买主。”[98] 这样，学者就面临陷入双重陷阱的危险：他一方面追求通过技术转化使其研究成果合法化，另一方面，又必须坚持价值自由，结果导致科研成果与生活实践脱节，不再是“生活的酵素”。因此，未来配得上这个词的高校改革目标应当是，创造空间，以使大学保持其之所以为大学的精神：科学的自我反思，
/ 165 即也对，或者说主要对科学的生活实践面向、社会实践效果，及科学与社会的关系进行反思。

6 年后，哈贝马斯又一次在《水星》杂志发表文章，谈“学术教育的社会演变”。他认为，学术教育已堕落为纯粹的职业预备教育，是失败的教育。谈到 20 世纪 60 年代初的状况，哈贝马斯讲道，一般而言，尽管大学里的专业训练传授有用的知识和能力，“但各学科现在专门培养的支配能力，与过去人们期待受过科学教育的人应具备的生活和行动能力，不是一回事”。[99] 他探索一种合乎时代的

教育理念。哈贝马斯认为，解决之道并非回归19世纪培养有教养的资产阶级的教育，而在于培养特定能力。他十分抽象地将其定义为，“将技术主导的力量还给在行动和协商中寻求共识的公民”。[100]意思是说，并非所有技术上可行的都自动实现，而是在深思熟虑、获得全体共识后再付诸实施。赫尔穆特·舍尔斯基认为，技术上先进的科学和政治领域的决策，无非是允许执行自然规律；与他的观点不同，哈贝马斯在《水星》杂志发表的文章中认为，“当人们反思社会利益关系来决定其具体行为方向时……，技术进步就丧失了暗示的自行其是的假象。不过，将被科学客体化了的关系转化到生活关系网络中的任务，还是首先落到了科学自身的头上”。[101]因此，高校教育必须相应做出调整以应对这一新的挑战。

在舍尔斯基的着意推动下，哈贝马斯和舍尔斯基这些年通信愈加频繁，尤其在教育政策问题上两人有大量信函往来；关于舍尔斯基，人们私下议论说，他不仅有反马克思主义思想倾向，而且对名望很敏感。[102] 1963年，他的《孤独与自由：德国高校及高校改革的主张与形态》（*Einsamkeit und Freiheit.Die Idee und Gestalt der deutschen Universität und ihrer Reformen*）一书出版后，哈贝马斯曾就该书写过一篇广播评论。后来舍尔斯基被吸收进比勒费尔德的高校改革项目组，并在那里建立了跨学科研究中心，这是创建于1969年的比勒费尔德大学的雏形。1970年后，他开始渐渐疏远他多年来的志趣相投的伙伴阿诺德·盖伦，对他的《道德与超道德》（*Moral und Hypermoral*）提出批评。与对盖伦的态度截然不同，他似乎对哈贝马斯的“教育作为道德权威”和“反思是科学的自我反思”的主张产生了一些认同，并写了数封长信向哈贝马斯表明自己的立场。关于科学的政治维度问题，他也和哈贝马斯观点一致。[103] / 166

哈贝马斯早在1961年就评论过舍尔斯基早年的《适应还是反抗：关于教育改革的社会学思考》（*Anpassung oder Widerstand.*

Soziologische Bedenken zur Schulreform）一书，他重点批评舍尔斯基的教育观念：视教育为一个超越科学的、私人的过程。哈贝马斯不认同舍尔斯基对“温室教育”（Schonraumpädagogik），即“以丧失学校‘引导功能’……为代价的教育的异议。……当舍尔斯基称社会的教育化是‘对人的自由的重要威胁’，其论证想必基于默认的人类学前提：当人越来越在无压迫和强制的情况下学习文化知识习得模式和社会行为模式，人的天性将无法忍受”。[104] 哈贝马斯不能苟同的正是这一前提。尽管两人存在公开分歧，但舍尔斯基并没有断绝和哈贝马斯的交往，相反，后来那些年中，他仍大量给哈贝马斯写信。令人意外的是，他在这些信中强调，他们两人的共性多于分歧。当哈贝马斯在《水星》杂志尖锐批评阿诺德·盖伦，指责他公开谴责“人道主义”，为“暴力制度的实质性”（Substantialität gewalthabender Institutionen）辩护时，舍尔斯基虽有一些异议，但大致同意他的看法。[105]

/ 167

在20世纪60年代末和70年代这段时期，哈贝马斯出版了若干关于教育和高校政策的著作，这不仅体现了他对一种自己身在其中的制度的未来形态的特别关切，也反映出他身为哲学家和社会学家始终在思考的主题：理论和实践、公共领域和民主、诠释学和经验主义之间的关系。不过，最重要的是，他在20世纪60年代中期凝练出一个将花费几年时间研究的问题：一种坚持区分实然和应然的社会科学的认识批判的自我反思具有何种地位？这个应然从何处而来？怎样令人信服地进行论证？哈贝马斯认为，问题的关键在于“举出批判的法律依据”。[106]

霍克海默的继任。霍克海默在退休证书上签字后，法兰克福大学成立了社会学和哲学教席聘任委员会。据文化部1961年8月30日文件，霍克海默自1962年4月1日起不再担任教授工作，但他仍会选择性地参与学院的教学和事务性工作，并作为聘任委员会成员，与其他成员——哲学家阿多诺和布鲁诺·里布鲁克斯（Bruno Liebrucks）、神学家约翰内斯·希尔施贝格（Johannes Hirschberg）、教育家马丁·朗格（Marting Rang）和语言学家阿尔弗雷德·拉莫尔迈耶（Alfred Rammelmeyer）——一起，选拔自己的教席继任。[1] 聘任委员会成员意见不统一，而且开会时间间隔较长，难以找到该职位需要的具有双重资质的合适人选，所以在系主任的催促下，委员会内部列了两个名单：一个名单上是仅有哲学家资质的人选，另一个是具有社会学和哲学双重资质的人选。阿多诺似曾致电哈贝马斯，请他列出几位合适的候选人，添加到他本人名字已在上面的名单中。1963年5月8日，哈贝马斯在给阿多诺的信中写道："斟酌再三，实际上就剩下几个人选，据我所知，贵系以前也已经讨论过，第一人选是冯·凯姆普斯基（von Kempski）先生，其次是吕伯（Hermann Lübbe）先生，相比其他几位，他有一定的哲学素养，尽管出于为贵系考虑不得不补充一句，他在政治上有些受盖伦和卡尔·施密特的影响。……我的朋友阿佩尔去年夏天已接受了基尔大学的教授职位，不然的话，我当然会首先向您举荐他。"[2]

在聘任委员会的双重资质人选名单上只有两位——赫尔曼·吕伯和于尔根·哈贝马斯，在"哲学家名单"上有三个不太有名气的候选人——尤根·芬克（Eugen Fink）、格哈德·施密特（Gerhart Schmidt）和约阿希姆·科珀（Joachim Kopper）。在文件序言中有建议霍克海默的前助手，法兰克福大学编外讲师卡尔·海因茨·哈克（Karl Heinz Haag）为候选人的记录。在聘任委员会召开的若干会议和决定性的全系大会上，阿多诺和霍克海默了两人都不同意里布鲁克斯的表决意见，[3]而是明确同意聘任哈贝马斯。阿多诺称，他是将“理论社会学和哲学相结合”的不二人选；霍克海默认为，他是哲学家人选中唯一一位“有声望的人物”。阿多诺和霍克海默使出浑身解数，争取使他们推荐的候选人，一位——他们突出强调——著名的社会学家和哲学家，获得通过。哈贝马斯不想担任社会研究所所长职务。这不成问题，霍克海默说，因为已经要求再聘用一位社会学教授，马上开始着手此项聘任，这样，霍克海默的所长继任问题就解决了。当哈贝马斯确实以三票弃权位列该名单第一人选时，拉莫尔迈耶提议将哈贝马斯列为唯一候选人（unico loco），该提议以两票弃权通过。所以，1963 年 7 月哲学系向部长呈交了一份仅有一名候选人的名单，并请求允许他们放弃提供三位候选人的名单①。[4]

在 1963 年 7 月 26 日致黑森州文化部长的信中，哲学系称任命事宜紧急，系主任催促放弃通常的三位候选人名单。本系仅提供哈贝马斯一位候选人，他“无人可以比拟”，事情“十分紧迫，……因为柏林自由大学也在……极力争取哈贝马斯先生”。[5] 1963 年 2 月 26 日，霍克海默就曾致信哈贝马斯说，“若阿多诺和我的愿望，您知晓我们的愿望，不能达成的话”，[6]您再决定去柏林吧。哈贝马斯在与黑森州文化部的任命谈判中，最终就特殊津贴、课时补助和充足的教席教授职位人员配备达成一致，他 1 月份正式接受任命，1964 年夏季学期在哲学系走马上任。哈贝马斯后来向他的前任表示：“接任

① 德国现代高校教授任命规则大体在 19 世纪形成，学院享有提供三位候选人名单的权利，而国家享有在三人名单中做出选择的权利。——译者注

您的职位，在我是莫大的荣幸，我更视之为强大的动力，我当秉承您的精神，不遗余力地发挥作用。”[7]

1964年9月29日，哈贝马斯致信黑森州文化部行政顾问海伦·冯·比拉（Helene von Bila），明确提出条件，请求部里务必满足这些条件，使他能履行业已接受的法兰克福大学的任命：“自从霍克海默先生和阿多诺先生归来以后，法兰克福学派的社会学发展成为战后德国社会学的代表，在国际上备受尊崇。与学界惯例不符的是，如今该学派在本校靠自给自足无法获得适当的人员补充，人员补充事宜迫在眉睫。”另外，哈贝马斯充分利用自己履新者的身份，要求在哲学系也增设一个教席编制。“这个问题至少是投石问路，”他在致冯·比拉的信中写道，“试探一下，看看关于法兰克福大学社会学专业人员配备的组织决策，是完全服务于客观需求，还是可能会歧视某些教师的意见。”[8]哈贝马斯在履新职位上将如何定位自己，从他1965年11月18日致路德维希·冯·弗里德堡的信中，可略知一二；此时，后者尚是柏林自由大学社会学教授，但已接到法兰克福大学哲学系的社会学教授聘任邀请，同时他将与阿多诺和鲁道夫·古恩采特（Rudolf Gunzert）共同担任社会研究所所长。冯·弗里德堡完全赞同哈贝马斯的意见，在任命谈判中，他可以努力促成在米留斯大街单独设立社会学专业。哈贝马斯想提早与未来的同事协商一致，于是致函给他：“（1）我之所以来法兰克福，只是因为这里的教授职位能让我兼顾哲学和社会学兴趣。在这里，我的哲学和社会学工作量相当。（2）我对任何体制内事务没有兴趣。这并非说，我对实证研究不感兴趣。…… 我的雄心勃勃的计划，也包括启动有充分理论准备、设计合理的研究。……（3）为达到这些目的，对我来说，开设社会学讲座课和研讨课，有两位助手，在体制内研究的相邻一隅做一个乐于合作的个体学者，在自己的老派世界里怡然自得，如此足矣。因我放弃了体制性影响力，任职前我谨提出如下条件，即豁免社会学考试①。……（4）我来法兰克福，是相信阿多诺和霍克海默对我系社会学专业法定权利的郑重承诺能够兑现。……之所以重视这一法定权利，是因为我不希望哲学和社会学的研讨课和助手都混在一起。”[9]

哈贝马斯履新在即，他们一家 1965 年从海德堡迁往法兰克福。他们没像过去那样住在法兰克福市区。哈贝马斯和助手乌尔里希·奥夫曼在该地区寻觅数日，终于选定了陶努斯山边上的小城施泰因巴赫（Steinbach）的一栋双拼别墅，位于霍因瓦尔德街 48 号。哈贝马斯的书房在这栋形状狭长的住宅的阁楼上，房间分布在两层。从这里到大学——他的办公室和女秘书海德·施耐德（Heide Schneider）的办公室在大学主楼的哲学系，后搬到米留斯街 30 号的社会学专业楼——不消半小时。

在施泰因巴赫的那些年，他们家有一位常住客人，萨宾娜·贝格汉（Sabine Berghahn）。她是一位已故友人的女儿，[10] 当时受成绩问题困扰。她在法兰克福歌德高中上学，从 1966 年复活节起，她在哈贝马斯家住了约两年时间。有规律的家庭生活使她学习成绩迅速提高。如今是法学和政治学编外讲师的萨宾娜·贝格汉回忆，施泰因巴赫这个家的一家之主，享有特权，在家中可以心无旁骛地专注于学术工作。她还回忆，他晚上常常筋疲力尽地回到家中，抱怨没完没了的系会和其他各种会议上同事们的态度。[11] 比如，彼得·斯丛狄（Peter Szondi）任命事件就让他非常不快；1964 年斯丛狄被确定为德语语言学正教授人选——此事受到任命委员会两位非专业观察者阿多诺和哈贝马斯的极力支持，该项任命遭到同事们，尤其是日耳曼学学者海因兹·奥托·布尔格（Heinz Otto Burger）的抵制，故而搁浅。[12] 时隔多年后，2005 年夏，古日耳曼语学者克

① 指只给学生上课，不负责考察他们的成绩。——译者注

劳斯·冯·西（Klaus von See）在一家专业期刊上，洛伦茨·耶格尔（Lorenz Jäger）在7月6日的《法兰克福汇报》上，分别对“斯从狄事件”发表个人观点，称阿多诺以其“背负精英阶层使命的自我理解”，对一位日耳曼学学者的任命事宜施加了巨大影响，目的是加强法兰克福学派在法兰克福大学的主导地位，此事因此又起波澜。7月13日，哈贝马斯对“副刊编辑部右边锋”的描述做了详细回应：“我在法兰克福的教学工作还没有开始，就因我本人并未参与的系会的一个决议，成了文学教授职位任命委员会的成员。在任命委员会的首次会议上，系主任克拉夫特刚宣布会议开始，当时我还不熟悉的奥托·布尔格就表示要发言。出人意料的是，他突然以明显的攻击性口吻冲我而来，我，他的年轻同事，系主任几周前到海德堡时还请求我接受法兰克福大学的聘任。我当然已记不清布尔格的原话，但由于这是少见的违例行为，所以我清楚记得布尔格发言的内容：‘他们，日耳曼学学者们都知道，阿多诺先生派我到委员会中来，就是为了推动彼得·斯从狄任命的。他想从一开始就警告我，在法兰克福，从来都是日耳曼学学者任命日耳曼学学者。’我望着系主任，他显然很恼火，但一时未有任何反应。我接着对他说，我想，在发生这样的丑闻后，会议该结束了，然后离开了会议室。…… 我如此清晰地记得这个意外事件，是因为我向伽达默尔和洛维特讲了我受到的震惊后，他们认为可以趁机把我留在海德堡。事实上，当时的海德堡大学哲学系主任阿瑟·亨克尔（Athur Henkel）确实向斯图加特的部委汇报了此事，之后向我发出邀请，商谈留任事宜。”[13]

1965年，大事件接踵而至。哈贝马斯开始着手写在法兰克福大学的就职演讲稿，他清楚人们对此有很高的期待。另外，捷克哲学家卡莱尔·考希克（Karel Kosík）邀他前往布拉格作演讲。很久之前就在计划的美国研究旅行也在筹备中。3月，飞赴美国一个

/ 174 月前，他和夫人访问了南斯拉夫。这是他第一次在“东欧集团”国家——无疑是在一个“关于‘第三条道路’的想象”激发了讨论的国度——逗留。[14] 他此行是受后来被禁的萨格勒布“实践哲学”学派的邀请，该派别由彼德洛维奇（Gajo Petrovič）发起创立，自1963年起在科尔丘拉（Korčula）岛上的国际暑期学校举行报告会和讨论会，报告人多数是亲近非正统马克思主义的哲学家和社会科学研究者。报告以多种语言刊登在《实践》（*Praxis*）杂志上，杂志在萨格勒布出版。“刚到的那天晚上，”哈贝马斯说，“我和乌特就受到了热情似火的接待，人们奉上美味的达尔马提亚火腿和浓烈的克罗地亚红酒，你根本无法抵挡这些极为好客的人们的盛情。”[15] 他借这次机会，在米兰·坎格尔加（Milan Kangrga）、普雷德腊格·弗兰尼茨基（Predrag Vranicki）和鲁迪·苏佩克（Rudi Supek）等专业哲学家面前，拿他的就职演讲初稿进行了试讲。

自1964年夏季学期开始，哈贝马斯在法兰克福大学开设讲座课和研讨课，他的课引起了哲学系和社会学系学生的浓厚兴趣。参加研讨课的条件是，要读过阅读书目所列书籍，并积极参与课堂讨论。另外还得提前交书面专题评论，便于复印后分发给所有听课的学生。这些研讨课很国际化，这在法兰克福大学算不上特别，但由于哈贝马斯还要求阅读盎格鲁－撒克逊国家各种思潮的著作原文，所以他的研讨课国际化色彩更浓。他很早就开始研究约翰·杜威、乔治·赫伯特·米德（Goerge Herbert Mead）的实用主义，在助手乌尔里希·奥夫曼的催促下，他也开始研究塔尔科特·帕森斯，他将终生对美国政治和文化发表评论。自在法兰克福大学担任教授以后，他更加频繁地一次又一次前往美国。

/ 175 **他在法兰克福大学的教学**，逐渐吸引了来自世界各地的学生，这无疑与“法兰克福学派”这个标签的吸力效应有关。他很快在国际上也被认为是该学派最年轻和最富创造力的人物了，尽管他在课堂上并未从正统意义上刻意“维护学派传统”。他的讲座课和研讨课既纪律严明，又宽松开放。他特别重视课上积极发言，虽然发言的当然都是成绩优秀的学生和法兰克福大学的助手们——在哲学课上是奥斯卡·耐格特和阿尔布莱希特·维尔默（Albrecht Wellmer），社会学课上是乌尔里希·奥夫曼和克劳斯·奥佛。哈贝马斯的讲座都有讲稿，他大多数时候都照着讲稿讲。讲稿是打字机打出来的，往往洋洋洒洒两三百页，密密麻麻地布满了修改和添加的手写文字，有些写在单独的纸张上，还有些写在纸片上。第一次上讲座课，他劈头就对学生们宣告：“大家要有心理准备，你们将听到的是一个特别的讲座，每个观点都无比复杂。”日后成为《时代周报》主编的贡特·霍夫曼在海德堡大学听过哈贝马斯的课，他记得这样一个场景：“我记得，大学最大的讲堂爆满，学生都坐不下，一个同学打断哈贝马斯，请求他讲得明白些，因为他讲的东西太难理解了。课堂上半数学生鼓起掌来。他答应尽量让他们听懂，于是另一半学生发出嘘声。年轻的哈贝马斯对发出嘘声的同学说，他能肯定自己的良好意图一定会落空。”[16]

谈到给哈贝马斯教授当助理的那个时期，奥夫曼和奥佛私下都强调说，那时学术助理间的合作也很密切。虽然工作领域不同，但他们会定期交流，谈谈自己手头的工作，力求从对方身上学点什么。哈贝马斯的智慧使他们在智识上受益匪浅，不仅如此，他还幽默诙谐，是个有趣的人，除工作上的接触外，他也请他们到他施泰因巴赫的家中，参加晚间聚餐和讨论，在那里可能会遇上米切利希或卡尔·海因茨·博尔（Karl Heinz Bohrer）。奥佛说，助理在工作时间安排上有很大自由度。他们的工作主要是准备研讨课阅读书目，对学生在写报告和研讨课课堂记录方面给予指导，参与课堂讨论。他们之间有一种很好的“横向渗透”，奥佛回忆，他那时就对与价值哲学的克制相关的交往与理性的联系有所领悟。不过，哈贝马斯也果断向他指出哲学和心理学领域的巨大的研究空白。奥夫曼则着重谈到当助手时他就批评过哈贝马斯的社会理论纲领。哈贝马斯虽然容忍了他的批评性看法，但两人因此而没完没了地争论不休。“回头来看，几乎难以想象，”奥夫曼回忆学术导师时说，“在这个社会科学理论分析发生巨变的时代，有多少东西被哈贝马斯揭示、吸收、用自己的理论进行系统阐述，并提出来以供检验。另外，他还具有前瞻性地确定了该领域所有可能的理论方向。……当然，他还为1968运动——在批判理论发源地法兰克福，运动呼声尤为高涨——提出现实原则付出了巨大努力。……以傲慢和隔膜的态度看待盎格鲁－撒克逊研究和文献的情况并不少见，它们被诟病为实证主义——最初，法兰克福的学生们对上研讨课得阅读英文或法文原文叫苦连天——哈贝马斯对这种现象决不妥协，间或还讽刺挖苦：‘你们以为读了黑格尔就等于兜里揣着开启这个世界奥秘的钥匙啦，可你们都从不把它拿出来示人，遑论用它来开启什么了。’”[17]

/ 177

以下是这些年他开设的部分课程：“社会学历史”“社会整体系统分析”“家族内社会化过程”“政治社会学问题”“涂尔干、帕累托（Pareto）弗洛伊德”“新社会学理论方法”“现代经验科学起源”“自然法问题”“唯物辩证法”“唯物认识论问题”“历史哲学”。课程涉及题目范围相当广泛，因此，反倒是他未开设讲座和研讨课的那些题目更引人注目，比如“法西斯主义”系列题目。理解文明断裂发生的根源，原本是青年哈贝马斯投身哲学研究的一个重要动机。所以，他身为哲学和社会学教授对“法西斯理论”名目下的讨论似乎并无特殊兴趣，这值得注意。

1965年春，哈贝马斯第一次赴美作研究旅行，此行是应政治教育研究办公室（Studienbüro für politische Bildung）的邀请，旅行等相关事宜则由华盛顿特区国际教育研究所（Institute of International Education in Washington, D.C.）具体安排。哈贝马斯在向政治教育研究办公室弗里德里希·明森（Friedrich Minssen）递交的申请表上注明，自己从事与社会研究（social studies）方面的教师培训有关的心理学和社会学研究。他向系主任申请了两个月的假期，在申请表中哈贝马斯说，他计划“和纽约的奥托·基希海默（Otto Kirchheimer），伯克利的本迪克斯（Bendix）和李普赛特（Lipset），以及芝加哥的亚诺维茨（Janowitz）等同仁进行接触”。[18]

/ 178

第一站是纽约。哈贝马斯住在年龄比他稍长的罗尔夫·梅尔森（Rolf Meyersohn）家中，他是美国业余时间和大众传媒研究者，曾于1960/61学术年度在法兰克福担任客座教授，在此期间哈贝马斯与他相识，1966年他二度在社会研究所做客座教授。孩子年龄相仿的两个家庭关系逐渐密切起来。访问纽约后，哈贝马斯前往密歇根，在安娜堡大学停留了几周。后又前往波士顿和芝加哥，在芝加哥拜访了布鲁诺·贝特尔海姆（Bruno Bettelheim）的精神分析研究所。他在加利福尼亚的圣芭芭拉附近接受了盲肠手术，并在那里与利奥·洛文塔尔（Leo Lowenthal）会晤，会晤后洛文塔尔立刻向齐格弗里德·克拉考尔（Siegfried Kracauer）汇报此次——如其所言——“令人愉快的拜访”。[19] 此行他还结识了迈克尔·罗斯曼（Mike Rossmann），罗斯曼后来作为加州大学伯克利分校学运领袖之一，成为风云人物：“认识他是在‘言论自由运动’（free-speech-movement）开始几个月后，他是迫使我直面这些‘疯狂的新主张’——我当时的说法——的第一人。”[20]

回国后哈贝马斯为研究办公室写了一份七页的报告。他在报告中写道：“美国研究之旅使我有机会参观学校（安娜堡、芝加哥、帕罗奥图）、观摩课堂（社会研究）。我们了解了学校制度结构和师资培养机制。另外，对我来说重要的是，对美国的大学有了初步认识。

尤其在密歇根大学校园生活的两个星期，我得以深度观察哲学和社会学教学。而且，我们有幸在风云变幻、危机重重的时刻，观察教授和学生们的政治行为。恰好在我们访美的那几个星期，对政府在
/ 179 越南和圣多明各问题上的外交决策的批评引发了新的反抗形式——大学师生时事宣讲会（teach-in）。相比之下，伯克利的学生骚乱似乎表明，在高度工业化的富裕社会中，年轻人的政治态度发生了深刻的变化。”[21]

研究兴趣。由于哈贝马斯的课集中在一周中的几天——一般在周四和周五，中高年级的哲学研讨课是在周六上午 10:00 至 12:00——所以他有足够的大块儿时间伏案写作。这些年他非常高产：1967 年，文献综述《社会科学的逻辑》（*Zur Logik der Sozialwissenschaften*）作为《哲学评论》（*Philosophische Rundschau*）特辑出版，（多次被盗版后）于 1970 年和 1982 年各增补了四篇论稿，以同一书名独立成书再版。

在这篇综述中，哈贝马斯对社会科学方法论研究的现状做了概述。同时还结合他 20 世纪 60 年代初参与实证主义论争的两篇旧文，汇总了他当时用以反驳实证分析研究方法的普遍性要求的论据。他批评实证主义的意图主要在于，希望为社会科学提供一种历史解释学的研究视角，当然他也（以社会学为例）警告在这方面不要矫枉过正：“社会的语言基础结构是一种相互关联的要素，始终借助于符号传递的相互关联的语言要素，也是由于现实强制而形成的：一方面通过进入技术支配过程的外在自然的强制；另一方面通过反映为对社会权力关系的压制的内在自然的强制。……因此，社会学不能听任自身缩水为理解的社会学。它要求一个参照系，这个参照系既
/ 180 不会以自然主义的方式忽略社会行动的符号传递，也不会沉溺于语言性的理想主义，把社会进程全然崇高化为文化的传递。”[22]

另外，这部著作中还有一个哈贝马斯在接下来几年越来越强调的主旨：对意识哲学范式的批判。他写道："如今，语言问题取代了传统的意识问题：语言的先验批判取代了意识批判。"[23] 人们对阿尔弗雷德·舒茨（Alfred Schütz）的现象学、哈罗德·加芬克尔（Harold Garfinkel）的民族方法学和乔治·赫伯特·米德的交互社会角色期望的概念的研究，从根本上促进了他后来称之为"社会学的语用学转向"的发生。要研究的不再是主体的意识行为，而是言语行为（Sprechakt）；多个参与者的语言交往的主体间性代替了个体的主体意向性。生活世界概念亦逐渐成为他日渐宏阔的社会理论的核心概念。 151

该文献综述首次问世后，很多人来信赞同他的观点，其中有吕西安·戈德曼（Lucien Goldmann）、阿龙·西库雷尔（Aaron Cicourel）、雅各布·陶布斯、利奥·洛文塔尔（Leo Löwenthal）、普莱斯纳、舍尔斯基等。1967年10月1日，克劳斯·格罗斯纳（Claus Grossner）在《时代周报》发表题为《德国革命者的哲学》（*Philosophie deutscher Revolutionäre*）的综合评论，高度评价哈贝马斯的文献综述和阿尔布莱希特·维尔默（Albrecht Wellmer）出版于1967年的《作为认识论的方法学》（*Methodologie als Erkenntnistheorie*），称在实证主义论争迄今为止的所有观点中，他们两人对自己观点的论证最可靠和充分。

1968年，他的文集《作为"意识形态"的技术与科学》（*Technik und Wissenschaft als »Ideologie«*）在苏尔坎普版图书系列中出版。在庆祝马尔库塞70岁寿辰写的同名文章中，哈贝马斯批评马克斯·韦伯对发达工业社会合理化进程的著名分析极不全面，因为他只局限于对"技术"和"经济"系统的分析。同时，他也与迥异于韦伯理论的马尔库塞的技术与科学的乌托邦理论划清界限，他赞同把劳动和相互作用两个基本范畴区分开来，不过后来他修正为：在劳动这种目的理性活动和相互作用这种交往活动之间，以及在系统和生活世界之间做出区分。哈贝马斯认为，鉴于科学研究与技术的日益紧密的相互依存关系，科学将会成为第一生产力。他批判因政治的不断科学化而导致的政治 - 行政决策过程的技术至上，以及与此相连的现实必然性决断论（Dezisionismus der Sachzwänge）。民主自决原则因此受到严重损害。[24] 迪特里希·戴宁格尔（Dietrich Deininger）在《法兰克福汇报》上的概括很到位："今天人类受到的威胁……并非由于技术发展本身，而是由于生活实践以技术为标准。由于一种政府调节的资本主义政治的技术化，这种资本主义不解决冲突，而是回避冲突，不追求民众的成熟状态，而是追求民众的非政治化。"[25]

尝试认识论批判

引导认识的兴趣。除了在苏尔坎普版图书系列出版的文集，哈贝马斯 1968 年还出版了另一本更有分量的书：《认识与兴趣》（*Erkenntnis und Interesse*）。该书属于苏尔坎普出版社新创的理论图书系列，也是哈贝马斯的第三本专著，如果算上他的论谢林哲学的博士论文的话。《认识与兴趣》也是他——用认识论方法——系统阐释其社会理论的初次重要尝试。该书从任何形式的认识都与深深根植于人类天性中的兴趣密切相关这一论点出发，阐述了一种理性理论。这一理论证明任何形式的认识都是反思性知识，即以自我反思为中介的批判（反思性批判）。"这［批判。——作者注］使主体摆脱了对实体权力（hypostasierten Gewalten）的依赖。"[26] 哈贝马斯想要说明，自我反思不止是形而上学的推断，不止是玄想和沉思。它是一种特定的理性形式，具有与因果解释和意义理解这两种科学的理性形式同等的合法地位。

从劳动、语言和统治（Herrschaft）塑造了人类历史这一论点出发，哈贝马斯概括了三种基本认识兴趣，每种认识兴趣对应一种科学模式：自然科学对应依照目的理性对事物施加影响的兴趣；精神科学对应理解的兴趣，即，对符号表现形式的解释；社会科学及意识形态批判和精神分析学对应对（统治）的批判兴趣。由此出发，他对实证主义、解释学和批判理论做了区分：经验－分析科学进路包含了技术的认识兴趣，历史－解释科学进路包含了实践的认识兴趣，以批判为导向的科学进路包含了解放的认识兴趣。[27]他将认识兴趣定义为普遍认知策略，以及“从其入手我们得以理解现实之为现实的特定的观察角度……”。[28]他认为，与卡尔－奥托·阿佩尔的观点类似，[29]认识兴趣根本上说具有先验（transzendental）的地位，即它们被认为是先天的（a priori）。哈贝马斯坚信，通过洞察认识兴趣，可以揭示任何一种认识的参照基础（Bezugsbasis）。由于“解放的认识兴趣”不包含在基本行为方式劳动和相互作用中，故只有“派生地位”，不过它同样重要。[30]因为它“确保理论知识与一种生活实践，即一个‘论域’（Gegenstandsbereich）的联系，只有在出现系统扭曲的交往和看似合法的压制的时候才会出现这种情况”。[31]换句话说，由解放的认识兴趣引导的批判，会深入到意识层面，其内容取决于统治的历史表现形式，因此是变化不定的。他在1965年法兰克福大学的就职演讲中初次提到的这种解放的认识兴趣，就栖身于语言之中。

马克思和弗洛伊德。哈贝马斯称弗洛伊德的精神分析学和马克思的意识形态批判理论是批判的，故而是解放的科学的典范，尽管它们会陷入“唯科学主义的自我误解”——因为它们错把自己归类为自然科学。为挖掘其批判潜能，应当做出新解。

哈贝马斯首先强调，思维（Denken）不是历史认识的基本范畴

（黑格尔），人与自然的对抗才是——即人类这一物种的自我建构源于社会劳动——这一认识要归功于马克思。不过，马克思刻意使用了简化的劳动概念，这种劳动概念“把人与自然的统一这一唯物主义概念局限于生产这一范畴框架”。[32] 完全采用了唯物主义视角的哈贝马斯说：“如果马克思未以社会实践之名把相互作用和劳动拼凑在一起，而是将统一这个唯物主义概念与目的性行动的成果及与交往行动的结合同样联系在一起，那么这是一种关乎人的科学理论的看法，就不会被它归于自然科学的认识所遮蔽。”[33]

/ 184

于是，哈贝马斯尝试运用弗洛伊德的个体心理学理论来建立批判科学模型，将这一精神分析模式引入社会批判分析的更高层面，以弥补马克思理论的不足。他首先阐明，社会批判针对的是超出了必要程度的统治，其尺度——他的结论是——取决于制度所要求的实际压制与符合物质发展历史水平的必要压制之间的强度差。有必要提高社会中对这一差异的认识，目的是使“任何具有深远政治影响的规范有效性，都有赖于在非强制性交往中达成的共识”。[34] 精神分析学说因此是批判－解放的科学的典范，抑或，更确切而言，是一种批判－解放的科学方法，因为非强制性交往构成其实践－方法论的核心：“在分析时，观念与解放的统一，认识与摆脱教条的统一，理性与热情运用理性的统一，是真实发生的。”[35] 精神分析学之所以如此贴近批判－解放的科学类型，是因为，只有当被分析对象把解释作为认识接受时，分析者的解释才会发生作用。与此类似，对社会弊端和悲惨状况的解释，只有反映在自我启蒙过程中并起到实际作用时，对社会的批判性分析才能证明其有效性。

该书问世后不久，阿佩尔和卢曼都亲笔致信哈贝马斯。阿佩尔在写于1968年11月26日的信中，感谢作者惠寄大作，也感谢作者的友情题词，并用了八页的篇幅就哈贝马斯关于反思与解放、理论与历史实践的同一性命题进行了探讨。他证实，在解放的认识兴趣内部，在作为哲学反思的批判和实践活动之间存在着一种紧张关系。卢曼在 1969 年 1 月 2 日的来信中写道，这本书让他爱不释手，无论内容还是语言都让他钦佩不已。但他不同意将劳动与相互作用、强制与交往对立起来，因为在他看来，不发生相互作用的劳动和没有强制的交往，是不可想象的。他也对语言享有特权提出了异议；他认为，语言对复杂性的还原不充分。[36]

当然，这部著作的评论并不只是阿佩尔和卢曼的来信。1974 年由文弗里德·达乐麦（Winfried Dallmayr）编的《评哈贝马斯的〈认识与兴趣〉》（*Materialien zu Jürgen Habermas' »Erkenntnis und Interesse«*）出版。吉安·恩里克·卢斯科尼（Gian Enrico Rusconi）、君特·霍尔莫则（Günter Rohrmoser）、尼可拉斯·洛伯科维奇（Nikolaus Lobkowicz）、洛伦茨·克吕格（Lorenz Krüger）等，都在书中对这部认识论著述进行了讨论和评议。哈贝马斯注意到了这些评论，并尝试去消化和吸收。

修改。人们大概有充分理由说，哈贝马斯和《认识与兴趣》的关系，比和他任何其他书的关系都要纠结。这里顺便提一下，此书题献给了他 1964 年过世的朋友威尔弗里德·贝格汉。总之，当 1973 年该书新加了后记，作为苏尔坎普学术口袋书系列首部著作出版时，哈贝马斯就认为“需要修改”了。他在后记中写道：“……讨论之热烈和广泛出人意料，提出的问题如此之多，要想系统讨论这些问题，得再写一本书。”[37] 不过他还是对“五大类”异议做了回应，尤其修正了批判性自我反思概念。“我后来才明白，传统的、追溯至德国唯心主义的‘反思’一词的用法，涵盖（和混合）了两个面向：一方面是对认识、言说和行动主体的能力的可能性条件的反思，另一方面是对每个确定的主体……在其教育过程中自身承受的 无意识限制（Eingrenzung）的反思。”[38] 他称前者为“理性重构”

(rationale Nachkonstruktion)，后者为“批判”。只有在批判的模式中才能揭示被系统扭曲的交往发生的根源。

苏尔坎普口袋书版的《认识与兴趣》，使《明镜》周刊找到由头，再次借题发挥拿哈贝马斯做文章。有人在标题为《喋喋不休》的匿名评论中批评说，“成熟自律的人构成的交往共同体”概念，彻底背离了正统马克思主义。哈贝马斯以读者来信形式予以回应：“人们可与人或者言论‘保持距离’，却无法离开其存在本身就是为了被检验和被改变的科学传统。人们并不能通过向一位其主要作品诞生在足足一个世纪前的作者表白信仰，来使自己成为合格的马克思主义者。您这样说，是因为完全听信了流行的刻板成见和德意志共产党的陈词滥调。”[39]

在《认识与兴趣》首版30年后，哈贝马斯再次谈及旧作。他说，那时他太过囿于历史哲学的思维模式（Denkfigur）和主体哲学的概念性。“那时我从认识论视角当作学科领域构成来分析的，现在我从语言理论视角将之描述为语用学的‘世界假定’。”①[40]哈贝马斯早在1968年就开始梳理其语言理论的思路。1969/70冬季学期，在法兰克福大学的一堂研讨课上，他拿出一份草稿作为课堂讨论材料，题目为《关于交往能力理论的初步评述》(Vorbereitende Bemerkungen zu einer Theorie der kommunikativen Kompetenz)。这中间的几年中，他暂时无暇顾及于此，因为他关注的是其他问题，即关于“革命还是改革？”问题的讨论。

① 哈贝马斯假定存在一个对所有人而言同样的作为实际事态存在的客观世界，后文有详述。——译者注

/ 187

针对抗议运动的思考

> 若没有左翼自由主义者，乃至左翼知识界……的反对，永远不会产生对一种制度——其普遍性原则亦包含着自我批判和自我改造潜能——的深刻认同。[41]

重返法兰克福后，也就是 1964~1971 年在法兰克福歌德大学期间，哈贝马斯取得了丰硕的学术成果。这一时期，高校改革斗争正如火如荼，围绕学生反权威运动发生了旷日持久的争论。他认为，高校改革本质上就是高校民主化。也就是：学术决策机构应向所有的教学和研究负责人开放。另外，在大学里做出的具有政治和日常实践意义的任何决策，都应经过公共讨论和民主意志形成过程。

1966 年 1 月，哈贝马斯在柏林高校代表大会做报告，突出强调批判的作用。他说，批判恰恰在今天，但不只在今天，具有重大政治意义，“因为我们再也承担不起将科学信息不加反思地移植到社会生活实践中的后果”。只有当我们“通过反思来继续科学与技术的进步”，[42] 进步的实际后果才是可控的。他意在阐明，社会关系的安排要遵循这一原则：“任何有深远政治影响的规范的有效性，都有赖于在非强制性交往中达成共识。”[43]

/ 188

这样的思想正遇上社会学迅速发展，并作为 20 世纪的重要学科被等同于社会批判和时代批判的时代，当然也适逢肥沃的土壤。作为对战后时期——人们日益感受到这个时期的复辟倾向和摇摆不定——改革被拖延和被阻挠的反应，出现了一类新型知识分子，他们有政治头脑，而且尤具批判精神。这个新知识界被证明是哈贝马斯从事学术活动和干预公共事务的理想的共鸣板。[44]

那个时代的风云动荡无疑有很多背景因素。比如，越南危机升级，联邦德国政府作为美国盟国在外交上也推波助澜；美国中央情报局（CIA）在南美的活动；美国民权运动的持续高涨；世界各地的反殖民主义运动；中东地区的六日战争和希腊军事政变。再加上联邦德国内政纷扰：围绕自20世纪60年代中期以来就在计划的对紧急状态法的辩论；联盟党与社民党在前国社党党员、激烈的反共产主义者库尔特·乔治·基辛格（Kurt Georg Kiesinger）——他曾叫嚣："我要说的只有一句，中国，中国，中国！"①——领导下组成的1966年12月上台的大执政联盟的权力卡特尔；此外还有一个极右翼政党进入了若干州议会，如黑森州和巴伐利亚州。在国内外局势的影响下，青年文化和大学生抗议运动持续发酵、日趋激化。反抗运动之所以受到强烈关注，主要因为采用了从传播学角度看"吸引眼球"的表达形式。直接行动、偶发事件（Happenings）、静坐罢课（Sit-ins）等词语被报纸和电视如获至宝地拿来用在新闻报道中，引起了广泛反响。

/ 189 在法兰克福发生了若干类似的大规模抗议——哈贝马斯也走在抗议队伍中。在1965年11月致联邦总理路德维希·艾哈德的一份声明中，人们要求停止在越南的空袭行动，和平解决冲突，实现全越南的政治中立，他也在声明中签了名。1966年5月22日，在歌德大学召开了由鲁迪·杜奇克（Rudi Dutschke）和SDS举办的"越南——一个实例分析"大会，马尔库塞是大会主讲人，阿本德罗特、诺曼·伯恩鲍姆（Norman Birnbaum）和耐格特也都发了言。哈贝马斯在会上称越南战争是非法战争，是挑衅性反共产主义的表现。[45] 在还未结成大执政联盟之前，他就与伊林·费彻尔、弗里德堡和米切利希写了一封致社民党主席维利·勃兰特的联名公开信，

① 德国前总理基辛格在一次竞选辩论中说的话，意在危言耸听地警告中国这个庞大的共产主义国家的威胁。——译者注

提醒他警惕出现权力卡特尔。1966 年 12 月，在社会民主主义高校联盟举办的法兰克福专家论坛上，哈贝马斯指出，受赫尔伯特·韦纳（Herbert Wehner）和赫尔穆特·施密特的影响，社民党出于策略考量决心加入“因经营不善而破产的基民盟 / 基社盟政府”，因而有“掩饰破产的托辞……。相比旧政府，我们更有理由担心新政府。”[46] 尽管哈贝马斯在政治上更倾向于赞同（当时尚未实现）由社民党人勃兰特任总理的小联合政府，但这并不妨碍他批评社民党的投机行为。他说，社民党将党内民主扼杀在了萌芽状态。另外他还担心，大执政联盟会危及整个议会制度，因为“如果议员中十之八九都属于执政党，那么在解决冲突的过程中公众是被排除在外的”。[47]

人们很快将看到，政治精英如何对待和处理现实社会冲突。1967 年夏，作为新左翼运动的一部分，学生抗议运动在德国各地持续升温。这时，具有重大舆论影响力的施普林格出版社大量散布反学运言论，迫于施普林格出版社的压力，大多数政治精英都犯了致命错误，[48] 对学生抗议采取了镇压手段。1967 年 6 月 2 日，伊朗国王穆罕默德·礼萨·巴列维与随行人员在德国进行国事访问，其间在西柏林逗留一天。日程包括当晚在德意志歌剧院观赏隆重上演的《魔笛》，但当晚也有由大学生和伊朗反对派组织、柏林自由大学学生会申报的针对这位铁腕统治者的游行示威。游行被柏林警方暴力驱散，在柏林警察局局长沃尔夫冈·毕施（Wolfgang Büsch）的授意下，柏林警方对大学生实行大棒政策由来已久。在驱散过程中，26 岁的大学生本诺·欧内索格（Benno Ohnesorg）被一名便衣从背后射杀；人们事后得悉，这名便衣是史塔西特务。 / 190

欧内索格的死是学运历史的转折点。射杀事件导致群情激愤。大多数政治精英在大众传媒的遮掩下——《图片报》1967 年 6 月 5 日的文章标题是《大学生威胁：我们还击》——试图为警方行动洗地，对枪杀示威者事件轻描淡写，而学生们，且不仅是学生们，则认为这是政治谋杀。如，哈夫纳在《明星》周刊发文谴责："这是一次系统的、从容谋划的屠杀，柏林警察对柏林大学生的屠杀。"[49] 其他知识分子也纷纷发声，声讨警方的行为。在法兰克福的哈贝马斯是什么反应呢？柏林发生的事件令他极度震惊，他与柏林的熟人通了电话，了解事件详情。他尤为担心的是，这会加速随着《紧急状态法》的筹备已然开始的去民主化进程。事实上，1968年5月30日，即欧内索格死后将近一周年的日子，《紧急状态法》在联邦议院以大执政联盟获三分之二多数票通过。关于哈贝马斯的立场，可以肯定的是：在抗议运动频发的那些年，相比反权威和无政府主义左翼小团体——他们欲通过直接的挑衅行动，启动对社会中的压制性关系的认识过程——哈贝马斯对左翼社会主义流派抱有更多好感，他们致力于实现资本主义经济结构的福利国家转型。[50]

/ 191

1967年6月3~9日，联邦德国各地都爆发了抗议警察行为的游行示威，成千上万人走上街头。6月9日，欧内索格在汉诺威下葬，受到公众哀悼。葬礼结束后举行了主题为"高校与民主——反抗的条件和组织"的报告会。只有四位教授受邀参加报告会：阿本德罗特、玛格瑞塔·冯·布伦塔诺（Margherita von Brentano）、哈特穆特·冯·亨提希（Hartmut von Hentig）和哈贝马斯。哈贝马斯在题为《联邦德国大学生的政治作用》的报告中称，政府批准的针对柏林示威群众的警方行动，是具有威慑意图的恐怖行动。他认为，学生抗议是民主意识和政治参与的合法且十分必要的表达："在联邦德国，大学生反对派的使命无论过去还是现在都在于，理论视角的不足，面对掩盖和诽谤行为的敏感性缺失，对我国社会法治国制度和民主宪法的解释和实践彻底性不足，对预见能力和警觉性想象力的欠缺，即不作为，予以弥补。"[51]

他呼吁借助公共抗议手段来抵制逐渐显形的"威权主义绩效

社会”，但也告诫勿采取破釜沉舟的激进行动，不要“通过挑衅使制度的隐形暴力成为显形暴力”。那是“自虐，不会有令人满意的结果，而是对暴力的屈服”。[52] SDS 成员汉斯－于尔根·克拉尔（Hans-Jürgen Krahl）驳斥哈贝马斯道，诱发暴力是法西斯主义的说法，已不再适用。“随时调动起来、肆无忌惮地对付学生的国家暴力机器的‘血腥残暴的干涉’”之所以可能，是因为学生没有组织起来，应对盲目。手无寸铁的学生们“找到挑衅这种仪式化形式，……在街头公开展现……真实的非暴力行动”，[53] 非常必要。后来，已成为学运领袖的杜奇克发表言论，反对当下的“不合理”民主及其既定游戏规则，赞成采取行动，且不排除使用暴力；听到这样的言论，被这位学运领袖指责其“空洞的客观主义（杀死）了被解放的主体”的哈贝马斯，虽然大为惊愕，但并未马上作出回应。直到晚些时候，时间已过午夜，他正准备离开会议现场，又改了主意，从停车场折返回大厅（“我本来已经上了车”），大厅里讨论还在继续。他“向鲁迪·杜奇克发问”——纪录片导演汉斯·迪特·米勒（Hans Dieter Müller）和君特·霍曼（Günther Hörman）在影片《喧闹》（*Ruhestörung*）中，这样称哈贝马斯此次的介入行动——给已不在场的杜奇克扣上唯意志论的帽子：“1848年人们所称的乌托邦社会主义，在当今情境下得叫作——至少我认为有理由提议用这个术语——‘左翼法西斯主义’。”[54] 顿时，大厅里同时响起了掌声和嘘声。 / 192

这样的言辞显然是媒体梦寐以求的。很多媒体不怀好意地大肆渲染，称不久前刚被学生宣布为反抗运动精神领航者的哈贝马斯，已和日趋激烈的学生激进主义告别。哈贝马斯的助手耐格特也在《列车时刻表》杂志发表题为《大学生与权力》的文章，批评哈贝马斯栽在了自己自相矛盾的观点上，因为他作为无拘无束的左翼自由主义阵营的一分子，以为“在理性、自治、启蒙和公共讨论的激情 / 193

中，重又认出了人文自由主义的基本要素”，另一方面却又排斥战斗性抗议形式。耐格特言辞犀利地写道：“‘左翼法西斯主义’的指责，是资产阶级自由主义意识衰退阶段的表现，人们震惊于德国民主制度和规则的明显的脆弱性，而对于所有社会主义备选方案，却只看到安全与自由的终结。…… 左翼法西斯主义是体制固有的法西斯化趋势在易受歧视的边缘群体身上的投射。”[55]

若干年后，同为SDS活跃分子的克劳斯·奥佛表达了不同看法：“我认为，1967年6月9日，哈贝马斯在汉诺威没说错什么。情绪激动、被自己对形势的认识误导的学生表现出的暴力对抗想象，根本就是愚蠢。这里有一种以勇敢、形势严峻和证明真诚性为名的变态的暴力意愿，这通常只发生在法西斯分子身上，而这一次我们却在左派身上看到了。这让哈贝马斯深感厌恶。他认为这种形势解读是错误的。而他是对的。”[56]

时隔10年后，哈贝马斯承认，他的左翼法西斯主义的说法，“是过于从资产阶级知识分子立场做出的反应”，尽管只是“对反抗运动方法的一句内部批评而已”，但说话的“场合不合适”。[57] 那时候，报刊开始调转阵地支持他。而此前一直试图接近他的学生运动团体，则开始疏远他，甚至与他对立。

尽管在那个喧嚣躁动的岁月，他有很多“学术外”活动，但他在学术上的总体情况还不错。1967年，他同时收到两个颇吸引人的教授聘用邀请，分别来自1966年建校的改革型高校康斯坦茨大学和汉堡大学。汉堡的卡尔·弗里德里希·魏茨泽克（Carl Friedrich von Weizsäcker）很想聘用他，而他不得不收回申请，因为他已和康斯坦茨大学进入聘用谈判阶段。但他也拒绝了博登湖方面[①]的聘任，因为法兰克福大学目前在人员和财政方面均有所“改善”。另

① 指康斯坦茨大学。——译者注

外，他1967/68冬季学期的休假申请也获批准。1967年4月14日，他在向哲学系主任递交的休假申请中注明，休假是为接受纽约社会研究新学院特奥多尔·豪斯讲座教授聘任，该讲座由联邦政府设立、社会研究新学院提供职位，时间从1967年9月1日至1968年2月1日。新学院1967年3月14日致函负责此事的黑森州部委，表示欣然接受哈贝马斯教授的申请，并称，“为迎接德国社会学界著名代表人物前来纽约，下学期的教学计划已做了相应的调整和安排”。[58]

在纽约做客座教授。1967年夏，哈贝马斯行囊中装着若干文稿，与全家飞往纽约。他和妻子、两个学龄儿童提尔曼和丽贝卡及半岁的尤蒂特，住进了位于中央公园附近的罗尔夫·梅尔森家暂时空下来的公寓，因为梅尔森在哈贝马斯做客座教授期间计划在伦敦逗留。8月中旬，梅尔森和哈贝马斯两家在缅因州一起度过了14天假期。

10月10日，哈贝马斯写信给在海德堡的玛格丽特和亚历山大·米切利希，[59]说他在纽约感觉很好。上研讨课和讲座课都颇有乐趣，当初的担心看来毫无道理。两个大孩子在高尚城区上东区的鲁道夫·施泰纳学校（Rudolf Steiner School）上学。他对美国大学生称赞有加，说他们不像德国学生那么教条，政治立场方面也是如此。另一方面，他也看到了美国这个世界最强大的国家其社会的破坏性，城市中充斥着“颓废、堕落和暴力”。在纽约，哈贝马斯与他在法兰克福的女秘书海德·施耐德保持着密切联系，他在给她的信中写道，“我们收到很多邀请，另外我还研究嬉皮士和形形色色的激进派”。[60]

他认识了很多人，其中有社会学家丹尼尔·贝尔（Daniel Bell）。贝尔刚开始一项研究，研究成果于1973年出版，书名为《后工业社会的来临》（*The Coming of the Post-Industrial Society*）（德文版*Die nachindustrielle Gesellschaft*两年后面世），该书引起了轰动。汉娜·阿伦特邀请哈贝马斯周日光临她位于河滨大道的寓所用午后咖啡，他在那里遇到了威斯坦·休·奥登（Wystan Hugh Auden）、乌韦·约翰逊（Uwe Johnson）。[61] 约翰逊和家人 1966~1968 年在纽约生活，生活费用部分靠洛克菲勒基金会提供的奖学金。[62] 在与阿伦特会面半年前，哈贝马斯在《水星》杂志就阿伦特《论革命》（*On Revolution*）一书发表书评，该书德文版（*Über die Revolution*）1965 年出版。1966 年 3 月 9 日，他在给派施克的信中写道，这位女作者"是个相当反动的人物，但至少同样令人钦佩。她在书的末尾，勇敢地为评议会制度（Rätesystem）正名，称它是当今唯一可想象的共和形式，她这样做不但保持了观点的始终如一，而且也值得敬佩"。他在另一封信中说："但愿我这么说没有太冒犯阿伦特女士。我绝无此意，因为阿伦特女士就是女人研究不了哲学这一顽固偏见的光辉夺目的、活生生的反证。"[63]

/ 196

歌德学院纽约分院邀请哈贝马斯去作演讲。由汉娜·阿伦特介绍哈贝马斯出场，讨论也由她主持。在演讲中，哈贝马斯讲到柏林的学生抗议与伯克利及巴黎发生的学生抗议的区别；讲到一再耽搁的高校改革；还讲到，在他看来，柏林、法兰克福及其他地方的政治行动的诉求是彻底变革社会形态。他笼统地解释说，当下西德的政治化进程，是人们对战后社会僵化为威权主义形态的反应。在富裕社会条件下成长、认真看待民主宪政制度的参与原则的年轻一代，对这种社会形态持批评态度。这一代人拒绝接受"技术发展水平很高，但个体生活依旧被效能竞争伦理、身份竞争、占有驱使的物化和替代性满足等价值观念所决定"。[64]《法兰克福汇报》对报告做了报道，提到报告结束后进行了"长时间热烈讨论"，"很多参与讨论的听众，既指出联邦德国和美国发生的激进学生运动的相似之处，也指出了它们的区别"。哈贝马斯在讨论中称，世界范围的大学生反越战行动具有合理性。[65]

哈贝马斯显然将他在纽约及新学院逗留的这段时间，视为他事业发展的重要节点。在1968年3月8日给大众汽车基金会（该基金会为他为期6个月的美国之旅提供了12000西德马克的资助）的报告中，他这样写道："在新学院的工作令我十分满意。学院的同事很热情。在那里可以享受客座教授身份带来的便利，而无任何不便。融入学院和系里的工作没有任何障碍。学生们待我和别的教授一样。就是说，在任何方面我都不处在边缘地位。……从我个人的经验来看，特奥尔多·豪斯讲座教授职位对一位从未在美国生活过的德国学者来说，几乎是了解美国制度（即使是德国人的视角）、个人建立学术联系的一个理想的机会。"[66] 哈贝马斯一家回到德国四星期后，他写信给梅尔森："我们重又变回了施泰因巴赫的乡巴佬。当然，连法兰克福也看上去有那么一丝乡下气息了。"一个昔日眼中车水马龙的大都市，现在却感觉是个"令人昏昏欲睡的闭塞小城了"。[67]

在风云际会的1968年，回到德国以后，哈贝马斯更加尖锐地批评好战的学生团体及其领袖。这样的机会有很多，比如1968年2月8日，他回国几天后，在法兰克福举办了一个专家论坛，是柏林SDS倡议的"批判性的大学"系列活动之一。他在专家论坛上以《学生在议会外反对派中的作用》为题发言，再次发起猛烈攻击。在与汉斯-于尔根·克拉尔正面交锋中，哈贝马斯指出抗议运动所犯的错误，建议SDS到工会和新闻媒体进步的那部分中寻求同盟。编辑卡尔·海因茨·博尔在1968年2月12日的《法兰克福汇报》报道中说，两种立场针锋相对、水火不容：SDS的领袖强烈要求对"隐藏着法西斯主义倾向"的制度进行革命性变革，必要时诉诸暴力；哈贝马斯则主张利用议会民主制度的活动空间，"因此需要启蒙式，而非篡夺式的抗议形式"。当时与哈贝马斯关系尚还友好的博尔在报道中这样写道。

/ 198 1968 年 2 月 17、18 日，北越军队发动新年攻势（Tet Offensive des Vietcong）之后，国际越南大会在柏林举行。几周后，重大事件一件件接踵而至：4 月 4 日，诺贝尔奖得主、宣传非暴力运动的马丁·路德·金在田纳西州的孟菲斯（Memphis）遭枪杀；4 月 11 日，复活节前的星期四，一名有极右翼背景的年轻人约瑟夫·巴赫曼（Josef Bachmann）光天化日之下向鲁迪·杜奇克行刺，致其重伤。[68] 两起事件在美国和西柏林引发严重骚乱。

5 月中旬，哈贝马斯前往"前哨城市"，参加柏林自由大学举办的大型活动。刚旅美归来的他在 4000 名学生面前发表了关于现行社会制度的替代方案和革命主体的演说，演说结束后他与马尔库塞和其他左翼知识分子，包括克劳斯·麦施卡特（Klaus Meschkat）、巴曼·尼卢曼德（Bahman Nirumand）和 J. 陶布斯等，就学生议会外反对派激进主义的危险展开讨论。

1968 年 5 月 8 日，哈贝马斯等人共同筹备的"民主紧急状态"大会，在法兰克福召开。若干作家、科学家、艺术家、报人和出版人应邀参会，最终与会人员达上千人。大会在黑森广播公司大演播厅举行，电视进行同步直播。会议过程中，SDS 的克拉尔冲击讲坛，声讨与会者"背叛了议会外反对派"，引起轩然大波。1968 年 9 月 30 日的《法兰克福汇报》评论说，这次大会是"德国知识分子因政治问题聚集在一起的首次尝试"。哈贝马斯个人没有发表意见，这或许与他压根儿不喜欢电视直播活动有关。但他参加了接
/ 199 下来的集会，与伯尔、恩岑斯贝格、霍赫胡特和瓦尔泽，讨论紧急状态法通过的后果，以及如何阻止紧急状态法通过，讨论在位于维斯腾德区已被学生占领多日的贝蒂娜中学人满为患的礼堂里进行。[69] 在这一时期，恩岑斯贝格脱颖而出，成为 1968 年前后许多左翼知识分子所想象的那种革命的代表人物。他不但主张生产资料

的公有化，还主张打破压制性的国家权力，“以实现真正的民众自决……”。特别是，要以“下层建筑革命为目标”，以抵御“意识工业”（Bewusstseinsindustrie）的操纵性影响。[70]

受到队友炮轰

主张非暴力行动。1968 年 6 月 2 日，圣灵降临节前的星期六，全国大中学生代表大会在法兰克福大学召开。作为学生政治行动的一部分，法兰克福大学刚被学生更名为“卡尔·马克思大学”。这次大会聚集了 2000 余名听众。此时，杜奇克被刺事件引发的复活节骚乱余波犹存。施普林格传媒帝国的街头小报惯于在煽动性报道中有目的地诋毁这位学运领袖，称他为共产主义煽动分子。行刺事件发生几周前，《图片报》曾在读者留言栏中给读者留言：“我们不能把所有的苦差事都留给警察……”[71] 杜奇克被刺事件后，西德若干城市爆发了大规模示威游行，在一些地方，示威升级为针对被警察庇护的施普林格传媒集团所属报社的公开暴力行动，人们用尽一切手段阻止报社出版的报纸发行。

2 月 9 日施普林格出版社召开意见听取会，该听取会也是学运激进分子抵制施普林格出版社的原因之一；哈贝马斯当时虽受到郑重邀请，但他拒绝参加。10 月，一群学生因参与了对施普林格出版社的抵制行动而必须出庭答辩，哈贝马斯被恳求作为有利于学生一方的鉴定人出庭作证，他拒绝了。他致信律师克劳斯·柯罗桑（Klaus Croissant）：“我认为，自己无法作为鉴定人证实在施普林格出版社的出版工作和杜奇克被刺之间存在着经验可验证的联系。”[72] / 200

媒体权力以私有经济运作方式操控舆论是这些日子的热门话题，此外还有两个问题是圣灵降临节前大会的核心关切：三天前联邦议院通过了《紧急状态法》，对此议会外反对派在有些场合采取了攻击性行动，他们会因此招致怎样的风险？还有，如何创造，以及创造什么样的社会前提条件，可使有利于学科内和学科间的自我澄明过程的制度化活动空间取代教育系统中传统的权威结构？

虽置身于“学生抗议战区”，如克鲁格所称，但哈贝马斯与此前在柏林一样，仍坚持认为，尽管宪法规范和宪法现实之间存在着巨大的鸿沟，但除议会民主制外别无选择。探究这一差异是社会批判的任务。那时，从对定义为合乎事物法则（Sachgesetzlichkeit）的技术专家政治的批判性诊断出发，结合公民退入私人领域，他发现了一个将花费更多精力去思考的现象：在关乎决定实际共存方式的规范性问题的解释方面，存在欠缺。在哈贝马斯看来，为抵抗去政治化，大中学生发明的有意破坏规则的新型示威技巧，不仅是有效手段，而且作为非暴力反抗也是合法的。正如绝不能将西欧的社会状况判定为革命性状况一样，针对反革命力量的暴力行动不仅危险，而且也成功无望。[73] 相反，抗议运动能够随着时间的推移逐步瓦解富裕社会中本已不堪一击的绩效意识形态（Leistungsideologie）。但若试图借助马克思革命理论对资本主义和帝国主义的批判，来为这种行动方式辩护，注定会失败：“在当前形势下，进行以彻底的革命性变革为目的的战术鼓动宣传，简直是妄想。”[74] 他认为，抗议运动必须放弃使用任何直接暴力形式，仅局限于借助象征性手段的挑衅行动。

从阿比萨克·图尔曼（Abisag Tüllmann）拍摄的会议激辩的照片上，可看到哈贝马斯如何置身狮穴侃侃讲述他对伪革命者（Scheinrevolutionär）的社会心理学解释，以及如何回答人们对其演说中提出的六个论点的异议。他批评“以鼓动者角色”把行动主义作为目标本身的那个人（汉斯 - 于尔根·克拉尔），抨击“以导师角色”轻率地抛出“大拒绝”这类用语、为暴力行动辩护的那个人（耐格特），谴责“以新晋小丑角色在伪革命者簇拥下陶醉于不断的挑衅表演的那个人（恩岑斯贝格）”。[75] 照片中开始的场景是哈贝马斯正恳求听众要从实际出发评估政治形势，他认为，当前绝无潜在的法西斯主义危险。他站得离麦克风很近，左手握着几页刚才演说的《关于青年反对派的战术、目标和局势分析》的文稿。在另一张照片中，他在脱稿讲话，右手打着手势。他没穿西装，着装随意。显然，照片中人努力想作为一位积极参与者通过观点交锋让人信服，而不是摆出大教授“居高临下”的训诫架势。“非强制性对话”或许是契合这组照片的一个好标题。加不加问号另当别论。 / 202

哈贝马斯批评学生行动主义为“左翼法西斯主义”，招致了严重后果。15位亲近SDS的作者，在出版于1968年的《左派对于尔根·哈贝马斯的回应》（*Die Linke antwortet Jürgen Habermas*）一书中，针对“关于青年反对派的战术、目标和局势分析的六个论点”提出激烈的反批评。[76] 耐格特在该书引言中写道：“将各个论点捏合在一起的，既……非与抗议运动的赤诚团结，也不是对一个自圆其说的理论——人们可据此声称，间接行动战术从公共领域政治化和社会的社会主义变革的长期战略中获得依据——的确认和阐述。”[77] 从政治层面看，哈贝马斯在这里所持的，是他已在社会理论上放弃了的“残余自由主义”（residualen Liberalismus）立场。哈贝马斯“担心虽然受着制度约束，但只要很少诱因就会触发的陈旧的统治制度的潜在暴力，这导致他大声疾呼不要挑战隐形暴力，不要触及自由主义立场——虽然其解放功能久已被证明具有欺骗性”。[78]

在阿本德罗特的文章中人们明显觉察到，他努力要把哈贝马斯拉回革命 - 社会主义阵营中。不过，他也认为“左翼法西斯主义”的说法是错误的，而且他也指出，哈贝马斯为了系统内在的自由主义批判而放弃了其社会主义立场。但社会和政治变革的实现，并非如哈贝马斯所认为的，通过“说服掌权者”，而是通过对社会经济基础进行革命性变革。[79] / 203

哈贝马斯学生中的首位洪堡奖学金获得者，1964年追随他从海德堡来到法兰克福，后在弗洛伦萨大学任政治哲学教授的弗瑞欧·策鲁提（Furio Cerutti），在一封公开信中批评他的导师，说他对假革命的批评是基于“客观主义的革命概念”。革命被理解为一种状态，而不是一个过程。“您看来忘了，”策鲁提说，“须历经炼狱！的淬炼方能实现革命。”[80]克劳斯·多尔纳（Klaus Dörner）批评道，哈贝马斯“在政治讨论中使用了冷冰冰的概念”。这场“寒气逼人的政治讨论”远离了哈贝马斯本人孜孜以求的政治公共领域。“哈贝马斯演说的缺陷是，他过于孤立地看待新型抗议技巧（及其不成熟），而未将之置于政治运动框架中通盘分析。”[81]

拉姆特·莱西（Reimut Reiche）在其文章中捍卫与哈贝马斯呼吁的“反情绪化理性”不相容的“新敏感性”。[82]而奥佛和哈贝马斯一样，也从有限度打破规则的抗议技巧上面，看到了反对派身上的新倾向。但决定反对派行动的，是他们一致认识到“波及所有社会生活领域、影响自由机会的退化过程……。新法西斯主义……的威胁波及……整个社会制度。并非一种建立新社会的共同计划（作为范畴已变得令人疑惑），而是对旧的社会结构及对其中不断增强的压制的集体经验，激发了新的抗议运动”。[83] K. 麦施卡特认为，/ 204 哈贝马斯误判了学生运动的动机，其实，学生的诉求并不在于自己行使政治权力。哈贝马斯犯了一个错误，他“基于高度抽象的时代理论，得出评断行动是非的标准。…… 他努力扮演独一无二的独立批评者的角色，这使他……看起来越来越像那些汉堡记者①，而后者的政治原则不过是卖弄自身的超党派姿态罢了”。[84]

对出版人而言，这本书意味着“新左派内部分歧公开化，主要是为了促进其政治自我理解”，“并不是为了反对哈贝马斯”。[85]但

① 指施普林格集团下属出版机构的记者。——译者注

哈贝马斯没有参与这次争论。他拒绝了撰写回应文章的邀约。 171

革命性状况？在那时进步的时代思潮中回荡着一个问题：在具有资本主义组织形式的社会中，是否存在革命情形？1968年，当哈贝马斯再度接受彼德洛维奇的邀请，前往亚德里亚海科尔丘拉岛上的国际暑期学校时，他从严格的理论角度深入探究了这一问题。他做了题为《对晚期资本主义社会制度进行彻底变革的条件》的报告，试图依据他对科学作为现代社会第一生产力的最新研究来说明，对于以进步、增长和经济稳定为主的现代社会而言，马克思的危机理论已经丧失了有效性。哈贝马斯认为，从大众受剥削和贫困化现象出发，推导出推翻（资本主义）的革命理论，脱离现实。现实社会主义制度作为一种替代模式，只有对自身进行民主改革才会具有吸引力。然而，这样的改革预期并不现实，以苏联为首的（华约）军队入侵布拉格就证明了这一点。入侵布拉格的消息传来，马克思主义理论大会上一片哗然。 / 205

革命抑或改革，也是鲁赫特汉德出版社1968年9月在法兰克福书展最后一周举办的讨论会“权威与革命”的主题。在讨论嘉宾席中就座的有阿多诺和法兰克福的抗议专家克拉尔。谈及全球革命战略，克拉尔呼吁“进行行动宣传”，并指责与君特·格拉斯一样坐在听众席里的哈贝马斯，说他疏远学生运动是出于策略性动机。哈贝马斯不由随口回应：“刚才听了克拉尔先生讲话的人，都会有这样一种印象，在这里讲话的是一位让桀骜不驯的知识分子遵守纪律的党的领导人。”[86]哈贝马斯说，政治运动恰恰对那些同情它并寻求对话的知识分子的不同意见免疫，这很不幸。接下来的几个月中，一些学生运动团体与社会理论家及其他知识分子间的冲突持续激化。

在享有盛誉的苏尔坎普出版社也发生了针对权威，即出版人的抗议活动。1959年彼得·苏尔坎普去世后，西格弗里德·温塞德接任独立出版人。一些审稿人越来越拒绝接受他那种在他们眼中家长式的领导风格。瑞士汉哈特家族握有出版社 50% 的股份，他们向温塞德这位事先确定的继任者提供资本，使他向克劳斯·苏尔坎普——彼得·苏尔坎普与第一任妻子生的儿子，在同样于 1959 年故去的苏尔坎普妻子“米尔”（Mirl）离世后成为单独继承人——支付了大笔款项，从而拿到了另外 50% 的股份。为更明确表明立场，瓦尔特·博利希（Walter Boehlich）、安娜莉丝·博通德（Anneliese Botond）、卡尔海因茨·布朗（Karlheinz Braun）、君特·布什（Günther Busch）、K.M. 米歇尔 、克劳斯·莱歇特（Klaus Reichert）、汉斯-迪特·泰希曼（Hans-Dieter Teichmann）、彼得·乌尔班（Peter Urban）和乌尔斯·威德莫（Urs Widmer）等众多审稿人联合起来，向老板递交了一份要求若干权限的“审稿部宪法”（Lektoratsverfassung）。该法规定，除了制定出版计划，审稿人大会在销售、广告、薪酬、人事政策方面均拥有决策权。最初由马丁·瓦尔泽提出的社会化（Sozialisierung）模式迅速传播开来[①]。根据“审稿部宪法”，温塞德仅作为普通合伙人拥有一票权利。温塞德感到不仅被边缘化，而且也深受伤害。他想尽一切办法抵制在他看来实际是要夺权的企图。他希望能得到其麾下最著名的作者，如弗里施、瓦尔泽、阿多诺和哈贝马斯等人的支持，于是决定召集自己的班底。温塞德在他的《冲突始末》中简单介绍了 10 月 11 日和哈贝马斯的谈话内容：“哈贝马斯认为，审稿部宪法是不合理的要求，是对活动余地的逾越，对决策权的限制，反过来会动摇出版社的投资基础和生存根基。……哈贝马斯表示愿意参加周一的

/ 206

① 瓦尔泽于 1964 年 7 月 3 日在《时代周报》撰文批评“四七社”小圈子化，拒绝批评，垄断德国文坛，嘲讽地建议应将之社会化，使人人都可以参加进来，人人都可以批评。——译者注

晚间会谈。”[87] 书展结束后不久即敲定了会议日期。1968年10月中旬，在当时还位于绿堡路69号的出版社会议室召开的会议上，据说找到了解决方案。与会人员除审稿人和出版社的两位代理人外，还有于尔根·贝克、君特·埃里希、乌韦·约翰逊、恩岑斯贝格、马克斯·弗里施、汉斯·埃里希·诺萨科、马丁·瓦尔泽、彼得·魏斯和哈贝马斯。与其他参会者一样，在这次持续至10月15日清晨的较量中，哈贝马斯也明确站在出版人这一边。头一天日间，他让人拿来资产负债表过目，了解了财产关系。他很清楚，借款给温塞德让他得以接手出版社，与其有着亲密的互信关系的汉哈特家族，永远不会同意出版社社会化，因此他得出结论：在现有经济条件下，集体经营不适合苏尔坎普这样一家私营出版社。以哈贝马斯之见，作为有独立经营权的合伙人，温塞德也必须拥有相应决策权。温塞德在事后写的《冲突始末》中有言：“哈贝马斯不惜运用他的全部理论知识和工具，提出如下观点：让一家出版真正进步作品、总体上运转良好、旗下作者作为生产力无论整体还是个体都很满意的出版社，经受一次会让人质疑其当下影响力的试验，是荒唐的。他认为，这部审稿部宪法将会动摇决策权和投资基础。”[88] 作为抗议者之一的审稿人乌尔班，从自己的视角描述了那个夜晚：“时间已经是下半夜了，哈贝马斯开始长篇大论地讲话，讲关于联邦德国现有制度的内部结构。他说，审稿人显然想在这种体制内谋求实现‘社会主义’或‘基础民主’结构，单单从法律——公司法和其他法——方面来看，这都纯粹是幻想——一锤定音。我们这些审稿人明白了：我们的‘正义事业’是非正义的，我们在出版社内争取更多民主的尝试，显然与自由主义-资本主义的基本制度不相容（至少大多数人这么认为），我们的尝试失败了；大家垂头丧气，默默无语各自散去。我清楚记得那一刻自己的想法：离开这个地方，赶紧走，回家。同事们想必和我想法差不多，因为没人再凑在门外一起抽上一支烟。”[89]

/ 208 冲突最终以温塞德同意每周召开一次审稿人会议以改善“沟通结构”而告终。对于10月14、15日那夜做出了哪些具体决议，涉及何人何事，审稿人和温塞德之间仍有分歧。温塞德再次请哈贝马斯支招，他称审稿人的态度“简直不可理喻”。[90] 在这场令所有参与者身心俱疲的争斗结束后，多位审稿人（瓦尔特·博利希 [Walter Boehlich]、卡尔海因茨·布朗、彼得·乌班 [Peter Urban] 和乌尔斯·威德莫 [Urs Widme] 等）和作者决意离开苏尔坎普出版社，并于1969年按照共同决策模式创立了自己的出版社——作家出版社（Verlag der Autoren）。

哈贝马斯表示与温塞德休戚与共，而温塞德很看重忠诚，因此在“审稿人造反”事件后，哈贝马斯在苏尔坎普出版社的地位更为突出。他利用自己对出版人的影响，使卡尔·马库斯·米歇尔和君特·布什留在了苏尔坎普，并作为优秀出版策划人继续负责：米歇尔负责“理论图书系列”，布什负责苏尔坎普图书系列。由于米歇尔不满足于只负责落实理论图书系列编者的建议，所以他和哈贝马斯的关系也不无矛盾和分歧。

在这几个月中，大学内部各机构的共同决策结构问题激发了另一持续冲突。在无休止的辩论中，哈贝马斯越来越反对建立校外顾问委员会和管理委员会——它们将赋予独立的社会代表以机会，从外部插手大学管理。他主张实行大学内部各机构和群体之间平等的自治模式，即组群大学（Gruppenuniversität）。不过，与积极罢工的社会学基层小组的意见相左，在科研和聘任事务方面他坚持教授群体合格多数投票方式。

他1969年出版的《抗议运动与高校改革》（*Protestbewegung und*
/ 209 *Hochschulreform*）一书的内容，就是他提出的高校改革建议。这本橘红色小书定价为5马克，迅速成为所有关心政治的大学生的必读书目。《明镜》周刊称，该书是使抗议运动“避免以伪革命僵局惨淡收场的最后尝试”。[91] 虽然与过去的言辞相比，书中对学生行动主义的批评略显温和，但哈夫纳在杂志上撰文评论道：“不得不说，他这本书的引言是议会外反对派迄今遭到的批评中最尖锐和最不留情面的，也是最中肯的批评。”[92] 卡尔·考恩在《法兰克福汇报》文学版发表评论，总体上表示赞同，他说，作者给出了对抗生活物化趋势的工具，那就是批判。“持这样的观点，自由主义大概又要被视为好战了。”[93]

民主化方案。以 SDS 为核心的学生群体认为，哈贝马斯和弗里德堡、艾哈德·丹宁格（Erhard Denninger）及鲁道夫·费托特（Rudolf Wiethölter）1968 年 10 月底共同制定并在媒体上公布的民主化方案——黑森州高校法草案——不够彻底。虽然几位方案制定者努力争取，使关于高校政策的决策的出台遵守政治决策程序的规定，但这不得适用于那些以科学专业能力为前提的决策。因此，草案拒绝了社会学学生基层小组成立一个教授不占多数票的决策机构以保障自我组织学习的要求。另外，对学生们所谓打破“资产阶级的”科学运行模式的口号，哈贝马斯的确本能地抵触，因为他生怕这会损害启蒙与批判的根基。“当时哈贝马斯很有勇气”，奥夫曼在采访中说。“为了大家的利益，他挺身而出。他去到时事宣讲会现场，阐述自己的观点。对此我深为敬佩，当时做到这样不容易，非常勇敢。”[94]

1968/69 年冬季学期，在“唯物主义认识论问题”哲学研讨课上，哈贝马斯拿出一篇论文，让大家就他在文章中的论断展开讨论。[95] 周六上午，位于但丁街、部分用作图书馆的哲学系教室爆满，研讨课就在这里举行。在那时很畅销的《明星》杂志眼中，这堂研讨课可是轰动事件，因此特派一名摄影记者前往课堂现场，为后来发表的封面文章《革命吞食了革命之父》(Die Revolution frißt ihre Väter)做调研。从流传的照片[96]中可明显感受到那些日子白热化的论战气氛。

哈贝马斯在一篇专为该研讨课写的论文中论证说，不能让科学服务于为政治行动做准备:“行动准备的成功以行动有效性来衡量。科学过程的成功以保证认识进步的标准——当标准被遵守时——来衡量。这些包括但不限于：论证和获得共识的一般规则、解释的要求、陈述有效的合法性要求、方法详述和对研究技术的检验。”[97]

当然，若相信在哈贝马斯的研讨课上教授和学生的关系完全平等，就是天真了。当哈贝马斯在研讨课上批评一名学生做报告的方式随便时，这名学生在给哈贝马斯教授的信中表达了他的失望，这封信后来被学生基层组织公布出来。他在信中写道，他只是尝试建立无恐惧的交往，然而却不得不认识到，认为“您[指哈贝马斯。——作者注]愿意削减您的权力，是天真的”。[98]

/ 211 1968 年 12 月，当学生先占领了他和弗里德堡任负责人的麦留斯街上的社会学楼，然后又占领了阿多诺任所长的森肯博格街上的社会研究所时，事实表明，哈贝马斯并非在任何方面都乐意削减自己的权力。因担心研究所财产受损及法律后果，阿多诺报了警，以便疏散研究所。马尔库塞从遥远的美国写信来，对阿多诺此举表示愤怒。这时，哈贝马斯完全站在此时已不堪重负、疲于应付的阿多诺一边。1969 年 5 月 5 日，他致信马尔库塞:“长达两个半月，我们抓住任何一个机会(而且完全容忍了 12 月研讨课被占领十天)和采取过激行为的学生辩论，为什么他们的要求是无法接受的。这些要求是在想象中把部分游击战略套用到了我们的关系上。显然，他们就是要在物质上和功能上把研讨课变成行动组织中心，以便在大学内外进行直接斗争。当煽动者的口号——‘进机房捣毁设备，去图书馆把书弄到大街上’——反复重复，分分钟会有人如法照办时，我停了正上着的研讨课。学生们吃了闭门羹，于是折回，去研究所继续胡闹。您得了解事件的背景。说诸如调动警察对付学生的套话，于事无益。您足够有想象力，足够诚实，可以具体想象一下您自己课上发生类似情况应当如何。”[99]

后来哈贝马斯遇到的情况，与阿多诺及其他教授的遭遇毫无二致。学生不断花样翻新地寻衅滋事；和许多同事的做法不同，哈贝马斯总是先尝试寻求对话。然而，从1968年11月14日的事件可清楚地看到，他的宽容也有限度。这一天，哈贝马斯在第六讲堂上讲座课，全市闻名的行动主义者汉斯·伊姆霍夫（Hans Imhoff）在课堂上捣乱；他宣布，自己要做一场新形式的“就职演说”。哈贝马斯于是先让出讲台和麦克风，以便与之进行对话，但伊姆霍夫说这太仪式化，拒绝对话。然后，哈贝马斯执意让大家对伊姆霍夫的去留投票表决——投票结果是留下。在伊姆霍夫模仿哈贝马斯用鼻音讲话之后，哈贝马斯当即宣布将课推迟到次日，然后从容离去。[100]不过，一般当在事实层面遭到攻击时，哈贝马斯多半会进攻，并试图把对手拖入争议。

从政治上来看，这个国家这些年正站在一个新时代的开端。1969年10月，维利·勃兰特成为总理，是德意志联邦共和国首位当选总理的社民党人，他是一位“敢于多实行一些民主”的总理，也是一位明确谋求与苏联势力范围的国家和解和对话的总理。1970年12月7日，在波兰人民共和国和德意志联邦共和国签订基础条约之际，联邦总理对波兰的访问尤具历史意义。他的“华沙之跪”受到世界瞩目。一年后，他因东方政策被授予诺贝尔和平奖。内政方面，这位政治家也采取对话策略，寻求与知识分子的接触并邀请他们参加波恩的座谈。1970年11月，哈贝马斯也参加了一次这样的座谈会。一周后，他写信感谢这次邀请。他首先赞扬勃兰特的内政外交政策。他认为这是一种赢得信任的政策。不过他也提出了批评。比如他批评道，他有这样一种印象，阿登纳出于竞选策略的考

/ 213 178 量而回避了产权关系问题，这样做的危险在于，“依赖资本财产的不受监督和制约的经济处置权的集中趋势”将会延续。“我担心，”他在1970年12月8日致联邦总理的信中写道，[101]“由于害怕触及自身传统，社民党可能会出现认知障碍。对经济处置权的监督和约束，如今叫作将宏观调控扩展到结构规划（对私人投资决策干预的歧视并非从一开始就存在），从中期来看不可避免，如果政府在社会政策方面不想无所作为，而是愿意制定具有优先顺序的替代方案，并以政治方式达成决策的话。这是当今最前沿的科学讨论的主题，与正统马克思主义无关。”

这个时期，尚不满40岁的哈贝马斯成果颇丰，书一本接一本问世，这让他的出版人，不久前已和他以“你”相称的温塞德，心花怒放。除了提到的那些书，还有他在马尔库塞70岁寿辰之际出版的纪念文集，该书短时间内多次重印。在序言中，哈贝马斯力图与这位他极赞赏的新左派理论家进行争论。他指责说，马尔库塞呼吁“抗议是天赋人权”，导致了不断的误读。在哈贝马斯看来，只有当“人们普遍意识到不堪忍受的状况的压迫性力量而被迫采取暴力时”，暴力才“具有解放的功能”。[102]

阿多诺去世。1969年，哈贝马斯一家正在瑞士度暑假，得知了在瑞士瓦莱州度假的阿多诺去世的消息。哈贝马斯立刻中断休假，赶
/ 214 赴葬礼，葬礼于8月13日在法兰克福墓园举行，阿多诺在2000名来宾的哀悼中下葬。哈贝马斯在墓旁讲话与逝者告别；9月，在阿多诺66岁诞辰之际，他在《时代周报》发表了令人动容的纪念悼文。他写道：“阿多诺从不接受，保持童真和变得成熟只能二者择一。……一些早年的经历和观念在他身上一直鲜活地存在着。这个共鸣板对顽固的现实异常敏感：它让现实本身那些刺目的、尖利的、有害的东西暴露出来。在他那里，感觉敏锐和思想无畏始终相伴。”[103]

尽管那时人们不想正视，但阿多诺去世之后，法兰克福大学的确缺少了一个思想争论的重要核心。事实证明，他也给这座城市的文化生活留下了巨大的空白。哈贝马斯清楚当下人们对他的期待，尤其在批判理论传统的继承方面，尽管霍克海默、马尔库塞和洛文塔尔尚健在。他从不讳言，“这样继续延续”，不是他所追求的；他认为：“只有那些随世事更迭而变化的传统才能永葆生命力。”[104] 他也在纪念阿多诺的悼文中不容置疑地写道，阿多诺是“旷世奇才”，无人可以替代。[105] 因此，阿多诺去世之后，尽管哈贝马斯坚持社会理论应为战胜源于社会生活结构的苦难与不幸提供启示，但他降低了对社会理论的要求。他强调指出，社会理论不可能为“克服人类的基本生存危机——如罪责、孤独、疾病和死亡——提供解决之道”。1977 年，哈贝马斯在耶路撒冷宾馆与加德·弗莱登塔尔（Gad Freudenthal）有一次对话，他在对话中说，“可以说，在个体救赎需求方面，社会理论完全束手无策”。[106]

社会理论应当具备一种既能解释现代性成就，亦能解释其潜在危机和病理的现代理论形态。这是他今后几年将进行的宏大的理论工程。构建这一理论工程的一个前提是，要转换理论视角：告别认识论，转向语言理论，确切地说，是转向语言交往理论。

哲学思想新足迹

人性是我们认清只有脆弱的交往手段
能抵抗普遍的脆弱后，
我们最后剩下的勇敢。唯有神自己才能反抗神。[107]

哈贝马斯的语言理论转向，不仅根植于古典语言哲学，也毫不意外地根植于对社会科学和心理学科学流派的深入研究。他吸收了约翰·L.奥斯丁（John L. Austin）、诺姆·乔姆斯基（Noam Chomsky）和约翰·R.塞尔（John R. Searle）的语言分析哲学观念，但也从让·皮亚杰（Jean Piaget）和劳伦斯·科尔伯格（Lawrence Kohlberg）的认知发展理论中获得了重要启发。他在《认识与兴趣》再版后记中提到的理性重建工程，自此起在其理论中完全占据了核心地位。这一重建过程旨在呈现符号秩序的调节系统——一个负责生成涵义和意义的调节系统。

这一极其抽象的理论体系的应用范围，涵盖他研究语言沟
/ 216 通能力理论时称之为“普遍语用学”的内容。后经过若干次讨论，尤其在与阿佩尔的讨论之后，他引入了“形式语用学”这个名称，以图对实际掌握的、前理论的知识——相互理解可能发生的条件——予以重构，通过这种方式阐明以相互理解为取向的行动的一般性条件。他希望，通过阐明日常沟通实践规则，能够发掘批判的不可退避（unhintergehbar）的条件——自此起，批判被视为一种以合理方式做出基于更佳论据的理智决策的能力——以促进各方利益的平衡。如果能证明，理性标准被嵌入日常实际交往行动中，那么就可从中推导出社会理论家发现社会弊端时运用的批判标准。

本书不便呈现哈贝马斯博大宏富的理论之全貌。其理论最重要的节点和基本概念有：言语行动理论（Sprechakttheorie）、有效性基础（Geltungsgründe）概念、以相互理解为取向的行动与有效性基础的结合，及由此产生的“三个世界”理论。对言语行为的分析[108]最终使他得出以下观点：行动者之间的规范性约束，只能产生自以相互理解为取向并通向共识的言说。在这个过程中，一种言语行为的可接受性基于其内在的理性要求。倾听者假定，言说者会确保这些要求的兑现。

在写于1970年的《交往能力理论初探》（Vorbereitende Bemerkungen zu einer Theorie der kommunikativen Kompetenz）

一文中，哈贝马斯初次将以相互理解为取向的行动和有效性基础两个概念结合起来。断言式（konstativ）言语行动（Sprechakt）重在真实性要求；规范调节（regulativ）式言语行为重在规范的正确性要求；而在表现式（repräsentativ）言语行为中，重要的是主体真诚性或可信性要求。在对该理论的早期阐述中他曾强调可领会性（Verständlichkeit）的有效性要求，后来他取消了这一条。理由是，可领会性并非真正意义上的有效性要求，而是必须遵守的语言固有的规则。

哈贝马斯通过提出言语行为的有效性要求，建构了三个世界：作为实际事态存在的客观世界、人际关系得到合法调节的社会世界，以及行动主体自身可经历和感受的主观世界。表述相当形式化的三个世界概念，主要起到启发式的作用。而要说明相互理解的实际达成，则需要更多，即一个由交往行动者所依赖的日常生活信念和确定性所构成的共同的背景。所有交往参与者共享的生活世界构成了这一共同背景。蕴含在生活世界中的知识与生活世界的视域本身一样是隐匿不明的。交往参与者无法脱离生活世界的视域。

“平常的”交往行动，是指在生活世界背景下自然发生的一种互动行为，而在哈贝马斯称之为“对话”[①]的这种解释过程中，则有论证义务。此外，要达到对话目的，必须满足某些条件。这些对话规则包括：首先，完全将参与者纳入对话过程中；其次，平均分配论证权利和义务；再次，非强制性的交往环境；最后，参与者以沟通为目的的观念。

哈贝马斯从一开始就知道，没有一种真实的交往情景可以完全

① Diskurs 有讨论、商谈、交谈、话语、对话等含义。使用较多的译法有“商谈”、“话语”和“对话”。本书依据上下文内容和语法结构，主要采用“对话”和“商谈”的译法。——译者注

/ 218 满足对话的苛刻要求。在理想对话中可以讨论日常行动中隐含提出的有效性要求的假设是反事实假设。在他看来，对话“不是制度，是不折不扣的反制度（Gegeninstitution）”。[109] 各种类型的对话功能各异。比如，理论对话的功能是检验真实性要求。在实践对话中，则应说明规范的正确性要求。审美批评的任务在于，对表现式言语行为领域做出判断，当然这并不会达成主体间的相互约束。这也适用于解释被感官感受为感情和情绪的愿望和倾向。作为内在自然之要素的情绪和情感冲动可在疗法批判（therapeutische Kritik）范畴中得到解释。[110] 只有当对话达成的共识符合主体间认可的标准时，才具有合理性。因此哈贝马斯将真实性和正确性的标准与主体间性紧密联系在一起。

早在这一时期，哈贝马斯就坚持关乎真实性和正确性要求的语用学概念，行动能力和实际行动后果是这一概念的核心。在这一主张背后是他认为（至今他仍然不打折扣地坚持这一主张），没有任何一条通向实在（Realität）之路不以语言为媒介。实在之存在依赖于语言。主体在语言织就的经纬中思所思，行所行。世界并非是它呈现出来的样子，世界是关于世界的看法的总和。从某些方面来看，世界尽管可能就是它已有的模样，但对我们而言，它只能通过语言而存在。我们只能借助语言的理性形式去建构世界。

哈贝马斯不是那种年复一年寓居斗室、苦思冥索，待理论成形
/ 219 后才公之于众的哲学家。恰恰相反，在理论形成的早期阶段，他就设法让自己的观点接受公众检验。比如，这一次，在为盖伦的晚期论著《道德与超道德》（*Moral und Hypermoral*）写的书评中，他借机提出了正在酝酿中的理想言说情景概念供讨论。由于这篇文章配以挑衅性标题《模仿的实体性》（Nachgeahmte Substantialität），故《水星》杂志出版人派施克为此文撰写了引言：“十五年或更长时间以来，《水星》杂志所刊载的，在时代的意识形态和道德冲突的对

立两极树立了里程碑的作品，要归功于阿诺德·盖伦和于尔根·哈贝马斯。…… 两位思想家都承认在本刊视对方为对手，但鉴于各自身份都收敛锋芒。而现在，一方扬眉出剑——赤膊上阵，否定对方观点，以示对手在自己心目中的分量，这愈加使我们认为，有必要在同一阵地展开一场论争。”[111] 但盖伦并未如派施克所愿参与《水星》杂志的伦理学争论；相反，从此以后，他一概回避为《水星》杂志撰文。这期间，吕迪格·阿尔特曼出来发声，他在下一期《水星》杂志发表题为《志不同道不合的兄弟？》(Brüder im Nichts?) 的文章，就哈贝马斯对盖伦的伦理学批评表达了自己的看法。[112]

盖伦的人类学理论认为，人类在很多方面“存在生物性缺陷”，因此为促进稳定性，从根本上需要牢固的制度保障，无论以何种形式；而哈贝马斯提出了相反的观点，他论证说，理性言说的基本规范，为道德自我约束打下了足够牢固的基础。其批评主要并非针对盖伦观念中隐含的反人性和反民主的涵义，[113] 而是针对其基于人类学的基本伦理观念。盖伦认为，他的伦理学能抵抗——被他塑造成洪水猛兽的——膨胀的主体性。哈贝马斯质问盖伦，为何拒绝现代社会中存在的道德普遍主义这一替代选择，按照普遍性道德原则，“规范体系……完全建立在‘理性立法’的基础上”。[114] 在哈贝马斯看来，谜面的答案在于，怎样在作为一种“与无限制的交往原则……紧密捆绑的公共意志形成过程的对话中，使个体的自主性与普遍性道德相协调”。[115] 他反对盖伦的制度化思想，认为在人类学中寻求道德的根源是错误的；他论述说，道德产生自言说的基本规范，由此可说明自由立场的合理性。与此相应，“作为在其中就实际问题进行论证的言说情境的理想化状况，使自我能被理解 ……的使命再现。这种理想化当然包含在任何一个无论多么扭曲的言说中。因为在任何交往中，即使是试图蒙蔽对方，我们都需要区分断言的真与假。然而真理主张毕竟要求诉诸意见一致，为能被作为真理和谬误的标志 / 220

（index veri et falsi），意见一致必然被认定是在不受限制和强制的理想对话条件下达成”。[116]

著书立说。20世纪60年代末，社会研究所也面临代际更替。但当人们恳请哈贝马斯接替霍克海默，担任位于森肯伯格博物馆街上的社会研究所负责人时，他态度谨慎，未作明确表示。他担心事务性工作会耗费太多精力，导致没有充足的时间从事研究，尤其是写书。因为他相信，“借由书能改变论辩态势”；“必要时，可以在当天报纸上发表文章，潜移默化地使一些观点发生变化，当然没有人能按照自己的意图改变人们的观点，但为观点改变提供解释很重要”。[117]1969年初，德意志联邦共和国常驻联合国教科文组织代表，请他担任该机构驻巴黎代表处哲学处负责人接任瑞士哲学家让娜·赫尔施（Jeanne Hersch）时，他也婉言谢绝。

/ 221

尽管哈贝马斯雄心勃勃地严格推进他的理论工程，尽管写作对他如此重要，但他并没有使个人生活完全让位于工作，而是广交朋友，过着较为正常的家庭生活，暑期会和家人到阿尔卑斯山前部地区、瑞士或希腊、法国及意大利度假。另外，他也不希望自己的精力完全被温塞德及其出版社占用，所以也在基彭霍伊尔＆维驰出版社（Kiepenheuer & Witsch）担任编者，负责社会学图书出版项目。此事是迪特·维勒斯霍夫帮忙策划的，他在这家位于科隆的出版社担任编辑，是哈贝马斯波恩大学时代的同窗好友，至今仍是。那时的维勒斯霍夫已是斩获无数奖项的小说家、杂文家、诗人和广播剧作家，他有一首诗是特献给友人的：“真理不是 / 意识的 / 和意识的对象 / 的一致 / 因为 / 意识 / 不能检验 / 这种 / 也许只是问与答 / 的一致的 / 一致 / 原来只是一个串通好的游戏。/ 如果我们明白了这件事 / 那么 / 我们必须想出 / 另外一个理论 / 让我们的疯狂更能迎合 / 我们的理性。”[118]

从法兰克福到施塔恩贝格。除在法兰克福大学的专职教学工作外，1971 年 2 月和 3 月，哈贝马斯还在普林斯顿大学担任客座教授，为期六周。他在克里斯蒂安·高斯（Christian Gauss Lectures）讲座中，继续探索他的“交往能力理论”，并形成了其社会批判理论的语言理论基础提纲。他阐述了“从意识哲学转向语用学的哲学动机，阿佩尔则从不同侧重点出发，以‘哲学的转型’为题探究这一转向”。[1] 如今人们称作批判理论语言学转向的过程由此开启。

显然，这样的研究目标与法兰克福大学许多哲学家和社会学家脑海中所想象的难以相容，他们一如既往地认为，必须坚守批判理论的马克思主义传统，这些人包括耐格特、阿尔弗雷德·施密特、赫尔曼·施维鹏豪泽（Hermann Schweppenhäuser）及社会研究所的工作人员。哈贝马斯不仅谢绝担任社会研究所所长一职，也从未（或这时已不）把自己视为法兰克福学派核心圈子（inner circle）成员，为此当时（也许至今依旧）有不少人对他颇有微词。1970 年，当事关阿多诺的所长和教席继任人选时，冲突公开化了。哈贝马斯建议聘任波兰哲学家莱谢克·科拉科夫斯基（Leszek Kołakowski），他以一系列关于共产主义改革和马克思主义批判的哲学随笔而闻名，自 1968 年起在国外讲学，如在蒙特利尔和伯克利。 1970 年 3 月初，当哲学系全体学生在《法兰克福评论报》发表公开信，反对这一聘任提议并抨击哈贝马斯时，他予以迎头反击。他也向该报寄出一封公开信，他在信中警告说，不要把批判理论误解为一种“必须通过招募正统信徒来维持”的体系。[2] 虽然哲学系不久后提名科拉科夫斯基为阿多诺哲学教席继任第一和唯一人选（primo et unico loco），[3] 但他拒绝接受，由于此事引起纷争，他不愿来法兰克福。于是，哈贝马斯和一部分学生及同情学生的助手间的矛盾激化。伴随着这场争论，他的研讨课和讲座课也部分受到了干扰。

在法兰克福持续发生的令人身心俱疲的冲突，即使可能并非哈贝马斯1971年底逃离此地的唯一原因，但肯定是原因之一。早在1970年，他就收到了一个非常有吸引力的职位的正式聘用邀请，邀他前往位于巴伐利亚的新成立的马克斯·普朗克科技世界生活条件研究所，担任共同所长。经过再三斟酌，他接受了邀请。对哈贝马斯来说，迈出这一步颇不易。他最初拿不准是否要参与到这样一个研究所试验中，该所不仅将由他和冯·魏茨泽克共同担任所长，而且还要在研究所框架内实现各种研究计划。他的举棋不定在写于1971年2月12日、最终并未寄出的致魏茨泽克的信中有所流露。他/ 224在信中写道，他试着具体想象与他共同担任所长的情景，结论是，“您不可能认为这样一个在人员组成、雇员利益、工作风格、日常讨论内容相关性，还有（起码现在会有）政治取向方面，均有种种选择性后果的实证研究所，符合您的原本意图”。[4] 哈贝马斯在这封信中也略提及，他不准备满足于现有人员安排，想把他法兰克福的工作班底带来。这也为以后埋下了冲突的引子。同时，他也在信中说，怀疑自己是否真的具备“领导一个实证研究所”的能力。另外，担任这样一个研究所的负责人，又是他“决定去施塔恩贝格的唯一可能的合理理由”。最终的考虑是：“一切指向不要留在法兰克福。但恰恰因为这一点如此明确，所以我不应当欺骗我自己和您，对我而言，离开法兰克福的动机大于去施塔恩贝格的动机。”尽管心中有百般顾虑和纠结，最终哈贝马斯还是认为，自己有能力在内容方面与他人共同建设这个研究所，研究所已确定其任务是对“科学技术世界”的方方面面展开大规模探索。卡尔·弗里德里希·冯·魏茨泽克（Carl Friedrich von Weizsäcker）在研究所创办建议书中，对任务设定如此概括。这位著名的自然科学家、自然哲学家及和平主义者，显然认为哈贝马斯是恰当人选：“他没有料到，聘用他纯粹是我本人的倡议；他愿意来，对我来说是个幸运的巧合。我提这个建议，是因为我感觉迫切需要有人弥补我在社会学专业能力上的不足。……更重要的是，与我相比，对和我共事的部分新生代科学家的社会批判动机，他天然地更有共鸣。同时，无论在法治国性质、非暴力和宽容方面，还是在严格要求严谨的学术态度方面，他都持绝不妥协的立场。我需要这样一种合作关系，而他慨允与我合作。”[5]

哈贝马斯即将离开法兰克福的消息在媒体上引起了不小的波澜。显然并未事先征得哈贝马斯同意，1970 年 11 月 30 日的《明镜》周刊擅自报道说，哈贝马斯再也“不想让教学工作妨碍他潜心研究被他视为将来任何一种人文主义前提的批判的认识理论。…… 躲进施塔恩贝格的米尔贝格城堡——马克斯·普朗克研究所新址——犹如置身于青春风格的德国牛津，哈贝马斯未来可以心无旁骛地埋头研究理论”。1970 年 12 月 14 日，哈贝马斯发表读者来信回应道：“我不需要进入一家研究所去发展一种，如您所说，‘批判的认识论’。选择走这一步，只可能有一个客观动机，即为了启动实证研究，在法兰克福我没有合适的自由空间来做这个。”

媒体上一片批判理论开始走向终结的扼腕之声。卡尔·海因茨·博尔 1970 年 12 月 4 日在《法兰克福汇报》上撰文说，媒体上触目皆是“鳄鱼的眼泪”，“尤其是为所谓法兰克福学派已死而流下的眼泪”；把哈贝马斯算作已吹成了神话的法兰克福学派的成员，也属不当。关于“阶级职能”，虽然他和阿多诺和霍克海默所见略同，但他愿意对资产阶级“争取自由的斗争”成果给予高于必要程度的评价，鉴于 30 年代的状况，这样的评价出自一位马克思主义者之口实属不易。和博尔一样，当时已 41 岁的哈贝马斯本人也在《法兰克福汇报》副刊撰文，试图解释他这一决定的动机，对人们对他离开法兰克福的大肆渲染予以回应。他也告知了霍克海默和马尔库塞这一决定。他在致霍克海默的信中写道，阿多诺去世后法兰克福的情况发生了很大的变化。他还提到他决定到施塔恩贝格去的另外两个动机：“一方面，我在那里有优越的研究条件。我握有 15 个科学职位的分配权，有相对较大的财政空间，可以自主决定选择哪些项目来做。”[6] 在给马尔库塞的信中哈贝马斯解释说：“我离开法兰克福的动机大于去慕尼黑的动机。在法兰克福，我未来的日子看来是这样的，我得全副精力投入教学，教的还是社会学入门课程。由于大学改组——对此我自己也不无责任——新的社会科学专业不但要承担基础课学期全部教师专业学生的基础课程，还要承担所有法学和经济学专业学生的基础课程。这意味着，两名学生中至少有一名得由我们专业来教。如果您说，我们没有美国教授那样的特权，每周只上二到四节课，而是每周上六到八节课，那么我希望摆脱大众教育这个完全合理的要求，至少是可以理解的。……最初一些工业界代表反对成立魏茨泽克研究所。让我高兴的是，研究所顶着抗议成立了。《明镜》周刊报道的那些条件当然纯属子虚乌有——否则我也不会去。”[7] 马尔库塞在回信中对哈贝马斯的决定表示理解，但也说，对他的离开感到难过：“无论如何，这是法兰克福学派终结的一个‘象征性行动’。”[8]

至于哈贝马斯起初对马克斯·普朗克研究所的工作有什么想法，从他 1970 年 5 月写给在美国做研究的奥佛的一封六页的信中可略
/ 227 知一二。他想邀请奥佛来施塔恩贝格工作，向他提供了这里唯一一个永久职位。他首先在信中说明，马克斯·普朗克学会方面对研究方向没有限制。然后又解释，他为什么在新职位和法兰克福的教授职位之间倾向于前者：社会研究所的情形十分低迷，无论在人员安排，还是在研究创新前景方面都是如此；他，哈贝马斯，“厌倦了继续背负代理父亲这个社会心理学负担”。[9] 另外，授课任务越来越繁重，几乎没有时间做自己的理论研究。而马克斯·普朗克研究所恰恰为理论研究提供了空间，第一年由工作人员在研究项目预备讨

论框架内按研讨课模式进行。“研讨课的作用在于，为所有社会科学工作人员奠定一定的共同知识基础，尤其要建立一套工作和讨论标准，这些标准在该阶段结束后应不再有任何问题。……研讨课阶段结束后，会就项目课题选择和项目组人员构成做出决定。”对在新工作环境中能以一种目前及未来大学里都不可能有的方式，保持研究内容的连续性，哈贝马斯抱有很大的信心。哈贝马斯不仅告知奥佛研究重点，也告诉他，他拥有 15 个职位的人事决定权，并征求他的意见。这里面涉及若干人的名字，部分为指定的博士生奖学金获得者人选，其中有提尔曼·阿勒特（Tillman Allert）、克劳斯·艾德（Klaus Eder）、哈特穆特·诺恩道夫（Hartmut Neuendorff）、艾迪特·吉尔施（Edith Kirsch）、沃尔夫冈·施特雷克（Wolfgang Streeck）、艾克哈特·克里彭道夫（Ekkehart Krippendorff）和汉斯-约阿希姆·吉格尔（Hans-Joachim Giegel）。[10]

奥佛立即回了信，没有表现出丝毫兴奋。从导师的信中，他既觉察出他的领导腔调，也看出，他是在为实现自己的研究计划向助手温和施压，以迫他迅速做出决定。尽管奥佛自陈，知道“对像我这样的人来说，于尔根·哈贝马斯代表着智识力量”，[11] 他还是对研究工作转移出大学是否符合高校政策和研究目标是否过于野心勃勃表示了疑虑，不过他“有条件地接受”了哈贝马斯的邀请。 / 228

哈贝马斯也想聘请维尔默来施塔恩贝格，他的工作更难做。维尔默当时在多伦多大学哲学系任客座教授。哈贝马斯有意请他担任施塔恩贝格研究所的第三所长。1971 年 12 月，他致信维尔默，乐观地说：“我们最终会发展出一种真正的社会理论。”[12] 这方面将困难重重，而且不仅是聘任维尔默一事，未来几年这样的苗头越来越明显。[13]

没有替罪羊。1971 年 2 月 18 日，温弗里德·海德曼（Winfried

Heidemann）在法兰克福学生报《铁饼》上发表题为《于尔根·哈贝马斯上演的实践对理论的迫害与谋杀》的文章。他在文中表示，他担心哈贝马斯躲进一家从事纯粹研究的机构，是从他自己布下的大学改革阵地上临阵脱逃，是不再承认科研与教学的统一。哈贝马斯 6 月 4 日在《铁饼》发表题为《对理论的谋杀？》的读者来信予以回应。他指出，这是一个千载难逢的机会，可以在更广泛基础上对诸如潜在冲突或国家科学政策的决定因素进行社会科学研究。在结尾他不无怨愤地写道："再说，如果一个饱受争议的投射对象从法兰克福的视野中消失，可能会对许多学生和同仁有益（对我则是一种解脱）。"[14]

决定去施塔恩贝格，也意味着决定放弃由黑森州预算拨款的稳定的公务员职位。从马克斯·普朗克研究所的项目规划确定的时间来看——哈贝马斯于 1971 年 10 月 1 日就任所长职务，需要为新职位在生活和工作上做长期安排。[15]全家决定搬到在慕尼黑西南 25 公里的施塔恩贝格湖畔的施塔恩贝格，一个亦城亦乡的地方；该城是郊游热门目的地，按居民人均收入属于德国最富裕乡镇。哈贝马斯一家美梦成真，终于可以按照自己的意愿和建筑艺术想象建造一所较大的房子了。温塞德后来提供了五年的付息贷款，这样哈贝马斯于 1971 年 5 月买下了离小城中心较远的那块地皮，又很快通过建房储蓄合同偿还了贷款。[16]

房子建在一个斜坡上，由慕尼黑建筑师克里斯托夫·萨特勒（Christoph Sattler）和海因茨·希尔默（Heinz Hilmer）设计，是包豪斯风格。在建房的一年半时间里，哈贝马斯一家继续住在施泰因巴赫。在两位建筑师出的一本图册中有一篇附图文章，介绍了哈贝马斯家房子的建筑规划和设计："在维也纳和业主关于维特根斯坦故居的谈话，是设计过程的重要起点。平面图上呈现的是一个长方体，因斜坡地势，南边和入口处设计为一层半，北边设计为三层。

起居室位于顶层，远离潮湿且雾气浓重的林地。从一个前置的露台可以通往花园。沿纵轴依次分布着房子的各个不同区域。在纵轴上，各个房间的分布及纵向距离尽收眼底。图书馆也位于纵轴一侧。一个旋转楼梯连接各楼层，并通向一个不显眼的顶层露台。”[17] 建房期间，在附近的普拉赫（Pullach）为所长提供了一个配有家具的两居室。他每隔一周周末从慕尼黑回施泰因巴赫。1972 年 10 月，全家终于乔迁新居。

1971 年，苏尔坎普藏书系列出版了《哲学政治巨擘》（*Philosophisch-politische Profile*），该书汇集了阿多诺、布洛赫、本雅明、盖伦、雅斯贝尔斯、普莱斯纳和维特根斯坦等著名哲学家和社会理论家的人物特写。书前有“纪念西奥多 · W. 阿多诺”的题词。之后不久，“理论”系列出版了前文曾提到的出版后引发热议的《社会理论还是社会技术论：系统研究提供了什么？》（*Theorie der Gesellschaft oder Sozialtechnologie. Was leistet die Systemforschung?*）一书，为哈贝马斯和系统理论代表人物尼克拉斯 · 卢曼的争论拉开了序幕。

虽然图书出版成绩斐然，哈贝马斯和苏尔坎普之间仍出现了一次短暂的严重不睦。1971 年，乌特 · 哈贝马斯致电温塞德称，苏尔坎普图书系列出版的一本书收录了古巴诗人和知识分子赫伯托 · 帕迪亚（Heberto Padilla）的诗作，令她和她丈夫非常不快，书中有一行文字是对哈贝马斯的毁谤。该诗收在由恩岑斯贝格推荐、君特 · 马施克（Günter Maschke）翻译的名为《游戏之外》（*Außerhalb des Spiels*）的诗集中，诗的题目是《西奥多 · W. 阿多诺从死亡归来》（Theodor W. Adorno kehrt vom Tode zurück），肇事诗文如下：

了解他的人 / 对西奥多 · 阿多诺从死亡归来 / 并不惊讶。/ 在两个德国 / 所有人都在盼望他 / 当然，除了 / 哈贝马斯和乌布利希。[18]

在写于1971年12月22日的信中，温塞德为出版社出版该诗的"荒唐行为"致歉。此前在给君特 · 布什的信中，哈贝马斯宣布从他十分看重的这一出版系列撤出他的书，且未来将不再在该系列出版任何东西。温塞德迅速决定停出这本问题诗集，责令把未装订的图书捣成纸浆。显然，这让哈贝马斯放了心，因为苏尔坎普图书系列从现在起也出版他的书。[19]

纪念本雅明大会。7月初，为纪念1972年7月瓦尔特 · 本雅明诞辰80周年，苏尔坎普出版社举办了一个持续数天的专题讨论会，哈贝马斯特别为此写了演讲稿，将在法兰克福大学第六讲堂发表演讲。题目为《提高觉悟抑或拯救性批判——瓦尔特 · 本雅明的现实性》(Bewußtmachende oder rettende Kritik - die Aktualität Walter Benjamins)，[20]绝对有指向性意味。他这次是代替文学家彼得 · 斯从狄做报告，斯从狄为原定主报告人，但半年前——据推测是1971年10月18日——自杀身亡。其他做演讲的还有维尔纳 · 克拉夫特 (Werner Kraft)、阿德里安娜 · 莫尼耶 (Adrienne Monnier)、汉斯 · 萨尔 (Hans Sahl)、格肖姆 · 肖勒姆 (Gershom Scholem)、赫尔曼 · 施维鹏豪泽和罗尔夫 · 提德曼 (Rolf Tiedemann)。恩斯特 · 布洛赫、马克斯 · 弗里施和乔治 · 斯坦纳也都参加了讨论会。温塞德因车祸住院，请乌韦 · 约翰逊代为致辞。[21] 时隔几十年后，哈贝马斯依然记得"这次小规模会议的日程：晚上，肖勒姆在棕榈园做了题为《本雅明和他的天使》的报告，在报告中对20世纪30年代的一副神秘画作的标题——《魔鬼天使》(Agesilaus Santander)——做了阐释。次日，在大学第六讲堂举行报告会，其时阿多诺精神犹在。下午，布洛赫以他一贯的风格，叼着烟斗，用富有哲思的叙述性语言宣布讨论开始，讨论由阿尔弗雷德·施密特主持，参与讨论的人中有马克斯·弗里施和乔治·斯坦纳——他半年后在《泰晤士报文学增刊》(*The Times Literary Supplement*)上造了‘苏尔坎普文化’这个词。”[22]

哈贝马斯在报告中强调，拯救主题在本雅明的思想，尤其在他的批判思想中占有举足轻重的地位，与他自身的批判理解形成对照： / 232
“拯救性批判”是基于弥赛亚救赎意图，即，如历史所表明的，从灾难中捕捉一种生命获得解放的远景，而提高觉悟的批判则预期这种可能性，通过启蒙过程使历史地看多余故而非法的统治，陷入正当化压力。哈贝马斯阐明，只有一种提高觉悟的批判形式是合乎时代精神的，[23]即以社会制度为切入点，揭示暴力侵入社会制度的程度。就此而言，提高觉悟的批判并非神秘的知识分子知识，批判的动机和内容来自具体的社会和政治事件。解放的哲学由此获得了一个新的使命：“解放就是在复杂社会中对行政决策机构的参与式改造。”[24]不过，提高觉悟的批判也有代价：“会不会有一天，被解放的人类在扩大了的对话式意志形成空间中面面相觑，然而却被剥夺了能将其生活解读为良善生活的光？数千年来被用以维护统治正当性的文化的复仇就在于，在由来已久的压迫被克服的时刻，它没有了暴力，却也不再有内容；若无本雅明的拯救性批判提供的语义能量的补给，最终实现的影响深远的实践对话的结构必定会萎缩。”[25]

1972年最后几个月的生活重心完全围绕着已启动的马克斯·普朗克研究所的工作。哈贝马斯就职后，所里迅速成立了两个工作小组。冯·魏茨泽克小组着重研究量子理论、战争预防问题、经济学和科学史，而哈贝马斯小组则专注于晚期资本主义社会中的危机现象分析。

在就任后最初的一年零两个月中，哈贝马斯不得不往返于慕尼 / 233

黑和法兰克福两地，他于是利用待在法兰克福的机会，与温塞德商议关于理论系列图书出版事宜，给他提一些建议。另外，他还写信请求温塞德再向他提供一笔短期贷款。[26]因为施塔恩贝格的新房子完工还需要大笔费用。哈贝马斯在信中忧心忡忡，甚至考虑要把这座有着现代装修风格的房子卖掉，尽管再换地方经济上几乎难以承受。哈贝马斯写道，对于孩子们和乌特也是如此，乌特刚开始在附近的康芬豪森高级文理寄宿中学担任教师，教德语、历史和社会常识课，是半个固定职位。那时他们对施塔恩贝格还不是特别留恋——后来也从没有像喜欢法兰克福那样喜欢这里。慕尼黑于他也始终有“那么一丝陌生”，不久前他还这样描述，“他与法兰克福的情感联系”没有任何变化。[27]

在学术管理和研究实践之间

在马克斯·普朗克研究所，与魏茨泽克共同担任所长的哈贝马斯的主管和职责范围，远远超出教授任职者。[28]对此，来访者走进研究所显然不会有明显的感觉：“在施塔恩贝格城郊，一栋雄伟的住宅楼后面，有一排低矮的平房。新刷的墙面让人注意到房子的临时性质。我朝平房走过去，在花园门前驻足。难道没有入口？门突然打开，我被友好地请进‘马克斯·普朗克－科技世界生活条件研究所’——或确切地说：被请进该所分布在施塔恩贝格的四个临时住地之一。我们走进前厅；浅色墙面，窄窄的走廊，门上钉着小小的名牌。其中一个牌子上写着‘于尔根·哈贝马斯’；这是一个小房间，里面一张办公桌和一组沙发椅，就已经满满当当。”[29]

在没完没了的会议中讨论和决定各研究小组及项目的内容定位和目标前景，一切都必须以马克斯·普朗克研究所确定的核心问题为导向；用哈贝马斯的话说就是：“如何在行动和协商的公民的共识中找回支配技术的力量？”[30]“通俗讲，就是必须对之加以系统分析的资本主义增长如何反过来作用于生活世界……的结构。我们的问题仍旧是：发展得还不错的资本主义经济体系如何破坏了生活条件——生活条件的结构使得必须在行为理论范畴中对之加以描述。”[31]

为实施若干不同跨学科研究项目的需要，他手里握有15个社会科学研究者职位的人事任用权，这15个职位他从未聘满过。1971年10月，他与克劳斯·奥佛、乌尔利希·吕德尔（Ulrich Rödel）、莱纳·杜博特（Rainer Döbert）、克劳斯·艾德、莱纳·冯克（Rainer Funke）、布丽吉特·贝布（Brigitte Bub）、斯格丽特·莫舍尔（Sigrid Meuschel）、哈特穆特·诺恩道夫等人一道启动了工作，与他直接共事的研究人员分为三个小组。第一组主要从经济视角研究资本主义社会的潜在危机。第二组的任务是分析政府行为的边界和影响范围。第三组研究的问题是，如何解释年轻人身上潜在的抗议和退缩。三个项目均既要从社会理论角度也要从实证角度进行研究。为覆盖这一宽广的研究领域，需要继续招聘人员。在人员选聘方面，哈贝马斯赋予奥佛自主决定权，奥佛当即聘用了莱纳·冯克、君特·施密格（Günter Schmieg）和松特海默的助手沃尔克·兰格（Volker Ronge）及曼弗雷德·格拉戈夫（Manfred Glagow）。后来，社会学家盖特鲁德·农纳－温克勒（Gertrud Nunner-Winkler）、艾迪特·吉尔施（Edith Kirsch）和曼弗雷德·奥维尔特（Manfred Auwärter）也加入进来，再后来还聘用了哲学家恩斯特·图根特哈特（Ernst Tugenthat）。哈贝马斯用自己的《晚期资本主义的合法化问题》① 一书为研究提供了理论参照，该书1973年出版，属于苏尔坎普版图书系列，它被作者视为具有假说性 / 235

① *Legitimationsprobleme im Spätkapitalismus*，中文译本名为《合法化危机》，下文涉及该书一律采用中译本译名。——译者注

质的论证纲领。[32]

合法性危机（Legitimationskrisen）。该书的基本观点是，发达资本主义社会中的危机现象，源自以普遍利益为导向的政府和忽视公共福利标准的资本主义经济体制间日益明显的不平衡。这导致受利润最大化命令控制的经济试图影响政治决策领域。造成的后果是，影响波及其他社会领域，“波及的先后次序并不取决于普遍的民众利益，而取决于利润最大化的私人目标”。[33]

另外，若决策不以“寻求共识的论证”方式做出，会造成合法性欠缺，合法性欠缺意味着，“用行政手段已无法在必要水平上维持或确立具有合法效力的规范结构。在资本主义发展过程中，政治系统的范围不仅延伸到经济系统中，而且也延伸到了社会文化系统中。随着组织合理性的蔓延，文化传统遭到侵蚀和削弱；然而，传统本身摆脱了行政的控制而继续存在——那些具有重要合法性功能的传统不可能用行政手段再造出来”。[34]

/ 236

当到处出现合法性欠缺，就会演变成真正的危机，虽然经济系统是造成危机的根源之一，但危机的征兆会最先表现在政治和社会文化领域。[35] 哈贝马斯不排除以下可能性：在合法性危机升级的情况下，会发生社会的去民主化，以避开宪法中确定的规范的合法性需求问题。合法性危机会对社会凝聚力造成负面影响，因为社会凝聚力依赖于合理的故而可信的规范的存在。此外，当旧的传统内涵丧失激励性力量，比如绩效意识形态（Leistungsideologie）变得不值得信任，也会出现动机危机。就算政府竭尽所能遏止合法性欠缺，哈贝马斯也仍对这些策略的效果表示怀疑，因为“用行政手段造不出意义”。[36]

政治学家威廉·亨尼斯是晚期资本主义理论和合法性危机思想的最激烈的批评者之一。[37] 亨尼斯说，否认民主宪政国家的合法性，会对已实现的民主化水平造成破坏性影响，会损害而不是维护民主成果。[38] 况且，相关争论发生时，国家政策问题——因 1973 年秋的第一次石油危机导致世界经济衰退——绝未严重到产生合法性危机的程度。特别要注意避免犯哈贝马斯那样的错误，将实质民主与形式民主对立起来。[39] 亨尼斯说，其实，合法统治需要三个必须经受检验的要素支撑：政治领导人的威望、公共部门处理当下问题的能力、保障自由的制度的稳定性。亨尼斯也看到，在现代大众民主体制下，这三方面都存在合法性欠缺，但他否认造成这些欠缺的原因在于晚期资本主义的阶级结构。"发达工业社会的阶级结构是一个过于流动、可忽略和隐蔽的障碍，不可能……单独造成合法性危机……"[40] 反而是"历史上从未形成合法统治形式的区域性特大城市（Grossraum）新时代的开启"[41] 会赋予合法性问题以新的现实性。

1975 年秋，在于杜伊斯堡综合大学召开的政治学大会上，哈贝马斯对亨尼斯的批评做出回应。[42] 他解释了合法性危机的根源：一方面是阶级冲突——哈贝马斯坚持使用这个概念——的潜在威胁；另一方面，在具有民主制度安排的社会中，"[一种政治制度——作者注]的正当性水平（Niveau der Rechtfertigung）具有自反性"，[43] 因为在这里基本政治决策需要所有相关人员在非强制条件下达成一致意见。而他们为此有必要作为自由平等的公民参与对话式意志形成过程。政府必须为他们的参与创造法律条件。同时，政府还有一个责任，就是在自身不参与市场的情况下，通过间接调控（比如通过经济刺激计划）确保经济的运行。哈贝马斯反驳对方说："若在这些限制性条件下，政府不能成功地将资本主义经济发展失调带来的负面后果控制在广大选民尚可接受的范围内，若政府甚至连降低可接受性门槛也做不到，那么合法性丧失就是必然的了。"[44]

/ 238 **研究工作的日常。**从关于合法性危机的纲领性论述可以看出，哈贝马斯多么希望在施塔恩贝格的研究工作能很快取得像样的成果。他给同事和自己施加了巨大压力。而协调研究所的跨学科研究工作亦相当麻烦，这使得压力更大。两位所长年龄差距大、思维方式不同，尽管相互尊敬有加，但彼此理论风格差异较大，这导致两人在人事和组织问题上都存在很大分歧。在报告厅一起打乒乓球自然也不会让情形有所改观，哈贝马斯本来就认为这是浪费时间。在魏茨泽克看来，哈贝马斯是位雄心勃勃、治学态度严谨的同事，是“认真对待马克思的科学时代中人”。同时，康德的绝对律令之于哈贝马斯则是“夫子所言，于他心有戚戚焉。道德规范必须合乎理性，从而具备合法性，而要合乎理性，则必须具备普遍性。这是对启蒙运动平均主义思想的唯一令人信服的辩护”。[45]

随着时间的推移，哈贝马斯渐渐发现，施塔恩贝格并非研究天堂，即在所有方面都符合他的期望，使他有自由空间，能专注于真正感兴趣的事，也就是继续发展自己的社会理论。他曾说过，他是因教学工作的繁重才离开了法兰克福，而现在他必须履行所长职责；毫无疑问，他总体上低估了这一职责。施塔恩贝格研究所的工作气氛极差，各种明争暗斗不断，1974 年已接受了比勒费尔德大学聘用邀请的奥佛这样描述。每个人都暗地里认为别人是白痴，几乎没有人具备合作能力，这影响了各研究小组之间及各小组内部的
/ 239 关系。哈贝马斯小组的成员有莱纳・杜博特、乌尔利希・吕德尔、君特・施密格和沃尔克・兰格，在他这一组，勾心斗角也是家常便饭。另外，这种条件优越又封闭的工作环境助长了一些人的堕落倾向，甚至有人嗜酒成癖。据奥佛说，哈贝马斯并不是一个称职的领导。对于研究所内部冲突他都极力回避。领导一个大型研究所根本非他所长。曾一度担任研究所理事会会长的法学家君特・弗朗肯贝

格（Günter Frankenberg）也回忆说，研究所弥漫着一种极端的唯智主义，气氛紧张。大家随时随地要在洞见和思想独创性方面进行较量，连秘书处办公室的非正式早间茶会，也变成了语言繁琐冗长的情境创造力比拼会，而专注于自己兴趣的哈贝马斯在这方面是难以企及的标杆。尽管他说他的座右铭是：常态科学的目的在于抚慰心灵。但在定期举行的学术讨论会上，他会口无遮拦地批评同事，尤其是自己下属的报告。“这全是一知半解的大杂烩啊”这类评语还算是好听的，奥佛说。哈贝马斯认为，基于“强大的自信心可以做出任何评价”，他不惧“对人进行不公正的负面评价”。而弗朗肯贝格则说，当人们对同事的能力有所保留时，他通常也会加以关照。对他所忽略的原创想法或参考文献的提示他一定会表示认可。他会瞬间以自己的方式吸收有益于自己理论兴趣的东西。[46] 而且，他始终在寻找新的想法、建议和批评。也正因此，他在研究所内部发起讨论，邀请全国乃至世界各地的科学工作者和学者来所里交流和演讲，应邀前来的比如有哲学家马尔库塞、托马斯·麦卡锡（Thomas McCarthy）、查尔斯·泰勒（Charles Taylor），社会学家阿隆·西库雷尔（Aaron Cicourel）、劳伦斯·科尔伯格、阿兰·图海纳（Alaine Touraine）及尼克拉斯·卢曼等。 / 240

1973 年 8 月，哈贝马斯再次做客科尔丘拉暑期学校，做了名为《哲学在马克思主义中的作用》的演讲。[47] 他从资产阶级意识变得犬儒主义这一论点出发做了阐述。他说，科学对自身的绝对信仰占了上风，针对这种伪科学主义，必须拿起哲学的彻底自我反思武器。这次以“公民世界和社会主义”为主题的大会，由于霍克海默去世而气氛沉重。就在几周前，7 月 7 日，霍克海默在纽伦堡因心力衰竭猝然辞世。哈贝马斯在报告中称赞霍克海默是非正统马克思主义的代表，但没有为他写悼文。时隔 15 年后，在霍克海默 90 周年诞辰的纪念大会上，他做了题为《马克斯·霍克海默：作品史》（Max

Horkheimer: Zur Entwicklungsgeschichte seines Werkes）的报告。[48]

慕尼黑吹来的逆风。 1972年早春，正值政治自由化时期，红军旅（RAF）制造了一系列针对美军军营的炸弹袭击。警方不久逮捕了该恐怖组织的头目安德里亚斯·巴德尔（Andreas Baader）、古德伦·恩斯林（Gudrun Ensslin）和乌尔丽克·迈因霍夫（Ulrike Meinhof）等人。之后爆发了有关恐怖主义根源的公共讨论，主张“防御性民主”的保守阵营的政治家和知识分子，也包括“普通百姓”，都谴责批判理论的代表人物，泛指左翼知识分子是恐怖分子的精神同谋犯。尽管1972年11月在联邦议院选举中，社民党在联邦德国历史上首次成为第一大党，气氛也无多大改观。其后时间不长的改革阶段，反权威抗议运动持续被瓦解；这些抗议运动——如
/ 241 哈贝马斯所言——“被边缘化，无论是走共产党和新斯大林主义路线，还是走非主流文化路线——都陷入了孤立”。[49]

1973年11月，慕尼黑大学哲学系拒绝了哈贝马斯的名誉教授申请，这通常是一个形式。由此，哈贝马斯对恐怖主义早期的紧张气氛——而这只是开始——有了切身体会。在写于1973年12月的正式信函中，该校校长洛伯科维奇对申请未通过表示遗憾。显然，该系并不怕拒绝申请会引发丑闻。很多人认为，该事件是保守阵营的巴伐利亚文化部长汉斯·迈耶（Hans Maier）的一次政治战役，他对哈贝马斯参与制定的黑森州高校法深恶痛绝。哈贝马斯对时政问题的明确立场，如对排除激进人士决议①及随后发布的担任公职

---

① Radikalenerlass，是1972年1月28日联邦总理勃兰特和各联邦州政府首脑通过的一项试图将极左、极右翼人士排除在国家公务员队伍之外的决议，该决议涉及若干学校、邮局、铁路等部门的公务员。该歧视性政策引发抗议浪潮，于1976年被社民党和自由党联合政府单方面宣布废止。——译者注

禁令的立场，[50] 在由施特劳斯领导的政党①掌控的巴伐利亚遭遇了猜疑。

在1973年圣灵降临节致哈贝马斯的一封详细信函中，汉斯·迈耶明确表示，他绝未干预哈贝马斯的名誉教授聘任一事。不过，哈贝马斯必须为自己的选择承担后果，他（申请名誉教授）选的这个州的高校政策，与其在黑森州力推的高校政策不同。部长指责他，既占据着优越条件凭自己的兴趣搞研究，又想通过在慕尼黑拥有教职对高校施加影响，与其助手奥佛目前的做法如出一辙。在1973年6月15日的回函中，哈贝马斯解释道，与大学的联系对一位马克斯·普朗克研究所所长来说很重要，之所以这样说，是因为以这种方式可以扶持学术新生力量。他抗议对方唱道德高调，要他承担黑森州高校立法的后果，还指责他能安逸地从事纯科研工作。“若贪图安逸，1968年我就去康斯坦茨，或者去巴黎到联合国教科文组织任职了。另外，我对您的道德高调感到诧异，您认为，由于我积极参与修订黑森州高校政策，今后就不能指望有点儿创造力，在行政、教学和制定高校政策的辛苦之余，能享受一点儿专心做研究的乐趣。”哈贝马斯写道，“偶然出现了这样一个机会；我抓住了这个机会，合情合理。我认为我无须对此做出解释，更无必要向学术自由联盟的怀有满腹嫉恨的成员做出解释”。[51] 学术自由联盟是一个1970年为应对学生运动而结成的保守派高校教师联盟，迈耶、赫尔曼·吕伯、罗伯特·施佩曼、奥多·马夸德（Odo Marquard）及威廉·亨尼斯均为该联盟成员。 / 242

1974年伊始，因被慕尼黑大学拒绝授予名誉教授郁结的不快犹在，哈贝马斯得知了被斯图加特市授予黑格尔奖的消息。迪特·亨利希（Dieter Henrich）以国际黑格尔协会主席身份致授奖辞。斯

① 指基督教社会联盟（CSU），为巴伐利亚的执政党。——译者注

图加特市市长阿努夫·克莱特（Arnulf Klett），在斯图加特市政厅的莫扎特厅向他颁发证书，哈贝马斯随后致答谢辞，他在答谢辞中自问："复杂社会能形成一种理性认同吗？"他的回答是：涉及促进民族和文化社会认同的自我形象的构建，必须遵循相互承认原则。只有当集体认同在一个共同的、开放的过程中形成，才是令人信服的。至于获得的15000西德马克的奖金，他用来偿还了建房所欠部分债务。

/ 243

1974年8月，哈贝马斯一家在厄尔巴岛（Elba）的卡波利韦里（Capoliveri）度暑假。是年，在圣地亚哥召开的关于海德格尔的会议上，他认识了理查德·罗蒂（Richard Rorty）。多少年过去，当时的情境仍历历在目："会议开始先播放了不在现场的马尔库塞的采访视频，马尔库塞对30年代初他和海德格尔关系的描述较为温和谨慎，不似人们基于他们战后疏淡的信件往来所猜想的那样。让我气愤的是，就这样确定了整个会议不问政治的海德格尔崇拜的调子。"罗蒂在报告中试图把杜威、写了《哲学研究》的维特根斯坦和海德格尔放在一起讨论，以便"把视角引向语言建构世界的功能"。"当时我觉得，"哈贝马斯说，"这样归类太无耻，以至于我在讨论中气得失控。令人意外的是，这位大名鼎鼎的普林斯顿同行，对德国小地方人的粗鲁抗议一点儿也不恼怒，反而热情邀请我去参加他的研讨课。对我来说，访问普林斯顿开启了一种相得甚欢、富有启迪的友谊。"[52] 哈贝马斯计划9月赴莫斯科，参加在洛莫罗索夫大学（Lomonossow-Universität）召开的国际黑格尔协会"辩证法"主题大会。然而，大会主席、协会创始人及黑格尔年鉴出版人威廉·莱蒙德·拜耶尔（Wilhelm Raimund Beyer）领导的大会组织者，对哈贝马斯直言相告，称他们那里不欢迎他。《时代周报》以《一出关于哲学家、政治和协会热的羊人剧》为题，报道了拜耶尔和哈贝马斯的通信。拜耶尔说，哈贝马斯本人没有报名参会，是秘书替他报的名。再说，人们有过哈贝马斯报了名却没有参会的经历，况且，安排住处也有困难。6月10日，哈贝马斯在回信中亲自证实他向大会报了名，对此拜耶尔答复："我很遗憾地告知您，我们不得不——全体一致——拒绝您参加大会。"哈贝马斯在回信中复又反驳："您对我的潜在影响的担心，我觉得，原谅我这么说，很可笑，如果您的话是认真的，那么则有失一位科学家的体面。我重申，我要参加莫斯科大会。…… 此外，您再次提到我拒绝为达成某些预先约定和您见面：亲爱的拜耶尔先生，我们究竟生活在一个什么样的国家啊？我不过就是不喜欢和一位可能只把我看作阶级斗争类型的同行有不必要的接触罢了。""国际黑格尔协会不想让一位'黑格尔奖得主'加入进来；但它依然是一个哲学协会。"拜耶尔以此结束了他们两人颇具荒诞意味的通信。[53]

/ 244

1974年10月，以"理论比较"为主题的第17届德国社会学大会在卡塞尔召开，哈贝马斯是大会演讲人和论坛嘉宾之一。他在会上介绍了马克斯·普朗克研究所关于社会道德发展问题的研究成果。恰恰在这一领域，他领导的部门，即以莱纳·杜博特和盖特鲁德·农纳-温克勒为核心的研究小组取得了可观的成果，他们调研年轻人身上潜在的抗议和退缩因素，重点是现代社会中的认同形成——自我认同以及社会认同的形成。哈氏印记在该项目中也清晰可辨，尤其因为项目运用了他关于互动能力的观点。这一观点他在1972年和1974年发表的《角色能力概念笔记》(Notizen zum Begriff der Rollenkompetenz)及《道德发展和自我认同》(Moralentwicklung und Ich-Identität)两文中都有相关论述。1977年出版的《自我的发展》(*Entwicklung des Ichs*)一书记录了该小组的研究成果，[54]该书属于奇维出版社的"新学术图书系列"，哈贝马斯也是编者之一。

/ 245

一种不能不学习的理论

人类和人的发展过程。不但施塔恩贝格马克斯·普朗克研究所的研究工作取得了可观的成果——由各家出版社出版的《施塔恩贝格研究》就是证明——所长的研究也硕果累累。[55]1976年,《合法化危机》出版三年后，论文集《重建历史唯物主义》问世。《重建历史唯物主义》在这种情况下出版意味着什么？作者在导论一开始即做了说明：这本书是拆开马克思的社会发展理论，把它重新加以组合，是使它能与最新的理论概念兼容的一种尝试。在施塔恩贝格研究所的研究框架内，哈贝马斯和社会学家克劳斯·艾德和莱纳·杜博特共同的研究目标是,“揭示人类这种物种的历史(Gattungsgeschichte)与个体发生之间的一些结构同源性”。[56]为此，必须首先厘清两点：第一，从新石器时代社会到现代社会，个体发生遵循着怎样的进化逻辑？第二，如何解释主体行动从符合习俗到遵循原则的个体发生逻辑？哈贝马斯不仅推断，认知发展和道德发展是同时发生的，他还试图证实社会发展是类似的模式。同时，他警告说，不要将作为叙事史学对象的具体的历史过程，与他所称的关于学习水平历史进程的进化理论混为一谈:“进化理论既不关涉历史的整体，也不是指单个的历史过程。……进化的承担者是社会，尤其是融入社会中的行动主体。能够从一个可合理重建的、越来越全面的结构的层级模型中看到进化。”[57]

/ 246

哈贝马斯指出，也应当在进化发展理论方面区分劳动和相互作用。因为学习过程在生产领域与在世界观领域截然不同:“人类这种物种不仅在对生产力发展具有决定性作用、可应用的技术知识领域进行学习，而且在对相互作用的结构具有决定性作用的道德实践意识领域进行学习。”[58]

在哈贝马斯看来，以“不能不学习”（Nicht-nicht-Lernenkönnen）为突出特征的人类这一物种，不仅在技术领域获取越来越有益的知识，也在对其共同生活的方式具有决定性作用的道德实践领域进行学习。个体通过适应他的生活世界的符号结构来学习。个体所经历的在“语言”、“认知”和“相互作用”方面展开的学习过程，最终使他在面对外部自然、社会世界和内部自然时，其自律性持续增长：“当主体在学习过程中成长为具有认知能力、语言能力和相互作用能力的主体，那么形成结构的学习过程也是一个自我生成过程。”[59] 在这个过程中，语言起着核心作用，因为自我发展以口语交往为媒介：“对于在口语交往结构中维持自身存在的一种动物而言，言说的有效性基础有着普遍的、必要的，从这个意义上说‘先验的’条件所具有的约束性。”[60]

但是社会的学习能力是怎样的呢？尽管哈贝马斯明确转向了社会行动者理论，但在这一理论阶段，他还是构想了一种社会学习模型，他认为，可以用社会文化发展阶段概念来进行分析，至少就区别于发展动力的发展逻辑而言是可以的。这一逻辑的引擎是真正的系统问题：“一个社会能在建构主义的意义上学习，也就是通过接受——可用的调控力已无法应对的——进化挑战并对个体（及隐藏在世界观中的）过剩的创新潜能进行吸收和制度化，来应对这一挑战。”[61] 若社会系统充分利用社会化的主体的学习水平，就能产生新的结构以提高调控能力。不过，个体发生的学习过程先于社会进化的推动。就此而言，社会只是在象征性意义上学习，因为社会的学习取决于社会成员的学习。社会的学习过程当然（eo ipso）也受到进步的辩证法的影响：新的问题解决能力总会让人认识到新的问题。

在这一时期，关于这一问题哈贝马斯已经有如下观点：规范结构的发展“是社会进化的起搏器，因为新的社会组织原则，意味着新的社会一体化形式”。[62] 在分析规范结构时，他建议在世界观、认同形成及法律体系和道德体系间做出区分。在此基础上，他提出了一个社会发展阶段的初步顺序：新石器时代社会、高度发展的早期文明社会（frühe Hochkulturen）、高度发展的文明社会（entwickelte Hochkulturen）和早期现代社会（Gesellschaften der frühen Moderne）。

/ 248

反响。对部分章节已发表过的这本书的评论，并非众口一词的赞同声。在萨尔茨堡人文主义座谈会上，白发苍苍的利奥·柯弗勒（Leo Kofler）正面攻击哈贝马斯，称他是“反马克思主义者”，喜欢“将马克思主义认识与法兰克福小香肠混为一谈”。[63] 1976 年 9 月 17 日，马丁·迈耶（Martin Meyer）也在《新苏黎世报》撰文称，对正统马克思主义而言，哈贝马斯已成了异端分子。因为他“拒绝源头与未来一目了然的历史进程，他的拒绝，标志着一位与马克思主义历史哲学长期保持友好关系的社会学家的思维‘转向’”。沃尔夫·勒佩尼斯（Wolf Lepenies）1976 年 8 月 16 日在《法兰克福汇报》发表评论，谈了一个无关紧要的观点，即关于历史研究和历史学与进化理论之间的区分。勒佩尼斯认为，哈贝马斯似乎“将发展逻辑作为理论支柱纳入了社会学”。对于像哈贝马斯这样一位新马克思主义者未将劳动范畴，而是将使自我意识和团结行动成为可能的语言范畴置于其理论核心，《明镜》周刊的评论家给予了好评。时评家维利·霍赫克裴（Willy Hochkeppel）1977 年 3 月 18 日在《时代周报》撰文，怀疑哈贝马斯对历史唯物主义的拆解，如其所希望的那样，在建设性意义上获得了成功，因为毕竟他谈的是被斯大林教条化了的马克思主义。伊娃·黑瑟（Eva Hesse）在 1977 年 3 月 26 日的《法兰克福评论报》发表整版文章，探寻哈贝马斯思想中的结构主义踪迹：“在这种重建中，哈贝马斯展现了一种‘结构历史主义’，它在极宽泛意义上运用了结构主义的同源概念，这使他能将共时视域的每种要素，无论经济的、技术的、道德的、法律的、认知的抑或是政治的，与其他任何一种要素进行类比。进化的阶段一方面被视为‘共时性的’（synchron），本身完全具有意义的，另一方面又被视作历时性演进的节点，即被弱化为演变的、历史的阶段，故而看来需要意义补充。世界历史被描绘成了街道，‘魔鬼用破碎的价值铺设了路面’（马克斯·韦伯语）——一条迷人的大道（Prospekt）。”

哈贝马斯这个时期的日常生活，主要是研究所里的工作和自己的理论研究两部分。不过，他并未就此躲进施塔恩贝格的宅邸闭门不出。周末去迷人的阿尔卑斯山前部山地郊游是例行活动，也常去施塔恩贝格湖，夏天游泳，冬天滑冰。马克斯·弗里施、马丁·瓦尔泽和莱茵哈德·鲍姆加特（Reinhard Baumgart）经常到位于环路旁的哈贝马斯家拜访。他和希尔黛·杜敏（Hilde Domin）保持着友好交往。在法兰克福的牛蒡山街举办的苏尔坎普晚会上，乌特和他会遇到他们相熟或不相熟的其他作者，如彼得·魏斯、乌韦·约翰逊、恩岑斯贝格、彼得·汉德克（Peter Handke）、托马斯·伯恩哈德（Thomas Bernhard）及英格博格·巴赫曼（Ingeborg Bachmann）等。在一次这样的聚会上，哈贝马斯回忆说，汉德克问他，怎么看披头士的音乐。他说他不知道披头士，结果被汉德克一顿捶打——这类身体交锋在那个年代并非不寻常之事。[64]哈贝马斯对温塞德说起，他非常喜欢传记舞台剧《赫尔德林》（*Hölderlin*）的剧本。该剧后于1971年在斯图加特的符腾堡国家剧院首演，温塞德告诉剧作者，哈贝马斯对这部剧很感兴趣。接着，彼得·魏斯于1月17日从斯德哥尔摩写来一封热情洋溢的信，在信中，从该剧计划修改的内容到演出情况他都向哈贝马斯悉数道来，并说愿意聆听他的指教。1976年6月，弗里施来向这位社会批判理论家讨教。事情涉及弗里施1976年秋在法兰克福保罗教堂的德国书业和平奖致

/ 250 辞。弗里施曾在他的《个人服役手册》(*Dienstbüchlein*)中描写过哈贝马斯一家早年的瑞士之行。他这样描述有一次他们共同徒步旅行中发生的小插曲:“我们要野餐，我在那儿搭了一个像模像样的炉子，然后生火，准备煎香肠。这个瑞士大兵!尊敬的客人[指于尔根·哈贝马斯。——作者注]一脸无辜地微笑着说我，又让我恼火起来，只好默默无语，闷头生气。”[65]

1976年10月，哈贝马斯被德国语言与文学创作学会(Deutsche Akademie für Sprache und Dichtung)授予西格蒙德-弗洛伊德科学散文奖。最初他曾想当记者，而写作对于而今身为科学家和知识分子的他又是那样重要，想来这个荣誉大概特别符合他的心意。德国语言与文学创作学会简短的颁奖理由如下:思想家于尔根·哈贝马斯的创作是“语言的创作。其见解透彻入微，文风精妙独特，这使他的语言‘描绘了思想显现时语言自身的消遁’”。哈贝马斯在答谢辞中讨论了社会科学术语向口语渗透这一主题。[66]

“德国之秋”的政治解释斗争雷区

在这个国家，显然你必须是社会主义者
才能为自由主义原则
而战。[67]

保持冷静。1977年被以“德国之秋”载入史册。短短数月，“红军旅”恐怖分子与政府的对抗戏剧性激化。而左翼自由派和自由保守派知识分子间的争论也明显白热化。这年春天，经过两年的诉讼，
/ 251 对在斯图加特-施塔姆海姆监狱一再绝食，抗议关押环境的“红军旅”头目的宣判在即。萨特到这座高度戒备的监狱探视后，在媒体上发表言论，谴责关押环境侵犯人权。4月7日，联邦总检察长布

巴克（S.Buback）、他的司机戈培尔（F. Goebel）和警官乌尔斯特（G. Wurster），在卡尔斯鲁厄于光天化日之下遭到“红军旅”第二代“乌尔丽克·迈因霍夫暗杀小分队”杀害。7 月 30 日，德累斯顿银行总裁庞托（J. Ponto）在奥伯鲁塞尔的家中被“红军旅”恐怖分子枪杀。9 月 5 日，德国雇主联合会（BDA）及德国工业联邦联合会（BDI）主席施莱尔（H. M. Schleyer），在科隆遭到“红军旅”“西格弗里德·豪斯纳”（Siegfried Hausner）暗杀小分队绑架，后（可能发生在10 月 18 日或 19 日）被杀害。10 月 13 日，汉莎航空公司的兰茨胡特号飞机，在从马略卡岛的帕尔马飞往法兰克福的途中，被巴勒斯坦恐怖组织 PFLP（解放巴勒斯坦人民阵线）的四名成员劫持，他们以此逼迫政府释放关押在施塔姆海姆监狱的“红军旅”恐怖分子。在社民党总理施密特执掌下、严格遵从国家利益至上原则的政府，为应对这一局面，仓促下达在押人员单独监禁法令，并对媒体封锁消息，致使大部分媒体放弃了批评性报道。与此同时，国家安全机关使用所谓窃听攻击的非法手段来获取情报。

1977 年 10 月 18 日凌晨，德国边防军第 9 反恐大队（GSG 9）不消几分钟就冲上了兰茨胡特号飞机，机上人质全部获救，四名绑匪中三人被击毙，行动结束；当日早晨，被判终身监禁关押在防备严密的斯图加特 - 施塔姆海姆监狱的“红军旅”第一代恐怖分子头目巴德尔、古德伦·恩斯林和扬 - 卡尔 - 拉斯佩（Jan-Carl Raspe），被发现死在囚室中。伊姆嘉德·莫勒（Irmgard Möller）刀刺心脏自杀未遂。乌尔丽克·迈因霍夫一年前吊死在囚室的铁窗上。 / 252

暗杀行动引发了“联邦德国史上最严峻的内政危机，因为，尽管这个宪政和法治国家有义务捍卫准备战斗的‘防御性’民主原则，但红军旅的暴力却让人始料未及。因此，针对新型恐怖主义，临时立法加强了法律法规”。[68] 由于警方采取的严厉措施，比如拉网式排查，以及1977年通过的一项专门的反恐怖法律体系，《明镜》周刊警告说，随着集体歇斯底里的爆发，法治国家制度面临被持续削弱的危险。

现在似乎暴露出，“迷雾重重的联邦德国正站在何处：一条腿俨然已迈进专制政体了”。[69] 这时虽还没有正式宣布，但实际上已实施了紧急状态。[70] 对可能倒退回“旧时代”的恐惧重又袭上哈贝马斯心头：“1977年施莱尔被绑架事件之后，国内政治局势激化，发展到像集体迫害一样的紧张状态，这促使我走出理论象牙塔，在日常政治争论中表明自己的立场。”[71] 他认为，残暴的左翼恐怖主义助长了社会中潜在的压制性因素：“似乎在纳粹阴影下信誉扫地的右翼就在等待这个机会，以便对‘1789理念’进行反扑。”[72] 当在保守政党政治聚会上左翼知识分子被公然贴上“德国刚毛小猛犬”、“耗子”和“大苍蝇”的标签后，关于动荡的德国政治局势的公共辩论又增加了爆炸性话题。[73] 拍摄于1978年的影片《德国之秋》是那个“沉重年代”的令人难忘的时代见证，若干电影人，法斯宾德（Rainer Werner Fassbinder）、克鲁格（Alexander Kluge）、赖茨（Edgar Reitz）、施隆多夫（Wolker Schlöndorff）等共同制作了该片，他们力图以此
/ 253 记录错综交织的时代事件。[74] 哈贝马斯看了这部电影，1978年3月21日，他写信给克鲁格称赞这部片子，尤其欣赏他拍摄的“纪实镜头”。他写道：“如果不是您坚持诉诸采访和评论的表达方式，如果没有对历史和军方，对虚构名言和无足轻重的细微小事的克鲁格式聚焦，这部片子可能就是支离破碎的，就不会成为这样一部杰作，尽管几段故事穿插着讲述使整部影片的结构欠统一，但它还是唤起了长久刻在人们记忆中的极其矛盾和复杂的情感反应。”[75]

与松特海默的论战；戈洛·曼（Golo Mann）的攻击。在“德国之秋”那些戏剧性事件的高潮期——即使关于重新引入死刑的辩

论也是右翼挑起[76] ——哈贝马斯发表了一封致政治学家库尔特·松特海默（Kurt Sontheimer）的公开信，该信1977年刊登在《水星》杂志上，不久又收录在由弗莱穆特·杜维（Freimut Duve）、海因里希·伯尔和克劳斯·施泰克（Klaus Staeck）主编的《保卫共和国的来信》（*Briefe zur Verteidigung der Republik*）一书中。他和松特海默自20世纪60年代初就保持着同行间的交往。这位慕尼黑大学的同仁在一次电视采访和其书中，曾有“左翼理论”的程式化说法，且认为左翼理论和恐怖主义之间存在因果关系——与这些年基民盟和基社盟的民族保守派大人物们的态度如出一辙。哈贝马斯在公开信中与松特海默就其上述观点展开商榷。“内战”来临之说在这些圈子中传播，宣称社会批判理论为非法理论的趋势愈演愈烈，最后以恐吓剥夺批判理论学派成员的基本权利而达登峰造极之程度。哈贝马斯深感忧虑，他指出，“指责试图解释合法性危机和动机危机的那些人自身造成了这些问题，何其荒谬”。[77] 他担心，在德国，我们因恐怖主义而陷入“自身政治文化的法西斯式崩塌”，[78] 滑向“自身思想的军事化和社会的泛军事化。……若做不到对恐怖去戏剧化，若做不到在生活中对待恐怖行动像普通犯罪一样，那么反恐怖主义斗争本身将在恐怖主义得以兴盛和持续的舞台上疲于应对”。[79] / 254

这封公开信引发了哈贝马斯和松特海默的一场辩论，1977年11月26~27日，《南德意志报》刊登了辩论文章。松特海默认为，虽然两人在阐释上存在分歧，却有着相同的意图，即捍卫民主政体。他还指出，“假如不考虑学生运动的极端政治化，不考虑运动参与者用左翼理论武装起来的思想背景，以及被新的批判意识煽动起来的对我国政治关系的极度忧虑，那么无法充分解释何以产生政治恐怖主义……”。[80] 松特海默援引记者兼作家迪特E.齐默（Dieter E. Zimmer）的话说，“否认恐怖行动的左翼思想根源，是掩耳盗铃”。[81]

哈贝马斯就是鼓动“对资产阶级民主制度采取极端对抗”的那类人。[82]哈贝马斯反驳道，谴责残暴的左翼恐怖主义是如此不言而喻和廉价，与强行认定“红军旅”和马克思主义批判理论的代表人物在思想上的一致性一样，要么是荒谬的，要么是恶毒的。实际上，红军旅曾多次声明，只要左翼拒绝暴力和武装斗争，就与他们无共性可言。1968年4月2日，“红军旅”在法兰克福制造商场纵火案后，德国社会主义学生联盟理事会就与欲以暴力和恐怖表达反对立场的那些人拉开了距离。[83]哈贝马斯说，他无须与为恐怖行动辩护的立场拉开距离，因为他从来都不曾有这种立场。他警告说：“如果这一次左翼知识分子被宣布为内敌，如果通过大面积诽谤解除其道德武装，岂不会严重削弱在我国的共和主义认同遭到削弱时及时站出来予以抵制的政治阵线吗？”[84]在为《明镜》周刊撰写的《大众正义排演——关于对知识分子的控告》（Probefür Volksjustiz—Zu den Anklagen gegen die Intellektuellen）一文中，哈贝马斯再次阐明，1968年，身为法兰克福学派最重要代表的阿多诺及学派其他成员，曾公开表示反对任何形式的暴力。宣布批判理论是恐怖主义的思想根源，属于集体迫害一样的煽动行为。另外他还借此机会称，他那时的左翼法西斯主义的说法是“反应过度”。同时，联系到海德格尔和施密特的反面例子，他坚持认为，学者应当掂量个人言论的政治后果，并对此承担责任，不至于“道德过度”，而后因惧怕不确定性和争议而变得僵化。倘使如此，则只能保持沉默，而保持沉默又有违知识分子的本分。因此，他绝不会被吓住，必要时将对外国媒体披露德国的状况——一个几乎共和国所有重要媒体都对之敞开的人物发出这样的威胁之语，实非寻常。在与松特海默辩论之后，哈贝马斯向其前助手耐格特求助。他在10月29日的信中写道：“我感觉目前的政治局势令人担忧，我们中一些人认为有必要更系统地确定我们的方向。鉴于这种情况，故而问您：能否以及可愿不拘何时前来施塔恩贝格，在我们圈子内部谈谈您对联邦共和国左翼状况的看法？”耐格特回信说，收到邀请很高兴，并应允前往。[85]

戈洛·曼对哈贝马斯的回应，与大多数右翼保守派政治家，如施特劳斯和德莱格尔（Alfred Dregger）一模一样。[86] 1978年1月，他在《新展望》（*Neue Rundschau*）上发表了题为《论于尔根·哈贝马斯教授的思想艺术》的文章，批评哈贝马斯从一开始就轻视恐怖主义现象，其阐释对理解恐怖主义无丝毫帮助。[87] 面对恐怖主义行为，一味说“可我并不是这个意思”没用。“那您究竟是什么意思？” / 256

哈贝马斯未对此直接表态。但他给《时代周报》写了一封读者来信，称赞该报副刊部主任拉达茨（Fritz J. Raddatz）的文章《巴德尔兄弟？》。[88]拉达茨在该文中——比附托马斯·曼的《希特勒兄弟》（*Bruder Hitler*）——思考了如下问题，即在一个对自身道德失败不作解释的社会，能找到哪些恐怖主义根源？“最先开始侵蚀这个国家的是其缔造者。他们不允许对他们自身的怀疑，亦不允许对他们所塑造的这个社会的怀疑——而且，他们不理解，被压抑的怀疑会汇成绝望。”[89]

到了秋天，严肃媒体也要求终结与批判的知识分子的蜜月期，汉诺威大学社会心理学教授布吕克纳（Peter Brückner）被解除职务；此外，还对他启动了惩戒诉讼程序，责令其离开大学——这是他第二次被解职，1972年他被指支持“红军旅”，被解职两个学期。此前，1977年9月，基民盟执政的下萨克森州政府要求13名大学教师在忠诚宣言上签字，因为他们违反了公务员法的政治中立规定。他们与35位其他地区的同行因为翻印《布巴克——一篇悼文》（*Buback - Ein Nachruf*）受到瞩目，该文是署名“哥廷根的梅斯卡莱罗”（Göttinger Mescalero）写的一篇檄文，[90]最初发表在哥廷根大学学生报上，后成为当代历史文献，是一篇部分内容语焉不详、 / 257

问题百出的文章。媒体引用时断章取义，造成对整篇文章的曲解。媒体援引该文主要是因为——尽管该文对暗杀行动持批评立场——文中有句话承认对总检察长被谋杀有着“内心深处最隐秘的喜悦”。哈贝马斯表示，“布吕克纳事件”是德国知识分子遭受攻讦的一个典型例证。[91]

1977年末，在汉堡，马克斯·弗里施在社民党党代会代表面前发表演讲。他也谈到哈贝马斯与松特海默及戈洛·曼的争论，他说：“又轮到知识分子了……这里的知识分子无疑并非指掉转船头，摆脱了知识分子困境的库尔特·松特海默教授，或在今秋叫嚣内战爆发——这何止是愚蠢和狂妄——的戈洛·曼教授。哈贝马斯回应说，‘您知道，那个被解开的无交战方内战状态的悖论，就是法西斯主义’。”[92]英国史学家霍布斯鲍姆（E. Hobsbawm）在写于1977年11月11日的信中，称赞人们纷纷站出来反对松特海默的观点：“我想，遗憾的是，我们又到了这样的时期，必须为捍卫‘启蒙立场’——且不只是在贵国——而战；准确地说，是与变节的中间派和‘新右派’进行战斗。”[93]

涉及政治思想论争，愈是围绕对民主宪法基本价值的阐释，哈贝马斯就愈加以进攻性姿态公开表达立场。这场争夺解释权和稀缺的公众注意力资源的博弈，不仅导致了严重两极分化，而且致使至少在这段时期内各种策略纷纷出台，目的只有一个，只为占领政治思想高地，争论的焦点却越来越不受关注。由此打开了去分化和脸谱化的闸门。保守派认为自身的国家权威守护者角色受到恐怖分子的威胁，而另一派则悲观预言一个律法严苛的国家（Law-and-Order-Staat）将会陷入种种危险。时隔几十年后，哈贝马斯承认，这些纷争失去了控制，也造成了一代知识分子私人间的伤害，余痛久久难以消散。[94]

理论研究和时代诊断。1977 年 9 月 23 日，施莱尔遭绑架后不久，应拉达茨的倡议，（除伯尔和杜奇克外）马尔库塞也在《时代周报》发表文章，文章明确冠以《谋杀不可以成为政治武器》的题目。关于“红军旅”恐怖行动，马尔库塞和哈贝马斯一致认为，它明显违背了学生运动的宗旨。

1977 年 7 月，马尔库塞再次应哈贝马斯之邀来到施塔恩贝格研究所。那一次，车里飞进来一只马蜂，两人为躲马蜂出了轻微的车祸，这并未影响他们的好心情。两人情谊如旧，但在讨论中观点却大相径庭。虽然他们一致认为，曾代表着“新敏感性”的学生运动作为运动已经瓦解，而且，如马尔库塞强调的，是在强力镇压下瓦解的，但在社会理论的理念方面，他们的观点对立很明显。比如，哈贝马斯曾多次批评马尔库塞的理性概念，马尔库塞完全从弗洛伊德的本能论出发在个体的爱欲范围内定位理性。马尔库塞说，“我们只能在理性的基础上形成共同意志，而不是相反，而理性或合理性（Vernunft und Vernünftigkeit）实际上存在于本能中，即存在于阻止破坏性的爱欲冲动中。我把这个东西定义为理性”。[95] 相反，哈贝马斯认为，理性仅凭借语言而存在。“因此，合理性存在于安排非强制性的共同意志形成模式，亦即存在于非暴力条件下的相互理解的主体间性这一目的中。”[96] 这些相去甚远的观点，最终导致两人在民主宪政制度的评价方面也产生了明显分歧。哈贝马斯认为民主宪政制度与法西斯主义有着质的区别，而马尔库塞认为，资产阶级民主遭到垄断资本权力的销蚀，因而已悄然变身为法西斯主义。

经济学家斯加佩里斯 - 施珀克（Sigrid Skarpelis-Sperk）和卡尔姆巴赫（Peter Kalmbach）曾与奥佛和哈贝马斯共同写过一篇名为《一条通往社会主义的毕德麦耶之路？》的文章，批评社民党的长期议程《方向框架 85》，探讨了资本力量与民主的紧张关系。该文 1975 年 2 月 24 日发表在《明镜》周刊上。他们在文中首先断言新近出现的棘手问题，即自由保守派势力发动的媒体攻势导致了政治氛围的变化，而后话锋一转，批评“后勃兰特时代”的社民党走投机现实主义路线，是“无为主义”。如果民主党作为一个改革党，想要“坚持社会主义的民主道路”，就必须有决心质疑资本主义经济体制。首先要有决心实行国家直接经济调控，以限制在全球资本主义中早已取代了供求机制的“垄断价格行为”。虽然（议程）对生产结构的影响能帮助企业，但改善基础设施的计划却因国家财政危机而搁浅。因此，局限于这些有限的调控工具的改革政策，导致了选举政策的失败，而这必然有损“民主社会主义事业”。

在一篇回应文章中，亨尼斯——哈贝马斯“对他扮演得相当到位的美德模范的角色总有些当真”[97]——把采用法律手段进行直接经济调控的建议称为“群众动员（leveé en masse）加上授权法”①。[98]哈贝马斯随即在读者来信中反唇相讥，“人们把这个叫作——用亨尼斯掌握得极好的语汇来说——诽谤。”

/ 260

1977年12月，彼德洛维奇在《时代周报》上控诉说，由于铁托统治下的南斯拉夫政权的干预，《实践》杂志、那个非正统马克思主义和民主社会主义论坛和科尔丘拉暑期学校都面临危险。哈贝马斯撰文声援彼德洛维奇，他强调，该实践派理论团体对于“实现社会主义自治目标、无情批判所有被官僚主义歪曲和篡改的社会主义表现形式”具有重要意义。[99]三年前，他曾在致铁托元帅的一封批评报复知识分子、压制学术自由的联名公开信中签名。[100]

同月，哈贝马斯和夫人第一次踏上访问以色列之旅。访问的缘由是出生在柏林，在犹太神秘主义研究领域无人企及的犹太哲学家肖勒姆80岁生日。“他是那样慷慨无私地接待初次访问以色列

① Ermächtigungsgesetz，全称为“解决人民和国家痛苦的法例”，1933年3月23日在德国国会以修宪程序三分之二多数通过。——译者注

的我们，陪我们徜徉漫游他的城市耶路撒冷。作为热情周到的主人，他使我们享受了住在米什肯努沙昂尼姆宾馆①的特殊礼遇。宾馆在橄榄山正对面，位置极好，原址是古老的蒙蒂菲奥里救济院（Hospital der Montefiore），耶路撒冷市把它改建成了豪华酒店。他从科学院弄到了一部车子和司机，先带我们去了大学所在的斯科普斯山（Mount Scopus），后带我们来到一个地方，从那里既能俯瞰老城，又能远眺连绵起伏的沙漠风光。他带我们看这座城市的每个角落，不知疲倦地给我们讲述，带我们去看杰里科（Jericho）这个盛开在戈壁滩上的绿洲奇迹，在路上和零星的赶骆驼的人擦肩而过，在去往特拉维夫的路上，在耶路撒冷城门前他介绍我们和集体农庄的居民相识。”[101]

哈贝马斯在以色列科学院做了关于马克斯·韦伯的合理性概念的报告，报告语言是英语，听众是精挑细选的。当晚他与温塞德和贝克一同在肖勒姆家做客，肖勒姆带客人参观了他那名闻遐迩的藏书上万册的图书馆。次日，正式敬贺仪式在德国驻特拉维夫大使馆文化中心举行。温塞德简短致辞，而后哈贝马斯发表了题为《乔装的犹太律法》（Die verkleidete Tora）[102]的演讲，高度评价这位学者的哲学成就，称其哲学遵循了最优秀的德国思想史传统。如哈贝马斯自己所言，这个演讲是一篇“感谢辞”，他感谢在肖勒姆的作品中“铺展着”犹太神秘主义思想世界的珍宝。在经历了20世纪的劫难后，德国思想尤其需要犹太传统，“如我们能在一定程度上成功地创造性地延续这一传统，会获得一种使用它的权利，即把通过马克思、弗洛伊德和卡夫卡练就的流亡者的目光对准我们自己，以便认出，那些被疏远、被排挤、僵化的部分，是从生命中分离出去的

① Mishkenot Sha'anim，意为“平安居所”，是耶路撒冷老城城墙外第一个犹太人社区，由英国犹太人银行家和慈善家摩西·蒙蒂菲奥里爵士建于1860年。——译者注

部分”。[103]

1978 年 5 月 5 日，哈贝马斯在《时代周报》上发问：“自由派都躲哪儿去了，……为什么在这个国家，自由派自己没有勇气捍卫他们曾经坚持的原则？”他继续说道，“‘自由’这个词，现在已然成了老右翼知识分子表现新战斗精神的假名了”。炮制出所谓排除激进人士决议的“信念保护部门”，把体制批评者清除出公职队伍的活动如火如荼，“引起整整一代人的恐惧，让人胆小懦弱，阻断了与在很大程度上变得犬儒化的共和国本该坚守的一些东西的联系”。[104]

/ 262

涉及“禁止担任公职”这样的行动，哈贝马斯举了自己亲戚的例子：W 女士曾申请公务员教师职位，却明确因为德国共产党党员身份遭拒。文章发表后，《时代周报》发行人邓恩霍夫伯爵夫人接着写了一封致哈贝马斯个人的长信，在信中捍卫西德取得的政治成就，同时也没少讽刺挖苦左派，说他们要搞像罗素法庭那样的“假面舞会”。[105]

1978 年 8 月，哈贝马斯一家在布列塔尼（Bretagne）度过了几周的暑假。此间他看了霍耐特（Axel Honneth）1976 年写的一篇文章的初稿，题目是《从阿多诺到哈贝马斯：论社会批判理论的形态转变》，该文后于 1979 年在《水星》杂志上发表。[106] 这篇文章的主要观点是，哈贝马斯告别了阿多诺的意识哲学的合理性概念，以发展一种基于以语言为媒介的主体间性结构的理性概念。9 月 13 日，哈贝马斯写信给霍耐特，说他的文章让他“非常感动”。“我从没厘清我和阿多诺的关系，现在有人写了篇东西，不是随便写写，而确实比我自己更了解。我觉得，在所有方面您分析的几乎都对。”[107] 同年 11 月，哈贝马斯在他儿子提尔曼陪同下，前往华沙大学社会学学院做报告。

苏尔坎普版图书系列第 1000 卷。在报告、旅行、政治辩论、政治介入以及研究所管理工作和无休无止的争论之余，哈贝马斯多次尝试把构思已成竹在胸、自到施塔恩贝格就开始着手撰写的几部著作落诸笔端。他一再向出版人保证，尽力在重重职责和义务之余，抽出时间完成已有了粗略架构的《交往行动理论》（*Theorie des kommunikativen Handelns*）一书。但在完成这部书前，他还得先主持一个出版项目。前不久温塞德已说服他做这个项目：颇成功的苏尔坎普版图书系列的第 1000 卷已列入待出版计划，哈贝马斯必须完成这个计划。这个项目背后的想法是，效仿雅斯贝尔斯，以《关于“时代的精神状况”的关键词》（Stichworte zur »Geistigen Situation der Zeit«）为标题，对当代政治和文化发展趋势做一个中期总结。而现在时机已到：1979 年联邦德国庆祝建国 30 周年，十年来社民党和自由党组成的联合政府执掌政权，此间社民党成员古斯塔夫 · W. 海涅曼（Gustav W. Heinemann）任联邦总统，一场关于纳粹罪行追溯时效的讨论正在展开。温塞德酝酿着出一个双册本，收入德国左翼知识分子领军人物的文章，相当于宣布项目暂告一段落——也是考虑到对苏尔坎普版图书系列的调整计划。哈贝马斯怀疑，温塞德打算借助这一计划遏止该系列明显的社会批判倾向，而这个系列中有好几本自己的书。正是由于这个原因他才十分钟情于这个系列，因为该系列在这些年里形成了一种“理论吸力”。[108] 在 1979 年 4 月 5 日写给温塞德的信中，[109] 他对出版社政策的新走向提出激烈批评。温塞德表示，计划减少苏尔坎普版图书系列中的社会学图书书目，增加文学新书的比重。温塞德和审稿人君特 · 布什在出版书目政策方向上有分歧的传闻沸沸扬扬。1979 年，莱蒙德 · 费林格（Raimund Fellinger）和贝恩哈德 · 朗道（Bernhard Landau）加盟苏尔坎普出版社，担任审稿人，而温塞德不允许布什和他们合作，在苏尔坎普版图书系列的未来书目选择方面也不能合作。[110] 这些事实证实了上述传闻。上述种种均是哈贝马斯批评温塞德为“出

/ 264 版社的出版方针罩上一层‘自由保守主义’薄纱的原因”。[111] 他与温塞德及其出版政策划清界限，他说：“你正向扶轮社成员圈子靠拢，这个圈子和我无丝毫共同之处。”他坚决要求，明确“与出版社的全部”出版计划保持距离。[112] 不仅如此，他还在 1979 年 10 月 15 日给温塞德的信中威胁说，如出版社发生政策转向，他将带着所有书目离开。[113] 夫人乌特鼓励他这么做，她也鼓励他与鲁赫特汉德出版社的负责人汉斯·阿尔滕海因（Hans Altenhein）谈谈，试探一下作为前作者在该社的机会。这些细节他在 1979 年 12 月 19 日给温塞德的信中也都坦诚相告。他说，阿尔滕海因的态度“非常”得体和公道。涉及他的作者权益，哈贝马斯说，“假如你坚持你的立场不改，我也不打算接受，我不认为这是‘正常情况’”。[114]

温塞德立刻作出回应，他已分别在 10 月 17 日和 12 月 3 日给哈贝马斯写过信，反驳他此前的指责。[115] 他向哈贝马斯指出，他所谓的出版社政策转向之说纯属猜测，出版社完全站在哈贝马斯的立场上维护其权益，也打算继续这样做，即使他换出版社。然后又许他以优厚待遇，这才使怒火满腔的哈贝马斯平静下来：他们达成协议，应哈贝马斯的要求，他的全部图书将在重要图书出版项目中再版。该协议的第一个成果就是《政论集》（第 1~4 卷），1981 年在重要学术图书项目中出版了精装本。

1979 年 6 月，在分歧重重的阴影之下，哈贝马斯在位于施塔恩贝格环路的私宅中庆祝了 50 岁生日。除家人外，到场的还有若干友人，如鲍姆加特、肖勒姆、马尔库塞、瓦尔泽、米切利希、图
/ 265 根特哈特、维尔默、希米提斯等。温塞德也前来为他庆贺生日，他送了哈贝马斯一本 1794 年的费希特《论学者的使命》（*Über die Bestimmung des Gelehrten*）的首版珍本。正式生日酒会次日在慕尼黑巴伐利亚霍夫酒店举行。在施塔恩贝格举行的私人生日宴会上，从耶路撒冷赶来的肖勒姆，如往常一样“谈笑风生，妙语如珠”，

成为全场关注的焦点。“他也是那种人，”寿星回忆说，“很清楚如何拿捏中产圈子微妙的礼仪分寸，临近午夜时分，他以亲切又庄重的口吻开始讲话，‘因为不讲话可不行’。”[116] 这天晚上，哈贝马斯注意到，马尔库塞“一反常态，躲在众人后面”。“在类似聚会上我已注意到这个奇怪的现象，平素一点儿也不腼腆的朋友和同龄人在肖勒姆的权威面前都会有些畏缩。出身于已被同化的犹太家庭、移民美国的人，在有肖勒姆的场合，似乎问心有愧。……遇到肖勒姆，不是犹太人会好些。这样就不会被归入可能犯下轻易被同化这种大错的知识分子中了。”[117]

1979 年秋，苏尔坎普版图书系列第 1000 卷终于问世，里面共收入 32 篇文章，作者包括克劳斯·冯·贝姆（Klaus von Beyme）、达伦多夫、伊林·费彻尔、奥斯卡·耐格特、亚历山大·克鲁格、汉斯·蒙森（Hans Mommsen）、沃尔夫冈·蒙森（Wolfgang Mommsen）、克劳斯·奥佛、马丁·瓦尔泽、阿尔布莱希特·维尔默、汉斯－乌尔里希·维勒等。哈贝马斯在引言中讽刺“撩起了布满褶皱的现实性衣袍”的那类作者。雅斯贝尔斯的“民族精神导师的激情”也过时了。[118] 尽管如此，其论述还是包含着涉及面颇广的时代诊断的关键词：在陷于复辟政治势力鼓噪声中的“另外那个共和国”，存在着以“语义学内战前线的准军事行动”模式进行政治论战的危险。[119]面对这种情况，再加上公众舆论亦推波助澜的对“堕落的知识分子”围剿的气氛，除了重新认识现代性的概念和尊严，即不打折扣的理性维度之外，别无选择。[120] / 266

这两册书的诞生过程之曲折令人瞩目。自苏尔坎普版图书系列创立以来担任责编的君特·布什，在效力 16 年后于 1980 年初离开该社，去了欧洲出版社，后又加盟费舍尔出版社。书及时赶在法兰克福书展期间问世了，但在媒体上却反响平平。戴特莱夫·霍尔斯特（Detlef Horster）1979 年 9 月 27 日在《法兰克福评论报》上

222

评论说，33位作者一致期盼一种自由民主，一种与宪法所保障的公共领域的实践理性对话可能性密切相连的自由民主。他们共同的敌人是“保守势力的好战”，他们硬把社会批判理论和恐怖主义扯在一起。与之相反，赫尔曼·鲁道夫（Hermann Rudolph）1979年11月3日在《法兰克福汇报》上撰文，从意识形态的角度抨击了这两册书。他写道，文集几乎完全着笔于描述陷于防守态势的左派的处境，他们倾向于把自己树立成“共和国守护者”的形象，同时“妖魔化其批评者”。1979年12月12日，《法兰克福汇报》刊登了于尔根·布舍（Jürgen Busche）的书评，也是一篇纯挑衅性文章。作者写道，哈贝马斯不过证明自己搜罗了一些文章，在这些文章前加了个引言而已。“他在引言中解释了引言的意思。据其解释，意思是说，近一段时间他和他的朋友们遇上了很多麻烦，他早就想找根棍子给所有令人讨厌的人一顿痛揍。‘关键词’成为对失落的幻想碎片的盘点。”1979年12月21日，松特海默在《德意志报》（*Deutsche Zeitung*）上的评论也是类似腔调，他指摘左翼神经过敏，倾向于把“根本而言包含思想对抗在内的民主讨论，说成真理要塞被来敌进犯的准军事现场”。而对于左翼将生活世界概念置于其时代批判的核心，从而能识别因政府过度管理和市场功能失调带来的危害，松特海默给予肯定。罗伯特·莱希特（Robert Leicht）在11月10的《南德意志报》上评论说，聚集在哈贝马斯周围的左翼思想群体，确实具有高度的自我反思精神；四天后，迪特·拉特曼（Dieter Lattmann）在《德意志星期日汇报》上撰文说，文集作者们以瞬间纪录方式为时代把脉，由此挫败了右翼知识分子抢占解释权高地的计划。鲍姆加特在1979年10月8日的《明镜》周刊上，发表题为《昏暗的光》（Trübe Beleuchtung）的短评，猛批文集。他说：“把两册书捏合在一起的只是书的封皮罢了。”

/ 267

辞职

危机管理。 拥有35位科研人员的施塔恩贝格马克斯·普朗克研究所，远看似乎成果颇丰。马普学会年鉴中附有令人印象深刻的出版证明的内容翔实的研究报告，就是证明。但自1975年开始出现了来自外部的干扰声。哈贝马斯不得不站出来反击慕尼黑大学校长洛伯科维奇麾下同仁的指责。他们在“被损害的科学”大会召开后，接着向外界大肆宣称，由施塔恩贝格研究所沃尔夫冈·凡·登·戴勒（Wolfgang van den Daele）负责的“科学落地”（Finalisierung der Wissenschaft）研究小组正在实施一个项目，其目的是根据社会用途和国家规定从外部控制研究。哈贝马斯驳斥道，我认为，“若科学批评的目的是为了施加政治歧视，就是对科学的损害”。[121] 其后，该研究小组出面澄清了落地的概念，他们称，就科学研究的控制而言，实际上并无可靠的标准，所谓落地无非是尝试在不违反客观标准的前提下，把握研究与社会用途的关系。 / 268

在研究所内，各项目、两大部门、工作人员以及两位所长之间也是纠纷不断，矛盾重重。所里也模仿大学里学院的做法，制定并实施了共同决定模式。这一模式造成的一个后果是，工作人员往往自己确定工作时间。魏茨泽克的跨学科部门喜欢宽松的工作氛围和乐于探索的工作风格，而哈贝马斯的部门特别重视遵守工作时间和专业精神。渐行渐远的两大部门间的合作和交流越来越困难，这在研究所科学家会议上表现得尤为突出。而自然科学家和社会科学家运用的理论语言差异太大，也是一个重要因素。[122]

冯·魏茨泽克将于1980年因年龄原因退休，因此将不再担任所长，此事在20世纪70年代末就已明确。故两位所长都努力想得到马普学会的支持，在研究所再增设一个由知名经济学家领导的第三大部门。[123] 哈贝马斯虽然已有调整研究所研究方向，使之完全专

/ 269

注于社会科学研究的具体计划，但他一直顾及志在继续自己的项目的冯·魏茨泽克部门的研究兴趣。1980 年春，哈贝马斯与马普学会理事会主席莱默·吕斯特（Reimer Lüst）、秘书长迪特里希·兰福特（Dietrich Ranft）和专业委员会经过协商最终确定，研究所未来将把重点完全放在社会科学领域，因此将解散冯·魏茨泽克的部门，因为该所长职位无合适人选。[124] 在哈贝马斯的提议下，与伦敦政治经济学院院长达伦多夫的所长任职谈判已在进行中。尽管在社会实证研究的重要性方面，两人有一些分歧，而且事实上达伦多夫设想的是普林斯顿高等研究院（Institute for Advanced Study）那种模式，但哈贝马斯还是很看好在面貌一新的马普社会科学研究所与达伦多夫进行合作，尤其因为他主要想摆脱以一人为核心的研究所发展方案。他和达伦多夫一致同意再聘任两位所长，未来将研究所分为四个部门。关于此事，已分别与心理学家弗朗茨·维纳特（Franz Weinert）和政治学家克劳斯·冯·贝姆试探性地进行了谈话。

研究所在发展方案及人事政策上的一系列问题，让媒体趋之若鹜。从《明镜》周刊到《巴伐利亚信使报》（*Bayern-Kurier*）等大部分媒体的评论都充满了恶意嘲讽，甚至幸灾乐祸。在 1978 年 11 月 11 日的《巴伐利亚信使报》上可看到这样的评论，称冯·魏茨泽克从一开始就犯了一个不可原谅的错误，即“把哈贝马斯这个有影响力的新马克思主义者、新左派的头号鼓动家 [弄到] 施塔恩贝格来。哈贝马斯迅速将其 [工作领域] 打造成了历史唯物主义的堡垒和温床，其反资本主义立场对同事冯·魏茨泽克的研究领域产生了连带影响。”特别是达伦多夫于 1979 年 5 月出人意料地拒绝接受聘任，被媒体渲染成了丑闻。1980 年 5 月 5 日，约斯特·赫比希（Jost
/ 270
Herbig）在《明镜》周刊上评论说，达伦多夫的“意外出场和意外谢幕”这一尴尬的插曲，暴露出这些方案的毫无计划性。[125] 尽管如此，哈贝马斯还是继续试图征得各方同意，把研究所改组成四个部门，并提出新的人事建议供讨论，即聘用知名的马克斯·韦伯专家、海德堡社会学家沃尔夫冈·施鲁赫特（Wolfgang Schluchter）担任重点研究项目“价值体系制度化和内在化比较分析”的负责人。所长职位人选问题久悬不决的棘手状况被经济研究小组的几位工作人员（沃尔克·弗罗贝尔 [Volker Fröbel]、于尔根·海因里希 [Jürgen Heinrich]、奥托·克莱耶 [Otto Kreye]、乌茨－彼得·莱希 [Utz-Peter Reich]）利用，他们再次向研究所企业工会委员会施压，要求将他们吸收进即将成立的纯社会科学研究所。

申请慕尼黑大学名誉教授再次被拒。在研究所重组这一年，慕尼黑大学评议会再次拒绝授予哈贝马斯名誉教授，而他在美茵河畔法兰克福担任名誉教授已有 5 年之久。这充分表明，不只在学术圈内政治站队现象难以止息。总之，巴伐利亚州州长施特劳斯毫不避讳给哈贝马斯贴上“文化革命排头兵”的标签。此间被任命为慕尼黑大学校长的洛伯科维奇和文化部长迈耶，也再次公开表示对这位左翼知识分子的反感。1980 年在慕尼黑举行的“启蒙运动在今天：我们自由的先决条件”大会上，科学哲学家格哈德·拉德尼茨基（Gerhard Radnitzky）强烈要求“清除我们的科学污染”，就是影射哈贝马斯。[126] 不久，哈贝马斯从这次再度受辱中汲取了教训。

慕尼黑大学评议会有没有受到上述荒唐的煽动性言论的影响？哲学系拒绝授予哈贝马名誉教授过去 7 年后，在卡尔·马丁·博尔特（Karl Martin Bolte）——他是以实证研究为基础的社会结构分析法流派的代表人物——倡议下，社会科学系致力于与哈贝马斯及马克斯·普朗克社会研究所的密切合作。因此哲学系和社会学学院都明确表示有意为哈贝马斯申请理论社会学名誉教授。哈贝马斯对与慕尼黑大学社会学家们加强合作很感兴趣，因为他正准备为马普研究所开发与社会科学有关的新的研究视角。另外，他已收到来自法兰克福和伯克利的聘任邀请，所以他面临自己职业生涯上的一次抉择。

1980年夏，哈贝马斯收到洛伯科维奇的一封信，他在信中告知哈贝马斯，即使哲学系正式为哈贝马斯提出名誉教授申请，这一申请在慕尼黑大学评议会中也不会获得多数票通过。说白了，哲学系尚未提出申请，校长就直接将此事提交评议会评议，想必心下清楚表决不会通过。于是，关于此事再次传闻四起，称文化部施加了影响。在与哈贝马斯的一次私人通话中，博尔特感到有必要告诉哈贝马斯，评议会的决定与其学术能力无关。事实上，有三个原因起了决定作用。其一，他们担心大学生会受到哈贝马斯的政治影响；其二，在他们的印象中，哈贝马斯是个难对付的人；其三，一般来说，大学和马普学会的关系比较复杂。最终，偌大的慕尼黑大学仅有12名教授愿在声明中表示与哈贝马斯团结一致。

/ 272

一个宏大项目的落幕。在此期间，哈贝马斯有几周时间在伯克利做客座讲学，并与夫人在墨西哥度假。此前遭受的折辱，以及无休无止的人事纷争和矛盾，促使哈贝马斯决定，从美国回来后就宣布辞去慕尼黑马克斯·普朗克研究所所长职务。在1981年1月29日致冯·魏茨泽克及1981年5月8日发表于《时代周报》的信中，哈贝马斯说明了他这一惊人之举的动机。他对冯·魏茨泽克表示，面对为一己之私滥用科研工作特权的心态，他很无奈。他继续写道："我本人是工会成员，将《劳动法》的颁布视作历史性成就。但我不能理解肆无忌惮的工具性行动。……企业工会委员会成员解雇保护法，并无在单位停工和执行劳资双方协调计划的情况下绕过正常解雇程序的意思。……另外，我担心方才所述特殊行为的负面示范效应。若新研究所的科研人员效仿您的雇员的做法，我将无法继续执行我的——区别于您的——人事政策。……因此，在我现在的职位上，我不想为非我所选、无法确信（如您所知）其专业资格和工作表现的科研人员承担责任。”[127] 在 1981 年 4 月致马普学会主席的信中，他更明确抱怨那些一味追逐自己兴趣，“毫不顾及研究所整体生存条件”的雇员的“破坏性行为”。他说，这样就出现了“一种义务和权利的不对等，长此以往我对此将难以容忍”。[128] 哈贝马斯之所以决定辞去所长职务，不仅由于冯·魏茨泽克手下雇员打算提起集体诉讼，而且因为马普学会评议会和主席团计划让哈贝马斯作为申诉人，针对起诉团向劳动法院提出申诉。他明白这会造成的舆论和政治影响，因此接受此事可能的后果并做出相应安排。他甚至宣布，一旦有了职业上的其他选择，他也将辞去马普学会会员，一个与所长职能无关的身份。

1981 年 5 月 8 日，他在《时代周报》上撰文说，他想摆脱起诉人在《劳动法》上无休止的纠缠，不过，另外他对冯·魏茨泽克留下的经济学研究重点整体上也抱有疑虑。再者，他也担心人员结构固化，他不想勉强自己雇用专业素质与研究项目不相称的科学家。“若这四位经济学家是在我的工作领域起诉的，我肯定会担心产生负面示范效应，必须预想到他们会有只看重社会保障的想法。如不确保一定程度的年轻科研人员的流动，并以这种方式保持其创新能力，长此以往，研究所将难以为继。”[129]

媒体迅速做出反应。在 1981 年 4 月 14 日的《南德意志报》上，汉斯·海格特（Hans Heigert）的评论言简意赅、一语中的：“即将发生的一幕，实在荒唐。马普学会将因为他们既不想要又不能解雇的四位科研人员解散整个研究所。”沃尔夫拉姆·舒特在《法兰克福评论报》副刊上撰文评说此事，他的结论是：“隐藏在时代趋势中的，并非人们可以理解的哈贝马斯的投降，而或许是他的投降为之画上了句号的那件事。一个宏大项目如此落幕对于这个时代而言

/ 274

是灾难性的。” 其他如《莱茵河周报》（*Rheinischer Merkur*）或《基督与世界》登载的评论，都利用哈贝马斯辞职一事，把他作为“德意志意识形态”和法兰克福学派的代表人物，一起算总账——这些攻击性论调，体现了这些年及之后那些年的典型的时代精神氛围。1981 年 5 月 8 日的《时代周报》在刊登哈贝马斯文章的同时，发表了该报副刊主编乌尔利希·格莱纳（Ulrich Greiner）的论战文章，其文言辞尖锐，竟至于抨击哈贝马斯说，他不但作为所长失败了，而且他“像兰克施乐公司的疯狂的销售员，通过巧言蛊惑宣扬市场机制”。

在音乐评论家约阿希姆·凯泽在慕尼黑举办的私人生日聚会上，也因此事发生了激烈争吵。与哈贝马斯有多年私交的鲍姆加特——两家曾在加尔达湖、艾格贝勒海滨、恩嘎丁和布列塔尼一起度假——和他唇枪舌剑、互不相让，指责他“以党卫军骑兵对待卑微的步兵的倨傲姿态”[130]为自己辩护。这让哈贝马斯感到愤怒和受伤。鲍姆加特说：“我们之间完了，也难怪。我妻子建议想法子和解，替两个冒傻气的好斗的家伙打圆场，于是，两位夫人通了一次电话收拾了残局，又生气又难过。三年后，两个好斗的家伙在雷根斯堡先后登上讲坛，站在麦克风前作为新当选的达姆施塔特德国语言与文学创作研究院研究员作自我介绍，讲各自的成长历程、著作和目标，说了一些他们配不上如此殊荣等谦虚的客套话。次日，在站台相遇，他们客气地寒暄，然后分头登上开往慕尼黑的快车，各自去寻自己的包厢去了。”[131]

中期总结。若将这段老交情破裂视作哈贝马斯 20 世纪 70 年代，即从离开法兰克福到在施塔恩贝格辞去所长职务这一时期的生活写照，也算恰如其分。这个时期他饱经辞职与割袍断义之扰，倍受摧

/ 275

折。虽也有顺利的时候，但麻烦缠身是此间常态，尽管他作为学者

的声望，尤其是国际声望，得以继续巩固，他在公共话语中的声音并未失去分量，他的科研创造力亦未减弱。《交往行动理论》一书将于1981年出版，这是在施塔恩贝格期间成形的他的一部主要著述。1987年7月冯·魏茨泽克75岁生日之际，哈贝马斯向他致以生日祝福；魏茨泽克在致谢函中回顾两人的合作，言语间评价非常正面，值得注意。他写道："回想起来，若要表达我彼时的感受，我想说，我们研究所在70年代的不足在于——除了可能还未发现的那些——对于当时的意识发展来说，我们过于超前，而且，我们自身还不具备完备的知识手段来表达我们在政治和科学上异于既有公共意识的思考。谈到这里我得说，回顾那些年，恰恰是与您的交谈，有时是书面的或非语言的争论，差不多是最让我受益的。我想，当我诱惑您来施塔恩贝格时，我清楚我在做什么。这是否对您有益，则另当别论了。当然，此外我还有策略上的考量。我想为我弄到研究所来的好战的左派们，安排一位大名鼎鼎的、迫使他们遵守法律和秩序（law and order）的左派所长。这一点您也的确完美做到了。不过一直以来我真正感兴趣的，是与您的思想交流，因为——恕我这样说——我们两人过去以至现在都如此不同，我经常听您谈您的一些想法，这些想法我自己是根本想不到的。而这大概是交谈能给人带来的最大益处。"[132]

对施塔恩贝格研究所合作时期的这一番好言肯定，并不能改变合作以失败收场的事实，也不能改变哈贝马斯事业上开始经受坎坷与挫折的事实。世易时移，此时他的境况与十年前扶摇直上的情形大不相同了。1971年初春，伴随着令他和他人都极为不快的事件，他放弃了法兰克福大学哲学和社会学教席这个人员配备和财务状况俱佳的著名职位。这些不愉快的事件有：在高校改革及科学扮演的政治角色问题上与大学生的激烈冲突，以及在阿多诺教席继任人选问题上与同事间的持续争论。人们对他背叛批判理论和马克思主义 / 276

左派的指责，对他也不可能毫无触动。此外，还有来自保守派的诋毁，说黑森州高校改革原本是他的倡议，他自己却做了缩头乌龟。所以，虽然对法兰克福这座具有都市文化和德国犹太思想传统的城市恋恋不舍，他还是迁居到了巴伐利亚乡下。他忽略了更紧密融入社会研究所将为他开启的各种可能性。

对于在为他量身打造的马克斯·普朗克研究所担任所长，他曾抱有很大期望，然而最终期望落空。如今他非常坦白地承认，当初答应冯·魏茨泽克和他共同领导这种规模的研究所，是个错误。不受干扰地进行创新性跨学科研究的想法无法付诸现实。导致这一失败结局的，除了“研究所内部体制原因，慕尼黑大学出于政治动机两次拒绝我（不按惯例接受我为名誉教授）”也是一个原因，他说。[133]

1981 年春，哈贝马斯辞职，为研究所画上了永远的句号。当然，这时他并不没有一蹶不振。无论怎样，似乎他并不习惯于听天由命。不过，他必须重新定位自己，他考虑放弃这里的一切，离开联邦德国，接受加利福尼亚大学伯克利分校提供的教授职位。他曾经说自己“愿为一切左的东西承担责任”，而最迟在这艰难的 10 年过去以后，他彻底明白了，在德国他须为这份担当付出怎样的代价。他始终都有一种印象：较之于在德国，在美国人们对他的接受度要高得多，对他的误解也少得多。[134] 奥佛也证实了这一看法；他说，哈贝马斯在英语国家、拉美和东亚各国都比在他的祖国享有更高声望，尽管在他的祖国一些人自称是哈贝马斯派。不过，对于是否谈得上有一个真正意义上的哈贝马斯学派，他表示怀疑。[135]

第三部分

学术活动和积极参与公共事务

积极参与公共事务是哲学……
更为重要的任务。[1]

第七章　场所精神：第三次重返法兰克福

法兰克福不是一座让走马观花的看客惊艳的城市。
要长居于此，才能深谙其味。
这里上演着各种冲突，各色人等云集，各路思想碰撞，
这座城市会慢慢让长居于斯的人喜爱她，
人们喜爱她，因为在这里
冲突是开放性的，联系是短暂的，思想不是伪装的。
法兰克福有着鲜明的、易识别的城市品性，
一种严肃的、毫不遮掩的知性，
它敞开胸怀，拥抱充满张力的现代性的魅力和不和谐。[1]

把现代性进行下去。在经历了施塔恩贝格研究所的种种争端和冲突，并两度遭受慕尼黑大学的公开侮辱之后，“故乡”法兰克福再次召唤他归来。辞去马普研究所的职务后，他同时向比勒费尔德大学和法兰克福大学递交了职位申请。哥廷根大学哲学专业的君特·帕齐希（Günther Patzig）询问他有无可能去该校；格哈德·勃兰特（Gerhard Brandt）——1972~1984 年间任社会研究所所长——极力争取让哈贝马斯来该所负责专业研究。对这两个询问他未再加理会。因为这时他已得知，他将收到法兰克福大学哲学教授聘用邀请，而这最贴近他的想法。早在 1980 年 9 月，这个城市就表达了对他的赞赏之情：市政府召集的董事会作出决定，授予他阿多诺奖——该奖于 3 年前首次颁发（颁给诺博特·埃利亚斯 [Nobert Elias]），奖金为 5 万元。在 1980 年 9 月 11 日在保罗教堂举行的颁奖典礼上，基民盟成员、法兰克福市市长瓦尔特·瓦尔曼（Walter Wallmann）在讲话中为他创作了一部激起争论的哲学著作向他致敬。针对称法兰克福学派 / 282 为 20 世纪 70 年代的恐怖主义铺平了思想道路这一甚嚣尘上的谴责，

瓦尔曼明确为法兰克福学派辩护。来自柏林的哲学家米歇尔·提尼森（Michael Theunissen）致授奖辞；他对阿多诺的否定的辩证法理论和哈贝马斯的规范的辩证法理论做了区分。他说，回头来看哈贝马斯的著作会发现，在这部著作中阿多诺无处不在——两人都是那种知识分子，“面对所有有血肉有气息的活物敞开自己，在科学和哲学领域以外也莫不如此”，但哈贝马斯的“规范主义”很快脱离了阿多诺的“否定主义”和历史哲学。“导师与其弟子所实践的语言游戏的不同，表明了他们在思维方式上的某种不同，这种不同显示出两人各自所浸淫其中的重要文化传统的差异。”提尼森说，哈贝马斯关于“技术－工具性知识的进步并不必然意味着实践意识的进步”[2]的诊断是一个重要认识。哈贝马斯的答谢辞刊登在9月19日的《时代周报》上，它有一个纲领性标题《现代性——一项未完成的方案》。从这篇文章开始，哈贝马斯开始激烈批评“批判现代主义的各种思潮”，尤其是正在风行的后现代主义思维；他后来对文章内容又加以丰富和扩展，最终成为《现代性的哲学话语》（*Philosophische Diskurs der Moderne*）一书。在答谢辞中，他不仅对被他贴上“新保守主义”标签的后现代主义毫不客气，对前现代主义的旧保守主义以及在他眼里反现代主义的青年保守主义——绿党这个新政党及其数量不断增长的拥趸被他划入此列[3]——更是不留情面，如今看来这种区分方式可能让人感到诧异。按照他“简单化”的区分，“青年保守主义”是“反现代主义”的，他们把“想象、自我体验和情感的自发力量推展到遥远的远古时期”。“在法国，这一脉从乔治·巴塔耶（Georges Bataille），经由福柯（Foucault）直至德里达（Derrida）。当然，在所有这些人物的思想天空中都有尼采的精神在飘荡，20世纪70年代尼采在法国经历了复兴。”[4]“旧保守主义”建议，“不如回到现代性之先的立场上去”。至于“新保守主义”，代表人物有早期的维特根斯坦、卡尔·施密特和晚期的戈特弗里德·贝恩。他们的一个主张是，不应当要求科学为生活世界指引方向；根据其另一主张，政治必须回避道德实践合法化的要求；第三个主张是，艺术的功能仅局限于个体的化育。“随着科学、道德和艺术被限定在从生活世界中分离出来、被专家管理的自主自律的领域中，所残存的全部文化现代性就是在放弃了现代性方案之后仅剩的那点儿东西了。”[5] 与阿多诺的现代性批判思想一脉相承，哈贝马斯主张把自反性现代性继续下去。通过反思现代性“困境”及其未完成的原因，才有可能完成现代性。

哈贝马斯在保罗教堂发表的演说也带有20世纪80年代联邦德国政治变化的印记。在1980年10月的联邦议院选举之后，赫尔穆特·施密特当选为社民党和自民党联合政府总理，但这位曾建议其同道不仅要读马克思，也要读波普尔（Popper）的总理，仅执政两年就下台了。他和他的政府转向技术专家治国，导致各种左翼运动层出不穷，影响也不断扩大。形形色色的游行示威活动频频发生：人们反对增加军备，反对城市房地产投机，反对核电，反对法兰克福机场扩建等大型项目。

哈贝马斯完全赞同这些运动的政治宗旨，但在保罗教堂演说最后，他对这些新型社会运动只关注自身体验、情感和遥远的过去的东西，明确提出了批评。这些理由已足够吸引创刊于1978年的左翼报纸《日报》（*tageszeitung*）前去采访这位“现代性方案负责人”。 / 284 在这次采访中，他再度在自己的左派立场与绿党的政治立场之间划界。他承认，环境保护运动可能有巨大的能量来阻止一些事情的发生，倘若他们中一部分有行动力的人能拿出明智的政策，并通过新闻媒体显示自身的在场，为公众所见的话。[6]对于呈现这样一种在场，《日报》发挥了很大的作用。“首先，我确实认为这是一个很好的项目，因为它是诞生于环保运动中的一份报纸。它能保持或呈现某种思维方式和生活方式在大众舆论中的在场。…… 所以，我一直赞同这种尝试。……另外，在这样［马克斯·普朗克研究所。——作者注]一个小小象牙塔中，我也感到与您的领域有些隔膜。为不至于完全与外界隔离，不能光靠和我儿子及大女儿的接触吧。也许通过接受采访，也能稍稍让他们对我刮目相看。”采访最后对他提的问题是，在当下左翼政策是指什么？哈贝马斯认为，左翼政策有两大目标：一是最大限度地扩大政治参与，二是将剥削和权力剥夺减少到最低限度。他拒绝作为社会形态的社会主义，而他的拒绝是出于系统原因而非政治原因："社会主义不是一种单一的生活形态，而是多种生活形态构成的某种基础结构，这些生活形态……的产生不可预见，它们始终只以复数形式出现。我认为，谈论社会主义社会本身就是一个悖论。”[7]

这并不妨碍他向一位“真正的社会主义者”鲁迪·杜奇克表达敬意。1968年，杜奇克遭暗杀，1979年12月24日在丹麦死于这次暗杀留下的创伤。在1980年1月9日发表于《时代周报》的悼文中，哈贝马斯写道，杜奇克的人生让他想起他之前的那些职业革命者和19世纪的德国流亡者的生命历程。杜奇克将幻想的力量和对实际状况的感知紧密联系在一起。“即便对政治策略的敏锐感觉也从未诱使他把政治斗争当作纯粹的工具和手段，即使在最严酷的政治斗争中也是如此。”哈贝马斯认为，杜奇克的政治活动与汉娜·阿伦特所谓“激进民主主义的、非工具性的、依赖通过交往形成的组织形式的政治”比较接近。[8]

1980年1月至4月，哈贝马斯在伯克利担任客座教授。因此，3月中旬他在加利福尼亚州的圣地亚哥市参加了纪念友人马尔库塞的学术讨论会，同样于1979年去世的马尔库塞也曾与杜奇克颇为接近。哈贝马斯作了开场报告，他在报告中说，马尔库塞作为“首位海德格尔式马克思主义者”，相信“反抗的主体性的重生”（Wiedergeburt einer rebellischen Subjektivität）。[9]回到伯克利后，他在一次会议上做了题为《道德观与社会科学》（Moality and the

Social Science）的演讲，他此次演讲是想吸引美国听众的兴趣，使他们看到应用阐释学的社会学方法较之在他眼里缩水为实证研究的社会学方法的优势，在美国，这一派别以默顿（Robert K.Merton）学派为代表。哈贝马斯认为，要使意义理解的过程符合客观性和科学性的方法论要求，阐释者必须熟悉（历史、社会）语境，从语境出发能够阐明作为阐释过程对象的象征性陈述。因为，哈贝马斯论述道，“若阐释者不身临其境地想象作者在文字诞生的原初环境下需要引证的理由，就无法理解文章的语意”。[10] 1980 年 9 月，德国社会学协会主办的第 20 届社会学家大会在不来梅召开，哈贝马斯作了首场演讲，演讲主题是结构理论与行动理论之间的“社会理论建构问题”。

/ 286

20 世纪 80 年代初，苏尔坎普版图书系列政策转向风波平息后，哈贝马斯与苏尔坎普出版社和温塞德的关系重又开始升温，这想必与他重新回到法兰克福有关。出版人主动提高了他的酬金，并想方设法增进弗里施和哈贝马斯两人的友谊，他们自 60 年代就有友好交往。1980 年 5 月中旬，弗里施迎来 70 岁寿辰，他邀请哈贝马斯与格肖姆·肖勒姆、奥托·F. 瓦尔特（Otto F.Walter）、爱丽丝·米勒（Alice Miller）和彼得·毕克瑟（Peter Bichsel）等人赴苏黎士参加自己的生日宴会。

皇皇巨著。在哈贝马斯的学术生涯中，1981 年是一个重要年份。这不仅是因为，在他 1980 年辞去马普研究所所长职务前，就收到了来自加州大学伯克利分校和耶鲁大学两所美国名校的教授聘任邀请，法兰克福大学也向他提供了很有吸引力的新职位；更是因为，这年 11 月他的两卷本代表作《交往行动理论》（*Theorie des kommunikativen Handelns*）问世。当时已 52 岁的哈贝马斯，将这本书题献给妻子乌特·哈贝马斯 - 维泽尔霍夫特。总印数 1 万册的这部著作无疑是面向专业读者的。出版人特地前往慕尼黑，如其在旅行记录中描述的那样，为的是在出版当月，把散发着油墨香的新书亲自交到作者手上，彼时作者正从巴伐利亚酒店赶往凯旋门。

在这部洋洋洒洒1000多页的著作中，哈贝马斯为自己持续了10年的艰苦思考和研究过程画上了句号。1981年夏，书尚未出版，几位年轻哲学家和社会学家，其中有艾伯哈特·克诺特勒－本特（Eberhard Knödler-Bunte）、霍耐特和阿尔诺·维德曼（Arno Widmann），对哈贝马斯做了一次采访，采访部分以口头形式、部分以书面形式进行。在这次采访中，哈贝马斯描述了写作该书所经历的起起伏伏。他也谈到对这部“巨著”，“一本纯学术书”，[11]起了决定
/ 287 性影响的直觉：“相互理解作为目的寓居在语言交往中，这是我凭直觉感知到的。循着这个思路，才得到了交往理性概念，它……也是阿多诺关于未被损害的生活（nicht-verfehltes Leben）的几个肯定性断言的基础。”[12]

在这次十分坦诚的思想交流中，哈贝马斯承认，他走了不少弯路才最终创建了交往理性理论，“最初的文稿写了扔，扔了写”，最终他悟到，应当建构这样一种社会理论，使其“具有凸透镜般的聚焦作用，像一束强光照进我们的时代”。[13]他视这部书为捍卫现代性文化和政治成就的尝试，尽管他总有种感觉挥之不去：“在我生于斯长于斯，生活于斯的理性社会中，有些东西被彻底扭曲了。”[14]采访结束时，他带大家参观了他的“工作室”，他说道：“对正在思考的问题，我有着近乎真实的躯体感受；因此，当我感觉到好像思考有结果时，会有种幸福感。我很少亢奋 ..... 我面前得摆上纸，空白的纸，写了字的纸，各种纸，四周要堆着书。……你必须进入工作状态，动笔时问题才会在脑海中活灵活现起来。”[15]

/ 288

代表作

理性观念……其实内嵌于一种会说话的动物物种的繁殖形式中。只要我们进行言语行为，就处在一种固有力量的命令之下，鉴于可能的言谈结构，我想在“理性”这个令人敬畏的标题下来论证这种力量。从这个意义上说，我认为，谈论社会生活过程固有的真理关联是有意义的。[16]

《交往行动理论》一书涉及面相当广泛，集哈贝马斯自20世纪70年代起从未停止新的尝试的哲学和社会理论研究之大成。在如此之长的时间跨度内撰写这样一部著作，无疑有其代价，尤其在社会环境方面。在写给维勒的私人信函中，他写道，年复一年埋头写作，个中甘苦自不待言，还让周围的人都觉得他“性格自恋”。[17]

哈贝马斯本人认为，他的理论提供了一个“框架，在这个框架内可重拾对资本主义现代化模式选择的跨学科研究”。[18] 他对语言概念和理性概念、行动和系统概念以及社会合理化辩证法及社会病理学的论述，共同构成了建构现代性理论的概念基础：“形成基本概念和回答实质问题密不可分，这属于典型的黑格尔做法。”[19] 他在20世纪70年代阐述的语用学概念是其理论建构的基石。“它有助于交往行动理论和合理性理论在实践中的运用，是社会批判理论的基础，为运用对话理论理解道德、法律和民主铺平了道路。”[20]

/ 289

在哈贝马斯看来，现代性的特征在于：科学、道德和艺术分化出来，成为独立的领域，它使人们与传统观念，与自己的思想和行动形成一种反思关系。必须捍卫现代性及其民主宪政制度的这一基本特质，避免片面性的危险，尤其在资本增值和行政机构组织原则双重支配下导致的这种危险。应当将人际行动中的沟通力量释放出来，作为经济及政府权力形成（Machtbildung）的对极，就是说，彼此相关的人们，就自身及共同行动欲达至何种目的进行沟通并取得相互理解，在这里，沟通和相互理解是指“基于可理解的动机，使多个交往参与者彼此协调行动并相互取信的过程”。[21]

哈贝马斯将作为行动原始形态（Originalmodus）的相互理解视为交往行动的核心，由此开始了其标志性的社会理论思想建构：从策略行动和工具性行动到以相互理解为取向的交往行动的范式转换。他将相互理解提升到一种真正的交往理性形态的高度，这种理性以达到主体相互间对可批判检验的有效性要求的承认为目的。早在20世纪70年代，他就开始酝酿有效性要求这一概念。[22] 在《交往行动理论》中，他探讨了约翰·L.奥斯汀（John L. Austin）和约翰·R.塞尔（John R. Searle）的言语行为理论，进行了一系列概念区分，运用自己的方法对其理论做了细致阐发。这一阐发被他视为1971年初在普林斯顿大学主持的克里斯蒂安·高斯讲座的精髓：“奥斯汀所区分的三种行为可概括如下：有所言；通过所言，有所为；通过所言，有所为，进而生效。”[23] 涉及交往参与者与世界的关系，哈贝马斯使用了他以前提出的三个世界的形式概念，他曾在高斯讲座中对这一概念做了简述。三个世界——作为实际事态存在的客观世界、规范调节的社会世界和个体经验构成的主观世界，它们分别对应三个遵循各自独特逻辑的知识领域：认识－工具领域、道德－实践领域和审美－表现领域。

行动理论

交往行动中的理性。在这部共有八大章的著述中，哈贝马斯力图证明言语行为理论、三个世界的形式概念及有效性要求理论相对于功利主义或功能主义理论所具有的优势。为此，他运用了“他的”合理性概念，来构筑自己的社会行动理论，具体方法是从与有效性要求相关的理性形态中推导出三种行动类型。他首先梳理了社会学理论传统的基本概念，尤其是马克斯·韦伯、塔尔科特·帕森斯及埃尔文·戈夫曼（Erving Goffman）提出的基本原理，来描述目的（策略）行动、规范调节的行动和戏剧行动的特征。在这个过程中，他告别了劳动和相互作用二元论，而直到20世纪60年代，大约是发表《劳动和相互作用》一文的1967年，他还坚持这一理论。他认为，目的行动指与物质客体有关的行动，这种行动把物质客体当作实现人的目的的工具。当这种目的行动与主体（人）有关，即为了利益最大化，行动者纯粹被当作实现目的的工具，哈贝马斯就称其为“策略行动”。在规范调节的行动中，行动者遵循社会认可的具有约束力的规则。戏剧行动指个人自我表演和塑造自我形象的一种形式，在这种行动中，行动主体有意识地展示自己（意识体验、意图、愿望等）。这三（四）种行动类型都是理论上的概念，就是说，在现实中它们（几乎）从不以纯粹的形式出现；而且，原则上它们都以依赖于特殊调节系统（Regelsystem）的思维和语言能力为前提。

通过这三种行动类型，行动者分别与客观世界、社会世界和主观世界建立起联系，通过它们得以提出考察真实性、正确性和真诚性这些相应的言语有效性基础。只有交往行动模式同时涉及三个世界，同时与三个有效性要求相关联。交往行动以“作为直接沟通媒介的语言为前提，在交往中，言说者与倾听者从已得到解释（vorinterpretiert）的生活世界的视域出发，同时与客观世界、社会世界和主观世界的事物发生联系，以通过协商就共同的情境定义（Situationsdefinition）达成一致”。[24]

哈贝马斯认为，交往行动中的理性在于，交往者相互协调行动是在就事实、规范和经验进行沟通的基础上，作为主体间的行动发生的。通过交往行动取得共识（Einverständnis）依赖于令人信服的理由。沟通的目的在于，通过出于理性动机对隐含的行动建议的承

认而取得共识。取得共识有三个层面。首先，言说者要有提出真实命题的意向，以便交往对象可分享言说者的知识。其次，言说者要
/ 292 基于给定的规范语境做出恰当的行动，以便能建立一种使交往参与者相互承认的人际关系。最后，言说者要力求真诚地表达情感和愿望，以使他人相信其所言。

将相互理解（Verständnis）和达成共识（Einverständnis）视作交往行动的核心，由此，独白式的意识哲学概念——理性行动者的主体性取向为其核心要义——被行动者相互协调这一主体间性概念取代。通过言语行为的约束性力量来协调行动，是哈贝马斯交往理论的核心观点，如同“以目的为取向的观点及目的［论］是所有行动概念的根基一样”。[25]

系统与生活世界

文化，社会，个性。在交往行动范畴之外，哈贝马斯还补充了生活世界概念，以使交往行动者所依据的意义资源（Sinnressourcen），即他们在沟通过程中使用的“素材”，摆脱独白式的主体性和意向性。其生活世界概念受到埃德蒙德·胡塞尔（Edmund Husserl）、阿尔弗雷德·舒茨和托马斯·卢克曼（Thomas Luckmann）的现象学理论的启发，又与他们的概念有所区别，是一种批判的借鉴。哈贝马斯赞同他们的观点，即生活世界是社会化的人们在其中展开活动的视域。生活世界“是言说者与倾听者相遇的先验场所”。[26]哈贝马斯将生活世界的视域描述为一个关于客观世界、社会世界和主观世界的直觉知识储蓄库（Reservoir intuitiven Wissens），当行动者基于共同的情境解释（Situationsdeutung）建立交往关系，会不自觉地使用这个知识储
/ 293 蓄库。交往行动发生的过程总是与——作为相互理解的背景预设及

行动者的社会环境的——生活世界的特定情境片段有关。“情境乃是由论题突显出来，通过行动目的和计划得到明确表达的生活世界意义关系网（Verweisungszusammenhänge）的片段，这个意义关系网围绕着一个中心，在其中相隔的时空距离和社会距离越大，意义关系就越陌生和模糊。”[27] 哈贝马斯认为，生活世界中储存的知识根深蒂固，具有整体性且无可争议。他认为，生活世界结构具有背景性和确定性特质。它们体现在交往实践中，并呈现为经得住检验的一体性。

为从概念上阐明生活世界结构，哈贝马斯将它划分为三个构成要素：文化、社会和个性。他把“文化”定义为知识储备，这是行动者的必备条件，交往者只有在此基础上才能够与他人沟通并达成相互理解；他将“社会”称为合法的秩序，它们对交往参与者具有约束力，参与者通过合法秩序调整自己与社会群体的归属关系；他把“个性”理解为促使交往行动者言说和行动的一切能力的总和，这些能力同时体现着主体同一性。生活世界的构成要素——文化、社会、个性——不像现象学传统理论所认定的那样，是生活世界经验主体的生产物，在哈贝马斯这里，它们是以相互理解为取向的主体间交往行动的再生产物，这种再生产发生在同一生活世界的语境中。

在生活世界视域内展开的主体间交往行动，在沟通功能方面服务于文化知识的更新，在协调行动方面服务于社会整合，在社会化方面服务于人格同一性的形成。生活世界中的知识经由行动者的使用也同时发生着变化和更新。一旦生活世界的一个构成要素不再无可置疑，就丧失了其背景性和确定性特质，就要经受对话的检验。 / 294

哈贝马斯确信，“生活世界的构成要素和有助于维持这些构成要素的过程越是分化”，[28] 相互作用关系就越会在“出于理性动机的相互理解前提下”实现。这一生活世界合理化发展的进程，使得生活世界失去了教条化的特性。能够继续存在的，只有那些作为对话论证实践的结果被认可的特性。这一发展的一个标志是，生活世界越来越科学化。比如下述几个例子就表明了这一点：在论证中必须陈述理由的压力变大了；在政治领域，民主的意见和意志形成形式得以实现；在教育领域，职业标准得到贯彻。比如，当政党及协会的负责人做出政治决策时，必须向其成员和公众说明这些决策的正当性。另外一个例子是儿童教育。父母越来越少依赖自己的经验和习惯做法，而是在遇到麻烦时求助于种类繁多的儿童教育指南和人们推荐的专家，以在面临决定时有理据支撑。

国家与经济。现代性独有的合理化进程的另一标志，涉及社会的物质再生产，这种再生产的保障是通过劳动分工合作和合作所需的组织管理来实现的。在哈贝马斯看来，只有在“具有前瞻性、能使组织权力和交换关系制度化”[29]的相互作用系统中，现代社会不断发展的劳动分工才起作用。一方面，生活世界被区分为私人领域
/ 295 和公共领域；另一方面，系统复杂性增长，社会调控的需求亦随之增大。

因此，哈贝马斯所构想的社会秩序，不仅是内含交往结构的生活世界，而且也是系统。他认为，相应地存在建立这一秩序的两个核心整合机制：社会整合机制和系统整合机制。生活世界的符号结构通过以相互理解为取向的行动进行再生产，而社会的物质基础则必须通过目的性活动予以保障。与此相应，他建议把社会界定为“由系统保障了稳定、实现了社会整合的行动彼此谐调的群体关系”，就是说，把社会视作一个“在进化过程中分化出系统和生活世界的实体”。[30]

在前现代社会（氏族社会，阶级社会），物质再生产总的来说是生活世界符号再生产的一个组成部分。直到进入现代，由于符号再生产和物质再生产发生了分离，才导致了上述分化的出现。“系统和生活世界都发生了变化，前者复杂性增长，后者合理性增长；它

们不仅各自发生了变化，同时也相互区分开来。”[31]

社会的复杂性增长导致必须进行物质再生产，因此系统结构在其进化过程中分化为功能专门化的子系统——政府和经济，它们拥有各自的操纵媒介：权力和金钱。权力和金钱是实现纯粹功能性协调的工具。这种行动协调方式（通过支付往来或行政监管）的效果在于，沟通成本相对较低。通过这种方式，若干行动得到有效协调。在合理化的生活世界内部，随着交往需求的增长而出现了适应这一状况的媒介。这些交往媒介——如专业声望及道德领袖的价值承诺（影响）——带来基于理性动机的信任，由此而使相互理解的过程缩短。 / 296

通过权力和金钱的媒介作用，现代社会受系统操纵的范围越来越大，程度越来越严重，生活世界和系统因此发生了分离。这种分离导致了潜在的危险，即系统整合机制因其强大影响而得以侵入、凌驾于通过相互协调取得共识的社会整合机制之上，于是就出现了生活世界的媒介化。

当然，在哈贝马斯看来，操控媒介完全是以受约束的、有制度保障的方式对生活世界发生影响的。实现这一功能的是基本法律制度。一方面，法律作为制度包含着生活世界成员的规范性自我理解；另一方面，作为独特的操控媒介，法律调节着经济和行政系统对私人领域和公共领域的影响。尽管有法律进行调节，但在物质再生产中仍然会发生不平衡。当只有——根据哈贝马斯的假设——付出符号再生产被干扰的代价才能避免因经济和政府行政系统的自身发展而导致的危机时，“生活世界被殖民化”[32]的风险就会加大。他并未将生活世界的殖民化归因于生活世界的合理化和系统复杂性的增长；其实原因在于，他写道，当专家文化脱离了日常交往行动的相关背景，“就会导致日常交往实践在文化上的衰退。并非受操控媒介控制的子系统与生活世界的分离导致了日常生活交往实践的客体

/ 297 246 化，而是当经济或行政合理性机制侵入拒绝适应金钱和权力的行动领域——为了达成协调行动的目的，这些领域原则上仍以相互理解为取向——导致了日常交往实践的客体化。”言及此，哈贝马斯说，“世界历史上的启蒙运动进程的反讽在于：生活世界的合理化为系统复杂性增长创造了条件，而系统复杂性过度增长所释放的系统命令超出了被系统工具化的生活世界的理解能力”。[33]

公众对巨著的反响。虽然这部巨著出版后很快引起了公众反响，但最初的社会反应并不太热烈。一些书评人直言不讳地说，这部书让人完全不知所云；另一些人则一味挑剔书的不足；还有一些人则疑惑，在上下两卷中哪有“哈贝马斯自己的东西”？很多书评有着诸如《妄想成真》或《理论新派菜系》① 等诸如此类的标题。于尔根·布舍 1982 年 2 月 27 日在《法兰克福汇报》发表一个多版面的长评，文章大幅引用了书中内容，勾勒出了哈贝马斯阐述的交往理性理论的概貌。该文对哈贝马斯政治立场的评论很贴切：“如果（曾）有一个关于联邦德国的试验，哈贝马斯的思想会与之不谋而合。书评家对交往行动理论有所指摘的并非‘相信能使更有说服力的论据胜出、愿意与他人沟通以便达成某种共识的意志’，而是如下事实：哈贝马斯漠视‘死亡在所有社会中对人的行动和思想的影响……。不谈论形而上学，并不能使人避开形而上学’”。

曾在苏尔坎普出版社担任哈贝马斯著作编辑的卡尔·马库斯·
/ 298 米歇尔，在 1982 年 5 月 22 日的《明镜》周刊上，发表题为《好好说话》的评论文章。他批评说，作者通过理性概念不但表现出一种“欧洲中心主义”，而且把“读者贬为小学徒”，试图教读者“如何交往，才能被判定有幸实现了更高级的进化。这就是大师的意图”。

① Nouelle Cuisine，本意指法国菜的新派菜系，此处意在讽刺。——译者注

在文章结尾，米歇尔对作者直言相告："亲爱的于尔根·哈贝马斯，非得这样不可吗？我并非指责您写了一本学术书，我要批评的是，您把学术之门看得针眼般窄小。您赶着骆驼穿过那道门，骆驼从那道门出来后就成了一条长长的带虫。"

豪克·布伦霍斯特（Hauke Brunkhorst）的评价总体上很正面。这位社会学家在1982年3月13日的《法兰克福评论报》上评论道，在这部著作中，作者通过清晰准确地阐述交往话语（Rede）中的主体间性概念，成功创立了一种具有扎实理论基础的理性观。在1982年10月27日的一封信中，哈贝马斯"正式对这篇文章表示感谢，……在迄今对拙作的所有评论中，这篇文章最富有启发意义"。[34] 时隔不久，《南德意志报》副刊编辑克劳斯·珀达克（Klaus Podak）于4月24/25日在该报周末版发表题为《捍卫完整理性》的文章，就纸媒对哈贝马斯著作的评价表达了自己的看法。他认为这些评价透着"愚蠢、无耻和投机主义"，同时自己评论道："于尔根·哈贝马斯的《交往行动理论》旗帜鲜明地拥护完整理性，是……对极为必要的自我理解的呼唤。……如果认识到，没有这样的……相互理解，社会就失去了存在的意义，那么交往行动则证明是构筑一个体面社会不可或缺的建筑材料。"

媒体迄今为止对该书的评价，除了个别例外，几乎没有合哈贝马斯心意的。奇怪的是，4月30日《时代周报》刊登了一封匿名读者来信，作者称，《南德意志报》编辑珀达克的总体上非常正面的评价是一首"哲学家颂诗"。在1982年3月1日写给维尔默的信中，哈贝马斯也抱怨说，评论关注的并非他的书，而是他这个人和他的政治观点。柏林社会学家乌尔斯·耶基（Urs Jaeggi）1982年4月2日也在《时代周报》发表对这部两卷本巨著的评论；1982年8月3日，哈贝马斯写信给耶基表示不满，因为耶基批评哈贝马斯说，他的理论充斥着专业术语，而且脱离现实："20岁年纪的大学生根本 / 299

理解不了，或只能抽象地理解这样一种语言和看问题的高度；更严重的是，这种抽象使语言和所探讨的问题都丧失了锐利，这于学生们有益？”耶基辩称，他的评论被编辑删掉了很多内容，哈贝马斯不接受这个解释。他指责耶基受到《时代周报》编辑拉达茨和格莱纳的操纵，并得出结论，“总之，一年半以来，《时代周报》副刊上的言论越来越花样翻新地传播恶意”。[35]

从《交往行动理论》出版前后到他在法兰克福正式履职的那几个月，哈贝马斯一直忙于出差演讲和应稿约撰写和发表文章。1981 年 6 月，国际黑格尔会议在斯图加特召开，他在会上做了报告。戴维森、普特南（Hilary Putnam）、威拉德·冯·奥曼·奎因（Willard Van Orman Quine）和理查德·罗蒂等都参加了会议。他的报告题目是《哲学作为替代者和阐释者》。他在阿多诺奖授奖仪式上做的演讲曾挑起关于后现代哲学思潮的论争；他在这次报告中继续了这个主题，并提出如下观点：作为思想大师的哲学家大势已去。最迟自科学、法律、伦理和艺术成为自主、自律的领域开始，哲学就成为与其他学科并列的一门学科，它与它们是合作，而不是为它们指定在学科中的位置。确定哲学的角色必须谨慎。哲学是提出普适性要求、进行综合分析的临时替代者。在这方面，弗洛伊德、涂尔干和韦伯的旨在时代诊断的阐释均具有典范性。“他们都把一种真正的哲学思想像炸药一样埋进特殊的研究情境。”[36]此外，哲学还起着在高度专业化的专家知识和日常实践之间充当中介的作用。

他密集的演讲行程如下：在马尔堡和阿本德罗特辩论“敌对社会和民主”；在慕尼黑的建筑展上就现代和后现代建筑发表高论；在柏林的国际会议上做报告阐述交往行动概念；在汉堡发表《道德与美德》的演讲；在南斯拉夫与希腊裔法国哲学家柯奈留斯·卡斯托里亚蒂斯（Cornelius Castoriadis）进行公开辩论；应歌德学院

之邀在西班牙和意大利举办讲座。 249

重返法兰克福之前。1981年秋为期五周的访日之旅是他庞大的旅行计划中的一个重要组成部分。他很高兴接受日本国家科学基金会（National Science Foundation）的慷慨邀请，毕竟，这是他和这个国家的初次接触，它的文化将给他留下深刻印象。一众日本译者野心勃勃，想共同努力把哈贝马斯的每本新书，也包括那本“皇皇巨著”立即译介给日本读者。在旅行中，哈贝马斯认识了东京经济大学的社会哲学家三岛宪一（Kenichi Mishima），对他评价很高：“他德语讲的比我们讲的还好……那是一口高雅讲究的托马斯-曼式德语。”[37] 30年后——此间哈贝马斯已访问日本多次——三岛被授予柏林自由大学名誉教授，哈贝马斯在授奖仪式上致授奖辞。他说，对他而言，三岛宪一一直是一个令他备受启发的对话者，因为其社会理论思想方法“具有观照现代化进程中的文化多样性的敏感性；同时又注意不把文化传统夸大为一个封闭的整体。”[38]

1982年2月21日，得知肖勒姆逝世的消息，哈贝马斯取道最近路线赶赴耶路撒冷。他当夜就写好了悼词。后来知道，悼词白写了，因为参加悼念仪式的有日后担任以色列第八任总理的西蒙·佩雷斯（Schimon Peres）、耶路撒冷市市长泰迪·科勒克（Teddy Kollek）和总统伊扎克·纳冯（Jitzchak Nawon）。有他们在场，请一位德国教授致悼词有欠妥当。“我站在遗体前，遗体未放进棺木，而是用裹尸布包裹着放在一个架子上；我听着人们用希伯来语致悼词，听不懂说的什么；然后随着送葬队伍来到地势很高的墓园，也在新起的墓上放了一块小石子。整个仪式并不感伤。”[39] 同年5月，应耶胡达·埃尔卡纳（Yehuda Elkana）和伯纳德·范里尔基金会的邀请，哈贝马斯再次访问以色列，这次访以之行共四个星期，访问期间他在特拉维夫和耶路撒冷的大学做了演讲。

1982年夏，他自海德堡时期起就与之情谊甚笃的朋友米切利希去世。葬礼在法兰克福中央墓园举行，哈贝马斯在葬礼上致悼词，高度评价这位医生和精神分析学家的成就。他特别提到《没有父亲的社会》（*Auf dem Weg zur vaterlosen Gesellschaft*）和《无力悼念》（*Die Unfähigkeit zu trauern*）两本书。他说，米切利希“作为从事科学写作的知识分子类型……具有影响联邦德国社会心态的力量”。[40] 10月22日，在大学里举办了米切利希学术纪念会，除哈贝马斯外，赫尔曼·阿格兰德（Hermann Argelander）、费彻、温塞德、赫尔穆特·托梅（Helmut Thomä）和保罗·帕林（Paul Parin）也都在会上发了言。哈贝马斯说，米切利希把精神分析疗法视作“主体间展开的自我反思”，通过临床经验对弗洛伊德理论的“解放意义”做了探索。[41]

/ 302

这个时期他的重点课题是阐释现代性的两面性，他将之确定为1983年夏季学期及1983/84冬季学期在法兰克福大学开设的首个讲座课的主题，名为“现代性理论”。1983年3月，他应保罗·韦纳（Paul Veyne）邀请访问巴黎，在具有传奇色彩的巴黎法兰西学院“8号厅”讲了上述主题的部分内容。哈贝马斯抵达巴黎的第一天，福柯（Michel Foucault）与他共进晚餐。在巴黎逗留的六周时间里，两位哲学家有过多次友好会晤。但在后现代之都，他阐述的理论有时并不被人理解。[42] 尽管如此，他仍然在康奈尔大学和波士顿大学等美国大学中，在各种不同背景和场合中演讲，坚持不懈努力捍卫现代性，驳斥对现代性嗤之以鼻者。

重回法兰克福。1983年4月，哈贝马斯清理了他位于利奥波德街24号的马普社会研究所的办公室。因为新的教学工作开始后，他可以搬到哲学系的新办公室去，哲学系在与博肯海姆区比邻的威斯滕特区，与社会研究所一墙之隔。他在办公室里放了一张阿多诺的照片。按照他和黑森州文化部部长签的聘用合同，哈贝马斯“自1982年10月1日起被聘任为哲学系教授，聘期为无限期。……他承担哲学专业的研究和教学工作，重点为社会哲学和历史哲学”。[43]根据适用于黑森州教授的公务员法，及他在马普协会的最后工资额，他的薪酬相当于最高等级，“但该聘用合同不作为聘用者被纳入公务员体系的依据”。[44] 1982/83冬季学期，哈贝马斯请求免除其教学义务。

/ 303

在法兰克福大学，人们对哈贝马斯抱有很高的期待；因此，当1983年夏季学期他在该校最大的讲堂上第一堂讲座课时，气氛颇为紧张。他讲了一段话作为开场白，这段开场白可能令在场的一些人感到愕然。他一方面宣布，要在秋天阿多诺80岁诞辰之际举办一次国际会议；同时又解释说，他绝对无意承袭一个学派的传统。他的跨学科研究的重点不在于意识形态批判或某种否定，而在于探讨如下问题：“如今应将现代性视为一个业已完成的方案——还是一个未完成的方案。”[45]

近两年后，他重回法兰克福大学后第一学期开设的讲座内容经修改完善后出版，即《现代性的哲学话语》（*Der philosophische Diskurs der Moderne*）一书。他将此书献给女儿丽贝卡，他说，“她让我进一步理解了新结构主义”。他在该书中考察了新结构主义的各种理论，如德里达、福柯、巴塔耶及柯奈留斯·卡斯托里亚蒂斯的理论，深入探究了贯穿在阿多诺和霍克海默启蒙辩证法中的理性悲观主义。[46]他亦同样对卢曼的社会系统理论进行了深刻的批判性分析，该理论认为在功能分化的社会中出现了复杂性增长现象。

1985年出版的《现代性的哲学话语》首先是部以哲学思考为主的著作；在该书中，哈贝马斯某种程度上亮出了自己的底牌。他将交往理性概念与现当代的代表性哲学流派和思想做了对照，针对想象中可能的异议捍卫这一概念。这部著作在国际上引起了巨大反

响，他以往的书中没有任何一本书引起过如此大的争议。在德国，对这本书的反应比较复杂，一言难尽，而在法国和美国，批评的声
/ 304 音占主流。[47]该书的美国译本不久后出版，乌特参与了美国译本的翻译，她做了一些语言上的校正和润色，完善了表达，使内容更为精炼。

哲学写作。哈贝马斯自称是一个在高度抽象层面上构思文章、边探索边写作的作者。“因此我的满足感也更多在于综合的思辨论证过程。以前我也曾满足于生产文章。后来‘漂亮的舌头’这个因素①，如格拉斯形容阿多诺的那样，越来越退居次要位置。现在，我更多使用未加工过的言语来阐述事物，即使最后不能成文。……当然，希望最后能形成一篇引言、论述、中间考察一应俱全的文章的雄心还是有的，不过现在对我而言，更重要的是设计问题的提法。”[48]

在将讲座内容结集出版的《现代性的哲学话语》中，有一篇插入的说明性文章，论及“消除哲学与文学间的文类差别”（Einebnung des Gattungsunterschiedes zwischen Philosophie und Literatur）。[49]在该文中，哈贝马斯探讨了未膨胀为唯科学主义的哲学语言中的文学要素的作用。他首先提出，即使一种变得朴素无华、受到科学可检验性原则约束的哲学，也要求通过提供解释帮助人们理解作为整体的复杂世界：通过“提出普遍性问题和强大的理论策略”在思想上把握所处时代。[50]负有解释世界之责的哲学的概念定义功能，维持了“总体性与反思性之间的联系，而这种反思性是生活世界的直观性背景所缺乏的”。[51]显然，力图解释世界哲学思想的这一基本特征是哲学语言（如文学批评）既可运用逻辑推
/ 305 理的表现方式，也可采用修辞手段的一个理由。虽然哈贝马斯明确

① 君特·格拉斯的讽刺诗歌《阿多诺的舌头》中的诗句。——译者注

区分了文学和哲学之间的文类界限，但他认为，若哲学家散文运用“隐喻语句的强大解释力量”——有些专家文章就是这种文风——“以有针对性地把间接信息与显性陈述内容结合起来”，[52]也没有问题。他认为，历来的哲学大家也都是高水平的作家。这使我们不禁要问，这个说法是否也适用于他本人，1976年他曾荣获德国语言与文学创作学会颁发的弗洛伊德科学散文奖。[53]

在他的哲学及社会理论著作中，也存在着不同程度的语言审美元素，尤其是以隐喻形式表现的语言审美元素——作为一种诗性的语言表达手段，[54]借助这种手法用一个陌生的词替代原来的词。不过，文章中的隐喻性元素，比如交往理性的“复仇的力量”（rächende Gewalt），对于理论思路的论证过程并非不可或缺。哈贝马斯运用语言意象——如他受到从黑格尔精神现象学获得的灵感的启发，形容历史进程褪色为“墓地”（Schädelstätte）；或者他打比方说，把哲学思想像“炸药”一样埋入阐释过程；又或者根据维特根斯坦的《逻辑哲学论》，说尼采“把历史理性当梯子用，目的是最终抛弃历史理性”[55]——是为了在论证重要问题时使抽象论述形象化；就此而言，隐喻首先具有一种认知功能。[56]

在阐释哲学或社会学问题的论证中，哈贝马斯只运用思辨论证方法；在这方面，从审美角度组织文字并不重要。富有表现力的句子和语言建构——他的科学散文中亦有这样的例子——服务于阐释性论证。他在学术文章中使用修辞手法，[57]目的是把一个论点推向极致，以及/或者使之简化。 / 306

毫无疑问，在写作上哈贝马斯有自己独特的语言风格。在几十年的写作生涯中，如他自己所言，他的风格也发生了变化，那是一种因学养广博、语汇丰富而造就的语风，然而在表现手法上并非对尼采、本雅明或阿多诺亦步亦趋的效仿。[58]不过，当他深入研究他们的语言风格时——如在《现代性的哲学话语》中那样——又会从

254 他们的语言中汲取营养和灵感，同时也运用透着这些思想家语言印记的表现形式，但并非对其特殊用语的简单模仿。

哈贝马斯的学术作品的表达方式具有逻辑性，故而文章结构清晰；他避免采用深奥的或过于曲高和寡的语言风格。在这方面，他不惯于故作高深或突出自己思想的独创性。尤其作为时评家在各类报纸发表的“介入性”文章中，他使用的哲学和社会科学专业术语很有限，[59]主要以知识界和有教养阶层使用的语言（Bildungssprache）为主。[60]他成功创造了一些具有自己独特语风的词句，如“行政联邦主义”、“类伦理”或“对正在丢失之物的警觉”[61]等，这些词句准确形象地切中富有争议的问题的实质。他有些书的书名甚至用了日常用语，比如“结构转型”、“新的非了然性”①或“追补的革命”。

在法兰克福的日常生活

教学工作。因工作变动哈贝马斯搬到了美茵河畔，但施塔恩贝格的宅邸仍是他们家的主要居所。在过渡期间，他在位于克莱腾贝
/ 307 格大街的温塞德家的客房暂住过一阵子，但不久他得到了韦斯腾德区的一套住房。他每周尽量把工作集中在两天完成。他和温塞德商定举办“苏尔坎普讲座”，这是一个高端系列讲座，拟邀请福柯、罗尔斯、德沃金（Ronald Dworkin）、泰勒、皮埃尔·布迪厄（Pierre Bourdieu）及阿兰·图海纳（Alain Touraine）等国际著名学者作演讲。苏尔坎普出版社承担演讲人的旅费，并安排他们下榻

① Neue Unübersichtlichkeit，该词原指看不到全貌、混乱无绪，属于常用词汇，此处不作他译，直接借用曹卫东所译《新的非了然性——福利国家的危机与乌托邦力量的穷竭》一文中的译法。——译者注

在自有客用公寓，使会议安排兼具经济性和舒适性，这是恢复马普研究所时期会议举办方式的一个尝试。那时哈贝马斯能把世界各地的学者邀请到施塔恩贝格来。哈贝马斯强烈建议温塞德，把本雅明、阿多诺和马尔库塞的遗作集中在一个档案室供研究之用。此外，他还提议在“白皮书系列”① 中推出“现代性的自我理解”重点书目。果然，该系列后来不仅出版文学类图书，也出版其他图书，如理查德·罗蒂的《哲学与自然之镜》（*Der Spiegel der Natur*）、巴林顿·摩尔（Barrington Moore）的《非正义》（*Ungerechtigkeit*）、本杰明·尼尔森（Benjamin Nelson）的《现代性的起源》（*Der Ursprung der Moderne*）和乔治·德韦鲁（Georges Devereux）的《民族心理分析》（*Ethnopsychoanalyse*）。

在三度重返法兰克福后，哈贝马斯在教学上投入了比以往任何时候——施塔恩贝格的“那段不用教课的时光”自不必说——都要多的精力。他透露说，他努力启发学生对“他的课题”的兴趣，他的助教和学术雇员有较大自由度，能按照自己的兴趣做研究。[62] 比如，他和刚获得博士学位的学术雇员霍耐特一起开设研讨课，用了好几个学期讲授“新结构主义”和“个性、主体、同一性”。他说服阿佩尔——他 1971 年在哈贝马斯之后接受了法兰克福大学的教授聘任——和他共同开设了“语言哲学问题”和“对话理论问题”课程。1984/85 年夏季学期，他分别与受邀在该校担任客座教授的查尔斯·泰勒和约翰·R.塞尔一起探究“言语行为理论问题”。 / 308

事实证明，他是一个苛刻的老师和严厉的考官。在他 30 年的教学生涯中，作为博士论文评审主考官，他建议给予最优等成绩的次数屈指可数：第一次是 1966 年维尔默的博士论文评审，其后是伯恩哈德·彼得斯（Bernhard Peters）和克劳斯·君特，最后一次

① 苏尔坎普出版社 1983 年的旧书新版计划，装帧设计为白色封面。——译者注

是克里斯蒂娜·拉封(Cristina Lafont)、莱纳·福斯特(Rainer Forst)和鲁茨·温格特(Lutz Wingert)。在他供职期间，维尔默和霍耐特取得教授资格。退休后他还参加了福斯特、拉封和彼得·尼森(Peter Niesen)的大学授课资格评审。[63] 所以说，在哈贝马斯教席周围形成了一种精英氛围也就不足为奇了。

1983 年 9 月，已预告过的纪念阿多诺国际会议终于召开。会议一席难求，大会因严格按主题分成了“辩证法”、“方法论”、“美学”和“社会理论”几个专题讨论会而招致了批评。民族学家马蒂森(Ulf Matthiesen)在科恩-邦迪(Daniel CohnBendit)任发行人的法兰克福都市报《铺石路面海滨》① 上撰文，批评这次会议学术味过浓，没有展现出阿多诺思想的爆炸性力量，而哈贝马斯作为“节日文艺会演负责人”和“掌管会议秩序者”对此难辞其咎。[64] 晚上在大学附近有一个小圈子聚会，哈贝马斯在聚会上针对上述批评做了辩护。在与在场人士的讨论中，哈贝马斯指名道姓，指责马蒂森散布恶意，“助长了那些对我们本来就满腹恶意的人的气焰”——这是《铺石路面海滨》那篇文章引用的句子。另外，尚健在的批判理论的最后一位代表人物，83 岁高龄的洛文塔尔(L. Löwenthal)未现身大会在公开场合“怀念阿多诺”，而仅在苏尔坎普出版社举办的一个少数人参加的纪念活动上讲了话，哈贝马斯请大家予以谅解；他解释说，小范围纪念活动主要是为了抒发对故人的追怀之情。

/ 309

“转折”。1982 年 10 月 1 日，德国联邦议院首次成功通过建设性不信任投票，赫尔穆特·科尔由此当选为新任联邦总理。此前，时任经济部部长奥托·格拉夫·拉姆多夫(Otto Graf Lambsdorff)提出的明确走新自由主义路线的经济政策方案，导致了社民党与自民

① Pflasterstrand，1976~1990 年间出版的每两周或每月一期的左派杂志。——译者注

党执政联盟的破裂。1983 年 3 月，联邦议院提前举行大选，批准了由基民盟和自民党组成的新联合政府；自此，一个由基民盟总理赫尔穆特·科尔执政的漫长的时代开始了。科尔早在 1980 年联邦议院大选期间就呼吁"精神与道德转折"；他在首次发表的政府声明中也谈到，政治必须直面"精神与道德"的挑战。1984 年 1 月 7 日，哈贝马斯在施塔恩贝格接受《巴塞尔报》增刊《巴塞尔杂志》汉斯·乌尔利希·雷克（Hans Ulrich Reck）的采访，他在采访中说，执政党宣传的"精神道德革新"与"停止反思"和鼓吹"稳定的价值"密切相关。这种革新无非是要回到前现代时代，"人们期待借此能神奇地重塑价值的不可置疑性"，简言之，就是一个传统缓冲垫，以抵挡一旦经济和官僚调控手段失灵造成的冲击。[65] 而他提出了一种激进的自由概念，这种自由"仅在与一个人际关系网络相关联时"才是可想象的，"就是说，它与一个共同体的交往结构有关，这个共同体确保一些人的自由不以牺牲另外一些人的自由为代价。…… 若非所有人都享有自由，个体不可能真正自由；若非所有人都享有同等的自由，所有人都不可能真正自由。"[66]

/ 310

20 世纪 80 年代初，"增加军备"是决定着联邦德国内政外交的一项要务，波恩的政府更替也受到影响。1981 年，强硬派人物里根当选为第 40 任美国总统；与苏联谈判告吹后，他强力推进落实北约双重决议，该决议的一项内容是计划在包括德国在内的西欧部署"美国潘兴 II 型中程导弹"以及 96 枚带核弹头的"战斧式"巡航导弹，配有 24 个可搭载四枚导弹的发射器。尚在位的联邦总理施密特和社民党的右翼支持该部署计划，这不但使社民党受到严峻的考验，同时也使得绿党得以在 1983 年首次进入联邦议院。1983 年秋，已开始的导弹部署行动经新政府执政党基民盟、基社盟和自民党投票通过，得到联邦议院批准。而在政治当权派圈子之外，这时兴起了规模浩大的和平运动，爆发了史上空前的示威行动：1981 年 6 月

20日的新教大会（12万人），1981年10月10日波恩宫殿花园的和平集会（30万人），一年后波恩再次发生的示威活动（40万人），以及1982年9月11日由曼特斯（E. Mattes）等人发起的“为了和平的艺术家”音乐会（20万人）。1983年10月22日，在联邦议院投票前，游行示威最终发展为抗议增加军备的全国行动日。这次行动共有130万人参加，其中20万人手拉手组成从斯图加特到新乌尔姆的人链，50万人在波恩宫殿花园举行集会。若干著名政治家、科学家、艺术家和知识分子也加入了抗议行动。例如，在导弹部署地穆特朗根（Mutlangen）发生的“知名人士抵制行动”受到全世界
/ 311 关注，他们中有诺贝尔文学奖得主海因里希·伯尔、瓦尔特·延斯（Walter Jens）、奥斯卡·拉封丹（Oskar Lafontaine）及佩特拉·凯利（Petra Kelly）等。

虽然哈贝马斯对规模日益浩大的抗议增加军备的行动表示同情，但较之早年，可明显看出他这次的态度很克制。当年他积极参与了反对阿登纳和施特劳斯“核政策”的抗议行动。不过，1983年9月，即在阿多诺国际会议后不久，正值群众抗议波澜壮阔之时，社民党在位于波恩拜德哥德斯堡区的选帝侯“方形城堡”举行了一次专题论坛。与会发言者中除伯尔、联邦宪法法院院长西蒙（H. Simon）和德沃金外，也有哈贝马斯。在这次论坛上，他再次试图使社民党人相信，公民不服从，如抵制部署军事设施、组成人链及其他形式的故意违规行为，是民主法治国政治文化的一部分。哈贝马斯承认，这种违规虽然包含出于道德动机而违犯个别法规，但具有纯粹的象征性特征，可作为“检验德意志大地上第一个民主共和国成熟度的试金石”。[67] 1983年10月23日，他在《时代周报》上撰文，再次捍卫也包括公民不服从在内的基于道德动机的反抗行动。无论在社民党文化论坛上，还是在11月23日的法兰克福专家论坛上，或不久后在康斯坦茨大学召开的大会上，他均作了详细阐述：“合理的公

民不服从之所以可能……源于这样一个事实，也就是即使在民主的法治国家，法律规定也可能不合法——这里所谓不合法，当然并非根据某种私德、特权或抵达真实的特殊路径所断定的不合法。在此具有决定性的只有人人都能理解的道德原则，现代宪政国家期望被其公民自愿接受，就是基于这样的道德原则。”[68]

福柯。1983 年末，法国著名日报《解放报》以“今日之理性” / 312
为题做了一次国际调查，他们也请哈贝马斯结合与福柯的讨论发表观点。1983 年 3 月，哈贝马斯访问巴黎时与福柯相识。在六周时间里，两人在不同场合有过多次会面，由此得以消除彼此间的成见。哈贝马斯对“今日之理性”的反思，也发表在《时代周报》上。他在文中首先强调，尽管法德两国在哲学思考方面有诸多差异，但也存在共性，即关注特殊的、冷僻的东西的价值，摒弃意识哲学，以及对以主体为中心的理性的单维度工具理性的批判。他再次宣扬自我反思的理性力量，因为只有它能够“重启在异化的日常生活实践中停滞的认知工具理性与道德实践理性和审美表现理性间的相互作用”。[69]

1984 年 6 月，世界各国媒体都报道了年仅 57 岁的福柯去世的消息。哈贝马斯在《日报》发表悼文，悼念这位他不久前才结识、对其敬重有加的以考古学方法研究现代性，建立了自己的权力理论的思想家。悼文一开始他描绘出了一位“敏感、易于激动、道德上敏锐”的知识分子肖像，然后围绕主题做了重点阐发，阐发内容原本是两人共同计划的一次关于启蒙的会议主题。“启蒙时代……标志着现代性的开启，现代性注定要自己为自己创造自我意识和规范。”[70]他指出，福柯在他关于启蒙的最后一次演说中，不仅把现代
知识生产过程阐释为纯粹的权力生产过程，而且强调，知识的意愿 / 313
也带有一种自我澄清的启蒙的批判与自我批判的冲动。那时不少人有这种印象，哈贝马斯将一位思想家——哈贝马斯自己也反复苦苦

思考过福柯难题——的思想成果用于自己的研究。[71]

1984 年 11 月，在康奈尔大学的信使讲座和波士顿大学的研讨课结束之后，应西班牙议会邀请，哈贝马斯发表了题为《福利国家危机与乌托邦能量的穷竭》的演讲，国际媒体对这次演讲做了详细报道。他鼓吹一个明天的世界，它不会把能量都集中在通过法治化、官僚化和货币化来完善具有工具理性组织的社会领域，而是能够在日常生活实践中重视并利用非强制性沟通的解放潜能。因为这样的沟通是社会内部团结的源泉，“乌托邦的重点已经从劳动概念转向交往概念”。[72]

隐藏的施密特主义者？ 1984年12月10~15日，哈贝马斯从西班牙回国后不久，由亚历山大·冯·洪堡基金会主办，在路德维希堡举办了“法兰克福学派及其后果”研讨会，会议规模盛大，持续数日。费彻、维尔默、彼德洛维奇和麦卡锡等人也在会上做了报告。[73]哈贝马斯提出了“关于法兰克福学派效果历史的三个观点”。他说，虽然许多学科从霍克海默、阿多诺、马尔库塞的批判理论出发，获得了种种启发，但法兰克福学派谈不上是一个具有明确同一性的学派。作为批判理论的当代版本，其中也包含对批判理论传统的突破，哈贝马斯在这里提到他的交往行动理论并不让人意外。

/ 314

这次会议将不是一次平常的会议。这与在英国讲授政治学的美国教授艾伦·肯尼迪（Ellen Kennedy）有关。她在报告中探讨了一个问题：卡尔·施密特的思想对本雅明、奥托·基希海默、弗朗茨·诺伊曼（Franz Neumann）、马尔库塞和哈贝马斯，即她眼中的法兰克福学派领军人物，产生了怎样的影响。至于哈贝马斯，她声称，他早期对某些大众民主表现形式的批判和对因行政部门、政党和协会权力增长而导致的议会和公共领域的权力丧失的批判，与“极权主义政权桂冠法学家”[74]关于自由主义、法治国和代议制原则陷入危机的观点绝对有着相似性。尽管——肯尼迪强调——两人的政治价值观念有诸多差异，但哈贝马斯“隐蔽地”接受了施密特的直接民主理念及其自由主义与民主对立的观点。[75]在报告中她不仅提到哈贝马斯1961~1973年间发表的著作，而且还援引上文提及的他1983年在社民党文化论坛上阐述的公民不服从概念。[76]肯尼迪认为，像他那样在实质民主理想和当前的自由主义国家观间进行调和，是对施密特人民主权分析的老调重弹。[77]她在报告最后抛出以下观点：哈贝马斯的批判意味着对“代议制机构合法性”及“多数原则合法性”的拒绝。[78]

不难想象，对于这样的解读，被解读者会有怎样的反应。哈贝马斯当然在会议期间就对他在自己的政治理论中借用了施密特的反自由主义思想和主权概念的指责进行了激烈反驳。明显出离愤怒的哈贝马斯驳斥道：“可是，在卡尔·施密特可是认为，坚持认为民主法治国家内部的政治暴力需要通过论辩获得合法性极其荒谬。”[79]当时，肯尼迪与亨尼斯——哈贝马斯在弗莱堡“最喜欢的对手”之一，建立了联系，哈贝马斯的这番反驳和进一步的驳斥，都没能阻止她两年后将其观点整理发表。文章刊发在维勒出版的《历史与社会》杂志上，同期杂志也刊登了政治学家阿方斯·索尔讷（Alfons Söllner）的文章，他在文章中将肯尼迪的观点驳得体无完肤。[80]不久，美国思想史学家马丁·杰伊（Martin Jay）和宪法学家乌尔利希·K. 普鲁士（Ulrich K. Preuß）也发表文章，指出施密特和哈贝马斯理论间的差异有多大。[81]

当卡尔·施密特1923年发表的著作《当今议会制的思想史状况》（*Die Geistesgeschichtliche Lage des heutigen Parlamentarismus*）的译本由肯尼迪作序在美国出版时，哈贝马斯抓住这次机会，迅速在1986年9月26日的伦敦《泰晤士报文学副刊》（*The London Times Literary Supplement*）上发表题为《主权与领袖民主》的书评。在该文中他尖锐批评施密特理论中自由主义和民主的极端对立。肯尼迪在1986年10月31日的读者来信中说，哈贝马斯试图阻止施密特思想在盎格鲁－撒克逊学术文化中的公正的接受。[82]

1985年11月，哈贝马斯刚结束日本的演讲之行——此次是他第二次访日，这次他还在东京遇见了自己的出版人温塞德——回到国内，就获得了两个荣誉。慕尼黑市授予他绍尔兄妹奖①。在黑森州宪法日，该州州长霍尔格·伯尔纳（Holger Börner）在比布利希宫授予他威廉－雷歇纳尔勋章。

/ 316 亚历山大·克鲁格在慕尼黑市政厅为友人致颁奖辞。哈贝马斯在答谢辞中追忆了“白玫瑰”的道德勇气，表示很高兴人们对他“身为知识分子的兼职角色”给予了高度评价。[83]威廉－雷歇纳尔勋章是黑森州为纪念社民党人和工会主义者威廉·雷歇纳尔（Willelm Leuschner）颁发的最高嘉奖。哈贝马斯在答谢辞中坦承，对于获得“一枚政府颁发的勋章”感到意外。与在慕尼黑一样，他在这里也谈到公共知识分子——他们以社会自身的规范为标尺来衡量社会，并对违反规范的现象提出批评——的作用。公民不服从就是这种批判的一种可能的表现形式。

2月，哈贝马斯在杜塞尔多夫海涅研究所作了一次演讲，他在演讲中指出，承担着社会角色的知识分子，尤其是德国知识分子，处境艰难。海涅的例子恰恰表明，对政治问题发表意见、“业余”从政而非“全职”从政的知识分子的实践，多么需要一个能对他们做出呼应的公共领域。出于种种原因，这样的公共领域在德国很晚才出现。比如，至今较受人尊敬的是两种知识分子类型：根本上畏惧

① 绍尔兄妹指汉斯·绍尔和苏菲·绍尔，他们是纳粹德国时期的德国反抗组织“白玫瑰”的成员，因组织和参加“白玫瑰”的活动而被处死。慕尼黑市每年颁发绍尔兄妹奖来纪念“白玫瑰”。——译者注

染指政治的知识分子，以及亲自投身政治的知识人和文化人。不过，令人不安的是，如今“反知识分子者”（Gegenintellektuelle）越来越受欢迎，他们把具有批判倾向、执着探索事物本源的知识分子视作社会病态，并“借助知识分子手段……来表明，后者根本不应当存在”。[84]

哈贝马斯很快将有很多机会在左翼自由主义者和自由保守主义者旷日持久的争论中，与他眼中典型的“反知识分子之流”进行交锋。这场争论发生在出现保守主义倾向转折的那些年，最终以所谓历史学家之争达到高潮。

收获成果。《交往行动理论》出版后，虽然也有一些负面反馈，但还是迅速得到了广泛认可，专业圈子对这部著作展开了热烈讨论。4年后已出版了第三版（从20500册增加到24500册），1985年，经作者审阅并新加了序言的第三版平装本上市。其他版本也陆续出版，包括苏尔坎普版图书系列出的版本和苏尔坎普学术口袋书系列1995年出的最后一版。[1]1986年6月，《交往行动理论》第一次专题会议在比勒费尔德大学跨学科研究中心举行，奥特弗利德·赫费（Ottfried Höffe）和赫伯特·施奈德尔巴赫（Herbert Schnädelbach）是此次会议的组织者。哈贝马斯在比勒费尔德大学最大的礼堂举行了晚间公开演讲，演讲中哈贝马斯讨论了以下问题："黑格尔与康德的分歧是否也适用于对话伦理？"[2]在两天的会议期间，他与阿佩尔讨论后者最热衷的"终极论证"（Letztbegründung）话题；针对马丁·泽尔（Martin Seel）对有效性要求理论的批评——他称该理论未能充分区分真实的知识和道德正确的行动——进行辩护，但承认他在处理表达性方面的缺陷；而在与汉斯·约阿斯（Hans Joas）和霍耐特的讨论中，哈贝马斯坚持将其交往行动理论和系统理论相结合的包含两个层次的概念，借助这样一个概念，生活世界的先验性就是可理解的了。[3]

1987年春，在歌德学院马德里分院举行了"行动与交往哲学"国际会议，唐纳德·戴维森（Danald Davidson）、罗蒂、塞尔和托马斯·麦卡锡等参加了会议，德国方面参会的除哈贝马斯外，还有
/ 318
阿佩尔、弗里德里希·卡姆巴尔德（Friedrich Kambartel）和施奈德尔巴赫。塞尔和哈贝马斯的争论成为这次会议的高潮之一。[4]在这一顶级哲学盛会上，两人虽有观点分歧，但都不赞成尼克拉斯·卢曼提出的命题：语言并不思考，思考的是意识自身。[5]在吉森

（Gießen）召开的第 14 届德国哲学大会上，哈贝马斯晚上做了题为《多元声音中的理性同一性》的报告。他在报告中主张“有限度”的理性概念，这一概念为和平共存中可能的多元个体生活方式留下了空间。他以“未受损害的主体间性”概念来解释这种存在方式，认为这是“对非强制的相互承认的对等关系的预期。……与之联系在一起的是一种现代意义上的人文主义，一种久已体现在有自我意识的生活、真正的自我实现和自主性等观念中的未僵化为自我确认的人文主义。”[6]

1987 年 5 月，哈贝马斯偕夫人赴丹麦，领取哥本哈根大学颁发的索宁奖（Sonning Preis）。他是首位获得该奖的德国公民，颁奖理由很明确，既表彰其科学著述，也表彰其身为知识分子的积极介入行动。他发表了获奖感言，演讲内容于翌日，即 5 月 15 日，刊登在《法兰克福评论报》上。他在演讲中谈到在民主社会中政治认同如何形成等问题。演讲最后，他作出如下断言：在民主体制社会中，政治认同绝不是通过认同被美化的历史传统而形成的，相反，使个体对所属政治共同体产生归属感的是正义和团结的普遍性规范。

1988 年 3 月 11 日，即在哥本哈根演讲近一年后，《法兰克福评论报》刊登了对哈贝马斯的详细访谈，主题为：学生运动 20 年后的政治文化。访谈由法学家莱纳·埃尔德（Rainer Erd）主持。值得注意的是，在这次访谈中，哈贝马斯对当前政治形势总体上表示乐观。他认为，出现了进步趋势，甚至有“极端自由主义”趋势，即使在具有社会保守倾向的政治势力内部亦是如此，可将此看作学生运动引发的文化革命的长期后果。“在制度和结构的表层之下，社民党与自民党联合政府执政 13 年后，在动机和性格等软性要素方面发生的变化……多于在官僚机构这种硬件要素方面的变化。”新的后物质主义价值取向和绿党的成功，显示出对伴随民主法治国建设取得的所有成就的一种敏感性。“展望未来新前景，将出现这样一种文化社会：在其中自主的公共领域会增多，能够形成与高度组织化的政治公共领域抗衡的颠覆性力量。”不过，一直以来，体现在这方面的德国特色是，政治反对派被宣告为内敌，左翼知识分子一概遭受贬抑，当保守派统治这个国家时，问题就更为严重。在他看来，“整个社会三分之二人口所信奉的社会达尔文主义”是一个新的社会政治问题。[7]

哈贝马斯早就成了“旅行哲学家”，年复一年乘着飞机绕着地球马不停蹄地飞，去做演讲和报告，领取各种奖项，接受各种荣誉，这从他 1988 年的行程可见一斑。春天，他分别成为设在伦敦的欧洲科学院（Academia Europaea）和贝尔格莱德的塞尔维亚科学院的院士。4 月，应哈佛大学人类发展中心（Center of Human Development der Harvard University）邀请，他做了关于道德哲学家和儿童发展心理学家劳伦斯·科尔伯格的报告。8 月，世界哲学大会在英国举行，他在会上做了关于实用主义代表人物米德（George Herbert Mead）的报告；不久又在芬兰举行的一个专题讨论会上阐述他的交往理性理论；紧接着又在米兰以《海德格尔和国家社会主义》为题做演讲。9 月，他打点行装飞赴美国，分别在伯克利、巴尔的摩和芝加哥做了一系列哲学和社会学报告。年末，在巴特洪堡（Bad Homburg）的哲学论坛上，他介绍了自己当时在做的“公共领域的规范性概念”研究项目。

/ 320

他的报告和演讲题目涉及范围广泛，他做报告一般也不占用学期时间，再加上学期中的教学工作，所以他几乎不可能有时间撰写新专著。但不到 10 年时间，将报告、演说和对谈内容汇集成册出版的《政论集》（*Kleine Politischen Schriften*）已从 5 卷增加到 8 卷。

虽然施塔恩贝格仍是主要居住地，但这期间，哈贝马斯感觉自己在很大程度上又是法兰克福市民了，因此他开始留心在市中心韦斯腾德区找第二住房。他放弃了自己出一部分资金外加贷款购买私有住房的想法，因为他在米利乌斯大街 31 号能租到一套完全符合要求的房子。从这里到大学可步行，环境幽静，舒适宜居，距离大学、火车站和城市文化设施都很近。有时他一周在法兰克福住两天以上，而他妻子在女儿高中毕业前大部分时间都住在施塔恩贝格，这样的时候越来越多。在乌特带着猫和全部家当搬来法兰克福，住进米利乌斯大街她布置好的房子之前，夫妻俩不得不克服两地分居之苦。假期的几个月，他们住在施塔恩贝格。冬天，哈贝马斯一家仍然常去上恩加丁的锡尔斯·玛丽亚（Sils Maria）度假，他们夫妻俩都酷爱滑雪；夏天，他们常去法国南部，他们在阿普特（Apt）附近的尤卡思租了一个度假房。

1988 年 9 月，出生于德国的约翰·霍普金斯大学校长史蒂文·穆勒（Steven Muller）召集举办了以“当代德国精神”（The Contemporary German Mind）[8] 为主题的国际会议，在会上做演讲的除哈贝马斯外，还有恩岑斯贝格、沃尔夫·勒佩尼斯、哈特穆特·冯·亨提希（Hartmut von Hentig）、彼得·斯洛特戴克（Peter Sloterdijk）和卡尔·迪特里希·布拉赫（Karl Dietrich Bracher）。穆勒提了一个问题：“……德国思想家，从路德到马克思，从莱布尼茨到孔汉思（Küng），从歌德到格拉斯，都塑造了他们所处时代的德国文化，而今天是怎样的情形呢？”哈贝马斯做了题为《联邦德国社会科学与人文科学发展》的演讲，捍卫在德国影响深远的归来的流亡者的批判性思维传统。他说，官僚知识分子的精英主义自我理解出现了断裂。当下理性受到的损害来自新保守派对知识分子的敌视及理性批判的后现代变种。不过人们已经认识到，“道德普遍主义并不意味着个人主义和自我实现的对立面，而是自主和团结相互补充的先决条件”。[9]

“狄厄尼索斯”。在法兰克福的那些年，除了授课和做研究，哈

268

/ 322

贝马斯还积极致力于组建一个后来成了传奇的讨论小组。小组于1986年11月举行了第一次讨论，此时正是红绿联盟即将首次执掌黑森州之时。讨论每月举行一次，地点在法兰克福博肯海姆的一家名为狄厄尼索斯（Dionysos）的希腊餐馆的密室。创建讨论小组的主意来自哈贝马斯和约什卡·菲舍尔（Joschka Fischer）——他于1985年12月宣誓就任黑森州环境部部长——的一次“热烈的夜谈”。[10] 赫尔穆特·杜比尔（Helmut Dubiel）、霍耐特和弗朗肯贝格负责讨论组织事宜；根据每次的选题，邀请政界、媒体界和大学的代表，与他们就预先确定好的、[11] 几乎总是具有爆炸性的政治话题展开讨论。在第一次讨论中，哈贝马斯谈论的主题为“国家社会主义历史编纂学中的新修正主义”。哈贝马斯利用“狄厄尼索斯讨论”的机会——参加人员40人到70人不等——长篇大论地阐述他的观点。对讨论主持人来说，打断他口若悬河的发言，引导人们与菲舍尔或丹尼尔·科恩－本迪特（Daniel Cohn-Bendit）——两人都是讨论小组固定成员——进行讨论，并不总是易事。后来担任红绿政府外交部部长的菲舍尔在回忆中说，这个讨论小组对红绿政治格局的形成“相当有益”。“讨论的都是重大社会话题，如‘养老保险的未来’或‘福利国家的未来’等。那时还处在前全球化时期。讨论有时是学术讨论，有时是政治讨论。”[12]

1989年1月，哈贝马斯明确表示赞成法兰克福市长候选人沃尔克·豪夫（Volker Hauff）的倡议。豪夫与达姆施塔特工业大学校长赫尔穆特·比默（Helmut Böhme）、法兰克福国立造型艺术学院院长卡斯帕·科内希（Kasper König）共同大力倡议在法兰克福——如他所言，“这个欧洲知识分子的交往核心”——建一个本地科学院。这一倡议后来被淹没在市长竞选中了。[13] 也是由于这个原因，哈贝马斯更加重视参与《法兰克福评论报》“人文科学论坛”文章系列的启动。这是一个特别版面，旨在呈现关于人文与社会科学状况的意见纷呈的讨论，意在为读者在《法兰克福汇报》“人文科学”栏目之外提供另一种选择。亨宁·里特（Henning Ritter）任主编的这一栏目，为新历史主义辩护，“反对在人文科学研究中广泛运用社会科学研究方法和思考方法。这种反应也被视为向19世纪德国重要人文科学传统的回归。最重要的关键词是：重建历史叙事，即采用事件叙述模式重现历史，反对用理论解释历史的主张。”[14] 从哈贝马斯与《法兰克福评论报》主编维尔纳·霍尔策（Werner Holzer）的通信中可看出，哈贝马斯非常关注“人文科学论坛”这个新项目。在他看来，这个项目的诞生是由于以下背景：人们对“《法兰克福汇报》人文科学栏目的选择性有某种程度的忧虑；对此，时代未能给出答案；左派听天由命的阶段已经过去，有开放、政治清醒的新一代年轻人；人们对在转折期政府的影响下一些右翼知识分子活跃表现的愤怒等”。[15] 他承认新闻时评的重要性，因为“若没有左翼自由主义者，乃至左翼知识界的对抗，……在联邦德国几乎不可能形成一种开化的公民意识，更遑论公民性格”。[16]

这时，温塞德打算将《公共领域的结构转型》和《理论与实践》修订后再版。在其推动下，苏尔坎普出版社从鲁赫特汉德出版社购买了这两本书的版权。作者也希望看到他的书能以恰当的方式在各种不同系列中推出。三年后，他与温塞德订立了“一揽子协议”，授予出版社所有已出版作品的版权，及所有未来作品版权的优先购买权，同时出版社向他承诺统一的合同付款方式，该条款将于1991年生效。

1989年春，时值维特根斯坦100周年诞辰，由哲学系召集举行了纪念大会，会议由苏尔坎普出版社提供赞助，哈贝马斯为会议总负责人。在大会开幕式上，哈贝马斯做了题为《作为同时代人的维特根斯坦》[17] 的报告，重点对维特根斯坦、海德格尔和阿多诺做了比较：基于他们神秘的自我理解，三人的哲学都是激进哲学，但

/ 324 同时三人都绕开了“制度化的学术和政治公共领域”。报告最后，他以一句意味深长的话收尾：维特根斯坦本人可能会“抗拒生日庆祝活动的隆重排场”。[18] 演讲者60岁生日即将到来，莫非此言有所暗示？

六十大寿。温塞德向哈贝马斯建议，在法兰克福大学招待所隆重庆祝1989年6月18日这个日子。但他本人决定在施塔恩贝格与家人和朋友一起庆祝。所有参加生日庆祝会的人，6月17日就抵达了图青附近由护林员住所改建的伊尔卡高地旅馆，从旅馆可远眺施塔恩贝格湖和阿尔卑斯山，景色极美。次日夜晚，位于环路旁的哈贝马斯私宅宾客盈门，庆祝生日的人们济济一堂，向60岁寿星隆重献上刚付梓的首本生日纪念文集：《中间反思：在启蒙进程中》（*Zwischenbetrachtungen. Im Prozeß der Aufklärung*）。此书“献给这位哲学家、社会学家和现代性理论家；也献给这位在一个仍不断受到反启蒙思潮威胁的国家，几十年如一日公开表达坚定的启蒙立场的知识分子”。[19] 该纪念文集共收录了30位作者关于哈贝马斯作品的分析文章，开篇是洛文塔尔的一封私人书信，信中说：“作为批判理论创立者中的最后一名成员，令我满意和自豪的是，它的第二代杰出人物并不是一位追随者，而在哲学或其他科学学派的后继者身上这种情况很常见。”午夜时分，呈上纪念文集后——哈贝马斯当即抱怨书价太高——温塞德执意要讲话。他讲到在阿多诺60岁生日庆祝会上与哈贝马斯的初次相遇，讲到哈贝马斯的被译成若干种文字的著作的国际影响，坦承哈贝马斯对苏尔坎普出版社出版政策的影
/ 325 响。“在这里要说一说作为作家的哈贝马斯。因为，哈贝马斯的交往行动理论所断言的让人信服的‘非强制的强制力量’在他著作和演讲中的呈现，也依赖于其文学能力。他的写作有一种散文风格，在不回避事实主题差异的情况下，提出论点和推论采用的语言形式令人觉

得，进入这方思想天地，探幽其反思路径，乐趣无穷。关于阿多诺式语言，我曾讲过一句话，在这里请允许我再讲一遍：阿多诺的每个句子——哈贝马斯的每个句子也是如此——与它所表达的事实严丝合缝，但同时每个句子又都力图超出它所表达的事实。”[20]

媒体也对哈贝马斯的60岁大寿表示祝贺，并对他予以高度评价。社民党政治家彼得·格罗茨（Peter Glotz）在《新社会》杂志撰文表示祝贺，他称赞哈贝马斯是“第二个德意志共和国的守护者”。[21] 6月16日，《时代周报》刊登贡特·霍夫曼介绍哈贝马斯生平的文章。他在文中写道，在1977年的“德国之秋”，哈贝马斯成功地对新保守主义者的指责——他们视批判理论代表人物为恐怖主义思想之父——进行了反击。“然而，当共和国的自由主义者对政府的担任公职禁令沉默太久，他同样坚决要求他们拿出自由主义立场。”古斯塔夫·塞伯特（Gustav Seibt）在6月16日的《法兰克福汇报》上撰文指出，哈贝马斯重建了批判理论，把它从一种绝望的理论变成了“激进民主理论”。这时已成为汉诺威大学社会学教授的耐格特，在《法兰克福评论报》副刊发表文章，为他多年前出版《左派对于尔根·哈贝马斯的回应》一书向哈贝马斯道歉。达伦多夫在《水星》杂志上写道：“他是个热诚、关心别人、富有同情心的朋友，他的讽刺从来不会破坏他的真诚。……与于尔根·哈贝马斯相处和交谈令人愉快。”[22]哈贝马斯接着亲自写信给达伦多夫，“感谢几十年里不知不觉间结成的这份距离也隔不断的亲密友情”。他对这样一种认可很自豪，因为“作为同行，大家有各自的生活，但又以各不相同的方式从事对相同问题的研究，没有什么比同行相惜更复杂微妙、更难能可贵的了”。[23] 萨尔州州长奥斯卡·拉封丹亲笔致信哈贝马斯以示祝贺，他在信中高度评价哈贝马斯，称他是为了一个更好的民主社会而斗争的先驱，是他“提醒人们警惕左派道德严格主义的泛滥”。[24]

在哈贝马斯60岁生日前后，各种奖项和荣誉铺天盖地而来。纽约社会研究新学院早在1980年就授予他名誉博士学位；之后，布宜诺斯艾利斯大学也于1989年9月授予他这一荣誉；此前，耶路撒冷希伯来大学已在同年6月授予他名誉博士学位。名誉博士学位证书颁发仪式是在以色列的一个庆典上，以色列外交部部长摩西·阿伦斯（Mosche Arens）和前总统伊扎克·纳冯都出席了庆典。在他的名誉博士学位证书上写着，感谢“他对以色列和犹太人民的友好情谊”。社会学家埃里克·科恩（Erik Cohen）为他致颁奖辞，哈贝马斯向他表示，恰恰是这项荣誉对他具有非同寻常的意义。他在给科恩的信中写道，由于这次他和夫人在耶路撒冷逗留时间较长，因此对耶路撒冷的“凄美”更多了些体味和感受，但对它矛盾的一面也略有感知。哈贝马斯回忆道，“刻在我记忆深处的，是在活动现场的那个下午：背后是荒漠，面前是已不太年轻的大学生和聚精会神的听众，身旁是同行，虽然是非正式活动，但谁都无法忽略那一刻的肃穆。在一种恍如布莱希特戏剧的友好氛围中，我听到了写在证书上的那句庄严的话语（‘感谢他对以色列和犹太人民的友好情谊’‘in token of his friendship for Israel and the Jewish people’），这样的表达与我的情感完全契合。”[25]

12月14日，汉堡大学授予他政治学名誉博士学位——这是在德国首次授予这一荣誉。政治学家乌多·拜姆巴赫（Udo Bermbach）在听众爆满的大学最大的讲堂中致颁奖辞。哈贝马斯以《获奖者在这样的讲话中怎能不脸红？》为题致答谢辞，他说，荣誉属于“失去了在生活中的位置的”事物范畴。他最后指出，汉堡大学把荣誉授给了一个就学术地位而言绝非毫无争议的人。[26] 在接下来的那些年里，他还将陆续获得各种国内外荣誉，授予他荣誉的有乌德勒支大学、埃文斯顿西北大学、雅典大学、特拉维夫大学、博洛尼亚大学、巴黎大学、剑桥大学等。

1992年，在格肖姆·肖勒姆逝世10周年之际，苏尔坎普出版社出版了其记述沙巴蒂·萨维（Sabbatai Zwi）——来自士麦那（Smyrna）的“神秘主义者弥赛亚”——生平的著作，这是该书首次出德文版。[27] 在犹太出版社——在苏尔坎普出版社支持下，温塞德使该社重新兴盛起来——1992年2月举办的一次活动上，哈贝马斯与乔治·康拉德（György Konrád）对沙巴蒂·萨维的卡巴拉异教的历史做了深入探讨。哈贝马斯在报告中指出了沙巴蒂·萨维的异端邪说和肖勒姆的否定神学（negative Theologie）间的相似性，它们都预言弥赛亚时代的来临。哈贝马斯确信，肖勒姆相信“神秘顿悟的能力。当然，这种灵感闪现的情况他只遇到过一次，他告诉我说——是在他的朋友本雅明身上”。[28] 273

法哲学的魅力

德国科学基金会于1986年首次颁发戈特弗里德·威廉·莱布尼茨奖，哈贝马斯与日后获诺贝尔奖的克里斯蒂安·尼斯莱因-福尔哈德（Christiane Nüsslein-Volhard）同为首届获奖者。该奖设置了高达200万马克的丰厚奖金，可在5年内使用；奖金与科研项目挂钩，获奖者可自主选择项目；哈贝马斯用这笔奖金在法兰克福大学创建了一个法哲学研究小组，小组由哲学家、社会学家和法学家组成，成员有莱纳·福斯特、弗朗肯贝格、克劳斯·君特、英格博格·毛斯（Ingeborg Maus）、伯恩哈德·彼得斯和鲁茨·温格特（Lutz Wingert）等。杜比尔和霍耐特也常参加小组讨论。确定的题目范围很广，道德、法律和民主是核心问题。受邀参与该研究团体工作的同仁，都认为这是千载难逢的机会。时隔20年后，克劳斯·君特有如下描述：“我们聚在于尔根·哈贝马斯在米利乌斯大街上的住所里，讨论一个研究项目。他做咖啡的时候，我看到一 / 328

封他获得德国科学基金会莱布尼茨奖的贺信。数百万的奖金让我目瞪口呆。……哈贝马斯设想创建一个由年轻科学家组成的研究小组，从事法律理论和民主理论的研究。‘法律理论工作组’就此诞生。”[29] 日后谈到这个研究小组，哈贝马斯自己亲口说，他觉得（创造）这样一个研究环境“特别开心”。[30] 1991 年 5 月，他为德国科学基金会写的总结报告也证实了这一点。他在报告中重点介绍了项目实施期间得以理清的四大问题。首先是法律与道德的关系

/ 329

问题，“道德原则和法律原则在同样原初意义上基于一种对话原则（Diskursprinzip），这一对话原则表达了对实际问题进行后习俗道德推理的条件”。其次，该项目阐明了“非实体化的人民主权概念”的基本特征，根据这一阐释，人民主权以一种符合民主原则的方式发挥作用。最后，解答了关于法律作为复杂社会整合机制的地位问题，并证明了交往自由的法律保障与“主体间沟通实践的语用学前提”之间的关联性。[31]

道德与法律

事实性与有效性。在 5 年的研究项目实施过程中，诞生了不少有分量的著作。哈贝马斯 1991 年出版了《话语伦理学阐释》（*Erläuterungen zur Diskursethik*），1992 年秋，出版了法哲学研究著述《在事实与规范之间》（Faktizität und Geltung）①。在此之前，他曾先后赴美，在纽约叶史瓦大学的本杰明·卡多佐法学院（Benjamin N. Cardozo School of Law der Yeshiva University）举办的“哈贝马斯论法律和民主：批判性交流”国际讨论会上，以及芝

① 德文原版书名为《事实性与有效性》，中文版译名译自英文版书名，下文亦统一采用中文版译名。——译者注

加哥大学和位于埃文斯通的美国西北大学，介绍其研究成果。

哈贝马斯的《在事实与规范之间》尝试解决如下问题：在现代社会如何能实现对话化解冲突原则的制度化，由此扩展了其对话伦理学应用范围。这里的核心问题在于，对于民主与法治的重叠，怎样通过法律体系的设计，使两者不致相互对立。他在致出版人的信中写道："我想，通过这本书我又成功地做了些什么。"[32]

在处于世俗化过程中的现代社会，法律和道德逐渐分化为各自独立的领域，尽管如此，哈贝马斯仍然认为两者之间存在着联系。因为，在他看来，法律规范需要道德来证明其合法性，以被视作具有约束力的规范。法律规范通过证明自身是论证性共识形成的结果，从而获得合法性。换言之，法律规范经由交往共同体达成共识的过程而具备合法性，而交往共同体的判断又受到道德观点的引导。获得共识的，是那些在对话实践中经论证推理被认为令人信服的规范。

以这种方式获得合法性的法律规范，既确保私人自主，也确保公共自主，也就是确保所有人在参与政治意见和意志形成过程中享有均等机会。借助私人自主和政治自主具有同等原初性这一命题，突出了公民自我立法的主张。哈贝马斯认为，自我立法是在对话式意志形成过程中进行的。在政治领域，对话原则——根据该原则"只有获得或能获得所有对话实践参与者共识的规范才能主张有效性"[33]——成为民主原则："对话原则……在合法的制度化道路上逐渐形成民主原则形态，后者又反过来赋予法律创制过程以合法力量。"[34] 这意味着：在民主政体中，应遵照论证推理模式来安排法律创制和法律发现实践。只有这样一种对法律的理解才与民主的法治国家的中立性原则一致，这样的理解不允许民主的法治国家在何谓良善生活的问题上偏好某种特殊的伦理观，而鄙薄其他伦理观。然而，法治国家无法避免"受到伦理的浸润和习染"。因为，总会有

/ 331 276 特殊的伦理观念进入到某些法律中，而在特殊生活世界背景下法律共同体已对这些法律达成了共识。不过，这样的价值偏好不可能获得法律规范所具有的合法地位，因为法律规范是由具有普遍约束力的规则构成并得到普遍承认的。

在《在事实与规范之间》中，哈贝马斯初次明确了法律与道德的区分，他认为，两者的区别主要体现在以下三点。第一，不同于道德规范，法律规范是具有绝对约束力的命令，具有强制性。这与法律既保障主体自由又是实行统治的组织手段有关。违犯法律者，必定面对法律的惩罚，无论强制措施的适用对象是否有不法意识。一旦道德规范成为一条法律规范的内容，就意味着，违反这一道德规范将受到法律制裁。

第二，法律不理会法律接受者作为主观权利（subjektive Rechte）享有者遵守法律出于何种价值观念。私法主体所主张的主观权利——如契约自由——赋予人们采取策略性行为的权利。道德动机可能会起作用，但不必然会起作用。法律规范允许法律服从的价值中立。“道德呼吁理智和善意，法律则局限于要求行为的合法性。符合法律要求的行为与‘尊重法律’的动机的分离也解释了，为什么法律规范从根本上说只能涉及人的‘外在行为’。”[35]

第三，道德规范和法律规范的区别还在于，共同构成了实在法（positive Rechte）体系的法律是遵循着一定程序生成的。“其源
/ 332 头要追溯到历史上立法者的决定，涉及一个有明确地理边界的法域（Rechtsgebiet）。”[36]不同于道德共同体，法律共同体是一个可确定边界的集体，它拥有能够定义国籍，即明确区分本国国民和外国人的规则和条例。一方面，法律共同体的成员是主观权利——承认个人自主——的享有者。“私人自主意味着，权利主体无须为自己享有的权利辩护，无须为自己的行动计划说明可被社会接受的理由。主观行动自由赋予人们退出交往行动的权利，……为个人隐私权提供

了依据，使人们从相互承认、彼此苛求的交往自由的负累中解脱出来。”[37] 另一方面，法律共同体成员可援引与其成员身份无关的普遍人权。实证化为基本权利的人权包括“四项绝对的自由权和参与权”：第一，享有“程度尽可能高的平等的主观行动自由”的权利；第二，享有“自愿结成的法律联盟成员身份”的权利；第三，享有“个体受法律保护”的权利；第四，享有“机会平等地参与意见和意志形成过程的权利——在这个过程中，公民行使自己的政治自主权，落实自己的合法权利”。[38] 在哈贝马斯看来，普遍人权——如生命权或言论自由权，其含义具有道德属性，故具有普遍性——的特殊性在于，作为道德原则它们是社会学习过程的结果。人权与所有人的普遍利益一致，体现着剥除了与习俗紧密捆绑的道德意识的水平。

建构法律必须遵守法律规范，以使其具有合法性。而关于道德规范的形成，则不存在类似的建构程序，虽然在平等的、非强制条件下进行的道德 - 实践对话，原则上为在道德规范的应然有效性方面达成共识提供了可能性。至少，当确实存在共识需求时是这样的。道德意识依赖于，一个基于情感归属的道德共同体的人们在历史中形成的社会文化自我理解。哈贝马斯认为，人们的道德情感始终与充分的理由有密切的内在联系，这些理由使具有认知属性的道德判断的直接社会作用得到了解释。而法律规范所表达的，是基于理性动机达成的约定。哈贝马斯认为，虽然道德论证和法律创制形式的特征如此迥异，但对两者而言都只有一种程序是可能的，这种程序就是对话：“正是所有理性对话参与者可能赞同的行动规范，是有效的规范。”[39] 对于道德和法律规范来说，即使其有效性要求“经受了对话式的普遍化检验”，它们也会带有“时间和知识指数”（Zeit- und Wissensindex）。当出现了基于新经验和知识的相反论据，可以以及应当就起初在理性可接受性意义上被证明为正确的规范进行讨论。

在现代社会，弥补道德的认知、动机和组织缺陷的任务，愈加落到了变得复杂的法律的头上。比如，在作为抽象的自由权享有者的法律主体这一层面上，法律起着促进社会融合的作用。法律在一定程度上弥补了普遍性道德的功能丧失，并由于其强制性而起着稳定社会行为期待的作用。而且，作为通过对话程序生成故而具有了合法性的法律，它调和着私人自主与公共自主之间的矛盾。公民的公共自主与私人自主相对立，根据前者，公民作为立法者的一员参
/ 334
与立法，因此他不仅听命于法律，而且被期待在这一角色中其行动也应当以促进公共利益为宗旨，尽管不能在法律上强迫他这样做。所以，在对话过程中形成的法律就是民主原则的表达，这恰恰是“对话原则和法律形式相互交叠”的结果。[40]

哈贝马斯也运用对话理论重构了民主的规范性内涵：后者赖以存在的基础在于，所有的政治决策都与严格按照对话实践模式运行的基层民主的论证程序紧密联系在一起。[41] 对话发生的场域是介于经济领域与国家之间的公民社会——其成员将社会弊端公之于众。基于这个原因，若要公民行使权利，其作为共同体成员必须同时被赋予个人自由权和公共自主权。哈贝马斯认为，民主法治国的规范性自我理解就在于这一同等原初性（Gleichursprünglichkeit）。他批判性地看待公共领域及公共领域的媒介内部，政党、议会及国家行政机关内部的权力化倾向。他指出，世上只有一种药可医治权力野蛮生长之疾：那就是活生生的民主（gelebte Demokratie）。

媒体聚光灯下。1995 年初夏，比勒费尔德大学跨学科研究中心举行了一个为期两天的研讨会，讨论哈贝马斯详细阐发的法律理论。哈贝马斯在研讨会上与德沃金会晤。参加这次研讨会的还有其他专家和受邀记者。由于哈贝马斯本人不喜欢“语义退化、充斥着图像

和视觉现实”的公共领域，而且通常会恪守自己的座右铭——“我为公共领域写作，但不到公共领域中去”，[42] 所以，两人在媒体聚光灯下的这次讨论，成为一个非同寻常的事件，后由西德意志广播电视台编辑乌尔里希·波姆（Ulrich Boehm）制作成一档45分钟的电视节目《用法律领导政治？哈贝马斯遇到德沃金》。[43] 在这一年中，哈贝马斯对电视的抗拒态度，确切地说，是对上电视的抗拒态度略有松动，这显然与他和波姆的愉快合作有关。1995年2月，得到他的应许，波姆带着摄像机跟随他到位于旧金山南部帕罗奥多市的斯坦福大学，拍摄他的演讲之旅。这部记录其斯坦福之行，名为《对话之邀》的片子，于1995年12月10日在西德意志广播电视台进行了电视首播，后多次在其他电视台重播。这部片子呈现了哈贝马斯在美国大学校园中与学生进行讨论、演讲、参加研讨课和参观大学书店的情景。看到书店里摆着他的著作精选，他评论说：“在批评如影随形的这样一种生活中，这些书让人有一种小小的满足感。”片子最后一个镜头是他在旧金山现代艺术博物馆中流连，还有在卡尔·杰拉西（Carl Djerassi）家中做客，这位口服避孕药的“发明人”和斯坦福大学同行向他展示了自己收藏的保罗·克利（Paul Klee）的若干画作。

1995年6月25日，报道哈贝马斯和德沃金在比勒费尔德跨学科研究中心的英语讨论的纪录片，也在西德意志广播电视台首播。不过这部片子不怎么“花哨”，主要讲了法律与道德的关系、自由与平等的相容性以及民主和法治国。尽管讨论中有时两人干脆自说自话，但也让人能迅速觉察他们的共性和差异。法学家埃尔哈德·邓宁格（Erhard Denninger）在1995年10月17日的《法兰克福评论报》上评论道，尽管在法治国与民主（宪政国家和多数统治）问题上，哈贝马斯和德沃金基本上观点一致，即都认为两者互为条件、彼此补充，但两人在民主概念上的分歧却显而易见。德沃金以个体“生于其中”的人民共同体为先决条件；人民共同体成员的身份决定了个体服从法律这一要求的合法性，当然这是有附加条件的。……而在哈贝马斯这里，对民主概念而言，现存的、“天然的”共同体的意义是次要的。他认为，重要的是，一群人决定用法律手段来解决社会问题。因此一切取决于程序的质量：只有成功地安排实现正义的民主商谈，使“单纯借助更佳论据的非强制的强制力量”达成结果（即共识），那么它才证明这些结果的合理性推定，从而证明法律的合法性。

扬·罗斯（Jan Roß）1995 年 6 月 27 日发表在《法兰克福汇报》上的评论略有不同。他写道：“德沃金需要客观性，以便在多数原则之外建立自由保障和社会权利。哈贝马斯则相反，他仍然希望敢于实行更多民主，他担心客观性会是一种精神专权（geistige Obrigkeit），让他有一种威廉时代的感觉。在他看到了威权主义危险的地方，德沃金看到的是可以申诉权益的契机（einklagbarer Anspruch）。”

第九章　在政治思想论争的战区

> 知识分子一定要会拍案而起——同时应当有足够的政治判断力，以避免反应过度。[1]

知识分子的交往权力。无所归依、不属于任何固定的经济阶层、天然无家可归——卡尔·曼海姆这样描述不出身于或归属于任何一个特定群体，在社会上自由漂浮、无所依附的知识分子的特征。[2]一方面，人们不会因出身或家世而成为知识分子；另一方面，知识分子的成长实践有着或然性，故而具有选择性，因此无法使之职业化。所以，知识分子是稀有的，他们一般具有卓尔不群的文化人格。曼海姆认为知识分子是社会上的超脱之人，而M.莱纳·莱普修斯（M. Rainer Lepsius）则将独特的语言和写作实践——“未被授权的、然而合法的批判”——视作这一社会角色的突出标志。达伦多夫和迈克尔·瓦瑟米（Michael Walzer）也都强调知识分子独特的行为方式：抵御极端思想的能力、高风亮节的道德品行、悲天悯人的情怀、具有大格局和大视野。[3]

1900年前后发生的德雷福斯事件（Dreyfus-Affäre），使法兰西第三共和国震惊，自此以后，勇于公开表达自己不同于政府主张的人被称作知识分子。[4]公开表达批判性意见使潜在的知识分子成为在场的知识分子。这里所理解的“批判”，不是康德《纯粹理性批判》意义上的“批判”，即分析的方法和探测人类认识的界限，而是指大多由危机触发、有时间限制但重复进行的对现实政治的介入。既疏离又积极参与的深刻的矛盾心理，是知识分子的典型特征，人们认为他们具备辨识并判断全球社会走向和历史性危机状况的能力。他通过以可见、可闻、可感的方式指出他察觉到的社会弊端，来行使这种能力。

知识分子必须保持与主流社会的距离，如注意保持自己作为科学家、作家或艺术家的相对不受约束的自由状态，并以令人信服的方式呈现这种状态，以便在纷繁复杂的声音中作为独立的个体获得承认。为了走出学术“安全区”，使自己的声音被听到，知识分子必须积极参与政治。知识分子发表意见必须观点明确、重点突出、有针对性，以便在社会政治辩论场域发挥作用。尽管知识分子具有介入性和选择性的特征，但他们都必须有一条准“线”，以在出现政治利益纷争的场域确定自己的位置。对哈贝马斯而言，坚持正义和自主的价值观念、遵循对话化解冲突的交往理想，尽力觉察对话化解冲突方式遭忽视的状况，是他担当知识分子角色的真正动机。

在上文提到的他 1985 年做的关于海涅的演讲中，他明确将知识分子的社会角色作为反思主题。知识分子的使命在于，“挺身而出，用充分的论据为被践踏的权利、被压制的真相发声，支持时机成熟的改革和迟来的进步”。[5] 为了达到这个目的，知识分子依赖于一个有效运行的公共领域，一个被视为“民主意志形成的媒介和放大器的公共领域。他在这里找到自己的位置。”[6] 1999 年 6 月，《新苏黎世报》刊登了哈贝马斯与安吉拉·布劳尔（Angela Brauer）的对
/ 339 谈，他在对谈中把知识分子分为两个截然不同的类型。在德国，“威风凛凛的知识分子官员……对信用予取予求”；而对于学者，人们却怀疑，“扮演知识分子角色的学者的介入行动和对真理的执着追求不相容。”一方面，公共领域并不需要摆出“解释世界的哲人姿态”的权威；另一方面，学界又必须……心平气和地容忍其成员的政治介入。[7] 当知识分子在自身专业领域之外公开发表言论时，就离开了其职业角色。不过，对哲学家和社会理论家来说，其政治判断和基本理论假设之间必须要有密切关联。换一种说法，并援引哈贝马斯的交往和对话理论来表述，就是：他介入的目的亦在于，切实证明交往的生产力，即表明，“交往权力”能够决定政治文化。这完全

符合他在若干场合表达的作为积极公民——他们业余积极介入政治，当然是自发自愿、无政治授权的——一分子的自我理解。他介入政治是“以天下为己任”，[8] 并无追逐政治权力的野心。

按照哈贝马斯的理想概念，知识分子不想通过策略对政治权力斗争施加影响，而是希望通过交往行动，参与塑造自治而多元的公共领域。公民并不因为是思想权威或更具备专业知识，就拥有知识分子身份；之所以成为知识分子，是因为他参与对话，尝试去做别人也可以做的事：提供赞成或反对一件事情的令人信服的论据。因此，知识分子（public intellectual）被认可为公共知识分子，有赖于其论据的质量，其论据必须在需要明确表达赞成或反对的公共讨论中获得认可和验证。知识分子不把自己的解释强加于人。相反，“接受者……会有明确的机会，在适当的情况下，即在不受强制和限制的条件下，认可或拒绝提供给他的解释。不落脚在使人理解，即让人自然而然地接受的解释的启蒙，不是启蒙”。[9] 然而，哈贝马斯自身的知识分子实践符合这些标准吗？本书前几章对其“公共知识分子生涯”的最重要节点部分做了详述，若简略重述这些节点，哈贝马斯会呈现一种怎样的公共知识分子形象全貌呢？

哈贝马斯作为知识分子诞生的时刻前文已有描述：1953 年，他在《法兰克福汇报》上撰文，表达对海德格尔沉默的愤怒，那篇文章中就引用了“守卫公共批判之责”的说法。在后来的那些年中，他不仅参与了形形色色的学术论争——实证主义之争、关于系统理论和后现代哲学的争论等，实际上，自 20 世纪 60 年代初开始，他就是一位斗士，他公开主张大学民主化和在整个教育体系贯彻机会均等原则。关于 1968 年运动，他承认自己是运动参与者，同时也是运动批判者，以双重身份介入这场运动，这导致在所有政治阵营中都有他的论敌。温文尔雅不是他的论战风格，也不是他对手的风格。他有论战“天赋”，如他自己坦言，而他将这一天赋发挥到了极致，至少，在“局势动荡背景下”对这个国家的民主政治自我理解进行阐释斗争的时期是这样。[10]他关于左翼法西斯主义的言论，无疑标志着 1967 ~ 1969 年间他与左翼激进主义者论战的一个高潮。与自由主义者和自由保守主义者群体的各色代表人物进行的关于知识分子解释权的斗争，始于那一时期。当时赞同“敢于多实行民主”的声音和支持“排除激进人士决议”立场之间的鸿沟日益加大，这场

斗争持续了近 20 年。1973 ~ 1974 年发生的石油和经济危机、政府财政危机，以及随之而来的社会福利的削减、对《增长极限》(罗马俱乐部 [Club of Rome] 出版的研究报告）的认识，这一切导致人们不再陶醉于德国的现代化。在西德，勃兰特时代接近尾声，施密特总理任期期间——在其任上发生了令人骇然的“德国之秋”，前文对此有详述——的危机管理，取代了勃兰特的改革政策。这些事件决定了这一时期知识分子讨论的基调。哈贝马斯担心，1977 年的秋天可能将被证明是个转折点。在给史学家乌尔里希·赫伯特（Ulrich Herbert）的信中，忆及那个时期他写道：“从我的经验来看，在我们这里，集体迫害气氛从未达到那样的程度。人们熟悉的怨愤和成见重又沉渣泛起。”[11]

新左派意见领袖？

论战。1970 年 11 月 18 日，《法兰克福汇报》刊登的一篇文章引发了一连串反应，有些反应颇为激烈。文章作者是奥地利哲学家恩斯特·托匹池（Ernst Topitsch）。托匹池 1962 ~ 1969 年间先后在海德堡大学和格拉茨大学任教；他不但激烈批判马克思主义，而且对所有思想体系都持极端怀疑立场。他在实证主义之争中就已

表明立场，反对阿多诺和哈贝马斯，支持波普尔和阿尔伯特；此事作为1970年末他和哈贝马斯这场论战的背景，或许并非毫无意义。他在文章中提出以下问题："人性"概念是否早已丧失了纯真？因为历史不曾证明它能抵抗思想上的滥用：左翼势力为"权力、斗争和暴力"辩护，认为"只要它们通向自身的'最终'消除"，就是人文主义的。[12] 目前——托匹池这样描述学运"高潮期"他在海德堡大学任教时的经历——这种"好战的人文主义思想"被自封为先锋的学生运动付诸了行动，他们还准备占领学校，要把学校"改造成攻击宪法秩序的基地"。 / 342

时隔不到两周，哈贝马斯在同一报纸发表文章，对托匹池的文章做出尖锐回应。[13] 文章一开始他直接点出了若干人的名字，称是他们结成了暗中为托匹池撑腰的保守主义思想群体，他们是：亚民·莫勒尔（Armin Mohler）、吕迪格·阿尔特曼、汉诺·凯斯廷（Hanno Kesting）、莱因哈特·柯塞勒克（Reinhart Koselleck）、赫尔曼·吕伯及罗曼·史努尔。哈贝马斯写道："我纳闷，……是什么使您，尊敬的托匹池先生，一位无畏的自由主义思想家，陷入一种在反启蒙传统中形成的论辩情境。"[14] 作为对道德化的左翼激进主义的回应，"逃避进好战和阴谋论的自由主义者怨愤滔天"；他给他们冠以"中间派变节者"[15] 的标签，指责他们回避认真探究学生运动的根源，倾向于"对形势作出不切实际的判断"，涉及高校改革的新情况尤其如此。伴随巨型大学而来的教授地位下降使他们对赞成教育体制民主化的人充满怨恨。托匹池称德国人缺乏一种民族意识，而这与他们的负罪情结有关，这让哈贝马斯愤怒不已。他说，总之，他将坚持不懈地不断"重提过去不久的这段历史"，为"树立一种使我们免于陷入最可怕的条顿民族中心主义的官方立场"贡献一己之力。[16]

1972年8月，在慕尼黑执教的宗教哲学家罗伯特·施佩曼 / 343

286

（Robert Spaemann）——哈贝马斯通过伽达默尔与其相识，对他颇为敬重——在《水星》杂志发表题为《无任何强制的乌托邦》（*Die Utopie der Herrschaftsfreiheit*）的文章，对哈贝马斯的观点与达伦多夫的社会冲突理论及卢曼的系统社会理论做了比较。他对“非强制性沟通”（Konzept der herrschaftsfreien Verständigung）概念提出了中肯的批评；在他看来，概念的创立者显然不能断定，这是个先验的概念，还是一种生活形态的预设。另外他还认为，不受任何强制的对话，只能在宽松的科学场域，而不能在有时间和决策压力的政治场域发挥效用。在文章最后，施佩曼抛出了较富挑衅性的结论：“通过在不受强制的条件下达成的共识取代强制，……这一目标成为不受限制和约束的统治的合法化理论。”[17]

4个月后，哈贝马斯在同一杂志发文回应。他使用了学术争论中罕见的公开信的形式，这是明确向对手发出对话邀约，但也有一丝胁迫的意味。文章开头就借助弗朗兹·法农（Franz Fanon）著名的反殖民主义革命宣言《全世界受苦的人》（*Die Verdammten dieser Erde*），对殖民统治做了形象描述，反驳施佩曼的观点。他写道，合法统治可能是背后隐藏着骇人听闻的非正义的表象，殖民主义就是这类合法统治的一个例证。“所以说，这种需要解释的现象，都会有效制造一种正当性的假象，确保人们以非暴力方式承认现存制度。我力图解释系统施加于对话式决策过程的这种结构性暴力。”[18]一种殖民统治制度恐怕永远不希望所有对话参与者在非强制条件下达成共识。如果对话是社会现实，即所有人享有参与政治决策过程的平等权利，将会看到这种结果。在这种情况下，民主规则就会生效，就没有什么能阻挡对话式意志形成过程取代统治。然而，并非一切皆为对话。事实上，“对话……始终是实践之海中的一座座岛屿”。[19]

/ 344

施佩曼还在文中说，面对日常生活中的实际决策压力，对话太耗时费力，不是任何人任何时候都具备哈贝马斯所说的对话能力。因此，基于合法的、分配到主管机关各层级的统治权进行决策，是必要的。哈贝马斯回应说："是什么让您认为，占据统治地位者——他们享有的特权通常并不仅限于其权力——比无特权阶层或广大下层社会民众，更不受个人利益驱使？这并不是人类学上的悲观或乐观的问题。我认为，对于在不达到人员容量极限前提下，多大程度上能贯彻作为社会组织原则的对话式决策这个问题，我们根本无法给出一个人类学的答案。"[20]

施佩曼未对这封公开信做出公开回应，但他在《政治乌托邦批判》一书中用了整整一节的篇幅，就对话理论展开商榷。[21]他批评该理论存在系统性缺陷——所有出于种种原因不能参与对话或没有利益代言人的人，就是失声的、无足轻重的——并得出结论：通过对话方式建立非强制性情境的主张"无非是一种特殊方式的强制"罢了。[22]

1974 年，在巴登 - 符腾堡州文化部部长威廉·哈恩（Wilhelm Hahn，基民盟成员）组织的以"保守主义的倾向转折"为主题的大会上，施佩曼颇引人注目。大会在巴伐利亚艺术科学院（Bayerische Akademie der Schönen Künste）举行，参加大会的还有赫尔曼·吕伯和戈洛·曼等。施佩曼不但与其学术自由联盟（Bund Freiheit der Wissenschaft）的盟友们众口一词地指责，"给人以话语霸权之感的左翼话语"对"共识破裂"和"约束力降低"（Verbindlichkeitsschwund）负有责任，[23]他还借机再次抨击左派的"解放教育学"，不过这次批评的调子还较温和，而很快调子就变了。

松特海默。1977 年 10 月，哈贝马斯再度发表公开信，这次是写给认为左翼恐怖主义和批判理论之间存在因果关系的松特海默。

上文已对两人争论的内容做过描述，[24]但值得从以下视角重新审视一下这场论战：在这场解释斗争中，当时双方是如何过招的；尤其要提到的是，这是自由主义阵营内部——左翼自由主义者和自由保守主义者之间——的一场斗争。这场争论使双方秉性特征淋漓尽致地暴露出来，有恶毒攻击，有冷静说理，成为一场辩论奇观。这场厮杀对双方都贻害不浅。

哈贝马斯在公开信中毫无顾忌地使用口号式语言。他批评松特海默最近出版的书《我国知识分子的不幸》（*Das Elend unserer Intellektuellen*）是“倾向性作品”（Tendenzliteratur），因为他使用了反启蒙武器库中拿来的武器。他继续说道，松特海默抽空了左翼理论的内涵，将左翼理论与恐怖主义直接挂钩，还呼吁通过刑法实施思想控制、限制激进反对派的基本权利，他就这样把自己变成了反动派的思想助手。而实际上可能人人都知道，“在新左派的政治理论和红军旅的政治心理倾向之间没有任何联系”。[25]哈贝马斯提醒对方“彼此以兄弟相待的意义”，与自己的攻击性论调形成强烈

反差，同时他又似为了追求讨论的客观性而提出如下问题：有哪些特殊的历史经历是恐怖分子产生心理动机的根源？[26]

哈贝马斯明显将自己定位为非教条主义的左派代言人。松特海默在回信中抓住了这一话柄。他颇为讽刺地问哈贝马斯，他是否认为，“自己堪比教宗，拥有指挥全体新左派的精神权力”。[27]同时，他借用哈贝马斯当初“左派白痴”的说法，质疑“左派出版物”的学术质量和“极尽诋毁我国民主之能事”的左派教授们的学术水平。[28]他要求哈贝马斯，但也要求全体左派成员——人数可观的那些白痴们——远离恐怖主义。松特海默视此为保卫共和国之举，是一项使命，不过为完成这项使命，他愿与哈贝马斯握手言和。哈贝马斯在回应中——仍是公开信，发表在1977年11月26/27日的《南德意志报》上——表达了他的忧虑：通过思想控制和恐吓手段可能会

打击左派的士气，令他们意志消沉。他用形象的笔触描述，亲近社民党人的知识分子将如何“迫于新右派的巨大压力”而冒被扭曲的危险，[29] 以此试图赢得社民党人松特海默对自己论点的赞同。

1978年1月，在联邦总统瓦尔特·谢尔（Walter Scheel）支持下，在新设立的波恩巴德哥德堡科学中心举行了“教育勇气”论坛。联邦议院议长卡尔·卡斯滕斯（Karl Carstens）出席了论坛，与会的还有约300名来宾。论坛召开后，上述事件开始持续升级。这是教育政策领域发生倾向转折的序幕。论坛焦点是一份拟定的议程文件，该议程罗列了关于学校教育和政治教育的9个命题，明显带有赫尔曼·吕伯——以约阿希姆·里特尔（Joachim Ritter）为核心的著名黑格尔右派的代表人物——的个人特色。[30] 弗里德里希·H.腾布鲁克（Friedrich H. Tenbruck）、洛伯科维奇、戈洛·曼、克丽丝塔·麦维斯（Christa Meves）、汉斯·迈耶（Hans Maier）、托马斯·尼佩代（Thomas Nipperdey）、亚历山大·施万（Alexander Schwan）及罗伯特·施佩曼等——大多数为学术自由联盟的成员——都对命题发表了看法。前三个命题先对使人走向成熟、获得解放和促进个体自我实现的教育目的进行了弱化，接着在第4到第6个命题中，坚持教育必须传授勤奋、遵规守纪、勇于牺牲等次要美德。最后几个命题阐述了几点要求，这些要求的目的究其实质就是要坚守学校这个维护传统价值的堡垒。论坛虽然没有明确提到哈贝马斯，但与他的名字密切相关的教育改革主张明显被搁置一旁。赫尔曼·吕伯、威廉·哈恩、尼克拉斯·洛伯科维奇，汉斯·鲍施（Hans Bausch）、戈洛·曼及罗伯特·施佩曼均签名赞成上述命题。 / 347

最先对此作出回应的并非哈贝马斯本人，而是哲学家恩斯特·图根特哈特，当年他曾是施塔恩贝格马普研究所哈贝马斯工作小组成员，另外还在巴伐利亚的一所文理中学教伦理学。9个命题发布半年后，图根特哈特在《时代周报》发表了一篇言辞犀利的评论，批评说，这是从康德成熟概念的退却，是对批判能力的彻底放弃，具有“极权主义倾向”；人们几乎有这样一种印象，命题提出者似乎把造就“阿道夫·艾希曼（Adolf Eichmann）之流”作为教育的终极标准。[31]

1978年6月23日，6封读者来信在《时代周报》上向图根特哈特发动了疾风暴雨式的反击，再加上戈洛·曼和罗伯特·施佩曼的两篇文章——原本也是读者来信——助阵，更是来势汹汹。戈洛·曼6月23日在《时代周报》发文表态，他指责说，哈贝马斯参与制定的黑森州高校改革框架原则，无非是要给“数千名教师”洗脑。“解放教育理论的辩护者们”必须承认，他们已不再占据言论垄断地位。施佩曼在同一期《时代周报》发表名为《论战小册子》的文章，称图根特哈特没有资格参与讨论，因为和哈贝马斯不一样，他对“理性对话这样的事情根本不感兴趣”。给命题作者扣上“把艾希曼当作我们教育的终极标准”的帽子，实在卑鄙。四周后，哈贝马斯沉着加入辩论。他明确表示，他的“朋友图根特哈特”[32]对反启蒙教育提出的批评犀利而富有洞见，他试图借此“呼吁回到坚持有原则的道德思考的教育方针上”。哈贝马斯将“这个右翼教授联盟”提出的命题与政治议程而非学术议程联系起来，直接向施佩曼开火：“当施佩曼签名加入这个价值共同体时，似乎看不到，自己在做什么。”至于“谁教孩子学习批判”，就是“在思想上自作聪明，就是把孩子引入歧途”的说法，“没有必要再辩论，因为话说到这里，已脱离了进行对话的共同理性基础”。他继续说道：“像这类嘲弄所有理性传统的命题，正如图根特哈特所言，在联邦德国以外的任何一个西方国家根本不会受到关注。而在我们这里，它们却被与他们志同道合的文化部长们奉为管理信条。”在文章最后，哈贝马斯承认，图根特哈特“不应当拿艾希曼来影射。这个名字意味着一个必会扼杀任何论辩的恐怖维度”，似有与施佩曼缓和之意。哈贝马斯建议拿菲尔宾格[①]当例子，拿这类人物作比喻会恰当些：“进行传统道德教育必须要接受，遵守既定规则的个体也会始终服从现存秩序，即使这个秩序不知不觉间扭曲为不人道的秩序。幸亏有施佩曼的同道替菲尔宾格遮掩，但愿这样能让他长久保住职位，为我们充当活生生的例证。”

由媒体点燃并推动的这场论战，在哈贝马斯和施佩曼的私人通信中也有体现。两人不惜笔墨讽刺对方，以不失礼貌和尊重的语气相互指责，说对方通过自己的朋友对《时代周报》编辑部施加影响，操纵读者来信的刊登和对此事的意见表达。争论眼看要变成私仇。1978 年 9 月 12 日哈贝马斯曾写信给施佩曼，从信的结尾他评论这场争论的言辞可知，他猜测和觉察到谁才是幕后主使和他的主要论敌：“拜托您搞清楚，那次组织召开慕尼黑大会（及宣布大会意图）……并自此起不断提到先验的恐怖主义（transzendentalen Terrorismus）命题的，是吕伯先生，是他破坏了迄今为止我所认为的学术规矩。吕伯显然想在学术领域搞内战的把戏。”[33]

在致松特海默的公开信以及其他地方，哈贝马斯都援引了“从莱辛、海涅到马克思等代表的被排斥的启蒙传统”。这大概是 1980 年聚集在哲学家吕伯和施佩曼周围的那些人参加“今天的启蒙”大会的缘由之一。[34] 这次大会由汉斯·马丁·施莱尔基金会举办，大会演讲稿不久后发表。[35] 也许，他们试图借此对哈贝马斯刚出版的《“时代的精神状况”关键词》（*Stichworte zur »Geistigen Situation der*

① Hans Filbinger，1966~1978 年任联邦德国巴登－符腾堡州州长，后被发现曾在纳粹德国任海军法官，并在“二战”结束前被宣布过死刑判决，而且战后坚持认为“如果当年是合法的话，那么现在不可能是非法的”。此事发酵为菲尔宾格事件，引起了关于前纳粹分子担任要职及纳粹思想在战后联邦德国依然存在的讨论和反思。——译者注

Zeit«）——该书在媒体上引起很大反响，虽然大部分是负面评价——做出某种程度的反击。总之，大会和会后发表的演讲稿的主题，都表达了这种政治思想意图，即证明启蒙运动绝非一种左派可对其主张唯一代表权的传统，这自然更加深了相互较量的两个价值共同体间的鸿沟。哈贝马斯十分清楚：知识分子场域是个充满竞争的场域，这种竞争和挑衅不仅让人愤怒，也具有正面刺激作用。这种想法或许不无道理。如过去发生和将要发生的很多次争论那样，这次他也没有回避，而是迅速以这一事件为素材整理成一篇檄文，即上文提到的他在保罗大教堂的阿多诺奖颁奖仪式上的答谢辞，主题是：作为“未完成方案”的现代性。在答谢辞最后，他讲到了保守思想的若干变种。他认为，在德国，除了旧保守主义——他举了戈特弗里德·贝恩和恩斯特·荣格（Ernst Jünger）的例子——也有一种青年保守主义，尤其在倾向于另类文化的圈子中。与此不同的是，大西洋两岸的新保守主义群体从转化的自由派和美国知识分子中招募新成员，如社会学家丹尼尔·贝尔（Daniel Bell）和欧文·霍洛维茨（Irving Horowitz）。他们把资本主义现代化带来的负面后果归咎于文化现代性，在他们看来，自我实现原则导致了享乐主义动机的释放。[36]

1982 年 10 月，哈贝马斯在由亲近社民党的弗里德里希·艾伯特基金会举办的论坛上做报告，对上述主题做了更深入细致的探讨，谈到了关于“美国和联邦德国的新保守主义的文化批判”。1987 年 12 月，彼得·格罗茨在法兰克福犹太社区中心组织并举办了“启蒙的未来”会议，会议报告人除哈贝马斯外，还有史学家丹·第纳（Dan Diner）、于尔根·科卡（Jürgen Kocka），神学家于尔根·莫特曼（Jürgen Moltmann）和社会学家 M. 莱纳·勒普修斯。在这次会议上，针对青年保守主义或新保守主义质疑启蒙价值的普遍性，把启蒙思想毁谤为一种被绝对化的、逻各斯中心主义的理性话语的企图，哈贝马斯坚持捍卫始终不断更新的启蒙批判传统。[37]

与自由保守主义者的这场旷日持久的争端，实质上是一场有关启蒙在现代社会的概念、解读和作用的辩论。它之所以不仅仅是围绕一个主题的学术争论，是因为政治氛围和实证主义之争时就已开始的争论前史在实证主义之争中就已形成了持久的、相互对立的阵线。还有一个原因是，这场争论绝大多数时候是公开的，因此会迅速受到外部力量——堪比推动一场传统文化斗争的力量——的裹挟。讨论迅速陷入关于道德原则之争的漩涡。双方情绪阈值都被迅速拉低，都各自纠集自己的队友，面对漫骂和人身攻击也毫不退缩。在这种短兵相接的气氛中——论战可能会从客观争论上升到骂战，乃至升级为双方势不两立的斗争——明显的视角转换是罕见的例外，而且或许对双方都是一种苛求，因为无论对哪一方而言，这样做毕竟都有风险。总之，看上去，从对话伦理的理想退却的危险很大。[38]当然，将这一理想视为其理论核心的这位人士也不例外；相反，身为公共知识分子的他，多次故意拿起政治思想武器。他运用戏剧化、概念化及其他激化辩论的修辞手段，心下明白，拿政治思想做文章会导致极化反应，使论证肤浅化，并因此而与他的启蒙理想背道而驰。在这里，目的似乎将手段神圣化了。在某种程度上也的确会如此，即当政治思想争论的目的不再首先关乎信念的形成——这场论争的直接参与者的信念早已是固定信念——而是关乎为自己的信念搭建一个论坛，以赢得公共舆论支持的时候。哈贝马斯在《新的非了然性》前言中写道：“相比学术活动中遵守的规则，时人对时政问题发表意见所遵循的游戏规则较少约束性。”[39] 在展开论争的双方阵营中，“以沟通为取向”都退居次要位置，而且，争论和对抗愈激烈，就越不被重视，[40]个中原因也在于事物自身的本质——知识分子辩论实践本身及其内在驱动力。

/ 351

/ 352

他们不相互对话，而是有目的地利用大众传播手段相互议论。尽管在论争中不排除有实事求是的争论和政治思想，但论战文章的政治思想色彩越浓，双方阵线就越坚固，因此可以说双方分歧已经注定。在客观争论中，双方会隐晦地暗示己方观点的真实性，而在意识形态论战中，真实性成为一个显性话题：人们强调己方观点的真实性，否认对方观点的真实性。[41] 1999 年，哈贝马斯在给乌尔里希·赫伯特的信中写道："对于我们这一代人的两极分化（与'先前细分的政治阵营'不一致），有一个较简单的检验标准：感情，也就是说，必须斩断与'德意志'传统的延续性，还是必须'挽救'（精神上的）父辈和祖父辈败坏了的信誉。"[42]

/ 353

历史学家之争

历史学家之争……在记忆政治的田野上打上了……
政治精英们再也撼不动的桩子。[43]

历史政策。1985 年 5 月，保守的共和党人、美国总统里根出访欧洲途中在德国停留（此次是他二度访德）。这次访问旨在纪念盟军"二战"胜利 40 周年。根据行程，5 月 5 日参观贝尔根 - 贝尔森（Bergen-Belsen）集中营，之后有一项联邦总理科尔提议的国事安排，即赴位于艾菲尔高原比特堡（Bitburg）附近，也葬有纳粹党卫军成员的"科莫斯山"军人墓地，共同吊唁"二战"阵亡军人。在出访准备阶段，这一安排就在大西洋两岸引起一片哗然，导致在美国各界，尤其在犹太组织中出现了很多抗议声；但这是历史学科班出身的科尔新历史政策的一部分，与在凡尔登（与法国总统密特朗）的"牵手"①，在波恩建造"联邦德国历史博物馆"，以及在柏林建造

① 1984 年，时任德国总理科尔与法国总统密特朗在凡尔登纪念遗址前手牵手，成为两国关系和解的历史性时刻。——译者注

战争与暴政牺牲者纪念馆的计划一样。联邦总统魏茨泽克（Richard von Weizsäcker）5月8日在联邦议院会议大厅发表的备受瞩目的演讲，与保守主义的“精神与道德”的转折政策针锋相对。他在演讲中强调，1945年5月8日不是失败之日，而是“解放之日，它将我们从纳粹暴力统治下鄙弃人性的制度中解放出来”。他在演讲最后说：“在今天5月8日这个日子，让我们尽最大努力正视真相。”[44]

和许多人一样，被称为“战后德国历史性时刻”的演讲，也给哈贝马斯留下了极其深刻的印象。而比特堡的闹剧则让他愤怒至极。1985年5月17日，他在《时代周报》发表名为《清除过去》（Entsorgung der Vergangenheit）的文章。他说，在艾菲尔高原上的这一幕“握手表演”，是对摇摆不定的克服过去立场的彻底背离，是向全世界大秀新缔结的军事同盟。科尔不仅想通过这样的国家行为表明德国在抵御共产主义威胁的斗争中始终站在正确的立场上，“另外，他想要回归德国的民族身份传统。这一意图昭然若揭”。[45]文章以关于赫尔曼·吕伯的阐述开始和收尾，显然并非偶然。关于比特堡事件的争论是与新保守主义阵营论战的延续，它拉开了“历史学家之争”的序幕；这场异常激烈的交锋集中发生在1986年，但后期战火绵延不绝，余波不止，对德意志联邦共和国产生了持续而深远的影响。哈贝马斯在媒体上发表文章，向历史学家米夏埃尔·斯图尔默（Michael Stürmer）、安德烈斯·希尔格卢伯（Andreas Hillgruber）和恩斯特·诺尔特（Ernst Nolte）及其国家社会主义立场直接开火，历史学家之争就此引爆。这场辩论大部分在纸媒上进行，以德国名义犯下的罪行是争论的核心，参与辩论的主体是（但不限于）各个不同流派的历史学家，在辩论过程中迅速按左右翼图谱形成了各种不同的阵营。[46]

打头阵的是时任总理科尔的科学顾问斯图尔默。他于1986年4月在《法兰克福汇报》发表文章《无历史国度的历史》（Geschichte in geschichtslosem Land），呼吁寻求一种对纳粹历史的全新的诠释模式：必须要以一种更强烈的民族意识来审视德国历史；唯有如此，即只有在一个具有意义建构作用的历史图景之上，才能产生民族身份认同。他最后的结论是："在一个没有历史的国度，谁填充记忆的内容、创造概念并诠释过去，谁就赢得了未来。"因此，他的观点与科尔领导的保守主义政府的"历史政策"不谋而合。对于科尔的博物馆计划，他亦积极支持。

几乎同时，希尔格卢伯在席德勒出版社（Siedler Verlag）出版了《两种毁灭：德意志帝国的毁灭和欧洲犹太民族的终结》（*Zweierlei Untergang: Die Zerschlagungdes Deutschen Reiches und das Ende des europäischen Judentums*）。这位史学家——半年后鲁道夫·奥格斯坦在《明镜》周刊上称他是"宪法纳粹"——在书中呼吁，历史学研究必须对德国位于欧洲地缘政治中心这个因素予以更多考量，必须看到由此造成的德国人的现实命运，必须认识到德军在东线战场上通过"抵死"反抗所做出的贡献。

最后一位出场的是诺尔特。1986年6月6日，他在约阿希姆·费斯特主编的《法兰克福汇报》副刊上，发表题为《不愿过去的那段过去》（Vergangenheit, die nicht vergehen will）的文章，文章副标题为《一篇写完但不能发表的演说》。作者在文中质疑纳粹对犹太人种族灭绝行动的唯一性。不仅如此，他还认为，纳粹主义是对布尔什维克主义的特殊回应；他声称，共产主义者的"阶级谋杀"是纳粹"种族大屠杀"的先导。

诺尔特文章刊出当日，哈贝马斯在法兰克福罗马厅论坛[①]举行的"今日的政治文化？"讨论会上发言，驳斥诺尔特的观点。法兰

① 该论坛创立于1973年，是德国重要的知识分子公共论坛之一，因最初在位于法兰克福罗马广场的旧市政厅举行而得名。如今论坛地点已迁至法兰克福话剧院。——译者注

克福市文化事务负责人希尔玛·霍夫曼（Hilmar Hoffmann）原本邀请诺尔特参加论坛，但后被历史学家沃尔夫冈·蒙森（Wolfgang Mommsen）代替，他自己要做题为《不愿过去的那段过去》（*Die Vergangenheit, die nicht vergehen will*）的报告。在罗马厅论坛次日的讨论发言中，哈贝马斯批驳了诺尔特及其论述。他指出，诺尔特企图通过对纳粹罪行的无罪化，为修正主义的历史书写做铺垫。“他指出，20 年代初期早已有大量文献描述过类似的纳粹行为，由此说明奥斯维辛的独一无二仅在于毒气室毒杀这种技术程序，这是企图把奥斯维辛解读为一次例外事件。在诺尔特笔下，德国法西斯主义的‘蔓延’纯粹是对布尔什维克灭绝威胁的回应，他用优美的、近乎海德格尔式的语言描述道：‘古拉格群岛难道不比奥斯维辛更源始（ursprünglich）吗？’这样一来，人们就会把反共产主义的老调重弹理解为同一论点的另一面。”[47]

哈贝马斯不只是简单地表达立场，更未仅局限于对触怒他的话题发表观点。1986 年 7 月 11 日，《时代周报》刊发了他的文章《一种损害赔偿方式》（*Eine Art Schadensabwicklung.Die apologetischen Tendenzen in der deutschen Zeitgeschichtsschreibung*）。该报副刊编辑卡尔-海因茨·扬森（Karl-Heinz Janßen）在报纸头版宣告了哈贝马斯的“战斗宣言”。在该文中，哈贝马斯使用了多条论证路径阐述自己的观点，批判在德国纳粹历史研究上新出现的修正主义和调和化倾向，坚持“批判地继承传统”这一立场；他说，不能在心理上为历史画上最后一笔。他认为希尔格卢伯把德军在东线战场上的抵抗斗争崇高化了，他批评斯图尔默是在做意识形态设计，谴责诺尔特麻木不仁的立场。当诺尔特宣称，纳粹对犹太人种族灭绝的唯一性仅在于毒气室毒杀的技术程序时，他是在无耻地伪造历史。在这个问题上，他坚持雅斯贝尔斯的立场，即德国人对纳粹罪行负有集体责任，由此产生了铭记那些死于德国屠刀之下的人们的义务。“这些死者有权索要一种生死同盟的微弱的记忆的力量，这是一种生者借助不断更新、常常令人绝望的纠缠不休的回忆的介质才能得到淬炼的力量。倘若我们无视本雅明的遗言①，犹太公民，尤其被屠杀的犹太人的子孙后代，在我们国家将无法喘息。”[48]德国人的道德认同与“承认对纳粹罪行承担共同责任”紧密联系在一起。[49]他反对历史化的辩护；他坚持认为，奥斯维辛之后，德国的民族自我意识“只能汲取自我们历史传统中较好的东西——不是不加审视地继承，而是批判地继承”。只有这样对待历史，才说明德国人从历史中吸取了教训，形成了后习俗水平的身份认同（postkonventionelle Identität）。这与一种后民族国家时代唯一可能的爱国主义——宪法爱国主义密切相连，即“依赖于一种根植于信念的普适性宪法原则”。[50]他认为，这些普适性宪法原则是西德足以引以为傲的政治成就。

哈贝马斯的《一种损害赔偿方式》发表次日，米沙·布鲁姆里克（Micha Brumlik）在《日报》发表评论，批判希尔格卢伯的《两种毁灭》；不久，《法兰克福汇报》刊登文章攻击哈贝马斯，论战就此全面爆发。诺尔特和斯图尔默在《法兰克福汇报》发表了简短的读者来信反击哈贝马斯。而克劳斯·希尔德布兰德（Klaus Hildebrand）写了一篇长文抨击哈贝马斯。他在文章中称，从一般意义而言，哈贝马斯与历史研究的关系很成问题，其片面性和主观性“甚至具有极权主义色彩”。[51]弗兰克·施尔马赫和约阿希姆·费斯特均试图证明，哈贝马斯对历史概念的处理单一且带有意识形态偏

---

① 本雅明1940年去世前的最后一篇作品《论历史的概念》中有这样一段话：“过去随身带着一份时间的清单，它通过这份清单寻找救赎。世世代代的逝者与我们有一个秘密约定。同每一个已逝者一样，后生的我们亦天生被赋予了一点儿微弱的弥赛亚的力量，过去有权索要这种力量。”——译者注

见。8 月底，所有主要德语纸媒都开始铺天盖地地报道这场论战。

夏天的那几个月，辩论的火药味越来越浓。哈贝马斯与一开始就持观望态度、言辞谨慎的《时代周报》编辑罗伯特·莱希特有电话联系，莱希特在电话中建议哈贝马斯转移战场，到《法兰克福汇报》——正是该报引爆了这场辩论——发表言论。之后，哈贝马斯向《时代周报》总编和发行人玛丽昂·邓恩霍夫伯爵夫人（Marion Gräfin Dönhoff）寻求支持。1986 年 9 月 5 日，哈贝马斯给她写了一封长达三页的信，试图赢得她对自己立场的支持。他也针对费斯特和希尔格卢伯在《法兰克福汇报》上对他"匪夷所思"的指责作了自辩。他们主要指责哈贝马斯的批评是对这些历史学家的"学术名誉诽谤"。[52]"显而易见，我所关注的是如今已在公共领域广泛流传的阐释，而不是我本人素未谋面的作者的性格特征。在这方面，如果我仅凭案头文本获得的认识去推测，可能会认为诺尔特是个道德敏感之人：至少，据此可解释他在纳粹大屠杀和布尔什维克之间挖掘因果关系的热情。"在这封信中他强调说，他不是作为专业历史学者对公众发声，而是作为一个外行参与争论。况且，这样一篇"刊登在报纸上的文学 - 政治论战文章，也不是为大学历史专业初级研讨课写的论文"。[53] 事实上，这仍是关于政治思想的激烈交锋，不过牵涉一个问题；"在这个问题上"，哈贝马斯在《时代周报》发表的讨论结语中说，"我们没有人可以置身事外"。不应当把这场论争混同于"学术专家的讨论"。……所谓政治与学术的混淆，引发了参与论战者好面子的愤怒，这将论题推向了完全错误的轨道。[54]

/ 358

如同"德国之秋"事件中关于左翼恐怖主义思想根源的激烈争论一样，历史学家之争也是一场典型的政治思想论争，论战者严重两极分化，在知识分子中形成了明显对立的阵营。哈贝马斯是左翼自由主义阵营的主将，总体上支持其立场的有：马丁·布罗萨特（Martin Broszat）、艾布哈德·耶克尔（Eberhard Jäckel）、于尔根·

/ 359

柯卡、汉斯·蒙森、沃尔夫冈·蒙森、汉斯－乌尔利希·维勒及海因里希·奥古斯特·温克勒（Heinrich August Winkler）。

对方阵营的核心人物是希尔格卢伯、诺尔特和斯图尔默，为他们的立场辩护的有约阿希姆·费斯特、克劳斯·希尔德布兰德、赫斯特·默勒（Horst Möller）、托马斯·尼佩代及哈根·舒尔策（Hagen Schulze）。这场借助大众传媒发生的短兵相接的论战，实际上是一场争夺政治和文化话语霸权的斗争。在这场关于纳粹对犹太人大屠杀的唯一性的争论中，最终左翼民主派及其立场占了上风，1987 年 9 月 5 日，沃尔克·乌尔里希（Volker Ullrich）在《法兰克福评论报》上表达了这一看法。[55]

似曾相识。时间过去 25 年后，令人难以置信的是，历史学家之争的战火似乎将再度燃起。不过，再次肇始于《法兰克福汇报》的这次小规模争论，一开始就有些荒诞的意味。事件的背景是这样的：文集《独一无二的奥斯维辛？》（*Singuläres Auschwitz?*）当时正在筹备出版中，该文集共集结了 10 篇文章，是时隔四分之一世纪后对历史学家之争的审视和思考。[56] 出版人马蒂亚斯·布罗德科伯（Mathias Brodkorb）在他写的“有些另类的序言”中抱怨说，他曾多次致函“名哲学家”邀请他参与，然而他不但拒绝与诺尔特进行一次“非强制性的对话”，以“在学术层面上公开梳理过去的事实分歧”，而且他也回避与出版人进行有助于澄清事实的交谈。对于一些哈贝马斯宁可缄口不言的事情，他布罗德科伯可会毫无顾忌地爆料给读者。在现实中，哈贝马斯完全不遵照他本人“发明”的对话理论。当然，人们无法据此对该理论的品质做出什么断言，倒是可以对理论的“发明者”评说一二。

引发这场杯中风暴（Wassersturmim Glass）的是该书部分内容提前发表。2011 年 7 月 13 日，《法兰克福汇报》在“人文科学”专栏刊登了罗斯托克大学古代史教授艾贡·弗莱格（Egon Flaig）[57]文章的精简版。弗莱格在文中正面攻击哈贝马斯，令该报读者惊愕不已。他称，哈贝马斯当时伪造了引文，“为公开非难论争对手。……他还不惜采用通常只有无赖记者才用的新闻手段。”在这篇小册子式文章的结尾，他提到了奥斯维辛的唯一性这个论题，他写道：“如果我断言，相比纳粹对犹太人的大屠杀，雅典民主更具有唯一性，我能举出一个充分理由：因为我认为，相比纳粹对犹太人的大屠杀，雅典民主更有意义。”[58]

/ 360

一个星期后，2011 年 7 月 21 日，温克勒在《时代周报》撰文评述此事。他简略介绍了历史学家之争的各种立场，随后对弗莱格展开批评。他认为弗莱格企图弱化犹太人大屠杀的唯一性，将之轻描淡写为“陈词滥调”；他批评其所谓这是想表明德国人的变态，以断言他们被“虚构出来的唯一性”的暗讽。同时，他态度低调但立场明确地为哈贝马斯的观点辩护。[59]令人称奇的是，在布罗德科伯出版的这本文集中，也有温克勒本人的一篇文章。[60]

对于这一短暂而离奇的历史学家争论的重演，哈贝马斯保持了沉默。[61]媒体评论本来也大都站在他这一边；再者，也许他认为，对于让他心力交瘁的这场论争，已无话可说，该说的都说了。他眼下有一些更重要的问题要关注，尤其是欧洲问题。

德国统一的质疑者

/ 361

> 两德统一并未被视作——出于政治自我意识，合并为一个国家公民民族（Staatsbürgernation）的——两个国家的公民基于价值观规范意义上的意愿诉求而发生的行动。[62]

新民族主义？在激动人心的 1989 年的那几个月，现实社会主义国家发生了剧变：11 月，柏林墙倒塌，12 月，勃兰登堡门开放。面对这一切，哈贝马斯起初保持沉默。他试图与这些戏剧性的历史转折暂时保持距离。急剧发展的统一进程令他担忧，对强权民族主义观念复辟的忧虑重又涌上心头，尽管他相信现代社会将向后民族结构（postnationale Gebilde）演变。和君特·格拉斯一样，较之“统一”（Einheit），他更喜欢“联合”（Einigung）的说法。① 同时，他十分重视联邦德国融入西方（Westbindung），在他看来，这能确保“我国战后发展趋势不会发生逆转”。[63] 鉴于上述原因，他尽可能保持批判的距离来观察两德统一的最初进程和“波恩共和国的终结”。[64] 两德边界开放刚过去两周，他就写了一篇题为《民族感情高涨的时刻：共和思想抑或民族意识？》（Die Stunde der nationalen Emfindung. Republikanische Gesinnung der Nationalbewuftsein?）的文章，就此事件表态，这也是他首次对此发表个人观点，不过最初他只把文章寄给了自己的几位关系密切的朋友过目。在这篇文章中，对于被称作一方“加入”另一方的两个主权国家的统一方式——东柏林依赖于波恩的财政援助——他深表忧虑。同时，他也担心会产生一种普遍的新的国民心态。他悲观地预测，联邦德国将利用其经济力量迫使东德单纯并入联邦德国。然而，当在电视上目睹，1989 年 11 月 9 日东德人潮水般涌入西柏林，“在人们重获自由的那一刻，在迁徙自由急速实现的那一刻，我激动万分，随后陷入了沉思：柏林墙所代表的一切恐怖、荒诞和超现实，骤然间暴露出来。当然，1961 年柏林墙拔地而起时，人们也感受到它的恐怖。但柏林墙的这种恐怖很快被反共产主义思潮淹没，成为陈腐老套的话语。……现在，当曾经习以为常的事物的外壳被打破，

① Einheit 和 Einigung 都有“统一”之意，后者更强调双方达成一致前提下的统一。——译者注

违背人性（Unnatürlich）的东西如久被遗忘之物重又浮现。”[65] 即便如此，对于民族感情的新表达和“感情的无言的力量”——当勃兰特在联邦议院老泪纵横时，他想他看到这些东西在发生作用——他仍然表示怀疑。哈贝马斯建议用理性的宪法爱国主义这剂药来医治民族狂热；“即赞成基于自决权而建构的政治制度，以及在这一制度和民族、文化及集体‘命运共同体’的制度观念之间做出区分”。[66]

哈贝马斯认为，应将东德公民纳入民主形塑的决策过程当中。他对科尔和他的“自己制造时间期限压力，明显利用联盟政党①组织网的政策”[67]显现出的草率和急促表示疑虑。他认为现实社会主义失败的原因，主要在于官僚机构过度臃肿和对民主法治（Rechtsstaatlichkeit）的蔑视，但也在于，这个制度重视的是提升社会劳动生产率，而不是生活质量。

对于在莱比锡爆发的、人们高呼“我们是人民”口号的持续的大规模示威活动，哈贝马斯的解读是：这是“追补的革命”，人们的普遍诉求是政治自由和经济富裕。而定位于资本主义经济模式，则暴露了“创新性及前瞻性思想几乎完全缺位”。[68] 在这种背景下，被臆想处于守势的西方马克思主义代表人物“没有理由披麻蒙灰地悲切忏悔”。但非共产党左派——哈贝马斯将自己归入这一派——“也不能装作什么事情都没有发生”。[69]

1990 年 3 月底，他在《时代周报》发表谈论两德统一的首篇长文，标题为《德国马克民族主义》（Der Dm-Nationlismus）。文章开篇就提出了这一问题：“德国的身份认同将会发生怎样的变化？”[70]

① Blockparteien，民主德国时期，在长期执政的德国统一社会党之外，还存在着基督教民主联盟、德意志自由民主党、德意志国家民主党及德国民主农民党等四个附庸政党，后者被称为联盟政党。——译者注

他的疑虑指向“压倒了共和意识”的“一种经济民族的观念”和经济民族主义。他评论道:“对于所有问题只有一种记账单位。德国马克是衡量和实现德国利益的标尺和手段。”他批评科尔不顾一切异议支持成立德国联盟①，批评其“既成事实”政策；他主张根据基本法第146条来完成统一。该条规定，一部德国人民以自由决定制定的新宪法是开启统一进程的前提。但若依据基本法第23条来安排统一进程，结果将会是，公民只是“容忍”统一，当然，这有益于被赠予了货币和社会联盟的民主德国公民。[71]

时隔近一年后，他再次在《时代周报》撰文谈论统一问题。从文章的字里行间可以看出，作者比以往更鲜明地区分“我们”、“西德的我们”和前民主德国“那些人”。他认为，“民主德国遗产最坏的一面在于”，在其短暂的历史中，政治修辞败坏了先进思想的名声。此文让人约略产生这样的印象，即似乎他想让那些

/ 364

把现实社会主义作为替代选项的西方左派们睁开眼看看，他们陷入了怎样的谬误，而——这个他承认——初期弥漫着反共产主义思潮的西德又助长了这一谬误。他坦承，他一向对民主德国兴趣不大，直到1988年第一次得到入境许可，他才踏上民主德国的土地，此前仅有几次短暂访问东柏林。“民主德国的历史不是我们的历史，更不是我的儿女们及其整代人的历史。我们必须能够不带任何感伤地指出这一点。”[72]

这篇根据与时评家米夏埃尔·哈勒（Michael Haller）的谈话加工成的文章，[73]再度聚焦于批评联邦政府对待民主德国的方式。

---

① Allianz für Deutschland，该联盟由东部基督教民主联盟、民主觉醒（DA）和德国社会联盟（DSU）组成，1990年2月5日在西柏林成立，主张德国快速统一，得到科尔政府的支持，在民主德国有史以来举行的第一次也是唯一一次自由的人民议院选举中以最多票数胜出，与社民党和自由党组成大执政联盟，洛塔·德梅齐埃（Lothar de Maizière）任总理，直至两德正式统一。——译者注

他称，人们遭遇到一种“强迫性领土拜物教，似乎通过合并民主德国我们能获得某种传统遗产。这种因臆想的精神增高而充满胜利喜悦的调子，着实让我感到不安。”[74] 公共交往发展空间越来越收缩或受限，严重损害了民族的政治自我意识，致使不可能出现某种程度上双方关系对等的统一过程。哈贝马斯认为，民主德国公民的“追补的革命”并未给德国的老问题带来新启发。“在我看来，我们最优秀和最脆弱的知识分子传统的贬值，”哈贝马斯写道，“是民主德国带给版图扩大了的联邦德国的最坏的遗产之一。……诚然，教科书辩证唯物主义打从一开始就是为苏联帝国主义量身打造、证明其合法性的意识形态；但在 1953 年之前，从西方回到民主德国的流亡人士，如布莱希特、布洛赫（Bloch）、汉斯·迈耶（Hans Mayer）、斯蒂芬·海姆（Stefan Heym），以及像安娜·西格斯（Anna Seghers）等人，也见证了民主德国假意维护在德国土地上历来尤难容身的传统。……若问我民主德国有哪些值得保留的规范性价值取向，我的答案是，应当少把民主德国与德意志自由青年同盟（FDJ）和党代会的政治口号扯在一起，而多与德发电影制片厂（DEFA）的早期电影，与一些 50 年代初出版的书籍，与远至海纳·米勒（Heiner Müller）和克里斯托夫·海因（Christoph Hein）的一到两代左翼反对派作家联系在一起。”[75]

在 1992 年发表于《时代周报》的第三篇关于德国统一的文章中，哈贝马斯在民主德国历史的问题上深化了自己的观点，这些观点在与米夏埃尔·哈勒的对谈中已有所表露。他说：“一条恶龙，人们可以杀死它，可是死去的章鱼呢——它不会把吸住的所有东西都松开。所以，会有些并不是那么有保留价值的东西存活下来。”[76] 他把对民主德国历史的处理看作一个“多维度”行动，在这个过程中，要在公共商谈、司法判决和个体责任间加以区分。由于其意识形态特色，前民主德国社会深受对历史缺乏清理和反思之害，“因为，旧政体反法西斯的合法统治形象，实际上阻碍了对纳粹历史的深入剖析”。[77] 现实情况是，在签订“2 加 4 条约”后，民主德国终于并入联邦德国，此后“变节者和投机者在新联邦州纷纷扶摇直上。这次革命没有吞吃掉自己的孩子；它根本没有孩子。所有的一切都表明”，正如沃尔夫冈·赫勒斯（Wolfgang Herles）在《德国的另一种历史》（*Andere Geschichte Deutschlands*）中所言，“民主德国发生的革命是少数人的事情。多数人想要的，是按东部的条件得到西部的富裕。”[78] 在西德，哈贝马斯观察到政治再次向右倾斜。自由保守主义者可能会蜕变为德意志民族主义者，新保守主义者可能将加入右翼极端分子阵营。“如今，几乎不再有声音反对那些明目张胆地抹除俾斯麦帝国的延续性，或拿国家社会主义推动现代化的成绩，来抵消其大规模暴力犯罪的上蹿下跳的历史学家。”[79]

哈贝马斯认为，绝不能将国家社会主义和民主德国相提并论。
/ 366 因为，在民主德国，一方面，人们“不为导致 5000 万人死亡的世界大战，不为以工业化方式实施种族灭绝”的罪行负责。[80] 另一方面，由于持续时间之长和个体深陷“权力行使的官僚之网”，民主德国政体从一种“正常化效应”中受益。至少，曾有过批判潜能，并因此曾萌生过民主化的希望。[81] 在这种背景下，他提醒人们警惕一种复仇心态和媒体审判。“在西部一些像墙头草一样的报纸副刊上，似乎仅出于技术原因就已有大量类似舆论看似偶然地聚合在一起，因为民主德国没有时间发展拥有自己基础结构和话语的公共领域。东德的知识分子常这样被西部记者当作提线木偶。”[82] 联邦德国版图扩大两年后，还远远谈不上是一个真正融合统一的德国。不过，通过“宪法确立的统一，……双方决定共同塑造未来以及相互谅解存在两种不同的战后历史”。[83]

最著名的自由主义者达伦多夫是激烈批评“西德马克民族主义”这句“废话”的人之一。他认为，这句话的背后潜藏着“这样一种错误观念，即认为金钱一定是肮脏的，而政府则尽量做到仁慈”。然而，正是德国马克不但使前民主德国最终摆脱了柏林墙，而且让它变得“适宜人居，不适于权力统治”。[84] 在哈贝马斯看来则相反，他认为，衡量一个社会的自由度，首先并不看是否有运行良好的市场，是否是福利国家，而是看社会内部的交往方式和交往内容，以及这些如何体现在民主程序中。

克里斯塔·沃尔夫。1991 年 11 月，哈贝马斯与前民主德国作家和异见者克里斯塔·沃尔夫开始通信。[85] 同哈贝马斯一样，起初她也反对两个德国的仓促统一，但与哈贝马斯不同的是，她赞成将民主德国当作一个社会主义的“替代选项”，作为第三条道路。

两人都有意寻求意见交流。开始通信缘于在艺术学院——该学院位于东柏林罗伯特·考赫大街 7 号——举行的一次讨论，当时艺术学院还保留着作为独立机构的原有形式。1991 年 11 月，哈贝马斯曾现身讨论现场，虽然没有在讨论会上发言；回到施塔恩贝格后，他马上给沃尔夫写了一封私信，在信中，他提了一个疑难问题——当今时代有一种趋势，即把“纳粹德国和民主德国”两个政体不加区分地相提并论——与沃尔夫讨论。联邦德国民主化进程的消失点，是使德国获得解放的、推动民主发展的融入西方政策。而在民主德国则相反，进步理念被德国统一社会党滥用。在他看来，西德民主的成就神圣不可亵渎：“在西德，我们身处的生活状况，使一种以西方为标杆的解放体验成为可能，在智识领域也是如此。走向西方不是让德国人扭曲灵魂，而是让他们练习挺直腰板走路。”[86]

柏林墙倒塌后的次年，沃尔夫曾到位于法兰克福米利乌斯街的哈贝马斯寓所拜访他和夫人，两人从晚餐后开始谈话，一直谈到深夜。[87] 收到哈贝马斯的信后，沃尔夫很快回了信，信写得很理性。她说，她看到哈贝马斯区分了两种不同的政治文化，她对这一点感到迷惑不解。同时她很遗憾，她不认为存在“零点时刻”（Stunde Null）。正因如此，必须要谈谈两个德国各自的历史，以及两人各自的人生经历。对于东德知识分子对西德的文化和生活状况几乎不了解的说法，如哈贝马斯信中所暗示的那样，沃尔夫予以激烈驳斥。

神学家、在民主德国首次自由选举的人民议院中担任社民党议会党团主席里夏德·施罗德（Richard Schröder），也在《时代周报》撰文反驳哈贝马斯的说法。他对哈贝马斯批评联邦政府对待民主德国的方式是“强迫性领土拜物教”尤为反感；对于哈贝马要求全民公投，他的解读是，这是要决定民主德国公民究竟可不可以成为联邦德国公民。实际上，施罗德写道，“多数联邦德国公民都赞成以民主德国加入联邦德国的形式实现统一，他们没要求必须先测试在联邦德国铁石心肠是否能获得多数票”。[88] 生于1937年，在德累斯顿和柏林成长的作家弗里德里希·迪克曼（Friedrich Dieckmann），也明确批评哈贝马斯的说法。关于联邦德国的历史和民主德国的历史是两段互不相干、兀自发展的历史的断言，是个谬误。“这位［指哈贝马斯。——作者注］如此杰出的思想家在这个问题上的自欺欺人，几乎比什么都更能说明与联邦德国捆绑在一起的国家意识的虚幻性质。”[89] 被西德政府的自我欺骗所欺骗——事实上，即使对那些习惯了各种归因的人们来说，这也是一种闻所未闻的归因方式。

第十章　反对德国性（Deutschtum）和民族主义

意大利《快报》周刊：现在对您来说，做一个德国人意味着什么？

哈贝马斯：确保让人们不会因为1989年那个幸福的日子而忘记1945年那个富有启示的日子。[1]

大国妄想症旧病复发？哈贝马斯始终担心，随着德国统一，民族国家会在德国大地上再度兴起。于是，自20世纪90年代初起，他开始更加深入地思考这一问题，也包括哲学层面的思考；至少，德国可能和一定会再度谋求在欧洲的政治和经济霸权地位这个问题，越来越经常地盘踞在他的脑海。1992年12月11日，他在《时代周报》发表相关文章，他写道，"就好像，今天还有那类民族国家，仍然笼罩在19世纪的意识形态余晖中；就好像，比任何一个国家都更深陷在政治和经济相互依赖网络中的古老又年轻的联邦共和国，还会把长出来的部分截掉，重新变回那个昔日的样板国家"。[2]哈贝马斯这几年偏爱汉堡的这家周报，他更喜欢在这里表达政治意见，介入政治。这并未妨碍希尔马赫试图争取让哈贝马斯成为《法兰克福汇报》副刊的作者。不过，哈贝马斯的答复很明确，4月26日他写信给希尔马赫：对于《法兰克福汇报》，他宁愿仅限于扮演"读者的角色，饶有兴趣地阅读贵报驻罗马记者的无耻的亲法西斯文章，看对卡尔·施密特的'民主必需的同质性'的右翼激进主义的辩护和借一位前意共知识分子（PCI-Intellektuelle）之口为法西斯政治 / 370 哲学家金蒂勒（Gentile）洗刷罪名——过两天再看文章精选"。[3]

哈贝马斯之所以根深蒂固地怀疑被理解为单一民族统一体的民族国家和作为建构民族认同的资源的民族主义，源于他自己的生活史：他亲身经历了德意志民族主义如何现出其大国妄想症的恐怖原形，导致了数千万人的死亡，使欧洲沦为废墟；德国民族主义还

"确保"，在"全面战争"结束后，既没有产生一个完整的德意志主权国家（souveränen deutschen Staat），也没有产生一个有确定领土边界和合法实体（rechtlich verfasste Entitaet）的完整的民族国家。无论过去还是现在，他都不可能不考虑这一历史事实。他试图探究什么是"民族与国家"这个话题的"肉中刺"，以说明没有人应当可以漠视这一历史事实。两德统一后，民族国家迅速成为他政治哲学思考的对象。在他的思考中——如事实证明——后民族欧洲从一开始就有着重要分量。

公民团结联合体（Solidaritätszusammenhang der Staatsbürger）。 1990 年 3 月，哈贝马斯在瑞士里腾海德（Littenheid）精神心理治疗诊所做了题为《国家公民与民族身份认同》[4] 的报告。他在报告中说，在欧洲共同体形成的进程中，必须同时实行国家间协商政治，且要以欧洲内部彼此开放的后民族公共领域的相互作用为基础。在 1945 年的历史转折点上，民族国家主权的丧失并未阻碍通过"坚持西方启蒙文化"[5] 艰难启动的民主化进程，而是促进了这一进程。[6] 但随着 1989 年的时代转折，基于强权政治考量的民族国家目标的强
/ 371 化，可能会危及已实现的民主制度的稳定性。被认为早已消散的幽灵会被唤醒，但愿后人——其"理智的政治身份认同"实际上已跳脱出"以民族史为中心的历史背景"——的后传统意识能够抵御这种趋势。[7]"民主和人权的普遍化了的抽象观念构成了……坚硬的本体，民族传统之光——一个民族的语言、文学和历史——通过这个本体被折射。"[8]

1995 年 12 月 1~3 日，法兰克福社会研究所、弗里茨·鲍尔研究所和法兰克福犹太社区共同举办"处在紧要关头的公民社会"（Bürgergesellschaft im Ernstfall）讨论会，该讨论也主要围绕上述主题。之前，哈贝马斯在夫人陪同下参加了在加州大学圣克鲁兹

分校举行的会议，此时刚回到法兰克福。参加这次会议的除德沃金、艾米·古特曼（Amy Gutmann）、托马斯·纳格尔（Thomas Nagel）和罗尔斯的若干学生外，还有罗尔斯本人。[9] 会议重点讨论罗尔斯 25 年前出版的《正义论》(*Theorie der Gerechtigkeit*)。哈贝马斯在会上做了题为《'理性'对'真实'》的报告，阐述了罗尔斯的政治自由主义和康德式共和主义的区别。[10] 他与这位令人尊敬的同仁自此后再未谋面，罗尔斯在飞回波士顿的途中得了中风，于 2002 年 11 月去世。11 月，哈贝马斯被授予卡尔·雅斯贝尔斯奖，他在海德堡致答谢辞。[11] 1995 年 12 月 30 日，他在法兰克福讨论会的演讲在《法兰克福评论报》副刊发表，标题为《清醒的无助：为何政治没有前景？一次讨论的命题》(*Aufgeklärte Ratlosigkeit. Warum die Politik ohne Perspektiven ist. Thesen zu einer Diskussion*)。他这次没有再谈重新民族化（Renationalisierung）的危险，而是谈国民经济的去民族化，即民族国家主权被架空将会产生的后果。他的解决方案：采取超国家政治共同体的形式。

《民族国家有未来吗？》是哈贝马斯 1996 年出版的《包容他者：政治理论研究》(*Die Einbeziehung des Anderen.Studien zur politischen Theorie*）一书中的文章。虽然该书也收入了《关于〈在事实与规范之间〉的补遗》，以及论述罗尔斯政治自由主义的几篇文章，但核心主题仍是民族国家、人权和协商政治。在第四篇文章《欧洲民族国家——主权和公民的过去和未来》中，哈贝马斯追溯了现代民族国家的历史发展阶段，这些阶段既有成就也隐藏着危险。危险根植于嵌入"民族国家术语"中的"普遍主义和特殊主义之间的紧张关系，即平等主义的法律共同体和历史命运共同体之间的紧张关系"。[12] 国民民族（Volksnation）的主张，始终有为对内对外的暴力行为辩护的危险，而共和主义的同时也是世界主义的公民民族（Staatsbürgernation）主张诉诸法律共同体内公民相互承担 / 372

义务的团结共存。“公民团结联合体”取代了通过民族国家的自我理解凝聚起来的政治联合体。[13] 民族国家的功能对于历史上平等的公民的政治融合和民主自决具有重要意义，而如今一个明显的事实是，民族国家的政治活动余地日益受到限制：在内部受到源于人口种族构成多样化的多元文化生活环境的影响；在外部，势不可挡的全球化趋势削弱了单一国家的主权。在哈贝马斯看来，与民族国家功能相当的，只有民主进程本身。政治公共领域中循环往复的交往以及
/ 373 民主的意见和意志形成过程，必须承担起一种（民族国家已无法承担的）“担保人责任”，把社会团结在一起。[14] 不同生活方式间相互承认并最大限度地相互包容，共同参与塑造文化和政治，借此实现政治共同体的融合。被哈贝马斯视为“‘差异化’包容”或“平等共存”的措施，“主要包括承认文化自主权、保障特殊群体的权利、平等政治原则以及其他有效保护少数群体的安排”。[15]

在军事干预问题上的矛盾立场

战争经历把我变成了和平主义者。[16]

摆脱战争逻辑。1991 年初，即第一次海湾战争结束约三年后，第二次海湾战争——也称“第一次伊拉克战争”——爆发。事件的背景如下：1990 年 8 月初，由于石油危机引发的冲突，伊拉克军队入侵科威特。联合国安理会数小时后做出反应，通过了第 660 号决议，谴责伊拉克的入侵行为，要求伊拉克立即从科威特撤军。之后又通过了 6 个决议，其中包括对伊拉克进行经济制裁。最后，联合国通过第 678 号决议，授权联合国成员国，在伊拉克于 1991 年 1 月 15 日之前仍拒不执行从科威特撤军的安理会第 660 号决议的情况下，“使用一切必要手段”。伊拉克拒不执行联合国最后通牒，于是，最

后通牒过后不久，由 34 个国家组成的联军发动了名为“沙漠风暴行动”（Operation Desert Storm）的军事进攻，美军上将诺曼·施瓦茨科普夫（Norman Schwarzkopf）任联军总司令。几乎同时，仅在德国就有 20 余万人走上街头进行抗议，在其他欧洲国家也爆发了抗议行动。这些抗议不仅针对对伊拉克的空中袭击和陆地进攻，对巴格达和巴士拉的狂轰滥炸，也针对对科威特的铁蹄蹂躏和萨达姆政权对以色列的火箭弹袭击。 / 374

哈贝马斯始终密切关注国际政治事件，但早年——至少就他的情况而言——很少发表意见。1986 年春，发生了利比亚危机；4 月，美国空袭的黎波里和班加西，危机达到顶点，这次他进行了积极干预，但立场相对冷静。[17] 5 月，他接受一家报纸采访，谈到美国人称作“黄金峡谷行动”的对利比亚的打击行动时，他为道德原则的普遍性实质辩护。他表示，对于道德的普遍有效性，不能从一开始就持怀疑态度。“现在几乎不存在一部宪法没有关于基本权利的成文或不成文条款。”从这些条文来看，很明显，美国军队在里根总统领导下违反了国际法，因为这种行动视无辜者的生命如儿戏。由于世界大国的帝国主义行径，他“多年来再次加入了示威者的行列”。[18]

在海湾战争问题上，哈贝马斯表达的立场更加明确和具体。1991 年 2 月 15 日，他在《时代周报》发表题为《反对战争逻辑》（Wider die Logik des Krieges）的内容详尽的长文，批评在他眼中完全合理的联合国决议的执行方式。他说，“作为一种世界历史的战争已经过时”，坚持“摒弃战争的目标是一种理性命令”的根本立场。[19] 但他也写道：“可能还有比战争更糟糕的恶。”[20] 他建议德国 / 375 政府采取“克制政策”，但也恳请德国政府毫无保留地支持和保护以色列。

对于军事干预，他持区别对待的谨慎态度。在上文提到的米夏埃尔·哈勒与他的一系列对话中，他说，“把德国对伊拉克的技术出口和向以色列发射的……飞毛腿导弹无耻地联系在一起，是对德国人政治道德的挑衅”。[21]从世界政治角度来看，海湾冲突表明，须提高联合国的权威以落实国际法原则。他认为，从这个角度来看，对于“沙漠风暴”军事行动，是划出了明确界限的。作为警察行动，它必须得到联合国的明确授权。相应的，禁止为纯粹追逐国家利益，比如获取原材料，而交战。1991 年 2 月发表于《时代周报》的这篇文章的重点在于：“在我看来，这样的干预完全合理。同时我强烈质疑，干预行动的执行过程是否经得住严格的检视。只有一个问题我敢断然做出判断，那就是，对于帮助以色列我们不应有任何迟疑。”涉及德国有关这场战争的讨论，哈贝马斯强调了两个相互矛盾的方面：“再也不要有反犹主义”和“再也不要有民族主义和战争”。他最后表达的个人主张非常明确：“尽管如此，[伊拉克——作者注]公然违反国际法，而联合国已相应做出决议，这表明在海湾地区有限度的使用武力是合理和正义的。”他在《时代周报》发表的观点明确说明，他认为——这一观点至今未变——德国对以色列承担着一种特别责任，而正是这种责任，会阻止德国人“拒绝海湾战争”。从下期《时代周报》刊登的读者来信可以看到，他的立场招致了大量
/ 376 批评。一位读者的结论是：“因此，摆脱战争逻辑只能意味着放弃战争。”另一位读者写道：“1968 年的时候，哈贝马斯尚看清了美国在越南的帝国主义本性。然而，1991 年的今天，他竟看不出，这场海湾战争只是为了维护美国资本主义的战略利益。”[22]对德国政府在该问题上的谨慎态度和科尔的优柔寡断，他表示理解：“不过，无论我们的政府做错过什么，他们没有向巴格达出动德国龙卷风战机，天知道这并不是个错误。回想让欧洲陷入两次世界大战的德意志帝国的强国渴望，这一政策也是一种有充分历史理由的克制的表现。”[23]

世界公民法。东欧“现实社会主义”崩溃后，南斯拉夫各共和

国纷纷谋求独立自主，这导致20世纪90年代巴尔干地区的冲突升级。南斯拉夫的所有共和国都燃起了战火，特别是波斯尼亚战争和1995年7月发生的斯雷布雷尼察（Srebrenica）大屠杀，令世界震惊。在这种情况下，1998年春，塞尔维亚军队和警察部队开始对科索沃解放军（UÇK）发动进攻。由于米洛舍维奇统治下塞族人肆无忌惮的行径，北约向贝尔格莱德发出了必要时进行军事干预的威胁。迫于北约的压力，科索沃阿族和塞尔维亚代表在巴黎附近的朗布依埃（Rambouillet）举行和平谈判。谈判失败后，北约联军于1999年3月24日发动了"盟军行动"（Operation Allied Force），自行动首日起德国就派兵参与了行动——这在德国战后历史上尚无先例。再加上，柏林的权力交接直到1998年秋才完成，在9月底的联邦议院选举中，执政16年的黑黄联盟失利，联邦总理科尔——哈贝马斯最后几乎都对他有好感了[24]——的任期也随之终结。尽管早 / 377 在1998年10月16日，即新一届联邦议院成立及红绿联盟上任之前，已就德国出兵科索沃举行了投票表决，不过执行决议的重任落在了两个具有强烈和平主义倾向的左派政党肩上。社民党成员、联邦总理格哈德·施罗德（Gerhard Schröder）和绿党党员、外交部部长约什卡·菲舍尔（Joschka Fischer），既要想方设法争取党内支持，还得努力争取德国公众的赞同。[25] 在绿党于比勒费尔德召开的讨论科索沃议题的特别党代会上，菲舍尔遭人泼墨；在社民党内部，奥斯卡·拉封丹和左派代表反对出兵科索沃，前联邦总理施密特也对出兵干预持异议。公众对此也是莫衷一是。问题在于：北约和联邦国防军出兵未得到联合国安理会授权，施罗德在1999年3月24日发表的晚间电视讲话中辩称，这次行动乃人道主义干预，而非战争。

大约三周后，1999年4月29日，《时代周报》以醒目标题刊登了哈贝马斯的文章《兽性与人性：一场处于法律与道德边界上的战争》。他有意借用了卡尔·施密特的“所谓人性，就是兽性”（Humanität,Bestialität）的玩世不恭的说法。[26] 2001 年该文收入《哈贝马斯政论文集》第 9 卷出版时，标题改为《从强权政治到世界公民社会》（Von der Machtpolitik zur Weltbürgergesellschaft）。

1999 年 2 月，哈贝马斯因在政治文化发展方面做出的贡献被授予特奥多尔·豪斯（Theodor Heuss）奖，那时他释然地发现：联邦国防军参战在德国国内并未引发强国想象。“海湾战争时还充斥着千钧一发、生死存亡的论调，呼唤对国家的热爱，呼唤尊严、悲
/ 378 壮和男子汉的成熟气概以对抗喧嚣的和平运动。现在双方都消停了。……没有特殊道路。没有特殊意识。”[27] 文章最后，他举了几个可能导致人们怀疑这次军事行动的原因：缺乏谈判技巧与策略，致使最终除武装打击外别无选择；另外，人们质疑军事打击的合目的性，以及政治目的与使用的军事手段比例不恰当。然后他亮明自己的立场，单纯从法哲学的角度解读科索沃战争，他称这场战争是“从古典国际法向世界公民社会的世界公民法演变过程中的一个飞跃”。要达到这样的形态，“不是直接以道德观念来判断并打击侵犯人权的行为，而应像在国家法律秩序中追究犯罪行为那样去做”。[28]

哈贝马斯区分了两种和平主义，一种是基于理念的和平主义，一种是基于法律的和平主义。这使他得以从“世界公民权利制度化不足”的角度去看待在受波及的平民眼中灾难性的军事打击。[29] 他认为，这种不足一旦消除，就不再需要一个“扮演霸道秩序保障者角色”的世界大国。他展望未来，期待一种“超越了当前冲突，甚至武装冲突所带来的鸿沟的世界公民社会形态”。他把这种世界公民社会形态视作一个“须共同完成的学习过程”的结果。在他看来，促进和平的干预具有合理性，因为这样的干预是实现世界公民社会秩序内国际关系法律化、保护受迫害的少数族裔、防止出现“可怕的族群民族主义”的必不可少的行动。[30] 在国与国之间的自然状态

某种程度上转化为世界公民社会形态的过程的尽头，哈贝马斯所设想的并非一个有世界政府的世界国家，而是一个安理会，外加一个刑事法庭，再加一个各国政府代表构成的代表大会，以及一个世界公民构成的代表机构。而且“只有当人权在一个全球范围的民主法律秩序中以类似的方式找到了‘一席之地’，就如基本权利在我国宪法中有一席之地那样，我们才能够也在全球范围内假定说，这些权利的享有者同时可以把自己视为权利制定者”。[31]

哈贝马斯对科索沃战争的立场，让许多人感到迷惑不解，就连他儿子提尔曼和一些亲密的朋友也都纷纷摇头表示不解。把战争视作实现世界公民社会愿景的必要手段？结果批评他的声音汹涌而来。不仅有大量读者来信批评他，[32]如在下期《时代周报》那样，也有其他各种批评的声音。克里斯蒂安·盖尔（Christian Geyer）于5月4日和6月9日先后在《法兰克福汇报》发表短评说，令他诧异的是，哈贝马斯并未突出强调此次空中打击未经联合国授权，缺乏合法性。在1999年5月5日的《日报》上，克里斯蒂安·塞穆勒（Christian Semler）批评哈贝马斯的论证风格“抽象规范”，缺少关于未来如何避免空中打击的具体建议。来自同行的批评更是犀利，比如法哲学家莱因哈德·默克尔（Reinhard Merkel）说：“这场战争违法、非法，道德目标固然崇高，却应受到道德的谴责。”默克尔在1999年5月12日的《时代周报》上说，轰炸科索沃的行为“没有任何正当性”，因为，这是“为保障一部分人拥有家园的‘世界公民权’，而消灭另一部分人拥有生命的世界公民权！”1999年6月18日迪特·西蒙（Dieter Simon）在《法兰克福汇报》上的评论，更是带着火药味十足的抨击调子。这位法学家指出，在哈贝马斯看来，可强制实现世界公民社会形态的目标，即把人权作为主观权利来落实——“迫不得已时就扔炸弹”。对哈贝马斯的抨击在文章最后达到了顶点：“怀着传教士般的热情传播启蒙普遍价值，面对‘战争作为基本犯罪的可怖’（托马斯·伯恩哈德 [Thomas Bernhard] 语）却乐观地闭上了眼睛。”

/ 380 法律学者托马斯·布兰克（Thomas Blanke）在一篇文章中，对哈贝马斯的对话理论是否经得住公共辩论的应用测试做了深刻分析。他说，可以理解为何哈贝马斯未将国际法作为核心来论述，因为国际法与人权处于一种紧张关系中，因此实际上有充分理由不强调现下形态的国际法。但他拒绝哈贝马斯设想的拘泥于法律条文的方法，认为这样做不切实际。[33]

正如所料，和平研究领域对他的批评狂风暴雨般袭来。鲁茨·施拉德（Lutz Schrader）指出，哈贝马斯完全无视政治人物的过失。红绿联合政府的外交立场与哈贝马斯观点的一致性，尤为引人注目。尽管施拉德未直接言明，却说道：尤其是菲舍尔和哈贝马斯熟识已久，关系密切，这并不是秘密。虽然和平运动人士和社会上的大部分人都感到不安，但在这件事上，哈贝马斯既过度相信北约的战争宣传，也过分信任政府和媒体。另外，他只字不提战争后果，而事实是，佯装文明行为的军事行动导致“国际社会急剧倒退回无政府状态”。[34] 施拉德不禁纳闷：“难道为避免红绿联盟因战争问题而破裂，他要尽一份微薄之力？”[35]

作家也都纷纷发声。1999 年 4 月 3 日，与哈贝马斯相熟的乔治·康拉德（György Konrád）在《法兰克福汇报》发表长文。他在文章最后写道：“谁来保护我们免受——使我们自身权力受到蛊惑的——自身谬误和邪念的侵袭？”彼得·汉德克在 1999 年 5 月 18 日的《南德意志报》上撰文抨击哈贝马斯，说他是肆无忌惮的暴力的辩护士。

可见反对他的声音不在少数，也有或者说恰有很多批评来自他自己所属的“信念共同体”。有许多迹象表明，哈贝马斯立即对自
/ 381 己关于科索沃战争的政治判断做了反思。他于同日在同一家报纸对汉德克的批评做出简短回应，他承认：“现在看来，采用的干预手段

就其合目的性和比例适当程度而言，是成问题的，因此我认为绿党要求有条件停火是明智之举。”不过，他仍坚持自己的法哲学论证，尽管他承认，“从一开始就令人疑惑的干预行动的诸方面——除从国际法的角度看合法性不足……和政治目标模糊外——……由于事态的进一步发展……更凸显出重重问题”。“尽管如此，”哈贝马斯继续道，“我现在仍然坚持康德的国际法转化为世界公民法的观点，当初我原则上认为军事干预具有合理性，即基于这一观点。”[36] 从爱德华多·门迪塔（Eduardo Mendieta）2003 年 11 月和他的对谈可知，他所说的“现在仍然”的“现在”，是指“9·11”恐怖袭击后，话题背景是在阿富汗尤其是在伊拉克发动的“反恐战争”。[37]

批评美国政策。2001 年 9 月 11 日，美利坚合众国遭遇一系列惊人的恐怖袭击，人们或多或少在电视屏幕上目睹了事件直播，整个世界被震惊。空袭事件后，全世界的人们几乎都表示与美国人团结一心，在德国同样如此。然而，当乔治·W. 布什领导下的美国政府宣布“向恐怖主义开战”，先是针对阿富汗，后来又把目标对准伊拉克，上述情况很快发生了变化。

巧合的是，这一年德国书业协会授予哈贝马斯德国书业和平奖。2001 年 10 月 14 日，颁奖仪式在法兰克福保罗教堂举行，受一系列恐怖袭击和军事干预阿富汗的影响，整个庆典过程反战抗议示威不断，庆典现场采取了超出常规的严格安保措施。按照哈贝马斯本人的愿望，扬·菲利普·利茨玛（Jan Philipp Reemtsma）向获奖人致授奖辞；接着哈贝马斯发表演讲，10 月 15 日的《法兰克福汇报》和次日的《法兰克福评论报》都刊登了他的演讲。他在演讲中说：“近来令人心情沉重的现实使我们无从选择其他话题，而与我们知识分子中间的约翰·韦恩（John Wayne）们比试坐射速度的诱惑又很大。”从某种程度上说，他抵抗住了这一诱惑；对阿富汗战争他未直 / 382

接表态，只是告诫人们警惕使用“报复性语言”，继而从哲学角度探究了后世俗社会中信仰和知识处于紧张关系的深层原因，尤其因为“那些决意自杀的凶手们把民用客机变成炮弹，射向西方文明的资本主义堡垒，……是受到了宗教信仰的驱动”。但未来他将多次对此直接表态，并部分纠正了自己关于军事干预的立场，尤其在关于第三次海湾战争——伊拉克战争的问题上。

萨达姆·侯赛因领导下的伊拉克政府拒绝执行销毁大规模杀伤性武器（现在我们知道，大规模杀伤性武器并不存在）的联合国安理会决议，于是，布什总统于2002年1月底在国情咨文讲话中宣布将伊拉克、朝鲜和伊朗列为“邪恶轴心”国家，并将对它们采取强硬政策——即使没有联合国安理会的授权——一年后发生的事情证实了这一点。根据布什主义的理论，美国要通过发动预防性军事打击，先发制人地遏制潜在敌人。法国和德国不想参与“意愿联盟”的军事行动，对此反应克制，这招致美国国防部部长唐纳德·拉姆斯菲尔德的“老欧洲”的不屑之语，他的嘲讽之语自然激起了“老欧洲”的愤怒。哈贝马斯也非常愤怒，于是著文一篇，发表在2003年1月24日的《法兰克福汇报》上。他在这篇短文中捍卫“老欧洲”。他说，事实上，若从德国和法国如何实现了民主生活方式——完全符合18世纪时的美国理想——来看，这个老欧洲是先进的、面貌一新的。在这个欧洲，“一种规范性解释战胜了旧有的心态——圆滑世故的现实政治犬儒主义、细腻敏感的保守的文化批判、寄希望于暴力和暴力制度的人类学悲观主义”。对于现在“老欧洲”维护联合国的人权政策，哈贝马斯认为，这体现了这些国家的道德附加值。

在美国地面部队执行伊拉克自由行动（Operation Iraqi Freedom），于2月15日入侵伊拉克之前，世界若干城市就已爆发了大规模示威活动。哈贝马斯本人也加入了示威队伍。“这些示威活动并非对‘9·11事件’的回应——该事件尤令欧洲人触动，他们立即宣布与美国人休戚与共——而是表现了形形色色的公民的滔天愤怒，示威者中很多人过去从未参加过街头示威。反战者集会的意图很明显，是抗议本国和盟国政府欺瞒天下、违反国际法的政策。我认为这些大规模示威活动，正如当年的反越战示威一样，并非‘反对美国’……。所以，我很高兴我的朋友理查德·罗蒂发表文章，……自愿加入5月31日的知识分子行动。”[38]这位美国哲学家2003年5月31日在《南德意志报》撰文，明确支持德里达和哈贝马斯在同一天公开发表的联合署名文章中表达的立场，他们在文章中呼吁，核心欧洲应当联合起来，形成与美国的单边霸权主义抗衡的力量。[39]英美联军入侵伊拉克一个月后，哈贝马斯在《法兰克福汇报》发表短评，表达了对伊拉克实施军事打击及推翻萨达姆·侯赛因后的个人感受。非法战争的残酷事实触目惊心，但使伊拉克摆脱了独裁者的统治又令人欣慰。他激烈批评美国建立世界新秩序政策的野心，因为该政策无视禁止发动侵略战争的联合国原则，而他认为这一原则是“通往世界公民社会法律形态之路”的重要一步。他在文末尖刻地评价道：美国的规范权威性丧失殆尽。[40]哈贝马斯随之把话题转到科索沃战争上，他当时为出兵科索沃辩护，尽管许多评论家认为这场战争违反国际法。他说：“即使拿对科索沃的军事干预来比照，也无法为伊拉克战争开脱。虽然科索沃战争也未经联合国安理会授权，但以下三种情况为事后承认的合法性提供了依据：发动这场战争，一是为制止（根据当时掌握的情况）正在发生的种族清洗；二是符合适用于此种情况的国际法紧急援助规则；三是参与行动的军事联盟所有成员国均为无可争议的民主宪政国家。而今，西方自身因存在规范分歧被撕裂。”[41] / 384

对布什主义及“9·11事件”后严格奉行这套理论的美国外交实践的批判性剖析，促使哈贝马斯开始批评美国推行单边主义的世界秩序政策。他认为，这一政策一定会失败，因为企图从某个中心去调控复杂多元的世界社会是错误的。而且，依靠警察、军队和情报机构的霸权主义政策会导致危险的后果。法治国家的根基将遭到侵蚀。他反对该政策的理由概括如下：正是民主和人权的普遍性内核禁止使用残暴的手段来单方面贯彻民主和人权。不能将普遍有效性要求——西方将之与自身的“基本政治价值”，即民主自决程序和人权话语，紧密关联在一起——与把某个民主国家，哪怕是最古老的政治生活形态和文化，视作所有其他国家样板的帝国主义主张，相混淆。[42]

对哈贝马斯批评美国的言论，出现了个别指责声，说他是反美主义[43]——人们会想，偏偏指责他是反美主义，他可是视阿登纳时代以来的德国融入西方政策是神圣不可亵渎的，他年复一年在美国大学讲学，在这个国家生活，他认为美国的民主宪法传统具有典范性。菲舍尔目睹哈贝马斯数年后证实了他的“我不相信”立场①，于是针对上述指责，委婉地替他辩护：“若哈贝马斯这样一位坚定的西方主义者，……这样一位喜欢并了解自由包容的美国的专家——我特别强调：自由包容的美国！——如此决绝地与美国拉开距离，则意味着对我们反对美对伊开战立场的认可。”[44] 哈贝马斯说，他的批评以“那些优良的美国传统”为标准。[45] 他没有忘记，他们这代人就是从创立了联合国的那些美国人身上学会了“从国际法中吸取文明的力量”。[46]他寄希望于美国“再次充当火车头”，通过国际关系的法制化，推动世界朝着世界公民社会形态的方向发展，在他看来，这是未来民主的一个替代选项。从这个角度来看，反美主义是个颇

① I’m not convinced. 美国入侵伊拉克前不久，时任德国外交部部长菲舍尔在一次军事会议上，把这句话甩给了美国国防部部长拉姆斯菲尔德。美国发动战争的理由无法说服菲舍尔。——译者注

◆ 2009 年，哈贝马斯在施特恩贝格的工作室中。

◆ 1931 年 8 月在蒂门多尔费尔斯特兰德度假：2 岁的于尔根和父亲恩斯特及母亲格蕾特·哈贝马斯。

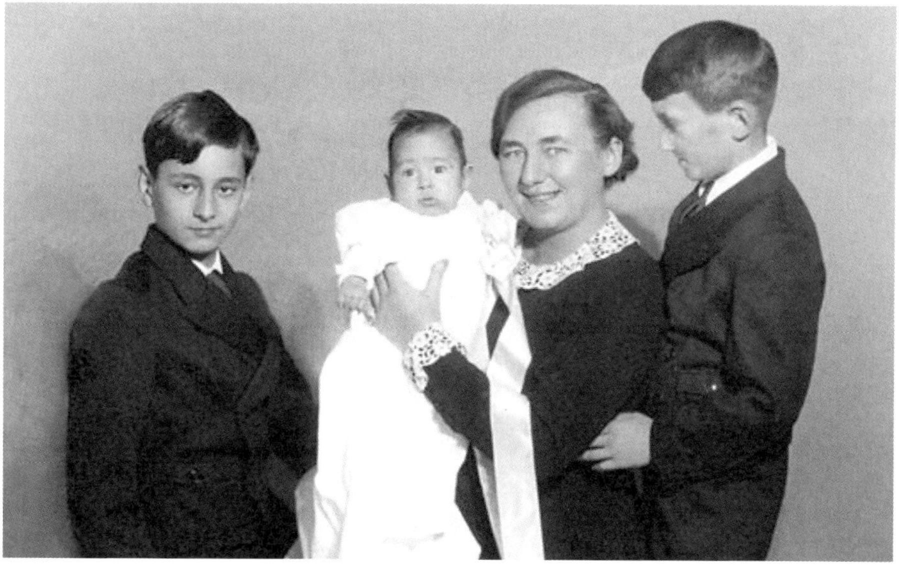

◆ 1937 年秋：格蕾特·哈贝马斯和三个子女汉斯 - 约阿希姆（左）、于尔根和出生才几周的女儿安雅。

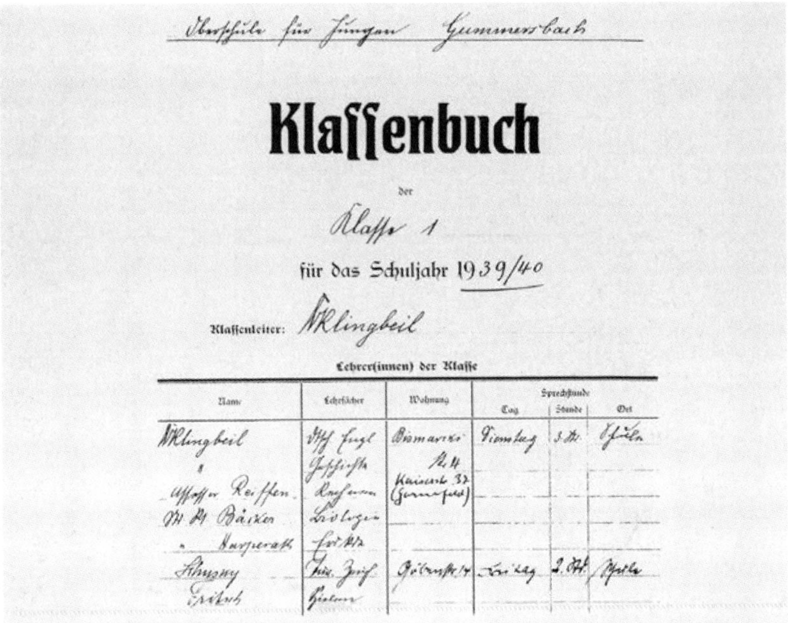

Oberschule für Jungen Gummersbach

Klassenbuch

der

Klasse 1

für das Schuljahr 1939/40

Klassenleiter: W. Klingbeil

Lehrer(innen) der Klasse

Name	Lehrfächer	Wohnung	Sprechstunde		
			Tag	Stunde	Ort

Als Jürgen Habermas auf die „Oberschule für Jungen" kam, sah die erste Seite des Klassenbuchs seiner Klasse (42 Schüler) so aus.

◆ 哈贝马斯从 1939 年秋至中学毕业在古默斯巴赫就读的男子中学课本首页。

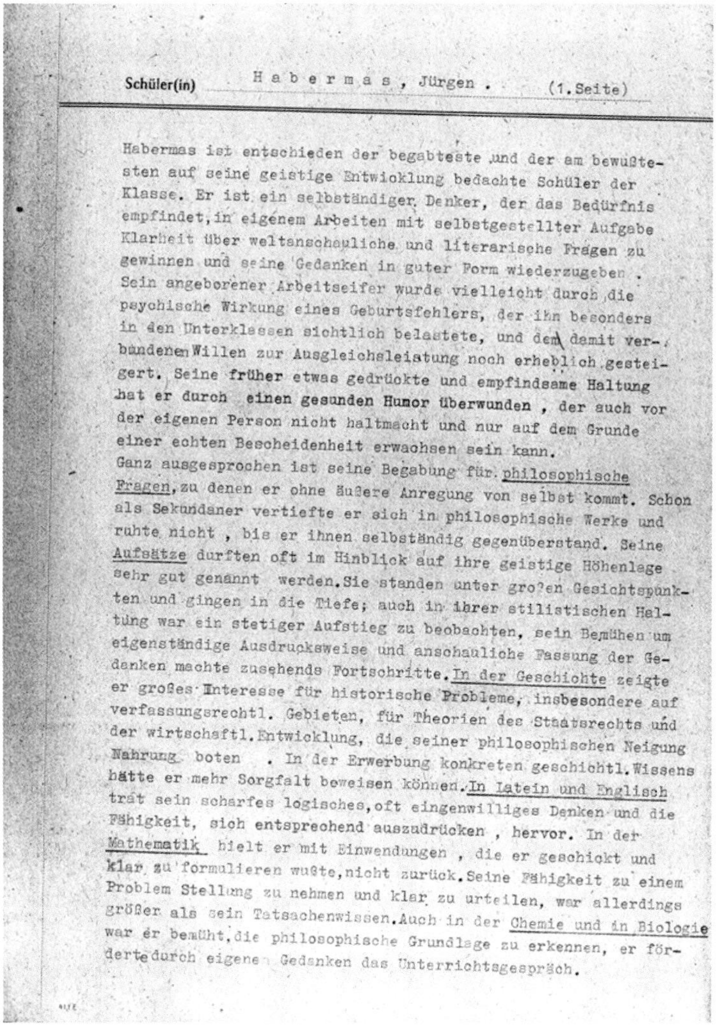
Schüler(in) H a b e r m a s , Jürgen . (1.Seite)

Habermas ist entschieden der begabteste und der am bewußtesten auf seine geistige Entwicklung bedachte Schüler der Klasse. Er ist ein selbständiger Denker, der das Bedürfnis empfindet, in eigenem Arbeiten mit selbstgestellter Aufgabe Klarheit über weltanschauliche und literarische Fragen zu gewinnen und seine Gedanken in guter Form wiederzugeben. Sein angeborener Arbeitseifer wurde vielleicht durch die psychische Wirkung eines Geburtsfehlers, der ihn besonders in den Unterklassen sichtlich belastete, und dem damit verbundenen Willen zur Ausgleichsleistung noch erheblich gesteigert. Seine früher etwas gedrückte und empfindsame Haltung hat er durch einen gesunden Humor überwunden, der auch vor der eigenen Person nicht haltmacht und nur auf dem Grunde einer echten Bescheidenheit erwachsen sein kann.
Ganz ausgesprochen ist seine Begabung für philosophische Fragen, zu denen er ohne äußere Anregung von selbst kommt. Schon als Sekundaner vertiefte er sich in philosophische Werke und ruhte nicht, bis er ihnen selbständig gegenüberstand. Seine Aufsätze durften oft im Hinblick auf ihre geistige Höhenlage sehr gut genannt werden. Sie standen unter großen Gesichtspunkten und gingen in die Tiefe; auch in ihrer stilistischen Haltung war ein stetiger Aufstieg zu beobachten, sein Bemühen um eigenständige Ausdrucksweise und anschauliche Fassung der Gedanken machte zusehends Fortschritte. In der Geschichte zeigte er großes Interesse für historische Probleme, insbesondere auf verfassungsrechtl. Gebieten, für Theorien des Staatsrechts und der wirtschaftl. Entwicklung, die seiner philosophischen Neigung Nahrung boten. In der Erwerbung konkreten geschichtl. Wissens hätte er mehr Sorgfalt beweisen können. In Latein und Englisch trat sein scharfes logisches, oft eingenwilliges Denken und die Fähigkeit, sich entsprechend auszudrücken, hervor. In der Mathematik hielt er mit Einwendungen, die er geschickt und klar zu formulieren wußte, nicht zurück. Seine Fähigkeit zu einem Problem Stellung zu nehmen und klar zu urteilen, war allerdings größer als sein Tatsachenwissen. Auch in der Chemie und in Biologie war er bemüht, die philosophische Grundlage zu erkennen, er förderte durch eigenen Gedanken das Unterrichtsgespräch.

◆ “他在哲学问题上有过人的天赋……”——1949 年复活节毕业考试，班主任为他写的评语。

◆ 1942年的哈贝马斯——这一年战争发生转折，斯大林格勒城下的德军第六集团军被包围，盟军登陆非洲。

◆ 最后的征兵：1944年8月，古默斯巴赫希特勒青年团列队向齐格菲防线开拔。前面帽子上有花的是哈贝马斯。

◆ 1955 年前后的卡尔－奥托·阿佩尔。

Samstag, 30. Juli 1953 / Nr. 174 FEUILLETON FRANKFURTER ALLGEMEINE ZEITUNG

Mit Heidegger gegen Heidegger denken

Zur Veröffentlichung von Vorlesungen aus dem Jahre 1935

Martin Heidegger

Theater-Notizen

- 开始公共知识分子生涯——“看来，是时候通过海德格尔反对海德格尔了”。

◆ 1956 年在美茵河畔法兰克福：在社会研究所担任西奥多 · W. 阿多诺的助手。

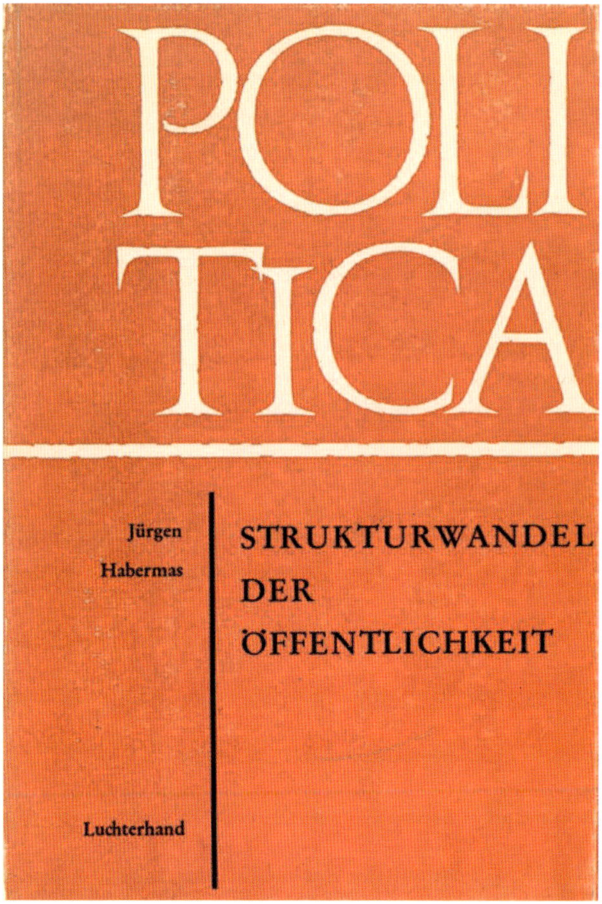

◆ 一部经典著作的诞生：1962 年《公共领域的结构转型》在鲁赫特汉德出版社出版。

◆ 阿多诺和哈贝马斯在1964年4月召开的海德堡社会学家大会上。——

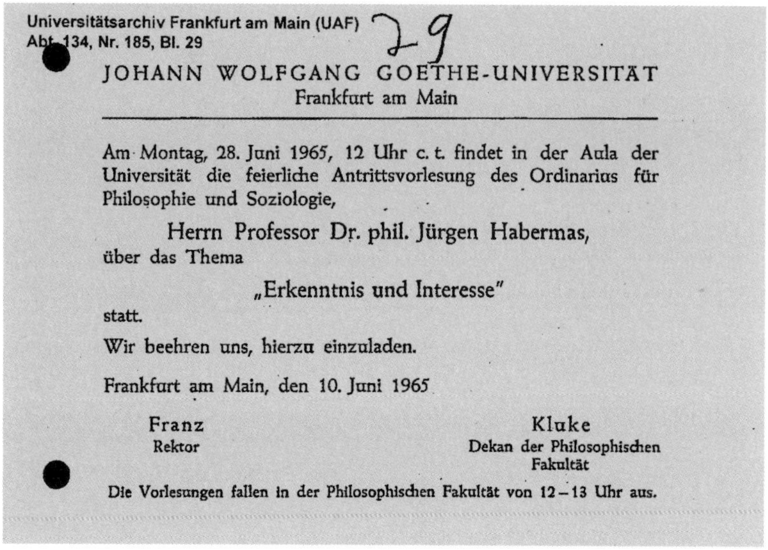

Universitätsarchiv Frankfurt am Main (UAF)
Abt. 134, Nr. 185, Bl. 29

29

JOHANN WOLFGANG GOETHE-UNIVERSITÄT
Frankfurt am Main

Am Montag, 28. Juni 1965, 12 Uhr c. t. findet in der Aula der Universität die feierliche Antrittsvorlesung des Ordinarius für Philosophie und Soziologie,

Herrn Professor Dr. phil. Jürgen Habermas,

über das Thema

„Erkenntnis und Interesse"

statt.

Wir beehren uns, hierzu einzuladen.

Frankfurt am Main, den 10. Juni 1965

Franz
Rektor

Kluke
Dekan der Philosophischen Fakultät

Die Vorlesungen fallen in der Philosophischen Fakultät von 12 – 13 Uhr aus.

◆ 在歌德大学的就职讲座——题目为“认识与兴趣”。

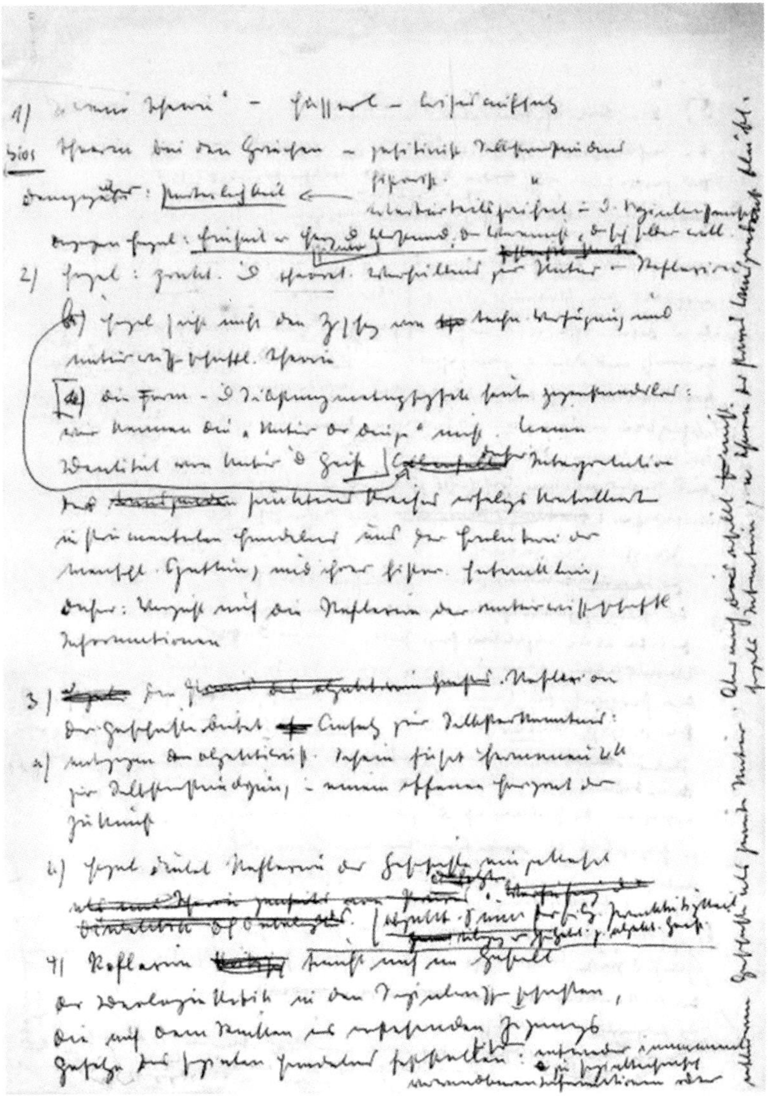

◆ 《认识与兴趣》手稿：“我们否认反思，就是实证主义。”————

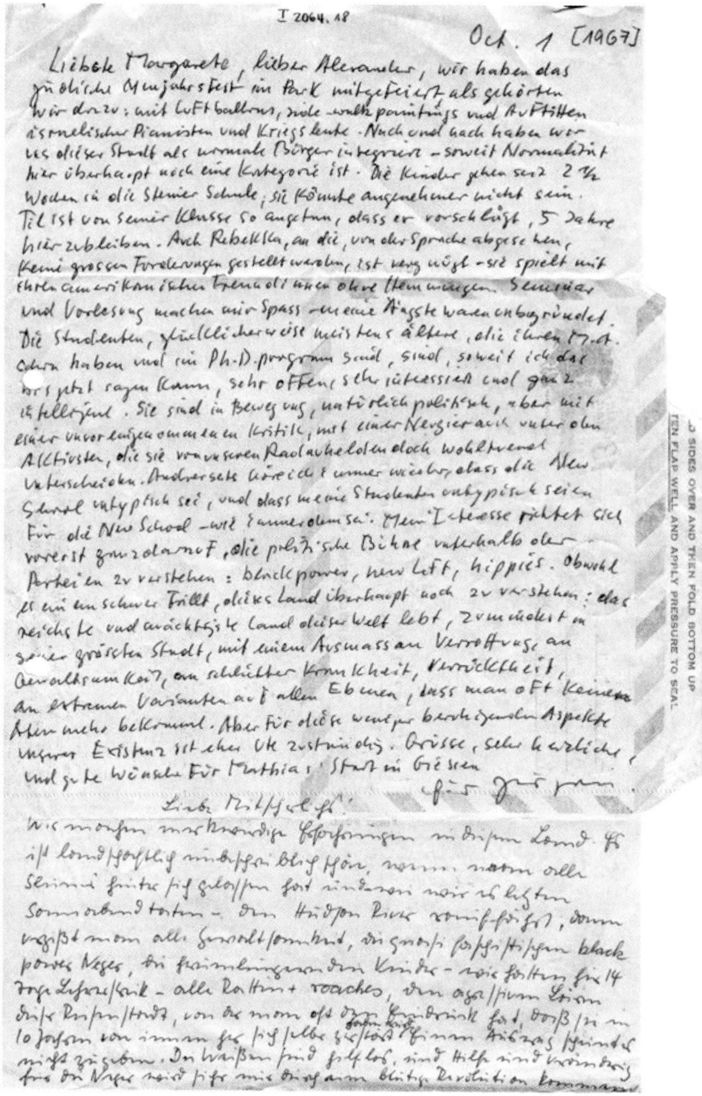
I 2064.18

Oct. 1 [1967]

Liebe Margarete, lieber Alexander, wir haben das jüdische Neujahrsfest im Park mitgefeiert als gehörten wir dazu: mit Luftballons, side-walk paintings und Auftritten israelischer Pianisten und Kriegsleute. Nach und nach haben wir uns dieser Stadt als normale Bürger integriert – soweit Normalität hier überhaupt noch eine Kategorie ist. Die Kinder gehen seit 2 ½ Wochen in die Steiner Schule; sie könnte angenehmer nicht sein. Til ist von seiner Klasse so angetan, dass er vorschlägt, 5 Jahre hier zu bleiben. Auch Rebekka, an die, von der Sprache abgesehen, keine grossen Forderungen gestellt werden, ist sehr vergnügt – sie spielt mit ihren amerikanischen Freundinnen ohne Hemmungen. Seminar und Vorlesung machen mir Spass – meine Ängste waren unbegründet. Die Studenten, glücklicherweise meistens ältere, die ihren M.A. schon haben und im Ph.D. program sind, sind, soweit ich das bis jetzt sagen kann, sehr offen, sehr interessiert und ganz intelligent. Sie sind in Bewegung, natürlich politisch, aber mit einer unvoreingenommenen Kritik, mit einer Neugier auch unter den Aktivisten, die sie von unseren Radauhelden doch wohltuend unterscheiden. Andrerseits höre ich immer wieder, dass die New School untypisch sei, und dass meine Studenten untypisch seien für die New School – [illegible]. Mein Interesse richtet sich vorerst ganz darauf, die politische Bühne unterhalb der Parteien zu verstehen: black power, new left, hippies. Obwohl es ein schwerer Trick, dies Land überhaupt noch zu verstehen: das reichste und mächtigste Land dieser Welt lebt, zumindest in seiner grössten Stadt, mit einem Ausmass an Verrottung, an Gewaltsamkeit, an schlichter Krankheit, Verrücktheit, an extremen Varianten auf allen Ebenen, dass man oft keinen Atem mehr bekommt. Aber für diese weniger beruhigenden Aspekte unserer Existenz ist eher Ute zuständig. Grüsse, sehr herzliche, und gute Wünsche für Matthias' Start in Giessen

Ihr Jürgen

Liebe Mitscherlichs!

[illegible]

TEN FLAP WELL AND APPLY PRESSURE TO SEAL

SIDES OVER AND THEN FOLD BOTTOM UP

◆ “……黑人权力，新左派，嬉皮士。” 1967 年 10 月 1 日从纽约写给玛格丽特和亚历山大 · 米切利希的信。

◆ 20 世纪 60 年代末，与鲁道夫·奥格斯坦在交谈中。

◆ 在法兰克福大学大学生食堂：1968 年 6 月 1 日，哈贝马斯在全国大中学生代表大会上讲话，批评德国社会主义学生联盟（SDS）。

Frankf[…]r Rundschau

Sonderdruck!

Unabhängige Tageszeitung

Wetter: Kühl, wechselhaft

FR-Telefon 20… Einzelpreis: DM 0.30 Mittwoch, 5. Juni 1968, Jahrg. 24 Nr. 129

Die Scheinrevolution und ihre Kinder

Sechs Thesen über Taktik, Ziele und Situationsanalysen der oppositionellen Jugend

Von Prof. Jürgen Habermas

Der Professor für Philosophie und Soziologie an der Johann-Wolfgang-Goethe-Universität Frankfurt am Main, Dr. Jürgen Habermas, selbst ein engagierter Vertreter der „Neuen Linken", hat sich auf dem Frankfurter Kongreß des Verbandes Deutscher Studentenschaften kritisch mit der jüngsten Entwicklung der studentischen Bewegung auseinandergesetzt. Wir veröffentlichen diese Rede nachstehend in einer vom Autor erweiterten Fassung.

Durch Erfahrungen der vergangenen zwölf Monate, in der Bundesrepublik wie in den USA, bin ich zu der Überzeugung gelangt, daß die von Studenten und Schülern ausgehende Protestbewegung trotz ihres geringen Umfanges und ungeachtet der überhaupt fehlenden Mittel organisierter Gewalt eine neue und ernsthafte Perspektive für die Umwälzung tiefsitzender Gesellschaftsstrukturen eröffnet hat. Diese Perspektive gibt den Blick auf eine Transformation hochentwickelter Industriegesellschaften frei. Daraus könnte, wenn die Perspektive nicht täuscht, eine Gesellschaft hervorgehen, die eine sozialistische Produktionsweise zur Voraussetzung, aber eine Entbürokratisierung der Herrschaft, nämlich politische Freiheit im materialistischen Sinne zu ihrem Inhalt hat.

Andererseits sind der restaurative Zwang und der Druck der Tradition auch auf der Linken so stark, daß falsche Interpretationen zu Handlungen geführt haben, die schon die Anfänge zu diskreditieren und die ohnehin geringen Chancen des Erfolges weiter zu verringern drohen. Diese Befürchtung ist der Grund der folgenden Kritik. Ausgehend vom Verhalten des SDS in jüngster Zeit habe ich auf dem am vergangenen Wochenende in Frankfurt stattfindenden Studenten- und Schülerkongreß fünf Thesen vorgetragen; die sechste These habe ich nachträglich aus Diskussionsbemerkungen zusammengestellt.

1. Das unmittelbare Ziel des Studenten- und Schülerprotestes ist die Politisierung der Öffentlichkeit.

Das gesellschaftliche System des staatlich geregelten Kapitalismus ruht auf einer schwachen Legitimationsgrundlage. Es stützt sich auf eine Ersatzideologie, die auf Ablenkung und Privatisierung zielt. Eine Stabilität und wirtschaftliches Wachstum sichernde Politik kann heute nur darum den Schein der fachmännischen Erledigung administrativer und technischer Aufgaben wahren, weil die Öffentlichkeit entpolitisiert ist. Der technokratische Schein, der eine Entpolitisierung breiter Schichten als unvermeidlich rechtfertigen soll, wird durch diese Entpolitisierung selbst erst möglich. Die sozialen Entschädigungen, die die Loyalität unpolitischer Bürger sichern, stellen die Verbindung zwischen den Interessen des einzelnen und den verselbständigten staatlichen Bürokratien her. Diese Entschädigungen werden in den abstrakten Einheiten von Geld und Zeit zugemessen und sind als solche unpraktisch. Sie enthalten keine Orientierungen für befriedigende Formen und Normen des Zusammenlebens. Die praktisch folgenreichen Fragen sind der öffentlichen Diskussion weithin entzogen. Sie beginnen bei den Grundlagen des Systems, der privaten Form der Kapitalverwertung und dem politischen Schlüssel zur Verteilung des Sozialproduktzuwachses; sie betreffen die naturwüchsig vorentschiedenen Prioritäten bei der Festlegung staatlicher Haushalte; sie reichen über die folgenreichen Investitionen für Forschung und Entwicklung bis zur Regionalplanung oder beispielsweise dem Eherecht. Diese Fragen müßten ihren esoterischen Schein verlieren, sobald auch der Rahmen, innerhalb dessen sie definiert sind, zur Diskussion stünde.

Wenn aber das Herrschaftssystem fast nur noch negativ, durch Ablenkung der Interessen breiter Schichten auf den Privatbereich, und nicht mehr affirmativ durch Ziele praktischer Art gerechtfertigt ist, läßt sich der Angriffspunkt der Kritik eindeutig bezeichnen. Der Kampf richtet sich gegen die entpolitisierte Öffentlichkeit, auf deren Boden die Willensbildung eine demokratische Form nicht annehmen kann. Der Kampf richtet sich gegen die Apparate, die das Bewußtsein der Bevölkerung an private Vorgänge und personalisierte Beziehungen dauerhaft binden; er richtet sich vor allem gegen publizistische Großunternehmen, die eine privatisierte Leserschaft nicht nur hervorbringen, sondern deren Affekte auch noch für die gar nicht zufälligen politischen Vorurteile des Verlegers von Fall zu Fall mobil machen und ausbeuten. So entsteht eine Konfliktzone, die sich nicht mehr mit den vernarbten Frontlinien eines inzwischen latent gewordenen Klassengegensatzes deckt.

2. Die Studenten- und Schülerbewegung verdankt ihre Erfolge der phantasiereichen Erfindung neuer Demonstrationstechniken.

Die neuen Techniken der begrenzten Regelverletzung stammen aus dem Repertoire des gewaltlosen Widerstandes, das während der letzten Jahre in der amerikanischen Bürgerrechtsbewegung erprobt und erweitert worden ist. Diese Techniken gewinnen gegenüber einem bürokratisierten Herrschaftsapparat und angesichts eines publizistischen Bereichs kommerzieller Massenbeeinflussung einen neuen Stellenwert: sie dringen in die Nischen eines frontal unangreifbaren Systems ein. Sie erzielen mit relativ geringem Aufwand überproportionale Wirkungen, weil sie auf Störstellen komplexer und darum anfälliger Kommunikationsnetze gerichtet sind.

Diese Demonstrationstechniken sind zudem in ein neues Element getaucht worden. Aus der Pop-Kultur stammen jene lebendigen Gegenbilder einer dehumanisierten Welt, welche die ins Halbbewußte abgeglittenen Alltagslegitimationen durch ironische Verdoppelung der Lächerlichkeit preisgeben. Sie führen zu heftigen Abwehrreaktionen, aber auch zu dem heilsamen Schock, der ein erstauntes Nachdenken über Routinen und über unsere routinierten Verdrängungen provoziert. So ist ein Arsenal von Waffen entstanden, die eines gemeinsam haben — den eigentümlich virtuellen Charakter eines Spiels, das als politisches Instrument ernsthaft nur eingesetzt

◆《关于青年反对派的战术、目标和形势分析的六个观点》再版："斗争是针对去政治化的公共领域，在这种土壤中决策机制不会接受一种民主形式。"

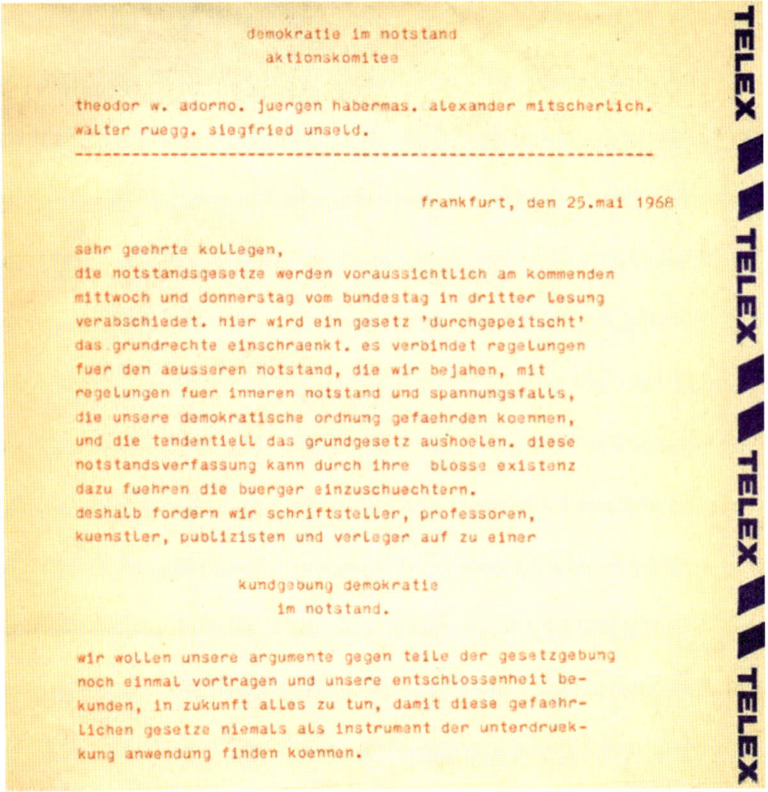

demokratie im notstand
aktionskomitee

theodor w. adorno. juergen habermas. alexander mitscherlich.
walter ruegg. siegfried unseld.

---

frankfurt, den 25.mai 1968

sehr geehrte kollegen,
die notstandsgesetze werden voraussichtlich am kommenden mittwoch und donnerstag vom bundestag in dritter lesung verabschiedet. hier wird ein gesetz 'durchgepeitscht' das grundrechte einschraenkt. es verbindet regelungen fuer den aeusseren notstand, die wir bejahen, mit regelungen fuer inneren notstand und spannungsfalls, die unsere demokratische ordnung gefaehrden koennen, und die tendentiell das grundgesetz aushoelen. diese notstandsverfassung kann durch ihre blosse existenz dazu fuehren die buerger einzuschuechtern.
deshalb fordern wir schriftsteller, professoren, kuenstler, publizisten und verleger auf zu einer

kundgebung demokratie
im notstand.

wir wollen unsere argumente gegen teile der gesetzgebung noch einmal vortragen und unsere entschlossenheit bekunden, in zukunft alles zu tun, damit diese gefaehrlichen gesetze niemals als instrument der unterdrueckung anwendung finden koennen.

◆ 第一个大联合政府时期的反抗：要求参加在黑森广播公司演播大厅举行的“关于危急状态下的民主的集会”。

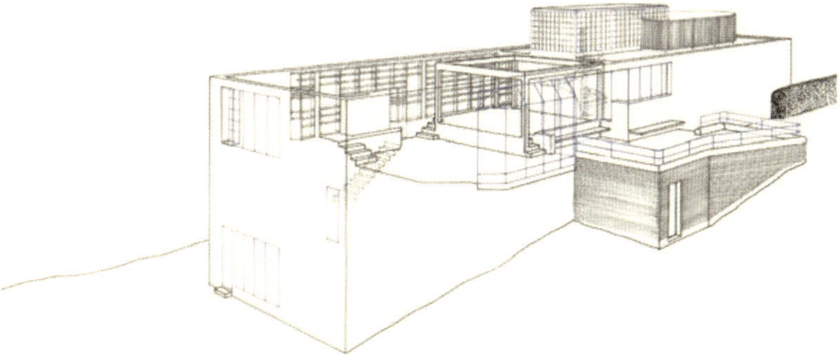

◆“向经典的现代前卫建筑语言致敬”克里斯托夫·萨特勒设计的施塔恩贝格的哈贝马斯家私人住宅。

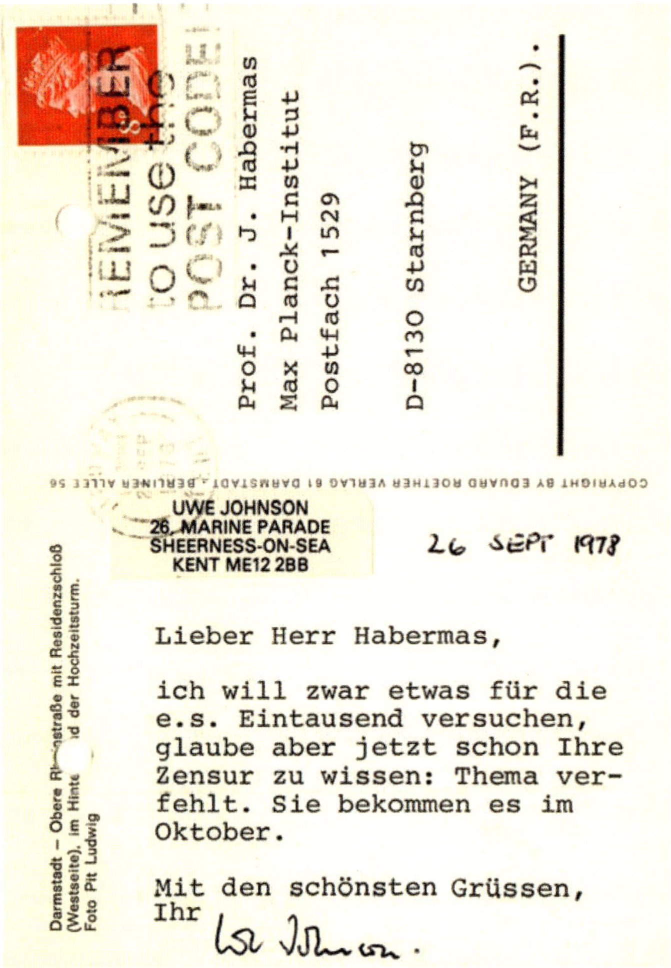

REMEMBER to use the POST CODE

Prof. Dr. J. Habermas
Max Planck-Institut
Postfach 1529

D-8130 Starnberg

GERMANY (F.R.).

COPYRIGHT BY EDUARD ROETHER VERLAG 61 DARMSTADT, BERLINER ALLEE 56

UWE JOHNSON
26, MARINE PARADE
SHEERNESS-ON-SEA
KENT ME12 2BB

26 SEPT 1978

Lieber Herr Habermas,

ich will zwar etwas für die e.s. Eintausend versuchen, glaube aber jetzt schon Ihre Zensur zu wissen: Thema verfehlt. Sie bekommen es im Oktober.

Mit den schönsten Grüssen,
Ihr
Uwe Johnson.

Darmstadt – Obere Rheinstraße mit Residenzschloß (Westseite), im Hintergrund der Hochzeitsturm.
Foto Pit Ludwig

◆ “题目不妥”——乌韦·约翰逊写来的明信片。

◆ “苏尔坎普版图书系列第1000卷”：《关于“时代的精神状况”的关键词》。

◆ 西格弗里德·温塞尔德、乌特及于尔根·哈贝马斯，大概是1977/78年冬。

◆ 1977 年 6 月初，马克斯 · 弗里施、希尔德嘉德 · 温塞尔德、于尔根 · 哈贝马斯、马丁 · 瓦尔泽和乌特 · 哈贝马斯在博登湖畔的努斯多夫 / 于伯林根，正望着游泳的西格弗里德 · 温塞尔德。

◆ 1980 年在美茵河畔法兰克福保罗教堂举行阿多诺奖颁奖典礼。他右侧是时任法兰克福市市长瓦尔特 · 瓦尔曼。

Jürgen Habermas
Theorie des kommunikativen Handelns
Band 1
Handlungsrationalität und gesellschaftliche Rationalisierung
Suhrkamp

Jürgen Habermas
Theorie des kommunikativen Handelns
Band 2
Zur Kritik der funktionalistischen Vernunft
Suhrkamp

◆ 煌煌巨著。

◆“对我夫人的重要作用，我想说两句；但无论我说什么，都不会跨过家庭审查的门槛。”1990年春哈贝马斯夫妇在瑞士。

Die Linke und die Revolutionen
in Osteuropa und der DDR

Jürgen Habermas

Foto: Isolde Ohlbaum

Die revolutionären Vorgänge in der DDR, in Mittel- und
Osteuropa halten uns in Atem, während der anfängliche
Enthusiasmus eher Furcht und Skepsis gewichen ist.
Die Ereignisse verändern die internationale und die
innerdeutsche Szene beinahe täglich. Aber die nachholende
Revolution wirft kein neues Licht auf unsere *alten* Probleme.

Die nachholende Revolution

Bisher nicht angeboten. Erscheint im Mai 1990.
edition suhrkamp 1663. 240 Seiten. DM 14,-

edition suhrkamp

◆ 1990 年 4 月 18 日《德国书业周刊》为苏尔坎普版图书系列第 1663 卷做的广告：《追补的革命》。

◆ “三位老先生形成一个自我指涉系统……” 1999 年黑森州文化奖得主：于尔根·哈贝马斯、西格弗里德·温塞尔德和马塞尔·赖希-拉尼茨基。

◆ 2000 年 6 月 23 日与雅克·德里达在歌德大学大讲堂中。

◆ 2001年10月14日，哈贝马斯获得德国书业和平奖。扬·菲利普·利茨玛在保罗教堂致授奖辞。——

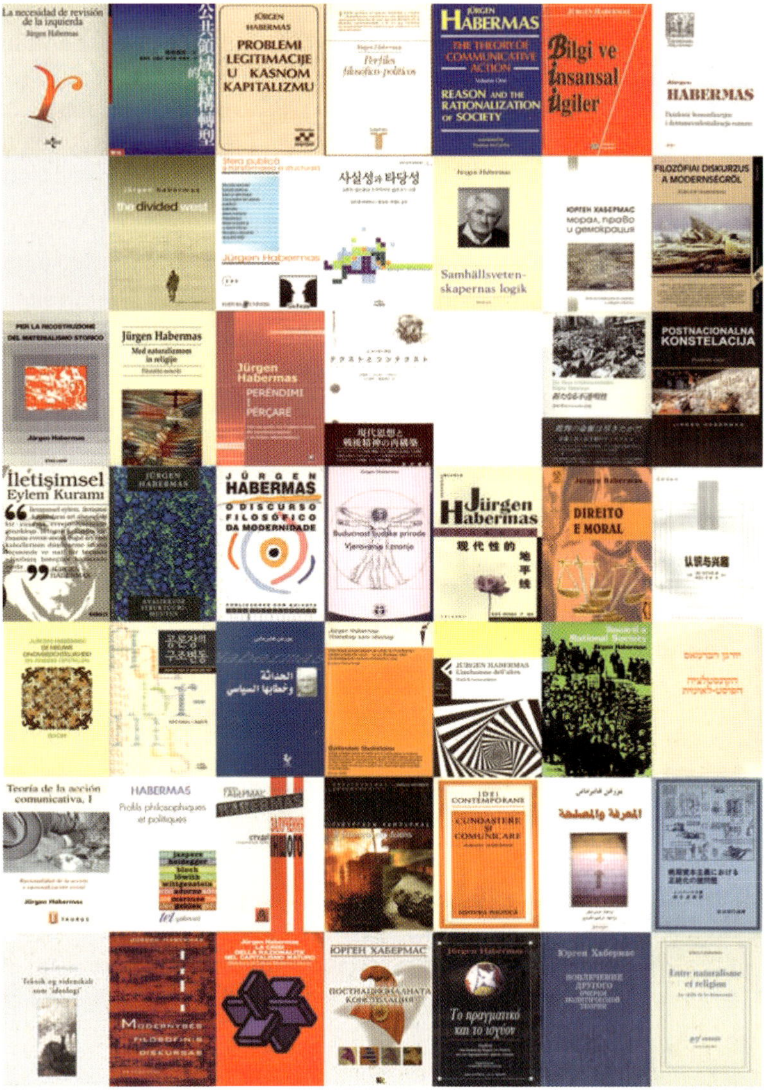

La necesidad de revisión de la izquierda
Jürgen Habermas
公共領域的結構轉型
PROBLEMI LEGITIMACIJE U KASNOM KAPITALIZMU
Perfiles filosófico-políticos
JÜRGEN HABERMAS
THE THEORY OF COMMUNICATIVE ACTION
REASON AND THE RATIONALIZATION OF SOCIETY
Bilgi ve insansal ilgiler
HABERMAS
the divided west
Jürgen Habermas
사실성과 타당성
Samhällsveten-skapernas logik
ЮРГЕН ХАБЕРМАС
мораль, право и демократия
FILOZÓFIAI DISKURZUS A MODERNSÉGRŐL
PER LA RICOSTRUZIONE DEL MATERIALISMO STORICO
Med naturalizmom in religijo
PERËNDIMI I PËRÇARË
テクストとコンテクスト
現代思想と戦後精神の再構築
POSTNACIONALNA KONSTELACIJA
İletişimsel Eylem Kuramı
O DISCURSO FILOSÓFICO DA MODERNIDADE
Budućnost ljudske prirode
Vjerovanje i znanje
現代性的地平線
DIREITO E MORAL
认识与兴趣
공론장의 구조변동
Toward a Rational Society
JÜRGEN HABERMAS
L'inclusione dell'altro
Teoría de la acción comunicativa, I
TAURUS
HABERMAS
Profils philosophiques et politiques
CUNOAŞTERE ŞI COMUNICARE
ROZPAD MODERNYBĖS FILOSOFINIS DISKURSAS
MODERNYBĖS FILOSOFINIS DISKURSAS
LA CRISI DELLA RAZIONALITÀ NEL CAPITALISMO MATURO
ЮРГЕН ХАБЕРМАС
ПОСТНАЦИОНАЛЬНАЯ КОНСТЕЛЛАЦИЯ
Το πραγματικό και το ισχύον
Юрген Хабермас
ВОВЛЕЧЕНИЕ ДРУГОГО
Entre naturalisme et religion

◆ 著作传遍世界。

◆ 80岁生日前夕："……流淌的思想熔岩"著作展开幕之际，亚历山大·克鲁格在德国国家图书馆致祝词。

◆ 1999 年在施塔恩贝格。背景中的画是君特·弗鲁特伦克 (Günter Fruhtrunk) 的作品，题目叫《草地》。

成问题的现象。“在德国，反美主义始终与最反动的运动联系在一起。”欧洲人对华盛顿的正当批评必须寻求与美国国内反对派的团结一致。“倘若我们自身与美国的抗议活动发生关系，那么对我们在这里遇到的适得其反的反美主义指责就是无的放矢。”[47]

关于避难问题的辩论

/ 386

在我记忆中，没有一个话题像避难问题那样，媒体对之喋喋不休、反复渲染，同时却让人如雾里看花，难以看清真相。在有关避难问题的虚伪辩论的烟幕遮盖下，1992 年最后三个月，德国人的心态发生了深刻和急速的变化，超过了过去 15 年变化之和。[48]

对福利沙文主义的批判（Wohlstandschauvinismus）。1993 年 6 月 30 日前，在德意志联邦共和国适用的是具有可诉性的无限制避难权，规定政府有义务给予受政治迫害者避难权。自 1949 年起写入德国《基本法》的《避难法》之所以如此宽松，是议会委员会成员对纳粹时期人们被剥夺权利并遭受迫害经历——也是部分成员的亲身经历——的直接回应。避难法也考虑到了一个事实，即自 19 世纪末以来德国已变成了移民国家。在经济奇迹年代，德国甚至实行了旨在促进经济增长的移民政策，直到 1973 年，由于经济危机和失业人数增长，德国政府颁布了停止招募“客籍工人”的条例。自 20 世纪 80 年代中期开始，在德国生活的外国人数量开始减少，而从战乱不断的国家涌来的难民数量却在增长。“如此一来，一些成为外来移民聚集地的大城市，呈现出越来越明显的多民族特征。”[49] 自这个时期起，围绕外国人政策和避难政策的争论，越来越成为政治辩论的焦点，尤其因为，自 1987 年联邦大选以来，联盟党把避难问题变成了永久性话题。1990年大选后，在施普林格传媒集团/ 387 的支持下，联盟党使辩论激化，并敦促修改《基本法》中的避难权条款。例如，柏林自由大学当代史和国际关系学教授阿奴尔夫·巴林（Arnulf Baring）1990年10月13日在《图片报》撰文，要求立即废除《避难法》，因为“我国慈善为怀的社会立法，已经成为吸引全世界穷人的磁石”。在这种使得右派政党在州议会选举中节节胜利的政治氛围中，仇外暴力行为数量迅速增长。20世纪90年代初，甚至出现了一系列种族主义袭击事件，尤其在“新联邦州”，但并不只是在“新联邦州”。1991年秋和1992年8月，在霍耶斯韦达（Hoyerswerda）和罗斯托克的里希腾哈根（Rostock-Lichtenhagen），先后爆发了针对外国人的暴乱，在国际上恶名远扬，令人悲哀。[50] 在这样的时代背景下，基民盟/基社盟、社民党和自民党经过协商就出台《避难妥协法》达成一致，对避难权进行严格限制。该法规定，如果难民经过被列为安全第三国的国家到达德国，则不能在德国享有避难权这项基本权利。《基本法》修改条款内容于1992年12月6日在德国联邦议院以三分之二多数票获得通过，于1993年中期生效。哈贝马斯也参与了围绕避难政策投票展开的激烈辩论。

1992年11月，哈贝马斯接受安东尼奥·葛兰西（Antonio Gramsci）创办的意大利《团结报》的采访，他在采访中首次就上述问题发表意见。他表达了自己的基本立场，即赞成德国保留宽松的移民政策，批评任何将仇外行为归结为外国人咎由自取、把移民挡在德国大门之外的企图。11月14日，《法兰克福汇报》刊发简讯，对他和这份意大利左派报纸的对话做了报道，简讯最后提及他关于德国政治面临“向右转”的危险的说法。12月11日，即联邦议院对避难政策进行表决后不久，他再次在《时代周报》发表了题/ 388 为《联邦共和国的第二大现实谎言》的文章，表达他对这一趋势的担心。他在文中明确批评“关于避难问题的虚伪辩论”。这场辩论是在帮助各政党转移视线，掩盖“统一进程进了错误轨道带来的一系列真正问题”。他批评说，他们对火烧难民营事件及极右翼群体的持续暴力行为的应对极为不当。他们不是哀悼遇难者，而是担心德国的声誉。政治党派必须认识到，德国不可能是一座堡垒。德国向移民国家的转型已然发生。占了上风的“福利沙文主义心态”阻碍了理性解决方案。

不过，哈贝马斯承认，在德国的城市中也出现了反排外大游行，他明确对这些抗议活动表示赞同。因为它们捍卫“在联邦德国经过实践、已近乎不言而喻的人际间文明交往的标准”。民众好过他们的政治家和意见领袖。[51] 1992 年 11 月 8 日——对避难政策进行表决四周前——在柏林 35 万人走上街头，抗议《基本法》修改计划，当时他也走在抗议者中间。[52] 在他心里，兹事体大，他持续通过媒体积极介入就证明了这一点。比如，1993 年 1 月 14 日，他在巴黎做了关于《避难妥协法》和移民政策的演讲，[53] 接着于 3 月 28 日在《时代周报》发表整版文章，对同一话题进行分析和探讨。[54] 在这篇题为《欧洲堡垒和新德国》(Die Festung Europa and das neue Deutschland) 的文章开篇，哈贝马斯探讨了国家公民民族自决权及身份认同自我确认的权利的外延。他得出的结论是：民主的法治国家有权要求外来移民同化，以保持本国公民生活形态的完整性。

他设想的移民同化有两个层次：一是同意接受国的宪法原则；二是愿意在社会中接受现实生活方式的持续涵化。不过，国家只能要求政治同化，而不能要求移民放弃自己原有的文化生活方式。哈贝马斯毫不怀疑，移民融入法治国家并不包括原教旨主义文化的融入；要求移民尊重民主文化是正常的，但超出这一程度的同化要求就过分了，“在一国中占主导地位的文化生活方式的自我确认”是错误的标准。长远来看，通过移民，一个开放的社会会发生改变，这是可能的。不过，与此紧密相连的是视野的扩大和“公民的伦理－

政治自我理解话语在其中流动”的背景的改变。[55]

关于谁有权从国外移入这个问题，哈贝马斯强调了一般性救助义务。这一义务是在国际社会日益相互依赖的条件下自然而然出现的。由此诞生了原则上“实行宽松的移民政策的道德义务，这样的政策向外来移民敞开自己的国门，根据现有容纳能力控制移入人口的数量”。[56] 在他看来，当时可以肯定的是，欧洲国家还远未达到移民接纳能力的极限。

这一看法已近乎对《避难妥协法》的拒绝。哈贝马斯认为，《避难妥协法》忽视了区分政治避难和贫困移民，是逃避欧洲国家接纳贫困地区难民的义务。《避难妥协法》也受到“不承认1945年是重大转折的那些人渴望国家正常化”[57] 的影响——不仅是对新联邦州的情绪状态的影射。他认为，针对这种“不断发酵的修正论”，唯一的对策就是明确声明共和国的融入西方政策，这一立场从一开始就意味着与德意志旧传统的决裂：“融入西方政策确定了民族心态的转变方向，1968年青年反叛运动后，在福利社会的有利前提下，社会各个阶层都普遍发生了这种心态转变，使得民主和法治国得以初次在德国政治文化中扎下了根。”[58]

1993年7月12日，哈贝马斯在《明镜》周刊发表题为《瘫痪的政治》(Gelähmte Politik)的短评，该文内容与上文差不多。他嘲讽政治阶层在应对移民融入、暴力犯罪、失业、增长生态极限等层出不穷的社会问题上的无能。体现在公民身上的后果是选举中明显的选民高弃权率趋势，以及日益滋长的政治冷漠现象。因此，他认为“必须启动陷于塞滞的公共交往工具，……使重大议题及相关讨论、有益的问题界定和解决问题的方案能够自由流动，并进入到公共意识当中”。其中显然也包括以下意识：“仅仅因此应当将我国的《国籍法》由血统主义原则改为出生地原则，以方便已定居的外国人（包括双重国籍者）入籍。”在西欧，多元文化主义不是选择而是必然。传统的国家民族（Staatsnation）无法应对21世纪的新挑战。[59]

/ 391

犹太人大屠杀纪念碑

这个纪念碑意在要求后世人表达看法。
对纪念碑在诉说着什么——对大屠杀发生
半个世纪后，奥斯维辛对于德国人
的身份认同意味着什么——他们应当表达自己的看法。[60]

历史政策与记忆文化。 随着将联邦政府和联邦议院所在地从波恩迁往柏林的"迁都决定"尘埃落定——在1990年的《统一协定》中已确定柏林为重新统一故而享有完全主权的德国的首都——一场旷日持久、混乱无序，参与方各执一词、争执不下的辩论硝烟散去。激烈的议会辩论部分[61]围绕以下问题：如何在新的政府和议会所在地保持对德国历史的清醒记忆。1988年1月，在一次公开讨论会上，莱亚·罗施（Lea Rosh）提出了这样一个问题，即怎样以纪念馆的形式来牢记文明断裂，纪念被杀害的欧洲犹太人。她力倡建造一个"以直观方式体现罪行忏悔的纪念物"。当月，这位新闻工作者和电视记者就与艾伯哈德·耶克尔（Eberhard Jäckel）一起积极行动起来，呼吁在柏林克罗伊茨贝格区的盖世太保总部遗址，或在旧帝国总理府北侧的部长花园旧址，建造纪念碑。勃兰特是在建造纪念碑倡议书上签名表示赞同的第一人，之后，经过一番周折，到1992年春，倡议书也得到了总理科尔领导下的联邦政府的支持。对于哈贝马斯来说，"在联邦德国50年的历史上，这是对这样一个象征着改过自新的德国人的集体身份认同、具有鲜明的未来指向性的事件，进行议会表决成为现实可能的第一个历史瞬间"。[62]

/ 392

1995年中，纪念碑设计方案出炉，柏林市、州和纪念碑项目促进会，均同意采用克莉斯汀·雅各布－马克斯（Christine Jackob-Marks）的设计方案。因科尔不同意该方案，不得不进行新一轮颇耗费时日的设计方案竞赛。经过对项目及参赛方案的激烈讨论，最后，国际著名建筑师彼得·艾森曼（Peter Eisenman）和艺术家理查德·塞拉（Richard Serra）共同设计的方案成为热门，但对该方案又进行了反复讨论，并根据联邦政府的意愿做了多次修改。由于方案一改再改，塞拉1998年退出竞赛。同年，红绿联合政府宣布，由德国联邦议院拍板决定纪念碑的最终设计方案。在举行了若干次听证会，并展出参赛方案一段时间后，联邦议院于1999年6月以多数票通过决议，采纳艾森曼的碑群设计方案，在柏林的历史性中心区域，邻近勃兰登堡门的一块19000平方米的规划场地，建造一个“被杀害犹太人纪念碑”。该纪念碑群辅以一个介绍遇难者情况的“资料馆”。2005年5月10日，纪念碑群和纪念馆揭幕并对外开放，1200名国内外来宾出席了揭幕仪式。

尽管对哈贝马斯而言，“历史政策”是一个极其重要的话题，但他仅有一次介入了这个令人精疲力竭的决策过程。1999年3月31日，他在《时代周报》发表题为《指责：德国人和他们的纪念碑》（Dcr Zeigetinger. Die Deutschen and ihr Denkmal）的文章。[63]当然，该文是表现他对欧洲犹太人大屠杀的立场，及他对德国人今天应如何对待大屠杀问题的看法的最重要文献。[64]后文对此还会详述。

/ 393

与马丁·瓦尔泽关系破裂。1999年3月，他挥笔撰文的原因也是为了表达自己的愤怒；1998年10月11日，德国书业和平奖授奖仪式在法兰克福保罗教堂举行，获奖人，哈贝马斯昔日的朋友马丁·瓦尔泽致答谢辞。是他的答谢辞激起了哈贝马斯的愤怒。那么当时究竟发生了什么？

在政要和文化名流云集的演讲现场，瓦尔泽在题为《写周日演讲稿的体会》的演讲中承认，他对日复一日的对犹太人大屠杀的例行回忆感到厌烦。“遇到电影中极可怕的集中营画面时，起码有二十回我都扭过头去不看，”瓦尔泽说，“诚实正派的人没有人会否认奥斯维辛。但凡有点理智的人都不会质疑奥斯维辛的恐怖残暴；但要是媒体天天把这段历史展示在我面前，我发现，自己内心就会对无休止地展示我们的耻辱产生抗拒。”[65] 更离谱的是，他声称有一撮知识分子把“我们的耻辱”工具化了。谈及此，他还引述了哈贝马斯 1992 年在《时代周报》发表的文章《联邦共和国的第二个现实谎言：我们又“正常”了》中的原话。[66] 瓦尔泽说，这篇文章批评德国人面对自己历史丑陋恐怖的一面——纳粹大屠杀——缺乏敏感，这种批评只会伤害纳粹“耻辱”不断被呈现于眼前的民众，并使他们自伤。瓦尔泽给“知识分子”，他演讲中使用频次最多的名词，一律贴上了“虚荣心驱使的良心斗士”和“言论战士”的标签，他们“挥舞着道德大棒”强迫作家履行言论职责。他问道：把耻辱不断展示给我们看的知识分子，是不是每每通过这种展示，由于又一次进行了可怕的回忆工作而会陷入短暂的幻觉，一种稍许原谅了自己、有一瞬间甚至近乎是受害者而不是行凶者的幻觉？ 对瓦尔泽而言最重要的是德国人与历史的和解和拒绝背负道德责任，他称计划修建犹太人大屠杀纪念碑是“在首都的心脏用混凝土浇筑一个足球场大小的噩梦”，是“建立耻辱纪念碑”，因此他强烈反对“修建一座巨型纪念场”。[67]

瓦尔泽在座无虚席的保罗教堂的演讲，得到了上千名来自文化界、经济界和政界的来宾的鼓掌喝彩，[68] 但哈贝马斯未与他人一道亲历这个场面，因为他此时正在美国，在位于埃文斯通的西北大学以客座教授身份进行为时六周的讲学，1994~2006 年间他定期来该校讲学。在亲临演讲现场的人中，据说只有新教神学家和东德民权人士弗里德里希·肖莱马（Friedrich Schorlemmer）、德国犹太人中央委员会主席伊戈纳茨·布比斯（Ignatz Bubis）及夫人伊达没有鼓掌。[69] 瓦尔泽演讲后，父亲及兄妹均遭纳粹杀害的布比斯指责道，瓦尔泽的演讲是“精神纵火”；他这是企图抹除德国历史的恐怖一页，擦去记忆，以便日后可以毫无负担地谈论这个话题。[70] 瓦尔泽演讲中关于“奥斯维辛的道德大棒”那段话，几乎当日就在媒体上引发了激烈争论。在争论中海因里希·奥古斯特·温克勒的挑衅性言论的余音仍在回响，他显然是在《明镜》周刊出版人鲁道夫·奥格斯坦的首肯下。[71] 温克勒于8月4日在该报发表文章称，他必须指出，左翼知识分子“盯住犹太人大屠杀不放”，是“消极性的民族主义”。1998年11月3日，奥格斯坦本人也在《明镜》周刊撰文写道：“现在，在重新成为首都的柏林的心脏，会有一座纪念碑让我们记着我们永远的耻辱。鲜有其他民族以这种方式对待自己的历史。我们猜想，这样一个耻辱纪念碑（Schandmal）的矛头针对的是首都，针对的是在柏林重新形塑成的德国。但慑于纽约的媒体和身着律师袍的大鳄们，无论肌肉再怎么鼓胀，人们也不敢阻止在柏林市中心树起这样一个怪异的庞然大物。”

克劳斯·冯·多纳尼（Klaus von Dohnanyi）、里夏德·冯·魏茨泽克、莱因哈特·鲍姆加特、米沙·布鲁姆里克等，都参与了事后被称为瓦尔泽－布比斯辩论的这场论争，是年秋天的这场论战持续数月、波澜迭出。哈贝马斯没有当即直接参与讨论，尤其是《法兰克福汇报》发起的、主要由希尔马赫主持的讨论。不过，约半年后，他在《时代周报》发表文章，对修建犹太人大屠杀纪念碑一事表达了自己的观点。他在该文中也回顾了瓦尔泽轰动一时的言论，及由此引发的媒体地震。他称这些言论是“因历史未消化，每隔一阵子从联邦德国腹部上涌的嗝气”。不过，“感谢——这正是让人担忧之处——一位知名犹太人士的勇气，政治公共领域免于被熏染”。[72]

他继续写道："把奥斯维辛集中营视作'我们的耻辱'的人，关心的是我们在他者眼中的形象，而不是德国公民回顾这段文明断裂的历史——以便能够面对自己和相互尊重——而形成的自我形象。"[73]

文章开篇的论战语气预示着哈贝马斯和瓦尔泽的友谊已确定受到了损害。这在哈贝马斯对1998年秋的这次事件的另一篇评论中更为明显。他说："前不久，值得尊敬的政治和社会精英们，公然证明自己没有能力区分什么话该在保罗教堂说，什么话该在自家客厅里说。他们对着摄像机，为一位不想再回忆'我们的耻辱'的作家起立鼓掌。"[74]

/ 396

哈贝马斯和瓦尔泽在20世纪60年代中期通过希尔德和西格弗里德·温塞德介绍相识，此后多年两人交情甚笃，这也影响到两个家庭和女儿们。他们自然经常相互拜访，比如1976年在哈佛和西弗吉尼亚期间也常一起参加活动。[75] 两人之间第一次发生不睦是在瓦尔泽"周日演讲"三年前，在追授德累斯顿罗马语语文学家维克多·克莱普勒（Victor Klemperer）绍尔兄妹奖的颁奖仪式上。曾极力促成克莱普勒笔记出版的瓦尔泽，1995年11月27日在慕尼黑大学大礼堂致授奖辞，哈贝马斯当时也在场。瓦尔泽在致辞中说："谁若认为所有的一切都通向奥斯维辛这个结局，就是视德犹关系为无论如何都无法逃脱的命定的灾难。除非现在和未来德犹关系不会有良好发展，否则这让我觉得很荒唐。"[76] 而哈贝马斯则赞同格肖姆·肖勒姆的观点，肖勒姆"让人们认识到，对于轻巧地挂在嘴边的德意志－犹太文化共生现象，其实在政治和社会领域存在着另一面"。[77] 瓦尔泽的传记作者约克·马格瑙（Jörg Magenau）说，许多迹象表明，瓦尔泽1995年的致辞已为"他保罗教堂演讲……所涉话题做了铺垫。具有媒体传播效应的刺激性言辞已凝练出来，只待将它们连缀成篇。"[78]

在瓦尔泽致辞过程中，哈贝马斯就已觉察到其讲话中隐藏的爆炸性元素。1995年12月，哈贝马斯的报告《清醒的无助》在《法兰克福评论报》上发表，他在文中表达了自己的看法，当然并未提瓦尔泽的名字，但文章所指何人，一目了然。哈贝马斯解释道，维克多·克莱普勒的笔记记录下的是："以官僚式冷漠对犹太人实施的有步骤的排斥和剔除过程——从最初时刻直至完全隔离和消灭，每个邻人都能看到这个过程的野蛮残忍。当事人冒着生命危险写下见证历史真相的日记，试图通过这样一种角色进行自我拯救；在他那里，这些笔记映射出的，是当被同化的犹太人目睹自己对德意志文化虚幻的信任被以可怕的方式辜负时，他的苦难每增加一分，他便多一分清醒。在为维克多·克莱普勒追授绍尔兄妹奖的仪式上，笔记的这一维度消失了，淹没在一种被无耻地和谐化的德国－犹太文化的洋洋自得中，这是意识状况变化了的征兆。1989 年以后，对待纳粹时期的态度发生了 180 度大转弯。在此之前，公共对话要先打破沉默的坚冰。在此之后，所有人都七嘴八舌参与到有关这一讨论的合法性（Zulässigkeit）和形式的元话语（Metadiskurs）中来。如此一来，借助活跃的公共对话的清算过程本身被抑制了。从这一角度看，新右派占了上风。他们结成了一个包括《法兰克福汇报》副刊在内的广泛同盟，以越来越高亢的悲怆腔调，严厉谴责'克服过去的专业人士'的'充满怨恨的煽动宣传'，称之为'政治正确'的外溢。我们以既不伤害遇难者后人，也不令我们自己感到羞耻的态度对待历史档案诉说的种种，如果这是政治正确，那么我们倒很想知道，那些反对这种做法的人究竟想摆脱何种'审查'。"[79]

两人关系失和令哈贝马斯心情郁闷，而日后他将在瓦尔泽的小说——2002 年出版的《批评家之死》（*Tod eines Kritikers*）中遭到后者毫不恭敬的戏仿。[80] 几年后，他和妻子从法国南部的度假居所返回德国途中，特意在博登湖畔的努斯多夫停留，他想和瓦尔泽谈谈，起码使两人关系恢复到"正常"交往的轨道上，尽管两人有许多事实层面的分歧，但毕竟应念及多年友情。但重续友谊的尝试无果而终。瓦尔泽对来访的哈贝马斯避而不见，向来总是努力调和关系的凯蒂刚巧不在家；几年后，瓦尔泽指责这次拜访是“刚愎自用者的反复无常”。[81]

对种族灭绝事件的整体纪念。1999 年 3 月底，哈贝马斯在《时代周报》撰文，对犹太人大屠杀纪念碑引起的争论发表自己的观点。不过在该文中，瓦尔泽对历史政策的态度是次要的，文章的核心是批评施罗德。尽管哈贝马斯赞同红绿执政联盟，但他谴责施罗德推行的清除过去（Entsorgung der Vergangenheit）的官方政策。这位“媒体总理”以他“适合上镜的浅薄方式”，成功做到了科尔“在比特堡以浮夸的历史化方式”未能做到的。“对于所有规范的东西——倘使它们需要公共论证、不能通过脱口秀这个捷径‘说清楚’——施罗德就根本毫不顾及”。[82]

不过，这种挑衅性的旁敲侧击只是点缀，文章重点在于，为什么说为被杀害犹太人建纪念碑是应当和绝对必要的。哈贝马斯认为，这样一个纪念碑一方面象征着自我批判的记忆和“再也不要有奥斯维辛”的道德诫命；另一方面，它也显示了“决心与自己传统中沿袭的令人陷入歧途的思维方式的决裂”。这种决裂是德国人重获自尊的前提。就此而言，修建纪念碑不仅是为了纪念葬身德国人屠刀下的犹太死难者，更在于承认“一种政治自我理解，那种犯罪行为——纳粹治下实施和容许的人类犯罪——和加诸受害者的无可名状的苦难带给人们的震动深刻烙印其上、使人永远警醒和引以为戒的政治自我理解”。[83]

在哈贝马斯看来，纪念碑项目的创立者是这样一些公民：他们视自己为酿成了“这一灾难”的文化的直接继承者。所谓创立不仅指物质层面的，也指意义层面的，就是说，通过竖起这个纪念碑，他们“与罪犯、受害者及其后代”建立起一种联结。[84]他补充说： / 399

"回顾历史时我们如何看待罪责与清白的分配……，也体现着今天我们作为这个共和国的公民彼此之间相互尊重所要遵守的规范。"[85]哈贝马斯也告诫说，不要将对受害者的纪念功能化，纪念只能是为了受害者的纪念。相反，若通过自恋式自我指涉把一座纪念碑变成耻辱纪念碑（Schandmal），就破坏了"记忆式团结（anamnetische Solidarität）微弱的甚至徒劳的力量的价值"——让我们难堪的不应是耻辱，而应是文明断裂本身。[86]所以，纪念碑的意图也不可能在于，利用大屠杀来铸造"联邦共和国的建国神话"。相反，它是这个国家的公民"为通过与奥斯维辛的历史联结而形成的他们独特的政治自我理解，寻求一个象征性表达"的结果。[87]

对于如何体现柏林纪念碑项目的目的，哈贝马斯找到了一种不同语言表述："此纪念碑意在要求后世人表达看法。对纪念碑在诉说着什么——对大屠杀发生半个世纪后，奥斯维辛对于德国人的身份认同意味着什么——他们应当表达自己的看法。……就此而言，这个纪念碑就成了'警示之碑'（Mahnmal）。"[88]

对于纪念碑的造型，哈贝马斯坚决赞同采用抽象艺术设计。他写道："只有一种不妥协的艺术风格能提供恰当的语言。谁若想要一个看上去舒服些或更具对话感的纪念碑，说明他没有理解该计划的意义和意图。"[89]只有现代艺术的抽象造型语言"不屈的沉默能避免各种令人尴尬的、轻描淡写的解读"。[90]他十分赞许艾森曼设计方案的美学内涵。他设计的墓碑群造型犹如一片静默的、"起伏的波浪，令人有迷失方向之感"，"让人不安和压抑，但又不同于一般纪念性建筑的庞大雄伟带给人的压抑"。[91]

哈贝马斯预料到，对于修建纪念碑计划不会只有赞同声。不过，"如果我们想要这样一个纪念碑，那也必须接受它是舆论的晴雨表，而我们要引导舆论——不然就意味着我们自身对计划的否定"。[92]这个纪念碑不应让参观者以崇拜的目光去纪念受害者，哈贝马斯十分重视这一点。赫尔曼·吕伯、鲁道夫·奥格斯坦和马丁·瓦尔泽（不过他后来表示，纪念碑设计方案令他印象深刻，并称艾森曼是“天才”）都不喜欢纪念碑的抽象设计方案，对此哈贝马斯表示，他们的异议是“基于一种牺牲崇拜的传统，崇拜——在我青年时代尚还如此——的对象是为了集体的崇高目标的英勇牺牲行为。启蒙运动之所以要摒弃牺牲观念自有其逻辑”。[93] 哈贝马斯主张一种“去中心化的、包容被损害的他者的集体自我理解”，[94] 其实质是“给予所有人同等尊重的道德普遍主义”。[95]“各个国家也以这种方式感受到后民族格局的到来。”[96]

道德普遍主义——哈贝马斯认为道德普遍主义的时代早已到来——亦不容许对受害者进行任何形式的“分类”。他称赞一些史学家在这方面的作用，他们“始终听从普遍直觉，正是凭了这种直觉，我们反对‘把受害者群体分为三六九等’”。纪念碑只献给犹太人是成问题的，单独把犹太人列出来至少无形中造成了对其他受害者群体的不公。虽然犹太文化在德国历史上有很大影响，但区别对待受害者在道德上是不正当的。他的要求很明确：德犹关系的重要性，不应使“平等纪念所有受害者这一不容争辩的道德律令”失效，不应突出聚焦于行凶者（残暴行为）的寓意，而损害以受害者为中心的寓意。哈贝马斯举了几点理由来说明在题献形式上纪念碑不应局限于部分受害者。“大屠杀”（Holocaust）一词的优点在于，它是“复杂的灭绝事件的整体性表达”。[97]

1998 年 12 月 16 日，哈贝马斯亲笔写信给纽约建筑师艾森曼，鼓励他坚持纪念碑的造型艺术语言，绝不能接受德国文化和媒体部前部长米夏埃尔·瑙曼（Michael Naumann）的折中方案：[98]“瑙曼先生建议建一个类似于展示与介绍历史知识的机构，而不是永久性纪念碑，当然您很清楚我为什么反对这个建议，理由很简单，因为倘若气氛变了，这样一个地方可能会不知不觉地走了样，变了 / 401

味。”有人批评说，纪念碑会助长德国人记忆的重新民族化，哈贝马斯对这样的批评不以为然。[99] 艾森曼也是这么看。1998 年 12 月 21 日的《柏林报》刊登了艾森曼与米夏埃尔·米宁格（Michael Mönninger）的对谈。艾森曼在对谈中说：“在瓦尔泽辩论中就已有危险的苗头，预示着在关于修建纪念碑的讨论中将会响起反犹主义的弦外之音。……哈贝马斯对我说，现在他担心，这场德国人之间的辩论将演变成一场德国人与犹太人的争端。”艾森曼明确声明，什么都不会让他改变设计方案。“设计一个不体现主次等级，没有出入口，没有可辨认的文字标识、图案和造型的建筑，是个极其困难的任务。我放弃了任何一种与纪念死者相关的代表性和象征性的符号，我想建造一片虚空，一个划在城市肌体及其历史上的、让人有着躯体感受的伤口。……于尔根·哈贝马斯写信对我说，您别再让步。”

2005 年夏，哈贝马斯初次见到勃兰登堡门附近由约 3000 块水泥方块组成的纪念碑群。他喜欢纪念碑建成后的样子吗？在媒体上可以读到如下文字：“离冰淇淋车几米开外站着一位满头白发的绅士。他身穿黑色有褶西裤和灰色夹克，手托下巴，若有所思。他注视着这片起伏的碑群和徜徉其中的人群，追逐嬉闹的青少年，拍照的父亲，还有气喘吁吁的退休老人。这个人就这样默默地站着。他的样子看上去像——哦，他是于尔根·哈贝马斯。……他站在那里，如同在观看一场社会学实验。他面有不满之色，似乎觉得眼前的整个场景过于轻松愉快。问他在思考什么？‘无可奉告’，他说。他不想在公共场合谈论这件事，还不到时候。他道了声歉，告辞而去。离去良久，他的白发在人群中仍清晰可见。”[100]

第四部分

世界公民社会与正义

世界公民社会形态就是持久的和平状态。[1]

第十一章　职业批判者：进入第三个千年

自由的感觉首先意味着，可以有新的开始。[1]

荣休。1994 年 9 月 22 日，哈贝马斯 65 岁生日过后差不多整三个月，在时任黑森州州长汉斯·艾歇尔（Hans Eichel）威斯巴登的别墅官邸，人们为他举行了退休告别会。时值夏末，暑气未消，哈贝马斯做了简短致辞。当着科学与艺术部部长艾薇莉丝·迈耶（Evelies Mayer）及若干同行的面，他直言不讳地说，退休并不是停下来休息的理由。实际上也都一切如常，他仍然继续在法兰克福大学给学生上讲座课，只不过从现在起不是每个学期都有课，而是隔一个学期。至少他是这样计划的。

这位法兰克福大学著名教授庆祝了 65 岁生日，今又退休，媒体借此机会刊登了若干关于他的评价文章。1994 年 6 月 18 日，哲学家瓦尔特·Ch. 齐默里（Walther Ch. Zimmerli）在《南德意志报》，托马斯·阿斯豪尔在《法兰克福评论报》均撰文回顾了哈贝马斯的写作史，描述了他的思想路径。后者在文末总结道："于尔根·哈贝马斯以令人钦佩的执着和坚韧，几十年如一日地描摹着一种希望，'人性就是我们最后剩下的勇敢'。在他看来，民主与法律、自反性道德与语言理性，就是对那些想用阶级神话或以最新概念来表达，用国家神话将社会国家化、暴力阻止现代性的人们做出的回答。"

1993 年 9 月，在亚当·克里泽闵斯基（Adam Krzemiński）主持下，哈贝马斯与波兰最大的报纸《选举报》总编亚当·米什尼克（Adam Michnik）以"统一的德国"为题进行了一场辩论。辩论内容于 12 月中旬刊登于《时代周报》，几周后刊登在《新左派评论》（New Left Review）上。[2] 时隔不久，到 1994 年初，讨论引起了巨大反响。米什尼克自 20 世纪 60 年代起加入反共的反对派阵营，80年代担任波兰独立工会团结工会的顾问。对于米什尼克的问题——为何哈贝马斯从未对斯大林主义发表批评性看法，哈贝马斯言简意赅地解释说，因为他从没有觉得必须要以此为题写些什么。再说，左派也不想冒险充当在德国正如火如荼开展的反共运动的传声筒。汉堡社会研究所的沃尔夫冈·克劳斯哈尔（Wolfgang Kraushaar）以哈贝马斯的这个解释为由，于1994年3月在《时代周报》撰文，以哈贝马斯为例批评左派知识分子“对共产主义体制，尤其是社会统一党政权的‘盲视’。并不是说，哈贝马斯对苏联或民主德国的政治状况抱有幻想，而是他有意忽略从社会理论的角度分析斯大林体制，以免为他眼中真正的危险提供理论弹药。”[3] 哈贝马斯立刻作出回应。1994年3月25日他在《时代周报》发表读者来信，他在信中指明，在他早期的哲学研究中就曾“对正统斯大林主义明确做过深入的批判性剖析”。然而，鉴于战后德国的复辟倾向，对于民主发展来说，重要的是关注本国社会潜在的法西斯主义危险。与此同时，他在信中公开承认对现实社会主义国家异见者的同情。由于他始终与斯大林主义保持着距离，因此并无个人理由，要大张旗鼓地与这个体制在政治上秋后算账。[4]

/ 407

对哈贝马斯在《时代周报》上的观点，克劳斯哈尔于1994年4月26日以一封占了多个版面的长信再度作出回应，信中多处地方语峰尖锐。该文重点谈及对战后德国反共运动的阐释差异。这些阐释差异，一方面涉及介于稳固民主意识和左翼极权主义间的1968年反抗运动的意义，另一方面涉及东欧国家异见者的角色，以及左翼知识分子的责任。对此，哈贝马斯于1994年5月9日作出简短回复，反驳了“作为一位非正统左派出生在‘身负罪责的斯大林主义背景下’的暗示。我认为，原谅我这么说，这种说法是哗众取宠。倘若反权威主义的左派……当时确实转向我所主张的激进改良主义路线（现在我依然赞同这一路线），那么倒省了我忍受十年并不令人愉快的诽谤和中伤。”[5]

退休教授哈贝马斯刚开始着手搬离法兰克福，又在 1995 年 5 月 8 日站在了法兰克福保罗教堂的讲坛上，在“二战”结束 50 周年的纪念仪式上发表演讲。他在演讲中说，他个人也认为德国的民主化进程是成功的，成功的原因在于，在这个国家，能够就德国的过去展开旷日持久的批判性讨论。几星期后，他前往特拉维夫。1995 年 5 月 21 日，特拉维夫大学授予他名誉教授称号，肯定他在德国历史学家之争中的积极参与。颁奖辞说，哈贝马斯“与旨在替第三帝国政策脱罪的 80 年代德国历史书写趋势对抗”，在这方面贡献卓著。[6]

/ 408

9 月 26 日，海德堡大学和海德堡市授予他雅斯贝尔斯奖。他的答谢辞题目是《关于不同信仰势力间的斗争：雅斯贝尔斯论文化冲突》(Vom Kampf der Glaubensmächte. Karl Jaspers zum Konflikt der Kunlturen)。伽达默尔的前助手，自 1969 年起在海德堡大学执教的哲学家莱纳·韦尔（Reiner Wiehl）致授奖辞。他追述了，如他所言，哈贝马斯与雅斯贝尔斯存在主义哲学之间的“紧张关系”，他并不讳言，大学中有些同行之所以不赞同授予哈贝马斯这个奖，也是由于在 20 世纪 60 年代哈贝马斯曾旗帜鲜明地拥护高校改革，他泾渭分明的政治立场导致了左右两翼阵营的两极分化。母亲是犹太人，1945 年被送进了集中营的韦尔，毅然为哈贝马斯支持大学生改革努力的立场辩护。“若有人说，1968~1970 年间的状况之恶劣堪比纳粹时期，那我们必须要指出，说这种话的人可能在纳粹时期不曾有过真正恶劣的境遇。”他继续解释说，哈贝马斯偏向一方的立场以双重“基本团结”为前提：“拥护自由民主国家的公民团结，和作为对话伦理论证目标的全人类的必然团结。”[7]

哈贝马斯答谢辞的主题是跨文化沟通问题，他探讨了相互博弈的宗教势力——伊斯兰教、犹太教和基督教[8]——之间的对立和矛盾，将其伦理生活设计解释为“阐释共同体”——这无疑是向在场的伽达默尔默默致敬，这些阐释共同体都包含着各自对美好生活的独特构想。宗教间的博弈虽然促进理解，但并不会促进共识。

1996年春，他踏上了遥远的演讲之旅。先是赴香港浸会大学，在该校做《康德的永久和平理念》（Kant's Idea of Perpetual / 409 Peace）演讲；后应韩国哲学学会之邀，前往首尔，做题为《国家统一与人民主权》（*National Unification and Popular Sovereignty*）的报告。他对康德道德哲学的阐释以及他的现代性分析在这些地方均引起了公众关注，这是他没有料到的。在首尔国立大学，他做了《民族国家与人民主权》系列讲座，这是韩国西南大学讲座（Seonam Lectures）系列中的内容。4月，即哈贝马斯在韩国逗留前后，在首尔发生了大学生暴动，乌沃·施密特（Uwe Schmidt）在1996年8月21日的《法兰克福汇报》上对事件做了报道，他在报道中暗示该事件的发生与来访者（哈贝马斯）的讲座有关联。这令哈贝马斯怒不可遏，他在一封读者来信中写道：“这种无耻的断言很符合《法兰克福汇报》几十年来一贯的充斥着偏见的报道模式，却与我在韩国的若干学术活动，以及新闻发布会上我所持的自由主义立场大相径庭。……我刚收到一份传真，首尔国立大学的韩尚镇（Sang-Jin Han）教授，一位韩国著名知识分子，很肯定地对我说，在韩国没有人敢做出如此荒谬的断言：‘企图把您上次在韩国的演讲及访谈与延世大学的学生暴力扯在一起，实在荒唐。很显然，对于您传递的信息，在人们的理解中它的意涵完全与上述断言相反。’”[9]

秋天，他赴伦敦，在伦敦大学议事大楼做了关于道德哲学的报告；接着又前往位于美国埃文斯顿的西北大学，在该校担任客座教授，这期间又赶赴位于密苏里州的圣路易斯大学——美国第四大基督教大学，全球化大会在该校举行——他在会上做了演讲。1997年初，索邦大学授予他名誉教授，他在巴黎开设研讨课，讲授法哲学和他的民主公共领域理论。

戈德哈根辩论。1997 年 3 月，美国历史学家丹尼尔·乔纳·戈
德哈根（Daniel Jonah Goldhagen）因其激起公众和学界激烈争议 / 410
的《希特勒的志愿行刑者：普通德国人和大屠杀》（*Hitlers willige Vollstrecker. Ganz gewöhnliche Deutsche und der Holocaust*）一书——该书德文版在前一年出版——而获得《德国与国际政治》杂志颁发的民主奖。[10] 致授奖辞的除了扬·菲利普·利茨玛还有哈贝马斯。他在波恩贝多芬音乐厅的 2000 名听众面前做了演讲，演讲题目为《论历史的公用：为什么授予丹尼尔·戈德哈根民主奖？》（Über den öffentlichen Gebrauch der Historie. Warum ein Demokratie-preis für Daniel Goldhagen?）。他在演讲中称，戈德哈根的观点所引起的公共争论映射出两类历史学家之间的分歧：一类认为大屠杀是在那种背景下的必然现象，另一类则把它归咎于屠杀执行者本身。戈德哈根的贡献也在于，他没有将目光对准被塑造成的天生恶人，而是联系特殊的德意志传统和民族性来解释德国人的斩草除根式反犹主义的根源。[11]

哈贝马斯借授奖辞再次重申他关于如何对待德国灾难性的过去的立场：“在这个问题上，关键并不在于祖辈和父辈的罪责或申辩，而在于后辈批判性的自我确证（kritische Selbstvergewisserung）。后辈不可能知道，自己在那种情况下会有怎样的行为，他们出于公共利益所关注的目标，不同于处在同一背景下、相互对质的同时代人在道德审判热情驱使下的诉求。心怀悲痛揭露自己父辈祖辈的行为，只会令人悲伤，对当事人来说，这属于私人事务的范畴。而后辈作为公民出于公共利益关注自己国家历史的至暗一页，是为了面对自己。……他们不指责别人。他们想理清一份有历史污点的遗产
的文化母体的原貌，以去辨别，什么是他们为之共同负责的，酿致 / 411
了灾难的传统中哪些东西依旧阴魂不散，是需要纠正的。由于过去

发生的普遍的个体有罪行为，才产生了集体责任意识；这与集体罪责的归责无关——这个说法在概念上就是荒谬的。”[12]

哈贝马斯为戈德哈根致授奖辞后，《法兰克福汇报》时任副刊编辑乌尔里希·劳尔夫（Ulrich Raulff）在该报上嘲讽道，当代史学专业圈外人哈贝马斯和雷姆茨玛（Reemtsma）相信了关于戈德哈根这本书的流行观点，殊不知史学界对这一评价诟病多多，认为这足以毁掉作者的学术声望。[13]

在这个全球化疾速向前迈进，各种伴生现象层出不穷的时代，哈贝马斯把更多精力放在了时代诊断上，以对抗他自己所断言的“清醒的无助”状态——1995 年 12 月 3 日，他以此为题的讨论会发言稿发表在《法兰克福评论报》上。他着重指出了三个影响未来走向的趋势：“直到不久前还很成功的社会自由主义方案，不可能在现有条件下继续下去。为了自身利益，我们必须从全球视角来看待社会福利政策的使命。今天，对国界与全球化两者辩证关系的感知，决定着人们如何在市场与国家之间进行意识形态的选择。换言之，政治要赶上市场发展的步伐。德国不仅要在政治上，而且要在文化上融入西方，此外别无选择。但在未来，德国无疑必须要在没有了清算纳粹历史的刺激的情况下稳住局势和人心。”

1998 年春，他在美国大学开罗分校做了题为《从灾难中学习？通过时代诊断回顾短暂的 20 世纪》的报告。[14] 这是他的首次埃及之行——行程很短，只有四天时间——他利用这次机会，在哲学家恩
/ 412
内斯特·沃尔夫 - 加佐（Ernest Wolf-Gazo）陪同下，参观了埃及的文化名胜：开罗埃及博物馆、吉萨金字塔和伊本 - 图伦清真寺。他在开罗大学和美国大学开罗分校的听众面前表示，希望在与知识分子的讨论中获得的新体会，以及这个国家整体给他的新感受，能中和他自己的欧洲中心视角。

他以批判的视角密切关注西方的民主发展。他注意到——这在

这些年并不令人意外——政治越来越以新自由主义为导向，政治规范空壳化现象日益严重，这不仅导致劳动市场放松管制，而且导致社会福利水平下降，存在着社会不公爆炸性激增的危险。国家政策越是依赖于全球网络化的市场经济，这种趋势就越加明显。[15]

在大选如火如荼的1998年夏，与1983年一样，哈贝马斯作为嘉宾受邀参加社民党文化论坛。他告诫同僚们，不要背弃公正和团结这些社民党的传统核心主题，不要在以贫困、社会不稳定、分裂和排外等各色面目呈现的现实危机趋势面前闭上眼睛。如今，随着跨国世界经济体系的发展，正是那些一度使社会福利国家的妥协得以实现的历史条件面临遭到破坏的危险。他虽大胆批评施罗德这位总理候选人的政治风格——不过大概心知肚明，施罗德凭其做派笃定会赢得1998年大选。尽管不是社民党成员，他仍然以其威望公开为社民党背书："如果不希望今秋社民党能够胜出，今天我也不会坐在这里；理由很简单，因为如果社民党赢得大选，那么联邦德国将首次由一个脱胎于反对派的政党执政。随着走出显示民主常态化的这一步，贯穿我整个成年生活历程的一个进程——国家民主政治文化的发展——宣告完结。"[16] 总理候选人和哲学家的这次会面在媒体上引起一片讶异之声。1998年6月10日，贡特·霍夫曼在《时代周报》上评论说，两人的结盟"包裹着重重反讽，他们所基于的政治概念如此迥异，两人的角色又是如此无法调和，因此他们结盟的背后归根结底是出于功用权宜罢了。……总理候选人唱起'德国利益'的调子——在欧洲这也必会博得更多好感，而哲学家则不惧棘手的欧洲问题，努力试图'为欧洲在墨守新自由主义模式的市场经济体制外，寻找一个政治替代选择'。…… 两人的角色转换让人如坠云雾，不明所以。是哲学家，而不是政治家在勾画一幅在社会福利和经济政策上具有行动能力的欧洲联邦图景。……不，两人没有站在同一条战线上。总理竞选人施罗德曾不假思索地谈到怎样才能尽 / 413

快把外籍罪犯赶出德国，而哈贝马斯则公开讲：他认为，破坏政治避难这一基本权利，不仅违背宪法，……而且‘有损在德国历经重重困难才得以建立的政治文化的核心要素’。”托马斯·格鲁斯（Thomas Groß）在6月18日的《日报》上称，施罗德的回答“在智识层面上与哈贝马斯有很大差距”，但“更富情感力量”。参与了这次讨论的克劳斯·奥佛也有这种印象：哈贝马斯为施罗德的政策站台，“提升了施罗德的声望”。让他不解的是，哈贝马斯向施罗德介绍他时，称他是顶级政治顾问。这对他而言简直匪夷所思，奥佛说。[17] 谈到9月末社民党赢得联邦议院选举后将要组成红绿联合政府这个话题，哈贝马斯欣慰地表示：“在一个民主政体中，公民必须有一种信念，在某些关键时刻，通过投票他们确实能够对脱离实际的国家政策施加影响。在联邦德国经过了几十年的时间，才使这样一种民主观念深入人心。我的印象是，这个过程似乎现在才完结。”[18]

/ 414

科尔在1998年联邦议院选举中败选下台，《时代周报》于10月8日刊登了与哈贝马斯的一个篇幅很长的访谈，在访谈中，他将该事件解读为公民政治自信的象征。问及他对前总理的看法，哈贝马斯承认，“把德国统一与欧洲统一紧密捆绑在一起”是科尔的历史功绩。尽管科尔“将高远的政治诉求掺水，使公共代表性庸俗化，……我依然对他抱有好感”。[19] 科尔的精神与道德转折议程遭到了反对，结果反而使德国变得更加自由包容。这提高了红绿联盟的胜选机会。现在对新政府来说，关键是抓住机会，去充满激情地阐释“竞相放开市场”之外的替代政治选择，以能够在超民族国家框架中实现。他对新任外交部部长菲舍尔期望颇高，称他是“欧洲统一的坚定支持者”。“我认识他足够久，也足够了解他——所以可以在这里说，欧洲政策的接力棒从科尔手中交到菲舍尔手中是一件幸事。”[20] 被问到在一个受大众传媒主宰的社会中各党的发展趋势时，他则描绘了一幅黯淡的景象。定位于人格化的政党会越来越少在政治信念方面做工作，“控制舆论的将是商业化的大众传媒”。[21] 访谈最后，哈贝马斯阐述了自己的政治纲领：“我相信，我们所有人都想生活在一个文明的国度，它向世界开放，以谨慎与合作的态度与他国相处。我们所有人都想生活在这样的同胞中间，他们习惯于尊重外来者的特异之处，习惯于尊重个体的独立自主以及多样化的存在——地域多样性、民族和宗教多元性。对新生的共和国而言，勿忘德国在灾难重重的 20 世纪扮演的角色，同时亦铭记我们可引以为傲的不多的解放时刻和成就，将大有裨益。若事关思想产品的完整性和对价值的坚守，我有一个极普通的愿望，就是希望拥有一种心态，使我对高深莫测的修辞保持警觉，拒斥政治的审美化，但会注意政治庸常化的限度。”[22]

1998 年 12 月 9 日，应德累斯顿理工大学“制度化与历史化”特殊研究部门的邀请，哈贝马斯做了题为《象征性表达与仪式化行为：回顾恩斯特·卡西尔和阿诺德·盖伦》的报告。[23] 几个星期后，《法兰克福汇报》刊登了一篇匿名讽刺短评，该短评对哈贝马斯的报告内容几乎只字未提，却暗示他的发音缺陷和学术语言晦涩难懂。此后，《法兰克福汇报》先后于 12 月 23 日和 12 月 30 日刊登亚历山大·克鲁格和卡尔－希格贝特·雷贝格（Karl-Siegbert Rehberg）的读者来信，在信中，他们对这篇“极其拙劣的”报道、报道的“低俗”及伤害他人尊严的令人不齿的方式表示极大愤慨。在此之前，哈贝马斯本人曾对该文进行了驳斥。他在 12 月 6 日写给希尔马赫的信中说道：“我指的并非论战本身，而是其中包含的怨毒和对新闻从业基本准则的践踏。”[24]

与斯洛特戴克的龃龉。同年，哈贝马斯首次介入引起广泛关注的生物伦理学之争。在见诸报端的两篇文章中，他选用了两

/ 416 个极端概念，来说明基因决定论到底意味着什么：“狂妄与奴役”（Anmassung und Knechtung）。[25] 帷幕徐徐拉开的这场关于基因技术，尤其是克隆技术道德维度的公开争论，起初完全是就事论事的调子，至1999年夏，势态逐步升级和扩大。这场持续至年末、丑闻频出的论战的始作俑者是卡尔斯鲁厄的哲学家彼得·斯洛特戴克；1999年6月，即将进入下一个千年[26]之际，在上巴伐利亚的埃尔毛宫（Elmau）举行的一次国际哲学与神学大会上，斯洛特戴克做了题为《人类公园的规则：给论人道主义书信的回函——艾尔茅演讲》的报告，他两年前曾在巴塞尔做过这个报告。1999年9月16日，该文在《时代周报》发表。[27]（四周后，苏尔坎普版图书系列出了单行本，书名为：《人类公园的规则：给海德格尔论人道主义书信的回函》。[*Regeln für den Menschenpark. Ein Antwortschreiben zu Heideggers Brief über den Humanismus*]）他提出通过“人体工程学”来驯化人类，对此，托马斯·阿斯豪尔和莱因哈特·莫尔（Reinhard Mohr）分别在《时代周报》和《明镜》周刊撰文提出尖锐批评。[28] 作为对上述批评的回应，斯洛特戴克直接向哈贝马斯开炮，其抨击激烈到无以复加。他指责哈贝马斯，“在背后组织和操控他人撰写这类危言耸听的文章”来攻击他；这种操控无异于批判理论的死亡：是一种“道德专制”。接下来，指责变本加厉：“时势使然，纳粹父辈、高尚子辈的时代已经终结。”[29] 更为自由的一代登场了，对他们来说，上一代遗留下来的怀疑和指责文化已无多大意义。

哈贝马斯立刻对这一挑衅做出回应。他此前尽管看了斯洛特戴克的论述，但一直未公开表态。不过透过他1999年8月14日写给鲁茨·温格特的私人信件，可知他对此所持的看法：“让我感到不安的，是这一社会达尔文主义的人种培育（Züchtung）呼吁的法西斯
/ 417 主义实质，如同在19世纪晚期工业化最初阶段那样，在这个新自由

主义和社会不公加剧的时代，可能的确有人会听信这套理论：莫非斯洛特戴克是欧根·杜林（Eugen Dühring）再世？”哈贝马斯还写道：“（40年代的）斯洛特戴克的人类学，不过是‘开拓世界’的人化自然史和人类定居及驯化文化史的朴素辩证关系。但他认为不应从人道主义视角将诸多语言‘世界’的生产这一相反的过程美化为文明，必须（康拉德·洛伦兹[Konrad Lorenz]、盖伦等）认清，这个过程无非是‘驯兽和人种培育罢了’。”在信的末尾，哈贝马斯深表忧虑：现在想必“那些欲培育超人（Übermensch）的超人主义者要摩拳擦掌、跃跃欲试了”。[30]

9月16日，他在《时代周报》发表读者来信，这是他唯一一次对这场争论公开表态，信的标题为《来自恶灵的信》。他指责道，争论并未围绕克隆技术伦理的实质性问题，而都在拿媒体散布的各类揣测和臆想大做文章。这里也有他称之为“争夺名望”的动机在作祟。他证实说，斯洛特戴克宣扬一种“新异教”观念，并做出一副“启蒙者和被拣选者”的姿态，不免令他怀疑。另外他还说，斯洛特戴克高估了他，即哈贝马斯，对媒体的影响力。他，斯洛特戴克，“想象的不仅是我野心和动机的投射。尤其他还高估了我对他作品的兴趣，及阅读他的报告所耗费的时间和精力。”在文章最后他自信地说：“简单概括而言：我们这一代摒弃了也曾让康德和海涅不胜其烦的高贵的哲学腔调。”

1999年9月16日，克里斯蒂安·盖尔在《法兰克福汇报》撰文称，闹得满城风雨的传闻确有其事。事发前哈贝马斯的确给《时代周报》编辑托马斯·阿斯豪尔写过一封信，他在信中说，斯洛特戴克在埃尔毛宫的讲话是“不折不扣的法西斯理论”。[31]盖尔还写道：“但哈贝马斯在回应中有意回避谈论报告，不能令人满意。因为人们自然很想知道，到底报告中的什么内容如此触动哈贝马斯，以至于他觉得，有必要让苏尔坎普出版社学术图书系列的编辑留意这篇即 / 418

将在该社出单行本的演讲稿，并恳请他‘仔细看看这篇文章’。……鉴于此文让他如此寝食不安，人们不由会想，起码他应该提供一个粗略的分析，如在写给《时代周报》编辑的信中所做的那样。无论如何，他没有给出公开理由，这让他的结论不免显得有些无凭无据。”对斯洛特戴克，盖尔则质问道，《人类公园的规则》是否是个圈套？“先挑起人们的批评，然后便可以大肆宣称，这些批评文章都是在哈贝马斯的幕后组织和串联下出炉的，把这事闹得满城风雨”。1999年9月23日，《时代周报》刊登了图宾根大学哲学系教席教授曼弗雷德·弗兰克（Manfred Frank）的读者来信，他批评斯洛特戴克“故意挑动公众情绪”。“若想在这个报告中找到一个清晰的论点，一个观念，甚或一个合理的建议，无异于墙上钉布丁。”而批判理论已死的看法“是如此滑稽，以至于我自问，怀疑您过于自负是不是太小题大做，起码是没有幽默感。……不，批判理论没有病入膏肓，它非常健康。如果我说，在后法西斯时代的德国哲学界，没有任何一种哲学像哈贝马斯的哲学那样，在世界范围内……得到如此认真的对待和广泛的讨论，以及一定程度的赞赏，则是客观的事实描述。”

如事实所表明，对公众和媒体而言，这场继承人之间的斗争正是他们求之不得的故事和素材。但哈贝马斯——毕竟斯洛特戴克把他归入“意识形态批判思维样式的野蛮继承人”之列——绝不会让

/ 419

自己陷入媒体喧闹中。[32] 因为，对于媒体以不同代际、不同哲学立场的代表人物因虚荣心受挫而争论不休这种套路炒作会有怎样的结果，他不抱幻想。作为重视对话和争论之不同的理论家，[33] 他明确表示自己专注于基因技术伦理问题的讨论。

不过，这场争论的尾声值得一提。2000年2月24日，鲁道夫·瓦尔特（Rudolf Walther）在《时代周报》撰文，描述了斯洛特戴克在法国媒体上对哈贝马斯的评价，此文援引了《事件》杂

志（*L' Événement*）刊登的一次访谈的内容。瓦尔特批评斯洛特戴克，他所谓大法西斯分子的儿辈们的命运这番评论意在散布“基于庸俗心理学的臆想”，并为博眼球佐以“事实”无限夸大。紧接着，《国际文学》杂志（*Lettre International*）于2000年3月1日刊发汉斯－于尔根·海因里希对斯洛特戴克的一个详细的访谈。话及哈贝马斯，斯洛特戴克说，他掌握着“话语霸权”和“心态权力”（Mentalitätsmacht）。随着谈话的进行，他语气愈发尖锐：“甚至可以说，整个左翼自由主义联盟都是由面目模糊的哈氏信徒组成。本是多数派的他们的典型特征是，自视为受迫害的少数派，做出一副面对强大对手的自卫姿态，行使他们几乎毫无争议的文化霸权。”“哈贝马斯式批判理论是一种隐秘神学版的逻辑绝对论，即一种极力伪装成对话的独白式极端真理观的外溢。…… 从根本上说，哈贝马斯始终不过是一个再教育（Reeducation）理论家。”

1999年6月，哈贝马斯70岁寿辰之际，德国各大报都刊登了关于他的评价文章。此时已99岁高龄的伽达默尔在《南德意志报》撰文，强调这位公共知识分子的独立判断力和政治介入。他认为，交往理性概念是哈贝马斯的思想核心，不是毫无来由的。布迪厄亦在该报介绍了哈贝马斯在法国的接受情况。他认为，“民主的道德意涵”和“非强制性交往”概念对哈贝马斯的理论在法国的接受来说很重要，但他反对“完全不提作为潜在因素内在于所有交往中的强制形式”。 / 420

理查德·罗蒂在《法兰克福评论报》上非常亲切地写道，哈贝马斯“以70岁高龄仍保持着20岁年纪的求知欲”。与其美国同行希拉里·普特南在《新苏黎世报》上的评价一致，他亦认为这位与他差不多同龄的朋友，在思想上与实用主义代表人物约翰·杜威的激进民主传统一脉相承。[34]哈贝马斯的前助手及其法兰克福大学的

352

教席继任者霍耐特在《时代周报》撰文，重点介绍了哈贝马斯的著作与生平，文字里行间充满了对哈贝马斯的亲密感情。在文章最后他总结道，哈贝马斯的思想在场（geistige Präsenz）、其理性的公共运用，为将德国的智识文化提升到一种自我批判的开放的新高度做出了重要贡献。[35]耐格特在《每日镜报》向哈贝马斯致生日贺辞，他写道："我一生再也没有遇到什么人像哈贝马斯那样，在追求真理的过程中如此重视交换论据。"[36]

6月18日，《法兰克福汇报》推出两个半版的长文，集中呈现了人们对这位步入古稀之年的知识分子的形形色色的评价。该文标题为《回应于尔根·哈贝马斯》（Antworten auf Jürgen Habermas），配以寿星在施塔恩贝格宅邸图书馆中的两张巨幅照片。哲学家、社会学家、神学家和文学家们纷纷在该文中表达了对哈贝马斯的看法。人们对他的评价褒贬不一：威廉·亨尼斯批评他有政治误判，错判形势和状况，缺乏判断力；巴伐利亚前文化部部长汉斯·迈耶要求哈贝马斯解释，究竟什么样的童年经历导致他有这样一副"好为人师的做派"；而马丁·泽尔则非常友好地评价说，哈贝马斯的与众不同在于，"他是哲学家中的异数，他拥有一个体系，但并不囿于这个体系"。[37]

/ 421

那么，该怎样以既质朴又恰当的方式为一位享有如此盛誉的学者庆祝70岁生日呢？哈贝马斯的学生，主要是克劳斯·君特和鲁茨·温格特牵头，为他举办了一个讨论会；讨论会于1999年7月在法兰克福大学举行。做报告的有若干来自英美语言区和德国的知名人士。报告或多或少都涉及哈贝马斯的各种著作，并围绕三大主题：认识论与语言哲学、道德与伦理及公共领域、民主与法律。讨论会及日后出版的纪念文集名为：《理性的公共领域与公共领域的理性》（*Die Öffentlichkeit der Vernunft und die Vernunft der Öffentlichkeit*）。哈贝马斯说，这个标题选得非常好，"因为公共领域作为人们相互进行理性交往的空间，是我一生都在思考和研究的课题。事实上，公共领域、话语和理性这三个概念主宰着我的学术研究和政治生活。”[38] 7月9日，讨论会结束，这天，由乌特·哈贝马斯·维泽尔霍夫特和苏尔坎普出版社做东，在大学酒店补办了一场生日宴会。邀请函背面印着一行小字：“于尔根·哈贝马斯说，补办生日会可不是为了收礼。”

在70岁生日之前，哈贝马斯就已经开始和健康问题做斗争。他的健康问题部分是精神压力所致。耳鸣的毛病已折磨他很久了。1999年6月24日，他写信给沃尔夫·勒佩尼斯，感谢他的生日祝福，诉说自己的健康问题。他还写道：“另外，我感觉被前些日子的知名度吓到了，不知怎么的，就觉得暂时不要再抛头露面了。”7月15日，他在给法兰克福大学哲学系同事马蒂亚斯·鲁茨·巴赫曼（Matthias Lutz-Bachmann）的信中写道，“这个春夏是勉强撑过来的”；访问中国、意大利和西班牙的计划都取消了，“正常工作”也受到影响。[39] 事实上，直到次年，演讲和旅行邀请他都尽量婉拒。比如，他放弃了在欧洲议会做关于欧洲身份认同的演讲。每年7到8月间，他和夫人喜欢去法国南部度假，往往在那里住若干个星期，1999年在那里的度假也以休养为主。就连每日复函，也仅限于最重要和最紧急的信件。不过，他没有放弃纽约之行和在西北大学的客座讲学。 / 422

他也没有放弃在苏尔坎普出版社履行顾问职责。由于和出版人在出版项目规划上有分歧，学术图书系列审稿部负责人弗里德赫尔姆·赫尔伯特（Friedhelm Herborth），在为这家出版社效力25年后最终离去。在该社工作多年的编辑霍斯特·布吕曼（Horst Brühmann）也走了。两人在完成了半年出版计划后于1999年9月30日一道辞职。与温塞德的分歧初显时，哈贝马斯还曾试图保赫尔伯特，而且始终在庇护他，直到1998年10月15日，赫尔伯特在《新苏黎世报》刊登的文化记者约阿希姆・君特（Joachim Güntner）对他的采访中，批评出版人温塞德的学术图书系列未来选题规划。[40] 1999年底，学术图书审稿部补充人选事宜提上了日程，温塞德请求哈贝马斯在人员选择上给予协助。在3月14日写给温塞德的信中，哈贝马斯赞成保留学术图书系列一直以来的选题规划特色。[41] 他希望未来的选题规划不要使"苏尔坎普学术图书系列患上'精神软骨病'"，无论如何要避免该系列一步步丧失其一贯的具有高学术水平的内核。温塞德计划起用文学研究者莱玛・丛斯（Raimar Zons）担任学术审稿部负责人，哈贝马斯对此颇为疑虑。丛斯自1981年起在著名的威汉姆芬克出版社（Wilhelm Fink Verlag）负责出版项目规划，最初担任首席编辑，后任出版社社长。哈贝马斯认为，他的选题规划偏重法国哲学和保守主义哲学家的作品。丛斯回忆说，是斯洛特戴克建议温塞德联系他的，当时的出版社社长克里斯托夫・布赫瓦尔德（Christoph Buchwald）确实与他取得了联系。接着，哈贝马斯寄给他一长串要对应聘者提的问题。接下来与温塞德和布赫瓦尔德在法兰克福的谈话，主要涉及哪些作者适合、哪些作者不适合被纳入该社的学术图书出版系列。温塞德当即认定丛斯是合适人选。他建议立刻签合同。丛斯对与哈贝马斯的一次谈话尚记忆犹新，他记得这次谈话远远谈不上愉快。尽管他确实对这个职位有兴趣，但踌躇再三还是婉拒了，也是因为他的老东家、出版人费迪南德・勋宁（Ferdinand Schöningh）由于自己的健康原因恳请他继续留在威汉姆芬克出版社。1999年11月，苏尔坎普出版社新闻处最终宣布，学术图书系列将由同为文学研究者的贝恩德・施蒂格勒（Bernd Stiegler）负责（暂与安妮特・乌舍尔[Annette Wuschel]共同负责）。[42] 施蒂格勒出于个人兴趣主动申请了该职位，1999年春，布赫瓦尔德邀他前往法兰克福面谈。在一次共进午餐时，哈贝马斯与这位新任编辑初次相识，之后他一年两次前往施塔恩贝格和哈贝马斯商讨计划、选题规划和对作者的评价，这成为惯例；回忆起来，施蒂格勒称两人的合作是愉快、充满信任和富有建设性的。[43]

1999 年 12 月，哈贝马斯与文学评论家马塞尔・赖希 - 拉尼茨基（Marcel Reich-Ranicki）及西格弗里德・温塞德，一同被授予黑森州文化奖。1999 年的这个奖很特别，每位获奖者要为另两位致授奖词。对于这种具有媒体传播效应的方式，哈贝马斯诙谐地称是“自我指涉系统”，在这个系统中，“三位老先生”互为镜像，相互美言。哈贝马斯对赖希 - 拉尼茨基的自传《我的一生》赞誉有加，该书几周前出版，书中部分内容是作者对自己在华沙犹太人隔离区那段时期的回忆。他称这部作品语言朴实无华、毫不矫饰，也赞扬作者在文学批评中进行“挑衅性”评价的勇气。关于另一位获奖者温塞德，哈贝马斯认为他与“那些终年沉浸在自己世界中的作者”，如阿多诺、布洛赫、约翰逊、恩岑斯贝格、汉德克和弗里施等桀骜不驯的人物保持了友谊，并经常“以各种不同组合把他们聚拢在一起”，功绩不凡。温塞德在为哲学家致授奖辞时称他的特点在于，其理论构思源于一种前科学的直觉，而赖希 - 拉尼茨基则感谢哈贝马斯在历史学家之争中的坚定立场，赞赏他“作为重要的道德和知识权威的作用”。[44]

哈贝马斯是这样看自己的吗？他厌恶以高高在上的道德权威的姿态——用他的原话，就是“握有解释世界的钥匙”的哲学家和知识分子姿态——评价事物，他曾多次表达类似的看法。“有最终决定权的不是哲学家，而是公民。”[45] 不过，伦理道德主题自始至终对他身为哲学家和公共知识分子的所思所行有着很大影响。这在他参与生命政治讨论所写的文章中有尤为明确的体现。“用基因技术造出的怪物”让他感到恐惧；因为在他看来，只要具有语言和行动能力的主体的伦理自我理解总体上岌岌可危，那么后形而上学在价值

/ 425 问题上的克制就不再能够得到辩护，因此他引入了“类的伦理学”（Gattungsethik）这一概念。[46] 2000 年 11 月 9 日，奖金高达 25000 瑞郎的玛格丽特·艾格纳基金会（Dr. Margrit Egnér-Stiftung）奖授奖仪式在苏黎世大学大讲堂举行，他在仪式上做了报告，在报告中他第一次谈到上述话题，后在马尔堡大学的克里斯蒂安－沃尔夫系列讲座中又做了详细阐发。

主张人的意志自由和不可支配性（Unverfügbarkeit）

从唯科学主义的立场出发相信一种

将来有一天通过客体化的自我描述不但补充，而且替代了人的自我理解的科学，不是科学，而是糟糕的哲学。[47]

生命伦理学。20 世纪 80 年代哈贝马斯提出的对话伦理学基本原理，构成了一个他在其中对靶向基因修饰将来可能产生的后果详细表达观点的参考框架。哈贝马斯对伦理与道德，也就是良善生活——即存在的自我理解——与正义生活做了区分，他对基因技术的批判即以此为出发点。为论证自己的生命伦理，哈贝马斯对相关讨论进行了反复思考和研究，此前他一直有一个观点，涉及伦理自我理解的具体内涵，哲学必须保持谨慎和克制：对话伦理学必须局限于确保外部条件，即哈贝马斯所说的对话的形式或程序性先决条件，
/ 426 以便在各方举出赞成与反对理由的论辩过程中，就规范及与此相关的道德原则的承认达成——在理想情况下——近似一致的决定。

然而，现代生命科学开启了对人的本质进行技术干预的可能性，比如先进的胚胎植入前诊断可能会导致这种结果；鉴于这种可能性，首先关键并不在于需要个体做出回答的生活方式是否合乎道德，更重要的是，必须要澄清涉及人类这一物种自身规范性取向的重要方

面。基因技术干预的可能性，相当于“两组不同染色体意外相遇而结合的偶然的受精过程的不可支配性”受到危及。[48]

哈贝马斯甚至将“人的躯体和生命被生物技术操控”阐释为，在地球中心主义及人类中心主义世界观被摧毁后紧随而来的“我们世界观的第三次去中心化”。[49]因此，他从一种完全臆想的未来前景出发，以便可将当今基因技术的成就置于更广阔的背景下来讨论。他在 2002 年 1 月 24 日接受《时代周报》记者采访时称：“我不信任专家中那些不肯向未来多看一步的姑息者。到目前为止，生物技术呈现出的迅猛的发展势头，不断碾压着社会关于其道德目标的旷日持久的自我理解进程。对于未来，目光越短视，将来既成事实的力量就越强大。”

他的生命伦理论证依据的前提是以下人类学论断：人类遗传禀赋的偶然性不仅是人自我认同形成的前提，而且是人际关系根本平等的前提。干预人的基因组，控制基因组成，会危及人的不可支配性，导致人被当作物品对待。基因医学干预就有可能通过他决来操纵新生儿的遗传特征，由此代替新生儿的天然个体禀赋和自发性，结果会造成一种新型的不平等的人际关系。能使遗传素质变成人工合成基因产品的克隆方式，破坏了“成人关系中的对等义务”。[50]所以说，“基因操控者”[51]（Herren über die Gene）消灭了那种人与人之间借此作为独立体相互承认的互惠关系。

哈贝马斯欲警告人们，这违背传统的伦理情感。他担心，这种新型的人际关系“在现代社会通过法律获得制度化的相互承认语境中成为一个异体”。[52] 操纵遗传素质消解了人对自己天然禀赋的自我责任，“那种人们认为自己的人生历程完全由自己创造的自我责任”。[53]

为避免引起误读，在此稍作解释：哈贝马斯批评的是某种特定的优生学实践，针对的是他归类为“自由主义的优生学”派别：例如任何人在未加管理的市场上都可获得的基因技术方法，以及依照父母愿望改变下一代遗传特征的基因干预等。他并非从根本上拒绝生物技术干预。在他看来，重要的是，将那种常与基因编辑的未来相关的模糊的恐惧，纳入道德理论范畴加以讨论。哈贝马斯认为，在一种“消极生物学”的框架内，治疗性克隆（如消除遗传疾病）完全有临床应用的可能。从生物伦理学角度来看，可以允许那些能够假定当事者（事后）会接受的基因技术干预。至于依照父母的意

/ 428

愿，通过有针对性的基因技术控制，生育具有特定遗传素质的孩子的“积极的优生学”，则绝对无法排除胚胎物化的危险。因为难以在以预防遗传病为目的的基因干预和优化遗传素质的基因设计之间明确划界，因此，哈贝马斯坚持在“我们的自然禀赋和被给定的有机体资质”之间做出区分。[54] 他担心，随着生殖医学与基因技术（科隆）的结合以及胚胎移植前基因诊断方法（淘汰携带不良遗传基因的胚胎）的发展，主体（有机体 [gewachsenem]）和客体（人造物 [gemachtem]），“人造人和自然人”之间界限泯灭的退化将继续下去。[55] 伴随着这一趋势，（有机体）的个体特征及（人）的个体社会命运也将继续趋同化。

结论是显而易见的：“基因干预并不开启对被设计的孩子平等相待、将其纳入沟通过程的交往空间。”[56] 相反，会出现“一种在许多方面都不对称的关系——一种特殊形式的家长制”。[57]

人性之不可支配性。哈贝马斯的论证旨在阐述人性及前个人阶段（vorpersonal）人生之不可支配性的类伦理诫命（gattungsethische Imperativ）。通过前个人阶段生活，人“在语言共同体中”具有了其独特的个人形象，在其中“自然存在物逐渐成为个体和被赋予了理性的人”。在这一背景下，蓄意“操控胚胎质量”的可能性就具有了道德的迫切性。因为这种可能性

干预了人的禀赋分配（Gabenverteilung）的不可预见性，干预了诸多因素相互作用的人的个性化过程，因此触及了根本的价值问题，确切而言，触及了我们作为类本质（Gattungswesen）的自我理解。 / 429

因此，他认为，我们的自我理解需要一种恰是以人能够成为自身（Selbstseinkönnen）为前提的类伦理学（Gattungsethik）。对于人能够成为自身，至关重要的是，“人在自己的躯体内感觉自在”，“躯体必须被感受到它是自然的造物”。人能够成为自身的另一个基本维度是维护人际关系，而相互承认原则是维护人际关系的规范性基础。在哈贝马斯看来，生命伦理学的意义在于，让人们注意，人能够成为自身的两个前提是值得保护的，而“只要我们对同属于一个道德共同体尚有根本兴趣”，那么这就是必要的。如果在类伦理自我约束的同时，“道德自身开始滑坡”，我们就会走上邪路。哈贝马斯一再借用“邪路”这个比喻，以警告世人伦理自我理解自我放逐的危害，说明他所预见的自由主义优生学的危险。[58] 类伦理学概念的提出，使哈贝马斯偏离了“道义论思维路径”，他自己也承认这一点。[59] 因为类伦理学称，人有道德行动能力是有人类学前提的，而且它明确指出，所有道德的人都使用一种“所有道德的人共有的类伦理自我理解”。[60]

哈贝马斯对自由主义优生学的深入思考和研究，是他研究社会问题的理想类型的完整体现，即先提炼出自身与社会问题的关系，然后公开表达立场。一开始是一种印象或直觉——具体到这一问题则是对克隆人深入骨髓的恐惧。接着追根究底，去弄清这种恐惧的理性内核。厘清了理性内核，触发进一步的思考——就这个话题而言则是伦理思考，进而找到论据来支撑伦理思考。最后将思考结果公之于众，大多数情况下是通过媒体发布，旨在激起能在政治领域 / 430 得到充分辩论的论争，而反过来，他又将此视为必须将自身立场具象化的挑战。

意志自由。在哈贝马斯的生物技术批判中，有一个课题暂时被他搁置，即对作为具有行动意图的人的特质的意志自由的范畴进行精确的哲学界定，但这却是持续至今的他与神经科学家争辩的焦点。早在 2002 年 10 月，在知名学者云集的埃森文化学院论坛上，哈贝马斯曾有机会和神经科学家沃尔夫·辛格（Wolf Singer）就人性与意志自由进行过一番交锋，在争论中检验了自己的立场。辩论过程中罗蒂和迈克尔·托马塞洛（Michael Tomasello）双双为他助阵。克里斯蒂安·盖尔在 2002 年 9 月 14 日的《法兰克福汇报》上评论道，出人意料的是，这位“大名鼎鼎的神经科学家，以哲学的方式如此廉价地出卖了自己。……看来哈贝马斯着实花费了一番心思去琢磨，如何既不冒犯对方，又让他缴械投降。”

众所周知，包括沃尔夫·辛格在内的许多神经学家宣称，能揭示自由意志是一种幻觉：所有心理活动都取决于受制于自然法则的神经元构成的大脑状态的因果关系。哈贝马斯反对唯科学主义的自然主义，这种理论认为一切皆是自然法则使然的因果关系链，故忽视社会行动动机的合理性。他将经过自己系统论证的意志自由的概念，与人进行有意识行动、为自身行动负责的条件关联起来。表演性地伴随人的所有活动（作为自身身体的不可支配性）的意志自由的条件范围，一方面包含着对自身意图及执行行动的现实状况的反思，另一方面也包含着原则上能选择自己行动的信念。毕竟，行动
/ 431
者必须将在他看来合理的理由内化为主观动机，以便出于内心理智将这些理由化为行动。哈贝马斯把“意志自由”解释为：“意志基于合理理由的自我关系（Selbstbeziehung）方式。意志自由标志着一种存在方式（Seinsweise）——一种行动者如何在理由框架中生存，以及如何受到在文化中沿袭下来、在社会中制度化了的理由浸染的

那种方式。”[61]

诚然，意志自由始终是一种有条件的自由，取决于具有象征性结构的“强制性理由空间”，[62]以及行动主体的自然禀赋、生活史和历史偶然态势。“但某种程度上，行动者已把所有这些因素内化，以至于它们不再像外部原因那样作用于意志形成，并可能干扰行动者的自由意识。”在这方面哈贝马斯谈到一种“温和的”自然主义，因为意志自由未被归入可理解的领域，而被归于有机躯体（organischer Körper）对自身身体（Leib）的自我体验。虽然人“自身存在的参照基础”是扎根在其所体验的“肉体生命”本质中的有机部分，但意志自由会在“理由交换”时显现。从这个意义上说，超验主体变成了“具有言语和行动能力的若干主体”。[63]

2011年9月中旬，哈贝马斯在慕尼黑大学“听众爆满的大礼堂”[64]发表演讲，演讲内容是人类语言和文化，即理由空间是怎样产生的，这也是慕尼黑德国哲学大会的终场演讲。他面对2000名听众讲“理由的体现”（Verkörperung von Gründen）。[65]他说，理由不仅在日常交往中，而且在对话实践中均有突出作用。通常，理由“在沟通中是双刃剑，它们既是起支撑作用的巨岩，也是松动的碎屑石块——能促成共识，也能动摇共识”。[66]理由可以以文化的、心理社会的、物质的方式体现。只要它们以文化传统和制度化生活方式的形态固定下来，就构成生活世界——即“象征性体现的理由空间”（Raum symbolisch verkörperter Gründe）——的要素。演讲达到高潮时，哈贝马斯抛出了他基于进化人类学视角，经过深入研究得出的推论：“日常交往产生超主体的——使人的心灵对理由敏感的——语言逻各斯的弱规范性；而在与救赎和灾难的［宗教］力量的交往中则产生社会团结的强规范性，并使之得到更新。”[67]

演讲人对语言理论不止于小修小补的修正，没有逃过在座哲学家们的耳朵：“显然，使争议性表述屈服于更佳论据的非强制的强制

/ 432

力量的对话实践，归根结底也是在难以琢磨的模糊经验——可对之予以直观描述，但无法借助对话使之得到充分发掘和解释——的视域内展开。”[68]他的结论是：“以象征体现的意义空间，总延伸到意义沉淀物的外围，它越过了明确可支配的理由空间向外延展。”[69]难道哈贝马斯暗示，人们确实会受到直觉引导，因此并不纯粹遵从更佳论据的逻辑？ 总之，他认为，存在着诸如审美体验这样的体验维度，这种经验根植于“一种符号性的，但非言语的交往”，先于并伴随着这一论证逻辑。[70]《南德意志报》对这一论断发表了高调评论：

/ 433

“他的新观点听上去如此迷人，似乎不应仅用它来描述世俗化进程，而是应当虔诚地用他的规范来武装自由宪政国家——以抵御充满随意性的世界。……从早年哈贝马斯到晚年哈贝马斯——其思想变化之大，几乎堪比柏拉图早年到晚年的变化，如果可以这样对比的话。演讲结束，慕尼黑听众报以如潮掌声，人们不仅为一种观点，更为一位年长的智者喝彩。”[71]

行万里路的哲学家

第三个千年伊始，伽达默尔在海德堡大学迎来了百岁寿辰。德国哲学界赫赫有名的人物几乎悉数来到这座历史名城，为这位几代德国哲学家中的承前启后者祝寿。哈贝马斯为他当年的领路人写了两篇祝寿文章：一篇是情真意切的祝福语，刊登在 2000 年 2 月 1 日的《每日镜报》上；另一篇以作品来呈现伽达默尔的生平，于 2 月 2 日刊登在《新苏黎世报》上。

哈贝马斯减少旅行，尤其是减少长途旅行一段时间后，于 2001 年 4 月重又踏上了旅途，这次是偕夫人对中国进行为期两周的访问。直属于国务院的中国社会科学院早在几个月前就向他发出了邀请。现在他终于可以接受邀请，到北京的清华大学和上海的复旦大学，在数量可观的听众面前做报告。“我料想将会有与学者的学术讨论，可在巨大的礼堂里演讲是我没想到的。一切比我预想的都更富有政治色彩。”[72] 哈贝马斯见证了这个国家的快速现代化进程，并完成了为他排得满满的演讲任务。他在两周时间里做了八场演讲，他在演讲中谈全球化和后民族格局，也谈人权。另外，他还在六场由社科院以及非 / 434 正式圈子组织的座谈和讨论中，与人们面对面对话，回答人们的问题。由于他的主要作品已有了中译本，所以他遇到的听众总体上对他很了解，对西方哲学也如数家珍。2001 年 4 月 26 日，《时代周报》驻京记者花久志（Georg Blume）就哈贝马斯在大学发表演讲的情况在该报做了报道。他写道：“大学生们首先想知道，哈贝马斯对话理论的有效性是不是超越文化界限的。”关于社会主义思想这个问题，哈贝马斯回答说，社会主义想“让团结在社会中扎根”。2001 年 5 月 10 日，《时代周报》刊发纪实特稿，报道花久志主持的一场哈贝马斯与中国艺术家和知识分子的座谈，这场讨论引人注目的是，中方参与者对当局的现代化政策发表的看法相当具有批判性。

哈贝马斯在中国当然也谈到了人权。同时他也向听众表明，西方不应当滥用人权，把人权当作外交施压工具。不过，他婉拒了在北京长期担任客座教授的邀请。[73] 在两周时间里陪同他的是社会哲学家和翻译家曹卫东。在日后的一次采访中，曹卫东说，自此次访华后，加之他的一些著作，如《交往行动理论》和《在事实与规范之间》等有了较好的中文译本，在中国掀起了一场“真正的哈贝马斯热”。[74] 而哈贝马斯在中国却感觉“自己是希腊意义上的双料‘野蛮人’——不懂语言，不熟悉文化——此行不为教导别人，只为寻求与同类的文化对话”。[75]

和平奖。从中国回国后不久，媒体纷纷报道了哈贝马斯获得德国最重要奖项之一——德国书业和平奖的消息。德国书业协会向这 / 435

位同时代人（Zeitgenosse）颁发该奖的理由是，“他始终以批判和积极介入的姿态，伴随着德意志联邦共和国的成长之路，……他作为新时代富有影响力的德国哲学家受到全世界读者的关注”。[76]颁奖仪式在法兰克福保罗教堂举行，几周前德里达在这里被授予阿多诺奖，哈贝马斯当时也在场；[77]按照惯例，颁奖仪式在法兰克福书展的最后一天，即10月14日举行。仪式笼罩在“9·11”恐怖袭击的浓重阴影下。人们对获奖人的演讲寄予很高的期望。比如，扬·罗斯在10月11日的《时代周报》发表题为《德国的黑格尔》的文章：“在这种背景下，哈贝马斯将于周日在法兰克福保罗教堂发表的演讲，值得我们翘首以待。这听上去像是套话，但若关乎德国知识分子的政治立场或就具体事件发表的观点，这样的说法绝非理所当然。若不算上官方尊崇的诺贝尔奖得主君特·格拉斯，德国知识分子中间，其言论始终能引起人们的关注和其他欧洲国家读者的共鸣，如同在德国媒体上一样顺理成章地在《独立报》、《世界报》或《晚邮报》上发表意见的，除哈贝马斯外，人们能想到的实际上也就只有两位——恩岑斯贝格和达伦多夫。”

当时正在纽约逗留做报告的哈贝马斯，专程飞回法兰克福领取和平奖。1000余名来宾出席了颁奖仪式，其中有若干政府代表，如联邦总统、联邦总理、外交部部长、经济部部长、联邦宪法法院院长以及主管文化事务的内政部长等。应哈贝马斯要求，扬·菲利普·利茨玛为他致授奖辞。利茨玛重点肯定了哈贝马斯理论建构的开放性原则。哈贝马斯令人“翘首以待”的演讲发表后，全国各大报刊展开了广泛讨论；他在这篇名为《信仰与知识》的演讲中，借2001年9月11日的恐怖袭击事件，公开对现代性及成功的世俗化的条件进行了反思。和许多人一样，哈贝马斯也在施塔恩贝格家中，在电视上目睹了发生在33天前的对纽约世贸中心和五角大楼的恐怖袭击。[78]近3000人在这次事件中遇难，如事后证实，奥萨马·本·拉登领导的“基地”组织对此负责。恐怖袭击发生后的那些日子，世界各地的人们或默哀或举行悼念活动，纪念“9·11”事件遇难者。

哈贝马斯在演讲中开宗明义阐明了主题：9月11日，“世俗化社会与宗教之间的矛盾以另一种形式爆发了”。[79] 他在演讲开场时说，别指望他会做一场“周日演讲”（影射马丁·瓦尔泽四年前在同一地点的演讲），① 然后直接切入主题，呼吁恰如其分的判断力，以及西方应对自身的世俗化进程做出解释。演讲中他多次脱稿，演讲结束时，观众全体起立，长时间鼓掌向他致谢。

不久，他回到纽约。年轻的女哲学家吉尔安娜·博拉朵莉（Giovanna Borradori）利用哈贝马斯在纽约的机会，于2001年12月与他进行了一次关于“激进主义与恐怖”的深度对话。这次对话后来与她和德里达的访谈一起收录成书，即《恐怖时代的哲学》一书。[80] 哈贝马斯在纽约期间，德里达正应理查德·J.伯恩斯坦（Richard J. Bernstein）之邀，做客社会研究新学院。在伯恩斯坦的纽约寓所共进晚餐时，他们进行了私下交谈。上文提到过两人在埃文斯顿、巴黎和法兰克福有过会面，此后，相互间曾一度紧张的关系早已好转。[81]

哈贝马斯认为，那些自称的“圣战者”实施全球恐怖主义的疯狂行为，其根源不仅在于诉诸教条式信仰确信的伊斯兰激进主义，实际上，伊斯兰激进主义之所以有吸引力，原因也在于西方文化的道德缺陷：“西方只借助基于物质主义的庸俗消费文化不可抵挡的诱惑力，来对待其他文化。…… 只要西方讲人权不过就是打输出自由市场的如意算盘，那么西方就的确会呈现一种失去了规范的空心化形象……”[82] 对世界范围内诉诸暴力的意愿的增长——在恐怖主义分子

---

① 瓦尔泽的答谢辞题为《写周日演讲的体会》，该演讲被质疑有严重反犹倾向而引发争论，参考上文“与马丁·瓦尔泽关系破裂”一节。——译者注

一方和反恐怖主义一方均如此——他解释为是交往扭曲的表现。相互承认由此受阻，互不信任加深，并开始呈螺旋式上升。他寄希望于，通过使国际法转变为超国家法来打破暴力与反暴力的螺旋式上升。

2001 年 12 月 3 日，美国哲学家理查德 · 罗蒂在柏林被授予梅斯特 · 艾克哈特奖（Meister Eckhart-Preis）。这是一个新设的奖项，哈贝马斯专程前往首都为友人致授奖辞。罗蒂的新书《为我们的国家自豪》（*Stolz auf unser Land*）① 的德文版 1999 年春出版。哈贝马斯捍卫友人对美国左派的批判性分析——确切而言，他矛头针对的是以下企图，即借助一种新保守主义诠释，拿罗蒂宣扬的爱国的意义来充当民族意识的辩护词。哈贝马斯完全基于自身立场评论说，在罗蒂看来，“民族意味着协商式公民社会的自我谋划（Selbstentwurf）——是一个持续的建构过程，并非自然的赐予。民族身份认同只有在流动的公共话语中形成。”[83]

/ 438 他强调了罗蒂所做的尝试，罗蒂认为哲学的目标已不再是追根溯源探索事物的本源和本质，由此消解了哲学的真理概念，使哲学回归对“现实生活意义”的关注。[84] 他未谈及与罗蒂的哲学分歧。比如，罗蒂对交往理性是“人的自然禀赋”这一看法持怀疑态度。罗蒂认为，交往理性其实是“大量的社会实践。…… 如果人们也同哈贝马斯一样，认为理性……具有社交性（kommunikativ）和对话性（dialogisch），那么就意味着，对一种与人无关的标准的责任被对他人的责任所取代。…… 由于哈贝马斯［对普遍有效性理想。——作者注］的坚持，给我的印象是，他仍拘囿于把这一观念——理性是人类莫名具有的把握真正现实的能力——强加于我们的那种哲学传统”。[85]

瓦尔泽和博尔。2002 年春，德国爆发了一场在各大媒体上演的

① 中文版书名为《铸就我们的国家》。——译者注

反犹主义辩论，引发这场辩论的是马丁·瓦尔泽的新作《批评家之死》（*Tode eines Kritikers*）。作者当时亲手把尚未付印的小说交给《法兰克福汇报》待连载。弗兰克·希尔马赫读罢校样，接着在 2002 年 5 月 29 日的《法兰克福汇报》文艺副刊发表了一封公开信。他在信中写道，“必须告知您，本报不会连载您的小说。……您的小说是在行刑”。他简略复述了书的内容：小说讲述了发生在文学世界里的一个关于权力和依附的故事，人们都在传说犹太出身的权威文学批评家埃尔－柯尼希（André EhrlKönig）遭谋杀身亡，引起轩然大波，后来他却安然无恙地现身。[86] 读者很容易看出，这个角色是影射因电视评论而出名的文学评论家马塞尔·赖希－拉尼茨基。希尔马赫说：“关键并不在于谋杀的是一位批评家，……而在于谋杀的是一位犹太人。……整部作品充斥着明显的反犹主义陈腔滥调……”四年前，瓦尔泽被授予德国书业和平奖时，希尔马赫曾为他致授奖辞，当时瓦尔泽的“周日演讲”也在媒体上引起了轰动。希尔马赫公开信结尾的那句话意味深长：“亲爱的瓦尔泽先生，您经常说，您想要摆脱束缚，得到自由。现在我认为：您的自由就是我们的失败。”[87]

随着这一反犹主义的指责声起，一场德国媒体舆论大战爆发。一些评论家认为瓦尔泽的作品有强烈的反犹情绪，另一些则称赞他触碰一个德国禁忌话题的勇气。面对这一辩论，哈贝马斯按捺不住站出来表态，这并不让人意外，至于瓦尔泽小说中的另一角色——维森顿克教授——是明显影射讽刺哈贝马斯这一事实，与他 2002 年 6 月 7 日在《南德意志报》发文介入此事并无多大关系。他的文章标题为《禁忌底线：一则语义学评述。有鉴于近期发生的事件，声援马塞尔·赖希－拉尼茨基》。他在文中说：“反犹主义的指责，不论有没有道理，……它指的是对现已深深扎根于我们政治文化中的一种价值取向的违背。称这种行为是‘打破禁忌’，是误导。”对反犹主义倾向漠然置之，也许是为了“终能以一种较为解脱的心态面对自己国家的历史”，但这样做表现的并不是勇气，而是“对过去极端野蛮行径的受害者缺乏敏感，当我们反思，对于重建我们的自尊以及文明共存什么不可缺少时，明确的答案就是要具备这种敏感性”。将背离这一立场美其名曰为“打破禁忌”，是“语义混淆”。

哈贝马斯的文章甫一登出，回应随即而至。2002 年 6 月 10 日，卡尔·海因茨·博尔在《法兰克福汇报》发表公开信，激烈抨击哈贝马斯。他指责哈贝马斯有“监管强迫症”，批评他这不是头一回使用高雅的怀疑文体和与之紧密相连的概念决定论方法，即对表面看来相互关联的各种立场和观点不加区分，不分青红皂白地笼统地扣上一个大概念。哈贝马斯没有理解“政治正确”和“清除过去”的区别，错误地描述了“去禁忌化”，“似乎一种去崇高化的新的自由选择（Willkür）违背了脆弱的政治和民间规范。……由于缺乏这种区分，您才会错误地将瓦尔泽所憎恨对象的特殊性与具有历史合理性的（德、犹两个民族之间）相互理解需要的普遍性扯在一起。这是您那改头换面的国民教育的基本条件。……您的意图在这里一览无余，您就是有意利用这场辩论，来表演您的堂吉诃德式反法西斯风车大战”。博尔继续说道，“这并不关乎对应有的文明的放弃，而关乎文明言论的使用，也就是要驳斥那种不客观认识现实、固守教条式信念的做法。……瓦尔泽作品的狂放无忌，不论其文学性如何，恰恰是自由社会的表达现象（Ausdrucksphänomen）：这并非是说，在文学中可以像流氓一样信口胡说、随笔乱写，而是说憎恨也是文学的养料。您说‘臭气熏天’。还有什么比连篇累牍地对别人横加质疑更臭气熏天的呢？”博尔在信尾的签名是：“您的不无怀旧的，卡尔·海因茨·博尔。”

他信中的结尾敬语让人不由想起，这位《法兰克福汇报》前编辑和哈贝马斯曾一度有不错的交情。博尔不久前曾透露，当年他被迫辞去《法兰克福汇报》文艺副刊主任一职，为新任出版人费斯特青睐的拉尼茨基腾位置，当时哈贝马斯是反对这一安排的人之 / 441
一。[88] 1984 年，博尔接替汉斯·施瓦布－费利施（Hans Schwab-Felisch）担任汉斯·派施克创建的《水星》杂志的出版人。在他领导下，这份文化杂志迅速走上了不同于以往的文化政策路线，而哈贝马斯不赞成新路线，而后两人关系破裂。两人主要在德国思想史传统、法国后结构主义及统一的德意志民族的未来等问题上存在分歧。[89] 从哈贝马斯对博尔公开信的反应也能看出，围绕瓦尔泽小说发生争执时，两位知识分子之间的气氛多么剑拔弩张。[90] 在 2002 年 6 月 11 日刊登于《法兰克福汇报》的一封简短的读者来信中，哈贝马斯激烈回应道，让博尔愤怒的不过是他的“自我投射”罢了。不过他指责《法兰克福汇报》编辑部刊登了一篇“谤文”，因为该报读者无法知晓他发表在别处的文章究竟说了些什么。接着，2002 年 6 月 15 日，乌尔里希·劳尔夫在《南德意志报》撰文，又给争论添了一把火。他认为，这是“审美批判的不幸”，造成这种不幸的原因在于，审美批判被作者的“道德政治评价和观念批判”取代。恰恰是“批判理论的徒子徒孙们以最云淡风轻的姿态与其审美遗产分道扬镳。…… 文章作者用观念审查取代了审美批判”。这位批评者是历史学家，自 2004 年 11 月起担任德国文学档案馆馆长，对其批评哈贝马斯未予回应。

2002 年 6 月，应伊朗时任总统穆罕默德·哈塔米（Mohammed Chatami）和由他创建的伊朗文明对话国际中心的邀请，哈贝马斯赴伊朗进行为时一周的访问。他在德黑兰大学做了两场公开演讲，他发现该校有着“开放的学术环境”，于是利用这次机会，面对以 / 442
学者为主的数量众多的听众，做了关于“西方后世俗社会的世俗化”和人权的演讲。2002 年 6 月 13 日，在《法兰克福汇报》与他的访谈中，他谈了对这个国家的印象：“完全不是那种想象中的沉默的社会的样子——至少我在这里遇到的知识分子，以及毫无畏惧、言谈举止自如自信的大都市公民，都给我留下了完全不同的印象。”但哈贝马斯也表示，“伊朗支持真主党的行为无可粉饰”。“不过，乍看之下，印着两位宗教革命领袖头像及其语录的巨幅标语牌，也令人有恍惚之感。”他还在访谈中说：“如果从西方带着小小的思想行囊来到东方，会发现普遍的东西方相互了解程度的不对称，这让我们不由觉得自己是野蛮人：他们对我们的了解远远超过我们对他们的了解。”6 月 19 日，《法兰克福汇报》报道了“敌视改革的伊朗媒体”对哈贝马斯演讲的反应。这些媒体称，哈贝马斯的言论使他受到左右夹击。“保守派报纸 *Entechab* 以哈贝马斯发表的言论为口实发难，实际上他们更多针对的是邀请他来伊的亲近改革派总统哈塔米的文明对话国际中心，而不是哲学家本人。……*Entechab* 发表的文章标题为《我们对哈贝马斯的惊人影响》，该文主要批评伊朗文明对话国际中心只安排了‘对世俗化哲学有许多话要说’的哈贝马斯和改革派的会面。……还称哈贝马斯不顾现实状况质疑伊朗宗教少数派群休的自由。”

哈贝马斯为宗教不宽容辩护？2002 年 3 月第二周在卢塞恩大学举办的学术讨论会上，以及 5 月末在柏林科学院召开的莱布尼茨大会上，哈贝马斯又旧话重提，讨论了他早年在哥廷根求学时代就开
/ 443
始思考的哲学论证宽容的问题。他认为，作为面对相异的伦理取向时的行为美德，宽容原则上包含着所有公民在法律上充分被政治集体接纳的含义。成员应当在非强制条件下就宽容规则以如下方式达成一致：所有人自视为被宽容者，同时也是宽容者。[91] 至于民主政体应当以多大的宽容度对待自己的敌人，哈贝马斯说，他怀疑以家长式实施宪法保护的效果，不排除这会大大限制公民不服从行动的

空间，并因此过度收紧宽容度的可能性。在他看来，宽容不仅仅是无偏见和开放的心态，更是一种行为方式，“当各方各执一词，既不理智地寻求共识，亦认为不可能达成共识的时候”，甚至是一种必要的苛求。[92]

告别。2002年，哈贝马斯痛失多位友人。1月，他得知法国社会学家皮埃尔·布迪厄去世；3月13日，伽达默尔去世；10月26日，他亲密的伙伴温塞德去世。在《时代周报》刊登的悼文中，他回忆伽达默尔的“不怒自威”。在他眼中，伽达默尔是那种导师：“教导我们，在明显关乎与堕落的传统决裂的问题上要进行分辨和批判，然后汲取剩下的尚完好的部分。”[93]他在《南德意志报》给温塞德写了最后一封信，在信的结尾他写道：“亲爱的西格弗里德，你的离去留下了一片巨大的空白，因为你在世时占用了很多空间。可你占用这些空间，不是为了你自己，而是为了构建一个宇宙。不停地向前是你的生存方式。在黑海上，那个筋疲力尽的逃兵为了活下去不停地游啊游，要想活命就得向前游，这是在黑海上度过的悲惨的几个小时时光留下的心灵创伤。心灵创伤形成了，你把心灵创伤变成了生命意外获救之喜的原型（Archetypus）。”哈贝马斯也追忆了温塞德对“既自恋又爱争辩”的作家们的耐心包容，对难以接近的哲学家作者的坦诚以待，还有对恩斯特·布洛赫的特别偏爱。“当年是希望给了你生的勇气，而他的《希望的原理》（*Prinzip Hoffnung*）不也是一曲用哲学音符谱写的希望礼赞吗？”[94]哈贝马斯每年有6周时间在埃文斯顿的西北大学任客座教授。由于正在美讲学，他无法在两天内往返，因此未能参加温塞德的追悼会和葬礼。 / 444

2002年12月，法国国家科学研究中心及社会科学高等研究院研究室主任，哲学家、艺术史学家及哈贝马斯著作的法文译者，年仅56岁的莱纳·罗希里茨（Rainer Rochlitz）去世。2002年12

月 17 日，哈贝马斯在《法兰克福汇报》写道：“他瘦高笨拙，总有些形色仓皇的样子，散发出一种生活在沉重与危险中的令人动容的气息——似乎他不愿，或不能从那些栖身巴黎的德国流亡者的角色中，从一批又一批曾流亡于此的德国著名人物的历史影子中走出。”

忙碌的 2003 年。2003 年 3 月 18 日，克里斯蒂安·盖尔在《法兰克福汇报》“新书”栏目发表关于几天前出版的《哲学家汉斯·约纳斯的回忆》的书评。[95] 他认为，这位生于 1903 年的《责任原理》（*Das Prinzip Verantwortung*）的作者，结束流亡回到德国后，再未能融入主流为人们所熟悉，没有得到足够的认可。“‘哈贝马斯对我是怀有善意的，态度也很尊重，他曾亲口对我承认，他不同意授予我阿多诺奖，但认为我可以拿绍尔兄妹奖，这个想法让他很激动，有次在他家用晚餐时他说：对，就您的保守思想而言，这个奖合适。’约纳斯认为，哈贝马斯这句话尤其代表了人们对他的那种疏离感。”在 3 月 21 日的一封读者来信中，哈贝马斯对盖尔引自约纳斯书中的那段话表态：“盖尔说到‘在哈贝马斯家对奖项一事讨价还价’。在这件事上没什么可‘讨价还价’的。瓦尔曼邀请我作为阿多诺奖得主担任此次评奖的评委。诺伯特·伊利亚斯（Norbert Elias）已得过该奖，现在被提名的是汉斯·约纳斯和君特·安德斯，我的意见是，应当多考虑阿多诺的效果历史，因此提名年纪较轻的亚历山大·克鲁格为候选人。大家知道，后来得奖的是君特·安德斯。肯定是有人泄了密，约纳斯才知晓了讨论过程。平日里自信笃定、不慕虚荣的一个人，在其乐融融共进晚餐时竟然问起评奖内情，这让我至今都觉得匪夷所思。”[96]

/ 445

不久，哈贝马斯在 2003 年 4 月 17 日的《法兰克福汇报》上发表《纪念碑的倒掉意味着什么？》（Was bedeutet der Denkmalsturz）的文章，批评美国当下政策。他说，美国正在推行单边霸权政策，它不再是建设世界主义法律形态的先锋。其规范性权威丧失殆尽，它“放弃了国际法保护者的角色”。他谴责这个超级大国为推翻伊拉克独裁者萨达姆·侯赛因和打击“基地”组织而对伊拉克发动军事行动。在哈贝马斯看来，这场战争绝不是预防性战争和人道主义干预。他坚决支持世界各地的反战示威行动。一个主导大国企图用武力来推行民主和人权等，本身就自相矛盾。

2003 年 9 月正逢阿多诺诞辰 100 周年，这一年有若干各种各样的纪念活动。霍耐特执掌的社会研究所举办了三天的“自由的辩证法”国际会议。[97] 9 月 25 日下午，哈贝马斯在座无虚席的第六讲堂做了开幕报告《“我自己是自然的一部分”：阿多诺关于理性与自然的相互缠绕》（Ich selber bin ja ein Stück Natur‹. Adorno über die Naturverflochtenheit der Vernunft）。晚上，扬·菲利普·利茨玛做了题为《阿多诺与文学》的报告。哈贝马斯在报告中，以阿多诺未被征服的“第一自然”概念，和完全可被支配的“第二自然”及与之相关的“普遍法则决定的世界关系网络”的自然主义概念为背景，阐述了自由与决定论的二律背反。[98] 他阐述道，自由实际上是由两个条件决定的：个体的天性和他在社会世界中的生活史。“理由和理由交换构成产生自由意志的逻辑空间”，[99] 而这个空间又被呈现为独立存在的、猖獗的自我确认原则在其中高视阔步的社会这个“第二自然”所危及。[100] / 446

2003 年 10 月，哈贝马斯赴西班牙北部城市奥维耶多（Oviedo）领取奖金为 5 万欧元的阿斯图里亚斯亲王社会学奖（Prinv-von-Asturien-Preis），西班牙王储菲利普亲自为他颁奖。他在艾汐剧院（Teatro Campoamor）致答谢辞，在演讲中提醒人们欧洲宪政化进程面临搁浅的危险。接着在歌德学院马德里分院做报告，之后，接受马德里美术馆（Círculo de Bellas Artes）颁发的金质奖章。

2003 年这一年哈贝马斯异常忙碌，各种事件令他不堪其扰。3

月发生了约纳斯事件，接着，夏天又发生了关于《恐怖之后》一书的丑闻。该书 2002 年由爱丁堡大学出版社出版，作者是生于加拿大的英国哲学家泰德·洪德里奇（Ted Honderich）。哈贝马斯是温塞德家族基金——苏尔坎普出版社的控股方——理事会的成员，理
/ 447 事会于 2002 年 6 月刚接受任命，他以理事会成员身份推荐翻译出版这本讲述“9·11 事件”后果及起因的书。当时恰逢苏尔坎普版图书系列 40 周年庆，值此之际推出了纪念版丛书，这本名为《恐怖之后：宣传小册子》（*Nach dem Terror. Ein Traktat*）的书属于该系列。书出版后，法兰克福大学教育学教授兼弗里茨·鲍尔研究所（Fritz Bauer Institut）——该所从事关于纳粹大规模犯罪，尤其是犹太人大屠杀的文献资料汇编和研究工作——所长米沙·布鲁姆里克，2003 年 8 月 5 日在《法兰克福评论报》发表公开信，强烈要求出版社下架该书，因为它为巴勒斯坦自杀袭击者杀害犹太平民的行为开脱，为“反犹太复国主义”辩护。几天后，哈利·努特（Harry Nutt）在《法兰克福评论报》副刊发表评论，他的观点是：这本书虽然体现出“一种不经意的反犹主义”，但内容主要是“要求重新分配生存机会”。尽管如此，“苏尔坎普出版社批准出版这样的书，仍不免让人大跌眼镜”。同一天，哈贝马斯在同一报纸发声：“布鲁姆里克的信吓我一跳。是我向苏尔坎普版图书系列推荐了洪德里奇的书，所以对于一本在他看来必须‘立刻下架’的书，我有一部分责任。……去年底拿到洪德里奇的书稿时，我刚结束一年一度的美国之行忧心忡忡地回到国内。这个自由开放的国家的公共气氛——政府也在媒体上为向伊拉克开战造势——使我心情沉重。政府在挑起受到‘9·11 事件’极度震惊而惶恐不安的民众心底的恐惧，而反对派几乎鸦雀无声。当看到这位受人尊敬的英国同行的书稿呈现了截然不同的视角，我感到一丝欣慰。其文字透着一位老派社民党
/ 448 人的正义激情，他对世界边缘化地区受到敲骨吸髓般剥削的民众，

在生存机会的分配不公和生活中蒙受的巨大的财富分配不公的实际后果，进行了长期思考，认识到这是唤醒西方世界‘普通公民’社会良心的一次机会。…… 的确，这是一本语言通俗的小册子，这位在科学理论上颇富声望的哲学家，也欲以这种方式贴近更多读者。片面概括随着以色列建国——作者对以建国明确表示赞同——开始的这场冲突的历史，远远不能还历史以公道。……不过也有一些概括性语句读来令人拍案叫绝：‘作为历史上种族主义的主要受害者，犹太人看来从折磨他们的人身上学了些什么。’若不采用宽容的阐释视角，脱离论证背景孤立地去看，这样的句子总有可能违背作者初衷，也被拿来用于反犹主义的目的。”同一天，克里斯蒂安·盖尔在《法兰克福汇报》报道说，苏尔坎普出版社宣布，该书目前已售完，将不会再版，并将该书版权归还作者。安德里亚斯·布莱腾施泰因（Andreas Breitenstein）在8月7日的《新苏黎世报》撰文表达了如下看法，虽然洪德里奇是“老派左派”，但肯定不是“老牌反犹主义者。……如今，在系统性种族主义意味着精神自戕的地方，流行一种狡猾的反犹主义，其根本的反犹倾向隐藏在貌似有说服力的论证、信誓旦旦的保证和机智的暗示中”。他的结论是：“洪德里奇的书确实不是一本属于‘苏尔坎普版图书系列’的书，该系列始终秉持这一理念：‘帮助人们理清错综复杂、纠缠不清的因果关系’，而哈贝马斯本人在回复中也否认这本小册子能起到这种作用。”

这一年年末，还发生了另外一个令人不愉快的事件：12月，苏尔坎普出版社基金理事会成员集体辞职，理事会成员除哈贝马斯外，还有恩岑斯贝格、克鲁格、阿道夫·穆施格（Adolf Muschg）和沃尔夫·辛格。温塞德去世前任命了该理事会，其任务是向家族基金会在维护出版社政策延续性方面提供意见。对于这一引起轰动的辞职事件的原因，媒体上有各种猜测；社长君特·贝格（Günter Berg）退出后，对出版社管理层改组存在意见分歧的传闻不胫而 / 449

走。基金理事会声明的核心句子也表达了这个意思："作为温塞德家族基金理事会的成员，我们不得不面对一些在未经我们参与、未听从我们建议的情况下做出的重大决策。问题的关键并不在于人事调整，而在于出版社的领导结构。"此外，他们表示，辞职不会影响"我们作为作者对出版社一如既往的忠诚"。[101] 2003年12月4日，胡伯特·施皮格尔（Hubert Spiegel）在《法兰克福汇报》评论道，基金理事会成员须扪心自问，"对于合作的失败，他们自己有哪些责任。是原则性问题上的重大分歧导致了各走各路，抑或是太迟认识到自己的无能？"很明显，基金理事会成员们确实高估了自己的影响。

若干荣誉和一桩麻烦事

2004年春，在德国有两大公众热议话题。一个话题是《2010议程》，施罗德第二任期的改革计划，该议程遭到了左右两派的激烈反对，致使社民党后来在地方和州选举中遭遇多次失利乃至重创。这将促使施罗德于2005年向联邦议院提出信任案，从而为提前大选铺平道路。另一个话题是不久将举行的联邦总统选举。竞争总统职位的有两位候选人：一位是政治学家及奥德河畔法兰克福欧洲大学校长格西娜·施万（Gesine Schwan）；另一位是国际货币基金组织总裁，具有国际声望和丰富经验的金融和经济专家霍斯特·科勒（Horst Köhler）。由于施罗德力荐，后来科勒获得总统职位。对于即将到来的总统选举，哈贝马斯在2004年5月13日的《时代周报》上写道，"因为关键在于利用象征性资本，所以总统任职者的政治地位比以往更为重要"。基于这一背景，他批评基民盟和自民党主席搞"权力角斗"，在"夜雾行动"中像变戏法一样，毫无预兆地向联邦大会推出一位候选人。"这些幕后操纵者视联邦总统的任用如儿戏，也视公民对将在世界公众面前代表全体德国人的人选的合法知情权如儿戏。”哈贝马斯指责说，社会和公民没有足够的途径具体了解此前职业从政经验为零的两位空降候选人的情况。哈贝马斯毫不掩饰他对社民党推选的候选人的政治独立性和政治热情抱有好感，而批评霍斯特·科勒对提名他为总统候选人的政党之路线的逢迎。5月23日，科勒最终当选为德意志联邦共和国第九任总统。

不过，他也对红绿联合政府提出了批评，事实很快表明，该联盟执政的日子已屈指可数。2004年6月18日，即他75岁生日这一天，《南德意志报》刊登了对他的访谈。他在访谈中表示，反对该党在欧洲问题上采取新自由主义的消极路线。“从经济角度看待选民，是选情分析人士的专业扭曲症。”他向社民党提议，“坚持纲领上的优势，致力于实现超越单个民族国家行动空间的政治目标”。真正的问题在于“政治在自身造成的现实约束面前自我放弃”。访谈最后安德里亚斯·奇尔克（Andreas Zielke）评论道，即使在世俗化了的欧洲，世界性宗教也是规范性自我理解精神力量的源泉。哈贝马斯也得出了一个体现他自身特质的结论：“无神论者并不是异教徒。”[102]

2004年5月18日，苏尔坎普版图书系列出版了他的《分裂的西方：政论集第10卷》(*Der gespaltene Westen - Band X der Kleinen Politischen Schriften*)。四周后，哈贝马斯将迎来75岁生日。这次媒体反应依然十分热烈。德里达的生日祝辞大概是最情真意切的了，2004年6月8日刊登在《法兰克福评论报》上的这篇题为《我们的正直！》(Unsere Redlichkeit）的祝辞，讲述了“一个有过重重障碍的友谊的故事”，特别强调“两人不止在一个议题上政治见解相近”，尤其在如何看待欧洲未来的问题上。德里达在生日祝辞中最后说道：“我衷心祝愿，在这样无力的、危险蛰伏的时代，哈贝马斯其言其文其人还将长久地照亮我们的希望。”时隔不久，斐洛出版社（Philo Verlag）出版了《恐怖时代的哲学》这本小书，该书收录了上文提到的博拉朵莉在纽约与哈贝马斯和德里达的对谈。罗沃尔特出版社在其著名的专题研究丛书中出版了罗尔夫·魏格豪斯（Rolf Wiggershaus）撰写的首部哈贝马斯传记。

继续频频获奖。这一时期，哈贝马斯频繁获得各种奖项和荣誉。首先是稻盛基金会颁发的奖金丰厚的著名国际大奖——京都奖；2004
/ 452 年 11 月，即他 75 岁生日这一年，在京都举行皇家庆典期间，他被授予京都奖终身成就奖。哈贝马斯在颁奖仪式上做了学术演讲，在演讲中，他再次驳斥神经科学所谓能揭示人的自由意志和个人自我负责纯粹是幻觉的论断。[103] 日本科技企业集团京瓷公司创始人、捐资设立该奖的稻盛和夫（Kazuo Inamori）希望他“谈谈自己”，于是他在第二场演讲中谈到了自己的生活，确切地说，他谈到了自己思想形成和政治介入的生活史根源：幼年时期使他饱受折磨的唇腭裂手术、语言障碍及因此产生的“依赖感和敏感”，1945 年的重大转折，对文明断裂的认识，对战后人们对纳粹罪行的态度的震惊，因终日忧虑政治倒退而介入政治的冲动。[104] 不过，他说不应过高评价哲学家的论断，哲学家的生平“就外在事件而言通常……乏善可陈，并不是传奇故事的素材。……在我们这个领域，我们称其著作为所有时代所共享的人为大思想家，这种思想家的思想犹如火山内部炽热的岩浆，人生年轮犹如层层堆积的火山岩。这是其著作经受住了时间考验的昔日思想大家们在我们心目中的形象。而我们，这些尚在世的哲学家——本来也不过是哲学教授而已——只是自己所处时代的同时代人。”[105] 担负知识分子角色的哲学家的使命，在于“提升公共辩论令人遗憾的对话水平”。演讲最后，他谈到哲学家和知识分子使用的交往理性准则：“我们大多数时候都不符合这些准则，并不
/ 453 令人意外；但这些准则本身并不会因此而贬值。因为，知识分子之间固然常常相互倾轧、争斗不休，散布对方已死的谣言，但对知识

分子而言，如果有一件事不能容许，那就是自己变得犬儒。”[106] 与所有京都奖获奖者一样，人们也请哈贝马斯送给年轻人一句人生格言。他送的格言是：永远别拿自己和天才比，但要始终以批判天才的作品为目标。

获得博士学位离开波恩大学那年，他24岁。时隔50年后，2004年11月，波恩大学授予他“金博士”荣誉证书（Goldene Promotion）。他的答谢辞听来更像生平自述，他回顾了自己哲学生涯的开端：在波恩的求学岁月，学术导师的影响，自己哲学兴趣间或与导师的兴趣背道而驰，还有与阿佩尔的相遇，他对语言哲学和实用主义产生兴趣就是受了阿佩尔的影响。

他接下来获得的是由挪威议会设立的金额高达58.5万欧元的一个奖项：2005年11月，哈贝马斯在卑尔根大学（Bergen）被授予霍尔堡国际纪念奖，[107] 该奖表彰“他的具有划时代意义、为法律和民主开启了新前景的对话理论和交往行动理论”。他的答谢辞题为《公共领域中的宗教》，这也是霍尔堡奖讨论会的主题；阿恩·约翰·佛特雷森（Arne Johan Vetlesen）、奎纳尔·希尔贝克（Gunnar Skirbekk）、克里斯蒂娜·拉封、克雷格·卡尔霍恩（Craig Calhoun）、托马斯·M. 施密特（Thomas M. Schmidt）、豪克·布伦霍斯特和托尔·林德霍姆（Tore Lindholm）等作为评论家受邀参加了讨论会。[108] 一年后，应挪威大使之邀，他在柏林艺术学院又做了一场以意志自由为主题的获奖演说。

2006年3月，他在维也纳接受布鲁诺·克赖斯基奖（Bruno-Kreisky-Preis），他的获奖演说涉及两个迥然不同的主题：欧洲问题和知识分子的角色。[109] 他表示，那种反应机敏、镜头感十足的新型媒体知识分子，是在以自我戏剧化的方式宣告自身的沉沦。“这或许解释了，为何那些常有一位迷人女主持的政治家、专家和记者的（电视）讨论滴水不漏，不留一丝需要知识分子来填补的空 / 454

隙。我们不缺这类知识分子，因为早有他人更好地扮演了这样的角色。”[110]

他继续思考社会向媒介化社会嬗变的问题。2006 年 6 月，他参加在德累斯顿举行的国际传播学会（International Communication Association）大会，该学会成立于 1950 年，拥有 3500 名会员，致力于传播与大众媒介相关的科学研究。他用英文做了题为《民主是否还有一种认知维度？实证研究与规范理论》（Hat die Demokxatie noch epistemische Dimension? Empirische Forschung und normative Theorie）的报告，他在报告中从协商民主理念的角度，对他的大众传播理论做了现实阐发，因此这篇报告对其作品史具有重要意义。这篇文章后于 2008 年收入《啊！欧洲：政论文集第 11 卷》发表，他将该文题献给贝恩哈德·彼得斯（Bernhardt Peters），彼得斯是研究社会理论和公共领域的学者，是他这一领域最出名的弟子之一，曾在不来梅大学任教，于 2005 年辞世。简单来说，该文体现了哈贝马斯对公共领域和民主理论的现实观照。

大众媒介的无孔不入与协商民主模式是否兼容？他在报告中从这一问题出发，对证明公共话语认知效果的大众传播实证研究成果做了介绍。另外，他对随着报纸、广播和电视的商业化而出现的交往异化的现实感到遗憾和痛心。与大众传播相反，哈贝马斯说，网络传播提供了新的可能性，“通过让互动和协商要素重新进入交往双方——相互间的交往虽是虚拟的，却是平等的——不受管制的交流中，弥补了大众传播匿名性和交往关系不对等性的缺陷”。[111] 不过，与此相对的是日趋严重的公共领域的碎片化，导致这一趋势的原因是传播流密度增加、速度加快，正如传播研究结果所显示的那样。不过，绝不是说因此就对协商民主模式搁置不论。因为，至少在三个交往层面——中央政治制度、分散的大众传播和日常交往——仍存在正常的相互作用。因此，作为媒介性质的传播系统之一的公共领域，在并未穷竭民主合法性来源的情况下，仍保持正常循环。另外，哈贝马斯也分析了民主信条与政治现实之间的落差。除了批评个人化和丑闻化机制模糊了政治与娱乐的界限，他也批评当关系让公民运动表达其对立观点时，传媒制度缺乏开放性。哈贝马斯在出版于1962年的《公共领域的结构转型》中阐述道，“听众和观众……不仅是消费者，也就是市场参与者，而且也是公民，拥有观察政治事件、参与文化和政治决策的权利”。[112]

2006年11月，在柯尼希斯温特城（Königswinter）的彼得斯贝格（Petersberg）酒店，哈贝马斯从北威州州长、基民盟成员于尔根·吕特格斯（Jürgen Rüttgers）手中接过了北威州国家奖①。在波恩大学执教的哲学家沃尔夫拉姆·霍格雷贝（Wolfram Hogrebe）充满感情地称赞哈贝马斯是“具有对话分析的力量，同时又具有巨大的创建对话力量的思想家”。社民党前主席汉斯－约亨·沃格尔（Hans-Jochen Vogel）指出，哈贝马斯的对话理论及其知识分子介入，“有益于民主”。“您获得了智识力量和思想力量，并使之服务于我们国家的利益。”最后一位致辞的是州长，他说，只有莱茵人会洋洋洒洒写上上千页的文字来谈论交往，这让现场气氛顿时变得颇为欢乐。哈贝马斯在答谢辞中批评作为主流意识形态的新自由主义思潮，并说欧洲统一已经不再是政治议程中的优先议题。相反，“由于社会达尔文主义甚嚣尘上，国际政治形势呈现失控的态势”。他再次宣扬，要继续让由古典国际法规定的世界秩序向宪政世界社会演化。[113]

纸片事件。2006年9月，君特·格拉斯的回忆录《剥洋葱》出版。他在书中自爆，战争近尾声时，17岁的他曾加入武装党卫军。[114]

---

① 该奖为北威州最高荣誉，每年一次颁发给在该州文化、科学及其他生活领域做出卓越贡献的杰出人士。——译者注

同月，历史学家及政论作者费斯特也出版了自传《我没有：童年与青少年时代的回忆》(*Ich nicht. Erinnerungen an eine Kindheit und Jugend*)，书中多处将传闻伪装成事实。他称，于尔根·哈贝马斯——书中虽没提名字，但所指何人，一目了然——把他是希特勒青年团成员时写的一张纸片嚼碎吞了下去，从这张纸片可知他对纳粹及“最终胜利”的狂热。[115] 记者于尔根·布舍对费斯特书中的这段话[116]如获至宝，据此写了一篇《哈贝马斯是不是吞下了真相？》的文章，发表在《西塞罗》(*Cicero*) 文化杂志上。布舍自称“顺藤摸瓜”，追查了谣言的来源，暗示哈贝马斯确实将他卷入纳粹的证据以如此奇怪的方式毁尸灭迹。2006 年 11 月 16 日，达伦多夫在《新苏黎世报》上对此发表评论：“谁相信这种无稽之谈，就是丧失了正常的判断力，若非要销毁一张纸条，有更简单的办法。整个事件最令人感到不可思议的是，其实这个谣言自 20 世纪 70 年代就在流传，不是什么新鲜事儿。”

赫尔曼·吕伯和他的《政治的道德化》(*Politischer Moralismus*) 一书被认为是纸片谣言的始作俑者，他在书中写道：“同伴好心把一份档案文件交还给一位知识分子——他惯于依据别人对当下政治、道德和历史问题的看法，来评价他们在政治和道德上摆脱了德国过往的程度，这份文件证实他当时作为希特勒青年团成员，曾全身心忠实于纳粹运动。看到这张纸片，这位仁兄非但未对自己的问题历史作出恰当的回应，而是一把抓过来，把它吃了下去。这可称得上是字面意义的‘排挤历史’，确切地说，是吞掉历史；从引申意义上说，就是拒绝背负自己的历史包袱。”[117]

费斯特和布舍别有用心地重新炒作这则谣言，实在卑鄙，因为所有人转述这则传闻都是依据维勒的描述——哈贝马斯与维勒少时相识，20 世纪 60 年代两人成为朋友——而维勒早在若干场合公开辟过谣。2006 年 4 月 4 日，费斯特写信给维勒，请他说明此事的原委。维勒在 4 月 18 日的回信中，原原本本叙述了事情的来龙去脉，该信于 2006 年 10 月 30 日和 11 月 2 日分别刊登在《明镜》周刊和《时代周报》上。他叙述的事情经过如下：有一天，他们在古默斯巴赫同为希特勒青年团成员时的一张表格突然冒了出来，这张表格是催促维勒参加哈贝马斯办的救护培训课程的通知，上有哈贝马斯的签名。出于好玩，维勒后来将他在自己战争日记里无意发现的这张纸片寄还给了哈贝马斯。1974 年夏，他们一起在厄尔巴岛度假，维勒向乌特问起他寄去的那个东西的下落。“乌特在沙滩上风趣地回答说：‘你还不知道于尔根啊，他把它吞了呗。’” / 458

经过律师交涉，哈贝马斯得到如下处理结果：费斯特的书被禁止发行。如罗沃尔特出版社继续散布这段具有恶意诽谤性质的文字，将被处以 25 万欧元的罚款。出版社的执行异议被法院驳回。哈贝马斯不接受在已付印的书中附更正说明的折中方案。因此，20000 册书化为废纸。[118]

另外，哈贝马斯 2006 年 10 月 25 日还在《西塞罗》杂志发表读者来信，就此事做了澄清：那份“现在名闻遐迩的‘档案文件’，是那时常见的一种‘通知’，就是一张事先印好的纸片，我把它寄给参加救护培训课程的学员，提醒他们来上课。不然我组织的培训课就得叫停，课停了的话，我就得去参加令人憎恶的希特勒青年团常规训练，那时是这个叫法。……这东西①不丢进纸篓，还能丢到哪里？”

虽然媒体对“纸片被吞事件”趋之若鹜，但大多数人在评论中都认为，费斯特和布舍的行为才是真正的丑闻。比如克里斯蒂安·盖尔 10 月 27 日在《法兰克福汇报》撰文说：“难不成企图借格拉斯事件，蹚一蹚浑水，让人也对哈贝马斯产生这种联想？胡编乱

① 指纸片。——作者注

造，生拉硬扯，多么蹩脚和愚蠢。布舍连给谣言加上一个接近可证实性的新的事实都做不到。”同日，安德里亚斯·齐尔克（Andreas Zielcke）在《南德意志报》评论说，费斯特去世前早就心知肚明，这个道听途说的传闻并非事实。由此，齐尔克得出如下颇富洞见的结论：“历史学家之争撕开的伤口，想必很深，且至今没有愈合，不然无法解释如此置历史公正于不顾的人身攻击。”罗伯特·莱希特2006年11月2日在《时代周报》评论道，费斯特“处心积虑地要把哈贝马斯抹黑成自身有纳粹污点的道德家，所以他明知这是子虚乌有的谣言，也不惜拿来炒作”。托马斯·阿斯豪尔也在《时代周报》上称，布施的文章是一篇“极其令人作呕的抹黑文章”。肇事的那期《西塞罗》杂志封面上印着大字标题《忘却哈贝马斯！》，预言政治哲学即将终结，这种露骨的大肆渲染也令大多数人反感和不齿。杂志的初衷是“推介德国新锐思想家”，暗合让·鲍德里亚（Jean Baudrillard）1977年出版的专著《忘却福柯》（*Oublier Foucault*）。杂志推出德国思想界的潜在后继者：斯洛特戴克、彼得·比尔利（Peter Bieri）、多米尼克·佩尔勒（Dominik Perler）、阿明·格伦瓦尔德（Armin Grunwald）及两位“哈氏弟子”莱纳·福斯特和鲁茨·温格特；斯洛特戴克的配图文字称“他将跻身最重要的德国知识分子之列”。上述哲学家中，除斯洛特戴克外，其他人均在《西塞罗》网站首页和杂志11月号上，向看似表达意见、实则脸谱化的文章内容提出抗议：“若把我们当作对同仁哈贝马斯搞政治诽谤的工具，我们将不能容忍。”《西塞罗》杂志12月号和网站首页都刊登了主编沃尔弗拉姆·魏默（Wolfram Weimer）向哈贝马斯道歉的公开信。他10月27日在德国文化广播电台的声明已基本表达了这个的意思。

第十二章　驯化资本主义和欧洲的民主化

我们今天比以往任何时候都更需要对经济组织对生活世界的影响——这种影响既是解放性的，又是连根拔除式的，既是创造性的，又是破坏性的——进行冷静分析。[1]

资本主义批判与马克思：回顾。如何防止极权主义的统治形态和意识形态？哈贝马斯的整个社会理论体系及其知识分子介入行动，都围绕这一问题以及为这一问题寻找答案，这大概已经交代的足够清楚了。他的目的在于，创建一种规范性民主理论并致力于民主实践。[2] 然而，他的“协商”民主思想——下文还会谈及——与资本主义究竟是一种什么关系？因为“谁不想谈论资本主义，就也应当对法西斯主义保持沉默”。[3]

当然，哈贝马斯没有“对资本主义”保持沉默，他很早就对马克思的资本主义理论，特别是其异化思想，有过批判性分析。例如他 1954 年发表《合理化辩证法》（*Dialektik der Rationalisierung*），该文，如他自己所言，已包含了其社会理论的精髓。[4] 还有他 1955 年发表的《透视马克思》（Marx in Perspektiven）一文。[5] 这一认识决定了他今后的马克思主义接受路径。

20 世纪 50 年代在社会研究所期间，他试图厘清他与历史唯物主义和马克思资本主义理论的关系，于是开始了更深入的思考。[6] 虽然他依然坚持马克思对劳动资料、生产工具和生产原料的私人支配权的批判，也依然坚持马克思对收入分配不公之根源，及资本唯利是图和积累本性的认识。但他很快放弃了对马克思思想产生了重大影响的那种经济学立场。

在 20 世纪 70 年代初，哈贝马斯倾注更多精力研究危机理论。“我的分析与传统马克思主义分析的区别在于，”1978 年哈贝马斯在与意大利社会科学家安吉洛·博拉菲（Angelo Bolaffi）的对谈中曾这样说，“我认为，如今无法再用政治经济学批判方法做出明确的经济预测，要想明确预测，必须继续以自我再生产的经济系统的自主性为前提。而我不相信这一点。所以说，如今的经济系统运行法则已不同于当时马克思所分析的。当然这并非说，对经济系统驱动机制的分析是错误的；而是说，只有在不考虑政治系统影响的情况下，正统的马克思政治经济学批判方法才适用。”[7]

晚期资本主义。1968 年 8 月，哈贝马斯在前南斯拉夫地区，今克罗地亚的科尔丘拉暑期学校，做了题为《晚期资本主义社会革命化的几个条件》的报告，同年发表文章《作为“意识形态”的技术与科学》（*Technik und Wissenschaft als “Ideologie”*）。他在上述演讲和文章中就已聚焦于对资本主义社会演变过程的分析。相比 19 世纪末的资本主义，晚期资本主义的特征一方面表现在，为防止危机，在经济和社会政策领域的国家行为增加。另一方面，如今技术和统治正发生着融合，由于应用性研究的不断进步和节省工时——在雇员看来是缩短工时——的创新性技术，经济增长能够获得保障：技术与科学成为第一生产力，技术统治意识成为新型的意识形态。但是，这样一来，哈贝马斯总结道：“当制度化的科技进步成为间接剩余价值生产的基础，那么，根据非专业技术（简单）劳动的价值来计量投入研发的资本的价值，不再有意义……”[8]

或许，听众们——马克思主义者布洛赫、阿尔弗雷德·索恩-雷特尔（Alfred Sohn-Rethel）和马尔库塞当时也在听众中间——并不一致赞同他的这一论断。[9] 他继续阐述道：“国家调节的资本主义社会制度的稳定，依赖于将民众忠诚与非政治的社会补偿形式（收入和非工作时间）紧密挂钩，依赖于确保民众对保障和改善生活的实际问题解决方案的兴趣减弱。因此，国家调节的资本主义社会制度的合法性基础十分薄弱。”[10]

在对资本主义的进一步分析中，他试图提供更精确的诊断，来解决对晚期资本主义制度的预测在较稳定和潜在不稳定之间的摇摆。他断言，自20世纪70年代进入社会自由主义时期以来，由于国家财政赤字、经济衰退和失业问题，晚期资本主义出现了合法性问题，他将这一问题解释为是功能高度分化同时具有资本主义和民主组织形式的现代社会的伴生现象。早在20世纪70年代中期他就写了一本书，对历史唯物主义进行了拆解和重新组合，目的是使历史唯物主义成为富有生命力的社会进化理论——马克思资本主义理论被视为其组成部分。他在书中重申了自己对传统历史唯物主义的几点批判。[11] / 463

5年后，哈贝马斯在《交往行动理论》中继续尝试对马克思主义作出新解，试图将马克思对作为商品－货币关系的价值形式的分析与基于他所引入的系统和生活世界二元架构概念的社会学的物化理论结合起来。[12]尤其在《交往行动理论·第二卷——论功能主义理性批判》(*Kritik der funktionalistischen Vernunf*)中，他运用马克思政治经济学批判的基本原理，来阐明一种合乎时代的“经济”子系统理论。根据这一理论，经济子系统具有遵循内在逻辑、调节社会劳动和分配的功能。哈贝马斯认为，现代社会特有的资本主义经济制度，不仅有爆发周期性危机、导致政治动荡的消极特性，而且也有积极的特性，即资本主义经济制度是以利润为导向的市场经济组织形式，故会按照追求经济效益和繁荣的准则运行。 / 464

哈贝马斯资本主义批判的焦点，并不是已成为世界体系的资本主义经济的运行方式，而是他所称的“生活世界的货币化”和被证明萎缩了的、变得独立自主的系统理性的表现形式的那种现象。[13]在他看来，只要货币在经济系统中流通，通过货币独立的交换媒介作用来保障商品生产和分配就没有问题。通过对资本主义的进一步分析，他得出结论：由于资本主义利润驱动的扩张倾向，经济系统借助货币这个调控媒介侵入日常生活交往实践中，导致社会关系的物化。值得注意的是，哈贝马斯并不认为，物化是资本主义因制度内在的即必然的逻辑而付出的代价，而是认为，这是资本主义因无限扩张而侵入生活世界内部那些具有集体关系形态、就规范层面而言独立的领域——儿童教育、家庭救济、友谊等领域——造成的结果。货币关系在生活世界中占据了支配地位，从而引起诸如意义丧失或社会裂变等病态现象。

民主政治——与资本主义抗衡的力量？

福利国家危机。但是，哈贝马斯并非想通过物化批判对不受强制的社会关系这一理念旧调重提。无论对受马克思主义启发的“政治化的劳动社会”概念，还是对工会许下的“激进民主承诺”，抑或对工人自治主张，他都抱持怀疑立场。[14]

他的重点在于，厘清资本主义和民主因其对立的社会整合和组织原则而导致的紧张关系。[15] 按照被承认的有效的民主规范，政治领域的决策必须通过达成一致意见的方式来证明其合法性，而对经济人的经济活动而言，在资金稀缺和存在利益冲突的情况下，通行的是市场经济的利益最大化行为准则。

哈贝马斯的分析试图将二者联系起来，论证具有民主合法性的规范的优先性。其目的是阐明，在社会实践中，这些规范证明和应当证明能有效制约权力经济和政治支配的形成。

哈贝马斯认为，社会关系物化的危险并非仅来自经济增长的驱动和资本积累规律，也来自运用权力工具的政府行为的内在逻辑。在这里表现为官僚化的，在那里则表现为上文提及的公共领域和私人领域的货币化。由于经济和政府既相互依赖，又必须服从各自的要求，所以冲突无法避免。另外，政治系统不得不既要消化经济周期性危机的负面影响，还要确保大众忠诚度以维持自身存在。为此，一方面要采取越来越全面的预防、克服危机的政治策略，另一方面要采取将现实政治问题升级为特殊类型的专家政治问题的对策。政治精英通常会宣称别无选择，以避免引发公共讨论。所以，“大众民主框架下基本政治权利的实现，……一方面意味着公民角色的普遍化；另一方面也意味着这一角色被从决策程序中分割出去，意味着去除了参与内涵中的政治成分”。[16]

/ 466

与根本上会导致去政治化的策略类似，政治系统通过预防性调控干预生活世界。1984 年 11 月，哈贝马斯应西班牙议会议长之邀，在议会做了《福利国家危机与乌托邦力量的穷竭》的报告，国家行政部门实施法律化的趋势是报告的一个主题。他公开谈到，不断扩张的福利国家政策，以及这种政策所规划的行政管理实践，为日常生活罩上了一张越来越密集的法规之网。鉴于这种政府职能扩张的危险，他认为，迫切需要让社会中的民主参与机制——指“团结”资源——发挥作用，与“其他两种调控性资源：货币和行政权力”分庭抗礼。[17]

资本主义文明化。2007 年夏，美国房地产危机演变成了一场全球性的银行业、金融和经济危机，哈贝马斯目睹自己的担心部分被证实。全世界都在问，如何能够对不断发展的资本主义予以文明化和驯化。哈贝马斯的答案是：必须通过民主，即通过具有民主合法性和基于公共实践的政治手段来约束资本主义。资本主义越是无可替代，就越是需要对其加以规制和监管。[18]

这是他接受《时代周报》一次采访中的内容，该访谈 2008 年 11 月 6 日以《破产之后》(Nach dem Bankrott) 的标题发表。[19] 访

/ 467 谈的第一个问题是，关于这场金融市场危机，他有哪些忧虑。他回答说：“让我最感到不安的，是触目惊心的社会不公；这种不公体现在，系统失灵带来的社会性成本对最脆弱的社会群体造成了最严重的打击。那些原本就非全球化赢家的民众，被迫又一次为可预见的金融体系功能失调导致的实体经济后果埋单。”现在已经可以感受到一种政纲带来的后果，这种政纲“肆无忌惮地鼓励投资者寅吃卯粮；对社会不平等的加剧，对出现的不稳定无产者、儿童贫困、低工资等现象漠然置之；疯狂追求私有化使国家的核心职能遭到侵蚀；将政治公共领域残存的协商性成分贱卖给追逐高收益率的金融投资商；使文化和教育受制于经济嗅觉敏锐的出资人的兴趣和心情”。他反对这种政纲：“在民主宪政国家也有像未被扭曲的政治交往这样的公共品，它们不允许自己成为满足金融投资商收益率期待的工具。”由于“自 1989/90 年后，逃脱资本主义宇宙中已无可能，……因此只能从资本主义内部进行文明化……”为此，必须提高具有民主合法性的政策的调控潜能。

所以，对哈贝马斯而言，关键在于政治优先，确切地说就是：“一种通过法律来设定的自我作用（Selbsteinwirkung）的理念”。他说，“其可信性只是基于这样一种假定，即可把社会总体上想象成一个联合体，它以法律和政治权力为媒介自行决定一切”。[20]

至于如何能实现这一理念，2012 年哈贝马斯在柏林做的报告中间接给出了答案。2012 年 3 月底，为祝贺政治学家克劳斯·奥佛荣休，举办了“艰难时代的自由民主：转变、两难困境和革新”的
/ 468 专题讨论会，在会上哈贝马斯以没完没了的欧盟危机为例做了题为《民主的两难困境》的报告。他说，若欧洲的共同政治方案失败，将永远错失以超国家权威机构形态在全球范围内应对全球性问题的时代机遇，这些问题包括世界资本主义经济霸权，以及放松市场管制导致市场四分五裂等。

次日，他前往乌珀塔尔，这座山城的大学正在召开“哈贝马斯与历史唯物主义”大会。90 岁高龄的阿佩尔、匈牙利女哲学家阿格妮丝·赫勒（Agnes Heller）和哈贝马斯，将以马克思的资本主义理论对持续的金融危机的阐释力为题进行讨论，这也将是大会的高潮之一。然而，他们在讨论中都未谈及这一主题，而只是阐述他们各自的哲学思维方式。不过谈到“历史唯物主义”时，哈贝马斯对一些哲学家和社会学家的报告作了即兴点评。他说，他对历史唯物主义的正统解读方式从来都不感兴趣，他是运用马克思理论来“解决社会理论的问题”。他借此回应对他的一种批评声音，这种批评称，对马克思资本主义理论的理论功能在社会民主主义意义上的弱化，他也有责任，尤其因为他忽略了货币理论。哈贝马斯赞同马克思主义关于资本主义不断威胁自身存在的诊断，拒绝资本主义经济具有自我稳定能力的断言，因为现在看来，民族国家的调控和干预能力受到过度挑战是不可避免的。他承认，虽然资本主义持续面临上述威胁，但目前在资本主义和共产主义之间找到“第三条道路”也不现实。不过，“开始思考如何面对这一令人绝望的困境，归根结底不仅是一种动机，而且也是一种责任，因为否则我们将在许多情况下陷入僵局，再也无法采取行动”。[21]“在历史上充当复仇的力量”的“交往理性”，支撑着这种责任，[22] 在资本主义制造的一切不合理、不公正面前，交往理性绝不止步和退缩。[23]

戈尔迪之结。1990 年在接受一次采访时，最后他讲到他已冷静下来的哲学思想中“残存的乌托邦”，即设想“民主——和关于什么是最好的民主形态的公共争论——能解开戈尔迪之结”。[24] 通过聚焦于民主决策程序，指出“几乎无解的问题”——指的是“西方理性主义”的“盲目”，但也指政府穷尽全力亦难克服的资本主义经济的非理性——将会清晰地看到，民主肩负着怎样的重担。但这个重担确切地说究竟是什么？哈贝马斯简单概括为三项基本要素：宪法和法律规定的基本权利，运行良好的公共领域，以及政治和社会参与权。

哈贝马斯认为，民主法制的这三项基本要素——在作为程序规则的多数原则之外，还有行使立法权、行政权和司法权的国家机构——源于不同的思想史传统。自由主义传统强调公民自由，共和主义传统重视公民参与，而协商民主理念的核心是公共辩论："譬如，协商民主模式依靠对话理性和商谈，而不是依靠以成功为取向的关键个体的合理的动机选择，或国家共同意志的可信性。通过合作寻求共
/ 470
同解决方案取代了公民利益聚合或公民集体伦理。"[25] 跳跃点在于，他用交往理论诠释了古典民主理论的人民主权概念：当人民就其意志进行商谈时，就扮演了主权者的角色。"处于交往流中的主权通过源于自治的公共领域之公共对话的力量……行使交往权力是以包围的方式（Kommunikative Macht wird ausgeübt im Modus der Belagerung）。"[26]

从拯救资本主义免于自我崩溃的角度来看，这意味着什么？尤其在经济全球化条件下，如何通过具有民主合法性的调节机制将这一目标付诸具体的政治行动？哈贝马斯很清楚，在全球化条件下，民族国家的行动余地越来越受限制。这也表现在，金融市场危机和债务危机爆发后，尽管在欧盟成员国各国政府最高层持续进行多边磋商，并为紧急救市和稳定市场采取了各种金融和货币措施，但这些年他们几无能力落实哪怕一项有效对抗"市场"的拯救欧元政策。哈贝马斯认为，金融体系崩溃的原因在于各成员国的政策限制，而以他之见，原本可通过在跨国层面上拓宽各国政策的合法性基础来克服危机。

哈贝马斯无疑会拒绝维尔默所谓现存民主形态"困囿于现存资本主义中"，故民主大势已去的断言。[27] 因为："在统治的规范被广

大民众无条件地接受以前，交往的结构——至今，我们的行动动机都是在这种结构中形成的——必定已遭到彻底的摧毁。而我们不能形而上学地保证这种情况不发生。”[28]不过，他仍将民主宪法保障的规范性实质的有效性，理解为对交往理性状态的一种法律形式表达，而这种表达根本而言是不可退避的（unhintergehbar）。 / 471

哈贝马斯至今仍坚持他的目标设定，即必须在政治实践中找到用民主驯化经济的方法。不过，他在新近发表的言论中多次强调，这一观点已有了更宽泛的内涵。因为，鉴于世界经济网络化和全球化，加之放松市场管制，迫切需要扩大民主结构，使之具备跨越民族国家界限的功能。如前所述，在这个问题上，他寄希望于一个欧洲统一体，希望借此推动在国际范围内落实民主政治的标准。因为“只有像欧共体这样的跨区域机制，才能按照世界内政治理模式对全球体系产生影响”。[29]

欧洲一体化

若成功地在后民族格局下发展出一种以民主方式实施社会自我调控的新形态，我们就能以恰当的方式应对全球化的挑战。[30]

自20世纪80年代晚期开始，哈贝马斯就主张建立一个超民族国家实体，从90年代至今，他更是始终不遗余力地鼓吹这一模式。在他看来，欧洲一体化不仅是民族国家相互竞争的强权政治之外的一种替代选择，在这一主张背后更寄托着一种希望，由此可以调动各种力量，避免人们忧虑的民主被削弱的现象发生。[31] 另外，这是能够通过具有民主合法性的政策调控形式，对网络化的世界经济系统潜在的危险力量进行约束的决定性前提之一。 / 472

把统一的、民主化的欧洲整体作为一种捆绑的交往权力，使其发挥抑制资本主义经济全球化破坏性趋势的作用，哈贝马斯的这一主张，是一个漫长的思考和学习过程的结果。作为关心政治的同时代人，他当然始终关注着欧洲一体化项目的进程：从1957年的《罗马条约》，1992年的《马斯特里赫特条约》，到2007年12月由欧盟各国首脑签署的《里斯本条约》——随着该条约的签署，持续多年的欧盟机构改革谈判落下帷幕，尽管这个“改革条约”至今都不具有一部不可修改的宪法所应有的合法地位。不过，直到有迹象表明，欧洲政治统一进程趋于停滞，欧洲议会仍无决定权，因各成员国自私自利，欧盟无法向欧洲公民社会转变，此时，欧洲问题对他而言才上升为，如他自述，“最令他情绪激动”的话题。[32] 没有任何一次争论像有关欧洲统一和民主化进程的辩论那样，使他几十年如一日以公共知识分子身份持续呼号发声。[33]

在20世纪50年代，由于阿登纳的推动，欧洲观念一定程度上流行开来，当时哈贝马斯——或许因为阿登纳其人——对此兴趣平平。尽管年轻时他就极厌恶所有与民族主义沾边的东西，但他并非“欧洲统一的热烈支持者”。最初他认为，成立欧洲联盟——时任联邦总理的目标——首先是一个有利于贸易自由化，故而也有利于资本主义市场经济的经济事件。在1979年的一次采访中他还说：“我不是欧洲统一的狂热支持者，过去欧洲观念盛行一时的时候，我也

不是。”[34] 在德新社2007年对他的一次采访中，他补充说：“必须承认，50年前，较之于建立欧洲经济共同体这一话题，我对联邦国防军核扩军这个内政问题兴趣更大。那时我还没有领悟到，这个关税同盟已具备了与宪法类似的制度设置，因而已开启了建立欧洲共同体，即实现西欧国家政治统一的前景。另一方面，当时使民族国家框架内的和平运动支持者为之激动的和平主义主旨，与欧盟六创始国及其关键人物阿登纳、加斯贝利（de Gasperi）和舒曼（Schumann）追求的目标不谋而合：在两次世界大战中相互厮杀的

民族国家——当然包括发动战争并犯下了灭绝犹太人的滔天罪行的德国——之间再也不要有战争。”[35]

他对通过全球法治化驯化资本主义抱有希望，尤其认识到单一民族国家的活动余地有限，这两个看法点燃了他对欧洲观念的积极性。2009 年 5 月 17 日，他在接受匈牙利德文报纸《布达佩斯周报》采访时说，他认为，“1989 年以后，欧盟已成为一个主导性话题，不管是出于国内和欧洲原因，还是出于国际原因。在德国，只有一种欧洲统一意识能防止人们陷入虚妄的民族主义狂热，让民族团结的喜悦能够理直气壮。……在当今的多极化世界中，美国仍占主导地位，但已不复为主导一切的超级大国，在这种情况下，只有一个在政治和经济上统一的、具有外交行动能力的欧洲，才能保持自己的文化多样性特色，遵循福利国家社会保障模式这一纲领”。由于伴随着全球化进程，国际初始条件发生了变化，因此必须“在欧洲层面上继承民族国家的共和主义政治遗产”。[36] / 474

哈贝马斯建议，在民族国家和国家公民民族（Staatsbürgernation）之间做出区分，即区分为出身共同体和基于共享的宪法文化的法律共同体，这种宪法文化“不以所有公民拥有共同的民族出身、语言和文化”为依据，[37]却可以成为增进团结的爱国主义的源泉。一部欧洲宪法将“给作为一个整体的欧洲第二次机会”，[38]作为一个“团结共同体”（Solidargemeinschaft）重塑自身。

1995 年，他与当时在比勒费尔德大学，后在柏林洪堡大学担任公法教授，再后来任联邦宪法法院第一裁判庭大法官的迪特·格林（Dieter Grim）有过一场辩论。在辩论中，哈贝马斯想努力打消人们对欧盟制宪问题的异议——欧洲制宪问题的困难在于，不存在一个作为立宪程序集体政治主体的欧洲人民。“我认为共和主义的核心，”他阐述道，“是宪政国家所遵循的形式和程序，与民主合法化形态（Legitimationsmodus）一起，共同形成一种新的社会团结水平。民主的公民身份（citizenship）使陌生人之间产生一种较抽象的、以法律为中介的团结；这种最初出现在民族国家中的社会整合方式，以一种嵌入政治社会化过程的交往环境的形式成为现实。”[39]

在2001年6月末的“汉堡系列讲座”中，他也试图让听众相信，欧洲作为一个拥有独特法制史和文化多样性的地区，需要一部自己的宪法。“立宪过程本身就是……一种无与伦比的跨国交往手段”，其作用好比“自我实现预言”（self-fulfilling prophecy），[40]伴随着立宪进程，欧洲认同将会逐步产生。

2003年5月31日，布什总统宣布发动第二次伊拉克战争仅过去几周，《法兰克福汇报》和法国《解放报》同时刊登了哈贝马斯和德里达的联合声明《战争之后：欧洲的重生》。该联合声明由两位哲学家倡议，是一次事先策划的多位欧洲著名知识分子参与的联合行动：艾柯、穆希格（A. Muschg）、萨瓦特（F.Savater）和瓦蒂莫（G.Vattimo）同日分别在意大利《共和报》、瑞士《新苏黎世报》、西班牙《国家报》和意大利《新闻报》发表文章表明立场。[41]哈贝马斯和德里达在声明中首先回顾了2003年2月15日，“这一天，在伦敦和罗马，马德里和巴塞罗那，柏林和巴黎”，都爆发了大规模游行示威，人们抗议布什政府的战争路线和支持他的欧洲各国政府。他们指出：“这些声势浩大的示威行动是二战以来规模最大的，现在回头来看，这些行动的同时性，足以标志着欧洲公共领域的诞生，并被载入史册。”[42]另外他们还呼吁，旧大陆欧洲各国应加强外交合作，因为“欧洲必须在国际层面上和联合国框架内发挥作用，以制衡美国的单边霸权主义。在未来的世界内政设计问题上，欧洲应当在世界经济峰会上，在世界贸易组织、世界银行和国际货币基金组织等机构中，突出发挥自己的影响力。”[43]

然而，由欧盟制宪委员会制定、2004年10月末欧盟成员国国家元首和政府首脑隆重签署的《欧盟宪法条约》，被法国（2005

年 5 月底）和荷兰（2005 年 6 月初）在全民公投中否决，创制一部欧洲宪法的梦想因此暂告破灭。四年后历尽周折终获各成员国批准的《里斯本条约》也于事无补。哈贝马斯对欧盟宪法被否决的解释是，这是公民打在政治精英们脸上的一记耳光，出现这样的局面，完全是后者咎由自取，因为他们并未就欧洲统一项目启动公共讨论，而是把它变成了少数人的专家政治。他们倾向于滥用欧洲议会来处理国家问题，而不是冒险在政治层面上就欧洲统一进程展开争论。[44]

2007 年 11 月 23 日，应社民党的邀请，哈贝马斯与时任外交部部长和副总理弗兰克·瓦尔特·施泰因迈尔，在柏林的维利·勃兰特大楼①进行了一场讨论。哈贝马斯认为，欧洲一体化进程之所以停滞甚至“倒退”，其中一个原因在于，它变成了政治精英阶层自说自话、闭门造车的项目：“欧洲一体化进程的障碍是政府，而不是民众”，对于自“嵌入式资本主义（embedded capitalism）终结以来”，成员国在金融和经济政策及其他政策上的权力丧失的历史事实，各国政府通过强调国家利益来应对。[45]“他们进行了会晤——却并没有擦出思想的火花”，《时代周报》这样总结道。[46]讨论中，施泰因迈尔辩称，《里斯本条约》是妥协版的欧盟宪法，因为它防止欧盟陷入“机构体系混乱”。其他媒体评论员也大体一致认为，两人基本上是各说各话。2008 年 8 月，哈贝马斯首次因对欧洲一体化运动的积极介入获奖，瑞士汉斯·林基尔基金会（Hans Ringier Stiftung）授予他“欧洲政治文化奖”。时任联邦环境部部长西格玛·加布里尔（Sigmar Gabriel）为他致授奖辞，称赞他是伟大的欧洲知识分子。

接下来的那些年里，对欧洲问题哈贝马斯仍频繁发表意见。比

---

① 社民党柏林总部所在地。——译者注

/ 477 如，他 2010 年 5 月 20 日在《时代周报》撰文，主张“对 [欧洲] 经济政策进行有效协调”，而这必然“意味着斯特拉斯堡欧洲议会的权限扩大”。[47] 又或者在欧洲对外关系委员会（European Council on Foreign Relations）（一个独立的泛欧智库）柏林办事处于 2011 年 4 月 6 日举办的“欧洲与重新发现德意志民族国家”讨论会上——前外交部部长菲舍尔、政治学家和经济学家亨利克·恩德莱因（Henrik Enderlein）及欧洲法律专家克里斯蒂安·卡利斯（Christian Calliess）也参加了讨论。哈贝马斯在讨论中不满地说，“经济成就斐然的共和国……的历届政府，都有赖于如今每个国家或多或少必须遵循的两个必要条件，即在顾及某些社会因素的范围内，最大限度地提升经济竞争力，以使这种输出合法性（Output-Legitimation）为再次当选扫除令人畏惧的内政障碍。”当被问及会不会再次出现“德国问题”，他回答说：“我认为不会。对政治家们而言，当时背负二战和大规模犯罪的包袱，对 19 世纪的德国问题仍记忆犹新，那时他们的目的在于，通过使德国融入西方，防止中欧巨人再度推行强权政治，这是一个重要动机。而在我看来，情况已经今非昔比。”[48] 两个月后，即 2011 年 6 月 16 日，他不顾盛夏酷暑，在柏林洪堡大学座无虚席的大讲堂做了题为《从国际法的宪政化角度审视欧盟危机》（*Die Krise der Europäischen Union im Lichte einer Konstitutionalisierung des Völkerrechts*）的报告。同年 11 月初，他又在柏林法学家大会上做了题为《欧洲一体化的限度》（*Grenzen der europäischen Integration*）的报告，再次发声强烈支持制定欧洲宪法：[49]“按照我的想法，目标是为超国家民主机构——不是联邦制国家形态，但可以实行共同治理——量身打造一部宪法草案。”[50]

不久，他前往巴黎，在巴黎第五大学（Université Paris
/ 478 Descartes）讲堂做报告，两天后在歌德学院演讲，内容都涉及他对欧洲一体化的政治主张。他在讲话中激烈批评德国总理默克尔和时任法国总统萨科齐的危机管理："我唾骂政党。我们的政客脑子里什么都不想，只想着下次大选再次当选，他们早已陷入无能的境地，他们既没有能力推出一些内容，也没有能力树立一些信念。"他继续讲道："我是以一位公民的身份在这里讲话。我其实更愿坐在家中的书桌前，相信我。可兹事体大。大家肯定都知道，我们正面临巨大的转折。正因此我才积极介入这场辩论。欧洲一体化项目再也不能沿着精英讨论模式继续下去了。"[51]

源于民主精神的欧洲跨国秩序轮廓。哈贝马斯在他《关于欧洲宪法的思考》(*Zur Verfassung Europas*)一书中，更为宏阔地描绘了一种源于民主精神的欧洲跨国秩序的轮廓。该书 2011 年 11 月 9 日出版后，立即引发了评论热潮，人们纷纷表达自己的观点。除德国前总理施密特和社民党主席加布里尔之外，欧洲议会前议长汉斯 - 格特·珀特林（Hans-Gert Pöttering）、时任意大利总统罗马诺·普罗迪（Romano Prodi）、法国社会党总统候选人和后来的法国总统奥朗德，也都援引了哈贝马斯的观点。[52]

正如在《啊！欧洲》一书和他散见于各处的篇章中所论述的那样，哈贝马斯反对从国家市场的角度来决定欧盟的未来，抨击默克尔和萨科齐的"行政联邦主义"。[53] 他建设性地提出了以下四个要点。首先，他陈述了为什么要加强政治一体化、逐步扩大欧盟。因为在一个实际相互依存的世界社会中，在需要通过政治途径解决的具有跨国性质的问题上，须达成共识的潜在利益相关国圈子越大，就能越早做出在普遍认可性意义上符合理性标准的决策，[54] 尤其因为"无论协商还是公共领域都并非天然被标上了国界"——他在 2005 年法兰克福国际关系大会上做的报告中，曾指出并再三重申这一点。[55]

第二个要点与倡导参与和协商的对话理论主张有关。哈贝马斯想阐明，在全球化急速发展的情况下，在“超越民族国家的治理”实践之外，别无选择。[56] 如前所述，他把欧洲统一进程视作一个与基于种族的共同体建构相对立的方案。作为出身共同体的民族由国家公民民族所取代。通过建构“欧洲”国家公民民族，其成员逐渐产生一种对它的集体认同。至于这种集体认同是一种人为创造的东西，则是次要的了；因为，如果这个欧洲某种程度上通过“以共识为取向”的原则实现必要的团结——在理想情况下以让所有人参与到制宪过程中的方式——欧洲公民是能够认同这样一个欧洲的。[57] 另外，他还认为，不能让欧洲特色遭到侵蚀，应保持其文化和生活方式的独特性。而通过将民族国家主权向欧洲超国家联盟转移，也能为此提供最妥善的保障。他曾在《分裂的西方》(*Der gespaltene Westen*)中写道：“所以问题并不在于，是否‘存在’一种欧洲认同，而在于，各民族国家舞台是否能相互开放，使关于欧洲话题的共同的政治意见和意志形成过程跨越国家界限，充分发挥其自身能动性。”[58]

/ 480 第三点是，通过使政治意见和意志形成过程“欧洲化”，来构建一个跨国公共领域。由此，亦能在欧洲层面上促进宪法爱国主义，“使保持文化社会生活方式的多样性和完整性这一内涵更为突出和明晰”。[59] 哈贝马斯说，所有政府和政党都必须“敢于在欧洲层面上争取更多民主”，在欧洲范围的竞选中努力赢得每一张欧洲公民的选票。在他看来，民族国家的政治影响力如此大幅度地被转移出去，并不会使民族国家变得多余：“它们是构成国际机构不可替代的组成部分。……若不是民族国家，谁又来保障各自领土上所有公民的平等权利呢？”[60]

最后一点，即第四点，是关于一个强大的欧洲在世界上可能扮演的角色。哈贝马斯希望，在一个生态、军事和经济风险不分国界的全球化世界中，欧洲国家能在解决世界性问题方面发挥自己的作用。401

另外，哈贝马斯似乎很赞同自20世纪80年代起人们就在讨论的灵活的欧洲一体化模式（“两种速度的欧洲”）。与约什卡·菲舍尔2000年在备受瞩目的洪堡大学演讲中的立场一致，哈贝马斯也赞同“先锋国家组成核心欧洲”的主张，让核心欧洲发挥拉动效应，充当欧洲一体化的火车头。以他之见，未来的欧洲除了有欧洲议会和欧洲法院体系外，还应当有一个欧洲政府，它拥有适用于整个联盟的行政权，可以援引包括《欧盟基本权利宪章》在内的《欧盟宪法条约》。[61]

政治危机？ 2012年8月初，应西格玛·加布里尔的请求，哈贝 / 481
马斯同意与哲学家和前文化部部长尤利安-尼达-鲁莫林（Julian Nida-Rümelin）、经济学家及“经济贤人”彼得·柏芬格（Peter Bofinger）一道，就社民党执政纲领发表意见。三人共同撰写的文章《抗议表面民主》，发表在2012年8月4日的《法兰克福汇报》副刊上。文章评论道：“执政纲领不再是政党‘闭门造车’（closed shop）的产物，而是通过与学者和知识分子交流，听取他们意见后制定的。”《共和报》也刊登了该文。文章内容包括诊断和预测——诊断篇幅较长，预测较短——并列出了一份政治要求清单。欧洲危机的根源在于政治塑造力的缺失。经济严重衰退的希腊、西班牙、葡萄牙和意大利诸国，已开始感受到政治塑造力缺乏带来的后果。由于欧洲国家共同体的分裂，各国无法步调一致地采取行动来抵抗全球金融危机的影响。出路只有一条：聚合整个欧洲大陆的力量，深化欧洲一体化，坚持实行统一货币，让渡国家主权至共同体。为约束个别国家的破产风险，欧元区必须贯彻债务连带责任制——与对各国财政状况的监管双管齐下。

/ 482

通往民主的世界秩序之路

我不是呼吁什么，只是认为，
我们靠单个民族国家的力量已无法应对
当今的局面。即使基于国际协议的国家联盟
对于解决当下问题亦无能为力。[62]

全球化。哈贝马斯认为，欧洲融合共生是应对划时代的全球化进程的恰当方式。他写道："我们把贸易和生产、商品市场和金融市场在世界范围的扩大，时装、大众传媒与节目、新闻和传播网络、交通流和迁徙流、风险和规模化技术在全球范围的传播与扩散，环境破坏和传染病、有组织犯罪和恐怖主义在全世界的蔓延这样一个进程叫作'全球化'。在这个过程中，民族国家陷入对——国家间相互依附性不断增大的——世界社会的依赖，其专门化的功能轻松地跨越了国界。"[63] 于是逐渐形成了他称之为"后民族格局"的局面，他认为这一格局隐藏着一系列危险。[64] 首先，全球化意味着消弭了经济边界并形成了市场网络，这使资本的流动性大大提高，因此导致单个国家的税基减少，国家作为保障法律安定性、具有政治正当性的体系的行动能力弱化。

其次，民族国家的意义丧失和疆界的模糊，导致各个社会都失去了以民主方式塑造共同体的民主核心和法治参照点。民族国家间
/ 483
基本的内政外交界限也逐渐变得模糊。[65] 由此出现了前所未有的调控问题，特别是巨大的合法性缺陷："随着市场放松管制，交通流和信息流在国与国之间的畅通无阻，……产生了一种需要由跨国网络和组织来应对和解决的调控需求。这些政治网络的决策，在游离于合法性链条之外的情况下，深深地介入……民族国家的公共生活。"[66]

第三，在并无民族共同体历史经历的前提下，如何能确保积淀出一种公民团结，使多元文化社会中的公民相互负责，这是个问题。

第四，联系上述问题，令人忧虑的是，弱化的民族国家几乎没有能力履行其保障民主参与权及进行干预的福利国家职能：“若要使公民身份始终是凝聚团结的源泉，它必须保有使用价值，必须在社会权、生态权和文化权等方面对人们有益。”[67]

哈贝马斯认为，一切取决于是否能成功约束“摆脱了束缚的跨国性的社会原始力量”。[68] 他认为，必须设法具备驾驭资本主义世界经济机制的跨国调控能力，这种能力本身须具有充分的——超越国界的——民主合法性，并得到法治化保障。关于欧盟，他设想的就是这样一种跨国化——在另外一个场合他讲的是“主权分享”。目前，欧盟公民已拥有双重身份，因为他们既以欧盟公民身份，也以本国公民身份参与政治合法化过程。[69] 对于主权分享，可作如下解释，“各民族国家在欧盟成员国的身份中继续承担法律和自由保障者的角色”。[70]

世界社会。欧洲是一个世界，但不是世界的全部。哈贝马斯对此有充分认识，因此他认为，欧洲的政治统一进程，只是“在成员国有着横向法律关系、着眼于合作的一个国际共同体内”，在世界公民政治社会化的道路上迈出的第一步。[71] 他的梦想，是建立一个由世界公民组成的世界性联合体，世界公民在一个世界议会，即联合国大会上，对全球性政治事务做出决策。人们，但这里指全世界所有人，也都拥有国家公民和世界公民双重身份。 / 484

哈贝马斯设想的是赋予世界公民权的联邦式世界共和国，这个权利不是国家权利，而是个体权利。他梦想“一个政治空间宪法化的世界社会，在其中，各国保留全球性的制度和程序来实行‘超国家治理’”。[72] 这种世界公民社会状态包括，“去国家化的宪法的规范框架……必须与宪政国家合法化过程接轨”。[73] 这一规范框架需要由“仅在宪政国家……得到完全制度化的民主的意见和意志形成过程……‘支撑’。……只有在民主宪政国家内，组织法对把公民有序纳入立法过程有预先安排。如果缺少这一过程，如在超国家宪法中那样，就始终存在‘主导性’利益打着法律公正的幌子碾压民意的危险”。[74]

哈贝马斯所希望的不是一个暴力垄断的世界政府，而是一个非国家性质的“多层级政治体系”。[75] 追随康德的理念，他提出了一个理论模型，[76] 他称之为“没有世界政府的世界内政”及“没有世界政府的世界社会”。[77] 在这个民主的“世界社会”中，联合国作为现有的、作用有待加强的超国家世界组织，将为保障和平、捍卫人权和保护环境担负起主要责任。在联合国之外或之下，将有区域性组织负责世界内政，也就是说，这些组织“肩负的责任一方面在于，消除阶层分化的世界社会中的极端贫富差距，治理生态失衡，防止集体威胁，另一方面将着眼于实际的权利平等，通过展开世界文明对话促成不同文化间的相互理解”。[78] 这一多层级联邦体系的所有主管机关，都必须具有民主合法性，这对哈贝马斯而言当然不言而喻。

当然，在世界社会中，人权的有效性应当得到体现。[79] 为了使这一要求不成为空泛的承诺，哈贝马斯认为必须转换视角，把国际关系法律化，使国际法向世界公民法转变。古典国际法的时代已经过去，古典国际法认为国家是国际法唯一的主体，“它体现着自缔结《威斯特伐利亚和约》以来初步形成，并存续至 1914 年的欧洲国家体系的轮廓”。[80] 拥有 193 个会员国的联合国，其宪章就是国际法向准世界宪法演进的第一步，因为它规定了国际社会保障基本权利、尊重人权的责任和义务。哈贝马斯所讲的国际法的宪法化，指的就是1945年6月26日的《联合国宪章》——一部确定法治原则平等地适用于主权国家之间以及国际组织之间的宪法——的诞生。“这种 / 486 由古典国际法向世界社会宪法的视角转换，不再是单纯的观念建构。社会现实本身使这一视角转换成为必然的时代意识。”[81] 国际法转化为世界宪法或“国家共同体宪法”的一个重要结果是，战争不再有正义和非正义之分，而是“程序法上的合法与非法之分”。[82] 虽然涉及对联合国的现实政治实践的评价，人们部分持怀疑态度，但若着眼于建构一个没有世界政府的政治秩序，完全可从中获得有益的认识。例如，哈贝马斯提出了一个联合国改革方案。根据他的方案，必须增强联合国安理会相对于各民族国家的自主性，以提升其行动能力。相应的，应当由会员国提供财政资源予以配合，使决议能得到贯彻执行。此外，还需扩大国际刑事法庭的权限，并将战时法“发展成类似于一国警察法的干预法，为受联合国措施和干预行动影响的民众提供保护”。[83] 最后，通过让充分知情的全球公众对决策做出反馈，能提升安理会及联合国大会决策的合法性和民众对这些决策的同意度，因为“全球化社会的问题造成的压力，提高了人们对调控需求增长和公正的世界内政的缺失的敏感性”。[84]

哈贝马斯认为，在全球层面上扩大跨国的公民团结，和在欧洲层面上一样，也是可能的。为此，世界议会必须对经跨国谈判协调一致的世界内政进行反馈。[85] 不过，在他看来，世界社会形成一种“共同的政治文化”的想法是幻想，这与他对欧洲在这方面的看法不同，因为“世界公民并不构成那种因对影响身份认同的生活方式的 / 487 自我确认抱有政治兴趣，而凝聚起来的集体”。[86]

如前所述，世界公民共同体的内部关系需要法律化，这种法律化恰恰在国际范围内具有文明化力量。哈贝马斯在这里直接援引康德，吸纳了其著作《永久和平论》中的理念。他是否由此回归到

“实质的历史哲学”，如米沙·布鲁姆里克和克里斯蒂安·施吕特（Christian Schlüter）先后于2011年11月18日和12月30日在《日报》和《法兰克福评论报》上所猜测的那样，难以确知。无论如何，他并未假定一个新的历史主体，他所做的是呈现自己的思想，提供一种对抗规范缺失的政治空心化现象的思路。[87]

第十三章　后形而上学现代性中的哲学 / 488

现今一切事物都被卷入了偶然性经验的漩涡：
一切都可以是另外一种模样……[1]

20世纪80年代，在迪特·亨利希和哈贝马斯之间爆发了一场争论，争论的核心是后形而上学哲学，即哈贝马斯自《交往行动理论》问世以来的哲学思想的承载能力。[2]哈贝马斯认为，对于从主体哲学和意识哲学走向了语言哲学的当代哲学，从康德开始的后形而上学是唯一具有代表性的纲领。[3]“其发展首先指向作为在可进行物理学描绘的状态和事件总和基础上的去中心化的世界概念；其次是关于理论理性与实践理性的分离；最后是对理论知识的具有可错性的但非怀疑论的理解。当然，这些消失点指向我们自己的阐释学起点，即17、18世纪以降形成的后形而上学对世界的理解和自我理解。”[4]

在这一背景下，哈贝马斯在《水星》杂志撰文，对亨利希的《何谓形而上学——何谓现代性？反对哈贝马斯的论纲》一文做出回应。哈贝马斯1985年10月在《水星》发表书评《回归形而上学——德国哲学中的一种趋势》(Rückkehr zur Metaphysik-Eine Tendenz in der deutschen Philosophie?)。亨利希上文意在与哈贝马斯就其书评进行商榷。[5]当代哲学的重要性，是哈贝马斯与这位亲近马堡学派[6]的哲学家争论的焦点。亨利希认为，哲学的任务一如既往仍然是通过整体性思维解释整个世界（das Ganze der Welt）； / 489
而哈贝马斯则对思辨式的整体解释持怀疑态度。即使独具自我反思立场的哲学未消融于科学之中，但哲学除了用实证科学研究结果来证明自身的有效性，也别无选择。[7]哈贝马斯的异议主要集中在康德对现象与物自身的区分，以及自我意识的认识论地位两方面，他不认为自我意识能提供一种“特殊形式的确定性”。[8]他不再运用先验主体概念来解释自我意识。自我意识不是“内在于主体之中的……现象”，[9] 而是在以语言为媒介、主体被纳入其中的社会实践中产生的。他用一种“内部超越”观念，以及相互承认和未被损坏的主体间性概念来予以论证。[10]

哈贝马斯也借助“后形而上学思想”标签阐明，鉴于对语言的先验性地位的认识，想象人“游走在概念构成的语言世界和几乎剔除了所有主体性要素的纯粹实在之间，……没有意义。也许，我们可以在用语言建构的世界中，通过聪明地与我们遇到的事物打交道，来改造我们的语言。但我们不可能走出语言视阈本身。”2000 年 6 月，哈贝马斯在慕尼黑“普特南与实用主义传统”大会上做报告，表达了上述观点。由于语言的优先地位，“先验主体……丧失了超时空的地位，化身为若干具有语言和行动能力的主体，存在于借助语言呈现的生活世界的合作关系和实践活动中。……先验理性走下了可理解性的神坛，渗入并继续栖身于历史语言共同体的实践活动和生活形式的深层肌理中。”[11] 哈贝马斯认为，“消失的先验主体”并未留下空白。[12] 因为，建构世界的语言和生活世界的实践活动的相互作用替代了其位置，而后者开启了持续的学习过程。换言之，由于引入语言哲学范式作为介于精神和物质之间的第三范畴，以及对其普遍结构的形式建构，形而上学变得过时了。

哈贝马斯将纠结于伦理问题、困囿于语用学内部有效性的后形而上学思想，视为古典时期以存在为对象、近代时期以意识为对象的哲学史反思的暂时的终点。必须克服把存在等同于思维的唯心主义，如同必须克服宣称用一个原理就可以解释整个世界的同一性思维。

摆脱了虚幻的后形而上学哲学，尽管摒弃了存在与思维的统一性、先验主体性和唯心主义的宣称——其宣称掌握着关于正确生活和绝对的具有约束力的强大理论——但它肩负起了“纯粹从理性出发来论证道德与法律，乃至论证现代性的规范性内涵”的任务。[13] 因此，后形而上学思想所捍卫的，如哈贝马斯所言，是一种“非失败主义的”理性概念，他把它理解为程序理性（Verfahrensrationalität）。对话程序提供了一个发现好的理由的无与伦比的途径，其适用的原则是，“始终存在更好或更糟的理由，而永远不存在‘唯一正确的’理由”。[14]“理性（Rationalität）萎缩成了形式合理性，因此内容合理性变成了结果有效性。而这种有效性又取决于人们试图据以解决问题的程序的合理性（Vernünftigkeit der Prozeduren）。”[15]

对提供关于世界的整体解释的各类思想变种，后形而上学都持怀疑态度，它尊重作为现代性特征的世界观多样性。“理性的统一性”（Einheit der Vernunft）只有通过观点的多样性才能呈现。[16] 后形而上学思想所假定的对世界的理解，体现在论证实践中。与后形而上学的这种开放性相关联的，是它放弃宣称拥有抵达真理的特权。借助“可错论认识”，即原则上怀疑所有不可辩驳的知识宣称，后形而上学不再试图寻找终极论证（Letztbegründung）。它不再宣称能够说明不可置疑的认知前提。[17] 每一个言语行为都意味着，在开放的理由空间中有达成相互理解的可能，这一假定取代了形而上学的确定性。理由越多，理由的分量越重，越是需要通过对话做出解释。“对话越多，矛盾和歧见就越多。共识越抽象，我们可与之非暴力共存的分歧就越是多样。”[18] 与此相应，后形而上学思想反对宗教教义的宣称，而并不从根本上拒绝宗教的认知内涵。另外，它反对自然科学 - 客观化认识模式的优先地位。

后形而上学基于一个假定——你可以说它是本质主义的残余——精神是主体之间的状态，并受规范调节。“人的精神状态”根植于两个参与者的三重关系，即两个行动主体通过在交往中相互协调自身行动，而共同与世界中的某个事物发生关系。[19] 使哈贝马斯的整个哲学具有了体系化建构的后形而上学思想，其渊源可追溯至哈贝马斯开始致力于研究认识论问题的20世纪60年代。

/ 492

我能知道什么？一种自然主义和现实主义的语用学变种

我们签发的命题真实性支票
只能兑换理由的币种。[20]

什么是认识？对认识论问题的研究体现着20世纪60年代的时代精神，而对青年哈贝马斯来说，它更是一种常规哲学研究工作："我对与社会科学的逻辑问题有关的意义理解（Sinnverstehen）问题抱有兴趣。这促使我开始研究分析科学理论。"[21] 在实证主义之争中，他对波普尔和阿尔伯特的批判理性提出了批评，由此表明了自己的立场。不仅如此，他1967年出版的文献综述（Literaturbericht）《社会科学的逻辑》（*Zur Logik der Sozialwissenschaften*）更是引发了关于一种社会学研究——把社会理解为意义建构起来的生活情境，故而认为必须通过意义理解才能进入研究对象的相关情境当中——的方法论论战。一年后，他出版了《认识与兴趣》，无疑他试图由此更进一步，把认识批判作为社会理论加以阐发。该书运用交往理论对精神分析结构模式的阐释，为他后续研究社会学语言理论基础铺平了道路，交往行动者以语言为媒介的主体间性是他这项研究的重点。他由此放弃了自己20世纪60年代末提出的认识兴趣理论。认识兴趣理论的尝试之所以失败，
/ 493
是因为他试图用历史哲学的方法，来阐释知识的规范性及涉及学习的大写主体的自我反思的分析力量。[22]

不久，哈贝马斯也对他的另一理论——真理共识论做了一些修正，这一理论是他在20世纪70年代初提出的，那时看来

既新颖又富有独创性。该理论试图论证真实性要求的对话式兑现，因此与其他真理观，如真理符合论、真理相关论及明显理论（Evidenztheorie）有实质性的区别。[23]哈贝马斯的真理共识论认为，只有当事实断言（Tatsachenbehauptung）对真实性的有效性要求，和规范命题（normative Sätze）对正确性的有效性要求，在实践对话中通过论证可得到兑现，并达成普遍的、非强制性的、有根据的共识，那么事实断言才是真实的，规范命题才是正确的。[24]他介绍了自己自我批判和反思的过程，克里斯蒂娜·拉封和维尔默对真理共识论的批评，[25]也是促使他做出自我批判和反思的原因之一。他说，他被误导，“过度普遍化了对规范的应然有效性的共识论解释”。“然而把命题真实性同化为道德判断和道德规范的有效性，关于与描述无关的客观事态世界的命题的真实性就失去了其超越论证（rechtfertigungstranszendent）的含义。”[26]被迫修正共识论的结果是，他接受了“无条件的真理，即没有认知参照的真理概念。……随着从行动过渡到对话，行动者才采取反思立场，通过提出赞成和反对的理由来就争议性命题的真实性进行争论”。[27]所以，很明确，理性对话概念仍保留了一种极好的交往形式的地位，这种交往形式迫使参与者的认知视角持续去中心化。……论证仍然是……唯一可用来确定真实性的手段，因为否则无法检验成了问题的真实性要求（Wahrheitsansprüche）。[28]但是，由于不可避免的认识论的现实主义（epistemologischen Realismus），不能将命题真实性等同于在近似理想条件下的理性的可接受性。相反，应当更严格地区分真实性和正确性，并从理论理性与实践理性的关系出发加以概念化，哈贝马斯在有关这一主题的重要论述《正确性 VS. 真实性》（Richtigkeit versus Wahrheit）中就做了这样的区分和概念化。[29] / 494

在这种情况下，哈贝马斯认为，区分判断的有效（Geltung）和有效性（Gültigkeit）变得意义重大。一个判断有效，是因为凭经验看它一定是针对事态存在（Existentes）做出的判断；而有效性指的是，一个判断由于可能被视为“真”而得到了主体间的承认。放弃区分有效和有效性，就意味着“将我们有理由宣称的东西，等同于我们只是习惯了的东西”。[30] 在他看来，有效性意义上的真实性既适用于事实的描述性内涵，也适用于规范的规定性内涵。因为，“一方面，证实道德判断的正确性及描述性命题的真实性都经由同一种途径——论证。直接获取不经理由过滤的真值条件，与获取道德规范得到普遍承认的条件一样，可能性微乎其微。对于上述两种情况，都只能通过在对话过程中提出充分理由才能证明命题的有效性。”[31]

不过，不能将道德信念等同于经验信念，因为道德的正确性缺少被称为“真”的事实性命题——即与描述无关的客观事态世界的命题——所具有的那些关联。但是，“关于一个道德世界的设计，与关于一个客观世界的假设所具有的功能相当”，[32] 哈贝马斯以它们作为评价判断正确性和命题真实性的超越论证的参照系。这不会改变
/ 495 以下事实，即“通过与客观世界的关联，……道德的有效性要求失去了一种权威，这种权威超出了对话，超出了参与者意志的理性自我约束”。[33] 在他看来，道德事实是某种通过社会实践创造出来的东西。不过，因为社会世界作为约束是显见的，因此对道德判断和道德规范做出对错判断的可能性仍然存在，虽然方式不同于对客观世界命题的真假判断。

语言和学习的事实。从关于道德世界的设计和关于客观世界的假定中，得到两种相互关联的问题提法。一个是，如何在自然史发展进程的框架中解释生活世界的规范性？另一个是，如何能做到，既假定只有借助具有建构世界的力量的语言才能抵达真实，同时又承认必须假定所有人都面对同样一个客观存在的世界？哈贝马斯分几个步骤来探讨上述问题。论证的第一步，他明确了自己的

语言哲学认识：语言与实在（Realität）相互缠绕。“要解释事实（Tatsache）和现实（wirklich），我们只能分别诉诸事实命题和真实的事物。……我们无法将我们的句子与一种自身不内在于语言的现实直接对照……”[34] 哈贝马斯认为，我们之所以理解语言，是因为我们是由语言构筑的生活世界的成员。我们始终活动在我们使用的语言之内。

另外，他还认为，语言建构世界的一面与语言内在于世界中的一面，即服务于建构世界和描述事实（Sachverhalt）的语义学的一面，与在就世界中的某一事物进行沟通的说者和听者之间建立关系的语用学的一面，紧密相连。由于这种“同源性”，哈贝马斯阐述道，“在成功的交往和事实描述之间存在着某种内在联系”。[35] 但这也意味着，“语言知识”使“世界知识”成为可能，相对于世界知识，语言知识具有修正的力量优势。“修正的力量通过对与行动相关的经验的对话式处理得到解释，这些经验一方面是在与被假定为同一个独立的客观世界的语用交往中获得的，另一方面是在与被假定属于同一个社会世界的成员的互动交往中获得的。”[36]

/ 496

“固有的理性并非内在于语言本身，而是内在于语词……的交往运用中……”，这与以语言体现的知识具有修正力量的观点相一致。“这种交往理性表现在以相互理解为取向的言说凝聚共识的力量上……”[37]

论证第二步，哈贝马斯运用了他在施塔恩贝格那些年发展出的一个理论：“会受到理由影响的主体，具有学习能力——长期来看甚至‘不能不学习’。”[38] 既可运用这个理论解释我们面对独立于我们而存在的世界的态度，也可用来说明主体在相互交往中的道德取向。因此，哈贝马斯将这一双重意义的认识解释为是学习过程的作用。与此相应，认识论的任务在于，“解释通过行为调节期待被问题化而引发的本质上十分复杂的学习过程”。“先验的学习事实”，[39] 使放弃康德的可理解性范围的先验主体概念成为可能；这个主体“从先验的高处跌落下来，呈现为去崇高化（entsublimiert）的日常交往实践形态”。[40] 因此，康德所认为的先验的认识条件——哈贝马斯
/ 497 批评这是形而上学的残余——在哈贝马斯这里，则体现为“在自然历史进程中形成的我们社会文化生活形态独有的实践”。[41] 由此，生活世界概念开始发挥作用。在生活世界中，如前文所述，作为了解客观世界事物的先决条件的学习过程，适逢肥沃的土壤：“这一‘生活世界’和‘客观世界’架构，与一种介于理解和观察之间的二元论相辅相成。在某种程度上，这与对先验知识和经验知识的区分相呼应。”[42]

自从在实证主义之争中对统一科学思想提出批评以来，哈贝马斯始终坚持以下观点，即对科学文化而言，不同的认识方式和认识目标都很重要：“在自然科学领域，理论策略的目标在于，以决定论或概率论方法寻找和把握事物发展的规律，解释物理可测过程的法则；而人文科学和社会科学的目标是，对诠释学诠释的文本的语义关联和经验关联做出解释和说明。”[43]

在接下来的论证中，哈贝马斯接受了自己理论决定的结果：尽管放弃了认识的先验主体论，但仍保留了先验的问题提法——且做了新的表述。对认识具有决定性影响的是这种问题解决方式：使学习过程成为可能，结合论证在空间、社会和时间维度上使知识增长的方式。“在空间维度上，通过机智地与危险的周围世界打交道并处理失望情绪获得知识；在社会维度上，知识产生于面对其他论证参与者的异议为解决问题据理力争的过程；在时间维度上，知识是在不断纠正自身错误的学习过程中获得。”[44]

众所周知，哈贝马斯是神经科学的自我客体化及威拉德・冯・奥
/ 498 曼・奎因（Willard Van Orman Quine）所代表的自然主义流派——该流派认为一切知识都通过经验科学方法获得——的激烈批判者，不过在他的早期著作中，关于认识论，他也持一种“微弱的”或者说“温和的”认识论自然主义，但他严格与科学主义划清界限。基于对

自然与文化间具有连续性的看法，他强调“智人的生物禀赋和文化生活方式具有‘自然’起源，基本可以用进化理论来解释”。[45]

近一段时期，自然史和自然进化概念越来越经常地进入哈贝马斯的哲学视野。他关注的问题是，“如何使自然史的本性不穷尽于自然科学的本性中”。[46] 他认为，从认识论角度看，最重要的是这一事实：主体无法超越生活世界的视域；其客观世界本体论的优先性体现在，它在实践中表现为具有挑战性的描述，激发学习。文化学习基于语言习得，并取代了基因演化机制。[47] 哈贝马斯称自己的认识论立场是“无表象的实在论”（Realismus ohne Repräsentation）。虽然事实就是事实，但只有借助语言这个媒介才能得到阐明和把握。这一立场与下述观点相符：“生活世界的这种结构对我们个人的自我理解以及对我们获得认识客观世界的方法具有根本意义，它们本身就产生自不断演化的学习过程。”[48] 从进化的角度来看，对于这一学习过程——哈贝马斯这里提到了米德的符号互动理论和发展心理学家迈克尔·托马塞洛的研究——视角互换和掌握语言的能力是决定性的。

我应当做什么：从道德苛求到理性假设

> 靠自身道德支撑的政治正义
> 再也不需要宗教或形而上学世界观
> 的真理庇护。[49]

现代性。哈贝马斯在其著作，尤其在《交往行动理论》中，把现代性描述为一个（仍在持续的）历史阶段。在这一历史阶段形成了一个复杂的社会，其特征一方面表现在生活方式和个体生活规划的多样性，[50] 另一方面表现在在具有资本主义组织形式和法治国家形态的社会推动下，从自身之中产生了西方理性的萌芽——马克斯·韦伯曾从普遍历史观念的角度对此做过分析，称这一现象为“世界的祛魅”、所有生活领域的智识化（Intellektualisierung），以及所有事物的可预见性。除经济和官僚权力架构这些系统机制外，哈贝马斯也将现代科学、实证法权（das positive Recht）和基于（人类社会）基本原则的世俗伦理，视作现代社会的理性构成要素。它们取代了神圣权利（Sakrules Recht）由此，功利主义伦理取代了“世界是上帝安排好的”观念。

现代性迫使人们进行反思，宗教信仰变成了私事。只有跟随现代社会理性化的进程，相互间平等共存的世界观呈现出多样化，才谈得上世俗伦理。人们脱离了传统解释模式，再加上曾普遍被视为天经地义的自我和世界的关系[51]——哈贝马斯称之为“去中心化”——不复存在，出现了一种危险的势头：在现代社会内部，离心化风险加剧。之所以出现这种“分歧风险”，是因为再也不可能借助体现为神圣者“魅惑权威”（fasizinierende Autorität）形态、具有普遍约束力的共同体精神来凝聚团结。[52]

不但社会制度合法性基础发生了变化，宣称自己的使命在于为世界提供具有时代意义的整体解释的哲学，也放低了身段。“担当解释者角色的哲学，不能声称，与科学、道德和艺术相比，自己拥有抵达本质的特权，哲学拥有的也不过是具有可错性的知识。”[53]不过，主张且论证正义的生活关系和民主决策程序的优先性，则是当代哲学的正当任务；它提升同时代人对道德意识（moral point of view）的敏感性，同时并不减轻他们对自己道德决策的具体责任。它无法规定，个体应当与伙伴约定做什么，因为“道德哲学家并不拥有抵达道德真理的特权”。[54]个体应当做什么，即其伦理自我理解，首先是个体的自我理解过程要解决的问题，其次是集体的自我理解过程要解决的问题。在他 1997 年发表的《再论理论与实践的关系》

（*Noch einmal: Zum Verhältnis von Theorie und Praxis*）——该文首发在意大利哲学期刊《范式》上，也是《真理与辩护》（*Wahrheit und Rechtfertigung*）的最后一篇文章——哈贝马斯明确说："在自由社会中，当人人都有权自己制定并实施关于良善生活或成功生活的规划，那么伦理学必须仅把自己限制在形式方面。"[55]

鉴于此，哈贝马斯认为，在自我意识、自主和自我实现理念制度化了的现代社会，为保障社会融合，需要一种拥有双重属性的法 / 501
律规范：法律规范必须通过既产生事实的强制力又具有合法效力来得到承认和服从。他认为，在现代社会，同时具有强制力又得到承认的法律是一个特例。它是产生天赋自由权的介质，因为通过这一介质产生了权利主体地位，并且公民借助这一地位，如同自我立法一样，规范和调整他们的自由共存。虽然政治权力运行也通过法律这个媒介，但这是民主进程的结果。这意味着，"在这个前提下，政治权力的行使，即使是要求很高认知水平的调控过程，也始终受到限制，限制源于具有集体约束力的决策的合法性"。[56]

法律、道德、伦理。法律规范要求法律共同体的所有成员对它们的服从。哈贝马斯认为，法律规范是平等者的政治共同体内部民主立法进程的结果。与法律规范不同，道德规范要求普遍有效性；道德规范适用于人类共同体所有成员；与此相应，道德规范的有效性所依据的，是通过包容性的我们视角（inklusive Wir-Perspektive）达成的共识。从这个角度看，规范与价值的区别十分明晰："规范要么有效，要么无效；价值则相互竞争优先性，必然被置于一个传递顺序之中。……我们如何评价我们的价值，如何判断'什么是对我们有益的'和'更有益的'事物，可能在一夕之间发生
改变。"[57] 至于规范，只有当它们明确失去毫无疑问的认可，这种认 / 502
可与基于理性论证程序的主体之间的普遍化原则密切相关，规范的

有效性才会成为问题。[58]

在写于1983年的《对话伦理学——论证程序笔记》(*Diskursethik-Notizen zu einem Begründungsprogramm*),及1988年的伯克利分校豪伊森讲座[59]中,哈贝马斯曾明确阐明了伦理与道德、价值与规范的区别。他写道:"普遍化原则好比一把刀,切割开了'善'与'正义'。…… 虽然文化价值包含着主体间有效性要求,但由于与一种特殊生活形式的整体性(Totalität)如此交缠,因此实际上并不能声称严格意义上的规范有效性……"[60]"善"包括对个体和群体而言值得追求的价值观念,它们可以有不同的实际运用方式。与属于正义范畴的道德规范不同,个体存在伦理(existentielle Ethiken)不具有普遍效力,只具有部分效力。

价值的特殊性并无明显的标记,只有当社会内部及不同文化间出现道德冲突和发生纷争时,才能从中得到经验证实。哈贝马斯认为,根据现代社会的法律标准,各种类型的对话[61]都为人们提供了适当的方式,通过这些方式,人们对可被接受为"对所有人同等善",同时又与同——作为拥有普遍主义内核的最高政治价值的——正义规范不冲突的事物,达成相互理解。[62]根据哈贝马斯的解释,从正义规范与善的价值的关系角度而言,在"对所有人同等善"的事物中,正义规范居于优先地位。[63]

哈贝马斯与罗尔斯。哈贝马斯明确反对复辟传统美德,他的道德理论与汉斯·约纳斯的责任伦理观、阿拉斯代尔·麦金泰尔(Alasdair MacIntyre)的德行伦理学以及查尔斯·泰勒和迈克尔·瓦瑟(Michael Walzer)的社群主义等各类道德学说划清了界限。[64]在与丹麦社会科学家托本·希维德·尼尔森(Torben Hviid Nielsen)在《社会学学报》上的对谈中,哈贝马斯明确说,他认为,正义"并非实体正义,并非确定的'价值',而是一种有效性维度"。[65]

哈贝马斯道德哲学的核心正在于，理性假设取代了道德苛求。[66]就此来看，他的道德理论与罗尔斯 1971 年出版的划时代巨著《正义论》阐述的道德哲学传统具有一致性，但也存在分歧。不过，哈贝马斯称他们的分歧是“家庭内部分歧”，[67]比如 1992 年夏两人在巴特洪堡哲学学会会议上的争论。哈贝马斯想借此表明，他的道德理论与罗尔斯道德哲学的共性大于分歧。他们的共性在于，两人都秉持康德关于人是自主的、理性的存在的理念，都认为，鉴于价值多元化，只能以对话方式证明正义的合理性。而两人的分歧在于，罗尔斯认为正义即公平。哈贝马斯则试图证立正义是程序正义。[68]在后形而上学的克制时代，如哈贝马斯所言，决定正义的不可能是内涵，即基于对政治和社会正义原则的广泛共识的共同善，而只可能是程序：在论证程序中可以发现哪些利益是可普遍化的利益。

与上述程序正义相反，罗尔斯提出了基于契约论的分配正义主张。这一平均主义的正义观包括，社会基本善应当以有利于最少受惠者的原则进行重新分配。而哈贝马斯坚持认为，原则上必须证明正义要求及其道德内涵的正当性，以得到公民的承认。在哈贝马斯那里，这种道德的主体间有效性取代了伦理价值的纯主观的约束力。哈贝马斯批评罗尔斯对正义与善的区分不够严格；此外，在其强调主体自由权优先的正义论中，公民自决实践的重要性体现得微乎其微。哈贝马斯主张公共自主与私人自主的同源性，其理论对公民自决实践的重要性有充分考量。在巴特洪堡的哲学学会会议上，哈贝马斯概括道，他的理论“与罗尔斯的正义论相比，既简单又不简单。说它简单，是因为它局限于理性的公共运用程序，从法律制度化观念出发来阐释法律体系。它能对更多问题持保留和开放性态度，因为它更相信理性的意见和意志形成过程的力量。在罗尔斯那里，任务分配有所不同：诠释可达至共识的正义社会的理念，依旧是哲学的 / 504

任务；公民将这一理念作为平台，据此对现存制度和当下政策做出判断。与罗尔斯不同，我的建议是，哲学应仅局限于解释道德观点和民主程序，以及分析理性对话和商谈的条件。扮演这一角色的哲学无须去建构，而是重构。它将或多或少听凭参与者通过其理性的参与，为刻不容缓的问题寻找实质性答案；这当然不排除，哲学家们也——以知识分子而非专家的身份——参与公共辩论。”[69]

道德是理性道德，哈贝马斯认为这是现代性的一个标志。与道德相反，价值形成了一个自己的领域。在理想情况下，可在伦理－存在的自我理解对话（ethisch-existentielle Selbstverständigungsdiskurse）框架中做价值判断，[70] 而法律规范和道德问题则是证立性商谈（Begründungsdiskurs）的对象，它们“要求打破成为习俗的具体美德的所有自明性，要求与自身身份认同紧密交缠的生活情境保持距离”。[71] 他相信，只有“在一种扩展的对话的交往前提下——所有可能的相关人员都可参与，并就当下成问题的规范和行动方式发表有理由支撑的观点——……才能建构更高层面的、每个个体视角都与所有人的视角交叉的主体间性”。[72] 即使完全可以用对话商谈手段讨论伦理问题——并不达成决定性的、有约束力的一致意见——对话伦理学对伦理学的意义也有限，这与其字面意思有出入。[73] 作为主体间规范建构程序，对话伦理学负责原则性道德（prinzipiengeleitete Moral），此外还负责积极权利（das positive Recht）；两者在功能完全分化的社会中又有发挥各自功能和效力的领域及作用方式。

/ 505

认知主义伦理学（Ethischer Kognitivismus）。相互理解的过程，是克服社会冲突态势的理性源泉，是“放弃暴力、在协调共同生活的前提下，也承认有权彼此保持陌生状态的陌生人间团结的源泉”。[74] 为阐明其程序主义的社会融合理念，哈贝马斯形而上学地写道，主体之间相互理解的民主程序“为已经分化——如今继续分化——的社会”承担了一种“赔偿保证”(Ausfallbürgschaft)。[75]

然而，哈贝马斯又是如何解释道德判断与道德行动的不一致，以及作为道德的人其行为背后的动机意向的呢？他的观念虽是认知主义的，但他并不忽视情感的重要性：“首先，道德情感对道德现象 / 506
的构成具有重要作用。如果我们对一个人的完整性受到威胁或侵犯没有感觉，就根本不会洞察某些行为冲突在道德上的重要性。情感构成我们对道德的事物的感知基础。道德盲视者，必然情感麻木。他缺乏一种感受能力，即一种对有权保持人格和肉体完整性的脆弱的生命痛苦的感受能力。这种感受能力显然与同感或同情密切相关。其次，道德情感……能指引我们对具有重要道德意义的具体情形做出判断。……道德情感会对主体间承认关系或人际关系的异常做出反应。……最后，道德情感当然不仅在道德规范的应用中，而且也在道德规范的论证中起着重要作用。起码的共情，即跨越文化距离，设身处地地理解乍看无法理解的陌生的生活环境、反应和解释视角，是理想的角色承担的情感前提，这种角色承担要求每个人都能换位思考。”[76]

在上文提到的与尼尔森的谈话中，哈贝马斯概括道，他的对话伦理学是义务论的、普遍主义的、认知论的和形式主义的。同康德的道德哲学一样，对话伦理学认为正义优先于善；它是普遍主义的，因为道德原则并不因文化相异而相异，而是具有文化普适性；它具有认知论特征，因为它认为，规范的正确性与事实命题的真实性一样，都是能够加以理性证立和判断的；它是形式主义的，因为它把自己限定于提供一种程序，不自诩是一种质料的价值伦理学。[77]哈贝马斯的认知主义伦理学提出了一个很高的要求：规范问题具有可 / 507
证实性(wahrheitsfähig)，因此法律规范和道德规范是可普遍化的。然而，对规范可普遍化的检验，不应被误解为依赖于善意的单个主体的独白式推断，像在康德那里那样。相反，应当在主体间论证过程中加以检验，直至达成共识。“[在对话中] 哪条论据令人信服，并不取决于个人洞见，而取决于理由交换公共实践的所有参与者出于理性动机凝聚成共识的观点。”[78] 所以说，哈贝马斯的普遍化原则明显继承了康德的伦理学，但他运用交往理论进一步发展了这一理论。“重点从每个（单个的）个体可能想要的那种普遍法则，转移到所有人一致认可的普遍规范上面。”[79]

哈贝马斯提出了对话的“理想言说情境”标准，[80] 即所有对话参与者作为具有言语和行动能力的主体，发言机会均等。所有参与者都可提出主张，都可要求辩护。所有参与者，即使面对自己，也应当满足真实性要求。无论对话内外，都不允许强制与胁迫。只有在作为非强制性的言说情境的对话中为所有参与者接受的规范，能被视为有效，这个有效是理性可接受性意义上的有效。这是哈贝马斯确定的有效性标准。

调节着对话、体现为普遍化原则的理想言说情境的条件，[81] 并非任意的规定，而是必要的规则，因为论证者在论证中始终需要这些规则。哈贝马斯认为，这些条件是“预设”；其意义在于对比衬托，帮助人们辨认那些被系统扭曲的交往形态，并对之进行批判。

/ 508

在 20 世纪 80 年代，他对理想言说情境预设了一种理想的生活形式的观点进行了修正，做了更精确的阐述。他承认，理想言说情境概念的“表述过于具体，无法涵盖普遍的、所有必要的交往前提”。[82] 在《在事实与规范之间》中，他放弃使用这一导致了误解和大量批评的概念，而代之以理想的交往共同体概念，不过后者的重要性更多体现在作为方法论的假设方面。[83] 在被反复引用的他 1991 年春与米夏埃尔·哈勒的对话中，他解释道，他指的理想并非“与世隔绝的理论家针对现实树立的理想；我指的是在我们的实践中所发现的规范性内涵”。[84]

尽管哈贝马斯原则上认为，论证是一种反思的交往形式，但若“假定一个解放的社会完全由‘非强制性的交往’构成，则是一个具体主义的错误结论”。[85] 不过哈贝马斯确信，对话规则不仅是一种方法论假设；它们共同形成了一种语用前提，一种“具有实际效果的必要的反事实假定”。他认为，“反事实前提……将会变成社会事实——这根批判之刺深深地扎在必须借助以相互理解为取向的行动来再现的现实中”。[86] 谁参与论证，就必然满足了被哈贝马斯形式化为对话规则的论证性言说的交往前提。[87] 从对话视角来看，这些规则表达了在规范上被视为社会制度之善的东西。这就是“日常交往实践和对话式意志形成过程所需要的必要的普遍条件，它们使参与者能够根据自身需求和认识，自发地将过上更良善的、较少受损害的生活的可能性变为现实”。1985 年 1 月哈贝马斯在西班牙议会的演讲中如是说。[88] / 509

我可以希望什么？后世俗社会中的宗教

我人虽老矣，却并没有对宗教虔诚起来。[89]

信仰与知识的共存。2005 年夏，哈贝马斯出版了文集《在自然主义与宗教之间》(*Zwischen Naturalismus und Religion*)。他在该书绪论中写道，当前，在“自然主义世界观传播”的同时，可以观察到与此相逆的“正统宗教观念的影响”。[90] 由此发生的由世界观不同造成的冲突，部分是暴力冲突，无疑是哈贝马斯近十年来（重又）密切关注宗教哲学问题的一个原因。[91]

他的思考从以下问题出发：现代社会可否被描述为“后世俗

的”，如果可以，有哪些理由。哈贝马斯强调，他是从社会学角度“用这个词来描述现代社会，尽管现代社会本身已大规模世俗化，但必须考虑到，宗教共同体依然继续存在，各种宗教传统依然具有重要意义”。[92]在与哲学家爱德华多·门迪塔（Eduardo Mendieta）的对谈中，哈贝马斯说：“当要我用‘后世俗’描述的
/ 510 不是社会本身，而是社会中的意识转变，那么这个定语当然就仅指大规模世俗化的西欧、加拿大和澳大利亚社会变化了的自我理解。”[93]即使向后世俗社会转变的趋势持续下去，世俗意识也仍占主导地位，这一点毋庸置疑。反映在哲学上就是后形而上学的思维形态，即面对宗教真理采取宽容和以相互理解为取向的立场，同时坚持信仰与知识的区分，但对闭目不看自身历史、萎缩为工具理性的理性，就像如今流行的自然主义一样，持批判态度。“这类激进自然主义贬低一切非基于实验观察的断言、法律命题或因果关系解释，即道德的、法律的和评价性命题，丝毫不啻于对宗教命题的贬低。”[94]当然这并不是说，持反科学主义立场的后形而上学思想家倾向于虔诚，或者说其哲学失去了不可知论的特质：“后形而上学思想家不否认任何特定的神学断言，而是宣称它的无意义。”[95]

宗教哲学思想的发展阶段。尽管近一段时间一些评论家冷嘲热讽，说什么恰恰是理性道德最突出的代表人物之一转向了宗教，但哈贝马斯对宗教哲学和宗教社会学问题的关注，并非典型的晚年投身于宗教现象。[96]实际上，他在1971年发表的《还要哲学干什么？》（Wozu noch Philosophie?）一文，和之后不久出版的《合法化危机》的最后一篇文章中，就已探究了宗教制度的功能，后一篇文章从社会学视角对这一问题进行了探讨。宗教制度“最初把建构自我
/ 511 认同和群体认同的道德－实践任务，……与对世界的认知解释……

紧密联系在一起，这样一来，可同时为缺乏控制的环境的偶然因素和人类根本生存风险提供解释；这方面我想到的是人类生命周期的危机，社会化带来的风险，以及道德和躯体完整性受到损害（罪责，孤独；疾病，死亡）。”[97]

1974年11月，以多萝特·索勒（Dorothee Sölle）、汉斯－埃克哈德·巴尔（Hans-Eckehard Bahr）和特劳高特·科赫（Traugott Koch）为代表的“神学与政治”项目组，做客施塔恩贝格马普研究所，讨论“‘多些’神学的问题（Frage nach dem ›Mehr‹ der Theologie）”。哈贝马斯在讨论中提出了以下命题：“为形成明确的个体性（Individualität）概念，不仅在偶然性意义上，而且在逻辑意义上，一个伴随灵魂不灭想象的客观主义的、前启蒙的超验的上帝概念都是必不可少的。灵魂与上帝同在一个时间维度，永恒合一，也许，这种灵魂观对表达个体之不可替代性是必要的。”[98]

20世纪80年代末，不但新保守主义兴盛，后现代主义快乐的虚无主义亦风行一时。这个时期，哈贝马斯又加深了对哲学与宗教、世俗理性与宗教信仰的关系的研究。当他打算进一步阐明他的后形而上学思想纲领时，收到了一个邀请，请他做关于宗教在现代社会的重要性的报告。1988年2月，由马蒂亚斯·鲁茨－巴赫曼倡议，法兰克福库萨努斯促进机构哲学系举办了一场公开讨论。哈贝马斯在奥胡斯（Aarhus）、乌德勒支（Utrecht）和哈勒（Halle）做了同一主题的报告后，接着赶赴这场讨论。他在报告中说，他认为，宗教是一种精神的表现形式，它宣称对生命历程整体的塑造。宗教对世界的解释，能帮助人们克服偶然性经验。他认为，“面对人生困境，哲学基本上无能为力”，与哲学不同，宗教实践的本质在于，为处在生存困境中的人们提供心灵慰藉。[99] 三年后，他在这方面有一次切身体验，在日后出版的著作中他将提及此事。1991年4月4日，马克斯·弗里施在80岁寿辰几周前去世。按照弗里施生前愿望，葬礼在苏黎世圣彼得大教堂举行，哈贝马斯出席了葬礼。“没有牧师，没有祝祷。出席葬礼的都是知识分子，他们大多数都对宗教和教会没有兴趣。葬礼后招待宴会的菜单都是弗里施生前亲自制定的。”不过，通过选择这样一个地方举行葬礼，这位坚定的不可知论者证明了一个事实，哈贝马斯说，“启蒙现代性没有找到一种与通过宗教仪式拉上人生帷幕的最后一项过渡礼仪（rite de passage）相当的形式”。[100]

1988年9月，他在芝加哥大学神学院做报告，在报告中对宗教经验和后形而上学哲学作了区分，并强烈主张，必须将启示事件吸纳进理性言说的论证背景中：“在那些断裂处，那些这类中立解释无法抵达的地方，哲学话语必须承认自己的失败。”[101]在同年出版的《后形而上学思想》最具纲领性的一章《后形而上学思想的主旨》中，他在结尾写道：“只要宗教语言仍具有启示作用和必不可少的语义学内涵，而这些内涵是哲学语言（暂时？）还无法表达的，转化成论证话语亦尚需时日，那么哲学，即使以后形而上学形态出现，也同样既不能替代宗教，也不能排挤宗教。”[102]自此后，他将在各种语境以不同版本反复表达这一观点。

比如，在2001年的德国书业和平奖颁奖大会上，他在题为《信仰与知识》的答谢辞中讲道，提供拯救之道和承诺救赎的宗教是伦理自我发现的重要推动力量。宗教也促进了道德对话，现代社会作为交往共同体以这种对话方式就其内部规范约束力达成相互理解。因此，宗教信徒的意见作为多元化的公共舆论的一部分，应得到认真对待。宗教信徒有义务以世俗语言为媒介，表达宗教传统和宗教确信，而对话的另一方则应以开放的胸怀接纳作为伦理生活取向的宗教信仰。“宗教信徒必须承认作为制度化科学的可错性成果的‘自然理性’的权威，以及体现为法律与道德的普遍主义的平等原则。反之，世俗理性不能以宗教真理的评判者自居，哪怕从结果来看，它只承认那些事物是理性的，即它能以原则上具有普遍可理解性的自己的话语来解释的事物。从神学角度来看，这一前提条件并非微不足道，从哲学角度来看同样如此。”[103]

在民主国家，有宗教信仰的公民和世俗公民都不可避免要经历一个“彼此互补的学习过程”。前者必须容忍，在公共辩论中其无宗教信仰的同胞坚持区分宗教确信和可批判的有效性要求，即区分信仰和知识。另外，在理想情况下，具有后形而上学思维方式的人“对宗教的态度是，既乐于学习，同时又坚持不可知论”。[104] 尽管在参与公共意见和意志形成过程中，宗教信徒也按其信仰行事，但他必须接受，在制度化的政治领域，即在议会、法院、部委和类似机构中，只有经过世俗论证的决策才是合法的决策。

2002 年 7 月，哈贝马斯在柏林 - 勃兰登堡科学院莱布尼茨奖颁奖典礼上发表演讲。演讲的主题是宽容，尤其是体现为“尊重他者伦理”的宗教宽容思想。宽容为世界观迥异、彼此没有共同语言的各类群体提供了一种交往模式；宽容始于对偏见和歧视的超越，“在各方各执一词、争论不休，既不理智地寻求一致，亦认为不可能达成一致的情况下，宽容不可或缺”。[105] 恰恰对宗教信徒而言，宽容是一种高要求，因为在一个多元民主社会中，宗教信徒不仅必须为自己的宗教生活方式划定一个边界，而且他必须承认，自己的信仰只是众多价值取向之一种。 / 514

哈贝马斯与拉辛格（Ratinger）。尤其近些年来，哈贝马斯不惧非议，多次与西方宗教哲学和神学的代表人物对话，其中与日后成为教宗的约瑟夫·拉辛格的对话，无疑最令人注目。哈贝马斯很清楚，与天主教会官方领袖讨论宗教在现代社会的意义，可能会招致最疯狂的揣测和莫大误解。但他仍然接受邀请，于 2004 年 1 月 19 日晚，在慕尼黑天主教学院与罗马教廷枢机主教展开了一场讨论——听众是精心挑选的，其中有慕尼黑和弗赖辛教区大主教弗里德里希·维特尔（Friedrich Wetter）、枢机主教利奥·舍弗泽克（Leo Scheffczyk）、神学家约翰·J.默茨（Johann Baptist Metz）和潘宁博（Wolfhart Pannenberg）、哲学家施佩曼、政治家汉斯-约亨·沃格尔和提奥·威格尔（Theo Waigel）。拉辛格当时担任教廷信理部部长，职责是保护天主教不受异端侵扰。若是在过去，这会被称为宗教法庭。[106]

在慕尼黑的这个晚上，[107]天主教学院院长弗洛瑞安·舒勒（Florian Schuller）介绍哈贝马斯这位后形而上学思想家时称，他是“继马克思、尼采和海德格尔之后德国最有影响力的哲学家”，他扮演了“德国政治文化的公共良心的角色……”。[108]作为受邀来宾，哈贝马斯首先发言，他在发言中谈了五点看法。接着拉辛格做报告。最后是主讲人和听众讨论环节。哈贝马斯的第一个观点强调，对民主政体国家而言，重要的是靠自身力量塑造伦理生活、创造规范性和激励性的条件，确切地说，就是通过非强制性的平等协商的民主程序。因为民主程序的突出特点是，国家权力的合法性源于公民自己创制的宪法，因此不可能出现要由普遍性的前政治伦理以宗教形态——无论宗教教规还是公民宗教——来填补的空白。尽管如此，民主程序仍以参与政治过程的公民美德，一种必须要习得的美德，为先决条件。[109]这种学习过程源于交往自由的释放，以及个体和集体利益通过自主决定（Selbstbestimmung）得到更好的照顾。其中，社会安排必须正义这一观点，与自由权的价值要在现实生活中被真正感受到一样，广为传播。

/ 515

他的第二个观点是，个人主义社会的整合有赖于从伦理源泉中汲取养分的公民的道德自我理解，而教导人们践行有信仰的生活方式的犹太-基督教信条，如体现为尊重人格尊严的人格不可侵犯和博爱等信条，也恰恰属于这类伦理范畴。宗教经典中保存了一些独特的东西：世间连绵不断的恶和人们消除这些恶的愿望的真实图景。对这种“罪孽与救赎的直觉”，哲学也持开放态度，而且应当继续开放下去。“将人的似神性（Gottesebenbildlichkeit）解释为所有人拥有同等的、他人无条件尊重的尊严，即是这样一种拯救性解释。”[110] / 516

不过，哈贝马斯的第三个观点认为，宗教在社会中的重要性，绝不仅局限于以其象征性内涵在理性化的现代性中充当制造意义必不可少的资源。

现代化正被单向度地朝着加剧经济和社会不平衡的全球资本主义市场经济和竞争经济急速推进。正是当下现代化的这种过度要求，导致团结观念日渐稀薄，而与利益自我中心取向相关的公民个人主义大行其道。哈贝马斯在第四个论点中这样断言。

他在最后一个观点中表示，希望宗教伦理和相关的道德观念，也能促进可转化为行动积极性和共情的政治美德，即法治国家中“类似举手之‘劳’的善良美德”。[111] 另外，宗教制造意义的潜能也能证明是一剂解毒药，可用来对抗激进理性批判的非理性主义倾向及明显向诸如秘教等“新异端”倒退的趋势。[112]

拉辛格的发言衔接了哈贝马斯的报告主题——其关键词是宗教、理性、克服新的权力形态、人权和文化间性。他称赞说，哈贝马斯描绘了“令人印象深刻”的“严肃理性文化”的世俗图景。同哈贝马斯一样，他也主张，理性道德和基督教伦理应有“相互学习的态度”。他提出，必须借助信仰和宗教的力量，提醒人们“理性自身的限度”。他谈到基督教信仰与西方世俗理性的“相关性”。另外，/ 517 他还主张，面对他者和他者文化要抱持基本的开放态度。[113]

许多评论家注意到，“话语守护者”和“教义守护者”都表现得言辞谨慎，哈贝马斯完全没有——像事先有人猜测的那样——对枢机主教俯首帖耳、唯唯诺诺。实际上，在接下来的讨论环节，他反驳枢机主教的言语透着“无与伦比的敏锐和机智”。[114]

2007年9月，哈贝马斯应意大利政治哲学学会邀请，参加了为期三天的国际会议；在罗马古元老院所在地，他做了《宗教复兴是对现代性世俗自我理解的挑战？》(Ist die Renaissance der Religion eine Herausforderung für das säkulare Selbstverständnis der Moderne?)的演讲。[115] 此时已是本笃十六世的拉辛格的官邸近在咫尺，但他未参加会议。不过，几天前，他在维也纳霍夫堡宫发表了以欧洲为主题的演讲，在演讲中他不仅提到了哈贝马斯及其理性观，还简略援引了他的话：“对现代性的规范性自我理解而言，基督教不但是催化剂；而且从中诞生了自由和团结共存理念的平等的普遍主义，是犹太教正义观及基督教爱的伦理的一种遗产。这一遗产——其核心内涵从未改变——不断得到批判性的吸收和重新诠释。直至今日，除此之外尚无其他替代选择。”[116]

教宗此前的一次演讲——2006年9月12日在雷根斯堡大学的演讲——曾引起哈贝马斯的不快。在这次演讲中，教宗强调了(理性主导的)基督教和(具有暴力倾向的)伊斯兰教的区别。[117] 让哈贝马斯生气的是，教宗断章取义。因为，“对于现代性的规范的自我理解而言”基督教是“先导形态”，以及“自主的生活方式、人权和民主”源于“主张平等的普遍主义”，这两句话引用得不完整。[118]

这个时期，哈贝马斯频繁在各种场合发表演讲，讲振兴世界性宗教对世俗化的现代社会的自我理解具有怎样的意义。比如，2008年2月他在明斯特大学座无虚席的大讲堂做报告；不久，又受邀在荷兰蒂尔堡大学尼克萨斯研究院发表演讲。他在演讲中分析，为什么比起新教国家教会这个大输家，罗马天主教普世教会更好地适应了全球化。他说，只有一种东西可抵御世界范围的新型世界观冲突，那就是世俗理性，它作为论证实践具有超越世界观差异的说服力。在这次演讲中，哈贝马斯也提倡一种接受宗教信徒对信仰的确信、抱着学习心态的不可知论。[119]

2008年秋，哈贝马斯在耶鲁大学做了一场有关宗教哲学的报告，[120]接着于2009年再次与埃多阿多·门迪塔进行了一场对话，对话于2010年首发在《德国哲学期刊》上。这次基本由哈贝马斯主导的对谈讨论的问题是：以信仰反思形态出现的宗教，是否是一种“永不枯竭的观念活泉”，源源不断地释放能促进团结和“公民社会积极参与”的能量。[121]哈贝马斯在对话中批评了某些哲学思潮，他认为，这些思潮对宗教贬值和“被世俗主义压缩的宗教自我理解”负有责任。他谴责它们忽视了世界性宗教的鼓舞潜能，这种鼓舞潜能也对后形而上学思想的发展产生了影响。他的结论是：“提高觉悟的批判和拯救性回忆密切相连。”[122]若不严格区分国家世俗化和公民世俗化，会很成问题。[123]虽然国家权力的世俗化要求一种世界观中立的宪法，“但法治民主不应在明确赋予公民过宗教生活方式的权利的同时，又对作为民主共同立法者角色的他们予以歧视性对待”。[124]

在这次对话中，哈贝马斯使用了正在撰写中的一篇文章的主题。该文亦旨在分析科学主义、哲学理性和宗教在世界多元文化社会中的令人困扰的关系。[125]文章的核心观点是，宗教借助集体性的礼仪文化实践保持了自身活力：“若没有信徒的宗教礼仪活动，宗教无法存在下去。此乃宗教的‘独特卖点’。”[126]

就宗教礼仪而言，哈贝马斯感兴趣的还有另外一个方面：语言演化。[127]对于文化人类学研究，他阐释道：“从人类进化史的角度看，宗教仪式比神话传说更为古老，后者要求一种遵守文法的语言。”[128]这就提出了一个问题：依靠手势及其他非语言信号的仪式行为，其作为符号化交往在多大程度上是命题性语言产生的演化条件。哈贝马斯认为，一般而言，语言源于人们对符号的运用，这些符号在主体间共享语义内涵的同一空间中，对所有人具有相同的含义。他运用托马塞洛的最新研究，重申他关于语言三元结构的观点，即言说者与倾听者通过相互分享意向，与世界上的某个事物发生关系。这种交往是人类的专利，它把智人与其生物学上的亲戚区别了开来。[129]

2008 年 6 月，在巴伐利亚埃尔毛宫举行了一个主题为“基督教欧洲的穆斯林和犹太人”的专题会议，会议组织者是慕尼黑大学的米夏埃尔·布伦纳（Michael Brenner）教授和加州大学伯克利分校的约翰·弗农（John Efron）。布伦纳教犹太历史与文化，弗农也是犹太历史教授。会议在媒体上引起了相当大的反响。不过媒体报道的重点并非会议，而是哈贝马斯和伊斯兰学者德里克·拉马丹（Tariq Ramadan）的会晤，后者是为欧洲穆斯林争取权利的著名斗士，这次会晤被认为意义重大。阿伦·波西纳（Alan Posener）在 6 月 29 日的《世界报》，朱丽叶·恩克（Julia Encke）在 6 月 26 日的《法兰克福汇报》，阿尔诺·维德曼在 6 月 25 日的《法兰克福评论报》分别发表文章，他们一致谈到这位埃及裔伊斯兰学者的发言给哈贝马斯留下了深刻印象。哈贝马斯指出，对欧洲世俗化的基督教主流文化来说，采取宽容的态度是多么困难。世俗化的基督教主流文化对其他宗教的不信任，根子亦在于“对自身的不信任”。哈贝马斯在讨论中作了长篇发言，提到了 1933 年一些德国基督徒的投机行为，讲到天主教徒对自由民主体制的保留态度——直到 1962 年梵蒂冈第二届大公会议召开，他们才放弃了这种态度。

2008 年 7 月 3 日至 5 日，在埃尔福特大学马克斯·韦伯研究院，汉斯·约纳斯组织召开了主题为“轴心时代及其对历史和当代的影响”的专题会议，会议探讨了狭义上的宗教哲学问题。一众具有国际声望的哲学家和社会学家，其中有扬·阿斯曼（Jan Assmann）、约翰·阿纳森（Johann Arnason）、罗伯特·N. 贝拉（Robert N. Bellah）、舒默凯·艾森思塔特（Shmuel Eisenstadt）及查尔斯·泰勒等，讨论了雅斯贝尔斯提出的轴心时代命题：在公元前五百年中，即公元前800年至公元前200年之间，中国、印度和西方的世界性宗教都不约而同出现了轴心期思想跃进，就是说，在神话世界观之外，产生了理论化的世界观。哈贝马斯谈到了这一思想飞跃，他建议从轴心时代的视角重新审视哲学和宗教的关系。同时，哈贝马斯也看到了危险：抱住轴心时代不放将让人看不到“现代的特性，以及进步与现代性间的戏剧性”。非西方文明通过激活和强化自己的全部文化基因，来应对现代化的压力。在宗教暴力冲突的背后，隐藏着很多愤怒，对巨大的社会不公的愤怒，对权力和财富分配不均的愤怒，简单说来，就是对“世界政治的社会达尔文主义”的愤怒。托马斯·阿斯豪尔在2008年7月14日的《时代周报》这样报道。

人是什么？
语言性与主体间性

> 人是符号的构造体，这种完全由符号构成的自然基质尽管被个体感受为是自己的身体，但和整个生活世界的物质自然基础一样，它始终都是个体的外在自然。[130]

学术生涯的开端：人类学。在卡尔－希格贝特·雷贝格2008年对哈贝马斯的访谈中，哈贝马斯谈到，自己早年在波恩大学时怎样对哲学人类学产生了特殊兴趣。提出了人的“离心定位”的普莱斯纳，其自我对话式概念令他印象深刻并影响了他。[131] 此外，阿诺德·盖伦1940年出版的《人——他的本性和他在世界中的地位》(*Der Mensch. Seine Natur und seine Stellung in der Welt*)一书的行动理论方法也吸引了他，尽管他觉得这位作者“在个性和政治上都让人看不透”。[132]

哈贝马斯还在访谈中说，大学时代他对人类学方法的吸收，一

/ 522 方面是从洪堡的语言哲学中有所收获，[133]另一方面，也受到人类学和历史哲学的紧张关系的启发：“从中学时代起……我就研究赫尔德和康德的历史哲学思想，另外也开始研究马克思这方面的思想，后来在波恩，我感到有必要把这些东西和我对人类学的兴趣结合起来……”[134] 1958年在给阿多诺当助手期间，他为阿尔文·迪莫（Alwin Diemer）出版的《哲学词典》撰写了“人类学”词条，这也缘于他对人类学的兴趣。[135]当时费舍尔出版社的编辑伊沃·弗伦茨尔（Ivo Frenzel）邀请他参与这项工作。在该词条的第二部分，哈贝马斯批判了盖伦以人类学为底色的文化理论。强调人性恒定不变，“距离产生政治后果的教条不远了，这样的教条若以宣称科学不作价值判断的面目出现，则更加危险”。[136]哈贝马斯对盖伦《原始人类与晚期文化》（*Urmensch und Spätkultur*）中的制度论持有异议，他说，人类本性是在历史中形成并受文化影响的。“这是一个让研究人类‘本性’的人类学流派烦恼的事实。”[137]哈贝马斯在这一词条中反驳盖伦说，人绝非永远依赖压迫。“盖伦关于人类本性恒定的学说，不顾经过检验的历史研究结果，对远古社会制度对人的训育及这种训育之严苛，命运施加的挫折之残酷，使人放弃本能的强制力，大加颂扬，认为凡此种种皆是人类天然的需要，故而是有益的。总而言之，盖伦认为，应当有非理性的强制性训育机构来统摄个体，使个体表决作为主体存在的使命和偏好。”[138]在盖伦的《道德与超道德》出版之际，他将上述批评做了一些修改，于1970年发表在《水星》杂志上。[139]

虽然他早期对哲学人类学持怀疑态度，但这一主题暂时对他仍
/ 523 具有吸引力。他接任霍克海默在法兰克福大学的哲学教席后，曾于1966/67冬季学期开设了“哲学人类学问题”讲座。[140]值得注意的是，哈贝马斯首开讲座选择的题目，也是他至今仍在探索的课题：康德的认识论与达尔文进化论在“怎样认识文化的产生”这一问题

上的一致性。[141] 沿着这条思想主线，他讲述了达尔文、盖伦、普莱斯纳的人类学学说，以及其他各种人类学理论，试图说明人类作为有机体在物种进化中的特殊地位。此外，他的重点还在于，论证从进化论视角来看使用符号、劳动和相互作用是人类学常量。他在讲座中指出，体现为文化、语言和交往行动的进化成就，源于人类物种的独特禀赋。人类的特征是，以文化为中介的学习过程取代了生物适应。自然进化为文化的产生打下了基础，而文化又是使用符号、劳动和相互作用的背景。

在讲座中，哈贝马斯对文化有这样一种定义：通过使用工具和语言使智人这一物种的出现成为可能，这是文化的典型体现。在进化过程中，自然环境发生了向着适应人类需求的社会文化生活世界的变迁。在文化的影响下，有机体自身一定程度上发生了改变。另外，他还列举了对人类作为有机体的特殊地位具有决定性作用的五个特征：直立行走、大脑容量及手脑配合、与幼儿依赖期延长有关的普遍早产、能量系统的趋同化，以及由于人类早产而必需的家庭组织。哈贝马斯对这些特征的研究基于以下命题：文化是人这种“有缺陷的生灵”（盖伦语）试图用以保障生存条件的一种生活方式。通过实行乱伦禁忌的家庭组织，来保障极需被保护的后代的存活，而这个过程必不可少的相互作用，是文化得以产生的前提条件。在交换意向和愿望的同时——哈贝马斯在这里使用了“相互理解的主体间性”概念——产生了语言：一种以符号运用为基础的交往形式。语言不但是人这一物种的集体记忆媒介，也是具有行动导向性的规范调节力量。 / 524

年轻的哈贝马斯在这个讲座中就提出了如下问题：宗教礼仪和行为禁忌是否是作为稳定语言互动触发的意识状况的最早的制度而出现的？[142] 在一堂人类学讲座的最后，也许令人有些意外，哈贝马斯讲到了马克思：社会发展是由社会劳动关系决定的，它可以概括为一种系统，这种系统一方面体现为工具理性行动，另一方面体现为以符号方式互动的形式。

36 岁的哈贝马斯近半个世纪前的人类学讲座值得注意，因为在这个讲座中他阐述的主题异常之多，不久他运用自己的语言理论又做了进一步阐发，时至今日他仍然密切关注这些问题。另外，他进一步深化了两个学期前的大学就职讲座“认识与兴趣”中的一些观点。在 1968 年出版的专著《认识与兴趣》中，他最终确定了他的认知人类学概念。众所周知，关于这部著作他后来说，他从人类物种自我建构的条件出发阐释人根深蒂固的认知兴趣的尝试，陷入了死胡同。[143]

/ 525 **关于社会化和认同理论的著作。**这些出自 20 世纪 70 年代的著作，部分在法兰克福时期就已问世，部分是后来在施塔恩贝格完成的。在这些作品中可以清楚地看到，哈贝马斯将自主主体的建构与规范性内涵，即“理性认同”的规范性内涵紧密联系在一起；理性认同源于成功的社会化过程，是成长和学习过程的结果，通过这个过程主体将那些“使其被规制以扮演社会角色”的价值取向内化，[144] 具体而言就是，在社会认同和个人认同、角色距离和角色灵活性之间建立平衡。哈贝马斯对社会角色系统的评价，是按照其压迫性、僵硬程度以及其所施加的行为控制进行的。根据这些标准可对初级社会化和次级社会化条件，比如通过家庭心理社会系统和基本角色系统来保障的条件，进行批判性分析，并判断，这些条件促进还是压抑了个体化和行动自主性。个体化和自主性体现为语言能力、认知能力和角色能力的交叠这一“人类特有的特征”。[145] 判断个体化程度，要看当个人认同与社会认同差异增大时自我认同的保持度。反过来，这又取决于角色系统的差异和制度框架的“合理化”（从压迫性减弱、僵硬程度降低、对行为控制的灵活性增加意义上而言的）。[146] 个体化是在一个自我与外部自然、社会规范性和语言主体间性划界的自我界定系统中发生的。

哈贝马斯这一时期将个体化描述为“符号的自我组织”（symbolische Organisation des Ich）。他说，一方面，个体化要求普遍约束力，因为它内在于培育养成过程的结构中。另一方面，自发的自我组织也绝不会经常实现。后来他在 1974 年发表的《人际互动能力发展笔记》（*Notizen zur Entwicklung der Interaktionskompetenz*）中，将这一观点做了系统概括。他认为，“内在自然在融入逐级发展的——认知的、语言的、互动性的——与周围世界的交流结构的过程中，学习自反性地理解自我，从而形成了自我认同。自我同时学习保持自我统一性，即符合人格跨时空的一致性要求”。[147] / 526

个体与社会。约 20 年后，哈贝马斯对他的人际互动理论的重点概念作了一些调整。他扩展了人际互动能力概念，增加了成熟的理性和交往理论语境下的主体间性这层含义。[148] 哈贝马斯希望在主体间性理论的基础上，阐明主体性结构与社会结构是怎样以语法千差万别的语言这种符号为中介同时形成的。由于这种相互依存关系，从一开始他就避免从“人类学”角度谈论人，而是着重阐述个体与社会的辩证关系，并指出，主体性是在主体之间建构的。

个人作为个体自我决定、自我实现，并形成一种“非传统类型的自我认同”（Ich-Identität nicht-konventioneller Art），是文化现代性的规范性主张，是社会期待个人应当有的表现。在这里，哈贝马斯所勾画的社会是一个无限的交往共同体，“在其中，每个人都能够和愿意站在他人的角度看问题”。[149] 个体适应语言共同体，自愿学习在使自身言行符合规范的同时保持个体性。也就是说，个体想要两者兼得，既想和所有人一样，又想和所有人不一样。“只有当逐 / 527

渐适应了这种社会环境，我们才会作为具有责任能力的行动个体建构起自我，并在将社会控制内化的过程中，培养自己——自愿地——顺从抑或违背合法期待的能力。”[150]

1998年8月，在于英国布莱顿举行的第18届世界哲学大会上，哈贝马斯做了题为《个体化与社会化：论米德的主体性理论》的报告，介绍了上述关于自我主体间性建构的复杂思考。值得注意的是，哈贝马斯的重点在报告中发生了转移：[151]从具有自主思维的主体的个体化转移到主体间性。主体成为个体的条件是什么，这个过程中主体间性关系有什么作用？米德的符号互动理论为回答这一问题提供了理论基础。[152]因为他的“‘社会行为主义’（Sozialbehaviorismus）认为，社会先于社会化的个体而存在”。[153]

米德认为，具有语言能力的人的独特性在于，使用符号向他人表达自己。被所有参与者理解的特殊符号，其意义是在互动过程中被赋予的。以符号为中介的行动以行动者相互间的行为期待为导向。就此而言，个别行动只能被认为是广泛的社会行动的组成部分。[154]米德用角色承担理论模型来解释一个人的换位思考能力。通过社会化过程中的行动规范的内化，行为的社会文化结构取代了本能的规则。[155]

简而言之，米德为哈贝马斯提供了理论框架，使他在认同形成问题上得出了自己的结论：“当成年人有能力摆脱破碎的旧认同，建立新认同，并使新旧认同交融，从而将所有自我互动状况纳入一个既独特又有迹可循的统一的生活史当中，其自我认同就经受住了考验。这种自我认同同时使自我决定和自我实现成为可能。……当成年人接受自己的生平并为之负责，他能通过追溯自我互动的轨迹回归自我。只有接受自己生活史的人，才能直面自己经历中的认同形成。负责任地接受自己的生平经历，意味着清楚自己想要是什么样的人，意味着从这一视域出发，将人与自身互动的足迹视为一个有责任能力的人生作者——即基于自反性的自我关系行动的主体——

行动的沉淀。”[156]

哈贝马斯认识到，个体化源于对话式交互关系，认同表现为一种自我负责的人生经历的连续性；这使他确信，主体性“包含在主体间相互承认的关系之中”[157]，必须从言说者和听者关系的角度来解释主体性。只有从“参与者视角出发，……才能理解自由行动的主体的自我经验”。[158]

哈贝马斯认为，人有一种特质，他能储存学习过程中获得的经验并传给后代。这使人成为一种文化的存在。他和托马塞洛等人都认为，有关客体的共享知识是从主体间关系的我们视角（Wir-Perspektive）获得的。一个人站在他人的角度看问题，就形成了一种人际关系，确切地说，是在沉积在符号系统中的共享行动知识的基础上形成的。2008年10月，德国哲学大会在埃森召开，哈贝马斯晚间做报告时再次指出，只有通过语言才能理解世界，语言同时又是建立主体间关系的媒介。在使用语言的过程中，人能够获得经验、积累知识并吸收新的知识。“通过交往行动，建构世界和内在于世界的学习过程紧密交织在一起。”[159] 2009年，托马塞洛被授予黑格尔奖，哈贝马斯为他致授奖辞，他说：“使人和猴子区别开来的是一种交往方式，这种交往方式实现了认知资源在主体之间的聚集、代际传承和再加工。”[160]

哈贝马斯近来在思考一个进化论问题：社会的形成是通过交往，就此而言，是否只有“作为语言源头的相互合作关系……”有意义？虽然表达命题真实性和言说者意向真诚性的基本言语行为可用合作模式来解释，也就是说，“由于参与者有达成共识的行动压力”，因而存在合作的必要性，[161]但为使被认可的规范的正确性要求发挥效力，过去需要通过礼仪实践使规范性观念形象化，从而为人们所习得。在《后形而上学思想2》中，哈贝马斯将“神圣者的语言化”——他在《交往行动理论》中首次提出这一命题[162]——解释为“交往语言脱离了神圣语境，发生了向日常语言的意义转化”。哈贝马斯对“日常交往和非日常交往”做了严格区分。与之相应，他认为，规范性内涵“摆脱了礼仪的裹敷，转化为日常语义”。言及此，浮现在哈贝马斯脑海中的显然是一个分为三个阶段的转化过程：从礼仪到神话，再到日常语言。换言之，“神话的、宗教的以及形而上学的世界观的成就在于，将礼仪实践中包含的语义潜能释放出来，转化为神话叙事语言或表述教义的语言，同时根据现有日常知识，将之加工为一个有助于稳定身份认同的解释体系”。[163]

在他20世纪60年代开设的人类学讲座中，人的身体性（Leiblichkeit）占据着重要地位。在这方面，普莱斯纳无疑对哈贝马斯有很大影响。普莱斯纳的人类学理论使他颇受鼓舞，因为“它果断转向了自然主义，而没有付出成为自然主义哲学的代价”。[164]虽然那时他对普莱斯纳理论的看法是：“身体（Leib）和躯体（Körper）的双重性”可理解为“仅体现了语言的双重结构”，不过，最近他一再提到人性（Menschsein）的躯体性（Körperlichkeit）。他在《人性的未来》（*Die Zunkunft der menschlichen Natur*）一书中对生物遗传研究和应用于人体的基因技术作了批判性分析，在分析中首次提到这个概念；2003年，在纪念阿多诺的法兰克福国际学术研讨会的演讲中他再次提及，在谈到自由行动的人时，他用了“身体性存在”和“躯体的有机基质”的说法。为自身行动负责的人，必须“认同作为自己身体的躯体”。[165]

八十寿辰。2009 年 6 月 10 日，《时代周报》头版用了一个怪异的标题，那是一行散发着娱乐小报气息的醒目大字："握有世界权力的哈贝马斯"（Weltmacht Habermas），大概有暗中比附托马斯·曼之意。[1] 大字下方可看到几行小字："如果说今天有一个人能向我们解释现实，这个人就是哈贝马斯。80 岁生日这一天，这位富有影响力的德国知识分子受到全世界的爱戴和追捧。"[2] 配发的彩色图片和标题也是街头小报风格，图片中寿星在一个布置成圆形露天剧场模样的世界文学图书馆中，神情严肃，目光似在望向远方。

哈贝马斯本人对此未作评论，但曾谨慎提及，从中可以推断，他无疑认为报纸的这种做法是哗众取宠。至少，对《时代周报》女发行人发表的公开言论，他未予以反驳，她说："完全依赖更佳论据的非强制的强制力量的握有世界权力的人物，在迄今为止的世界历史上还不曾出现过。"[3]

几年后，2012 年 12 月 10 日，他在《莱茵邮报》的一次采访中也表达了类似的意思，他说，那个大字标题是个"拙劣的玩笑"。"知识分子通过自己的公共言论至多能发挥一定的影响力。他们没有权力。权力同职位紧密相连，只有拥有这样的职位，才能向他人强力推行自己的意志。知识分子则相反，他们模糊的影响力不依靠授权，而是依靠其言论的说服力和传播这些言论的媒体的力量。比如我，因为我只在报纸上发表言论，所以我的影响力就更加有限。"

《时代周报》在哈贝马斯生日特刊中间版推出的文章较为严肃。托马斯·阿斯豪尔在文中指出，语言在哈贝马斯的哲学中占据着核心地位。他在文章结尾说道，哈贝马斯"通过他引起的争论把整个共和国凝聚在一起，使自己和对手的观点都发生了变化"。报纸另辟一版刊登了哲学界同仁及全世界知识分子对他的祝福。德沃金写道:“于尔根·哈贝马斯不但是目前健在的世界上最著名的哲学家,就连他的有名,也已经非常有名了。”土耳其社会学家艾哈迈德·奇代姆(Ahmet Çiğdem)写道:“对于所有思想易受损害的状况,哈贝马斯明察秋毫、洞若观火,比如像公司一样‘管理’的大学、丧失了话语力量的媒体,以及只在糟糕和最糟糕之间做选择的政治。”理查德·塞尼特(Richard Sennett)概括道:“对我们来说,哈贝马斯是一位同时代的写作者,不是思想英雄,因此,我们关注的并非他在德国思想史上的地位,而是他激发讨论的能力。”[4]

在大量祝福文章中,于6月18日哈贝马斯生日当天,米夏埃尔·克吕格尔在《南德意志报》发表的文章别具一格、引人注目。克吕格尔那时尚担任慕尼黑汉泽尔出版社的出版人,与哈贝马斯夫妇是有多年交情的朋友。他讲到他常到他们在施塔恩贝格的私人宅邸做客,讲到夫妇二人的热情好客,讲到“男主人每次都执意亲自从厨房端出一道又一道美味”,还讲到他们的一次次长谈。“哈贝马斯不是刚从什么地方旅行回来,就是正要去什么地方,比如芝加哥、阿拉伯国家、中国、科隆、巴塞罗那,有时甚至也去柏林。当他讲起旅行见闻——他是个出色的讲述者——人们会觉得,这个世界上到处都有体面正派人,尽管不是太多。最让他惊奇的是,他们竟然还读过他的书。在中国也是这样吗?是啊,尤其在中国。他不旅行的时候,就写作;由于他著述丰富,人们不由怀疑,即使人在旅途他也笔耕不辍。大多数时候,他写文章都是为了支持什么,支持人权,支持一个公正的社会,支持保护报纸,支持贯彻理性原则,支持欧洲一体化。由于他心里什么都记得,什么都不忘记,所以他有时也写文章反对什么。这时的他会让人很不舒服。没有人生起气来像他那样怒不可遏,尤其在口头言语上。当他手插进满头白发,拉扯着头发,人们大抵能想象,与他意见相左的人接下来会有什么样的遭遇。一场疾风暴雨眼看就要爆发，他却转怒为笑。由于能让哲学家发笑的事情少之又少，所以他发出的哲学家的笑声将永远在世间回荡！与他的笑声相比，高康大的笑声不过是无力的窃笑。乌特说：别那么大声好不好，还非得让全世界都听见你的想法啊！…… 他不喜欢无所作为、置身事外，厌恶吹嘘卖弄和精英式装腔作势。若干年来，忧伤于他已不再完全陌生，这让我感到欣慰。…… 最后大家享用餐后甜点。谈论杏香团子①也是交往能力的一部分。客人告辞时，他站在房檐下，身板笔直，头微微向前探，恍如走出洞穴的柏拉图。他头顶上是灿烂星空，身旁是乌特。”[5]

在这座美茵河畔大都会，人们想出了一个别出心裁的方式，来庆祝哈贝马斯步入他生命的第九个十年。他一生主要在法兰克福从事学术活动，因此，由法兰克福大学委托，沃尔夫冈·绍普夫（Wolfgang Schopf）策划，在位于该城的德意志国家图书馆举办了一个特展，向作家和政论家哈贝马斯致敬。展品几乎全是印刷品，只有少量图片，其中有一百帧哈贝马斯迄今为止在国内外出版的著作的书封。由于展览确定“不展示生平”，只展示文字，他才同意了展览计划。这个名为“……流淌的思想熔岩”[6]的展览，以令人印象深刻的方式，展示了他在各个阶段留下的思想足迹的见证。 / 534

展览呈现了一位写作者全部作品诞生的过程。哈贝马斯自述，他的书是他紧紧抓着的“扶手”。[7]在25个玻璃展柜中展出的，除他著作的初版外，还有记录每本书的诞生过程及读者反应的文献资料。展览也汇总了他自20世纪50年代在报刊发表的各类时评，透过这些文章可看到，哈贝马斯如何以积极介入的知识分子角色影响了德国的政治氛围。这些文章的复印件散放在桌子上供参观者浏览。另有一些文件一一列出了他开设的134堂研讨课和讲座的名称，可

① Marillenknödel，一种用杏肉和面粉制作的奥地利甜品。——译者注

让人一窥哈贝马斯一生的教学和科研成就。在展览开幕式上，几分钟前才在夫人陪同下初次光临展览的哈贝马斯说："我感觉就像一位画家置身在他首届作品回顾展的展馆中。"[8]

施吕特在 2009 年 6 月 18 日的《法兰克福评论报》发表展评，他的结论是："看了这个法兰克福'作品展'，有种明显的感觉，即所谓苏尔坎普文化首先而且主要归功于哈贝马斯。温塞德或多或少依赖于这位不仅关心政治而且积极介入政治的哲学家的建议；反过来，这位哲学家又颇懂得将出版社的名望利用到极致，以实现自己的理论追求。"

6 月 17 日下午展览开幕式结束后，由乌拉·温塞德－贝尔科维茨（Ulla Unseld-Berkéwicz）做东，在位于克莱腾贝格大街的温塞德宅邸举办庆祝酒会。2002 年 10 月温塞德去世前，温塞德家族一直居住在这里，至今出版社仍定期在此举办各种活动及招待酒会。

在当晚的酒会上，除了谈论哈贝马斯作品展和开幕式致辞，苏尔坎普出版社计划迁址柏林也是大家谈论的话题。在致答谢辞时，哈贝马斯也谈到女出版人颇为轰动的迁址计划，他说"这是开辟新方向；这个，我明白，尽管心里不能不难过，但慢慢地也理解了。再说，我知道，没有人比你更清楚，出版社若不牢记自己的历史，将无法做到自我革新。因为每一种记忆都根植于某种特定的地方性和时代语境，所以我希望，苏尔坎普－温塞德出版社的物质化的记忆将能得到保护，不至于被连根拔起。"[9]

在他生日当天下午，他在法兰克福大学威斯滕特校区参加了一个座谈会，座谈会由霍耐特主持，德国电视二台在现场跟踪拍摄。在座谈会上，一些以哈贝马斯理论为博士论文研究方向的来自不同国家的年轻学者们，有机会与哈贝马斯面对面讨论。当晚，由法兰克福大学校长维尔纳·米勒－埃斯特尔（Werner Müller-Esterl）

和苏尔坎普出版社做东，在大学酒店正式为哈贝马斯举办隆重的生日宴会。约200名来宾相聚在迪特马大街，伴着黑森州特色美食和莱茵高产区的葡萄美酒，与寿星及其家人共同欢庆至夜深时分。宴会开始，大学校长首先致辞，随后乌拉·温塞德-贝尔科维茨致辞，她感谢她的作者，感谢他几十年来为苏尔坎普学术系列图书和出版社特色的全力付出。之后，音乐及文学评论家约阿希姆·凯泽送上了妙趣横生的生日祝福语，接着豪克·布伦霍斯特向哈贝马斯敬献他与丽吉娜·克莱德（Regina Kreide）和克里斯蒂娜·拉封共同编写的《哈贝马斯手册》。

向来宾致欢迎辞时，哈贝马斯提到了他“最老的朋友”卡尔-奥托·阿佩尔：“亲爱的卡尔-奥托，我借此机会也当众说些你其实早已知道的话：关于我的整个哲学思想体系，必须说，如果没有你，我不会成为今天这个人。”不过他简短的欢迎辞的重点，是强调法兰克福歌德大学对他的重要影响。这种影响人格化为“阿多诺这个非凡的形象，他是我一生遇到的唯一的天才”。让人意外的是，他还捎带着赞扬了研讨课这一传统的学术制度：“它奖赏那些推翻理由空间中的一贯规则并建立新规则的思想和信息。”在致辞最后，他提到自己通过一生治学得出的重要经验，就是“只有当教授能从助手身上，教师能从学生身上也学到些什么时，事情才对头”。另外，他还对大部分都在场的工作人员表示感谢。[10] / 536

在他生日四周前，苏尔坎普出版社推出了五卷本《哲学文集》，文集由哈贝马斯亲自操刀策划，汇集了他近40年来的文章，确切地说，这是一部，如他在前言中所言，“系统梳理和精心编选的文集，……每卷可独立成册，作为关于某个主题的专题论述。对于在狭义哲学意义上我所关心的重要问题——如社会学的语言理论基础、语言和合理性的形式语用学概念、对话伦理学、政治哲学及后形而上学思想的状况——我都没有写过专著。这一奇特的状况，我是回头来看才意识到的”。[11]

/ 537

在2009年6月13日的《法兰克福评论报》上，克里斯蒂安·施吕特冒失地把哈贝马斯文集归入“哲学冷饭”之列，他评论说：“哈贝马斯不再开辟新战线，而是整合思想，统一架构。……为此他甚至承认了错误，有些虽然承认的不情不愿，咬着后槽牙——可总算承认了。”2009年5月20日，克里斯蒂安·盖尔在《法兰克福汇报》发表书评，他说，在这五大卷书里“还藏着另外五十本书”。透过这套文集，哈贝马斯的理论架构清晰可见。“在每卷的导论中，坑坑洼洼都被打磨平整、收拾妥帖，灰浆残迹被一一抹去。哈贝马斯借此机会把一些粗浅的解释作为误读做了纠正，进行了系统梳理。在疑有理论断裂的地方，突出了理论脉络的连续性。”

提高觉悟和拯救性批判

当代哲学缺少超越纯粹文化批判的本雅明式话语。[12]

继续马不停蹄。庆祝完80岁生日，又从南非旅行回来之后，哈贝马斯携夫人和外孙女托妮前往美国，到石溪大学进行为期六周的讲学。他每周上一堂研讨课，还将做一场关于“人的尊严的观念与现实主义的人权乌托邦”的公开演讲，[13] 也就是说，他要谈人的尊严和人权，这个话题此前并不完全在他的重点研究课题之列。

关于人的尊严，哈贝马斯指出，当涉及人类所遭受的艰辛困顿的生活状况时，人的尊严的规范性内涵具有“发现功能”。人权的

/ 538

道德附加值基于人的尊严的道德根源。同时，在使其具备法律约束力的法典化过程中，这一根源具有催化作用。然而人权具有两面性，因为它既是道德范畴，也是法律范畴。此外还要考虑到宪法理想与宪法现实之间的紧张关系，这种紧张关系应加以缓和，比如承认人

的尊严受法律保障，而这一法律保障确保人人可获得与可诉性权利相关的公民地位。这一公民地位恰恰必须借由（公民享有）主观权利（das positive Recht）而产生。作为道德原则，人的尊严适用于所有人。而如果以法律形式加以确定时，如作为宪法规定的基本权利，则只有相应的法律共同体的成员可援引该规范。尤其出于这个原因，哈贝马斯坚持主张建立世界公民的法律状态，要建立这种状态，则需要一种新型的制宪议会。[14]

在美国还有最后几周时间。10 月 22 日，哈贝马斯与查尔斯·泰勒、朱迪斯·巴特勒（Judith Butler）及神学家和政治活动家康奈尔·韦斯特（Cornel West）一同出席了一场公开的学术讨论会，在千余名听众面前讨论“宗教在公共领域中的力量”（The Power of Religion in the Public Sphere）。讨论会由纽约大学、社会科学研究委员会和石溪大学联合举办，在纽约柯柏联盟学院古老的大礼堂举行。在讨论会上，哈贝马斯再次把他关于交往理性与信仰的关系引入讨论。在由克雷格·卡尔霍恩主持的他和泰勒——其新书《世俗时代》曾引起轰动——的讨论中，他讲道，对于个体自我理解而言，宗教确信的地位并不低于世俗理性。但他坚持认为，应当在正义的普遍原则以及事关生存、伦理和宗教信念的个人决定之间做出区分。与哈贝马斯相反，泰勒不仅拒绝道德、伦理和宗教间的这种区分，而且也怀疑通过公共对话对宗教信仰问题做出合理解释的可能性，同时捍卫作为宗教基础的深刻体验的重要意义。[15]

回到欧洲后，哈贝马斯于 2009 年 11 月 5 日应歌德学院邀请，出席了在阿姆斯特丹菲里克斯·曼里提斯文化中心（Kulturzentrum Felix Meritis）举办的讨论会。与在纽约和泰勒的讨论一样，在这次活动中也能明显看出，他更喜欢对话这种形式。讨论由哈里·库内曼（Harry Kunneman）主持，只有一个下午的时间，对政治家、社会学家、哲学家提出的五个问题，他非常用心地做了简短回答。比如，他向率先提问的社民党成员、阿姆斯特丹市市长乔布·科恩（Job Cohen）解释道，异质性宗教群体和文化传统的杂处与并存，是西方社会的一个典型特征，只有实施一种开放地面对这种多元性并促进开明的移民政策的纲领，才能减少西方社会中增长的冲突潜势。值得注意的是，哈贝马斯怀着无比的热情宣扬世界大同的生活方式，而就这种生活方式而言，他认为，人们与母国民族传统的联结是次要的。跨越国界的交往形式早已是司空见惯的日常生活实践，这一点他从丽贝卡的女儿，15 岁的外孙女托妮身上有着最真切的体会。

2009 年 11 月 16 日，俄罗斯科学院哲学研究所在莫斯科举办主题为“哲学与文化的对话”的联合国教科文组织会议，哈贝马斯做了题为《人的尊严与人权在国际上的关系》(The International Relationship Between Human Dignity and Human Rigths) 的演讲。人的尊严概念再次成为他演讲的核心主题。在与哲学家阿卜杜萨拉姆·侯赛因诺夫（Abdusalam Guseynov）和内莉·莫特罗施洛娃（Nelly Motroshilova）的讨论中，他论证说，借助这一具有道德内涵的概念，人权准则可转化为伦理立场。2010 年，他的《人的尊严的观念与现实主义的人权乌托邦》(Das Konzept der Menschenwürde und die realistische Utopie der Menschenrechte）一文首发在《德国哲学期刊》上。他在文中写道:“落实人权的斗争在继续，在我们西方国家一如在非洲、俄罗斯、波斯尼亚或科索沃。每个被关进机场小黑屋的寻求避难者，每一艘在利比亚和兰佩杜萨岛间的地中海海域倾覆的船只，每一发从美墨边界围栏射出的枪弹，都是向西方公民发出的一声声令人心惊的诘问。首部《人权宣言》确立了人权标准，它能鼓舞难民、陷入困苦的人、社会边缘人、被侮辱和被欺凌的人，能让他们认识到，他们并非生来注定要承受苦难。随着第一代人权的实证化，产生了将溢出的道德内涵付诸实践的法定义务，它深深地铭刻进人类的记忆。当人权不再被社会乌托邦理论描绘的集体幸福图景所迷惑，而是将正义社会的理想目标牢固确立在宪政国家制度中，从这个意义上说，人权就构成了一种现实主义的乌托邦。”[16]

发表言论。2010 年 10 月 28 日，哈贝马斯在《纽约时报》发表题为《领导力与主流文化》（*Leadership and Leitkultur*）的文章，描述了德国政治心态的变化，不久，法国《世界报》以《欧洲厌倦了排外》的标题（iL’ Europe malade de la xénophobie）转载此文。他列举了三种时下的典型现象：一种基于刻板印象对移民，尤其伊斯兰移民的憎恶；一种以超然的姿态回避任何政党政治讨论的新型政客的走红；还有一种对民众强烈要求被纳入重大项目决策的自发政治抗议活动的反应。他请美国和法国的读者注意当下德国的排外趋势，这种趋势与一个自视为自由开放的，至今移出人口本就少于移入人口的国家的宪法不相容。他批评了评论家和政客，特别是一些具有民粹主义观念的评论家和政客，他们要求穆斯林移民必须接受犹太 - 基督教传统；他说，这不仅是对自由民主制的简单化的，即从种族角度的理解，而且也是对犹太教的傲慢侵犯和对德国犹太人命运的漠视。至于那些以超然于政治分歧之上的人杰形象示人的政治人物的大受欢迎，是否预示着反民主及独裁倾向的新形态，他在文中暂未谈及。不过在文章结尾他仍充满信心，因为，要求增加公民参与的强烈民意——如在斯图加特火车站改建计划或在退出核能问题上所体现出来的——证明，对民主程序形式主义的简单化理解会遭到越来越多的反抗。

2010 年秋末，一个国际历史学家委员会发布了一份对纳粹独裁和战后时期的德国外交部的调查报告，该委员会是在德国因纪念已故外交官发生内部争端后，由时任外交部部长菲舍尔委任成立的。[17] 这份调查报告披露，外交部在1933~1945年间参与了纳粹犯罪，因此打破了外交部曾是抵抗纳粹的堡垒的传说。此时发布报告，已不再对前外交部官员产生法律后果。报告一出立刻引起了极大争议，尤其针对报告所使用的方法，即其科学价值，争议颇大。[18]

2011年1月，当在各大报和专业杂志上对此事的争论沸反盈天时，在慕尼黑天主教学院举办了一场讨论，上述报告作者之一，历史学家诺伯特·弗赖（Norbert Frei）与当代史学家克里斯蒂安·哈克（Christian Hacke）就该事件进行了辩论。哈克对调查报告表达了批评性看法，他认为，这份报告的重点并不在于对历史问题的处理，而在于对西德外交精英的诋毁。[19] 哈贝马斯和夫人也参加了活动，他听了两位历史学家的报告，并在随后的激烈讨论中发言。他在发言中反对哈克的观点，赞同弗赖的观点。他质疑，指出采取现实态度乃人之天性是否真的可以解释外交部官员的政治跟风行为。相反他认为，就该事件而言，亦须追问反犹和民族主义心态产生的根源。对于该报告引发的激烈反应，哈贝马斯解释道：这些反应标志着，借反共名义排挤纳粹罪行和历史学家之争已过去多年，但民族自我辩护的思维模式的内核仍在作祟。[20]

2011年6月底，以种族主义和宗教歧视的后果为背景，在埃尔毛宫举行了一次专题会议，主题为“60年代话语中的犹太声音”。在会上，哈贝马斯与文学家瑞秋·沙拉曼达（Rachel Salamander）就“联邦德国流亡（归来的）哲学家与精神生活”做了一次关于思想史的对谈。他回忆说，正是这些回到德国的犹太流亡者，让人们在20世纪50、60年代获得了某种敏感性，即对德国文化在多大程度上丧失信誉的敏感性。就此而言，他个人“是受益者。那些犹太流亡者纵然曾被祖国驱逐，仍然馈赠给她这样一份不可思议的礼物，让年轻一代从中得到教益”。[21]

2012年5月，哈贝马斯与夫人乌特赴以色列进行为期一周的访问。应以色列科学与人文学院邀请，他以《对话的哲学》（A philosophy of Dialogue）为题作了首场布伯纪念讲座（Buber Memorial Lecture）。作为引子，他描述了马丁·布伯（Martin Buber）作为现代"犹太民族文化"的代表在魏玛和战后时期的重要性。在魏玛时期，布伯与弗朗茨·罗森茨威格（Franz Rosenzweig）在法兰克福犹太学社扮演了重要角色："作为持和解立场的宗教对话伙伴，布伯与持决不宽恕立场的历史学家肖勒姆恰恰相反；在60年代，肖勒姆使我们认识到，在政治和社会领域所显现的，其实是人们轻飘飘挂在嘴边的德意志－犹太文化共生现象的反面。"接下来，哈贝马斯努力用主体间性理论来解读与哲学的语言学转向完全一致的布伯的对话哲学。在对话中，与交往关系、对他者的承认相连的是一种平等主义的个人主义，这种个人主义绝不会沦落为"自我客体化"："自我意识是对话派生出的现象。"哈贝马斯认为，断言布伯总体上客体化地看待世界，是个错误的文化批评结论。身为宗教作家的布伯追求的目标是，以人文主义哲学论据来论证锡安主义。他坚持"一国解决方案，即在一国领土之上，在权力平等基础上将犹太和阿拉伯公民团结在一起"。[22]

2012年6月19日，哈贝马斯在慕尼黑西门子基金会发表演讲，演讲一开场他就提出，必须将"善"观念和"正义"主张区分开来。这次演讲是哲学家海因里希·迈尔（Heinrich Meier）主持的"政治与宗教"系列演讲中的一场。在这次活动中，哈贝马斯与新教神学家弗里德里希·威廉·格拉夫（Friedrich Wilhelm Graf）进行了讨论。在当晚的讨论中，格拉夫自称是"宗教知识分子"，在他看来，"宗教是人们所能想象的'最危险的精神毒品'"。[23] 而让哈贝马斯忧虑的则是潜藏在宗教原教旨主义中的暴力能量，"不能让不断变化的世界观的火花引燃这种能量"。[24] 基于启蒙遗产普遍约束 / 544

力的西方文化，必须以开放的胸怀接受其他文化看待我们的视角。这一视角“提醒我们记住帝国主义的征服和殖民暴行，记住我们以崇高标准之名犯下的罪行，以使西方认识到欧洲中心主义普遍化的偏狭特性”。在演讲最后，哈贝马斯再次呼吁，接受宗教天然的权利，尊重宗教，因为没有人能知道，“对尚未实现的宗教潜在意义的持续阐释过程是否已穷尽”。[25]

关于这次对话，盖尔在《法兰克福汇报》评论道，哈贝马斯“在慕尼黑的发言……直言不讳，但小心备至，像一位不想让人遭受不必要疼痛的好外科医生”。对于迈尔介绍他是一位仅仅出于社会学兴趣研究宗教的学者，他只是温和地反驳说，自己是把宗教“当作一种哲学——即不从自然主义－唯科学主义视角窄化地自我反驳，而想充分发挥宗教语义潜能的哲学——的资源来研究。在这方面，相比使用海德格尔哲学话语的吉奥乔·阿甘本（Giorgio Agamben），他对亨利希和施佩曼表现出更多同感……”[26]他“通过高超精妙的语言运用，从天生无宗教感的角色出发，鼓吹和赞扬神学事业，让这个西门子基金会之夜充满了魔力”。不过后来他还是提了唯一一个问题，直抵对方要害：“如果确实如此，即宗教的真实性宣称不仅适用于一种教义，而且宗教认知也是作为宗教社会化，
/ 545 即作为救赎之途而发生的，那么，哈贝马斯问道，为什么神学家越来越与教会的礼仪实践脱离？”[27]

“频繁踏上领奖旅途”。这些年由于奖项和荣誉接踵而至，哈贝马斯常忙于写答谢辞和获奖感言。2010 年 6 月，他在都柏林被授予尤利西斯奖。2012 年 5 月，在维也纳同时被授予埃尔文·查戈夫伦理与科学对话奖和维也纳维克多·弗兰克基金荣誉奖。2012 年 9 月，他又赴威斯巴登接受黑森州社民党授予的奥尔格－奥古斯特－津恩奖，该奖授予为促进该州法治、民主与社会团结做出卓越贡献的人

士。时隔几周后，12 月 14 日，因终生哲学成就被杜塞尔多夫市授予奖金大 5 万欧元的海因里希·海涅奖。2013 年 1 月，被慕尼黑市授予文化荣誉奖；9 月底，被授予卡塞尔市公民奖——“理性棱镜奖”；11 月 7 日，在荷兰王宫从威廉 - 亚历山大国王手中接过由伊拉斯谟基金会颁发的伊拉斯谟奖，该奖颁发给社会学、哲学和政治领域的杰出思想家，奖金金额为 15 万欧元。

在举行尤利西斯奖颁奖典礼之前，他在都柏林大学上了一堂研讨课，并做了题为《政治性——政治神学的有疑问遗产的理性意义》（The Political. The Rational Meaning of a Questionable Inheritance of Political Theology）的公开演讲。[28] 演讲开始他提出如下问题：“鉴于看似越来越摆脱了意向影响的系统命令的力量”[29]，还能从被视为“社会自我描述的符号媒介”的政治性概念中榨取出什么含义？[30] 他首先回顾了政治性概念的概念史和理论史，对施密特和罗尔斯的政治理论做了比较分析，而后讲道，对已经世俗化了的国家来说，绝非一定要在政治和宗教之间做出严格区分。就公共领域中的政治决策过程而言，出于宗教动机的参与完全具有合法性。不仅如此，“与宗教传统的对话，尤其理性挖掘尚未实现的宗教语义潜能的尝试，构成——追求效用最大化的——目的理性的霸权基础”。[31]

/ 546

在维也纳市政厅宴会厅的致辞中，哈贝马斯探讨了对人类遗传特征进行优生学干预是否具有充分合理性的问题。他首先谈到化学家和作家查戈夫及其在破译遗传密码方面做出的贡献，谈到他和精神病学家弗兰克很早就认识到科学进步会带来伦理可接受性问题。“我不是[生物技术——作者注]专家。但当一位著名哲学同仁，伊恩·哈金（Ian Hacking），把‘生物保守主义者’这个新造的词儿扣在我头上时，我回应说：尽管我不能想象曾在任何一个政治问题上被称为‘保守’——但‘生物保守主义者’这个名称我倒是很乐意接受。”[32]

在威斯巴登举行的颁奖典礼上，他在致辞中首先回忆了自己在法兰克福的早年岁月，那时他担任阿多诺的助手，生活在“一种浓厚的同时代性氛围”中。“回头来看，那是我成年生活中最激情昂扬的一段岁月。”而后他话锋一转，再次激烈抨击政府在欧洲问题上墨守民族国家立场。这种立场就是在全球化的威力面前缴械投降，无益于摆脱“欧元区因金融市场的勒索而导致的恶性循环”。[33]

哈贝马斯在杜塞尔多夫发表获奖感言时也谈到了欧元危机。他在致辞中劈头就说，对于欧洲问题，知识分子本应当纷纷站出来发声。但如今怯懦当道，与海涅积极介入政治的精神形成强烈反差；知识分子不是希冀变革，而是当缩头乌龟。“我们所有人都屈服于金融市场的索求；这种容忍，就是对显而易见的政治无能的纵容，这种政治不是让投机股民，而是让纳税公民为危机损失埋单。倘若海涅在世，会对那些计算私有化利润和社会化成本的人发出嘲笑。”[34]

他上次研究海涅是20多年前的事了，[35] 而今，他用海涅评价莱辛的话来评价海涅：“他本人就是对他所处时代的活生生的批判，他的整个人生就是一场论战。”[36] 1945年后海涅的影响在于，他“站在所有那些使德国走向了灾难的东西的对立面”。而作为“影响了国民性格的民众领袖”，海涅的现实性在于，他作为作家，“以敏感的抒情诗人对真理的激情”生发出的摄人心魄的力量，投身到时代的政治斗争中。另外，海涅也敏感于拯救的批判的推动力，所谓拯救指“对一种因不能再生而易受损伤的人类遗产的拯救”。[37]

哈贝马斯和夫人自1972年起在慕尼黑附近居住；慕尼黑大学两度拒绝授予当时任马普研究所所长的他名誉教授称号。慕尼黑市1985年授予他绍尔兄妹奖。当社民党成员、慕尼黑市市长克里斯蒂安·伍德（Christian Ude）在老市政厅授予他这一奖金1万元的慕尼黑市文化荣誉奖时，无疑对他也是一种安慰，至少是慕尼黑市对他的一种，如他自己所说，“欢迎的姿态”。这座城市并不总是张开双臂欢迎他，尤利安·尼达－鲁莫林（Julian Nida-Rümelin）在授奖辞中也曾这样说。在致辞中，哈贝马斯首先简单追述了团结概念，接着谈到被批评为三心二意的德国对债务国的政策。不过在这个简短致辞中，他主要以风趣诙谐的方式回顾了该奖的历届获奖者，并谈到自己作为一位公民经常往返于居住地施塔恩贝格和富有文化魅力的大都市慕尼黑之间的个人感受。[38]

在卡塞尔的获奖致辞中，哈贝马斯回忆了20世纪50年代最初几次参观卡塞尔文献展的经历，那是“与阿诺德·博德（Arnold Bode）和维尔纳·哈夫特曼（Werner Haftmann）在弗里德里希阿鲁门博物馆展出的跨大西洋现代主义艺术的相遇。突然面对杰克逊·波洛克（Jackson Pollock）和巴尼特·纽曼（Barnett Newman）的巨幅画作，面对劳森伯格（Rauschenberg）、马克·罗斯科（Mark Rothko）和马瑟韦尔（Motherwell）的奇异的色彩构成，让人心醉神迷”。他又补充说：“睁大眼睛欣赏当代艺术的能力，是衡量自己同时代性的一把尺子。”[39]

他夫人、三个孩子及其配偶、两个孙子孙女和他的兄长汉斯·约阿希姆，都悉数陪同他前往阿姆斯特丹参加颁奖典礼，仪式严格遵守外交礼仪——要求哈贝马斯15分钟的获奖感言完全按照事先呈送的发言稿和时间规定。在颁奖仪式之前，他在大学与学生进行了讨论，还在一个基金会组织的非公开活动中与同行做了交流。在颁奖仪式的次日，他和夫人的身影出现在半年前重新开馆的荷兰国家博物馆。

终结。2013年中，《哈贝马斯政论文集》第12卷，也是最后一卷《技术官僚统治的漩涡》（*Im Sog der Technokratie*）出版。45年前，哈贝马斯在苏尔坎普图书系列出版了文集第1卷，即将收尾的这版始于1981年题献给他儿子提尔曼的精装卷本，如他在序言中所自述的那样，这卷书使他“从某种资产阶级意义上，在政治和新
/ 549 闻方面证实了自己”。[40]他在预告为《政论文集》终结卷的该书序言中写道：“‘凑成一打’——通常表示一个计划完成，可以松口气了。而我这个情况大概算完成了一件事，但谈不上能松口气。这类骚扰公众的实践没有任何目的；只是不断尝试为持续的公共意见形成过程提供论据支持。”虽然文集前几卷也有“防守意图”，即“针对70年代剑拔弩张的学术界充斥着的对左翼的怀疑作自我辩护”，但“关于旧的以及扩大了的联邦共和国的规范性自我理解的争论”是贯穿整套文集的“执拗低音”①。至于，如他自己所说，没有出现他所希望的效果，他认为原因在于：一方面，人们不接受像他那样将知识分子的“介入”行动和教授的“学术活动”两种角色区分开的做法；另一方面，“学者畏惧旗帜鲜明地表达意见的公共介入行为须付出的代价”。[41]亚历山大·卡曼（Alexander Cammann）在《时代周报》的书评中也表达了这重意思：“这是怎样一种献身公共事务的一个人的战斗（one man performance）!”

《哈贝马斯政论文集》第12卷的重头文章是《一篇欧洲团结的辩护词》。他在该文中不仅批评欧洲国家之间缺乏团结，而且也批评“将追赶式民主化像隧道尽头的光一样承诺给人们”。[42]这一分析的独到之处在于，他对国际政治领域的团结行动做了精确表述：团结行动是一种道德义务，它依赖于经过时间积累的……对互惠的信任。[43]不同于法律和道德，团结“是指在一个社会网络中结成一种‘紧密关系’，这个社会网络意味着，人们有充分根据对
/ 550 未来的互惠行为抱以期待和信任”。[44]与此相关，团结行动具有进攻性特征，即“驱使内在于每种政治制度合法性要求中的承诺兑

① Basso continuo，即主线。——译者注

现”。[45] 对团结理念的回顾，让人清楚地认识到，这里关乎“团结关系的拯救式重建，人们对这种团结关系并不陌生，但遭到疾速的现代化进程的侵蚀”。[46] 他在比利时天主教鲁汶大学彼得·德·索默尔礼堂所做的关于“民主、团结与欧洲危机”的演讲，也是关于团结的主题。欧洲理事会主席赫尔曼·范龙佩（Herman Van Rompuy）也在现场听了演讲，哈贝马斯敦促他对欧洲理事会进行民主化改革。另外，他主张实行恰当的区域经济政策，对个别国家制订更有针对性的投资计划。他拒绝德国的欧洲这样一种强权想象：“从 20 世纪上半叶的灾难中我们德国人应该学到了一件事：永远避免陷入半霸权的困境，才符合我们国家的利益。”[47] 2013 年 4 月 29 日的《南德意志报》在相关报道的结尾写道，哈贝马斯提醒人们警惕“‘危机受技术统治力量的推动’而使民主政体国家走向可疑的、顺从市场的路线的危险。……为避免上述现象，所有欧盟机构的决议都必须合法化。两小时的演讲结束，听众全体起立为 83 岁高龄的哲学家鼓掌——他很感动，请大家原谅他讲了这么长时间。”[48]

“不想成为思想大师的思想大师”。2012 年夏，在慕尼黑大学举办了一个特殊活动：受学术雇员约克·诺勒（Jörg Noller）启发，几名哲学系高年级学生提议举办一个“大师研讨班”，邀请哈贝马斯讲《在事实与规范之间》。关于研讨班的形式，他们一致同意，将该书内容分为五个题目范围，在研讨班上他们分别就相关题目做概要性发言，抛砖引玉，而后请哈贝马斯对发言内容进行点评。哈贝马斯这些年特别重视与学术新生代的接触，显然他很喜欢这种活动形式。学生们事后将参加研讨班的经过和讨论内容写成了一份报告，报告带有明显的哈氏特色和风格：“经过仅两天的与哈贝马斯的论辩交锋，我们有充分理由说：在所有对他的看法中，所谓他的理论名扬天下皆因他高明的自我表演的说法，大抵是最荒唐的了。因为，在坚持用更佳论据进行论证的同时，对于哈贝马斯其人我们得到的认识是：他并不是一个充满个人魅力的人。我们既没能听到词锋犀利的滔滔雄辩，也没能体会到那种随时弱化立场、无论对方陈述多么荒谬也不加反驳的令人如沐春风的包容，而这种做法在当今人文科学界十分普遍；当然我们也没看到他身上有任何的大师做派。当他思考的时候——在有些问题上他会思索良久，以至于要为自己的‘结结巴巴’致歉——总给人这样一种印象，他陷入了与某个问题的思想缠斗。”[49]

哈贝马斯认为，拯救作为批判的目标视角是一个政治范畴。因为“拯救式学习”[50]背后的意图在于，保持经过学习过程达到的规范性水平，没有规范性，关于道德正确及道德正义问题的任何导向都站不住脚。“无论如何，今天哲学所面对的，并非需要救赎的现实被理想主义美化的问题，而是人们对被扁平化的、无视规范的世界漠不关心的问题。”[51]

/ 552 **是好斗**，抑或别的什么让哈贝马斯成了争议性人物？在逾 60 年的时间里，作为政论作家和批判的知识分子，哈贝马斯始终在场。他持续介入公共事务，在若干，部分甚至相当激烈的公共讨论和论争中烙下了自己的印记。“作为知识分子对观点呈现两极化的问题公开发表意见，会付出代价。必须在生活中学会面对人们的敌意。有时承受恶意会长达几十年之久。”2004 年 6 月 18 日，哈贝马斯在《晚报》访谈中如此说。

由于他“立场鲜明地介入公共事务”，[52]上述争论都成为引起巨大反响和广泛传播的事件。最初人们在公共领域注意到的哈贝马斯是这样一个人，他利用一切可以利用的机会在纸媒发表评论，表达具有冲击力和争议性的观点。之所以造成这种印象，不仅因为他密集发表意见导致的高媒体曝光率，而且也主要因为，或者说尤其因为他的交往策略，即他在发表时事评论时利用论战手段以引起公众关注并影响公共议程的方式。2009 年 7 月 24 日，于尔根·考伯（Jürgen Kaube）在《法兰克福汇报》发表题为《你们所知道的那些冲突》的文章，他的表达很贴切，他说，“冲突”最具有新闻价值：“对于新闻报道来说，争论，或者说涂抹着道德色彩的争论，大多数时候会让进一步的论证成为多余。在这方面，在哈贝马斯和媒体之间多年来形成了一种利益共生关系，这种关系——不同于动物王国的共生现象——包含着强烈的厌恶，同时也利用这种厌恶。”

政治舞台上的哈贝马斯绝没有丝毫防守姿态。他曾评论海涅说，他有意让其读者两极化，“因为在创作时他就期待不和谐音的出现”。[53] 这句话可解读为哈贝马斯隐晦的自我描述。在介入政治和就某一具体事件表达观点时，哈贝马斯通常倾向于进攻而非防守。这是由于具体的政治动机和野心，这种动机和野心是他在政治公共领域采取攻势的驱动力，他利用知识分子论争的武器，甚至运用语言策略来表达政治立场。[54] 尤其在左翼自由派和自由保守派阵营的政治思想斗争中，为占领历史遗产解释权高地，哈贝马斯不惜动用一切修辞手段。[55] 在这场斗争中，他偏爱公开信的形式。尽管因书信格式之故写信人以礼相待，作为参与者相互承认，但从本书提及的这些书信往来（主要指与托匹池、施佩曼和松特海默的书信往来）来看，对阵双方抛出的都是极端化观点。在这几起事件中，哈贝马斯也证明自己是个富有攻击性的对手，面对分歧绝不退缩，而是或以夸张的描述，或以负面评价来肢解对方的概念，以挑起对方的激烈反应。凡事关与政治对手的争论，他会毫不犹豫地用尖锐的论调，诉诸似是而非的评价和简单化解读，诉诸讽刺挖苦，有时也诉诸人身（ad hominem）。他的重点也在于，在战略上掌握解释权。驱使他发表公共言论的直接原因多半是一些日常政治事件。就此而论，单单决定公开发表言论本身，就可视为出于政治思想动机的行 / 553

为。在这种情况下，知识分子的立场分歧超出了日常政治分歧的维度；争论更多是经年累月的政治思想斗争的结果。

关于哈贝马斯富有攻击性的例子数不胜数。这里要再次提及1977年10月10日他在《明镜》周刊发表的文章《大众正义排演》（Probe für Volksjustiz）。他写此文是为了回应巴伐利亚电视台的一档节目。基民盟政治家A.德莱格尔此前在该节目中称，批判理论为恐怖主义铺平了思想道路。哈贝马斯有意以戏剧化的方式介入这一事件，他说："现在轮到'法兰克福学派'了。10月的第一个星期日，基民盟成员、法兰克福市市长在为诺伯特·伊利亚斯颁发阿多诺奖的仪式上还曾表示，不但乐见获奖者获此荣誉，也乐见阿多诺本人享有的隆望。而到了周三晚上，德国电视一台就播出了巴伐利亚广播公司的宣传节目，米芬茨尔先生[指鲁道夫·赫里伯特·米芬茨尔[Rudolf Heribert Mühlfenzl],他自1969年起担任巴伐利亚广播公司电视主编。——作者注]在节目中试验了一把施特劳斯主张的大众审判。德莱格尔先生也出现在节目中，干脆宣称'法兰克福学派'是恐怖主义产生的根源之一。……两人都闭口不提以下事实，在60年代，恰恰是左派教授对两者在思想上的因果关系有非常明确的认识。相反，他们构建客观归责的路径，这种行事作风也只有在斯大林主义官僚势力范围内才行得通。……别担心，我们不会称施特劳斯先生为法西斯分子。我们会研究他的讲话，观察他的行为，调查有关他的猜测：在西班牙终于摆脱了佛朗哥后，施特劳斯要让德国佛朗哥化。"[56]

哈贝马斯刻意在这里划出一条鲜明的阵线，一边是"好的"民主左翼，一边是"恶的"拥护专制独裁的右翼（甚至用了"法西斯分子"这个词）。与此同时，他诉诸对人物的泛化描述，具体做法就是将某种特征——此处是"对思想上的因果关系有特别明确的认识"——归为某个群体（"左派教授"）具有的特征。他在文末讲到

弗朗茨·约瑟夫·施特劳斯，强调不称他是“法西斯分子”（明为否
定，实则肯定）时，听上去已近乎威胁。对于重在表达水火不容的 / 555
立场的这类政治介入行动，立场取代论证几乎是必然的。因为对立
双方的意图是争夺概念，以便有针对性地散布表达己方信念的政治
话语。

与此相关的一个较近的例子，是2013年8月5日他在《明镜》周刊发表的题为《一个精英失败的事件》的文章，这篇文章在并无多少波澜的2013年联邦议院选举的那几个星期，提供了不少政治弹药。哈贝马斯在该文中对财政部部长朔伊布勒，尤其对默克尔发起正面攻击：“在作为公众人物的她身上，似乎找不到任何规范性内涵。自2010年5月希腊危机爆发，基民盟在北威州选举中落败以来，她经过仔细斟酌、反复推敲走的每一步都是以保住权力为宗旨的投机主义。精明过人的女总理左躲右闪、迂回前行，头脑清醒，却没有明显的原则，联邦议院选举就这样第二次避开了所有争议性议题，小心回避的欧洲政策议题更不用说。”奉行自由放任的资本主义市场经济信条、“肆意发挥［德国。——作者注］经济和人口优势”的黑黄政府的政策，惩罚那些竞争力较弱、负债累累的欧盟国家，同时否认德国对整个欧洲承担的责任。

2013年9月5日，距离选举还有不到三周，哈贝马斯在《时
代周报》发表文章，对默克尔的政策毫不掩饰地大加鞭笞。他批
评道，默克尔总理“怯懦，缺乏前瞻”，其做法是一种“以保住权
力为宗旨的投机主义”，她没有能力对货币联盟危机做出恰当的应
对。应《时代周报》请求，他推荐了大选候选人。“在这种情况下，
作为形象与默克尔迥然不同的政治家，佩尔·施泰因布吕克（Peer / 556
Steinbrück）是位合适的人选——他执行能力强，看问题着眼于未
来，愿意承担责任，对重大问题有辨别力。我相信红绿联盟有勇气，
开诚布公地将备选方案摆到桌面上，赢得法国支持，以推动实际的

政策转变。”

欧洲选举在即。另外，2013 年 11 月组建大联合政府之后（或者说正因为组建了大联合政府）并未发生政策转变。在这一背景下，哈贝马斯 2014 年 2 月 2 日在波茨坦举行的社民党秘密会议上发表演讲。社民党主席加布里尔介绍哈贝马斯时称，对于社民党，他是“批评的陪伴者”，而哈贝马斯则把大联合政府的危机应对政策批得体无完肤。他以《“赞成一个强大的欧洲”——可这意味着什么？》为题，批评新政府闭目塞听，不正视“危机发生的根源”。他观察到一种朝着民族主义观念演变的“心态变化”，这种心态表露为一种贯彻德国利益的政策，是自我中心主义的，因而是错误的。“强行通过的危机应对政策”缺乏合法性，“共同经济政策”明显缺位，这导致“欧洲分裂为援助国和接受国，使各国在公共领域相互抹黑揭短”。我们必须下决心采取一种严肃的“共同方法”，以促成“包括跨国转移支付在内的政策转变”。不过，在演讲结束时，他充满信心地说：“幸运的是，在今天的欧洲，我们拥有智慧的民众，而不是右翼民粹主义企图让我们相信的由情感联结起来的作为大写的主体的民族。”[57] 尽管哈贝马斯对前景持乐观态度，但随后发言的几位社民党人，包括马丁·舒尔茨（Martin Schulz）和加布里尔，都对哈贝马斯诊断的消极方面表示了异议。[58]

/ 557

反响。在某种程度上，哈贝马斯的思维方式和概念手段如此独特，甚至无可比拟，以至于严格说来，几乎谈不上存在一个以专注于某个研究重点、具有明显可辨识度的哈贝马斯“学派”。但他通过自己的学术导师工作和著作，对大量学者产生了重要且持久的影响。哲学家、社会学家以及其他学科的代表人物也都援引他的理论范畴和模型。哈贝马斯这个名字是社会科学引文索引收录的引用频次最高的名字之一。关于其著作的二次文献不计其数、堆积如山，而且还在不断增加。[59]

当然，他的理论设计，尤其是关于交往自由和交往理性的理论构想，在学术界引起了持续而广泛的讨论及异议。在某些特定的哲学领域，做研究几乎无法绕过他的著作，这在合理性理论、语言哲学及法律和民主理论研究领域尤为明显。他的时代诊断一如既往地得到广泛接受，即使在学术圈外也是如此，尽管他本人并不这么看。对哈贝马斯来说，把对自己观点的异议当作机会来抵御自身有限性思想的认识偏狭，是一种良好的学术风范。对许多批评观点，他都做出详尽答复。试图与他划界的做法往往产生一种奇怪的效应，即明显形成与其理论相悖、一定程度上独立的思想流派——哈贝马斯反对者小群体。甚至可以说，在德国思想光谱中之所以形成了自由保守主义思想群体，正是一些人锲而不舍地试图驳倒对话伦理主张的结果。[60] 这些对相互理解范式的批评，并非和他有原则性分歧的对手——他们指责他是“一厢情愿的妄想”、“语言共产主义”、“语言唯心主义”及“规范本质主义”——摆出的敌对姿态。实际上，许多哲学家，包括亨利希、施佩曼和吕伯在内，质疑的是哈贝马斯理性观的内核。 / 558

面对群起围攻自己的批评者，哈贝马斯一再指出，他的方法是理性重建，旨在发掘内含于主体间性结构，即日常交往实践中的知识。实际上，这种方法论原理并非提供一种具有普遍约束力、内涵经过验证、合乎道德善的关系的概念，而是相反。他说：“令我极为不安的，是若干版本的在以讹传讹的语境下对我的理论的反复指斥，说交往行动理论……提出了一种理性主义的社会乌托邦。而我既不视已经完全透明化的社会为一种理想，也不想建议任何一种理想社会。”[61]

2011 年，在《焦点》周刊文化版前主编史蒂芬·萨特勒（Stephan Sattler）与施佩曼的访谈中，施佩曼再次质疑，如其所言，对话理论的理性主义（Rationalismus der Diskurstheorie）。[62]“理性对话已经预设了理性的前提，而不是相反。……与乌托邦世界的理想对话不同，现实中的对话若与行动相关则受到条件的限制。对话自由首先必须通过非强制性条件来加以保障……”[63]

霍耐特则从另一角度批评交往理性概念。他认为，被理解为社会包容的社会归属，并非首先基于参与意见与意志形成过程的经验，
/ 559 实际上，以往得到社会承认的经验才是交往行动的先决条件。他将分析的重心从理解关系转移到承认关系，以及揭示这种关系遭受系统性损害的社会根源上面。[64] 而哈贝马斯完全聚焦于以语言为媒介的沟通实践的理性潜能上面，其结果是，“交往行动者在社会生活中的日常经验”被隐去。[65]

除了“有哪些充分发展社会批判理论的方法”这个一般性问题外，协商民主程序模式问题也引起激烈争议。[66] 如，德沃金就提出异议，他认为，在哈贝马斯那里，依赖于先决条件的政治参与的社会文化环境一直少有提及，或者他仅限于假定一种“一团和气的政治文化”。德沃金拒绝仅局限于形式过程的规范论证程序模式，坚持实质性法律原则，如作为普遍价值的自治原则，它必须被视为民主的基础。

在德沃金看来，法律与道德不可分割，正义生活和良善生活是统一体。将认知描述为社会实践，赞同“激进的语言哲学转向”变体的罗蒂，[67] 其立场也与哈贝马斯相异。他认为，道德实践受历史条件的制约，具有偶然性。他赞同真实性与语境始终紧密相关的真理观：“世界就在那里存在着，对世界的描述则不然。只有对世界的描述可能或真或假。世界本身——若不借助人类的描述——不可能有真假之说。世界根本不言语。只有我们言语。”[68] 罗蒂首先否认，相互理解作为寻求更佳论据的过程是一个普遍有效的规范概念。相
/ 560 反，应把真实性和正确性确定为被一个认知共同体的成员视为合理

的可主张性（Behauptbarkeit）的东西。在讨论中，哈贝马斯对朋友的观点做出了某种让步，他同意罗蒂的下述观点：有效性要求必须是在具体情境下提出，并被特定的论证共同体接受的。但硬币的另一面是，有效性要求“应当可以在任何时候，针对任何人，在所有可能的情境下”自我辩护。因为“论证本身超越了所有特定的生活形式”。[69] 其无条件性要素正是由此产生；但它并非“绝对性，充其量只是融化于批判过程的绝对性”，它存在于对理想论辩前提的预设中。[70] 因此，论证过程可以遵循一种虽超越了论证本身，但在行动中始终有效的真实性。[71] 针对罗蒂的反实在论，哈贝马斯指出，无论人们怎样理解这个世界，我们都必须假定存在一个客观世界，一个可对其做出真实断言的世界，一个对所有人而言同样的世界，或是作为人们对事物的确定性的依据的世界。

在后现代思想代表人物中，对哈贝马斯的非强制性对话理论和对话规则的普遍有效性声称提出异议的，让-弗朗索瓦·利奥塔（Jean-François Lyotard）是第一个。曼弗雷德·弗兰克（Manfred Frank）在其《利奥塔和哈贝马斯的思想对话》一文中，概括了利奥塔对哈贝马斯的批判，“他［利奥塔。——作者注］禁不住怀疑，若不拥有永无止境讨论（‘争论’）下去的自由，在无任何强制条件下达成共识，事实上也不过是避免或中止讨论的官僚主义手段罢了。这一质疑再具体些就是，所宣称的通过论证达成共识的形式规则，事实上包含着实质规则，它们因其普遍主义野心而无法祛除极权主义特性。[72] 利奥塔指出语言游戏的多种多样，及一种对话方式压制另一种对话方式的问题。不同对话方式之间的矛盾无法消除，因为并不存在一种放之四海而皆准的超规则。”[73] 虽然哈贝马斯绝不否认矛盾双方间对抗性语言游戏的不可调和性，但他坚持认为，为避免暴力冲突，只有通过论证言语行为，此外别无选择。假定一种理想对话状态，绝非是说“在对话参与者之间营造扼杀一切异议的和谐，而在于所有参与者原则上拥有随时质疑这种共识的权利。……所以说，事实上共识论并不比利奥塔的斗争话语理论更畏惧冲突；它只是强调这一事实，任何相互言说……从反事实的角度看都有达成相互理解的可能”。[74]

哈贝马斯也绝没有回避其社会理论领域的主要论敌尼克拉斯·卢曼，尽管“老派欧洲思想家”卢曼习惯摆出一副“冷静超然的启蒙者”拒人千里之外的讥讽腔调。卢曼提议将以理性观念为宗旨的启蒙传统打入“社会考古学博物馆”。[75]按照交往自生系统论的基本假设，[76]他认为“沟通理性”没有根据。也就是说，他拒绝可“从语言本身获得寻求相互理解的理想规范”这一论断。[77]

哈贝马斯对将社会视为封闭运作的系统的系统理论范式，进行了详细考察和研究。他对卢曼理论的主要异议，早已超出了20世纪70年代两人围绕“社会理论抑或社会技术？”的争论范畴。与卢曼的社会系统理论不同，哈贝马斯坚持认为，除提供观察和描述外，在涉及社会就其状况而言是否符合自由、正义和团结的标准问题上，社会理论必须克制做任何断言。他主要反驳卢曼理论的一点是，他认为，系统理论的功能主义理性把自己局限于复杂性化约，且是在“人和他的世界的客观主义自我理解”的基础上。[78]如果假设，社会整体上是一个自我描述的系统，假设在功能分化的社会中没有哪个单元可以声称处于一种超然位置（Metaposition），那么，“对现代性的批判，就必然缺少任何参照点”。[79]

谁又知道他真正的投机动机呢。[1]

生平经历。哈贝马斯说，他这一生是为科学的一生。哲学家的一生所留下的，“充其量是一种以独特方式表述的新思想，往往艰深莫测，令后世穷思苦索”。[2] 当然，他也是站在巨人的肩膀上，通过在想象中与历史上的伟人对话，批判地分析其作品——作品是对他们自己世界经验的诠释——才发展出自己的思想。哈贝马斯将理论建构视作学习过程，视作一种开放的、具有可错性的项目，应根据新的历史和科学经验，一定程度上本着对现存关系的批判精神，不断将之续写下去。

哈贝马斯社会理论的阿基米德支点在于这样一种理念，即从旨在沟通的言语行为的理性潜能中发掘其批判标准。现存社会关系无法企及以沟通建立共识的尺度，“理性社会出现了严重问题”是社会批判的要害和驱动力。[3]以相互承认和尊重为基础的自主的生活方式这一目标，是哈贝马斯社会理论的规范性消失点（normative Fluchtpunkt）：“这里的思想动机是，与它一同瓦解的现代性进行和解，即设想：在不丧失现代性促成……的差异性的情况下，找到共同生活的形式，在这种共同生活形式中，自治与依赖达成一种真正的和谐；人们都能在共性中挺直腰杆生活，这种共性本身没有再回头要求实体性群体的嫌疑。”[4]

在他著作的若干处，尤其在他的很多访谈中，哈贝马斯都谈到了对如下问题的看法：作为哲学家和社会理论家，如何确信主观认定的问题矩阵（Problemkonstellation）确实是重要的；并且人们一直以来苦苦找寻答案的尝试是具有引导性的。在这个问题上，显然从时代历史和个体经历中获得的直觉具有重要作用。它们有如罗盘的磁针，“当然它只指示方向，……并不保证道路选择的正确性或连续性”。[5]

哈贝马斯曾谈到，他的思想根植于自己的生活史。如上文所述，他在接受京都奖时曾讲过，三种狭义上的个人早期人生经历给他留下的印象，对他直觉的形成有着重要影响，并在他的交往理论、对话理论和道德理论的主旨中均有体现。一方面，幼年接受的唇腭裂手术强化了他的这种认识，即人是相互依赖的动物。这一认识最终把他引向了“强调人的精神的主体间性的哲学观点”。[6]另一方面，语言障碍和因此受到的歧视在他身上唤起了一种相当特殊的敏感性。他称，说话带鼻音是他一生都认为书面语言高于口头语言的原因，因为：“书面表达掩盖了口头表达的缺陷。”[7]他对探究语言交往成功和失败的条件，探索道德原则及共同生活的社会规范的形成过程和作用方式，抱有强烈的兴趣，他个人认为，其根源也在于这一“缺陷”和与此相关的经历。

没有人像哈贝马斯那样，“在公共话语无情的销蚀下”，[8]始终作为试金石，坚持观点的严肃性，以怀疑的态度判断直觉的认识论价值，这并不让人意外。不过，他仍然清楚直觉的意义，直觉能触发认知，它是生活经验和思想生成之间的铰链。他说，直觉是他思想的“坚硬内核”，他“宁愿放弃科学，也不愿这个内核软化”。这些直觉“不是从科学中获得的，没有人能从科学中获得直觉”，[9]直觉是一个人“在必须与他人进行争论并与之产生认同的环境中成长而获得的”。[10]让内心的声音萌发，内心的声音形成思想，做到这些的不是科学，“这些声音和思想有时只是对它们生发自其中的生活史的一种表达”。[11]

活生生的生活是直觉的土壤，直觉推动了理论反思和智性思考，这样的生活既具有个体独特性，也具有集体经验的共性。哈贝马斯说，“在生活中能把基本直觉运用到所作所为中，并且能够做出解释”很重要。[12]

在他那里，这种解释是“以科学思维为媒介，或者说是贯穿着哲学的”。换言之，直觉还不是真理。真理无法“绕过科学而生产出来”。[13]

真理与道德的易错性。科学本质上是一个易错的故而持续的真理发现过程，哈贝马斯认为，科学以论证的形式检验具有猜想性质的有效性要求。面对对话程序中论证的理性/非理性，直觉的作用不明确；为能长久“存在下去”，直觉必须被不断翻译成主体间相互可以理解的理由。只有经受住了对话的普遍性检验，它们才会成为“去主体化的”共识。 / 566

这绝不排除对话参与者听从直觉引导的可能性。但是，对话，也包括伦理-存在对话（ethisch-existentiell）的意义恰恰在于，间或修正人们以往基于主观观念和生存经验认为必须坚信的东西。在论证或自我理解的过程中，可能会证实认知过程开始之初的种种认识是谬误，就是说，整个对话游戏始于怀疑，是怀疑触发人们去寻求可能被视为真实和正确的主张。在对话中哪条论据令人信服，“并不取决于个人洞见，而取决于理由交换公共实践的所有参与者出于理性动机凝聚成共识的观点”。[14]哈贝马斯认为，这一标准也适用于人们可在其中确知个人价值判断的特殊的伦理-存在对话。[15]

所以，在对话的开始充满了不确定性，尽管如此，在可错的真理与道德性的话语概念中保存着某种“无条件的要素”，它是一种“批判难以捕捉到的绝对性”。[16]这里是否表现出后形而上学思想家与“跌落时刻的形而上学”[17]的休戚与共？哈贝马斯的回答是：“只有用形而上学的这点残余，我们才能抵御形而上学真理对世界的美化——唯有神自己能反抗神（Nihil contra Deum, nisi Deus ipse）。交往理性确乎是一叶风雨飘摇的小舟——但它不会沉没在偶 / 567

然性的大海中，纵然在汪洋大海上战栗是它‘克服’偶然性的唯一形态。”[18]

回答中学生的七个问题：兰恰诺（Lanciano）是意大利阿布鲁佐大区的一个偏远小镇，2006年12月末，小镇上的伽利略科学高中某班学生写给哈贝马斯的信，寄到了施塔恩贝格环路。学生们请哈贝马斯回答七个问题，这七个问题他们也打算寄给教宗。

问题如下：

我们能了解别人什么？

我们什么时候，如何晓得，我们认识到了真理？

认识真理只有通过对话吗？还是也有其他途径？

我们为什么想拥有知识，我们何时能知道可以满足于自己的知识了？

我们有理由声称生活是有意义的吗？

我们什么时候认识到真理？

与他人对话的意义是否在于发现："我是你从我的视角看到的你？"

哈贝马斯在写于2007年1月4日的一封信中给出了答案：

1. 别人有意无意让我们了解的东西。

2. 人类的思想可总是出错。

3. 假如我们想在真理或我们以为是真理的认识方面取得共识，就得依靠对话这种认识途径，就是说，要摆出充分的理由。

4. 我们永远不会满足于已经和打算拥有的知识。

5. 在人类历史上人们举出了很多理由，来说明我们的生活和人类生活总体说来是有意义的。除了一个一个检验这些理由，我们还能有什么办法呢？

6. 真理不是只有一个，幸运的话，我们会获得一些能对之有一定把握的认识。

7. 只有当一方认为能呼应另一方说的话，另一方同样能做出呼应，这个回答才有意义。[19]

尾声：演员约瑟夫·贝尔比奇（Josef Bierbichler）说，“半年前，在我家旁边的一家酒馆里，我坐在角落里常坐的位子上；这时，哈贝马斯和一位同伴走了进来。那位同伴看了我一眼，对哈贝马斯说：‘这不是那个名演员嘛。’只听哈贝马斯说道：‘演员就爱听人这么说。’我听后说道：‘不，哈贝马斯先生，其实我已经不需要这些了。不过，这个您自己也有体会吧。或者，您还需要赞美？’听到问话，哈贝马斯展露笑容，摇了摇头，低语道：“不，我不需要了。’”[20]

注 释

前 言

1 引文出自随笔“Das Kind III”，见 *Sämtliche Werke in zwanzig Bänden* 第 8 卷，1995，第 74 页。

2 参阅 *DIE ZEIT*，2004 年 6 月 16 日；*Süddeutsche Zeitung*，1999 年月 18 日；*FAZ*，2003 年 1 月 23 日。*DIE ZEIT*，2001 年 10 月 11 日；*FAZ*，2003 年 1 月 23 日；*FAZ*，2001 年 10 月 13 日；*FAZ*，1999 年 6 月 18 日；*Die Welt*，2001 年 10 月 13 日。于尔根・考伯（Jürgen Kaube）在 2009 年 6 月 24 日的《法兰克福汇报》提出如下问题：哈贝马斯对纸媒的“新闻价值”何在？并称他的新闻价值就在于，他引发的争论都“涂抹着道德色彩”。

3 Frisch 1964, *Mein Name sei Gantenbein*.

4 各种档案，包括关于我个人档案的详细描述，参见附录第 732 页以下。

序言 同类中的异类

1 Habermas 1981, *Kleine Politische Schriften*，1-4 卷，第 517 页。

2 Adorno 1997, 致霍克海默的公开信，*Gesammelte Schriften*, 第 20.1 卷，第 163 页。

3 此处及另一处内容援引我与哈贝马斯的一系列谈话。

4 Habermas 1985, *Die Neue Unübersichtlichkeit*, 第 171 页。

5 同上书，第 169 页。

6 同上书，第 169 页；Habermas 1981, *Philosophisch-politische Profile*, 第 415 页。

7 Habermas 2009, *Philosophische Texte*, 第 4 卷，*Politische Theorie*，第 13 页。

8 Habermas 2009, *Philosophische Texte*, 第 3 卷，*Diskursethik*，第 177 页。

9 Habermas 1995, *Die Normalität einer Berliner Republik*, 第 74 页以下。

10 Habermas 1988, *Nachmetaphysisches Denken*, 第 185 页以下。

11 Habermas 1996, *Die Einbeziehung des Anderen*, 第 7 页。

12 Habermas 1985, *Die Neue Unübersichtlichkeit*, 第 205 页。

第一部分 灾难与解放

1 Habermas 1997, *Vom sinnlichen Eindruck zum symbolischen Ausdruck*, 第 143 页。

第一章　作为生活常态的灾难岁月：在古默斯巴赫度过童年和少年时代

1 Habermas 1987, *Eine Art Schadensabwicklung*, 第 140 页。

2 Wehler 2003, *Deutsche Gesellschaftsgeschichte* 1914–1949, 第 481 页以下。

3 参阅 Nolzen 2010, "Der Durchbruch der NSDAP zur Massenbewegung seit 1929"，刊载于 *Hitler und die Deutschen,* Ausstellung der Stiftung Deutsches Historisches Museum, 第 48 页。

4 Habermas 1992, *Bürgersinn und politische Kultur*。1982 年 5 月 18 日在古默斯巴赫建城 125 周年庆典上的讲话，刊载于 Böseke/Hansen1992（编选）*Herzenswärme und Widerspruchsgeist. Oberbergisches Lesebuch*, 第 22、26 页。

5 作者本人采访记录。

6 关于家族史，依据哈贝马斯的亲戚弗里德里希·威廉·弗尔瑙（Friedrich Wilhelm Fernau）提供的相关重要资料。

7 他是长子，父亲恩斯特·弗里德里希·哈贝马斯（Ernst Friedrich Habermas，1833~1897）在艾森纳赫附近当老师和唱诗班领唱，母亲（1841~1915）名奥古斯蒂（Auguste），娘家姓施特鲁特（Struth）。

8 纳粹党在该地区的成功，也归功于宣传，"南莱茵兰地区的纳粹地方长官罗伯特·莱伊自 1928 年初起通过演讲、办报和组织活动，积极展开宣传攻势。这位来自洪堡附近宁布雷希特（Niederbreidenbach）的化学博士，因极端反犹主义言论丢掉了勒沃库森拜耳制药公司的职位，后带家人迁居到位于马林贝格豪森（Marienberghausen）的施特拉泽（Straße）的岳父母家的农庄。……两年后，纳粹党在阿格尔以南就拥有了基础广泛的组织，并在 1929 年有了自己的区域性报纸《奥伯波格信使报》"。Pomikaj 2001，"Von 1918 bis 1948," 刊载于 Goebel（编选），*Oberbergische Geschichte*, 第 3 卷，2001，第 69 页以下。

9 同上书，第 73、80 页。

10 同上书，第 115–120 页。

11 同上书，第 114 页。

12 同上书，第 98 页以下。

13 根据 2007 年 7 月 12 日从柏林"前（纳粹）德国国防军阵亡士兵亲属通知办事处"，及 2007 年 5 月 30 日从布雷斯特城市及社区档案馆管理人员修斯·库兰特（Hugues Couran）处获知的信息。

14 根据"亲属通知办事处"的一份文件《布雷斯特要塞司令 1944 年 6 月 10 日和 8 月 30 日令》，在布雷斯特防御战中，恩斯特·哈贝马斯曾被派到要塞司令部 3 个月。关于布雷斯特战及其被摧毁的几个月，记者埃里希·库比（Erich Kuby）有如下记录：Kuby，1959，9, *Nur noch rauchende Trümmer. Das Ende der Festung Brest. Tagebuch des Soldaten Erich Kuby*。

15 参阅 Young-Bruehl 1982, *Hannah Arendt. Leben,Werk und Zeit,* 第 115 页以下，第 167 页以下。

16 von Wiese 1982, *Ich erzähle mein Leben*, 第 180 页。

17 Habermas 2005, *Zwischen Naturalismus und Religion*, 第 19 页。

18 同上书，第 17 页。

19 同上书，第 19 页。

20 同上书，第 17-21 页。

21 受纳粹意识形态影响的医学认为，唇腭裂，俗称兔唇和豁嘴，是“退化的标志”，参阅 Weygandt 1936, *Der jugendliche Schwachsinn*, 第 31 页以下、第 69 页。凡指向“德意志民族体魄”缺陷的东西，都要被“根除”。

22 约瑟夫·多尔 2012 年 1 月 17 日给作者的信。

23 参阅 Wehler 2008, *Deutsche Gesellschaftsgeschichte 1914–1949*, 第 762 页。

24 参阅 Reese 2010, “Zum Stellenwert der Freiwilligkeit. Hitler-Jugend und NSDAP-Mitgliedschaft”，刊载于 *Mittelweg* 36，期号：3/2010，第 63-83 页。

25 *Berliner Zeitung*，2006 年 10 月 30 日，及 *FAZ*，2006 年 11 月 1 日。

26 哈贝马斯 2006 年 12 月 1 日在发表于《西塞罗》第 12 页的公开信中这样写道。1989 年 1 月 22 日，史学家恩斯特·诺尔特在发生于 1986 年历史学家之争的后续争论中，在与意大利《全景周刊》的采访中说，哈贝马斯是“一名狂热的希特勒青年团领袖”。哈贝马斯在 1989 年 1 月 24 日致编辑部的信中明确表示：“即使我愿意成为希特勒青年团领袖，像我这样一个人——一个有先天性唇腭裂缺陷的少年——也几乎无法与一种生物学世界观的宗旨产生认同，也不可能像普通希特勒青年团成员那样青云直上。”

27 Wehler 2006, *Eine lebhafte Kampfsituation*, 第 26 页。

28 Pomykaj 2001, “1918–1948”，刊载于 Goebel（编），2001, *Oberbergische Geschichte*, 第 145 页。

29 Wiggershaus 2004, *Jürgen Habermas*, 第 11 页。哈贝马斯更正了这个说法：实际上美国人是 4 月 11 日来的。

30 克里斯蒂安·布赫纳（Kristian Buchna）对 1945~1953 年的北威州自民党的一项研究显示，尤其由于弗里德里希·米德尔豪弗（Friedrich Middelhauve）和律师恩斯特·阿亨巴赫（Ernst Achenbach）——他作为德国驻巴黎大使馆政治部主任是驱逐犹太人行动的负责人之一，1945 年在纽伦堡审判中担任辩护律师——的影响，自民党在该地区的协会为大赦纳粹罪犯积极奔走，并被前纳粹分子渗透。Buchna 2010, *Nationale Sammlung an Rhein und Ruhr, Friedrich Middelhauve und die nordrhein-westfälische FDP 1945–1952*; Herbert 1996, *Best. Biographische Studie über Radikalismus, Weltanschauung und Vernunft 1903–1989*, 第 461 页以下。

31 引文出自 Hamburger Institut für Sozialforschung（编）1995, *200 Tage und 1 Jahrhundert。Gewalt und Destruktivität im Spiegel des Jahres 1945*, 第 28 页。

32 Herbert 1996, *Best*, 第 434 页。

33 就此而言，彼得·斯洛特戴克在与法国《星期四事件报》（2000 年第 13 期）所做的采访中称哈贝马斯是“伟大纳粹的儿子”，纯凭道听途说。涉及哈贝马斯，他在 1999 年 9 月 9 日的《时代周报》上断言：“时势使然，纳粹父辈、高尚子辈的时代已经终结。”

34 Wild 2002, *Generation des Unbedingten*.

35 Habermas 1981, *Kleine Politische Schriften* 1–4 卷，第 511 页。

36 此处援引作者与哈贝马斯交谈中的一句评论。

37 参阅 Broszat 等（编）1983, *Deutschlands Weg in die Diktatur* 中的文章 Lübbe, "Der Nationalsozialismus im politischen Bewusstsein der Gegenwart"，第 329–349 页；另参阅 Frei 1996, *Vergangenheitspolitik*。*Die Anfänge der Bundesrepublik und die NS–Vergangenheit.*

38 Habermas 2001, *Zeit der Übergänge*, 第 50 页。

39 1955 年 3 月 15 日哈贝马斯给派施克的信，收藏在马尔巴赫的德国文学档案馆。

40 Habermas, "Morgengrauen‹ – morgen das Grauen"，刊载于 *Süddeutsche Zeitung*，1954 年 3 月 2 日。

41 Habermas 1990, *Vergangenheit als Zukunft*, 第 86 页。

42 Mannheim 1928/1964, "Das Problem der Generationen"，刊载于 Wolff（编）1964, *Wissenssoziologie*, 第 509–665 页；也参阅 "Das conservative Denken"，刊载于 *Wissenssoziologie*, 第 409 页以下。

43 "高射炮助手一代仅指男性少年。" 高射炮助手一代包括 "当时上初高中和已就业的 1926~1929 年生人，以及被征召加入 '人民冲锋队' 的 1930 年甚至 1931、1932 年生人"（Bude, 1987, *Deutsche Karrieren*, 第 39 页）。援引历史学罗尔夫·舍尔肯（Rolf Schörken）的说法，1945 年代这个词是指 "在自己最为敏感的少年时期经历了德国的占领和失败及其全部后果，后又经历了德国逐渐重新开始的那些人"。（Schörken 2004, *Die Niederlage als Generationserfahrung*, 第 19 页；也参阅 Moses 2000, "Eine Generation zwischen Faschismus und Demokratie"，第 233–263 页；Wehler 2008, *Deutsche Gesellschaftsgeschichte 1949–1990*, 第 185 页以下；Wild 2002, *Generation des Unbedingten*, 第 847 页以下；Specter 2010, *Habermas. An Intellectual Biography*, 第 34 页以下。）

44 参阅 Schörken 2000, "Sozialisation inmitten des Zusammenbruchs"，刊载于 Dahlmann（编）2000, *Kinder und Jugendliche in Krieg und Revolution*, 第 123 页以下。

45 Habermas, "Jahrgang 1929"，刊载于 *FAZ*, 2009 年 5 月 2 日。

46 Habermas 1969, *Protestbewegung und Hochschulreform*, 第 49 页。

47 Habermas 2002, "Meine gymnasiale Schulzeit"，第 51 页。1947 年在瑞士创立的朝圣山学社，是一个自由主义知识分子组织，他们组织举办自由主义者和社会主义者的讨论。成员有：雷蒙·阿隆（Raymond Aron）、贝特朗·德·茹弗内尔（Bertrand de Jouvenel）、卡尔·波普尔、路德维希·冯·米塞斯（Ludwig von Mises）、米尔顿·弗里德曼（Milton Friedman）及迈克·波拉尼（Michael Polanyi）。参阅 Fischer/Mandell 2009, "Die verborgene Politik des impliziten Wissens: Michael Polanyis Republik der Wissenschaft"，刊载于 *Leviathan 37*, 第 533–557 页，该处见第 540 页以下。

48 根据作者本人采访记录。

49 Wehler 1992, "Späte Liebeserklärung an meine Schule"，刊载于 Hansen（编）1992, *Herzenswärme und Widerspruchsgeist. Oberbergisches Lesebuch*, 第 32 页。

50 哈贝马斯 2006 年 12 月 1 日致《西塞罗》的公开信。

51 参阅 Ueberschär/Müller 2005, 1945. *Das Ende des Krieges*, 第 43 页以下。

52 Wehler 2008, *Deutsche Gesellschaftsgeschichte 1949–1990*, 第 186 页。

53 Habermas 2001, *Zeit der übergänge*, 第 22 页。

54 Habermas 1981, *Kleine Politische Schriften I–IV*, 第 512 页。

55 同上。

56 参阅 Schörken 2004, *Die Niederlage als Generationserfahrung*。

57 Habermas 1990, *Die nachholende Revolution*, 第 32 页；总体描述参阅 Frei 1996, *Vergangenheitspolitik*。*Die Anfänge der Bundesrepublik und die NS-Vergangenheit*。

58 此处援引作者与哈贝马斯的交谈内容。也参阅 Habermas 2009, *Philosophische Texte*, 第 4 卷, *Politische Theorie*, 第 9 页；作者同上 2005, *Zwischen Naturalismus und Religion*, 第 21 页以下。

59 Wehler 2008, *Deutsche Gesellschaftsgeschichte*, 第 5 卷，第 188 页以下。

60 Wehler 2006, *Eine lebhafte Kampfsituation*, 第 188 页。

61 Habermas 2002, "Meine gymnasiale Schulzeit"，第 52 页。

62 参阅 *Specter 2010, Haberma 第 An Intellectual Biography*, 第 77 页以下。历史学家马修·斯佩克特（Matthew Specter）这样解释哈贝马斯的政治理论方向，即他始终致力于捍卫民主宪政和法治国制度，认为这是 1949 年的伟大成就，反对蔑视这一制度的左右翼势力。

63 Habermas 2005, *Zwischen Naturalismus und Religion*, 第 21 页。

64 Habermas 1985, *Die Neue Unübersichtlichkeit*, 第 261 页以下。

65 Habermas 2002, "Meine gymnasiale Schulzeit"，第 52 页。

66 奥古斯特·德雷斯巴赫 1948 年 6 月 18 日给恩斯特·哈贝马斯的信，上贝尔吉施专区档案馆，德雷斯巴赫遗稿。

67 据哲学家迪特·亨利希（1927 年生人）观察，这包括"反思能力、对原则性问题的意识，同时还有与自己生活的断裂关系"。（Henrich 2006, *Die Philosophie im Prozeß der Kultur*, 第 58 页。）

68 Habermas 2002, "Meine gymnasiale Schulzeit"，第 52 页。

69 第 51–53 页，另外参阅 Schörken 2004, *Die Niederlage als Generationserfahrung*, 第 115 页以下。

70 Habermas 2002, "Meine gymnasiale Schulzeit"，第 51 页。这里不能不提及，这位艺术家的女儿后来成了卡尔-奥托·阿佩尔的妻子，哈贝马斯日后在波恩遇到了阿佩尔，后者对他有很大影响。

71 Habermas 2002, "Meine gymnasiale Schulzeit"，第 52 页。

72 同上书，第 52 页。

73 古默斯巴赫摩尔特克街城市文理中学档案。感谢于尔根·沃尔克（Jürgen Woelke）提供资料。学校档案保存了这位文理中学学生的毕业考试写的两篇较长的作文，一篇成绩"优异"，一篇"非常优异"。

74 参阅 Alsberg 1985, Der Ausbruch aus dem Gefängnis - zu den Entstehungsbedingungen *des Menschen*。

75 Habermas 2002, "Meine gymnasiale Schulzeit"，第 52 页。

76 Berger/Müller（编）1983, *Lebenssituationen 1945–1948*。

77 引文出自 Wiggershaus 2004, *Jürgen Habermas*, 第 13 页。

78 Habermas 1990, *Vergangenheit als Zukunft*, 第 88 页；参阅 Frei 1996, *Vergangenheitspolitik*。

79 出自 Brecht 1966, *Der aufhaltsame Aufstieg des Arturo Ui*, Epilog。

80 Habermas 2009, *Philosophische Texte*, 第 4 卷, *Politische Theorie*, 第 9 页以下。

第二章 在哥廷根、苏黎世和波恩的大学生活

1 Habermas 2005, *Zwischen Naturalismus und Religion*, 第 22 页。

2 同上书，第 22 页以下。

3 Habermas 1981, *Kleine Politische Schriften I–IV*, 第 513 页。

4 Habermas, "Demokratie auf der Schlachtbank"，刊载于 1953 年 3 月 13 日：*Der Fortschritt. Parteifreie Wochenzeitung für neue Ordnung*。参阅福尔纳（Forner）2007 年关于战后年代参与式民主对话调查 "Für eine demokratische Erneuerung Deutschlands: Kommunikationsprozesse und Deutungsmuster engagierter Demokraten nach 1945"，刊载于 *Geschichte und Gesellschaft 33*, 第 228–257 页，此处见第 243 页以下。作者提示参考道尔夫・斯特恩贝格（Dolf Sternberger）、沃尔特・迪克斯、尤金・考贡及阿尔弗雷德・韦伯（Alfred Weber）的著作。

5 Wiggershaus, 2004, *Jürgen Habermas*, 第 18 页。

6 Wehler 2008, *Deutsche Gesellschaftsgeschichte 1994–1990*, 第 269 页；参阅 Doering–Manteuffel 1988, *Die Bundesrepublik Deutschland in der Ära Adenauer*, 第 7 页以下、第 206 页以下；Dubiel 1999, *Niemand ist frei von der Geschichte*, 第 35 页以下。

7 Habermas 1981, *Kleine Politische Schriften I–IV*, 第 512 页以下。

8 引文出自 Grossner 1970, "Der letzte Richter der kritischen Theorie" 刊载于 *DIE ZEIT*，1970 年 3 月 13 日，第 8–10 页。

9 Habermas 2002, "Meine gymnasiale Schulzeit"，第 51 页。

10 Habermas 2002, "Traditionalist der Moderne. Glossen und Assoziationen zu Sean Scully"，刊载于 *NZZ*，2012 年 12 月 28 日。

11 Habermas 1990, *Vergangenheit als Zukunft*, 第 47 页。

12 Habermas 1981, *Kleine Politische Schriften I–IV*, 第 467 页。

13 同上。

14 Habermas 1990, *Vergangenheit als Zukunft*, 第 64 页以下。关于联邦德国的大人民政党的民族主义倾向问题，历史学家海因里希・奥古斯特・温克勒（Heinrich August Winkler）1999 年 5 月 22 日在《新苏黎世报》写道："1945 年以后，阿登纳领导的资产阶级联盟所代表的温和的中间偏右势力，奉行超国家一体化政策，而温和左派在库尔特・舒马赫（Kurt Schumacher）和埃里希・奥伦豪尔（Erich Ollenhauer）的领导下，以社会民主的形式接受了民族主义的那部分，并试图塑造自己政党作为德国统一的首要政党的鲜明形象。所以，阿登纳面对的，不是一个'民族反对派'，像魏玛时期的右翼反民主运动那样，而是一个民主的、反共产主义的，同时也是民族主义的反对派。若非如此，联邦德国的融入西方政策几乎不可能实现。如此看来，社会民主党人的民族主义角色，简直是阿登纳实行超国家政策的前提条件：一种当事人几乎完全没有意识到的辩证关系。"

15 参阅 George 2010, *Studieren in Ruinen. Die Studenten der Universität Bonn in der Nachkriegszeit 1945–1955*。

16 Habermas 1997,*Vom sinnlichen Eindruck zum symbolischen Ausdruck*, 第 87 页。

17 同上书，第 86 页以下。

18 Apel 1988, *Diskurs und Verantwortung*, 第 371 页。

19 作者与卡尔 - 奥托・阿佩尔 2011 年 5 月 12 日的谈话记录。

20 参阅 Keulartz 1995, *Die verkehrte Welt des Jürgen Habermas*, 第 83 页以下。

21 Wolters 1999, "Der ›Führer‹ und seine Denker. Zur Philosophie des 'Dritten Reichs'" 刊载于 *Deutsche Zeitschrift für Philosophie*，第 47 页，第 231 页以下；另外参阅 Wolters, 2004, *Vertuschung, Anklage, Rechtfertigung; Laugstien 1998, Philosophieverhältnisse im deutschen Faschismus*。

22 Becker 1963, *Dasein und Dawesen. Gesammelte philosophische Aufsätze*；也参阅 Hogrebe 2006, "Von der Hinfälligkeit des Wahren und der Abenteuerlichkeit des Denkens"，刊载于 *Deutsche Zeitschrift für Philosophie* 54, 第 221–246 页，该处见 234 页以下。

23 同上书，第 221 页。

24 Wolters 2004, *Vertuschung, Anklage, Rechtfertigung*, 第 14 页；参阅 Keulartz 1995, *Die verkehrte Welt des Jürgen Habermas*, 第 121 页。

25 引文出自 Wolters 2004, *Vertuschung, Anklage, Rechtfertigung*, 第 23 页以下。

26 同上书，第 18 页；参阅 Stöwer 2011, *Erich Rothacker. Sein Leben und seine Wissenschaft* vom Menschen。

27 参阅 Habermas 1997, *Vom sinnlichen Eindruck zum symbolischen Ausdruck*, 第 84–97 页。

28 参阅 Keulartz 1995, *Die verkehrte Welt des Jürgen Habermas*, 第 106 页以下。

29 同上书，第 106–134 页。"文化人类学的核心概念是生活方式，其主要思想是，一种在历史发展中形成的生活方式，在某种程度上构成了一个棱镜，文化成员透过它观察和判断现实。"（同上书，第 108 页）哈贝马斯后来在此基础上发展出一种认识兴趣理论："包含'在人类的自然历史'中的不变的认识兴趣。"（同上书，第 131 页）

30 如今哈贝马斯将之归入"年轻人的粗陋之作"的这篇论文（作者采访记录），保存在罗特哈克的遗稿中，由波恩大学大学暨州立图书馆档案馆手稿和珍本部收藏，NL Rothacker XIV, Mappe 23。罗曼・约斯提示我注意这篇文章。

31 引文在论文第 24 页。

32 同上书，第 28 页。

33 同上书，第 39 页。这个时期，哈贝马斯还写了一篇更长的论文，显然，这篇文章他进行了反复修改。论文题目为:《从道德的双重根源说起。今天的舍勒伦理学》（Bestand Na 60,Vorlass Jürgen Habermas, Archivzentrum der Universitätsbibliothek J.C. Senckenberg Frankfurt/M）。他也将这篇文章归类为他年轻时的粗陋之作。

34 Habermas 1973, *Kultur und Kritik*, 第 107 页以下。

35 Habermas 1970, *Arbeit, Erkenntnis, Fortschritt*, 第 70 页以下。

36 Habermas 1985, *Die Neue Unübersichtlichkeit*, 第 213 页。

37 Habermas 1954, *Das Absolute und die Geschichte. Von der Zwiespältigkeit in Schellings Denken*, 第 396 页。

38 同上。

39 同上书，第 346 页；另外还参阅弗兰克 2007 年的的概括性描述，"Schelling, Marx und Geschichtsphilosophie"，刊载于 *Habermas Handbuch*, 第 133–147 页，以及 Keulartz 1995, *Die verkehrte Welt des Jürgen Habermas*, 第 36 页以下。

40 Habermas 1954, Das Absolute und die Geschichte, 第 9 页。

41 同上书，第 368 页以下。

42 Habermas 2013, *Im Sog der Technokratie*, 第 13–26 页，该处见第 15 页。洛维特的这部著作 1941 年首版，1950 年再版。

43 Habermas 1963, *Theorie und Praxis*, 第 215 页。

44 在 2000 年 11 月的一次采访中，哈贝马斯再次谈到谢林："另外，我认为，无论谢林早期的自然哲学，还是晚期的神秘主义哲学，并不贴近浪漫主义的革命潜力，他与之接近是在他哲学发展的中期——尤其在这两方面：在弗洛伊德之前很久，在写于 1800 年的《先验的理想主义体系》中，谢林就借助无意识的概念，来解释艺术作品作为直觉地理解绝对的工具的认知作用。梦表达了人类心灵无意识的内容，而艺术作品表现了一种我们沉思地接近的高级无意识。十年后，1810 年，谢林在他的《斯图加特私人演讲录》中发展出一种激进的、近乎无政府主义的国家观点，认为国家是一个必须被消除的镇压机构。"（Habermas 2000, "Globalism, Ideology and Traditions"，约翰·P. 阿纳森 [Johann P. Arnason] 与他的访谈，刊载于 *Thesis Eleven* 63, 第 1–10 页；该处见第 9 页。译文出自作者。）

45 引文出自 Dahms 1994, *Positivismusstreit*, 第 37 页。在过去，"优秀"（egregia）用以评价特别优秀的博士论文，是"最优等"（summa cum laude）的同义词。

46 1958 年 3 月 11 日哈贝马斯致罗特哈克的信，Universitäts- und Landesbibliothek Bonn, Abt. Handschriften und Rara。共有 10 封信，6 封为哈贝马斯所写。

47 参阅了君特·罗尔巴赫写于 2013 年 6 月 24 日的书面文字。罗尔巴赫 1951 年夏季学期与哈贝马斯结识，很快与他成为朋友。罗尔巴赫讲，哈贝马斯那时是个喜欢交往、热爱生活的人，至今依然是。

48 参阅 Tietgens 1982, *Studieren in Bonn nach 1945*, 第 720–744 页。

49 作者与萨宾娜·贝格汉的谈话记录。

50 Habermas 2000, "Wie ist nach dem Historismus noch Metaphysik möglich? Zum 100. Geburtstag Hans-Georg Gadamers"，刊载于 *NZZ*，2000 年 2 月 12/13。

51 Dews 1986, *Autonomy and Solidarity*, 第 191 页。

52 1955 年 1 月 1 日哈贝马斯写给派施克的信。*Deutsches Literaturarchiv Marbach.*

53 卡尔·考恩 1908 年生于威斯巴登，他"发现了艺术家、作家、评论家及整整一代记者，从卡尔·海因茨·博尔、玛丽亚·弗里泽（Maria Frisé）到爱德华·博康（Eduard Beaucamp）。考恩想呈现一种新型的内心声音大合唱，比如从哈贝马斯到阿尔弗雷德·安德施（Alfred Andersch），从海因里希·伯尔、克劳德·夏布洛尔（Claude Chabrol）到英格玛·伯格曼（Ingmar Bergman），弗兰克·希尔马赫在回忆中写道。”（Schirrmacher 2008,“Der Zivilisationsredakteur”，刊载于 2008 年 5 月 17 日的《法兰克福汇报》。

54 Bohrer/Scheel 1996,“Zum fünfzigsten Jahrgang,”刊载于 *Merkur*，1/1996, 总第 562 期，第 1 页。

55 1991 年 10 月 8 日，哈贝马斯在《法兰克福评论报》发表追悼派施克的悼文，题为《一位无私的导演的天才》。他在文中强调指出，这位《水星》杂志发行人有这样一种天赋：让观点迥异的作者在其杂志上进行思想碰撞。“派施克具有青年保守主义气质。他从来不是自由主义者，他的宽容与顽固交织在一起。”

56 Habermas,“Im Lichte Heideggers”，刊载于 *FAZ*，1952 年 7 月 12 日。

57 Habermas 1970,“Die Dialektik der Rationalisierung”刊载于 作者同上，1970, *Arbeit,Erkenntnis, Fortschritt*, 第 15 页。

58 援引“文化消费与消费文化”会议报道。哈贝马斯这篇报道 1955 年 10 月 28 日发表于《商报》，标题为《精神步行》(*Der Geist geht Fuß*)。参阅 van Laak 1993, *Gespräche in der Sicherheit des Schweigens. Carl Schmitt in der politischen Geistesgeschichte der frühen Bundesrepublik*, 第 44 页。

59 Habermas 1970, *Arbeit, Erkenntnis, Fortschritt*, 第 53 页。

60 参阅 Keulartz 1995, *Die verkehrte Welt des Jürgen Habermas*。该书作者可证明，在这一时期，哈贝马斯接受了海德格尔的技术批判，从这个角度发展了自己对马克思的批判（参阅第 58 页以下）。

61 作者采访记录。

62 Wehler 2008, *Deutsche Gesellschaftsgeschichte 1949–1990*, 第 270 页以下。

63 Kraushaar 1998, *Frankfurter Schule und Studentenbewegung*, 第 2 卷，第 106 页。

64 Habermas 1981, *Philosophisch-politische Profile*, 第 63 页以下；也参阅 Habermas 2011,“Die [re]migrierten Philosophen und das Geistesleben der Bundesrepublik”（2011 年 6 月 26~29 日埃尔毛宫会议），哈贝马斯在其报告中批评谈及犹太和德意志传统共性时的“被动—讨好”意味。“无论怎样终究有一道无法逾越的深渊，这一令人忧伤的认识，在与像索尔·弗里德兰德（Saul Friedländer）这样一个人——人们与他的看法如此一致——的友好交往中，比在任何人身上都更为强烈：在他的亲切礼貌中始终让人感觉到一种不屈的距离。……肖勒姆的令人痛心的说法，所谓的德意志 - 犹太文化共生从一开始就是门不当户不对的结合，从社会学和政治角度来看都一语中的；他揭示了被一再否认的双方施与受的不对等。”

65 *Die große Not 1946/47*, Meisenheim/Glan, 第 30–35 页。

66 Habermas 2008,“Ich bin alt, aber nicht fromm geworden”刊载于 Funken（编）2008, *Über Habermas*, 第 190 页。

67 Habermas 1978, *Politik, Kunst, Religion*, 第 7 页。

68 Habermas 1981, *Kleine Politische Schriften I–IV*, 第 515 页。

69 Habermas 1991, *Texte und Kontexte*, 第 74 页。

70 Habermas 1981, *Philosophisch-politische Profile*, 第 70 页。在他 1985 年发表的演讲《现代性的哲学话语》中，哈贝马斯在以“形而上学批判对西方理性主义的瓦解：海德格尔”为题的这一章写道：“1933 年，海德格尔为始终保持不变的基本本体论的基本概念，填充了一种新的内容。如果说此前他明确用‘此在’来命名处在向死而生过程中的一个个的个体，那么现在他用‘向来我们属’（je-unsere）的民族命定的集体此在，替代了这种‘向来我属’（je-meinige）的此在。所有存在性的（Existentialien）都保持不变，却骤然改变了其意义，且绝不仅仅是其富有表现力的意义视域。”（Habermas 1985, *Der philosophische Diskurs der Moderne*, 第 185 页以下。）哈贝马斯在注释中说，在他上大学时，奥斯卡·贝克就提示他注意这种变化。（同上书，第 186 页）。

71 Müller 2013, *Das demokratische Zeitalter. Eine politische Ideengeschichte Europas im 20. Jahrhundert*, 第 211-288 页，描述了战后时期的意识形态格局，比如存在主义的重要性。

72 Habermas 2002, *Zwischen Naturalismus und Religion*, 第 23 页。

73 参阅 Payk 2008, *Der Geist der Demokratie*, 第 25 页以下，第 208 页以下；Schild 1999, *Zwischen Abendland und Amerika*。

74 Habermas 1991, *Texte und Kontexte*, 第 64 页。

75 他自 1945 年起被禁执教，禁令持续至其退休。

76 Habermas 1981, *Philosophisch-politische Profile*, 第 72 页。

77 我同意罗曼·约斯（Roman Yos）博士论文中的观点，他认为，1935 年海德格尔未加评论重新发表其演讲稿，令哈贝马斯震惊，但这并未使他立刻与海德格尔的存在思想分道扬镳。约斯指出，哈贝马斯关于谢林哲学的博士论文可证明这一点，从其论文可看出，哈贝马斯仍受到海德格尔哲学的浓厚影响，但同时他也开始挣脱这种影响。

78 同上书，第 73、76 页。

79 同上书，第 71 页。

80 *FAZ*，1952 年 7 月 12 日，第 23 页。

81 *FAZ*，1953 年 8 月 14 日。

82 Safranski 1994, *Ein Meister aus Deutschland*, 第 453 以下。

83 Ott 1988, *Martin Heidegger. Unterwegs zu einer Biographie*, Far1as 1989, *Martin Heidegger.Werk und Weltanschauung*；也参阅 Bourdieu 1988, *Die politische Ontologie Martin Heideggers*。布迪厄分析了海德格尔哲学的语言形式，在指出习性和话语场域的同时，他也揭示了与民族情绪相吻合的思维方式。也参阅 Adorno 1964, *Jargon der Eigentlichkeit. Zur deutschen Ideologie, Gesammelte Schriften*, 第 6 卷；Löwith 1986, *Heidegger - Denker in dürftiger Zeit, Sämtliche Schriften*, 第8卷。在2013年末、2014年岁首，据传，彼得·特拉夫尼（Peter Trawny）将于 2014 年春在维托里奥·克罗斯特曼（Vittorio Klostermann）出版社出版海德格尔的黑色笔记——海德格尔 20 世纪 30 至 40 年代记录其思想的笔记。其中一本有些内容反映了海德格尔对国家社会主义、希特勒及犹太人的立场。这一消息一经公布，再次引发了对哈贝马斯 1953 年提出的问题的争论，即“在海德格尔参与纳粹运动和其思想之间是否有密切联系”。参阅 Assheuer, *DIE ZEIT*, 2013 年 12 月 27 日。“‘他说到种族原则’。从他针对犹太人的诋毁言论来看，他很难为自己辩白”。这期《时代周报》也刊登了特拉夫尼发表的观点，以及对法国哲学家爱玛努埃尔·法耶（Emmanuel Faye）

的采访。两人均证实，海德格尔身上有反犹主义的仇恨情绪。特拉夫尼谈到一种“隐蔽的反犹主义”，而法耶说，海德格尔试图“对反犹主义进行形而上学加工”。他总结说：“在黑色笔记中，海德格尔将其所称的‘世界犹太人’的‘无根状态’上升为一个形而上学的问题。”两周后，弗朗索瓦·费迪耶（François Fédier）接受同一家报纸的采访时则反驳说：“无法将反犹主义，或任何一种有意为之的反对立场与海德格尔的思想统一起来。”

84 Habermas 1991, *Texte und Kontexte*, 第 76 页。

85 同上书，第 58 页。

86 同上书，第 50 页。

87 Habermas 1985, *Der philosophische Diskurs der Moderne*, 第 158-190 页。该处见第 185 页。

88 参阅 Görtemaker 2005, “Thomas Mann und die Politik”，刊载于 Stachorski（编）2005, *Fragile Republik*。

89 参阅 Weidmann 2008, “Karl Jaspers”，刊载于 Jung/Müller-Doohm（编）2008, *Fliegende Fische*, 第 200-229 页。参阅 Payk 2008, *Der Geist der Demokratie*, 第 25 页以下，第 208 页以下；Schild 1999, *Zwischen Abendland und Amerika*。

90 Habermas 1981, *Philosophische und politische Profile*, 第 96 页以下。

91 参阅 Forner 2002, “Für eine demokratische Erneuerung Deutschlands”，刊载于 *Geschichte und Gesellschaft 33*, 第 228-257 页，也参阅 Kießling 2012, *Die undeutschen Deutschen*, 第 48 页以下。

92 Adorno, “Kulturkritik und Gesellschaft”，*Gesammelte Schriften*, 第 10.1 卷，第 30 页。

93 Adorno, “Die auferstandene Kultur”，*Gesammelte Schriften*, 第 20.2 卷，第 460 页；也请参阅 Müller-Doohm/Ziegler 2008, “Professionell Heimatloser”，刊载于 Jung/Müller-Doohm（编）2008, *Fliegende Fische*, 第 63-84 页。

94 Arendt 1993, *Besuch in Deutschland*, Berlin。

第二部分　政治与批判

1 Habermas 2004, *Der gespaltene Westen*, 第 49 页。

第三章　在马克思咖啡馆接受智识教育

1 参阅 Schmid Noerr/van Reijen（编）1988, *Grand Hotel Abgrund*。

2 参阅 *Frankfurter Adorno Blätter II*, 第 28 页以下。

3 Habermas 1986, “Life-forms, Morality and the Task of the Philosopher”，刊载于 *Dews, Autonomy and Solidarity*, 第 191-216 页。社会学家赫尔穆特·舍尔斯基，受《水星》刊登的这篇文章激发，要写一篇 160 页的文章“与于尔根·哈贝马斯讨论”，文章自然没有完成和发表。1973 年 3 月 14 日，舍尔斯基将文稿寄给哈贝马斯，还附了一封两页的信。他在信中写道，讨论也有助于梳理自己过去的社会哲学研究。他追溯了哈贝马斯早期发表的文章，因为他相信，这些文章包含了为其未来作品奠基的主题。舍尔斯基在文章开头就指出，其文章反思过多，这表现在，他用新术语和高度抽象的方式反复批判技术的优势，同时又利用这种重复提出反对意见，然后再予以有力反驳。除了这种“思想花招”，他还指责哈贝马斯：第一，哈贝马斯将其诊断的劳动和消费领域的贫困化统统归因于技术和工业，试图通过过去了的、克服了的历史阶段来解释这种因果关系。第二，他将现代人与马克思所描述的无产阶级等同起来看待。第三，哈贝马斯运用有问题的传统的人 / 系统二分法，将有积极意义的集体与抽象化描绘的社会对立起来。其结果是，哈贝马斯将马克思对异化的批判和资产阶级 - 理想主义的文明批判结合在一起。他在该文的中心段落写道：“如果有一个批判理论的‘法兰克福学派’，那么人们一定会在资产阶级 - 浪漫主义和马克思主义 - 人文主义的时代批判的这种结合中，看到它的一个特征；只是必须要强调，哈贝马斯很早，而且是在与‘法兰克福’还未有任何联系之前就表达过这一立场，也因此使他后来在‘法兰克福’能有家的感觉。”文稿由明斯特大学暨州立图书馆收藏，舍尔斯基遗稿 Nachlass Schelsky 16,012 、16,015。感谢罗曼・约斯提示我注意该文稿；也参阅 Kießling 2012, *Die undeutschen Deutschen*, 第 334–339 页。

4 Bestand Na 60, Vorlass Jürgen Habermas, Archivzentrum der Universitätsbibliothek J.C. Senckenberg, Frankfurt/M.

5 Bestand Archiv des Instituts für Sozialforschung in Frankfurt/M.

6 Archiv des Instituts für Sozialforschung, Frankfurt/M.

7 Habermas 1970, *Arbeit, Erkenntnis, Fortschritt*, 第 29 页。

8 *Merkur*, 刊物年号 8，期号 8, 第 701–724 页；Habermas 1970, *Arbeit, Erkenntnis,Fortschritt*, 第 7–30 页。

9 同上书，第 9 页。

10 Habermas, “Autofahren. Der Mensch am Lenkrad”，刊载于 *FAZ*，1954 年 11 月 27 日。

11 哈贝马斯 1955 年 12 月 13 日致阿多诺的信，Archiv des Instituts für Sozialforschung, Frankfurt/M。

12 参阅 Rammstedt 1986, *Deutsche Soziologie 1933–1945*。

13 Habermas, “Jahrgang 1929”，刊载于 *FAZ*，2009 年 5 月 2 日。

14 Habermas, “Der Soziologen-Nachwuchs stellt sich vor. Zu einem Treffen in Hamburg unter der Leitung von Professor Schelsky”，刊载于 *FAZ*，1955 年 6 月 13 日。

15 参阅 Sonnenfeld 2010, “Ein Fundstück aus dem IfS-Archiv: Die Freizeitstudie (1957–1958)”，刊载于 *West End 2/2010*, 第 156–161 页。在收录于 1958 年出版的罗特哈克纪念文集《具体理性》(*Konkrete Vernunft*) 的文章《关于劳动和业余时间关系的社会学笔记》中，哈贝马斯拓宽了自己关于业余时间行为的理论思考并做了概括。(Habermas 1970, *Arbeit, Erkenntnis, Fortschritt*, 第 56–74 页。)

16 Habermas 1981, *Kleine Politische Schriften I–IV*, 第 516 页。

17 Habermas 1981, *Philosophisch-politische Profile*, 第 170 页以下。

18 参阅 Demirović 1999, *Der nonkonformistische Intellektuelle*, 第 339 页以下。

19 Habermas 2007, “Die Zeit hatte einen doppelten Boden”，刊载于 MüllerDoohm（编）2007, *Adorno-Portraits*, 第 19 页以下。

20 同上书，第 18 页。

21 同上。

22 “Vier Jungkonservative beim Projektleiter der Moderne”，刊载于 *tageszeitung*，1980 年 10 月 12 日。

23 作者本人采访记录。

24 参阅 Müller-Doohm 2003, *Adorno. Eine Biographie*，第 493-587 页。

25 Adorno, “Was bedeutet: Aufarbeitung der Vergangenheit”, *Gesammelte Schriften*, 10.2. 卷，第 559 页。

26 援引希米提斯 2011 年 5 月 11 日在一次采访中的说法。

27 Habermas 1985, *Die Neue Unübersichtlichkeit*, 第 169 页以下。

28 哈贝马斯 1956 年 4 月 5 日给派施克的信，Deutsches Literaturarchiv Marbach。

29 Habermas 1991, “Eine Generation von Adorno getrennt”，刊载于 Früchtl/Calloni（编）, *Geist gegen den Zeitgeist*, 第 50 页。

30 同上书，第 51 页。

31 参阅 Adorno, Gretel/Walter Benjamin, *Briefwechsel 1930–1940*。

32 Habermas 2000, “50 Jahre Suhrkamp”，第 22 页。

33 参阅 Unseld（编）1972, *Zur Aktualität Walter Benjamins*, 第 173-223 页。

34 法国哲学家乔治・巴塔耶将本雅明 1921 年买下的这幅画连同其遗稿，藏在了巴黎的法国国家图书馆中。后来画辗转落入阿多诺之手，阿多诺依照本雅明生前嘱托，又将之移交给了格肖姆・肖勒姆。这幅画一直挂在肖勒姆的住处，直到他去世。现今该画作收藏在耶路撒冷的以色列博物馆中。参阅 Palmier 2009,*Walter Benjamin*, 第 323 页以下。

35 Habermas 1991, *Texte und Kontexte*, 第 101 页。

36 参阅 Müller-Doohm 2003, *Adorno. Eine Biographie*, 第 555 页以下，第 947 页。

37 Habermas 2007, “Die Zeit hatte einen doppelten Boden”，刊载于 Müller Doohm（编）2007, *Adorno-Portraits*, 第 18 页。

38 Habermas 1986, “Life-forms, Morality and the Task of the Philosophy”，刊载于 Dews, *Autonomy and Solidarity*, 第 192 页。

39 Habermas 2007,” Die Zeit hatte einen doppelten Boden”，刊载于 MüllerDoohm（编）2007, *Adorno-Portraits*, 第 21 页。

40 Habermas 2011, “Die [re]migrierten Philosophen und das Geistesleben der Bundesrepublik”（埃尔毛宫会议，2011 年 6 月 26~29 日）；作者同上 2013, *Im Sog der Technokratie*, 第 13-26 页，该处见第 24 页。

41 Kleinspehn 1999, “Ein öffentlicher Intellektueller. Der Philosoph und streitbare Demokrat”, Radio Bremen, 文稿第 8 页。哈贝马斯在这里所指，除了马尔库塞出版于 1932 年的《黑格尔本体论与历史性理论的基础》，还有他在《社会研究杂志》上发表的文章。参阅 Marcuse 1965, *Kultur und Gesellschaft*, 第 1 卷，第 2 卷。

42 Habermas, “Triebschicksal als politisches Schicksal. Zum Abschluß der Vorlesungen über Sigmund Freud an den Universitäten Frankfurt und Heidelberg”，刊载于 *FAZ*，1956 年 7 月 14 日。

43 Habermas 1981, *Philosophisch-politische Profile*, 第 322 页。哈贝马斯对马尔库塞的崇敬和感激之情溢于言表，这在 1978 年 7 月 10 日的一封手写的生日贺信中有充分表达。他写道，在马尔库塞的指引下，他发现了精神分析理论并学习“系统地阅读弗洛伊德”，不仅如此，借助马尔库塞的哲学思想，他还成功地架起了社会理论与政治实践之间的桥梁。“我那时为您发明了‘海德格尔式马克思主义’这个词。这当然也意味着与自己过去的哲学思考拉开距离。”（Bestand Na 60,Vorlass Jürgen Habermas, Archivzentrum der Universitätsbibliothek J.C. Senckenberg, Frankfurt/M.）

44 Habermas 1981, *Kleine Politische Schriften I-IV*, 第 469 页。系列讲座以《弗洛伊德在当代》的标题发表，1957 年，作为《法兰克福学派社会学文选》第 6 卷出版。

45 作者本人采访记录。

46 Habermas 1991, *Texte und Kontexte*, 第 104 页。

47 Habermas 1989, “Ein Brief”，刊载于 Erd/Hoß/Jacobi/Noller（编），*Kritische Theorie und Kultur*, 第 391-394 页，该处见第 393 页。

48 达伦多夫回忆他在研究所与哈贝马斯的一次“短暂相识”。这次相识“让两人互生好感，但并无后话”。到 20 世纪 50 年代，哈贝马斯也开始取得惊人的成就，而且事业长盛不衰。见 Dahrendorf 2002, *Über Grenzen. Lebenserinnerungen*, 第 182 页以下。哈贝马斯在采访中更正说，达伦多夫一定记错了；他们在社会研究所没有遇见。在哈贝马斯 60 岁生日之际，达伦多夫在发表于《水星》杂志的文章中谈及与霍克海默的短暂相识：他用一种资本主义早期施瓦本资本家的心态使唤人。关于哈贝马斯，他说：“他有兔唇，所以不能教课，只适合做研究。”达伦多夫总结说：“和这个世界［社会研究所。——作者注］发生联系，对哈贝马斯没有坏处，但他并不属于那里，对于那个地方，他太诚实，太具有批判精神，太实际。虽然他的学术旅程以法兰克福为圆心，但这从未使法兰克福完全接受他。”（Dahrendorf 1989, “Zeitgenosse Habermas”，刊载于 *Merkur* 484，卷号：43，第 478 页以下。）

49 参阅 Rammsted 1986, *Deutsche Soziologie 1933-1945*, 第 25 页。

50 Habermas 1970, *Arbeit, Erkenntnis, Fortschritt*, 第 80 页。

51 Gadamer, “Der Meister der Kommunikation”，刊载于 *Süddeutsche Zeitung*，1999 年 6 月 18 日。

52 参阅 Marcuse 1957, *Soviet-Marxism: A Critical Analysis*。

53 Habermas 1963, *Theorie und Praxis*, 第 276 页。

54 同上书，第 306、311 页。

55 同上书，第 289 页。

56 同上书，第 277 页。

57 同上书，第 269 页。

58 Horkheimer, *Gesammelte Schriften*, 第 14 卷，*Nachgelassene Schriften 1949-1972*, 第 82 页以下。

59 Horkheimer, *Gesammelte Schriften*, 第 18 卷，*Briefwechsel 1949-1973*, 第 443 页。

60 同上书，第 440、443 页，第 445 页以下，第 448 页。

61 同上书，第 445 页以下。

62 同上书，第 443 页。

63 同上书，第 446 页。

64 参阅往来信函编辑出版人龚策林·施密特·诺尔（Gunzelin Schmid Noerr）对这封信的评论。同上书，第 449 页以下。也参阅 Ador/Horkheimer 2006, *Briefwechsel*, 第 4 卷，第 508–524 页。

65 参阅1960年3月15日阿多诺致霍克海默的信。Adorno/Horkheimer 2006, *Briefwechsel*, 第4卷，第616–622页。

66 同上书，第 620 页。

67 Horkheimer, *Gesammelte Schriften*, 第 18 卷 , *Briefwechsel 1949–1973*, 第 438 页。

68 Habermas 2009, *Philosophische Texte*, 第 4 卷 , *Politische Theorie*, 第 10 页。

69 参阅 Schmid Noerr 1996,"Aus der Vorgeschichte eines gesellschaftstheoretischen Paradigmawechsels – Horkheimers Kritik an Habermas"，刊载于 *Konkret*, 期号：9/1996, 第 43–45 页。作者写道："乍看上去，这是一出俄狄浦斯式戏剧的见证：年轻弟子学习了导师的理论，导师眼看弟子威胁到自己的毕生事业，于是试图甩掉他。他一开始也确实做到了，但从此时起，故事开始，正如我们从索福克勒斯那里以及法兰克福学派后来的故事所知道的，兀自发展下去。只有当导师将弟子逐出门庭，弟子才会获得力量，除掉并取代导师。（同上书，第 43 页以下。）

70 1977 年 2 月 2 日的信函，Bestand Na 3, Archivzentrum der Universitätsbibliothek J.C. Senckenberg, Frankfurt/M. 。

71 Habermas 1989,"Ein Brief"，刊载于 Erd/Hoß/Jacobi/Noller（编），*Kritische Theorie und Kultur*, Frankfurt/M., 第 391–394 页 , 第 392 页以下。

72 Habermas 2010, 卡尔 – 希格贝特·雷贝格与他的访谈，原稿。

73 Habermas/Friedeburg/Oehler/Weltz 1961, *Student und Politik*, 第 44 页。

74 Horkheimer, *Gesammelte Schriften*, 第 18 卷，*Briefwechsel 1949–1973*, 第 447 页。

75 Adorno/Horkheimer, *Briefwechsel*, 第 4 卷 , 第 570、619 页。

76 Bestand Na 1, Nachlass Max Horkheimer, Archivzentrum der Universitätsbibliothek J.C. Senckenberg, Frankfurt/M. MHAV 83.

77 Deutsches Literaturarchiv Marbach, Handschriftenabteilung, Briefwechsel Merkur, Mappe 2.

78 作者本人采访记录。

79 参阅 Müller-Doohm 2003, *Adorno. Eine Biographie*, 第 558 页以下。

80 Habermas,"Partisanenprofessor im Lande der Mitläufer"，刊载于 *DIE ZEIT*，1966 年 4 月 29 日。

81 参阅 Demirović 1999, *Der nonkonformistische Intellektuelle*, 第 239 页以下。

82 参阅 Albrecht/Behrrmann/Bock/Homann/Tenbruck 1999, *Die intellektuelle Gründung der Bundesrepublik*, 第 413–442 页。

83 Bestand Na 1, Nachlass Max Horkheimer, Archivzentrum der Universitätsbibliothek J.C. Senckenberg, Frankfurt/M. MHA V 83。写于 1965 年 3 月 29 日的信。信件原文如下："顺便说一句，于尔根·哈贝马斯是研究所前成员，目前是我的继任，不是我在董事会，而是在哲学系的继任。就我个人而言，他是西德最有前途的知识分子之一。"

84 Habermas 1982, *Zur Logik der Sozialwissenschaften*, 第 77 页以下。

85 1969年1月10日哈贝马斯致霍克海默的信，Bestand Na 1, Nachlass Max Horkheimer，Archivzentrum der Universitätsbibliothek J.C. Senckenberg, Frankfurt/M. 。

86 Habermas 1985, *Die Neue Unübersichtlichkeit*, 第216页。

87 Habermas 1968, *Technik und Wissenschaft als "Ideologie"*，第147页。

88 1965年8月10日霍克海默致哈贝马斯的信，Bestand Na 1, Nachlass Max Horkheimer, Archivzentrum der Universitätsbibliothek J.C. Senckenberg, Frankfurt/M.。

89 Horkheimer, *Gesammelte Schriften*, 第17卷，*Briefwechsel 1941-1948*, 第172页。

90 Habermas 1968,*Technik und Wissenschaft als "Ideologie"*，第163页。在一封写于1965年9月14日的信中，阿佩尔对哈贝马斯寄来就职演讲书面文稿表示感谢，他在信中猜测，哈贝马斯用一种“分类图示化”（klassifikatorischen Schematismus）取代了过去的“历史－辩证思维”（historisch-dialektisch）。同时他指出反思在哈贝马斯那里的重要性，强调哲学先验反思的终极论证的必要性——哈贝马斯将越来越反对这一目标。

第四章　在性格迥异的阿本德罗特和伽达默尔的庇护下

1 参阅 Rammstedt 1986, *Deutsche Soziologie 1933-1945*, 第25页以下。

2 Habermas 1985, "Wolfgang Abendroth in der Bundesrepublik", 刊载于 *Düsseldorfer Debatte*, 第55页。阿本德罗特对这篇教授资格论文的主题领域感兴趣，部分原因是日后因担任总理顾问而出名的吕迪格·阿尔特曼1954年在其门下所做的关于“公共领域的问题及其对现代民主的意义”的博士论文，该文显现出与卡尔·施密特的国家主义的亲缘性。《公共领域的结构转型》是不是一篇反对施密特的论文的问题，在此不得不悬置。参阅 van Laak 1993, Gespräche in der Sicherheit des Schweigens, 第217页以下。

3 Habermas 2008, *Ach, Europa*, 第12页。

4 Habermas 1981, *Philosophisch-politische Profile*, 第249页。

5 Habermas 2008, *Ach, Europa,* 第13页。

6 *DIE ZEIT*，1966年4月29日。

7 Habermas 2008, *Ach, Europa,* 第14页。

8 Universitätsarchiv der Philipps-Universität Marburg, UniA Marburg 307d Nr. 2912.

9 1961年6月7日哈贝马斯致派施克的信。Deutsches Literaturarchiv Marbach, Handschriftenabteilung, Briefwechsel Merkur.

10 Habermas 1963, *Theorie und Praxis,* 第13页以下。

11 同上书，第16页。

12 Habermas 1966, "Soziologie"，刊载于 *Evangelisches Staatslexikon*，赫尔曼·昆斯特（Hermann Kunst）、西格弗里德·格伦德曼（Siegfried Grundmann）编，第2108-2113页。

13 Habermas 1981, *Kleine Politische Schriften I-IV*, 第516页。

14 Habermas 1985, *Die Neue Unübersichtlichkeit*, 第214页。

15 Gadamer 2001, "Die Lektion des Jahrhundert 第 Ein Interview von Riccardo Dottori"，第88页以下。引文

出自 Wiggershaus 2004, *Jürgen Habermas*, 第 56 页。

16 Gadamer 1999, "Der Meister der Kommunikation", 刊载于 *Süddeutsche Zeitung*, 1999 年 6 月 18 日。

17 Habermas 1963, *Theorie und Praxis*, 第 160 页。

18 同上书，第 164 页。

19 同上书，第 206 页；也参阅 Keulartz 1995, *Die verkehrte Welt des Jürgen Habermas*, 第 135 页以下。

20 Habermas 1963, *Theorie und Praxis*, 第 197 页。

21 Habermas 1981, *Kleine Politische Schriften I-IV*, 第 517 页。

22 Habermas 2000, "Wie ist nach dem Historismus noch Metaphysik möglich? Zum 100. Geburtstag Hans-Georg Gadamers", 刊载于 *NZZ*, 2000 年 2 月 12/13。

23 Habermas 1981, *Philosophisch-politische Profile*, 第 392 页以下。

24 参阅 Grondin 1999, *Hans-Georg Gadamer. Eine Biographie*, 第 334 页以下。

25 Habermas 1981, *Philosophisch-politische Profile*, 第 399 页。

26 Habermas 2000, "Der liberale Geist", 刊载于 Figal（编）, *Begegnungen mit Hans-Georg Gadamer*, 第 51 页。

27 参阅 Habermas 1982, *Zur Logik der Sozialwissenschaften*, 第 331-366 页。哈贝马斯选取了传统的诠释学概念，批评说，借由传统达成的共识可能建立在暴力关系的基础上。应在一种元诠释中阐明可能性条件，以对扭曲的交往进行分析。参阅上条出处，第 348 页和第 358 页以下。而反过来，发展一种交往能力理论又是先决条件。有关诠释学讨论参阅 1971 年出版的 *Hermeneutik und Ideologiekritik*。其中有阿佩尔、克劳斯・冯・鲍曼（Claus von Bormann）、吕迪格・布伯纳（Rüdiger Bubne）、伽达默尔、汉斯－约阿希姆・吉格尔（Hans-Joachim Giegel）和哈贝马斯的文章

28 Habermas 1990, *Die nachholende Revolution*, 第 155 页以下。

29 引文出自 Grondin 1999, *Hans-Georg Gadamer. Eine Biographie*, 第 343 页。

30 Hofmann, "Denker in der Arena", 刊载于 *DIE ZEIT*, 1989 年 6 月 25 日。

31 Habermas 1963, *Theorie und Praxis*, 第 106 页。

32 Negt 1989, "Autonomie und Eingriff", 刊载于 *Frankfurter Rundschau*, 1989 年 6 月 16 日。

33 Negt Oskar, *WDR*, 2009 年 7 月 30 日。

34 Habermas 2000, "Der liberale Geist", 刊载于 Figal（编）, *Begegnungen mit Hans-Georg Gadamer*, 第 51-54 页，该处见第 52 页。

35 Habermas 1963, *Theorie und Praxis*, 第 367 页。

36 同上书，第 358 页。

37 参阅 Laak 1993, *Gespräche in der Sicherheit des Schweigens*, 第 53 页以下。

38 参阅 Forner 2007, "Für eine demokratische Erneuerung Deutschlands:Kommunikationsprozesse und Deutungsmuster engagierter Demokraten nach 1945", 刊载于 *Geschichte und Gesellschaft 33*, 第 228-254 页；另外参阅 Kießling 2012, *Die undeutschen Deutschen*, 第 225 页以下。

39 参阅 Mitscherlich 1983, *Ein Leben für die Psychoanalyse*, 第 189 页以下；Dehli 2007, *Leben als Konflikt.*

Zur Biographie Alexander Mitscherlichs, 第 237 页以下。

40 “Ute und Jürgen Habermas gratulieren Margarete Mitscherlich zum 70. Geburtstag”，刊载于 *Emma*，1987 年 7 月 1 日，第 26–28 页。

41 参阅 Schülein 2000,“Von der Kritik am ›szientistischen Selbstmißverständnis‹. Zum Verständnis psychoanalytischer Theorieprobleme”，刊载于 Müller-Doohm（编），*Das Interesse der Vernunft*, 第 376–410 页。

42 “In Memoriam Alexander Mitscherlich”，刊载于 *Psyche*, 卷号：36，第 1060–1063 页。

43 同上书，第 1063 页。

44 Habermas 2010, “Kultur des Gegenwartssinns”，刊载于 *DU 803*, 1/2 月号，第 38 页。

45 这里依据 1974~1969 年间哈贝马斯以及由温塞德和米歇尔代表的出版社之间的大量往来信件，信件当时保存在苏尔坎普基金会档案室。苏尔坎普出版社 2009 年从法兰克福迁址柏林时，约 9000 箱卷宗以估计 700 万欧元的价格被马尔巴赫德国文学档案馆买下。

46 Schopf（编）2003, “So müßte ich ein Engel und kein Autor sein”，*Adorno und seine Frankfurter Verleger*, 第 456 页。

47 哈贝马斯致温塞德的信，未注明日期（可能写于 1964 年 1 月）。Bestand Na 60, Vorlass Jürgen Habermas, Archivzentrum der Universitätsbibliothek J.C. Senckenberg, Frankfurt/M. 原件也由美茵河畔法兰克福的苏尔坎普基金会保存。

48 同上。

49 同上。

50 参阅 Michalzik 2002, *Unseld*, 第 148 页以下。

51 恩岑斯贝格在写于 1965 年 9 月 28 日的一封信中，向哈贝马斯约稿，请他写一篇社会语言学方面的文章。哈贝马斯说，他目前正在从事该主题领域的研究，因此尚不能发表观点。

52 哈贝马斯 1966 年 2 月 4 日致米歇尔的信，Bestand Na 60 Vorlass Jürgen Habermas, Archivzentrum der Universitätsbibliothek J.C. Senckenberg, Frankfurt/M.。

53 从布鲁门贝格和陶布斯的通信中可知后者的态度。在一封 1970 年 9 月 11 日写给陶布斯的信中，布鲁门贝格谈到他退出《理论》系列项目编者小组的主要原因：“从 7 月 17 日我们《理论》编者组商讨会之后，事实证明，我不能再继续参加该项目编者组了。温塞德先生新近对我的特殊态度更变本加厉了；出版人的任意专断，让我不胜其烦。我向您简单解释一下过程，或许能得到您的理解。在 7 月的商讨会上，我说我将不会和苏尔坎普出版社签新协议，因为相比《理论》的其他编者，我这几年一直受到出版社的歧视性对待。接着，温塞德先生约我私下交谈。对于自 1968 年 1 月 1 日以来把我排除在有报酬编者之外，他表示遗憾，并表示给我以同等待遇。我斟酌了一个星期后，接受了这个提议，并表示不再对签订新协议持保留态度。在这之后，温塞德先生对我愿意签订新协议表示承认，但同时又收回了予我同等待遇的提议。我最后回复他说，关于 7 月 17 日的谈判，我只能接受完整的谈判结果。”（Blumenberg/Taubes 2013, *Briefwechsel*, 第 161 页。）

54 Kopp-Oberstebrink/Palzhoff/Preml（编）2012, *Jacob Taubes-Carl Schmitt. Briefwechsel mit Materialien*, 第 44、96 页。在 2012 年刊载于《南德意志报》有关这次通信的评论中，汉斯－马丁·罗曼（Hans-Martin

Lohmann）写道，陶布斯“没有能力把他的思想组织成话语”（seine Gedanken zu diskursivieren），他有一种“惊人的轻浮油滑”，“沽名钓誉和散布谣言是他的专长之一”。

55 Habermas 1966, “Nachwort”，刊载于 Georg Wilhelm Friedrich Hegel, *Politische Schriften*, 第 343 页以下。

56 陶布斯 1966 年 12 月 22 日写给阿伦特的信，Collection of the manuscript division, Library of Congress。约稿信原文这样写道：“编者布鲁门贝格、哈贝马斯、亨利希和我想请您评论萨特的著作。…… 稿酬方面我可以这样说，德国稿酬最高的《列车时刻表》的标准也适用于《理论》系列。”

57 Unseld 2010, *Chronik*, 第 1 卷，1970。由乌尔丽克·安德斯（Ulrike Anders）、莱蒙德·费林格、卡塔琳娜·卡杜克（Katharina Karduck）、克劳斯·克吕格、亨宁·马尔姆拉（Henning Marmulla）、沃尔夫冈·绍普夫编辑出版，第 267 页，脚注 2。

58 参阅 *Kleine Geschichte der edition suhrkamp*, 2003。编辑 Raimund Fellinger，Wolfgang Schopf 协作编辑。

59 Habermas 1970, *Arbeit, Erkenntnis, Fortschritt*, 第 238 页。

60 同上书，第 238 页。

61 直到 2009 年，该党第二票得票率达 14.6%，这个结果才被超越。

62 阿登纳和联盟党以竞选口号“不进行试验”在四年前的大选中取得了胜利。

63 Reichel 1981, *Politische Kultur in der Bundesrepublik*, 第 148 页以下；也参阅 Müller 2013, *Das demokratische Zeitalter*, 第 217 页以下。作者认为，“西德民主的创新性制度”在尤为传统的道德和政治语汇中获得充分根据”。“不把战后时期描绘成新的开端，而是向某种久已熟悉的事物的道德回归”，很诱人。

64《马格南》，现代生活杂志，由绍贝尔格出版社（Verlag M. DuMont Schauberg）在 1954~1966 年间出版发行，是德语区当时最重要的文化杂志之一。杂志为大开本，两个月一期，著名作家、科学家和艺术家在杂志上发表关于政治和文化生活方方面面的文章。大名鼎鼎的摄影家，如罗伯特·卡帕（Robert Capa）、亨利·卡蒂埃－布列松（Henri Cartier-Bresson）、安德烈亚斯·费宁格（Andreas Feininger）曾发表重量级的摄影报道。

65 Habermas 1961, “Die Bundesrepublik-eine Wahlmonarchie?”，刊载于 *Magnum*, 1961 年 1 月 1 日特刊，第 28 页。

66 第一篇书评来自松特海默，1962 年 9 月 26 日，他在《法兰克福汇报》撰文大加称赞。他写道，尤其是书中语言“以极特别的方式表现了一种殚精竭虑的思索，所呈现的思想之丰富、之细致入微和全面深入，令人叹服”。

67 研究分析公共领域是 20 世纪 60 年代初的一个热门主题领域。汉娜·阿伦特的《人的境况》（*Vita Activa*, 德文版 1960 年出版），和威廉·亨尼斯在这个领域的努力，均可证实。他和其同代人几乎同时计划研究公共领域。由于后来哈贝马斯的研究领先于他，他只写了两篇文章，一篇论述“舆论概念”，另一篇是关于“民意调查和代议制民主”，哈贝马斯曾批判性地提到这两篇文章。参阅 Schlak 2008, *Wilhelm Hennis*, 第 51 页以下，第 75 页以下。

68 Habermas 1990, *Strukturwandel der Öffentlichkeit*, 第 226 页（此处援引 1990 年的新版）。

69 同上书，第 260 页。

70 同上书，第 28 页。

71 同上书，第 310 页。哈贝马斯的一个重要灵感来源，是吉森大学公法和政治学教授赫尔穆特·里德尔（Helmut Ridder）1954 年撰写的文章《言论自由》。2005 年接受约阿希姆·佩勒斯（Joachim Perels）采访时，秉持魏玛时期左翼民主派法学家，如赫尔曼·黑勒、奥托·基希海默、弗朗茨·诺依曼（Franz Neumann）、恩斯特·弗兰克尔（Ernst Fraenkel）所代表的法学传统，对法律实证主义持批判态度的里德尔回忆，他在法兰克福期间（1951~1959），哈贝马斯上过他的讲座课，和他相熟。（"Stationen im Leben eines Juristen: Helmut Ridder im Gespräch mit Joachim Perels"，刊载于 *neue politische literatur*，卷号：50/2005，第 365-382 页，该处见第 373 页。）

72 同上书，第 357 页。

73 同上书，第 21 页。

74 参阅 Schlak 2008, *Wilhelm Hennis, Szenen einer Ideengeschichte der Bundesrepublik*, 第 76 页以下。

75 参阅 Dahms 1994, *Positivismusstreit*, 第 361 页以下。

76 Habermas 1982, *Zur Logik der Sozialwissenschaften*, 第 9 页。

77 同上书，第 15 页以下，第 45 页以下。

78 同上书，第 18 页。

79 同上。

80 参阅 Dahms 1994, *Positivismusstreit*, 第 394 页。

81 Albert/Popper 2005, *Briefwechsel*, 第 62、137、141、146 页。

82 Adorno 1997, "Fortschritt"，刊载于 作者同上，*Kulturkritik und Gesellschaft, Gesammelte Schriften*, 第 10.2 卷，第 617-638 页，该处见第 625 页。

83 Habermas 1981, *Philosophisch-politische Profile*, 第 161 页。

84 参阅 Habermas 1963, *Theorie und Praxis*, 第 215-230 页。

85 Habermas 1969, *Protestbewegung und Hochschulreform*, 第 91 页。

86 参阅 Kraushaar 1998, *Frankfurter Schule und Studentenbewegung*, 第 192 页以下。

87 *DER SPIEGEL*，1963 年 9 月 18 日；参阅 Liehr 2002, *Von der Aktion gegen den Spiegel zur Spiegel-Affäre*; Seifert（编）1966, *Die Spiegel-Affäre*, 第 2 卷；Ellwein/Liebel/Negt, *Die Reaktion der Öffentlichkeit*。

88 参阅 Kraushaar 1998, *Frankfurter Schule und Studentenbewegung*, 第 1 卷，第 194 页以下；也参阅 Bering 2010, *Die Epoche der Intellektuellen*, 第 354 页以下。

89 Habermas 1987, *Eine Art Schadensabwicklung*, 第 48 页。

90 *Merkur*, 期号：7, 卷号：17, 第 716 页。

91 *Blätter für deutsche und internationale Politik*, 期号：4/1964, 第 335-340 页。

92 *DIE ZEIT*，1964 年 9 月 18 日。

93 哈贝马斯写给派施克的信，未注明日期。Bestand Na 60, Vorlass Jürgen Habermas, Archivzentrum der Universitätsbibliothek J.C. Senckenberg, Frankfurt/M..

94 Habermas, "Vom Ende der Politik – oder die unterhaltsamen Kolportagen des Kriminalberichterstatters Hans

Magnus Enzensberger"，刊载于 *FAZ*，1964 年 10 月 17 日；参阅 Lau 1999, *Hans Magnus Enzensberger. Ein öffentliches Leben*, 第 185 页以下。

95 Habermas, *FAZ*, 1964 年 10 月 17 日。

96 1954 年，阿尔特曼在阿本德罗特门下以一篇论述公共领域与民主的论文获得博士学位。后来他担任联邦总理路德维希・艾哈德的顾问，提出了"有序社会"概念。

97 参阅 Demirovic′ 1999, *Der nonkonformistische Intellektuelle*, 第 210 页以下。

98 Habermas 1957, "Das chronische Leiden der Hochschulreform"，刊载于 *Merkur* 总第 109 期，第 272 页；作者同上 1969, *Protestbewegung und Hochschulreform*, 第 62 页以下。

99 Habermas 1970, *Arbeit, Erkenntnis, Fortschritt*, 第 243-257 页，该处见第 246、249 页。

100 同上书，第 251 页。

101 同上书，第 255 页。

102 Schäfer 2000, "Die nivellierte Mittelstandsgesellschaft - Strategien der Soziologie in den 50er Jahren"，刊载于 Bollenbeck/Kaiser（编），*Die janusköpfigen 50er Jahre. Kulturelle Moderne und bildungsbürgerliche Semantik III*, 第 115-142 页。

103 根据舍尔斯基和哈贝马斯 1962~1970 年间的通信，特别是舍尔斯基写于 1963 年 3 月 26 日、6 月 4 日和 1970 年 6 月 17 日的信。Bestand Na 60, Vorlass Jürgen Habermas, Archivzentrum der Universitätsbibliothek J.C. Senckenberg, Frankfurt/M..

104 Habermas 1970, *Arbeit, Erkenntnis, Fortschritt*, 第 181-218 页，该处见第 204 页以下，第 243-257 页。

105 参阅 Habermas 1970,"Nachgeahmte Substantialität", 刊载于 *Merkur* 总第 24 期，第 313-327 页；Habermas 1981, *Philosophisch-politische Profile*, 第 107-126 页。归档在哈贝马斯手稿中的哈贝马斯与舍尔斯基的往来信件，值得仔细研究和解读。尤其舍尔斯基写的大量信件值得注意，在信中他一再试图分析哈贝马斯思想中涉及人类学、教育理论和高校政策方面的观点。比之舍尔斯基的殷勤，哈贝马斯的态度较为矜持。罗曼・约斯告诉我，在明斯特的舍尔斯基档案中保存了大量深入研究哈贝马斯作品的文稿。

106 Habermas 1971,Theorie und Praxis, 第 306 页；作者同上 1981, *Philosophischpolitische Profile*, 第 175 页。

第五章　重返法兰克福：学术研究和政治实践之间的折磨

1 参阅 Hammerstein 2012, Die Johann Wolfgang GoetheUniversität Frankfurt am Main, 第 II 卷，Nachkriegszeit und Bundesrepublik 1945-1972, 第 602 页以下。

2 Bestand Na 1, Nachlass Max Horkheimer, Archivzentrum der Universitätsbibliothek J.C. Senckenberg, Frankfurt/M. MHAV 83。

3 里布鲁克斯提出的反对理由是，哈贝马斯不适合担任哲学教席。毕竟他持哲学已经终结的立场。参阅 Hammerstein 2012, *Die Johann Wolfgang GoetheUniversität Frankfurt am Main,* 第 602 页。

4 同上书，第 604 页。

5 系主任 1964 年 12 月 4 日致黑森州文化部部长的信，Universitätsarchiv Frankfurt. 6 Bestand Na 1, Nachlass

Max Horkheimer, Archivzentrum der Universitätsbibliothek J.C. Senckenberg, Frankfurt/M. MHAV 83。

7 Bestand Na 1, Nachlass Max Horkheimer, Archivzentrum der Universitätsbibliothek J.C. Senckenberg, Frankfurt/M. MHAV XIX,4.

8 Bestand Na 1, Nachlass Max Horkheimer, Archivzentrum der Universitätsbibliothek J.C. Senckenberg, Frankfurt/M. MHAV 83,166a–c.

9 哈贝马斯 1965 年 11 月 18 日致冯・弗里德堡的信，Vorlass Habermas, Starnberg。

10 在哈贝马斯写于 1964 年 10 月 15 日的信中有如下文字："按照已故友人威尔弗里德・薄格汉及其妻子苏珊娜（娘家姓玛特纳）的愿望，我愿担任其子女萨宾娜和马丁的监护人。"（Vorlass Habermas, Starnberg.）

11 作者采访记录。

12 Hammerstein 2012, *Die Johann Wolfgang Goethe–Universität Frankfurt am Main*, 第 II 卷，第 611 页以下。克劳斯・莱歇特 2005 年 2 月 19/20 日在《新苏黎世报》发表了一篇令人印象深刻的关于斯丛狄的人物特写，名为《斯丛狄印象》。

13 关于该"事件"，也请参阅克劳斯・冯・希（Klaus von See）2005 年的文章，"Peter Szondi und die Frankfurter Universität. Eine Recherche aus aktuellem Anlaß"，刊载于 *Deutsche Vierteljahresschrift für Literaturwissenschaft und Geistesgeschichte*, 卷号：79, 期号：2, 第 341–358 页。

14 Habermas 2008, "Zum Gedenken an Gajo Petrovic"，原稿第 2 页。

15 同上。

16 Hofmann, "Denken in der Arena. Die Rolle des 'öffentlichen Intellektuellen'"，刊载于 *DIE ZEIT*，1989 年 6 月 16 日。

17 Oevermann 2009, "Der akademische Lehrer – eine Erinnerung"，刊载于 *Blätter für deutsche und internationale Politik*, 卷号：54.，期号：6, 第 42–45 页；也参阅 Oevermann 2010, "Der Gegenbegriff von Natur ist nicht Gesellschaft, sondern Kultur"，刊载于 Herrschaft/Lichtblau（编）2010, *Soziologie in Frankfurt*, 第 364–406 页；Offe 2005, "Die Bundesrepublik als Schattenriß zweier Lichtquellen"，刊载于 *Ästhetik und Kommunikation*, 卷号：36, 期号：129, 第 149–160 页。

18 哈贝马斯 1964 年 12 月 4 日致哲学系系主任的信，Universitätsarchiv Frankfurt/M.。

19 Löwenthal/Kracauer 2003, *In steter Freundschaft. Briefwechsel*, 由彼得–埃尔温・扬森（Peter–Erwin Jansen）和克里斯蒂安・施密特（Christian Schmidt）编辑出版，第 256 页。哈贝马斯在 1965 年 6 月 3 日给他的编辑卡尔・马库斯・米歇尔的信中写道："尽管马尔库塞热情慷慨邀我前去拜访，但因我在加利福尼亚接受了盲肠手术，故无法接受邀请前往波士顿。"（Bestand Na 60,Vorlass Jürgen Habermas, Archivzentrum der Universitätsbibliothek J.C. Senckenberg, Frankfurt/M..）

20 "Vier Jungkonservative beim Projektleiter der Moderne", 刊载于 *tageszeitung* ,1980 年 10 月 21 日，第 9 页。

21 Bestand Na 1, Nachlass Max Horkheimer, Archivzentrum der Universitätsbibliothek J.C. Senckenberg, Frankfurt/M. MHAV 188204.

22 Habermas 1982, *Zur Logik der Sozialwissenschaften*, 第 309 页。

23 同上书，第 240 页。

24 对哈贝马斯 1976 年前出版的著作，莱因哈特·克莱门斯·茅尔（Reinhart Klemens Maurer）在其综合评论中有详细追述和批判性分析，该综合评论 1977 年刊登于《哲学期刊》特辑，标题为《于尔根·哈贝马斯对哲学的扬弃》(*Jürgen Habermas' Aufhebung der Philosophie*)，卷号：24，附刊第 8 期。这位接近明斯特里特尔学派的哲学家的评论重点在于，尝试探讨哈贝马斯的"批判"、"乌托邦"（支配自然，与自然的和解，非强制性）、"解放"和"对话"等概念。早已告别了作为类的人（Menschengattung）是世界历史的主体这一观念的哈贝马斯，其著作的语言哲学和法哲学的进一步发展，或许并不理会茅尔的问题和异议，但这些问题和异议作为这一时期特有的批判类型，仍具有启发性。当然，称哈贝马斯早期对话理论与"马克思主义－列宁主义前卫理论"具有"相同结构"，则纯粹是挑衅的说法。（同上书，第 35 页）。

25 Deininger, "Befreiung – aber wie? Jürgen Habermas über Technik,Wissenschaft und Lebenspraxis"，刊载于 *FAZ*，1969 年 5 月 31 日。

26 Habermas 1968, *Technik und Wissenschaft als "Ideologie"*，第 159 页。

27 同上书，第 155 页。

28 同上书，第 160 页。

29 参阅 Apel 1971, "Szientistik, Hermeneutik, Ideologiekritik. Entwurf einer Wissenschaftslehre in erkenntnisanthropologischer Sicht" 刊载于 *Hermeneutik und Ideologiekritik*, 第 7-44 页；作者同上，1998, *Auseinandersetzungen in der Erprobung des transzendentalpragmatischen Ansatzes,* 第 649-837 页。

30 Habermas 1973, *Erkenntnis und Interesse*, 引文出自添加了后记的第三版，第 400 页。

31 同上。

32 同上书，第 77 页。

33 同上书，第 85 页。

34 同上书，第 344 页。

35 同上书，第 348 页以下。

36 卡尔－奥托·阿佩尔写于 1968 年 11 月 2 日的信，尼克拉斯·卢曼写于 1969 年 1 月 2 日的信。两封信均保存在 Bestand Na 60,Vorlass Jürgen Habermas, Archivzentrum der Universitätsbibliothek J.C. Senckenberg, Frankfurt/M.。

37 同上书，第 367 页。

38 同上书，第 411 页。

39 *DER SPIEGE*，1973 年 5 月 28 日第 22 期，第 141 页以下；*DER SPIEGEL*，1973 年 6 月 18 日第 25 期。

40 Habermas 2000, "Nach dreißig Jahren. Bemerkungen zu Erkenntnis und Interesse"，刊载于 Müller-Doohm, 2000, *Das Interesse der Vernunft*, 第 12-20 页。

41 Habermas 1990, *Vergangenheit als Zukunft*, 第 65 页。

42 Habermas 1969, *Protestbewegung und Hochschulreform*, 第 104 页。

43 Habermas 1973, *Erkenntnis und Interesse*, 第 344 页；也参阅 1968, "TechnischerFortschritt und soziale Lebenswelt"，刊

载于 *Technik und Wissenschaft als "Ideologie"*，第 104–119 页。

44 极为迫切的改革未得到应有的重视，这一经验是这代人的行动理由之一，而抗议运动的主力军就是这代人。"作为在阿登纳时代成长起来，认真对待，也就是相信政治教育提案和时代意识形态的新生代，开始摆脱现状：他们没有太多父母一代所承受的内心负担，不用去遗忘德国分裂和纳粹历史，他们回忆。就此而言，1940 年及之后年份出生的人，是另一种意义上的新一代。"（Brückner 1978, *Versuch, uns und anderen die Bundesrepublik zu erklären*, 第 151 页。）扬 – 维尔纳 · 米勒（Jan-Werner Müller）通过对 1968 年运动的分析得出结论，该运动的政治目的是首要的："直接民主应取代 1945 年后欧洲精英赞同的极其谨慎的、有限的民主概念。…… 68 年世界学生运动的重要价值，甚至核心概念是自治概念。……自治——作个体以及集体自决之理解——与战后由技术官僚和政治官僚主导的世界形成鲜明对照。"（Müller 2013, *Das demokratische Zeitalter*, 第 300、313 页。）

45 参阅 Kraushaar（出版）1998, *Frankfurter Schule und Studentenbewegung*, 第 1 卷，第 226、228 页。

46 同上书，第 239 页。

47 同上书，第 216 页。

48 这个国家，其先锋在 1933~1945 年把欧洲变成了一个集中营，宣布谋杀少数群体是良好的社会行为，对这样一个国家的政府行政机关还能有别的指望吗？（Brückner 1978, *Versuch, uns und anderen die Bundesrepublik zu erklären*, 第 153 页。）

49 Haffner 1967, "Nacht der langen Knüppel. Der 2. Juni 1967 – ein geplanter Pogrom"，刊载于 *Stern*，1967 年 6 月，第 26 期。也参阅纪实，*Kursbuch*，1968 第 12 期 "Der nicht erklärte Notstand. Dokumentation und Analyse eines Berliner Sommers"。

50 参阅 Richter 2008, "Die Außerparlamentarische Opposition in der Bundesrepublik Deutschland 1966 bis 1968"，刊载于 Gilcher-Holtey 2008, 1968。*Vom Ereignis zum Mythos*, 第 47–74 页。

51 Habermas 1969, *Protestbewegung und Hochschulreform*, 第 141 页。参阅 Fichter/Lönnendonker 1977, *Kleine Geschichte des SDS*, 第 106–110 页，另外也参阅汉斯 · 迪特 · 米勒和君特 · 霍曼（乌尔姆艺术造型学院电影造型系，1967）执导的影片《喧闹》，哈贝马斯《抗议运动与高校改革》2008 年特别版附电影 CD。

52 Habermas 1969, *Protestbewegung und Hochschulreform*, 第 145 页以下。

53 Fichter/Lönnendonker 1977, *Kleine Geschichte des SDS*, 第 107 页。

54 同上书，第 148 页。

55 Negt 1968, "Studentischer Protest – Liberalismus – Linksfaschismus"，刊载于 *Kursbuch*, 第 13 期，第 182、187、189 页。

56 Offe 2005, "Die Bundesrepublik als Schattenriß zweier Lichtquellen"，刊载于 *Ästhetik und Kommunikation*, 卷号：36, 期号：129, 第 153 页。

57 Habermas 1981, *Kleine Politische Schriften I–IV*, 第 519 页。.

58 前文提及信件保存在 Archiv der Universität Frankfurt/M。

59 Mitscherlich-Archiv, Archivzentrum der Universitätsbibliothek J.C. Senckenberg, Frankfurt/M..

60 哈贝马斯 1967 年 9 月 7 日给海德·施耐德的信。Bestand Na 60,Vorlass Jürgen Habermas, Archivzentrum der J.C. Senckenberg Universitätsbibliothek, Frankfurt/M..

61 参阅 Neumann 1996, *Uwe Johnson*, 第 626 页以下。

62 Habermas 2000: “Und dann erfuhr ich die philosophische Produktivität des weiblichen Blicks”，刊载于 *DU* 第 10 期，第 53 页。

63 1966 年 3 月 9 日和 3 月 21 日写给派施克的信，Deutsches Literaturarchiv Marbach, Handschriftenabteilung, Mappe 3。参阅 Habermas 1981, *Philosophisch-politische Profile*, 第 223-228 页。Canovan 1983, *“A Case of Distorted Communikation”*，刊载于 *Political Theory* 11/1, 第 105-116 页。

64 Habermas 1969, *Protestbewegung und Hochschulreform*, 第 170 页。

65 Pol, “Die Proteste der Studenten. Ein Vortrag des Frankfurter SoziologieProfessors Jürgen Habermas in New York”，刊载于 *FAZ*，1967 年 12 月 5 日。

66 Bestand Na 60, Vorlass Jürgen Habermas, Archivzentrum der Universitätsbibliothek J.C. Senckenberg, Frankfurt/M..

67 哈贝马斯 1968 年 3 月 14 日给梅尔森的信。Bestand Na 60, Vorlass Jürgen Habermas, Archivzentrum der Universitätsbiliothek J.C. Senckenberg, Frankfurt/M..

68 鲁迪·杜奇克将于 1979 年圣诞前夕死于暗杀后遗症。

69 参阅 Kraushaar 1998, *Frankfurter Schule und Studentenbewegung*, 第 1 卷，第 338 页。Ingrid Gilcher-Holtey 2008 年出版的编年史对事件有很好的记载，*1968. Eine Zeitreise*；及同一作者（编）2008, *1968. Vom Ereignis zum Mythos*。

70 Enzensberger 1969, “Entrevista”, 刊载于 *Jahrbuch für Deutsche Gegenwartsliteratur*, 第 4/73 卷，莱因霍德·格林（Reinhold Grimm）和赫尔曼·约斯特出版，第 122-130 页。亚历山大·克鲁格以无与伦比的方式记录了“政治大学的日子”，以及在黑森广播公司直播大厅和贝蒂娜中学的活动。Kluge 2000, *Chronik der Gefühle*, 第 II 卷，第 204-241 页。

71 *BILD*，1968 年 2 月 7 日。

72 Bestand Na 60, Vorlass Jürgen Habermas, Archivzentrum der Universitätsbibliothek J.C. Senckenberg, Frankfurt/M.

73 参阅 Habermas 1969, *Protestbewegung und Hochschulreform*, 第 248 页。

74 同上书，第 196 页。

75 同上书，第 199 页。

76 *Die Linke antwortet Jürgen Habermas 1968*，该书作者有阿本德罗特、布吕克纳、策鲁提、多尔纳、克里彭道夫、赫伯特·莱德雷尔（Herbert Lederer）、沃尔夫冈·列弗尔（Wolfgang Lefèvre）、麦施卡特、耐格特、安赫尔姆·诺伊聚（Arnhelm Neusüss）、奥佛、拉姆特·莱西、克劳斯·罗斯豪森（Claus Rolshausen）、赫尔穆特·绍尔（Helmut Schauer）及弗兰克·沃尔夫（Frank Wolf）。

77 同上书，第 18 页。

78 同上书，第 20 页。

79 同上书，第 63、66 页。

80 同上书，第 39 页。

81 同上书，第 63、66 页。

82 同上书，第 91 页。

83 同上书，第 109 页。

84 同上书，第 202、207 页。

85 *DER SPIEGEL* ，1969 年 2 月 24 日，第 9 期，第 146 页。

86 Kraushaar 1998, *Frankfurter Schule und Studentenbewegung*, 第 2 卷，第 465 页以下。

87 Unseld 2010, *Chronik*, 第 1 卷，1970, 第 25 页。

88 同上书，第 22-96 页，该处见第 29 页。卡尔海因茨·布朗在他参与撰写的《审稿人大事记》（*Chronik der Lektoren*）中写道："而我读了温塞德写的所谓'审稿人造反'的《冲突始末》，感觉似乎那是别人的生活。似乎是一个陌生人说了那些话，做了那些事。似乎这次臭名昭著的'审稿人造反'发生时我不在场。我虽是其中一员，但并非温塞德描绘的那种角色。据说，我说过'是时候没收苏尔坎普出版社了'（据传，把这话密告给温塞德的玛丽安娜·弗里施 [Marianne Frisch] 激烈否认此事）这样的话。那时，'没收施普林格'是一个流行口号，出于政治原因的没收——可为什么要没收苏尔坎普出版社？据说，我还（和其他审稿人）作为自我任命的精英凌驾于出版社其他员工之上，自私自利地主张自己的利益？温塞德就是企图让其他员工反对审稿人，这太明显不过了。那我岂不是让那些把运转良好的出版社当成生存保障，甚至当成家的作者们也惶恐不安吗？出版人就是这么认为的。那时我一定是另外一个人。"（Boehlich/Braun/Reichert/Urban/Widmer 2011,*Chronik der Lektoren*, 第 60 页。参阅桑德拉·凯格尔 [Sandra Kegel]2010 年 10 月 16 日在《法兰克福汇报》发表的有关温塞德大事记的书评。）

89 Boehlich/Braun/Reichert/Urban/Widmer 2011, Chronik der Lektoren, 第 98 页。

90 Unseld 2010, *Chronik*, 第 1 卷，1970, 第 32 页。

91 *DER SPIEGEL* ，1969 年 4 月 28 日，第 18 期，第 210 页。

92 Haffner, "Apropos Habermas"，刊载于 *Konkret*, 1969 年 6 月 16 日，第 13 期，第 54 页。

93 Korn, "Der radikale Reformist"，刊载于 *FAZ* ，1969 年 6 月 14 日，第 77 页。

94 Oevermann 2010, "Der Gegenbegriff zur Natur ist nicht Gesellschaft, sondern Kultur"，刊载于 Herrschaft/Lichtblau（编），*Soziologie in Frankfurt*, 第 373 页。

95 Habermas 1969, *Protestbewegung und Hochschulreform*, 第 245-248 页。

96 Kraushaar 2008, "Ein Seminar im Brennspiegel der Ereignisse"，刊载于 *Mittelweg 36*, 第 1-11 页。

97 Habermas 1969, *Protestbewegung und Hochschulreform*, 第 245-248 页。该处见第 247 页以下。

98 Verheyen 2007, "Diskussionsfieber. Diskutieren als kommunikative Praxis in der westdeutschen Studentenbewegung"，刊载于 Klimke/Scharloth, *Handbuch 1968*, 第 214 页；也参阅 Zoller（d.i. Peter Zollinger）（编）1970, *Aktiver Streik. Dokumentationen zu einem Jahr Hochschulpolitik am Beispiel der Universität*

Frankfurt, 第 29–30 页。

99 哈贝马斯 1969 年 5 月 5 日写给马尔库塞的信，Bestand Na 3, Nachlass Herbert Marcuse, Archivzentrum der Universitätsbibliothek J.C. Senckenberg, Frankfurt/M.。

100 Jäger, "Komödie der Weisheiten"，刊载于 *FAZ*，1998 年 5 月 30 日。1992 年 11 月 1 日，洛伦茨·耶格尔（Lorenz Jager）写信给哈贝马斯，请他为一本关于行动主义者伊姆霍夫的书写一篇文章。哈贝马斯 1992 年 11 月 6 日回信拒绝稿约，他在信中写道："在那些讲堂里鸡蛋和鞭炮四处乱飞的日子，我唯一一次感到受伤害，就是被伊姆霍夫先生恶意侮辱的时候。这恐怕不是为这样一本纪念文集写文章的恰当理由。"（Bestand Na 60,Vorlass Jürgen Habermas, Archivzentrum der Universitätsbibliothek J.C. Senckenberg, Frankfurt/M..）

101 Vorlass Habermas, Starnberg.

102 Habermas 1968, *Antworten auf Herbert Marcuse*, 第 16 页。

103 Habermas 1981, *Philosophisch-politische Profile*, 第 170 页。

104 Habermas 1985, *Die Neue Unübersichtlichkeit*, 第 168 页。

105 Habermas 1981, *Philosophisch-politische Profile*, 第 170 页。

106 Habermas 1981, *Kleine Politische Schriften I–IV*, 第 488 页以下。

107 Habermas 1981, *Philosophisch-politische Profile*, 第 119 页。

108 哈贝马斯认为，言语行为是人们通过说出一个句子而实施的行为。因此语言表达本身就是一种用来建立人际关系的行为。

109 Habermas 1971, *Theorie der Gesellschaft oder Sozialtechnologie*, 第 201 页。

110 "Oft fehlen uns die Worte,um zu sagen,was wir fühlen; und das wiederum rückt die Gefühle selbst in ein fragwürdiges Licht."（Habermas 1981, *Theorie des kommunikativen Handelns*, 第 1 卷，第 139 页。）

111 *Merkur* 264, 1970, 第 313 页。发表于《水星》的评论标题为《模仿的实体性》，再版刊载于 Habermas 1981, *Philosophisch-politische Profile*, 第 107–140 页。在对 1970 年的这场论争的批评性评论中，沃尔夫·勒佩尼斯指出，在盖伦那里，人类学、制度理论和伦理学谋划（etischer Entwurf）是一种变化了的关系，这一点虽得到哈贝马斯的证实，但并非其分析的重点。"对盖伦来说，'伦理学'从制度理论转变为人类学意义深远，而对哈贝马斯来说，求助于人类学本身就已具有了这样的意义。……哈贝马斯……自己开始着手人类学的谋划。"盖伦已经放弃了生物学上的努力，而哈贝马斯发展出了非强制性交往乌托邦。（Lepenies 1971, "Anthropologie und Gesellschaftskritik"，刊载于 Lepenies/Nolte, *Kritik der Anthropologie*, 第 77–102 页，该处见第 85 页以下。）受到哈贝马斯《水星》上的文章触发，奥格斯坦在《明镜》周刊（1970 年第 23 期）发表题为《我们那些能说会道的年轻人：阿诺德·盖伦的反智主义科学》的文章，表达自己的看法。吕迪格·阿尔特曼和玛格丽特·鲍沃瑞（Margret Bover）分别在《水星》第 266、267 期阐述自己的见解。在 1970 年 6 月 17 日写给哈贝马斯的信中，舍尔斯基详细解释了他对盖伦《道德和超道德》一书的批评态度——总之，最终结果是他疏远了作者。他让舍尔斯基想到，非强制性交往模式可具体化为根植于家庭的博爱伦理。此外他还捍卫哈贝马斯的伦理观，反对左翼知识界的指责。舍尔斯基写道："走笔至此，我要谈谈在我看来您分析中的唯一错误：您宣称您的立场是'左翼知识分子'立场，这样一来您最终又接受了在立场上站队，而这正是盖伦等人欲逼迫您做的。您自己的伦理观，承袭着康德、谢林、黑格尔，甚至马克斯·韦伯（！）的思想，致力于反对盖伦的伦理观，以一种预设的非制度化的、不受约束和强制的、自发的人与人之间的相互对话（Ich und Du）关系攀上了理论高峰，您不可能宣称您的这种伦理观为'左的'，甚至独占它，同时又不低估它。如果您是'左翼'，那么是出于政治原因，在此姑且不表。"（Universitäts- und Landesbibliothek Münster, Nachlass Schelsky, 16,012 und 16,015.）哈贝马斯 1970 年 7 月 9 日在给舍尔斯基的回信中写道："我完全同意您的观点，即人类学的起始条件是应持续去领悟的常量。当然我会区分语言和象征性组织的行为类型，如劳动和相互作用，并将相应的意识形成作为文化系统新属性和属于自然历史遗产的生物禀赋的特征，借助文化普遍性在新的生活组织层面上去加以理解。"（Bestand Na 60,Vorlass Jürgen Habermas, Archivzentrum der Universitätsbibliothek J.C. Senckenberg, Frankfurt/M..）

112 Altmann 1970, "Brüder im Nichts? Zur Auseinandersetzung Jürgen Habermas' mit Arnold Gehlens Ethik"，刊载于 *Merkur 266,* 第 577–582 页。

113 意指资产阶级右翼知识精英对 1968 年文化革命的"喋喋不休的控诉"。"个人安乐腐蚀了甘冒风险的意愿，一切关乎社会福利的东西腐蚀了伟大的政治，社会利益腐蚀了国家的实质。"（Habermas 1981, *Philosophisch-politische Profile*, 第 121 页。）

114 同上书，第 114 页。

115 同上书，第 115 页以下，第 117 页。

116 同上书，第 117 页。

117 Habermas 1981, *Kleine Politische Schriften I–IV*, 第 525 页。

118 Wellershoff 2008, *Zwischenreich. Gedichte*, 第 36 页。这首写于 1971 年的诗无题。

第六章　在社会科学研究的象牙塔中

1 Habermas 1984, *Vorstudien und Ergänzungen zur Theorie des kommunikativen Handelns*, 第 7 页。

2 Kraushaar 1998, *Frankfurter Schule und Studentenbewegung,* 第 2 卷，第 718 页。

3 Hammerstein 2012, *Die Johann Wolfgang Goethe-Universität Frankfurt am Main,* 第 803 页以下。

4 Bestand Na 60, Vorlass Jürgen Habermas, Archivzentrum der Universitätsbibliothek J.C. Senckenberg, Frankfurt/M..

5 Weizsäcker 1981, *Der bedrohte Friede*, 第 464 页，也请参阅第 472 页。

6 哈贝马斯 1971 年 4 月 22 日给霍克海默的信，Bestand Na 1, Nachlass Max Horkheimer, Archivzentrum der Universitätsbibliothek J.C. Senckenberg, Frankfurt/M.。

7 哈贝马斯 1971 年 4 月 14 日给马尔库塞的信，Bestand Na 3, Nachlass Herbert Marcuse, Archivzentrum der Universitätsbibliothek J.C. Senckenberg, Frankfurt/M.。

8 马尔库塞 1971 年 4 月 23 日给哈贝马斯的信，Bestand Na 3, Nachlass Herbert Marcuse, Archivzentrum der

Universitätsbibliothek J.C. Senckenberg, Frankfurt/M.。

9 哈贝马斯 1970 年 5 月 29 日给奥佛的信，Bestand Na 60,Vorlass Jürgen Habermas, Archivzentrum der Universitätsbibliothek J.C. Senckenberg, Frankfurt/M.。

10 提到的人名在所引用信件的第 5 页。

11 Offe 2005, "Die Bundesrepublik als Schattenriß zweier Lichtquellen"，刊载于 *Ästhetik und Kommunikation*, 卷号：36, 期号：129, 第 152 页。

12 哈贝马斯 1971 年 12 月 16 日给维尔默的信，Bestand Na 60, Vorlass Jürgen Habermas, Archivzentrum der Universitätsbibliothek J.C. Senckenberg, Frankfurt/M.。

13 在维尔默 1994 年 9 月 26 日给哈贝马斯的一封详细信函中，他谈到两人尽管在大多数问题上意见一致，但在一些问题上存在实质性分歧。参阅 Wellmer 1986, *Ethik und Dialog*, 第 VII 章及第 VIII 章, 第 51-102 页；还可参阅以下著作，作者同上，2004, *Sprachphilosophie*, 第 228 页以下。

14 Kraushaar 1998, *Frankfurter Schule und Studentenbewegung*, 第 2 卷，744 页以下。

15 1971 年 8 月 9 日，哈贝马斯与马克斯・普朗克科学促进协会签署合同。根据下萨克森州工资法，他的年薪加全部津贴共计为 63019.92 马克。合同第 7 条规定："在遵守 6 个月预告解约通知期限的情况下，哈贝马斯先生有权在半年结束时的任何时间终止雇佣关系。"

16 该协议出自温塞德和哈贝马斯这一时期的通信，信件由彼得・苏尔坎普基金会收藏，现保存在马尔巴赫德国文学档案馆。

17 Hilmer/Sattler 2000, *Bauten und Projekte*, 第 77-82 页。

18 Padilla 1971, *Außerhalb des Spiels*, 第 111 页。

19 参阅 Unseld 2013, *Chronik*, 第 2 卷，1971。乌尔丽克・安德斯、莱蒙德・费林格、卡塔琳娜・卡杜克编，第 395 页以下。

20 该演讲稿 1972 年收入温塞德编的会议文集初次发表；参阅 Habermas 1972, "Bewußtmachende oder rettende Kritik – die Aktualität Walter Benjamins"，刊载于 Unseld（编）1972, *Zur Aktualität Walter Benjamins*, 第 173-224 页；同一作者，1981, *Philosophisch-politische Profile*, 第 336-376 页。再版：Habermas 2006, *Politik, Kunst, Religion. Essays über zeitgenössische Philosophen*, 第 48-95 页。时隔 20 年后，《时代周报》1994 年 9 月 2 日刊登了一篇与本雅明有关的书评，是哈贝马斯对同年出版的阿多诺和本雅明的往来书信集的评论。他援引肖勒姆，谈到本雅明的"形而上学的天才"，谈到他"既充满希望又神秘难测的思想姿态"，谈到他未完成的巴黎拱廊街研究计划。"阿多诺对之倾注的热情期望，具有投射性，而且是在这个词的双重意义上。他毫不夸张和虚饰地期待本雅明履行'交付给我们的这个第一哲学使命'和提供'能以哲学的方式言说的关键话语'。"不过，阿多诺对本雅明在已经过时的东西中救赎本源的意图提出了批评。"阿多诺不可能诉诸一种可能将自身所属的现代性陷于错误的本源。"在哈贝马斯看来，阿多诺对哲学传统和辩证思想主张更熟稔，较之堆砌拼接引文的本雅明，他坚持从理论上吃透材料，而另一方面，他以神学方法对从那里吸收的思辨思想去芜存菁，以把它变成一种否定的历史哲学。"

21 参阅 Neumann 1996, *Uwe Johnson*, 第 661 页以下。Janßen, "Walter Benjamin80 – Eine würdige Geburtstagsfeier

in Frankfurt”，刊载于 *DIE ZEIT*，1972 年 7 月 7 日。

22 Habermas 2010, “Kultur des Gegenwartssinns”，刊载于 *DU 803*, 1/2 月号，第 36–39 页。

23 谈到从审美角度与自然的和解，哈贝马斯接受了本雅明的观点，即艺术是“满足某些需求——那些在资产阶级社会物质生活过程中似乎不正当的需求——的自留地：我是指模仿地与自然，外部自然及自身生命，打交道的需求；对团结共存的需求；甚至对体验交往的喜悦的需求，那种摆脱了目的理性，充满想象、留有余地、行为自发的需求”。（Habermas 1973, *Kultur und Kritik*, 第 318 页。）

24 Habermas 1972, “Bewußtmachende oder rettende Kritik – die Aktualität Walter Benjamins”，刊载于 Unseld（编）1972, *Zur Aktualität Walter Benjamins*, 第 219 页；作者同上，1981, *Philosophisch–politische Profile*, 第 375 页。

25 Habermas 1972, “Bewußtmachende oder rettende Kritik – die Aktualität Walter Benjamins”，刊载于 Unseld（编）1972, *Zur Aktualität Walter Benjamins*, 第 220 页；作者同上，1981, *Philosophisch–politische Profile*, 第 375 页。

26 哈贝马斯 1973 年 1 月 27 日给温塞德的信。Bestand Na 60,Vorlass Jürgen Habermas, Archivzentrum der Universitätsbibliothek J.C. Senckenberg, Frankfurt/M.. 温塞德答应给哈贝马斯提供贷款，不过哈贝马斯后来没有接受这笔贷款。

27 引文出自哈贝马斯 2013 年 1 月 22 日被授予慕尼黑文化荣誉奖时的讲话，题目为《近距离地看》（*Aus der nahen Entfernung*）。文章重印：Habermas 2013, *Im Sog der Technokratie*, 第 189–193 页。

28 对施塔恩贝格马克斯·普朗克科技世界生活条件研究所变化不定的发展状况，历史学家阿丽亚娜·莱恩德茨（Ariane Leendertz）进行了详细研究，并对许多文件，如往来信函、工作文件、文件备注、研究所档案室保存的记录报告做了评估。参阅 Leendertz 2010, *Die pragmatische Wende. Die Max–Planck–Gesellschaft und die Sozialwissenschaften,* 特别是第 14–50 页；也参阅前魏茨泽克小组成员米夏埃尔·德理施纳（Michael Drieschner）的回顾（1996），“Die Verantwortung der Wissenschaft”，刊载于 Fischer/Seising（编），*Wissenschaft und Öffentlichkeit*, 第 173–198 页。

29 Michael Haller, “Habermas in Starnberg”，刊载于 *National–Zeitung Basel*，1974 年 1 月 19 日。

30 Habermas 1968, *Technik und Wissenschaft als “Ideologie”*，第 114 页。

31 Habermas 1981, *Kleine Politische Schriften I–IV*, 第 527 页以下。

32 Habermas 1973, *Legitimationsprobleme im Spätkapitalismus*, 第 7 页。

33 同上书，第 103 页。

34 同上书，第 70 页。

35 谈到在相互依存的世界社会中全球经济的严重问题和“税收国家向债务国家的转变”，2013 年哈贝马斯在《德国与国际政治》杂志上讲道，“对奥佛和我 70 年代早期发展的危机理论的合理的批判，是出发点。当时占主导地位的凯恩斯主义者对宏观调控的乐观使我们相信，政治主导的经济危机的潜在因素，会变成向不堪重负的国家机器发出的矛盾的命令和资本主义文化矛盾（正如几年后丹尼尔·贝尔所说的那样），而这会表现为合法性危机的形式。今天我们遇到的（还？）不是合法性危机，而是真正的经济危机。正是新自由主义改革政策导致，而不是遏止了经济危机的发生，这种政策使社团主义的讨价还价压力缓解，放松了市场管制”。（Habermas 2013,“Demokratie oder Kapitalismus?”，刊载于 作者同上，2013, *Im Sog der Technokratie*, 第 138–157 页，该处见第 138 页以下。着重号为原文所有。）

36 Habermas 1973, *Legitimationsprobleme im Spätkapitalismus*, 第 99 页。

37 在 1975 年于杜伊斯堡举行的政治学家大会上，亨尼斯和哈贝马斯作为对手拉开了辩论的帷幕。参阅 Kielmansegg（编）1976, *Legitimationsprobleme politischer Systeme. Tagung der Deutschen Vereinigung für Politische Wissenschaft in Duisburg*; Schlak 2008, *Wilhelm Henni. Szenen einer Ideengeschichte der Bundesrepublik*, 第 163 页以下；Schlak/Hacke 2008,“Der Staat in Gefahr”，刊载于 Geppert/Hacke（编），*Streit um den Staat. Intellektuelle Debatten in der Bundesrepublik 1960–1980*, 第 188–206 页。

38 Hennis 1976,“Legitimität. Zu einer Kategorie der bürgerlichen Gesellschaft”，刊载于 Kielmansegg,（编）1976, *Legitimationsprobleme politischer Systeme*, 第 1–38 页；也参阅 Hennis 2000, *Politikwissenschaft und politisches Denken*, 第 250–288 页。

39 亨尼斯尖锐批评哈贝马斯基于对话理论的民主概念不现实，因为它旨在实现自决和参与。亨尼斯应用哈贝马斯的说法批评道，“‘重大的政治决策’都必须经过民主的意志形成过程，是过于简单化的糟糕的扶手椅哲学，但出自像哈贝马斯这样一位如此有影响力的作者笔下，就是不负责任”。（Hennis 1976,“Legitimität. Zu einer Kategorie der bürgerlichen Gesellschaft”，刊载于 Kielmansegg［编］1976, *Legitimationsprobleme politischer Systeme*, 第 33 页。）

40 同上书，第 16 页。

41 同上书，第 28 页。

42 哈贝马斯不仅仅针对亨尼斯的批评为自己关于晚期资本主义危机趋势的观点辩护。20 世纪 70 年代中期，主要由沃尔夫冈·法赫（Wolfgang Fach）发起的关于政治合法性的争论，重点并非资本主义和危机理论，而是哈贝马斯的在对话实践中检验和兑现有效性要求理论模型的可信性。参阅 Habermas 1976, *Zur Rekonstruktion des Historischen Materialismus*, 第 329 页以下；Fach 1974,“Diskurs und Herrschaft – Überlegungen zu Habermas' Legitimationslogik”，刊载于 *Zeitschrift für Soziologie*, 卷号：3, 期号：3, 第 221–228 页；Fach/Degen（编）1978, *Politische Legitimität*。

43 Habermas 1976, *Zur Rekonstruktion des Historischen Materialismus*, 第 278 页。

44 同上书，第 291 页。

45 Weizsäcker 1981, *Der bedrohte Friede. Politische Aufsätze 1945–1981*, 第 472 页。

46 2009 年 5 月 18 日与克劳斯·奥佛的谈话；2011 年 5 月 11 日与君特·弗朗肯贝格的谈话。

47 参阅 Habermas 1976, Zur Rekonstruktion des Historischen Materialismus, 第 49–62 页。

48 Schmidt/Altwicker（编），*Max Horkheimer heute: Werk und Wirkung*, 第 163–180 页。也请参阅 Habermas 1991, *Texte und Kontexte*, 第 91–109 页。

49 Habermas 1981, *Kleine Politische Schriften I–IV*, 第 420 页。

50 “排除激进人士决议”是联邦总理勃兰特和各州政府首脑 1972 年 1 月通过的一项共同决议。后来勃兰特称这项决议是个错误。Brandt 1986, “… *wir sind nicht zu Helden geboren*”, *Ein Gespräch über Deutschland mit Birgit Kraatz*。

51 哈贝马斯 1973 年 6 月 15 日致汉斯·迈耶的信。Bestand Na 60, Vorlass Jürgen Habermas, Archivzentrum der Universitätsbibliothek J.C. Senckenberg, Frankfurt/M. 按照原文拼写。

52 Habermas 2008, *Ach, Europa*, 第 24 页。参阅 Woessner 2011, *Heidegger in America*; Wolin 2001, *Heidegger' s Children*。

53 “Sie werden nicht schweigen können.”，刊载于 *DIE ZEIT*，1974 年 9 月 13 日，第 22 页。

54 参阅 Döbert/Habermas/Nunner-Winkler（编）1977, *Entwicklung des Ichs*, 第 9-30 页；Habermas 1973, “Notizen zum Begriff der Rollenkompetenz”，刊载于 作者同上，*Kultur und Kritik*, 第 195-231 页。也请参阅哈贝马斯根据 1968/69 冬季学期的“青少年犯罪社会学”和 1969 年夏季学期的“全控机构”研讨课所写的文章。参阅 Habermas-Arbeitskreis 1972, *Jugendkriminalität und Totale Institutionen*. 两门研讨课使用的材料。

55 苏尔坎普出版社出的两本书：Böhme/van den Daele/Krohn 等 1978, *Die gesellschaftliche Orientierung des wissenschaftlichenFortschritts*; Guldimann/Rodenstein/Rödel/Stille 1978, *Sozialpolitik als soziale Kontrolle*; Ronge 1979, *Bankenpolitik im Spätkapitalismus*; Fey u.a. 1980, *Strukturveränderungen in der kapitalistischen Weltgesellschaft*。

56 Habermas 1976, *Zur Rekonstruktion des Historischen Materialismus*, 第 44 页。

57 同上书，第 248 页。

58 同上书，第 162 页以下。

59 Habermas 1984, *Vorstudien und Ergänzungen zur Theorie des kommunikativen Handelns*, 第 192 页。“我同意皮亚杰的观点”，哈贝马斯 1974 年在呈交的施塔恩贝格工作文件，当时尚未完成的《人际互动能力发展笔记》中阐述道，“这种认知、语言和行为能力的一般结构，是主体通过建设性地同时适应性地与周围环境打交道形成的，在这个过程中，周围环境被区分为外在自然、语言和社会”。（同上书，第 191 页以下。）

60 Habermas 1976, *Zur Rekonstruktion des Historischen Materialismus*, 第 194 页。

61 同上书，第 235 页。

62 同上书，第 35 页。

63 *DER SPIEGEL*，1977 年 9 月 19 日，第 227-239 页。

64 作者采访笔记。

65 Frisch 1986, *Gesammelte Werke in zeitlicher Folge*, 第 6 卷，第 595 页。

66 Habermas 1981, *Kleine Politische Schriften I-IV*, 第 340-363 页。

67 同上书，第 333 页。

68 Wehler 2008, *Deutsche Gesellschaftsgeschichte 1949-1990*, 第 319 页；参阅 Herles 2008, *Neurose D*, 第 158 页以下。

69 Kraushaar 2006, “Der nichterklärte Ausnahmezustand. Staatliches Handeln während des sogenannten Deutschen Herbstes”，刊载于 同一作者（编）2006, *Die RAF und der linke Terrorismus*, 第 2 卷，第 1011-

1025 页，该处见第 1023 页。

70 同上书，第 1021 页。

71 Habermas 1985, *Die Neue Unübersichtlichkeit*, 第 180 页以下。

72 Habermas 1990, *Die nachholende Revolution*, 第 22 页。

73 参阅 Bering 2010, *Die Epoche der Intellektuellen*, 第 406–444 页。

74 在政治前台，行政机关不经宣布实施了紧急状态，伴随着公开的"象征性内战，就纳粹主义遗产给当代联邦德国带来的后果爆发了激烈争论。反法西斯主义和反极权主义归根结底是相互排斥的历史形象。在反法西斯主义者眼中，联邦德国政治和经济职能部门精英保持了纳粹历史的延续性，与此类似，从反极权主义的角度看，红军旅恐怖分子是'希特勒的子孙'，即纳粹历史在当代的代表"。在许多社会领域都爆发了这种尖锐对立、不可调和的争论"。（Dubiel 1999, *Niemand ist frei von der Geschichte*, 第 147 页；参阅 Müller 2013, *Das demokratische Zeitalter*, 第 289–339 页，特别是第 338 页。）

75 Bestand Na 60, Vorlass Jürgen Habermas, Universitätsbibliothek J.C. Senckenberg, Frankfurt/M..

76 据《明镜》周刊 1977 年 5 月 2 日报道，半数联邦德国公民赞同重新引入死刑。35000 人在一份重新引入死刑的请愿书上签名。参阅 Dubiel 1999, *Niemand ist frei von der Geschichte,* 第 145–182 页。

77 Habermas 1981, *Kleine Politische Schriften I–IV*, 第 372 页。

78 同上书，第 379 页。

79 同上书，第 378f 页。

80 同上书，第 388 页。

81 引文出处同上，第 389 页。

82 同上书，第 393 页。

83 参阅 Kailitz 2007, *Von den Worten zu den Waffen. Frankfurter Schule, Studentenbewegung, RAF und Gewaltfrage*, 第 190 页以下，特别是第 199 页。

84 Habermas 1981, *Kleine Politische Schriften I–IV*, 第 402 页。

85 Bestand Na 60, Vorlass Jürgen Habermas, Archivzentrum der Universitätsbibliothek J.C. Senckenberg, Frankfurt/M..

86 参阅 Bering 2010, *Die Epoche der Intellektuellen*, 第 406–444 页。

87 *Neue Rundschau*，1978 年第一季度，卷号：89，第 142–147 页。

88 *DIE ZEIT* 1978 年 10 月 13 日；参阅 Habermas 1981, *Kleine Politische Schriften I–IV*, 第 367–406 页。哈贝马斯是致信《时代周报》编辑部力挺拉达茨的人之一，拉达茨因在一篇为法兰克福书展写的文章中的错误引用被解职。参阅 Raddatz 2010, *Tagebücher 1982–2001,* 第 93 页以下。

89 *DIE ZEIT*，1978 年 10 月 13 日。

90 参阅 Brückner 1977, *Die Mescalero–Affäre: ein Lehrstück für Aufklärung und politische Kultur*。《悼文》作者，德语老师克劳斯·胥尔布洛克（Klaus Hülbrock），2001 年在《日报》承认了自己的作者身份。

91 Habermas 1981, *Kleine Politische Schriften I–IV*, 第 442 页；也参 Krovoza/Oestmann/Ottomeyer（编）1981,

Zum Beispiel Peter Brückner, 第 13–14 页；Spiller 2006, “Der Sympathisant als Staatsfeind. Die Mescalero-Affäre”，刊载于 Kraushaar（编）2006, *Die RAF und der linke Terrorismus*, 第 2 卷，第 1227–1259 页。

92 Frisch 1986, *Gesammelte Werke in zeitlicher Folge*, 第 7 卷，第 37 页。

93 Bestand Na 60, Nachlass Jürgen Habermas, Archivzentrum der Universitätsbibliothek J.C. Senckenberg, Frankfurt/M..

94 参阅 Habermas 2008, “Ich bin alt, aber nicht fromm geworden”，刊载于 Funken 2008（编），*Über Haberms. Gespräche mit Zeitgenossen*, 第 181、188 页。

95 Habermas et al. 1978, *Gespräche mit Herbert Marcuse*, 第 32 页。

96 同上书，第 37 页。

97 1975 年 10 月 24 日《德意志报》（*Deutsche Ieitung*）刊登的读者来信。

98 *Deutsche Zeitung*, 1975 年 9 月 3 日。

99 *DIE ZEIT*, 1977 年 12 月 3 日。

100 “Letter to Tito”，刊载于 *The New York Review of Books*, 1975 年 2 月 6 日。

101 Habermas 2007, “Begegnungen mit Gershom Scholem”，刊载于 *Münchner Beiträge zur jüdischen Geschichte und Kultur*, 2007 年第 2 期，第 15 页。

102 参阅 Habermas 1981, *Philosophisch-politische Profile*, 第 377–391 页。

103 同上书，第 379 页。

104 Habermas, “Wo bleiben die Liberalen?”，刊载于 *DIE ZEIT*，1978 年 5 月 5 日。

105 Bestand Na 60, Vorlass Jürgen Habermas, Archivzentrum der Universitätsbibliothek J.C. Senckenberg, Frankfurt/M..

106 *Merkur* 1979 年 7 月总第 374 期，第 648–665 页。文章扩展版刊载于 Bonß/Honneth（编）1982, *Sozialforschung als Kritik*, 第 87–126 页。

107 Bestand Na 60, Vorlass Jürgen Habermas, Archivzentrum der Universitätsbibliothek J.C. Senckenberg, Frankfurt/M..

108 Habermas 1989, “Über Titel,Texte und Termine oder wie man den Zeitgeist reflektiert”，刊载于 Habermas/Pehle（编）1989, *Der Autor, der nicht schreibt*, 第 4 页。

109 Bestand Peter Suhrkamp Stiftung, Frankfurt/M., Korrespondenz Siegfried Unseld, Deutsches Literaturarchiv Marbach.

110 参阅 Michalzik 2002, *Unseld*, 第 251 页以下。

111 哈贝马斯 1979 年 4 月 5 日、10 月 11 日及 1999 年 12 月 19 日给温塞德的信。Bestand Peter Suhrkamp Stiftung, Frankfurt/M., Korrespondenz Siegfried Unseld, Deutsches Literaturarchiv Marbach。

112 同上书，1979 年 4 月 5 日的信。

113 同上书，1979 年 10 月 15 日的信。

114 同上书，1979 年 12 月 15 日的信。

115 温塞德 1979 年 10 月 17 日和 12 月 3 日致哈贝马斯的信。Bestand Peter Suhrkamp Stiftung, Frankfurt/M., Korrespondenz Siegfried Unseld, Deutsches Literaturarchiv Marbach.

116 Habermas 2007, “Begegnungen mit Gershom Schole”，刊载于 *Münchner Beiträge zur jüdischen Geschichte und Kultur*, 2007 年第 2 期，第 9 页。关于生日庆祝会，温塞德在 1979 年 6 月 15~19 日的旅行日志中写道：“气氛温馨，主要是由于‘孩子们’，但对这样一个庆祝活动来说，则缺乏重点。肖勒姆在哪里，哪里就是核心，他控制着聊天话题的走向；我试着在马尔库塞、瓦尔泽、哈姆、鲍姆加特几人中间穿针引线——每人讲了自己出版的首部著作的故事。”关于次日在巴伐利亚霍夫酒店举行的酒会，他写道：“这是一次令人愉快的活动。我表示，举办酒会是为减轻乌特·哈贝马斯的负担，并向哈贝马斯保证，只要他愿意，苏尔坎普出版社就是他的生产基地，而且是以他希望的方式。他听懂了我的意思。”（Unseld 2010, *Reiseberichte*, 第 35 页。）

117 Habermas 2007, “Begegnungen mit Gershom Scholem”，刊载于 *Münchner Beiträge zur jüdischen Geschichte und Kultur*, 2007 年第 2 期，第 9 页。

118 Habermas 1979, *Stichworte zur “Geistigen Situation der Zeit”*，第 1 卷，第 9 页。

119 Habermas 1981, *Kleine Politische Schriften I-IV*, 第 426 页。

120 Habermas 1979, *Stichworte zur “Geistigen Situation der Zeit”*，第 1 卷，第 22-23 页。

121 参阅 *DIE ZEIT*，1976 年 4 月 16 日，*DER SPIEGEL*，1976 年 4 月 5 日，第 207 页。

122 也援引了与研究所科研人员克劳斯·奥佛和君特·弗朗肯贝格的私人谈话。后者自 1974 年起作为拥有博士学位的专业法律人在研究所理事会代表哈贝马斯负责的工作部门。

123 没有证据表明，迪尔克·贝克（Dirk Baecker）在《卢曼手册》中所说的人们曾考虑请尼克拉斯·卢曼担任施塔恩贝格研究所共同所长的说法可靠。参阅 Baecker 2012, “Niklas Luhmann: Der Werdegang”，刊载于 Jahraus/Nassehi 等（编），*Luhmann-Handbuch*, 第 1 页以下。

124 参阅 *DIE ZEIT*，1980 年 5 月 9 日，“Auf die Qualität kommt es an. Warum das Starnberger Institut nicht weitergeführt wird - Ein Gespräch mit Reimar Lüst”。吕斯特解释说：“也许我应当纠正一件事。在公开场合不断有人谈到关掉施塔恩贝格研究所，尤其是皮希特（Picht）先生。可实际上这只涉及冯·魏茨泽克先生负责的工作范围。哈贝马斯接手的工作领域会继续，而且范围扩大了。我们实际上创立了一个新的社会科学研究所，对外部而言，马普协会的纲领更明晰了。但这不是大学里通常所见的那种社会科学研究所，而是对大学研究工作的补充。”

125 参阅 Leendertz 2010, *Die pragmatische Wende*, S 29-44 页。

126 *Rheinischer Merkur*，1980 年 1 月 25 日，第 28 页。

127 哈贝马斯 1981 年 1 月 29 日给冯·魏茨泽克的信，Bestand Na 60,Vorlass Jürgen Habermas, Archivzentrum der Universitätsbibliothek J.C. Senckenberg, Frankfurt/M.。

128 Leendertz 2010, *Die pragmatische Wende. Die Max-Planck-Gesellschaft und die Sozialwissenschaften*, 第 46 页以下。

129 *DIE ZEIT*，1981 年 5 月 8 日，第 42 页。

130 Baumgart 2003, *Ein Leben in Deutschland 1929–2003*, 第 324 页以下。

131 同上书，第 326 页。在 1992 年 2 月 1 日给哈贝马斯的信中，鲍姆加特对“糊里糊涂”地葬送了十年的友谊表示惋惜。他承认，关于“这个恶毒的故事”自己也有份。1992 年 2 月 4 日，哈贝马斯回信说：“关于我们关系的尴尬现状，我与你有同感。已经过去这么长时间了，不会再去修补什么了，但也许能让事情回到正常轨道。”（Bestand Na 60,Vorlass Jürgen Habermas, Universitätsbibliothek J.C. Senckenberg, Frankfurt/M.）

132 Weizsäcker 2002, *Lieber Freund! Lieber Gegner! Briefe aus fünf Jahrzehnten*, 第 220 页。

133 Interview mit Karl–Siegbert Rehberg 2010, 原稿。

134 Peter Iden 1980, “Alles Linke auf seine Kappe nehmen. Ein Gespräch mit Jürgen Habermas – aus Anlaß seiner Auszeichnung mit dem Adorno–Preis”，刊载于 *Frankfurter Rundschau*，1980 年 9 月 11 日。

135 关于存在一个“哈贝马斯学派”这件事，这篇文章提供了相反的看法：Tilman Reitz 2013, “Kreise mit schwachen Meistern”，刊载于 Kroll/Reitz（编），*Intellektuelle in der Bundesrepublik Deutschland*, 第 173 页以下。

第三部分　学术活动和积极参与公共事务

1 Habermas 2008, *Ach, Europa*, 第 35 页。

第七章　场所精神：第三次重返法兰克福

1 Habermas 2009, 2009 年 6 月 17 日“……流淌的思想熔岩”展览开幕之际的讲话，第 1 页。

2 Theunissen 1981, *Kritische Theorie der Gesellschaft*, 第 41–57 页，该处见第 42 页以下，第 47 页，第 49 页以下。

3 Habermas 1981, *Kleine Politische Schriften I–IV*, 第 444–464 页，该处见第 462 页以下。

4 同上书，第 463 页。

5 同上书，第 464 页。

6 “Vier Jungkonservative beim Projektleiter der Moderne”，刊载于 *tageszeitung*，1980 年 10 月 3 日，第 8 页以下。

7 在 1984 年 1 月 7 日的另一次采访中，哈贝马斯较详细地谈了社会主义这个话题：“社会主义意味着，以可证伪的方法，从自我纠正的意图出发，尝试减少能识别的不公和非正义以及可避免的压迫，即从某种观点出发去解决那些人们原本也在不断处理、以这样或那样的方式来解决的问题。可以抽象地将这一观点简单描述为：阻止团结的生活方式被破坏，创造新的团结共存形式，即那种有着丰富的表达途径、为道德 – 实践取向留有活动余地的生活方式，那种为人们提供一个自我和他人认同都能较为顺利和完整地发展的生活方式。这种观点源于实现了资本主义现代化的主流生活方式的自我批判。因此社会主义首先意味着，知道人们不想要什么，想要摆脱什么：摆脱一种生活方式，在这种生活方式中，所有生活问题都被重新定义，直至它们符合具有——工业上以利润为导向，行政机构内以支配为导向的抽象劳动模式。”（Reck, “*Über* die Vernunft des Wollens”，刊载于 *Basler Magazin*，1984 年 1 月 7 日。）

8 Habermas 1980, "Ein wahrhaftiger Sozialist"，刊载于 *DIE ZEIT*，1980年1月4日；作者同上，1981, *Kleine Politische Schriften I-IV*, 第304-307页。鲁迪·杜奇克的儿子，当时在奥胡斯大学学政治学的何西阿切·杜奇克（HoseaChe Dutschke）,1992年7月7日写信给哈贝马斯，请他为讲述鲁迪·杜奇克的书《秘密警察靶心中的生活》写评论。1992年7月20日，哈贝马斯以"客观"及"个人"原因为由拒绝了这一请求。"客观上说，请一位更熟悉令尊生平的人写评论为好。……个人原因非常微不足道。由于一直伏案写一本书而耽搁下很多事情，所以明年年底之前都不会有闲暇去关注这些对我而言陌生的事（秘密警察渗透进私人生活。——作者注）(Bestand Vorlass Habermas, Starnberg.)

9 Habermas 1981, *Philosophisch-politische Profile*, 第319-335页。

10 在罗伯特·贝拉（Robert Bellah）、诺玛·哈恩（Norma Haan）和保罗·拉比诺（Paul Rabinow）组织的这次会议上的演讲题目为:《重建的社会科学对理解的社会科学》。文稿刊载于 Habermas 1983, *Moralbewußtsein und kommunikatives Handeln*, 第29-52页，该处见第39、41页。

11 Habermas 1985, *Die Neue Unübersichtlichkeit*, 第184页。

12 同上书，第173页。

13 同上书，第192页。

14 同上书，第203页。

15 同上书，第207页。

16 Habermas 1984, *Vorstudien und Ergänzungen zur Theorie des kommunikativen Handelns*, 第105页。

17 哈贝马斯1982年7月1日写给维勒的信，Bestand Na 60,Vorlass Jürgen Habermas, Archivzentrum der Universitätsbibliothek J.C. Senckenberg, Frankfurt/M.。

18 Habermas 1981, *Theorie des kommunikativen Handelns*, 第2卷，第583页。

19 同上书，第1卷，第7页。

20 Habermas 1999,*Wahrheit und Rechtfertigung*, 第7页。

21 Habermas 1981, *Theorie des kommunikativen Handelns*, 第1卷，第525页。

22 本书第216页以下和第289页以下对哈贝马斯的有效性要求概念有详细阐述。

23 同上书，第389页。

24 同上书，第142页。

25 同上书，第150页以下。

26 同上书，第II卷，第192页。

27 同上书，第187页。

28 同上书，第218页。

29 同上书，第239页。

30 同上书，第228页。

31 同上书，第230页。

32 同上书，第452、471页。

33 同上书，第 232 页以下。

34 Bestand Na 60, Vorlass Jürgen Habermas, Archivzentrum der Universitätsbibliothek J.C. Senckenberg, Frankfurt/M..

35 作为证据提到的给维尔默和耶基的信保存在 Bestand Na 60, Vorlass Jürgen Habermas, Archivzentrum der Universitätsbibliothek J.C. Senckenberg, Frankfurt/M.。

36 Habermas 1983, *Moralbewußtsein und kommunikatives Handeln*, 第 22 页。

37 Habermas 2011, "Er zeigt auf unseren blinden Fleck"，刊载于 *FAZ* 2011 年 2 月 16 日。

38 同上。

39 Habermas 2007, "Begegnungen mit Gershom Scholem"，刊载于 *Münchner Beiträge zur jüdischen Geschichte und Kultur*, 卷 2, 第 16 页。还可参阅以下著作：作者同上，1982, "Tod in Jerusalem. Am Grabe von Gershom Scholem – am Ende einer Ära"，刊载于 *Merkur*, 期号：4，卷号：36, 第 438-443 页。

40 Habermas, "In memoriam Alexander Mitscherlich"，刊载于 *Psyche* 12, 卷 36, 1982, 第 1061 页。

41 Habermas 1991, *Texte und Kontexte*, 第 175 页。

42 参阅 Mohal 1983, "Vernunftspiel über die Grenzen"，刊载于 *Süddeutsche Zeitung*，1983 年 8 月 22 日；Peeters 2013, *Jacques Derrida*, 第 570 页以下。

43 Universitätsarchiv Frankfurt/M., Abt. 14, Nr. 1201, Bl. 68。

44 此处引用 1982 年 9 月 27 日"黑森州文化部部长代表黑森州与于尔根·哈贝马斯教授签署的雇佣合同"。Universitätsarchiv Frankfurt/M. Abt. 14.

45 Habermas 1985, *Die Neue Unübersichtlichkeit*, 第 211 页。

46 哈贝马斯反驳这位法国哲学家说，现代性将失败于太少理性，而不是太多理性。哈贝马斯在其讲座中捍卫始于康德、被黑格尔上升到概念层面的现代性。文化人中唾弃现代性的群体，很难接受现代性中现代的东西，即社会再也无法从另一时代获取其所遵守的标准，而是必须从自身创造规范性这一事实。以建立相互承认的主体间交互关系为目的的相互理解范式，为此指出了方向。8 年后，在为法国《世界报》所做的与罗歇 - 保尔·德鲁瓦（Roger Pol-Droit）和雅克·普兰（Jacques Poulin）的对话中，哈贝马斯谈到海德格尔和阿多诺的理性批判在法国的接受情况。正如所预料的那样，他对两位哲学家做了区分："我不会把阿多诺和海德格尔相提并论。当然，两人都通过拉长的衰落的历史的视角，来戏剧化地呈现其时代诊断。但阿多诺知道，即使最激进的理性批判也依赖于一种源于理性本身的否定的力量。他从没有像海德格尔那样变成反启蒙主义者。"他继续道："现在流行一种非辩证的启蒙批判，从中我们不可能学到些什么。当霍克海默和阿多诺谈到'工具理性'时，他们指的并非是，理性可以干脆等同于自我确认的主体的客体化的知性活动。他们想要指出的是，膨胀为总体性的知性（Verstand）篡夺了原本属于理性的位置。"哈贝马斯得出结论："我们所能诉诸的，既非更崇高的，也非更深奥的，只是程序上清明的理性——一种只主张理由，也包括反对自身的理由的理性。康德就曾说过：理性批判是理性自身的工作。"（Habermas 1995, *Die Normalität einer Berliner Republik*, 第 65 页以下。）

47 参阅 Geuss 1987, "Reviewed works: Der philosophische Diskurs der Moderne by Jürgen Habermas"，刊载

于 *Zeitschrift für philosophische Forschung*, 第 41 卷, 第 4 期, 第 682–685 页；Ingram 2003, "Foucault and Habermas", 刊载于 Gutting（编）, *The Cambridge Companion to Foucault*, 第 240–283 页；Ostowoch 1987, "Der philosophische Diskurs der Moderne", 刊载于 *German Studies*, 第 10 册, 第 631–632 页。

48 Habermas 1985, *Die Neue Unübersichtlichkeit*, 第 207 页。

49 Habermas 1985, *Der philosophische Diskurs der Moderne*, 第 219–247 页。

50 同上书, 第 244 页。

51 同上。

52 同上书, 第 245 页。

53 参阅 Habermas 1981, *Kleine Politische Schriften I–IV*, 第 340–363 页。

54 "因此一种表达可以是诗意的，只要它诉诸语言媒介本身，诉诸它自身的语言形式。"哈贝马斯认为，"可以通过对正常和诗意的言论的偏执的双重否定来换取语言的审美化"。（Habermas 1985, *Der philosophische Diskurs der Moderne*, 第 235、240 页。）参阅 Gabriel, Gottfried 1995, "Logisches und analogisches Denken. Zum Verhältnis von wissenschaftlicher und ästhetischer Weltauffassung", 刊载于 Demmerling/Gabriel/Rentsch（编）, *Vernunft und Lebenspraxis*, 第 157–174 页。

55 可在下列著作中按提到的顺序找到所举出的例子：Habermas 1984, *Vorstudien und Ergänzungen zur Theorie des kommunikativen Handelns*, 第 489 页；Habermas 1983, *Moralbewußtsein und kommunikatives Handeln*, 第 22 页；同一作者，1985, *Der philosophische Diskurs der Moderne*, 第 142、107 页。

56 "在对事实进行分类的认知行为中，隐喻可以承担各种语用功能。它们可以以挑衅的形式，起到开始消解固化的语义排序图式的作用；它们可以为新的思维结构和经验奠定基础；它们可以将新概念概念化；它们可以用语言将全新的事实具体化；它们可以以类比的方式谈论那些根本上超出了所有可能的感官和实证经验的事实；它们可以典范性地将复杂纷繁、令人茫无头绪的事实简化。"（Köller 1975, *Semiotik und Metapher*.）

57 Robin Celikates（罗宾·塞利卡提斯）认为，哈贝马斯原则上拒绝将修辞作为影响和说服他人的手段。"修辞似乎……从一开始就是外在于本来意义上……的语言的策略行为形式。但哈贝马斯借此在被假定为冷静和中立的理性言说，与受非理性情感影响、有偏见的纯修辞之间，构建了一种抽象和人为的对立。（Celikates 2010, "Habermas – Sprache, Verständigung und sprachliche Gewalt", 刊载于 Kuch/Herrmann [编], *Philosophien sprachlicher Gewalt*, 第 275–285 页, 该处见第 281 页。）

58 参阅 Müller-Doohm 2008, "Sagen, was einem aufgeht. Sprache bei Adorno – Adornos Sprache", 刊载于 Kohler/Müller-Doohm（编）, *Wozu Adorno?*, 第 28–50 页。

59 参阅 Habermas 2013, *Im Sog der Technokratie*, 第 7 页。

60 根据哈贝马斯的看法，知识界和有教养阶层使用的语言，"因严谨正式的文字表达和有时涉及专业的复杂词汇，而区别于口语；另一方面，它又不同于专业语言，因为它根本而言是向所有能通过通识教育获得基本知识的人开放的"。（Habermas 1981, *Kleine Politische Schriften I–IV*, 第 345 页。）

61 参阅 Habermas 2011, *Zur Verfassung Europas*；同一作者，2008, "Ein Bewußt sein von dem, was fehlt, 刊载于 Reder/Schmidt（编）, *Ein Bewußtsein von dem was fehlt*, 第 26–36 页；作者同上，2005, *Die Zukunft*

der menschlichen Natur。

62 援引霍耐特的说法。也参阅 auch Honneth 2008, “Wie man sich einen Professor vorstellt”，刊载于 Funken（编）2008, *Über Habermas*, 第 35–44 页。

63 引自哈贝马斯的口头陈述。

64 *Die Weltwoche*，1983 年 11 月 3 日。马克・迈耶（Marco Meier）的文章详细介绍了《铺石路面海滩》刊登的有关阿多诺大会的评论文章。1983 年 6 月 17 日，哈贝马斯在该都市报发表了一篇书评，评论斯洛特戴克同年出版的《犬儒理性批判》(*Kritik der zynischen Vernunft*）。哈贝马斯称赞该书“以出色的文学手法结合了哲学随笔和时代诊断 ”。斯洛特戴克不是新保守主义者，因为他坚持 1968 一代所希望的启蒙的反思力量。但作者并未成功地有效克服主体哲学，而停留在“摆脱它的姿态”上，恰如犬儒学派——斯洛特戴克自视属于这一学派——摆脱“理性交往共同体”那样。（Habermas 1983, “Sloterdijk zwischen Heine und Heidegger. Ein Renegat der Subjektphilosophie”，刊载于 *Pflasterstrand*，1983 年 6 月 16 日。）

65 *Basler Magazin*，1984 年 1 月 7 日，“Konservative Politik, Arbeit, Sozialismus und Utopie heute。1983 年 4 月 2 日，汉斯・乌尔利希・雷克在施塔恩贝格采访哈贝马斯。

66 同上。

67 Habermas 1985, *Die Neue Unübersichtlichkeit*, 第 84 页。

68 Habermas, “Ungehorsam mit Augenmaß. Der Rechtsstaat braucht des Bürgers Mißtrauen”，刊于 *DIE ZEIT* 1983 年 9 月 23 日，第 9 页。参阅库尔特・洛伊曼（Kurt Reumann）的文章 1983 年 11 月 24 日在《法兰克福汇报》发表的文章 “Schon vor 15 Jahren hielt Jürgen Habermas Regelverletzungen für geeignet. Eine Diskussion über zivilen Ungehorsam”。

69 Habermas 1985, *Die Neue Unübersichtlichkeit*, 第 137 页。

70 同上书，第 129 页。

71 托马斯・比布里彻（Thomas Biebricher）在其 2005 年出版的《现代性的自我批判》一书做了富有启发性的理论比较。

72 Habermas 1985, *Die Neue Unübersichtlichkeit*, 第 141–166 页，该处见第 160 页。

73 参阅 Honneth/Wellmer（编）1986, *Die Frankfurter Schule und die Folgen*。

74 参阅 Mehring 2009, *Carl Schmitt. Aufstieg und Fall. Eine Biographie*, 第 319 页以下。

75 Kennedy 1986, “Carl Schmitt und die ›Frankfurter Schule‹”，刊载于 *Geschichte und Gesellschaft* 12，第 380–419 页，该处见第 402 页。

76 参阅 Habermas 1985, *Die Neue Unübersichtlichkeit*, 第 79 页以下。

77 参阅 Kennedy 1986, “Carl Schmitt und die ‘Frankfurter Schule’”，刊载于 *Geschichte und Gesellschaft* 12, 第 415 页。

78 同上书，第 416 页。

79 Lindner, “Philosophie ohne Pathos”，刊载于 *Süddeutsche Zeitung*，1984 年 12 月 29/30 日，第 15 页。

80 Söllner 1986, “Jenseits von Carl Schmitt”，刊载于 *Geschichte und Gesellschaft* 12，第 502–529 页，该处见

第 517 页以下。

81 Jay 1987, “Les extr ê mes ne se touchent pas”，刊载于 *Geschichte und Gesellschaft* 13, 第 542–558 页，该处见第 553 页以下。也请参阅 Becker 1994, *Die Parlamentarismuskritik bei Carl Schmitt und Jürgen Habermas*, 第 132 页以下。作者通过比较分析得出结论，《公共领域的结构转型》的议会制分析，部分受施密特及其弟子恩斯特·福斯多夫（Ernst Forsthoff）和维尔纳·韦伯（Werner Weber）的议会民主制批判影响。但与肯尼迪的看法相反，作者认为，关于对民主的理解，哈贝马斯和施密特并无共同之处。“在公共领域概念上的分歧体现了不同的思想观念。”（同上书，第 161 页，也参阅第 142 页以下。）

82 参阅 Specter 2010, *Haberma 第 An Intellectual Biography*, 第 179 页以下。

83 Habermas 1987, *Eine Art Schadensabwicklung*, 第 17 页。

84 同上书，第 50 页。

第八章　新项目

1 哈贝马斯在《交往行为理论》第三版前言中写道，新版本“正逢一个人们开始以严肃态度接受它的时期。最初的不满和不理解已经消退；在专业公共领域，激烈的争辩和防御反应也让位给事实辩论。在迄今为止的批评中发生了站队现象，这在当代语境下并不奇怪。人们捍卫意识哲学，反对已经开始的范式转换，特别是捍卫现象学的生活世界概念，反对交往理论对之改头换面的尝试。理查德·罗蒂的疑虑在于，尽管放弃了传统先验哲学的基础主义，但理性概念的重建必须在交往理性意义上坚持普遍主义宣称。而托马斯·麦卡锡对作为黑格尔遗产一部分的理性的程序性概念颇有微词，即不满于理性被分裂成各种不同的理性矩阵及相应的作用范围。在这种背景下，对伦理形式主义的批评声也再次响起，即捍卫美德，反对纯粹道德”。（Habermas 1995,*Theorie des kommunikativen Handels*, 第 1 卷，第 3 页。）

2 参阅 Habermas 1991, *Erläuterungen zur Diskursethik*, 第 9–30 页。在跨学科研究中心做的报告有几篇收入以下文集：Honneth/Joas（编）1986, *Kommunikatives Handeln. Beiträge zu Jürgen Habermas' "Theorie des kommunikativen Handelns"*。

3 参阅 Müller 1985, “Habermas im Zentrum”，刊载于 *Merkur*, 卷号：8, 年号：39, 期号：438, 第 720–723 页。1987 年 3 月 1 日的《公社：政治、经济和文化论坛》（*Zeitschrift Kommune. Forum für Politik, Ökonomie und Kultur*，2012 年停刊）杂志刊登一篇对《交往行为理论》整体持批评态度的评论。汉堡绿色替代选择名单（Grün–Alternativen Liste）成员，哲学家和政治家威尔弗里德·迈耶（Willfried Maier），从格雷戈里·贝特森（Gregory Bateson）《心灵与自然》（*Geist und Natur*）和汉娜·阿伦特的《人的境况》（*Vita activa*）的视角出发，批判了哈贝马斯的自然、交往和政治概念。他指责说，哈贝马斯不但无视“已变得危急的社会与自然的关系”，而且他的理论没有为讨论和解决生态问题提供可能的途径和方法。在哈贝马斯那里，由于“欲求、愿望和情感的完全主体化”，感性（Sinnlichkeit）和躯体性（Körperlichkeit）被排除了。理性概念被削足适履，因为理性仅被视为主体特有的、依赖于语言的一种特性。迈耶继续指责道：“因为哈贝马斯只研究使人区别于自然的东西，不研究把人与自然联系在一起的东西，这不但导致其交往和交往行为模式的空洞和不可靠。而且由交往行为沉淀而成的生活世界，在哈贝马斯那里也显得奇怪的空灵和虚无缥缈。”他继续批评说，受卢曼系统理论的启发，哈贝马斯将保障社会生活条件解释为国家和经济两个系统专有的功能。他的结论是：“‘交往行为理论’在如下意义上是规范性的，即此在者和行为者必须为通过讨论证明为理性的自己的目的的正当性辩护。这是一种理性统治理论，不是一种赋予此在的特殊事物以应有的重要性，研究它与其他事物联系的理论。因此，它被诟病为一种隐蔽的理性极权主义，也在情理之中。”（Maier 1987, “Stimmen ohne Körper. Mensch und Natur in Habermas' ‘Theorie des kommunikativen Handelns’”，刊载于 *Kommune. Forum für Politik,Ökonomie und Kultur*, 3/1987, 第 41–56 页，该处见第 40、42、48 和 56 页。）

4 2012 年 5 月，约翰·塞尔接受哲学杂志《高风》（*Hohe Luft*）采访时对哈贝马斯的语言理论发表批评性评论。他说，认为语言的目的是交往行为，是错误的。“语言的目的是实施言语行为。他 [指哈贝马斯。——作者注] 的交往行为概念，指通过理性讨论达成一致。这具有某种讽刺意味，因为哈贝马斯在第三帝国长大，在第三帝国存在另一种理论：（德国）‘领导原则’。这个理论并不指自下而上的共同一致，而是指来自上层的领导。交往行为理论认为，我们所有人应当在平等中相聚一堂——‘herrschaftsfrei’[非强制性的。——译者注]——然后寻求一致。非常美好。可这对于语言来说不是必需的。第三帝国一直有一种语言：‘Ein Volk,ein Reich,ein Führer’[一个民族，一个帝国，一个元首。——译者注]。那不是哈贝马斯意义上的交往行为，可对于不相信通过理性讨论达成一致的社会，是可能的。”（托比亚斯·胥尔特 [Tobias Hürter] 与托马斯·瓦塞克 [Thomas Vašek] 对塞尔的采访，刊载于 *Hohe Luft*，2012 年 5 月 23 日，第 73–79 页，该处见第 80 页。参阅 Searle 2012, *Wie wir die soziale Welt machen*, 第 106 页以下。）

5 1987 年 4 月 2 日，曼弗雷德·施罗德（Manfred 页以下 Schröder）在《南德意志报》报道了这一“顶级哲学盛会”。

6 Habermas 1988, *Nachmetaphysisches Denken*, 第 153–186 页，该处见第 185 页以下。

7 *Frankfurter Rundschau*，1988 年 3 月 11 日，第 11 页。

8 1927 年出生于汉堡的史蒂文·穆勒，在 1938 年 11 月的大屠杀之后，因父亲维尔纳·阿道夫·米勒（Werner Adolph Müller）的犹太血统而不得不和父母一起逃离德国。他们家流亡到英国，1940 年从英国去往美国。1972 年，作为积极参与跨大西洋对话的政治学家，穆勒成为马里兰州巴尔的摩市约翰·霍普金斯大学校长。

9 Habermas 1991, *Texte und Kontexte*, 第 215 页。1988 年 10 月 14 日，玛丽昂·邓恩霍夫伯爵夫人在《时代周报》以《我们的精神是否还在飘扬？德国知识分子的回答不是那么糟糕》为题报道了这次会议。

10 1985 年秋，在法兰克福发生了激烈的街头交火，原因是在一个青年中心任理事的君特·萨尔（Günter Sar），在一次反对德国国家民主党于 1963 年奥斯维辛的审判场所集会的示威游行中被高压喷水车碾压而受致命伤。莱因哈特·莫尔于 2014 年 2 月 2 日在《星期日法兰克福汇报》报道了“运动鞋革命”。[约什卡·菲舍尔喜欢休闲着装，1985 年 12 月 12 日，他就任黑森州环境、能源部长，穿着牛仔裤、运动鞋出现在就职仪式上，因此被戏称为运动鞋部长。——译者注]

11 援引哈贝马斯 1986 年 2 月 12 日给黑森州环境、能源部部长菲舍尔的信。Bestand Na 60,Vorlass Jürgen Habermas, Archivzentrum der Universitätsbibliothek J.C. Senckenberg, Frankfurt/M..

12 Joschka Fischer 2008, “Gründungsfigur des demokratischen Deutschland”，刊载于 Funken（编），*Über*

Habermas, 第 48 页以下。

13 参阅 *FAZ*, 1989 年 1 月 19 日。

14 Habermas 1989, "Grenzen des Neohistorismu Gespräch mit Jürgen Habermas", 刊载于 *Frankfurter Hefte*, 4/1989, 第 370–374 页，该处见第 370 页。

15 Bestand Na 60,Vorlass Habermas, Archivzentrum der Universitätsbibliothek J.C. Senckenberg, Frankfurt/M..

16 Habermas 1990, *Vergangenheit als Zukunft*, 第 65 页。

17 参阅 Habermas 1991, *Texte und Kontexte*, 第 84–90 页。

18 同上书，第 86、90 页。也请参阅会议报告集：*Der Löwe spricht … und wir können ihn nicht verstehen*。

19 Honneth/McCarthy/Offe/Wellmer 1989, *Zwischenbetrachtungen. Im Prozeß der Aufklärung*, 第 9 页。

20 题目为《与自我毁灭的现代性的和解》的讲话稿在彼得·苏尔坎普基金会档案中，现由马尔巴赫德国文学档案馆保存。

21 Glotz 1989, "Im weichen Fleisch der Motive und Mentalitäten. Jürgen Habermas als politische Figur. Eine Gratulation", 刊载于 *Die Neue Gesellschaft, Frankfurter Hefte* 1989 年 6 月，卷号：36, 第 560–563 页。

22 同上书，第 483 页以下。

23 哈贝马斯 1989 年 6 月 4 日致达伦多夫的信。Bestand Na 60, Vorlass Habermas, Archivzentrum der Universitätsbibliothek J.C. Senckenberg, Frankfurt/M..

24 萨尔州州长 1989 年 6 月 13 日给哈贝马斯的信。Bestand Na 60, Vorlass Habermas, Archivzentrum Universitätsbibliothek J.C. Senckenberg, Frankfurt/M..

25 哈贝马斯 1989 年 6 月 29 日给埃里克·科恩的信。Korrespondenzbestand Vorlass Habermas, Starnberg.

26 援引苏尔坎普出版社西格弗里德·温塞德档案记录及答谢辞原稿，稿件保存在法兰克福大学总图书馆档案中心。Bestand Na 60, Vorlass Jürgen Habermas.

27 Scholem 1992, *Sabbatei Zwi. Der mystische Messias*.

28 *Frankfurter Rundschau*, 1992 年 2 月 21 日，Habermas 1997, *Vom sinnlichen Eindruck zum symbolischen Ausdruck*, 第 73–83 页，该处见第 75、74 页。

29 Günther 2009, "Im Umkreis von Faktizität und Geltung", 刊载于 *Blätter für deutsche und internationale Politik*, 6/2009, 第 58–61 页，该处见第 58 页以下。

30 Habermas 1992, *Faktizität und Geltung*, 第 14 页。

31 参阅 Habermas 1991, "Schlußbericht der AG Rechtstheorie"（Leibniz–Programm）, Universitätsarchiv Frankfurt/M., Abt. 14 Nr. 1201, Bl. 217。

32 1992 年 9 月 10 日给温塞德的信，Bestand Na 60, Vorlass Jürgen Habermas, Archivzentrum der Universitätsbibliothek J.C. Senckenberg, Frankfurt/M。

33 Habermas 1983, *Moralbewußtsein und kommunikatives Handeln*, 第 103 页。

34 Habermas 1999, *Faktizität und Geltung*, 第 154 页。

35 Habermas 2005, *Zwischen Naturalismus und Religion*, 第 99 页。

36 Habermas 1992, *Faktizität und Geltung*, 第 157 页。

37 同上书，第 153 页。

38 同上书，第 155 页以下。

39 同上书，第 138 页。

40 同上书，第 154 页。

41 这一模式对应于使用政治手段促进社会本身的良性循环的概念：协商作为与决断（Dezision）相对的模式。

42 引文"我为公共领域写作……"出自电视片"Philosophie heute. Einladung zum Diskurs"，WDR 1995。也请参阅 Habermas 1996, *Die Einbeziehung des Anderen*, 第 204 页。在写于 2006 年 10 月 30 日的一封信中，哈贝马斯向文化编辑马蒂亚斯·胡尼希（Matthias Hoenig）解释道："一些记者似乎不明白，在我看来，我的知名度太高，而不是太低（虽然我原则上躲着电视）。我觉得媒体社会的习惯是一种负担，而不是机会。"（Korrespondenzbestand Vorlass Habermas, Starnberg.）

43 西德意志广播电视台 1995 年 6 月 25 日在电视栏目"今天的哲学"中播出。

第九章　在政治思想论争的战区

1 Habermas 2008, *Ach, Europa*, 第 84 页。

2 参阅 Mannheim 1985, *Ideologie und Utopie*, 第 12 页，第 135 页以下。参阅 Jung 2008, "Wächter zu sein in finsterer Nacht. Karl Mannheims denksoziologische Bestimmung des Intellektuellen"，刊载于 Jung/Müller-Doohm, *Fliegende Fische*, 第 43–62 页。

3 参阅 Lepsius 1964, "Kritik als Beru Zur Soziologie des Intellektuellen"，刊载于 *Kölner Zeitschrift für Soziologie und Sozialpsychologie*, 期号：1, 第 88 页；Dahrendorf 2006, *Versuchungen der Unfreiheit. Die Intellektuellen in den Zeiten der Prüfung*; Walzer 2002, "Die Tugenden des Augenmaßes"，刊载于 Wenzel（编），*Der kritische Blick*, 第 25–38 页；Schlich 2000, *Intellektuelle im 20. Jahrhundert*。

4 参阅 Gilcher-Holtey 1997, "Menschenrechte oder Vaterland? Die Formierung der Intellektuellen in der Affäre Dreyfus"，刊载于 *Berliner Journal für Soziologie*, 第 7 卷，第 61 页以下。雅各布·陶布斯认为："在德雷福斯事件中，1898 年发表的《知识分子宣言》[指 1898 年 1 月 13 日左拉在《震旦报》刊出的为德雷福斯鸣冤的万言长文《我控诉》。——译者注] 主要得到巴黎高等师范学院的支持和声援，并由此为在 20 世纪头几十年里代表着第三共和国的'教授共和国'的诞生创造了条件。德雷福斯事件使法国在思想观念上明显陷入撕裂：一边是旧制度的势力、教会和军队，另一边是肩负革命传统的知识分子。……因此，至今法国知识分子都比一般的左翼更团结一心。"（Taubes 1996, "Die Intellektuellen und die Universität"，刊载于同一作者，*Vom Kult zur Kultur: Bausteine zu einer Kritik der historischen Vernunft*, 第 327 页以下。）

5 Habermas 1987, "Heinrich Heine und die Rolle des Intellektuellen in Deutschland"，刊载于 同一作者，*Eine Art Schadensabwicklung*, 第 29 页。

6 同上。

7 "Wider den Fundamentalismus der Endlichkeit." Ein Gespräch mit Jürgen Habermas von Angela Brauer, 刊载

于 *NZZ*，1999 年 6 月 12 日，期号：133。

8 Habermas 1987, *Eine Art Schadensabwicklung*, 第 28 页。

9 Habermas 1981, “Die Utopie des guten Herrschers”，刊载于同一作者，*Kleine Politische Schriften I–IV*, 第 327 页。

10 Habermas 2008, “Ich bin alt, aber nicht fromm geworden”，刊载于 Funken（编）2008, *Über Habermas*, 第 181 页。

11 1999 年 7 月 31 日哈贝马斯给乌尔里希·赫伯特的信, Bestand Na 60, Vorlass Jürgen Habermas, Archivzentrum der Universitätsbibliothek J.C. Senckenberg, Frankfurt/M.。

12 Topitsch 1970, “Machtkampf und Humanität”，刊载于 *FAZ*, 1970 年 11 月 28 日。

13 Habermas 1981, *Kleine Politische Schriften I–IV*, 第 311–317 页。

14 同上书，第 311 页。

15 同上书，第 312 页。

16 同上书，第 316 页。

17 Spaemann 1972, “Die Utopie der Herrschaftsfreiheit”，刊载于 *Merkur* 期号：291，第 735–752 页，该处见第 752 页。

18 Habermas 1981, *Kleine Politische Schriften I–IV*, 第 319 页以下。

19 同上书，第 324 页。

20 同上书，第 320 页。

21 Spaemann 1977, *Zur Kritik der politischen Utopie*, 第 104–141 页。

22 同上书，第 123 页。

23 请参阅 Hacke 2006, *Philosophie der Bürgerlichkeit*, 第 106、109 页；ferner Moses 2007, *German Intellectuals and the Nazi Past*, 第 187–218 页；Wehrs 2008, “‘Tendenzwende’ und Bildungspolitik. Der ‘Bund Freiheit der Wissenschaft’（BFW in den 1970er Jahren）”，刊载于 *Potsdamer Bulletin für Zeithistorische Studien*, 期号：42, 第 6–17 页。

24 同上书，第 253 页以下。

25 Habermas 1981, *Kleine Politische Schriften I–IV*, 第 375 页。

26 同上书，第 383 页。

27《南德意志报》1977 年 11 月 26/27 号刊登的两人的通信刊载于 Habermas 1981, *Kleine Politische Schriften I–IV*, 第 367–406 页，该处见第 389 页。

28 同上书，第 391 页。

29 同上书，第 403 页。

30 关于在明斯特兴起的里特尔学派，赫尔曼·吕伯写道：“从……实践哲学中产生，许多变体都喜欢与约阿希姆·里特尔（Joachim Ritter）的名字挂钩的实践选择，实际上包括反马克思主义。这与主要知识分子文化（包括法兰克福学派的社会主义的浪漫主义）对新马克思主义变体的一致批判，同声相应。”（Lübbe

2004, *Modernisierungsgewinner*, 第 58 页以下。)

31 Tugendhat 1978, "Totalitäre Tendenz: Es wird eine Schule anvisiert, die Untertanen, nicht Bürger erzieht", 刊载于 *DIE ZEIT*, 1978 年 6 月 2 日。

32 *DIE ZEIT*, 1978 年 7 月 21 日; Habermas 1981, *Kleine Politische Schriften I-IV*, 第 407-410 页。

33 哈贝马斯 1978 年 9 月 12 日给施佩曼的信。哈贝马斯可能援引了吕伯的《自由与恐怖》一文，该文发表在《水星》上，后收入一本文集出版。参阅 Lübbe 1978, *Praxis der Philosophie, Praktische Philosophie, Geschichtstheorie*, 第 78-96 页，特别是第 92 页。

34 参阅 Hacke 2006, *Philosophie der Bürgerlichkeit*, 第 100 页以下。

35 参阅 Zöller（编）1980, *Aufklärung heute. Bedingungen unserer Freiheit*。

36 同上书，第 448 页以下。

37 Rüsen/Lämmert/Glotz（编）1988, *Die Zukunft der Aufklärung*, 第 59-68 页。哈贝马斯的报告题目为《政治与文化的新型亲密关系》。哈贝马斯基于如下观察：政治渗透到文化领域，利用表演性文化手段进行自我展示。

38 赫尔曼·吕伯认为："通过具有传播效应的意见领袖或赢或输的知识分子辩论，根本不遵从令人信服的论据的不可抗拒的事实性。实际上，它们会引起价值共同体——其成员公开相互勉励和打气以获得支撑——的惊慌，担心能促进传播的自身传统的影响进一步削弱。"（Lübbe 2004, *Modernisierungsgewinner*, 第 16 页。）

39 Habermas 1985, *Die Neue Unübersichtlichkeit*, 第 7 页。

40 根据德国科学基金会赞助，由我主持的项目"公共传播领域中的意识形态论争"。参阅 Germer/MüllerDoohm/Thiele 2013, "Intellektuelle Deutungskämpfe im Raum publizistischer öffentlichkeit", *Berliner Journal für Soziologie*, 第 23 期，第 511-520 页。

41 同上。

42 Bestand Na 60, Vorlass Jürgen Habermas, Archivzentrum der Universitätsbibliothek J.C. Senckenberg, Frankfurt/M..

43 Habermas 2008, "Ich bin alt, aber nicht fromm geworden", 刊载于 Funken(编), *Über Habermas*, 第 188 页。

44 "联邦总统理查德·冯·魏茨泽克 1985 年 5 月 8 日在德国联邦议院会议大厅演讲"。可从德国联邦议院网上档案馆在线获取，网址：Y http://webarchiv.bundestag.de/archive/2007/0525/geschichte/parlhist/dokumente/dok08.htmly。（末次访问时间：2014 年 1 月 28 日）

45 Habermas 1985, *Die Neue Unübersichtlichkeit*, 第 262 页。

46 斯特芬·卡利茨（Steffen）2001 年出版的书对历史学家之争——参与论争的不只历史学家——有详细和系统的描述。Steffen Kailitz 2001, *Die politische Deutungskultur im Spiegel des ›Historikerstreits‹. What's right? What's left*; 也请参阅 Große Kracht 2005, *Die zankende Zunft*, 第 91 页以下。

47 Kraushaar 1998, *Frankfurter Schule und Studentenbewegung*, 第 1 卷，第 594-595 页。这里值得一提的是，西班牙作家豪尔赫·森普伦（Jorge Semprún）不但在其开幕报告中说，德国统一是必要的，而且他还呼吁对苏联共产主义进行批判性分析。他改写了霍克海默的名言："谁不想谈论斯大林主义，就也应当对法西斯主义保持沉默。”（参阅资料同上，第 594 页以下。）

48 Habermas 1987, *Eine Art Schadensabwicklung*, 第 141 页。

49 同上书，第 13 页。

50 同上书，第 135 页；关于宪法爱国主义的概念，参阅了 2010 年出版的扬－维尔纳·米勒（Jan-Werner Müller）的论文 *Verfassungspatriotismus*。

51 *Historikerstreit* 1987, 第 89 页。

52 1988 年 2 月 5 日，法国《快报》刊登一篇题为“Epilogue inedit a une Querelle d' allemands”的对哈贝马斯的访谈长文，他在访谈中有类似的说法。他反驳希尔格卢伯的指责，后者称哈贝马斯想规定历史学家们，可以做什么，不可以做什么。哈贝马斯说，一些历史学家也许得重视自己的学术独立性了。

53 哈贝马斯 1986 年 9 月 5 日给邓恩霍夫伯爵夫人的的信。Bestand Na 60, Vorlass Jürgen Habermas, Archivzentrum der Universitätsbibliothek J.C. Senckenberg, Frankfurt/M..

54 Habermas, “Vom öffentlichen Gebrauch der Historie. Das offizielle Selbstverständnis der Bundesrepublik bricht auf”，刊载于 *DIE ZEIT*，1988 年 11 月 7 日。

55 参阅 Kailitz 2001, *Die politische Deutungskultur im Spiegel des “Historikerstreits”*，第 287 页以下，第 294 页以下；Wehler, “Kampf um kulturelle Hegemonie, Gespräch mit Rainer Erd über Ziele und Folgen des Historikerstreits”，刊载于 *Frankfurter Rundschau*，1988 年 2 月 11 日；Wehler 1988, *Entsorgung der deutschen Vergangenheit?*。

56 Brodkorb（编）2011, *Singuläres Auschwitz?*。

57 Flaig 2011, “‘Die Habermas-Methode’ und die geistige Situation ein Vierteljahrhundert danach. Skizze einer Schadensaufnahme”，刊载于 Brodkorb（编），*Singuläres Auschwitz?*, 第 67-104 页。

58 *FAZ*，2011 年 7 月 23 日，第 160 期。

59 Winkler, “Hellas statt Holocaust. Vergangenheit, die nicht vergehen will: Egon Flaigs wundersame Wiederbelebung des westdeutschen Geschichtsbildes der fünfziger Jahre”，刊载于 *DIE ZEIT*，2011 年 7 月 21 日。

60 关于企图重燃人们认为已平息的历史学家之争，咄咄怪事还有如下传闻：在副刊编辑洛伦茨·耶格尔的支持下，弗莱格的文章得以发表，时隔仅两个月，耶格尔就称，他被哈贝马斯描述为“著名的副刊编辑部右边锋”。而几乎同时，他公开宣布与保守政策和一切右翼民粹主义的东西分道扬镳。（*FAZ*，2011 年 10 月 5 日。）

61 在历史科学中，研究东欧史的美国历史学家蒂莫西·斯奈德（Timothy Snyder）的研究，对 20 世纪欧洲蓄意灭绝 1400 万人的地点和地理区域，有新的发现，对此使用了“空间转向”（spatial turn）概念。这为种族灭绝的比较研究提供了新的启发。不过，来自学术界的评论言之有理。这些评论指出，在他的《血色土地》（Bloodlands）一书中，斯奈德虽然谈到斯大林主义和纳粹主义的“重叠”和“相互作用”，但避免进行任何局限性的制度比较，因而“[避开了]引发新的历史学家之争的危险”。（参阅 Snyder 2011, *Bloodland Europa zwischen Hitler und Stalin*；Ahlrich Meyer, “Comback der Totalitarismustheorie?”，刊载于 *NZZ*，2011 年 7 月 27 日。）

62 Habermas 1990, *Vergangenheit als Zukunft*, 第 59 页。

63 Habermas 1990, *Die nachholende Revolution*, 第 98、100 页。

64 Herles 2008, *Neurose D. Eine andere Geschichte Deutschlands*, 第 200 页。

65 Habermas 1990, *Die nachholende Revolution*, 第 157 页。

66 Habermas 1990, "Der DM-Nationalismus", 刊载于 *DIE ZEIT*, 1990 年 3 月 30 日，第 14 期；也请参阅 Müller 2010, *Verfassungspatriotismus*, 第 36 页以下。

67 Habermas 1990, *Vergangenheit als Zukunft*, 第 56 页。

68 Habermas 1990, Die nachholende Revolution, 第 181 页。

69 同上书，第 188、203 页。

70 Habermas, "Der DM-Nationalismus", 刊载于 *DIE ZEIT*, 1990 年 3 月 30 日。

71 参阅 Herles 2008, *Neurose D. Eine andere Geschichte Deutschlands*, 第 207 页以下。当时哈贝马斯不会看不到民意调查的结果，民调结果很清楚："3 月底，联邦德国公民中有 65% 希望通过公投决定是否统一。三分之二西德人认为统一速度太快，只有 23% 的人认为统一是政府的迫切任务（排在第五位，在工作、退休金、环境保护和住房建设之后），只有 1/4 的民众愿意接受统一后国家债务增长和税收增加。如果让所有德国人根据披露民主德国实际状况的所有信息投票表决，可能统一就会搁浅。因此，统一优先于民主。"（同上书，第 208 页以下。）

72 Habermas, "Die andere Zerstörung der Vernunft", 刊载于 *DIE ZEIT*, 1991 年 5 月 10 日，第 20 期；也请参阅 Habermas 1990, *Vergangenheit als Zukunft*, 第 45 页以下。

73 同上书，第 45–73 页。

74 同上书，第 49 页以下。

75 同上书，第 51 页以下。

76 同上书，第 46 页。

77 Habermas, "Bemerkungen zu einer verworrenen Diskussion", 刊载于 *DIE ZEIT*, 1992年 4月3日，第15期；参阅 Habermas 1995, *Die Normalität einer Berliner Republik*, 第 21–45 页。

78 Herles 2008, *Neurose D. Eine andere Geschichte Deutschlands*, 第 215 页。

79 Habermas 1995, Die Normalität einer Berliner Republik, 第 26 页以下。

80 同上书，第 28 页。

81 同上书，第 37 页以下。

82 同上书，第 42 页。

83 同上书，第 44 页。

84 Dahrendorf 1990, "Politik. Eine Kolumne. Eine Mark für Deutschland", 刊载于 *Merkur*, 第 7 期，第 579–582 页，该处见第 580 页。

85 克里斯塔·沃尔夫出版于 1994 年的书收入了两人通信，题目为《德国历史的行囊》（*Vom Gepäck deutscher Geschichte*），*Auf dem Weg nach Tabou. Texte 1990–1994*, 第 140–149。哈贝马斯的信也刊载于 Habermas 1995, *Die Normalität einer Berliner Republik*, 第 101–111 页。

86 Habermas 1995, *Die Normalität einer Berliner Republik*, 第 108 页。

87 她去法兰克福的真正原因是在保罗教堂举办的一个活动，活动事关保留民主德国公民运动创立的所谓“圆桌会议”。在写于 1991 年 6 月 18 日的信中，克里斯塔·沃尔夫感谢邀请并说道：“连我们也相互了解甚少，所知甚少。这将是一个漫长的过程，我一定要记得邀请您光临柏林的学院。”哈贝马斯 1991 年 12 月 16 日写信给沃尔夫：“亲爱的克里斯塔·沃尔夫，谢谢您善解人意的来信，它稍许纠正了我看问题的角度。当然，我那句有争议的话是针对民主德国当局官方实践的一些方面，而绝不是针对知识分子的，他们对之同样持批判态度——而且是在比我们更艰难的处境下。”（Korrespondenzbestand Vorlass Habermas, Starnberg.）

88 Diekmann, “Die Deutschen und die Nation”，刊载于 *DIE ZEIT*，1991 年 5 月 31 日，第 23 期.

89 Schröder, “Es ist doch nicht alles schlecht”，刊载于 *Frankfurter Rundschau*，1991 年 9 月 14 日。

第十章　反对德国性（Deutschtum）和民族主义

1 参考了斯特凡诺·瓦斯塔诺（Stefano Vastano）1995 年 3 月与哈贝马斯为意大利《快报》周刊（*L'Espresso*）所做的访谈的德文版。Bestand Na 60,Vorlass Jürgen Habermas, Archivzentrum der Universitätsbibliothek J.C. Senckenberg, Frankfurt/M..

2 Habermas 1992, “Die zweite Lebenslüge der Bundesrepublik: Wir sind wieder ›normal‹ geworden”，刊载于 *DIE ZEIT*，1992 年 12 月 11 日，也请参阅 Habermas 1990, *Vergangenheit als Zukunft*, 第 92-96 页。

3 Bestand Na 60, Vorlass Jürgen Habermas, Archivzentrum der Universitätsbibliothek J.C. Senckenberg, Frankfurt/M. “PCI” 为意大利共产党（Partito Comunista Italiano）的缩写。

4 Habermas 1991, *Staatsbürgerschaft und nationale Identität. Überlegungen zur europäischen Zukunft.*

5 Habermas 1987, *Eine Art Schadensabwicklung*, 第 162 页。

6 参阅 Habermas 1995, *Die Normalität einer Berliner Republik*, 第 169 页以下。

7 Habermas 1987, *Eine Art Schadensabwicklung*, 第 168 页。

8 同上书，第 174 页。

9 关于哈贝马斯和罗尔斯的各种争论，请参阅 Finlayson/Freyenhagen 2010, *Habermas and Rawls*, 第 2-21 页，第 283-304 页。迄今为止哈贝马斯对罗尔斯理论所持立场的总结陈述，题目为“Rawls' Politischer Liberalismus. Replik auf die Wiederaufnahme einer Diskussion”，刊载于 Habermas 2012, *Nachmetaphysisches Denken II*, 第 277-327 页。

10 Habermas 1996, *Die Einbeziehung des Anderen*, 第 95-127 页。

11 他的答谢辞题目为“Vom Kampf der Glaubensmächte. Karl Jaspers zum Konflikt der Kulturen”，刊载于 Habermas 1997, *Vom sinnlichen Eindruck zum symbolischen Ausdruck*, 第 41-58 页。

12 Habermas 1996, *Die Einbeziehung des Anderen*, 第 139 页。

13 同上书，第 138 页；参阅 Thumfart 2009, “Staat, Integration und Solidarität”，刊载于 Schaal（编）2009, *Das Staatsverständnis von Jürgen Habermas*, 第 81-107 页。

14 Habermas 1996, *Die Einbeziehung des Anderen*, 第 142 页以下。

15 同上书，第 174 页。

16 Habermas 1981, *Kleine Politische Schriften I–IV*, 第 513 页。

17 此前发生的事件有美国海军针对地中海上的利比亚船只的行动，以及在欧洲发生的一系列恐怖袭击，卡扎菲政权被认为是幕后操纵者。在那时，美国士兵大批光顾的柏林迪斯科舞厅 La Belle 发生的恐怖袭击，是若干恐怖行动之一。利比亚方面针对哈贝马斯提到的“黄金峡谷行动”（Operation El Dorado Canyon）进行了报复，对美国泛美航空公司的客机实施了炸弹袭击。该客机于 1988 年 12 月 21 日在从伦敦飞往纽约途中，在苏格兰城市洛克比上空坠毁。

18 “Das Schicksal der Moderne”. Interview von Helmut Hein mit Jürgen Habermas, 刊载于 *Die Woche*，1986 年 5 月 15 日。

19 该文章一些观点写进了文章“Hat die Konstitutionalisierung des Völkerrechts noch eine Chance?”，刊载于 Habermas 2004, *Der gespaltene Westen*, 第 120 页。

20 Habermas “Wider die Logik des Kriege 第 Ein Plädoyer für Zurückhaltung, aber nicht gegenüber Israel”，刊载于 *DIE ZEIT*，1991 年 2 月 15 日。

21 Habermas 1990, *Vergangenheit als Zukunft*, 第 15 页以下。

22 *DIE ZEIT*，1991 年 3 月 8 日。援引来自海德堡的施特凡・托伊贝尔（Stephan Teuber）和来自波鸿的哈拉尔德・马尔滕斯（Harald Martens）的读者来信。

23 Habermas 1990, *Vergangenheit als Zukunft*, 第 36 页以下。

24 见 Habermas 2001, *Zeit der Übergänge*, 第 11 页。

25 参阅 Lampe 2002, “Medienfiktionen beim NATO–Einsatz im Kosovokrieg”，刊载于 Albrecht/Becker（编），*Medien zwischen Krieg und Frieden*, 第 96–103 页。

26 参阅 Schrader 2000, “Der Krieg um Kosovo und der kosmopolitische Rechtspazifismus des Jürgen Habermas”，刊载于 Bilek/Graf/Kramer（编），*Welcher Friede? Lehren aus dem Krieg um Kosovo. Beiträge der Friedensforschung*, 第 35 页。托马斯・布兰克（Thomas Blanke）在一篇评论中批评了哈贝马斯谈论科索沃战争的文章，涉及哈贝马斯对施密特名言的借用。他评论道：“如果说施密特笔调尖锐的拒绝，并欲以‘人性，兽性’的观点来反驳认为可以把主权国家之内和之间争夺政治权力的斗争，以人道的标准加以约束并在这个意义上使之人道化的一切假设，以至于必然得出以道德化之名行兽性化之实的结论（‘谁讲人类，谁就是在欺骗’），那么在哈贝马斯看来则恰恰相反。他认为，从世界公民状态的角度看，通过履行尊重人权的责任继续走驯化政治的艰难道路，仍是国际政治和国际法的一个尚未实现的目标。”（Blanke 2000, “Theorie und Praxi Der Philosoph im Handgemenge”，刊载于 Müller–Doohm［编］2000, *Das Interesse der Vernunft*, 第 486–521 页，该处见第 496 页以下。）

27 Habermas 2001, *Zeit der Übergänge*, 第 27 页以下。

28 同上书，第 34 页。

29 同上书，第 35 页。

30 同上书，第 30、35 页，第 38 页以下。

31 同上书，第 37 页。

32 比如，来自瑞士楚格的约瑟夫·朗（Josef Lang）问道：“恰恰相反，难道法律上非法的、道德上令人疑惑的、现实政治上完全错误的狂轰乱炸的战争，不会导致普遍的法律滥用吗？”来自赖兴贝格的诺博特·胥斯特（Norbert Hoerster）说：“只有现行国际法允许的战争，才能为有意容忍无辜者死亡辩护。哲学修辞也掩盖不了这一明确的法律状况。”来自布伦瑞克理工大学的 H. 陶瑞克（H. Taureck）质问：“哈贝马斯如何知道，人道主义战争何时是必要的？以外交、道德、经济、文化和教育的方式解决冲突，与‘种族清洗应受到谴责’或‘种族清洗是不应该的’不是不太相容，而是更为相容。相反，哈贝马斯的超级外交术则试图说服人们，对种族灭绝说不，就意味着要直接采取军事行动。”来自科隆的菲特·萨斯（Fite Saß）说：“哈贝马斯变成了怎样一头没牙狮子！‘国际法转化为世界公民法’（列入了）议程？一个何等的黄粱美梦！是什么让哈贝马斯从沙尔平和菲舍尔部长的廉价的辩护中看到了这样的希望？北约发动的战争违反了国际法和我们的基本法。北约的行为削弱了联合国。联邦政府的立场暴露了红绿政府的竞选纲领和联合协议。现在在议事议程上的，是把国际法削减为一种北约恺撒主义和国际关系的军事化。”（*DIE ZEIT*，1999 年 5 月 20 日。）

33 作者引入了一种有意思的比较视角：由于哈贝马斯声称源于道德规范的“法外合法性”，因此将这一论证与公民不服从的证立进行比较具有启发意义。事实证明，证明公民不服从行动合理性的标准，比评价北约干预行动的标准严苛得多。国际法道德发展水平落后，解释了这种对采用军事行动强行推行人权的政策和对公民不服从的合法性的不同要求，这种发展与民主宪政国家不匹配。“公民不服从是对在法律秩序中拒绝服从法律的一种显性的表达方式，这种法律秩序通常被认为——及应被认为——是合法的。而保护遭受种族迫害的公民不受本国政府罪行侵害的战争，是在尊重人权和民主自决的要求尚未成为其基础的法律条件下进行的，因而合法律性和合法性之间的紧张关系尚未纳入到法律体系本身中予以考量。”在民主制度中，反抗的障碍大于相对落后的国际法律秩序框架下的违法行为。但这种违法行为必须是从严格的道德标准来看指向正确的方向。“这又提出了一个问题：哲学家从哪里获得这种智慧呢？”（Blanke 2000, “Theo- rie und Praxi Der Philosoph im Handgemenge”，刊载于 Müller-Doohm［编］2000, *Das Interesse der Vernunft*, 第 516 页以下。）

34 同上书，第 45 页。

35 Schrader 2000, “Krieg für Menschenrechte?”，刊载于 Bilek/Graf/Kramer（编），*Welcher Friede? Lehren aus dem Krieg um Kosovo. Beiträge der Friedensforschung*, 第 42 页。

36 Habermas 2001, *Zeit der Übergänge*, 第 26 页。

37 Habermas 2004, *Der gespaltene Westen*, 第 85 页以下。

38 同上书，第 88 页以下。

39 2003 年 2 月 15 日，在英美联军即将入侵伊拉克，引发世界范围的反战示威之际，德里达和哈贝马斯公开发表联合声明《我们的重建：战争之后，欧洲的重生》。Habermas 2004, *Der gespaltene Westen*, 第 43-51 页。

40 同上书，第 33 页以下。

41 同上书，第 35 页。

42 同上书，第 39 页。

43 例如哥尔特·朗古特（Gerd Langguth）2004 年的文章“Alte neue Ressentiments: Habermas, die deutschen Intellektu- ellen und der Antiamerikanismus”，刊载于 *Internationale Politik*, 卷号：59, 第 2 期，第 67–77 页。2003 年 8 月 12 日，朗古特就在《新苏黎世报》上指责哈贝马斯的反美观念以及“伪装成‘反布什主义’的反美主义”。

44 Fischer 2008, “Gründungsfigur des demokratischen Deutschland”，刊载于 Funken（编），*Über Habermas*, 第 49 页。

45 Habermas, 2004, *Der gespaltene Westen*, 第 52 页。

46 同上书，第 59 页。

47 同上书，第 109 页。

48 Habermas 1993, *Vergangenheit als Zukunft*, 2. Auflage von 1993 aus der Serie Piper mit einem Nachwort von Jürgen Habermas.

49 Wehler 2008, *Deutsche Gesellschaftsgeschichte 1949–1990*, 第 40–47, 该处见第 43 页。

50 “极右翼暴力程度令人震惊。更令人恐惧的是广大民众的默许，以及警察和司法机关的不作为。在霍耶斯韦达（1991）和罗斯托克（1992），对寻求庇护者的持续数日的屠杀和纵火事件，民众报以鼓掌。仅在统一后的第一年就发生了百余次纵火事件。”（Herles 2008, *Neurose D*, 第 217 页以下。）1990 年，死于极右翼暴力的至少有 6 人，次年 7 人，到 1992 年这一数字达到了 24 人。参阅 Staudt/Radke 2012, *Neue Nazis*。

51 Habermas 1992, “Die zweite Lebenslüge der Bundesrepublik: Wir sind wieder normal geworden”，刊载于 *DIE ZEIT*, 1992 年 12 月 11 日；参阅 Habermas 1993, *Vergangenheit als Zukunft*, 第 2 版，第 159–186 页。

52 参阅 Hofmann, 1992, “Der Abstieg ins Provinzielle droht”，刊载于 *DIE ZEIT*，1992 年 11 月 13 日。

53 演讲题目为“Die Asyldebatte”。刊载于 Habermas 1993, *Vergangenheit als Zukunft*, 第 158–186 页。

54 也参阅 Habermas 1993, “Anerkennungskämpfe im demokratischen Rechtsstaat”，刊载于 Taylor 1993, *Multikulturalismus und die Politik der Anerkennung*, 第 147–196 页，另外也参阅 Habermas 1996, *Die Einbeziehung des Anderen*, 第 237–276 页。

55 Habermas 1993, “Die Festung Europa und das neue Deutschland”，刊载于 *DIE ZEIT*，1993 年 5 月 18 日，Habermas 1996, *Die Einbeziehung des Anderen*, 第 255 页，第 265 页以下。

56 Habermas 1996, *Die Einbeziehung des Anderen*, 第 270 页。

57 同上书，第 276 页；也参阅文章 Habermas 1993, “Das Bedürfnis nach deutschen Kontinuitäten”，刊载于 *DIE ZEIT*，1993 年 12 月 3 日。哈贝马斯评论了关于卡尔·施密特的一项研究，其理论包含可满足重又苏醒的对德国传统延续性需求的方法和策略。

58 Habermas 1993, “Die Festung Europa und das neue Deutschland”，刊载于 *DIE ZEIT*，1993 年 5 月 28 日。

59 Habermas “Gelähmte Politik”，刊载于 *DER SPIEGEL*，1993 年 7 月 12 日。

60 Habermas 2001, *Zeit der Übergänge*, 第 53 页。

61 参阅 Dubiel 1999, *Niemand ist frei von der Geschichte*, 249–256 页；另外还参阅 Moses 2007, *German Intellectuals and the Nazi Past*, 第 219–245 页。

62 Habermas 2001, *Zeit der Übergänge*, 第 47 页；参阅 Zimmermann 2005, *Philosophie nach Auschwitz*, 第 18 页以下；Traverso 2000, *Auschwitz denken - Die Intellektuellen und die Shoa*。

63 参阅 Habermas 2001, *Zeit der Übergänge*, 第 47–59 页。

64 批评性评论参阅 Kunstreich, "Retter der Republik"，刊载于 *Jungle World*，1999 年 4 月 22 日，还参阅 Rensmann 2004, "Bausteine der Erinnerungspolitik. Die politische Textur der Bundestagsdebatte über ein zentrales 'Holocaust-Mahnmal'"，刊载于 Brumlik/Funke/Rensmann（编），*Umkämpftes Vergessen. Walser-Debatte, Holocaust-Mahnmal und neuere deutsche Geschichtspolitik*, Berlin, 第 137–169 页。

65 Walser, 1998, *Erfahrungen beim Verfassen einer Sonntagsrede. Mit einer Laudatio von Frank Schirrmacher*；也参阅 *Frankfurter Rundschau*，1998 年 10 月 12 日，另外可参阅 Walser, 1998, "Auschwitz und kein Ende"，刊载于：同一作者，*Über Deutschland reden*, 以及 Magenau, 2005, *Martin Walser. Eine Biographie*, 第 480–499 页。

66 Habermas, "Die zweite Lebenslüge der Bundesrepublik: Wir sind wieder ›normal‹ geworden"，刊载于 *DIE ZEIT*，1992 年 12 月 11 日，及 Unseld（编）1993, *Politik ohne Projekt? Nachdenken über Deutschland*, 第 283–297 页。

67 关于马丁·瓦尔泽演讲事件综合报道，参阅 *Frankfurter Rundschau*，1998 年 10 月 12 日；也参阅 Friedländer 1998, "Die Metapher des Bösen. Über Martin Walsers Friedenspreis-Rede und die Auf- gabe der Erinnerung"，刊载于 *DIE ZEIT*，1998 年 11 月 26 日。

68 艺术系的维克托·古里维奇（Victor Gourevitch）和自 1985 年起在卫斯理大学执教的托马斯·麦卡锡，都努力争取让哈贝马斯来本校担任客座教授。

69 伊戈纳茨·布比斯 1999 年 8 月意外去世，哈贝马斯所致颂词刊登在 1999 年 8 月 18 日的《世界报》上，他写道："布比斯绝望地希望——在经历了自己命运遭遇的所有一切之后——重新生活在德国人中间，作为公民生活在公民中间。葬在以色列的最后遗愿，是无奈，也是传达这样一个心声：保罗教堂出现的那个令人孤独的场景——一人独坐，目睹其他所有人跃起鼓掌——不要再重现。"

70 参阅 Brumlik/Funke/Rensmann（编）2000, *Umkämpftes Vergessen*, 第 6–12 页，第 55–126 页。

71 参阅 Merseburger 2007, *Rudolf Augstein. Biographie*, 第 530 页以下。针对奥格斯坦对此事的态度，哈贝马斯写道："当鲁道夫·奥格斯坦在倒数第二期《明镜》周刊（49/98）上抱怨'现在，在重新成为首都的柏林的心脏，会有一座纪念碑让我们记着我们永远的耻辱'时，畏惧他人尴尬目光的德国人的特殊意识油然升起，以抵制超越界限的包容的普遍主义苛求。赫尔曼·吕伯道出了马丁·瓦尔泽心中所想：'人不能给自己的耻辱立纪念碑'。真是同辈人。"（Habermas 2001, Zeit der Übergänge, 第 66 页。）

72 Habermas, "Der Zeigefinger. Die Deutschen und ihr Denkmal"，刊载于 *DIE ZEIT*，1999 年 3 月 31 日，参阅 Habermas 2001, *Zeit der Übergänge*, 第 47–59 页，该处见第 47 页。

73 Habermas 2001, *Zeit der Übergänge*, 第 51 页。

74 Habermas 1999, "Rortys patriotischer Traktat"，刊载于 *Süddeutsche Zeitung*，1999 年 2 月 27 日。

75 参阅 Walser 2010, *Tagebücher 1974–1978*。

76 Walser 1997, "Das Prinzip Genauigkeit. Über Victor Klemperer", 刊载于 同一作者, *Werke in 12 Bänden*, 第 XI 卷, 第 780 页以下。

77 援引哈贝马斯 2012 年的文稿, "A Philosophy of Dialogue" – First Buber Memorial Lecture. The Israel Academy of Science and Humanities, 文稿, 第 4 页。也参阅 Magenau 2005, *Martin Walser. Eine Biographie*, 第 462 页。

78 同上。

79 Habermas 1995, "Aufgeklärte Ratlosigkeit. Warum die Politik ohne Per- spektiven ist. Thesen zu einer Diskussion", 刊载于 *Frankfurter Rundschau*, 1995 年 12 月 30 日。

80 参阅 Walser 2002, *Tod eines Kritikers*, 第 55、73 页。瓦尔泽写道："但由于对现存社会制度持激烈批判态度的维森顿克，从一开始就将其立场的道德合法性理解为反法西斯主义的，所以他们可以说是天然盟友。维森顿克的反法西斯主义……源于褐色童年，这只会让他的立场更加严肃和真诚。因此，对任何证明反法西斯主义减弱的征兆，他们都表现出警觉和敏感。"（同上书, 第 55 页。）关于瓦尔泽的书，哈贝马斯在 2002 年 6 月 3 日的一封信中写道："亲爱的马丁，由于事情牵涉到我，所以我想请你注意一个细节。你一定记得我们差不多同一时期在高级文理中学用的生物课本。课本里有三张图，是出于公共卫生理由被归类为遗传病的几种疾病的插图：除了一个精神病人和内翻足，还有豁嘴，那时人们对唇腭裂的叫法。就算是后来并不知晓纳粹处理这些人的计划，这位中学男生的记忆足以让他知道，那时并不具备'青云直上'的有利条件。但也许你被馈赠了带有令人愉快的记忆空缺的值得称道的'历史感觉'。有可能你还会借我的讲述进一步中伤。'自封的牺牲品角色'大概会是指控新行话的关键词。所以，为了防备起见，我想补充一句，我始终视自己——以及我们大家，包括你在内——为战后德国历史格局的客观上的，即无功受禄的受益者。问凯蒂好。"（Bestand Na 60,Vorlass Jürgen Habermas, Archivzentrum der Universitätsbiblio- thek J. C. Senckenberg, Frankfurt/M。着重号为原文所有。）在接受马丁·奥伦（Martin Oehlen）的采访时，该访谈 2010 年 3 月 12 日刊登在《法兰克福评论报》上，瓦尔泽也谈到了他和哈贝马斯的友谊。记者问及他在日记中写道，哈贝马斯是为数不多与他彼此相知的人之一。瓦尔泽的回答是："是。他是我最亲密的朋友。"

81 Walser 2012, *Über Rechtfertigung, eine Versuchung*, 第 163 页。

82 Habermas, "Der Zeigefinger: Die Deutschen und ihr Denkmal", 刊载于 *DIE ZEIT*, 1999 年 3 月 31 日，也参阅 Habermas 2001, *Zeit der Übergänge*, 第 48 页。刊于 *Kleinen Politischen Schriften IX* 的文章，与 *DIE ZEIT* 上的文章有出入。

83 同上书, 第 49 页以下。

84 同上书, 第 50 页。

85 同上。

86 同上书, 第 51 页。

87 同上书, 第 52 页。

88 同上书，第 53 页。

89 同上。

90 同上书，第 54 页。

91 同上书，第 55 页。

92 同上。

93 同上。

94 同上书，第 56 页。

95 同上书，第 57 页。

96 同上。

97 同上书，第 57–59 页。

98 参阅 Mönninger, “Mein Mahnmal ist ein Ort des Nichts”，刊载于 *Berliner Zeitung*，1998 年 12 月 21 日；还参阅 Naumann 1999, “Blick in die Tiefe der Täterschaft”，刊载于 *FAZ*，1999 年 4 月 1 日；关于此次争论的全面记述可参阅 Heimrod/Schlusche/Seferens 1999, *Der Denkmalstreit – Das Denkmal? Die Debatte um das ›Denkmal für die ermordeten Juden Europas‹. Eine Dokumentation*。哈贝马斯给艾森曼的信参阅资料同上，1185 页。该段文字英文原文：“You are anyway well aware of the simple argument against Mr. Naumann' s proposal to replace a lasting monu- ment by some sort of institution for historical instruction. Such a place can tacitly turn into something else, once the climate shifts.” 也参阅 Thünemann 2003, *Das Denkmal für die ermordeten Juden Europas; Moses 2007, German Intellectuals and the Nazi Past*, 第 229–283 页。

99 可参阅亨里克·布罗德（Henryk M. Brode）和沃尔夫冈·门格（Wolfgang Menge）的争论“Das ist die Fortsetzung des Dritten Reichs. Was soll, was kann, was hilft das Berliner Holocaust Mahnmal?”，刊载于 *Der Tagesspeigel*，2005 年 6 月 9 日。

100 Sußebach 2005, “Ein weites Feld”，刊载于 *DIE ZEIT*，2005 年 6 月 2 日，也参阅对纪念碑设计者彼得·艾森曼的采访：“Es ist kein heiliger Ort”，刊载于 *DER SPIEGEL*，2005 年 5 月 10 日。

第四部分　世界公民社会与正义

1 Habermas 2004, *Der gespaltene Westen*, 第 120 页。1968 年，哈贝马斯对社会理论的政治作用做了如下描述：“一种在不放弃批判宣称的情况下放弃了历史哲学的自我确然性的社会理论，其政治作用只可能在于，通过较为审慎的当代诊断，使人更加关注当代历史境况的根本矛盾。只有了解包含在结构中，然而各不相同的发展趋势，才能发现实际干预的可能性。”（Habermas 1986, *Entgegnung*, 第 391 页。）

第十一章　职业批判者：进入第三个千年

1 Habermas 2005, *Zwischen Naturalismus und Religion*, 第 192 页。

2 *DIE ZEIT*，1993 年 12 月 17 日；“Overcoming the Past”，刊载于 *New Left Review*，1994 年 1 月 /2 月号，

第 203 期，第 3-16 页。

3 *DIE ZEIT*，1994 年 3 月 11 日。

4 *DIE ZEIT* ，1994 年 3 月 25 日。

5 Korrespondenzbestand Vorlass Habermas, Starnberg.

6 *FAZ* ，1995 年 4 月 22 日。

7 Wiehl 1996, “Karl-Jaspers-Preis 1995. Laudatio auf Jürgen Habermas”，刊载于 Kiesel（编），1996, *Heidelberger Jahrbücher*, 第 40 卷，第 15-23 页。*Stuttgarter Zeitung* , 1995 年 11 月 28 日报道了颁奖情况。

8 答谢辞精简版以《真理与真实性》为题刊登于 *DIE ZEIT*, 1995 年 12 月 8 日；Habermas 1997, *Vom sinnlichen Eindruck zum symbolischen Ausdruck*, 第 41-58 页。

9 *FAZ*，1996 年 8 月 28 日。

10 这位美国历史学家提出的观点，即欧洲犹太人遭屠杀是典型的德国人“排除式反犹主义”的结果，受到若干专业史学同行的批评。在媒体上，特别在《时代周报》，爆发了一场长时间的争论，被称为新历史学家之争。参阅 Ullrich, “Hitlers willige Mordgesellen. Ein Buch provoziert einen neuen Historikerstreit”，刊载于 *DIE ZEIT* ，1996 年 4 月 12 日。这家周报刊登了不下 19 篇文章谈论这一话题，作者有 Christopher R. Browing, Julius H. Schoeps, Raul Hilberg, Gordon A. Craig, Hans-Ulrich Wehler, Ulrich Herbert, Hans Mommsen 等。参阅 Scherf 2009, *Deutsche Diskurse. Die politische Kultur von 1945 bis heute in publizistischen Kontroversen*, 第 152-156 页。

11 Habermas 1998, *Die postnationale Konstellation*, 第 47-61 页。

12 同上书，第 53 页以下。

13 *FAZ*，1997 年 3 月 12 日。

14 Habermas 1998, *Die postnationale Konstellation*, 第 65-90 页。

15 Habermas 2000, “Globalism, Ideology and Traditions”，Interview mit Johann P. Arnason, 刊载于 *Thesis Eleven*, 第 63 期，第 1-10 页；Habermas 2000, “Globalization’s Valley of Tears”，刊载于 *New Perspectives Quarterly*, 第 17 卷，第 4 期，51-56 页。对新自由主义的这种批评显然被法国社会学家皮埃尔·布迪厄注意到了。1989 年夏，他邀请哈贝马斯参与创办欧洲杂志《利贝尔》（*LIBER*），他把它视为欧洲公共领域的中心。刚从南美旅行归来的哈贝马斯，马上对邀请做出回应。他在信的开始写道：“在欧洲的我们，不谙世事地生活在一个小岛上，而不直面 21 世纪的真正问题。”哈贝马斯赞同在欧洲国家建立一种意识，这种意识能使所有公民对政治和经济问题予以同等程度的关注。由于新杂志与《法兰克福汇报》合作，而他自 20 世纪 70 年代起拒绝与该报的任何合作，因此他想“先从远处稍稍观察一下”这本杂志。

16 Nida-Rümelin/Thierse（编）1998, *Philosophie und Politik*, 第 III 卷，*Jürgen Habermas und Gerhard Schröder über die “Einbeziehung des Anderen”*，第 51 页。

17 作者 2009 年 5 月 18 日与克劳斯·奥佛的谈话。

18 “Es gibt doch Alternativen!” 哈贝马斯对关于红绿联合政府的机会、科尔时代和民族国家未来问题的回答，刊载于 *DIE ZEIT*，1998 年 10 月 8 日。

19 Habermas 2001, *Zeit der Übergänge*, 第 11 页。

20 同上书，第 16 页。

21 同上书，第 17 页。

22 同上书，第 24 页。哈贝马斯的政治愿望与基民盟主席、前总理科尔的秘密政治献金引发的持续政治丑闻形成强烈对照。哈贝马斯愤怒至极，在《南德意志报》2000 年 3 月 18/19 号上撰文，批评这一丑恶事件。他批评了政治领导人面对宪法的法律约束力的典型态度。偏偏是重要政治代表人物没有将宪法 [理解] 为自己理所当然身体力行地遵守的“令人信服的、真实的规范”。

23 Habermas 2001, *Zeit der Übergänge*, 第 63-82 页。

24 Korrespondenzbestand Vorlass Habermas, Starnberg.

25 *Süddeutsche Zeitung*, 1998 年 1 月 17 日，*DIE ZEIT*，1998 年 2 月 19 日。

26 由耶路撒冷凡·利尔研究所和耶路撒冷的弗朗茨·罗森茨威格密涅瓦研究中心联合举办的会议，名称为“超越存在 - 离开存在，海德格尔之后的哲学”。

27 此前，除其他评论者外，赖纳·施特凡（Rainer Stephan）在 1999 年 8 月 29 日的《南德意志报》报道了斯洛特戴克的报告，对其论点做了概括：“面对‘人类技术’的新的可能性，哲学不能以拒绝之无辜来拯救自己。谁不选择，将被选择 [指适应者生存，不适应者被淘汰的自然选择。——译者注]；所以，想必是哲学家——至少是他们中间学识渊博的精英——控制着基因工程技术的人种培育概念。一个荒唐的玩笑？可它来自哪里：正是来自应用本体论。”

28 阿斯豪尔 1999 年 9 月 2 日发表的文章标题为：《查拉图斯特拉方案：哲学家彼得·斯洛特戴克呼吁应用基因工程技术改造人类》。作者深入分析了斯洛特戴克身为哲学家做出的论断，并称，作为除贝克和哈贝马斯之外的“温塞德的最亲密顾问”，他对出版社选题施加了影响。阿斯豪尔写道，他，斯洛特戴克“脑海中浮现出一种由真正的哲学家和相关基因工程技术人员构成的无民主的工作团体，他们不再讨论道德问题，而是采取切实可行的措施。这个精英联盟的任务是，通过自然选择和人种培育启动对人类种群历史的基因修正。……作为第一项措施，他考虑从‘出生宿命论’转向‘选择性出生’和‘产前选择’”。1999 年 9 月 6 日，莱因哈特·莫尔在《明镜》周刊发文，断言斯洛特戴克的理论有着“法西斯主义修辞的特点”，称他为“超人培育者”。此外，他还在文中说，苏尔坎普出版社为作者提供了一个论坛，“他们在这里大肆表白反民主、反西方，乃至具有极权主义 - 法西斯主义色彩的信条，比如斯洛特戴克和汉德克”。1999 年 9 月 30 日，米夏埃尔·迈耶（Michael Mayer）在《法兰克福评论报》追述了辩论的过程及话语策略。1999 年 9 月 30 日的《时代周报》特辟出一个栏目刊登辩论文章《怎么一回事？哲学家做了一个报告，引起整个共和国的争论》。在 1999 年 9 月 4 日的哲学大会上，于尔根·米特尔施特拉斯（Jürgen Mittelstraß）在所致开幕辞中对斯洛特戴克的言论发表看法。德新社在一份新闻热点报道中指出，斯洛特戴克“幼稚而放肆地越过了所有科学及哲学的合法性边界”。Nennen 2003, *Philosophie in Echtzeit*, 第 182 页以下。

29 *DIE ZEIT*，1999 年 9 月 9 日。

30 哈贝马斯 1999 年 8 月 14 日给鲁茨·温格特的信。Korrespondenzbestand Vorlass Habermas, Starnberg.

31 Nennen 2003, *Philosophie in Echtzeit* 指出，莫尔 1999 年 9 月 6 日在《明镜》周刊发表文章，辩论中首次出现关于斯洛特戴克的言论有法西斯主义色彩的指责声。（同上书，第 24 页。）该书分析了 100 余篇在媒体上发表的关于这一话题的文章。

32 比如，贝恩德·乌尔利希（Bernd Ulrich）1999 年 9 月 24 日在《每日镜报》发文，将媒体助推的这场辩论程式化地称作："哈贝马斯辩论：德国思想家退出。" 意指哈贝马斯影响力走向式微。"很久以来，他们[哈贝马斯及其弟子们。——作者注]确保德国人始终怀有负罪意识。他们年复一年大张旗鼓地寻找最喜欢的对手，定他们危险的右翼思想之罪——马丁·瓦尔泽、博托·斯特劳斯（Botho Strauss）或恩斯特·诺尔特。……这一套长期屡试不爽，直到他们训斥哲学家斯洛特戴克，才碰了钉子。这一次，这个套路没能肢解对手，而是导致了哈氏体系的力量损失。"

33 关于对话和争论，哈贝马斯写道："作为实现角色分配所定义目标的策略性手段的争论，不是对话。相反，对话受制于共同协作寻找真理的要求，即原则上不受约束、非强制性的交往，目的只是沟通，在这里沟通是一个必须从反事实推理的角度规定的规范性概念。对话不是制度，而是不折不扣的反制度。"（Habermas 1971, *Theorie der Gesell- schaft oder Sozialtechnologie*, 第 201 页。）

34 几周前，哈贝马斯为罗蒂的新书《铸就我们的国家》的德文版写了书评。Habermas 1999, "Rortys patriotischer Traktat. Aber vor Analogie wird gewarnt"，刊载于 *Süddeutsche Zeitung*，1999 年 2 月 27 日。也参阅 Habermas 2008, *Ach, Europa*, 第 24–39 页。

35 Honneth, "Unser Kritiker"，刊载于 *DIE ZEIT*，1999 年 6 月 17 日。

36 Negt, "Der große Kommentator"，刊载于 *Der Tagesspiegel*，1999 年 6 月 18 日。

37 *FAZ*，1999 年 6 月 18 日。

38 Habermas 2005, *Zwischen Naturalismus und Religion*, 第 16 页；参阅 Wingert/Günther（编）2001, *Die Öffentlichkeit der Vernunft und die Vernunft der Öffentlichkeit. Festschrift für Jürgen Habermas*。

39 Korrespondenzbestand Vorlass Habermas, Starnberg.

40 1998 年 10 月 15 日，约阿希姆·君特在《新苏黎世报》报道了他拜访苏尔坎普出版社"热衷于理论的审稿人"的经过，这位审稿人认为，没有什么比一个好的理论更实用。然后，1998 年 12 月 22 日《新苏黎世报》的一则短新闻称："苏尔坎普出版社出版人温塞德告知说，他和赫尔伯特之间'过去这些年失去了信任'。他们是'和平协议'分手。赫尔伯特离开后，此前由他担任审稿部负责人的学术图书系列将保持原有'品质和规模'不变。" 1999 年 7 月 7 日《新苏黎世报》刊登的一篇长报道，引用了赫尔伯特转述温塞德的说法，导致冲突继续激化："'这个选题范围很窄。我不希望这样。我想要一个不同于此的选题计划。'赫尔伯特记得很清楚：关于'苏尔坎普学术口袋书系列'，温塞德就是这样说的。……未来除哈贝马斯外，温塞德一直非常看重他的判断，贝克和斯洛特戴克也将在'苏尔坎普学术口袋书系列'的作者和图书选择方面提供意见和建议，饶是如此，出版社还是不放心。《南德意志报》误以为，'苏尔坎普口袋书系列'自此起以'轻学术'、'反映时代精神的文学'和生活方式社会学为出版方向。"

41 Korrespondenzbestand Vorlass Habermas, Starnberg.

42 援引与弗里德赫尔姆·赫尔伯特、莱玛·丛斯和贝恩德·施蒂格勒的私人谈话内容。也参阅 Peter

Michalzik, "Stachel im Fleisch der Denkenden"，刊载于 *Süddeutsche Zeitung*，1999 年 11 月 23 日。

43 引自与弗里德赫尔姆·赫尔伯特、莱玛·丛斯和贝恩德·施蒂格勒的私人谈话内容。

44 *FAZ*, 1999 年 12 月 20 日。

45 Habermas 1996, *Die Einbeziehung des Anderen*, 第 119 页。

46 Habermas 2005, *Die Zukunft der menschlichen Natur*, 第 27 、49 页。援引扩展版，在苏尔坎普学术口袋书系列中出版，系第五版；文本与 2002 年版一致，但有一个"后记"，标注日期为 2001/2002 年。

47 Habermas 2001, *Glauben und Wissen. Rede zum Friedenspreis des Deutschen Buchhandels 2001*, 第 45 页以下；还刊载于 Habermas 2003, *Zeitdiagnosen*, 第 249–262 页。

48 Habermas 2005, *Die Zukunft der menschlichen Natur*, 第 29 、51 页。

49 同上书，第 95 页。

50 Habermas 1998, *Die postnationale Konstellation*, 第 251 页。

51 同上书，第 245 页。

52 Habermas 2005, *Die Zukunft der menschlichen Natur*, 第 30 页。

53 同上书，第 132 页。

54 同上书，第 44 页。

55 同上书，第 83 页。

56 同上书，第 107 页。

57 同上书，第 110 页。

58 同上书，第 65、72 页，第 100 页以下，第 124、115 页。

59 同上书，第 121 页。

60 同上书，第 74 页。

61 Habermas 2007, "Das Sprachspiel verantwortlicher Urheberschaft und das Problem der Willensfreiheit: Wie lässt sich der epistemische Dualismus mit einem ontologischen Monismus versöhnen?"，刊载于 Krüger（编），*Hirn als Subjekt? Philosophische Grenzfragen der Neurobiologie*, 第 263–304 页，该处见第 270 页。

62 同上书，第 265 页。

63 Habermas 2005, *Zwischen Naturalismus und Religion*, 第 166、194、197 页及第 33 页。也参阅 das Vorwort von Habermas zu dem Buch von Michael J. Sandel 2008, *Plädoyer gegen die Perfektion. Ethik im Zeitalter der genetischen Technik*, 第 7–14 页。

64 *Süddeutsche Zeitung*, 2011 年 9 月 17/18 日。

65 Habermas 2012, *Nachmetaphysisches Denken II*, 第 54–76 页。

66 同上书，第 57 页。

67 同上书，第 69 页。

68 同上书，第 73 页。

69 同上书，第 76 页。

70 同上书，第 75 页。

71 *Süddeutsche Zeitung*, 2011 年 9 月 17/18 日。

72 *Die Weltwoche*，2011 年 4 月 26 日。

73 参阅 Rudolf Walther, "Unter Hegelianern. Als Barbar unterwegs: Jürgen Habermas über die Eindrücke seiner China-Reise"，刊载于 *Frankfurter Rundschau*，2001 年 5 月 10 日。

74 "Habermas, China und die ›halbierte Moderne‹. Im Gespräch mit dem chinesischen Sozialphilosophen und Übersetzer Cao Weidong"，刊载于 *Forschung Frankfurt*，2009 年第 2 期，第 78-81 页。

75 *Frankfurter Rundschau,* 2001 年 5 月 10 日。

76 Börsenverein des Deutschen Buchhandels 2001, *Friedenspreis des Deutschen Buchhandels 2001,* 第 10 页。

77 哈贝马斯评论说，德里达做了一个"高度敏感的演讲，以令人印象深刻的方式呈现了两者［阿多诺和德里达。——作者注］思想特征的亲缘性。这让人不由不感动。在一切政治性话题之外，与康德的哲学关系也联结着我和德里达。然而，晚期海德格尔又把我们——差不多同龄，但有着非常不同的人生经历和生活背景——区分开。德里达像列维斯坦那样从一种受犹太思想启迪的角度吸收海德格尔的思想。而我遇到的海德格尔是一位哲学家和失败的公民——1933 年，尤其在 1945 年后。不过，作为哲学家的他，在我看来也是令人怀疑的，因为他 30 年代接受的正是当时风行一时的作为新异教徒的尼采。德里达给'纪念'提供了一种来自一神论传统精神的解释，和他不同，我认为被海德格尔玩坏了的'存在思想'踏平了那种具有划时代意义的意识历史的门槛，即雅斯贝尔斯所称的轴心时代。根据我的理解，海德格尔背弃了以先知从西奈山领受的激动人心的启示，和苏格拉底的哲学启蒙等各种方式为标志的重大历史转折"（Habermas 2004, *Der gespaltene Westen*, 第 87 页以下）。乌尔里希·劳尔夫借颁奖的机会，在 2001 年 9 月 21 日的《南德意志报》发表了一篇内容丰富的文章，探究了批判理论和法国结构主义之间的矛盾关系，也讲到那些很早就从中努力调和的知识分子。这种调和当然没有结果，由于根植于 20 世纪的政治历史经验的"深刻的安全性需要"，德国一方有"一种突出的精细感觉，这种精细感觉驱使作者们总是一味追求站在对话的安全的、正确的一边。……尤其一概是卡尔·施密特死敌的批判理论的思想家们，在他们眼中，世界非友即敌：一个前哲学地带固有的习惯。"对于亦针对哈贝马斯的这一批评，他当然不会听之任之。他在 2001 年 9 月 22 日刊发在同一报纸的读者来信中评论道，哲学争论不展开论证和反论证，而是沦落到流言蜚语的水平。伯努瓦·皮特斯（Benoît Peeters）在他撰写的《德里达传》中说，授予德里达阿多诺奖，促成了这位法国解构主义者与哈贝马斯的和解，不过据两人证实，他们此前就已和解。参阅 Peeters 2013, *Jacques Derrida*, 第 714 以下，另外也参阅 Derrida, "›Unsere Redlichkeit!‹ Jeder in seinem Land, aber beide in Europa: die Geschichte einer Freundschaft mit Hindernissen - Jürgen Habermas zum 75. Geburts- tag"，刊载于 *Frankfurter Rundschau*，2004 年 6 月 18 日。在内有对德里达的批判性分析的《现代性的哲学话语》出版前，哈贝马斯邀请他来法兰克福做报告，他接受了邀请。当《现代性的哲学话语》第七章，即批判他的一章发表后，两人关系变得疏远，直到 1996 年哈贝马斯打破了沉默。1996 年 11 月，哈贝马斯在西北大学讲学，这期间有一场欢迎德里达的招待会，哈贝马斯寻求与德里达的接触，两人约定 1997 年 1 月 13 日在巴黎共进午餐，此次会晤气氛迅速友好融洽起来。两年后，应霍耐特邀请，德里达前往法兰克福大学做演讲，由哈贝马斯介绍他出场。次日，两人在苏尔坎普出版社举行了一次会面，出席者皆是个人邀请来的，因此人称“秘密会晤”。对德里达在法兰克福发表演讲，哈贝马斯后来投桃报李，于 2000 年 12 月 3 日至 5 日回访巴黎，参加在犹太社区中心举行的主题为“Judeites. Questions pour Jacques Derrida”的国际讨论会。参阅 Derrida,“‘Unsere Redlichkeit!’ Jeder in seinem Land, aber beide in Europa: Die Geschichte einer Freundschaft mit Hindernissen – Jürgen Habermas zum 75. Geburtstag”，刊载于 *Frankfurter Rundschau*, 200 18. 06; Habermas 2008, *Ach, Europa*, 第 40–64 页。

78 还有第四架飞机据猜测可能要袭击华盛顿特区，但尚未到达目的地，就于宾夕法尼亚州的尚克斯维尔坠毁。

79 Habermas 2002, *Glauben und Wissen. Rede zum Friedenspreis des Deutschen Buchhandels 2001*, 第 37 页。

80 Habermas/Derrida 2004, *Philosophie in den Zeiten des Terrors*. 本书包括两个对话，吉尔安娜・博拉朵莉主持对话，并写了序言，作了评述，第 49–69 页，第 117–178 页；Habermas 2004, *Der gespaltene Westen*, 第 11–31 页。

81 参阅 Peeters 2013, *Jacques Derrida*, 第 714、721 页。

82 Habermas 2004, *Der gespaltene Westen*, 第 19 页以下。

83 Habermas 2001, *Zeit der Übergänge*, 第 162 页。

84 Habermas 2008, *Ach, Europa*, 第 17 页以下。

85 Rorty 2008, *Philosophie als Kulturpolitik*, 第 140 页以下。

86 参阅 Magenau 2005, *Martin Walser. Eine Biographie*, 第 524–543 页。

87 数年后，希尔马赫在获得约瑟夫 – 诺伊贝格奖章（Josef-Neugerger-Medaille）的颁奖仪式上致授奖辞时强调说，“加诸德国犹太人身上、十代以后仍折磨着其后人的痛苦，太深重，哪怕说错一个字也不能容忍”（FAZ vom 23. 09. 2012）。

88 Bohrer 2012, “Ich habe einen romantischen Blick. Gespräch mit Sven Michaelsen”，刊载于 *Süddeutsche Zeitung Magazin*, 2012 年 10 月 5 日，第 72–77 页。

89 通过施塔恩贝格哈贝马斯手稿中他和博尔的通信摘录，让人得到这种印象。2011 年 12 月博尔在《水星》杂志发表文章《美学与政治：水星三十年回想》。他在文中写道，1990 年 1 月他收到哈贝马斯的一封信，“声明解除与《水星》的合作。原因在于，柏林墙倒塌后在两个德国可能重新统一问题上，哈贝马斯和我之间出现了分歧。”事情涉及博尔的一篇文章，哈贝马斯表示不赞成发表该文，但后来它却刊登在《法兰克福汇报》上。“鉴于我们始于 1967 年，虽有起起伏伏和可预见的理论分歧，但仍很稳定的友谊，当我不能听从他的观点行事时，他的这种反应更是令我震惊。”（Bohrer 2011, “Ästhetik und Politik”，刊载于 *Merkur* 第 751 期，第 1091–1103 页，该处见第 1095 页以下。）

90 后来在 2012 年 7 月 30 日刊登于《世界报》的访谈中，谈到哈贝马斯，博尔言语之间平静了很多：“哈贝马斯是敏锐犀利的左翼自由主义的社会状况分析者，截然区别于大多数乌托邦人。……像哈贝马斯这样耿直的知识分子在德国史无前例！既风趣幽默又严肃认真，既充满热情又严谨苛刻。而且，他有一种奇妙的复杂文体，有的复杂到读之令人沮丧。总之，他是一个充满了张力的人。”

91 参阅 Habermas 2005, *Zwischen Naturalismus und Religion*, 第 258- 278 页。

92 同上书 , 第 268 页。

93 *DIE ZEIT*，2002 年 3 月 21 日。

94 *Süddeutsche Zeitung*，2002 年 10 月 8 日。

95 Jonas 2003, *Erinnerungen. Nach Gesprächen mit Rachel Salamander*.

96 Habermas, "Indiskretion und Jonas" . 读者来信，*FAZ* ，2003 年 3 月 21 日。

97 丰富的"西奥多 · W. 阿多诺 100 周年诞辰"纪念活动，包括在木屋宫举行的"音乐分析和批判理论"框架下的一场纪念音乐会、多场朗诵会和关于阿多诺音乐哲学和作曲方法的活动，在法兰克福文学之家举行的题为"'自由个体的联合'是什么样"的讨论会，以及在位于博肯海姆的法兰克福老歌剧院的苏尔坎普出版社安排的午后演出，法兰克福歌德大学的展览等。参阅 Honneth（编）2005, *Dialektik der Freiheit*。也参阅 Ziegler 2008, "Auswahl-Bibliographie zu Theodor W. Adorno ab dem Jahr 2003" , 刊载于 Kohler/ Müller- Doohm（编）2008,*Wozu Adorno? Beiträge zur Kritik und zum Fortbestand einer Schlüsseltheorie des 20. Jahrhunderts,* 第 307-327 页 , 另外还参阅 *Literaturen*，2002 年 6 月 6 日，关于"Adorno. Luxus des Denkens"。

98 Habermas 2005, *Zwischen Naturalismus und Religion*, 第 187-215 页 , 该处见第 206 页。

99 同上书 , 第 197 页。

100 同上书 , 第 211、215 页。

101 *FAZ* ，2003 年 12 月 3 日。

102 安德雷亚斯 · 齐尔克（Andreas Zielcke）与他的访谈，*Süddeutschen Zeitung*，2004 年 6 月 18 日，标题为"Wähler sind nicht nur Kunden"。

103 Habermas 2005, *Zwischen Naturalismus und Religion*, 第 155-215 页。

104 同上书 , 第 15-26 页。

105 同上书 , 第 15 、16 页。

106 同上书 , 第 26 页。

107 赴卑尔根之前，他在施塔恩贝格接受了一次录像采访。这次采访很有启发性，因为他谈到了自己思想动机形成的生活背景："当我回头看，至少可以说民主是一个重要主题，是我 15 岁前生活在其中的制度的明确替代选项。我也是当时称为再教育的产物。所以说，民主就如一条红线，从一开始就贯穿在我的思考和研究中，直到我遇到目前感兴趣的事情，如法哲学和国际法。我一直相信，民主进程天然存在着一种认知维度。这就是为什么我是协商民主最早的也是最坚定的倡导者之一。谈到协商民主，当然又让人注意到我研究的第二个重要主题：交往理性。"（采访由作者转录和翻译，可在线获取 , 网址：Yhttp://www.youtube.com/watch?v=jBl6ALNh18Qy。［最后访问时间：2014 年 1 月 28 日］）

108 参阅 *The Holberg Prize Seminar 2005*。

109 Habermas 2008, *Ach, Europa*, 第 77-87 页。

110 同上书 , 第 83 页。

111 同上书，第 161 页。

112 同上书，第 134 页。

113 同上书，第 88-95 页。援引主办机构新闻处提供的演讲稿。

114 在 1998 年 8 月 11 日刊登于《法兰克福汇报》的希尔马赫和胡伯特·斯皮格尔（Hubert Spiegel）与他的访谈中，格拉斯承认，在他眼里，“武装党卫军一开始并不让人害怕”。他认为这是一支精英部队，“哪里形势危急，它就被派到哪里，而且，众所周知，他们损失也最大”。

115 2004 年 1 月，哲学家格里昂·沃尔特斯（Gereon Wolters）曾尝试澄清事实真相（参阅 Wolters 2004, “Vertuschung, Anklage, Rechtfertigung. Impromptus zum Rückblick der deutschen Philosophie auf das ‘Dritte Reich’”，刊载于 Hogrebe [编] 2004, *Bonner Philosophische Vorträge und Studien 23*, 第 33 页），他依据的是维勒和哈贝马斯的书面通信，由此谣言属于空穴来风已经非常清楚了。尽管有沃尔特斯对事实的澄清，以及维勒写信辟谣，费斯特仍在其 2006 年出版的传记《我没有：童年与青少年时代的回忆》中又拿这则谣言来炒作。他在第 11 章中讲到对战后德国罪责的“交际性沉默”，同时讽刺这是“自我指控者”的抱怨。他在第 342 页写道：“实际上有无数逃避的方法和门道。这里要说到这个国家的一位杰出思想家。他在希特勒帝国末路之时加入了希特勒青年团，他全身每个细胞都忠实于这个政权。在 80 年代的一次生日庆祝会上，一位在希特勒青年团中的下属把一个写于 1945 年春的通知，从桌子上方递给他当时的上级，上有对元首忠诚的狂热表白和对最终胜利的坚定期待。这位拿到纸片的人，据多位在场的人证实，看都没看，把纸攥成一团，放入口中，迅速吞了下去。人们也许把这个看作个人摆脱历史负担的一种损害赔偿方式。”布舍在《西塞罗》第 11 期，追查了哈贝马斯和维勒的过往，他注意到两人都曾师从忠于纳粹政权的教授。这位记者查明，此为“作为众所周知的谣言源头的社会环境”（*Cicero* 11/2006, 第 72-77 页，该处见第 73 页）。他提到沃尔特斯澄清谣言的企图，“称他极力隐去谣言中令人难堪的部分”。他从乌特·哈贝马斯幽默的回答做出如下推断：“这证实了故事的核心——如果你不认为幽默这个词儿是指杜撰的东西。”（同上书，第 75 页）。布舍继续推测：“从故事的结尾来看，这似乎合乎情理，但从源头看则并不是这样。可能这张纸条偶然落到了未成年的维勒的日记本里并夹在了那儿，可能日记历经动荡幸存了下来。如果这么多年过去还能在谈话中想起这个文件，如果认为它的价值足以让人使之物归原主，如果工作忙碌的历史教授日后还问起它的下落，那么，这张纸片的意义大概远不止上面印的文字这么简单。”（同上书，第 76 页）。10 月 25 日，哈贝马斯对布舍的文章做出回应，他给《西塞罗》主编写了一封信，请他刊登此信，他写道：“若看看散布这则谣言的圈子——费斯特、吕伯、柯塞勒克（Koselleck）和（现在还有？）布舍——会清楚地看到新指责的旧套路，即延续我 70、80 年代所遭受的来自《法兰克福汇报》的政治攻讦。显然，对我批评他在自家报纸上为之正名的纳粹政权的思想先驱，布舍很生气。你如何反驳一种意图显而易见的指责，即立志与格拉斯一道清除一群——致力于通过自我批判弄清（也包括及尤其是）学术阶层普遍赞同纳粹统治的传统根源的——让人不舒服的知识分子？”（Habermas 2006, “Vergiftetes Klima”，刊载于 *Cicero* 12 期，第 12 页。）

116 约阿希姆·费斯特没能看到自己的书出版，也没能亲历这起哈贝马斯事件。2006 年 9 月 11 日，他因疾病在陶努斯山区的克龙贝尔格（Kronberg）去世。

117 Lübbe 1989, *Politischer Moralismus*, 第 72 页。

118 Joachim Güntner, "Ohne Kompromiss. Die Causa Habermas gegen Rowohlt vor dem Hamburger Landgericht", 刊载于 *NZZ*, 2006 年 11 月 18 日。

第十二章　驯化资本主义和欧洲的民主化

1 Habermas 1995, *Die Normalität einer Berliner Republik*, 第 92 页。引文出自马库斯·施维林（Markus Schwering）主持的采访，1994 年 6 月 18 日刊登于《科隆日报》。

2 援引了相隔久远的文章，写于 1961 年的论文《关于政治参与的概念》，及 2008 年的报告《民主是否还有一种认知维度？》。参阅 Habermas/Friedeburg/ Oehler/Weltz 1961, *Student und Politik*, 第 11-55 页；Habermas 2008, *Ach, Europa*, 第 138-191 页。

3 参阅 Horkheimer, *Gesammelte Schriften*, 第 4 卷, *Schriften 1936-1941*, Alfred Schmidt 编, 第 308 页以下。

4 "本文的核心思想包含了后来我在《交往行为理论》中所写的许多内容的精髓。"（Habermas 1986, "Life-forms, Morality and the Task of the Philosopher", 刊载于 Dews, *Autonomy and Solidarity*, 第 191 页。）

5 同上书, 第 80 页。

6 针对马克思的理论他提出了"四点事实"，即低估了国家的作用，将生产力发展置于首要地位有问题，对革命阶级意识的预测过时，以及忽略了经济制度的自我修复能力。哈贝马斯基本上怀疑劳动价值论的有效性和利润率下降趋势的规律，因为马克思没有考虑到通过科学技术使劳动合理化的过程。

7 Habermas 1981, *Kleine Politische Schriften I-IV*, 第 500 页以下。

8 Habermas 1973, *Kultur und Kritik*, 第 74 页以下。

9 参阅 Künzli 1968, "Marxismus im Trockendock. Ein Bericht von der in- ternationalen marxistischen Sommerschule auf der Insel Korc ˇ ula", 刊载于 *Frankfurter Rundschau*, 1968 年 9 月 14 日。

10 Habermas 1973, *Kultur und Kritik*, 第 80 页以下。

11 有一处明确称："我认为，试图从经济流通，最终从商品形式'推导出'资本主义国家的法律和政治'形式'，是错误的。"（Habermas 1976, *Zur Rekonstruktion des Historischen Materialismus*, 第 267 页, 注释 1。）

12 马克思的劳动价值理论解释了交换行为中发生的现实抽象：商品价值，即生产所需要的社会劳动，允许交换者对不同物品进行比较，忽略物品各自的具体属性。商品形式让人注意到一个社会悖论，以使用价值为导向的需求，服从于以交换价值为重点的抽象的中介性价值形式。随着货币的独立化，获取剩余价值的剩余价值生产成为一种自我发展的系统。参阅 die kritisch-konstruktive Auseinandersetzung mit Habermas' Marx-Interpretation durch Cerutti 1983, "Habermas und Marx", 刊载于 *Leviathan*, 卷号：11, 期号：3, 第 352-375 页, der "in einem philologisch gut belegten Artikel Marx gegen die von mir erhobenen Bedenken verteidigt"。（Habermas 1986, *Entgegnung*, 第 395 页。）

13 参阅 Habermas 1981, *Theorie des kommunikativen Handelns*, 第 2 卷，第 489 页以下。

14 Habermas 1992, *Faktizität und Geltung*, 第 616-622 页。哈贝马斯在 1981 年的一次采访中称，取消对生产资料的私人所有权，绝不会废除阶级结构。"就我个人而言，我不再相信一个复杂的经济制度能够按照简单的工人自治模式从内部得到民主改造。”（Haber- mas 1985, *Die Neue Unübersichtlichkeit*, 第 255 页。）

15 参阅 Habermas 1981, *Theorie des kommunikativen Handelns*, 第 2 卷，507 页以下。参阅 Ingram 2010, *Habermas. Introduction and Analysis*, 第 260 页以下。

16 Habermas 1981, *Theorie des kommunikativen Handelns*, 第 2 卷，第 514 页。

17 Habermas 1985, *Die Neue Unübersichtlichkeit*, 第 158 页。

18 Habermas 2007, *Kommunikative Rationalität und grenzüberschreitende Politik*, 第 428 页。

19 *DIE ZEIT*，2008 年 11 月 6 日；Habermas 2011, *Zur Verfassung Europas*, 第 99–111 页，该处见第 99、101–102 页。

20 Habermas 1992, *Faktizität und Geltung*, 第 621 页。

21 Rapic（编）2014, *Habermas und der Historische Materialismus*（出版中）。

22 Habermas 1985, *Vorstudien und Ergänzungen zur Theorie des kommunikativen Handelns*, 第 489 页。

23 援引会议期间所做记录和哈贝马斯的观点，其观点经由哈贝马斯本人审阅。也参阅 Rapic（编）2014, *Habermas und der Historische Materialismus*。

24 Habermas 1990, *Vergangenheit als Zukunft*, 第 127 页以下。

25 Habermas 2008, *Ach, Europa*, 第 144 、146 页；参阅 Habermas 1996, *Die Einbeziehung des Anderen*, 尤其“Drei normative Modelle der Demokratie”一文，第 277–292 页；也参阅 Forst 1994, *Kontexte der Gerechtigkeit*。

26 Habermas 1992, *Faktizität und Geltung*, 第 626 页。

27 Wellmer 2009, “Erinnerung an die Anfänge und eine späte Antwort auf einen fast vergessenen Brief”，刊载于 *Blätter für deutsche und internationale Politik 6*, 第 48–52 页；关于民主的稳定性及不稳定性问题，可参阅 Nancy 2009, *Die Wahrheit der Demokratie*; Crouch 2008, *Postdemokratie*。

28 Habermas 1976, *Zur Rekonstruktion des Historischen Materialismus*, 第 281 页。

29 Habermas 1996, *Die Einbeziehung des Anderen*, 第 187 页。

30 Habermas 1998, *Die postnationale Konstellation*, 第 134 页。

31 Die aktuellen Gründe für einen “Substanzverlust der Demokratie” thematisiert Crouch 2008, *Postdemokratie*, 第 13 页。

32 Habermas 2008, *Ach, Europa*, 第 85 页。

33 参阅 Müller-Doohm 2008, *Jürgen Habermas. Leben, Werk, Wirkung*, 第 130–138 页。

34 Habermas 1981, *Kleine Politische Schriften I–IV*, 第 524 页。

35 马蒂亚斯·胡尼希为德新社进行的采访。可在线获取，网址：Yhttp://www.perlentaucher.de/essay/wacht-auf-schlafende-mehrheiten-fuer-eine-vertiefung-der-europaeischen-union.htmly。（最后访问时间：2014 年 1 月 28 日）

36 Habermas 1995, *Die Normalität einer Berliner Republik*, 第 187 页；参阅 Habermas 1991, *Staatsbürgerschaft und nationale Identität. Überlegungen zur europäischen Zukunft*; Habermas 1992, *Faktizität und Geltung*, 第

632-660 页。

37 Habermas 1992, *Faktizität und Geltung*, 第 642 页。

38 同上书，第 651 页。

39 Habermas 1996, *Die Einbeziehung des Anderen,* 第 189 页。迪特·格林的观点请参阅 Grimm 2001, *Die Verfassung und die Politik*, 第 215-254 页；另外可参阅，同一作者，2004, "Integration durch Verfassung"，刊载于 *Leviathan* 32/4, 第 448-463 页；格林和哈贝马斯观点比较可参阅 Thiel 2008, "Braucht Europa eine Verfassung? Einige Anmerkungen zur Grimm-Habermas-Debatte"，刊载于 Biegi/Förster/Otten/Philipp（编）2008, *Demokratie, Recht und Legitimität im 21. Jahrhundert*, 第 163-180 页；关于欧洲宪法问题还可参阅 Frankenberg 2003, *Autorität und Integration*, 第 73-114 页。

40 *DIE ZEIT*，2001 年 6 月 28 日，Habermas 2001, *Zeit der Übergänge*, 第 104-129 页。

41 回顾这次联合行动，哈贝马斯有如下描述："伊拉克战争正式结束后，很多人担心那些'不情愿'的政府会在布什面前屈服，因此我发出倡议书邀请德里达——以及艾柯、穆希格、萨瓦特和瓦蒂莫共同采取行动。（约翰·利科是唯一出于政治原因宁愿持保留态度的，埃里克·霍布斯鲍姆和哈里·穆里施因个人原因没有参与。）德里达也写不了文章，因为他那时得接受难受的医学检查。但他希望参与，并提出了这个办法，我们后来就这么办了。对此，我很高兴。我们上次会面是 9·11 事件后在纽约。几年前我们已经重启哲学对话——在埃文斯顿、巴黎和法兰克福。所以现在不需要大事声张。"（Habermas 2004, *Der gespaltene Westen*, 第 87 页。）

42 Habermas 2004, *Der gespaltene Westen*, 第 44 页。

43 同上书，第 45 页。

44 同上。也参阅在媒体上发表的各种观点，Habermas 2011, *Zur Verfassung Europas*, 第 99-129 页。

45 Habermas 2008, "Europapolitik in der Sackgasse. Nicht die Bevölkerung, die Regierungen sind der Hemmschuh. Plädoyer für eine Politik der abgestuften Integration"，刊载于 Nida-Rümelin/Thierse（编）2008, *European Prospects, Europäische Perspektiven*, 第 15-30 页，该处见第 21 页；参阅 Habermas 2011, *Zur Verfassung Europas,* 第 41 页。

46 Biermann, "Fern jeder Vision"，刊载于 *DIE ZEIT*，2007 年 11 月 22 日；参阅 Habermas 2007, "Europa: Vision und Votum"，刊载于 *Blätter für deutsche und internationale Politik 5,* 第 517-520 页。

47 参阅 Habermas 2011, *Zur Verfassung Europas*, 第 115 页。

48 "Europa und die neue Deutsche Frage. Ein Gespräch mit Jürgen Habermas, Joschka Fischer, Henrik Enderlein und Christian Calliess"，刊载于 *Blätter für deutsche und internationale Politik*, 5/2011, 第 45-63 页，该处见第 63 页。讨论前哈贝马斯做了开场报告。报告 2011 年 4 月 7 日以 "Europapolitik Merkels - von Demoskopie geleiteter Opportunismus" 为题发表于 *Süddeutsche Zeitung*。

49 参阅 Habermas 2013, "Drei Gründe für 'Mehr Europa'"，刊载于 同一作者，2013, *Im Sog der Technokratie*, 第 132-137 页。

50 援引 2012 年 11 月 9 日 "欧洲论坛" 文字纪要和 2012 年 10 月 6 日《拥护欧洲央行的立场》的文章。在

2012 年 2 月 3 日的另一次与联邦议院议长诺贝特·拉莫特（Norbert Lammert）的讨论中，哈贝马斯咄咄逼人地发表如下观点，单是“广泛展开的关于共同的欧洲未来的民主争论，就可能导致可靠的政治决策，给金融市场留下深刻印象，并抑制利用国家破产危机孤注一掷的投机者”。他称赞欧洲财政协定，称它有助于建立一个具有民主组织结构的责任共同体。他的批评言论针对的是，各国政府不愿实施跨国经济和社会政策以平衡各经济体的竞争力。在此背景下，哈贝马斯与当时的反对派社民党一样，呼吁采取提振经济的经济刺激计划。再也不能忽视这样一个事实：“在像美国、中国、俄罗斯、巴西和印度这些‘天生的’世界强国的共同行动中，人口萎缩、小国林立的欧洲会退入世界历史的边缘，在解决全球性问题上很快就不再有影响力。”此处援引题为《跟上一体化的步伐》的报告。在 2012 年 5 月 18 日刊登于《全球期刊》（*The Global Journal*）的与美国政治学家弗朗西斯·福山（Francis Fukuyama）的一次对话中，哈贝马斯表达了这样一个看法：必须通过提高民众参与来应对欧盟合法性危机。他呼吁各国政府加强政策的相互协调，以便建立一个统一管理的经济政府。哈贝马斯借此机会重申，美国或欧洲联邦共和国那样的联邦国家模式不现实。

51 *DER SPIEGEL*，2011 年 11 月 12 日，第 134-138 页。

52 Sigmar Gabriel “Was wir Europa wirklich schulden”，刊载于 *FAZ*，2011 年 12 月 13 日。参阅 *FAZ*，2012 年 2 月 15 日和 2 月 17 日。2011 年 5 月 5 日前总理施密特在《时代周报》撰文（标题为《……不过货币是好的。我们没有欧元危机，而是欧盟危机》）写道，当前欧洲政策“对民主 - 议会原则的极度忽视，令人遗憾和不满”，正如哈贝马斯所表示的那样。沃尔夫冈·朔伊布勒在 2012 年 12 月 23 日的《法兰克福汇报》写道，他希望有一个由议会选举产生的欧洲政府。此外，他在接受采访时表示赞成欧洲总统选举。欧盟的民主合法性太弱，成员国过于占主导地位。德国联邦总统约阿希姆·高克（Joachim Gauck）2013 年 2 月 7 日在贝尔维尤宫（Castle Bellevue）就欧洲统一的未来发表讲话，其中有很多观点与哈贝马斯的批判性论断和假设一致。比如联邦总统强调，需要一个共同的欧洲公共领域，并呼吁建立一个欧洲阿果拉，即以民主合作共存为目的的公共讨论场所。

53 Habermas 2011, *Zur Verfassung Europas*, 第 8 页以下。

54 “在涉及具有集体约束力的决策时，保证协商质量的前提是，把所有可能的相关人员纳入商议和决策过程中。因为在实际对话中，每个潜在的受决策影响者的‘是’和‘否’，即使从认知理由来看也很重要。”（Habermas 2007, “Kommunikative Rationalität und grenzüberschreitende Politik. Eine Replik”，刊载于 Niesen/Herborth［编］2007, *Anarchie der kommunikativen Freiheit*, 第 406-459 页，该处见第 433 页。）

55 同上书，第 436 页。Habermas 2011, *Zur Verfassung Europas*, 第 49 页以下。哈贝马斯断言的民族国家意义丧失，引起了他深入研究国际关系理论问题的兴趣。其中一个原因是由《国际关系杂志》（*ZIB*）发起的讨论（参阅 Herborth 2007, “Verständigung verstehen. Anmerkungen zur ZIB-Debat- te”，刊载于 Niesen/Herborth［编］2007, *Anarchie der kommunikativen Freiheit*, 第 147-174），讨论的高潮即文中提到的 2005 年 6 月 16~18 日召开的法兰克福大会。核心问题是，以什么方式将交往行为理论中的非强制性主体间交往的基本观点用于分析国际关系。从对主要来自政治学界的报告的反应中，可以感觉得到，他的交往理性概念显然已在政治学对话中有实质体现，他颇为满足。他借此机会仔细阐明了概念，即在沟通理论基础上区分了论证（arguing）和协商（bargaining）。在这两种情况下，都会使用充分的理由，即交往理性逻辑。不过，论证完全是为了达成共识，即从某种程度上说帮助理性取得突破，而在第二种情况下则会策略性地使用理由，以在给定的权力关系的背景下实现妥协。纵观目前情况，他指出："现在缺少那种制度，即把系统分化的，被暴力、日益扩大的差异和世界观冲突撕裂的世界社会的自主增长，规范在政治上可控程度的制度。由于不平衡的权力分配和帝国诱惑，由于巨大的经济不平等和对稀缺资源的争夺，能够促进这种制度的集体行动者逐渐丧失了合作意愿。在国际政治领域，诉诸谈判的压力增大，但谈判必须对跨国公共领域越来越开放，最终有一天，国际谈判机构成员将对'世界文明社区'负有解释义务。"（Habermas 2007, "Kommunikative Rationalität und grenzüberschreitende Politik. Eine Replik"，刊载于 Niesen/Herborth［编］2007, *Anarchie der kommunikativen Freiheit*, 第 429 页，第 436 页以下。）对哈贝马斯世界民主的批评，参阅 Paech/Stuby 2013, *Völkerrecht und Machtpolitik in den internationalen Beziehungen*。

56 Habermas 2007, "Kommunikative Rationalität und grenzüberschreitende Politik. Eine Replik"，刊载于 Niesen/Herborth（编）2007, *Anarchie der kommunikativen Freiheit*, 第 427 页；同一作者，2011, *Zur Verfassung Europas*, 第 9 页以下。

57 关于民主立宪主义问题，参阅文章 "Hat die Konstitutionalisierung des Völkerrechts noch eine Chance?"，刊载于 Habermas 2004, *Der gespaltene Westen*, 第 11 页以下。

58 Habermas 2004, *Der gespaltene Westen*, 第 81 页。

59 Habermas 1992, *Faktizität und Geltung*, 第 642 页以下。Habermas 2011, *Zur Verfassung Europas*, 第 25 页以下。

60 Habermas 2007, "Europa: Vision und Votum"，刊载于 *Blätter für deutsche und internationale Politik 5*, 第 517-520 页，该处见第 518 、519 页。

61 约什卡·菲舍尔显然已告别核心欧洲的主张（*DER SPIEGEL*, 2004 年 2 月 28 日），而基民盟政治家拉莫特、默克尔和朔伊布勒则赞同两个速度的欧洲方案。在这次辩论中，哈贝马斯赞同进行欧洲范围的全民公投，面对欧盟委员会副主席君特·费尔霍伊根（Günter Verheugen）的反对，他极力倡议公投（参阅 *Süddeutsche Zeitung*，2008 年 6 月 22 日）。特别是自金融和经济危机爆发以来欧洲一体化陷入停滞，在公民中失去了威信。哈贝马斯认为，这与精英政策有关，他在若干场合提出过尖锐批评。如 2011 年 4 月 7 日他在《南德意志报》发表题为《剥夺欧洲公民的行为能力》的文章，激烈谴责民族国家，尤其是本国政府的狭隘，并预测，公民将会反抗失去了规范的空心化的政治。

62 Habermas im Vorwärts vom Januar 2012.

63 Habermas 2004, *Der gespaltene Westen*, 第 174 页。

64 哈贝马斯的后民族格局的分析，援引了 Karl Polanyi 1973, *The Great Transformation – Politische und ökonomische Ursprünge von Gesellschaften und Wirtschaftssystemen*；参阅 Habermas 1998, *Die postnationale Konstellation*, 第 128 页以下。

65 参阅 Habermas 1998, *Die postnationale Konstellation*, 第 109 页；还参阅同一作者，1999, "Der europäische Nationalstaat unter dem Druck der Globalisierung"，刊载于 *Blätter für deutsche und internationale Politik 4*,

第 425- 436 页。

66 Habermas 2005, *Zwischen Naturalismus und Religion*, 第 344 页以下。

67 Habermas 1998, *Die postnationale Konstellation*, 第 117 页以下。

68 Habermas 2011, *Zur Verfassung Europas*, 第 46 页。

69 同上书，第 69 页。

70 同上书，第 49 页。

71 Habermas 2004, *Der gespaltene Westen*, 第 183 页。

72 同上书，第 132-134 页，该处见第 134 页；也参阅 第 123 页。

73 同上书，第 139 页。

74 同上书，第 140 页。

75 同上书，第 143 页。

76 哈贝马斯批评康德虽然具有远见卓识，但在“世界国家”（Völkerstaat）这一历史发展的远期目标和“国际联盟”这一近期目标之间，他优先考虑后者。原因是担心，一个世界共和国会有着荡平民族间社会和文化差异的危险。康德“对世界共和国结构中似乎存在一种拉平一切的，甚至专制的暴力倾向感到不安”。（Habermas 2004, *Der gespaltene Westen*, 第 142 页；也参阅第 118 页以下。）

77 Habermas 2005, *Zwischen Naturalismus und Religion*, 第 329 页。

78 同上书，第 346 页。Habermas 2011, *Zur Verfassung Europas*, 第 85 页以下。

79 哈贝马斯认为，人权是建立在转化为法律媒介的道德信念的基础之上的。它的道德附加值来自于每个个体享有的人的尊严。这解释了“具体的乌托邦的政治爆炸性力量。随着不可分割的民主、社会和文化人权的实证化，产生了法律义务。其意义在于将外溢的道德内涵付诸实现，即通过可诉性权利来对抗历史上花样翻新的侵犯人的尊严的行为”。（Habermas 2011, *Zur Verfassung Europas*, 第 13-38 页，该处见第 16 页。）

80 Habermas 2004, *Der gespaltene Westen*, 第 117 页

81 Habermas 2011, *Zur Verfassung Europas*, 第 83 页。

82 Habermas 2004, *Der gespaltene Westen*, 第 189 页；也参阅同一著作，第 121 页，第 100 页以下。

83 同上书，第 172 页以下。

84 同上书，第 177 页以下；也参阅第 186 页以下。

85 参阅 Habermas 2011, *Zur Verfassung Europas*, 第 89 页。

86 同上书，第 90 页。

87 同上书，第 128 页。

第十三章　后形而上学现代性中的哲学

1 Habermas 1988, *Nachmetaphysisches Denken*, 第 179 页以下。

2 参阅 Habermas 1981, *Theorie des kommunikativen Handelns*, 第 1 卷，第 198 页。哈贝马斯在《后形而上学思想》（1988）、《真理与辩护》（1999）和《在自然主义与宗教之间》（2005）以及 2012 年出版的《后形而

上学思想 II》中，从各种不同的主题角度，对后形而上学哲学的思维形态提供了深入详细的论证。

3 意识哲学的批判，参阅 Habermas 2008, *Philosophische Texte*, 第 5 卷 , *Kritik der Vernunft*, 第 193 页以下。

4 Habermas 2012, *Nachmetaphysisches Denken II*, 第 32 页。

5 Henrich 1987, *Konzepte*, 第 11–43 页；也参阅 Henrich 1986, "Was ist Metaphysik, was Moderne? Thesen gegen Jürgen Habermas" , 刊载于 *Merkur* 6, 第 495–508 页；Habermas 1985, "Rückkehr zur Metaphysik–eine Tendenz in der deutschen Philosophie?" , 刊 载 于 *Merkur* 39, 第 898–909 页；Habermas 1988, *Nachmetaphysisches Denken*, 第 18–60 页；参阅 Henrich 2007, *Zwischen Bewusstseinsphilosophie und Naturalismus*, 第 29–36 页。

6 参阅与迪特・亨利希富有启发意义的对话，题目为 "Was ist verlässlich im Leben?"，刊载于 Bormuth/Bülow（编）2008, *Marburger Hermeneutik zwischen Tradition und Krise*, 第 13–64 页。

7 在出版于 2012 年的第二本关于后形而上学哲学的书中，将读到同样的内容："如今，哲学论证也只在自然科学、社会科学和人文科学的默契对话，艺术评论实践，司法判决，政治和通过大众媒介传播的公共交往的当代语境中，能够指望第一眼看上去被认为可以考虑而得到接受。"（Habermas 2012, *Nachmetaphysisches Denken II*, 第 7 页。）

8 Habermas 1988, *Nachmetaphysisches Denken*, 第 274 页。

9 同上书 , 第 217 页。

10 参阅 Habermas 1991, *Texte und Kontexte*, 第 127–156 页。

11 Habermas 2000, "Werte und Normen" , 刊载于 *Deutsche Zeitschrift für Philosophie 48/4*, 第 547–564 页，该处见第 550 页，第 550 页以下 ；重印版刊载于 同一作者 2004, *Wahrheit und Rechtfertigung*, 扩展版第 271– 298 页。

12 参阅 Habermas 2012, *Nachmetaphysisches Denken II*, 第 45 页以下。

13 同上书 , 第 16 页。

14 Habermas 1999, *Wahrheit und Rechtfertigung*, 第 315 页；关于理由的哲学概念参见 Habermas 2012, *Nachmetaphysisches Denken II*, 第 77–95 页 , 第 9 、42 、154 页。

15 Habermas 1988, *Nachmetaphysisches Denken*, 第 42 页。

16 同上书 , 第 153–186 页。

17 "形而上学的本质表现在，哲学思想既不像科学那样是可证伪的，也不像只以复数形式出现的生命的现代诠释那样多元。"（同上书 , 第 274 页；也参阅 Habermas 1986, *Der philosophische Diskurs der Moderne*, 第 247 页。）

18 Habermas 1988, *Nachmetaphysisches Denken*, 第 180 页。

19 Habermas 2010, "Bohrungen an der Quelle des objektiven Geistes" . Laudatio bei der Verleihung des Hegel-Preises an Michael Tomasello, 刊载于 *Westend 7*, Heft 1, 第 166–170 页 , 该处见第 166 页。参阅 Habermas 2013, *Im Sog der Technokratie*, 第 167 页。

20 Habermas 2009, *Philosophische Texte*, 第 2 卷 , *Rationalitäts- und Sprachtheorie*, 第 23 页。

21 同上书 , 第 11 页。

22 参阅 Habermas 2009, *Philosophische Texte*, 第 1 卷 , *Sprachtheoretische Grundlegung der Soziologie*, 第 10 页 ; 也参阅同一作者, 2000, "Nach dreißig Jahren: Bemerkungen zu Erkenntnis und Interesse" , 刊载于 Müller–Doohm(编), *Das Interesse der Vernunft*, 第 12–20 页; 另外参阅安可 · 蒂恩 (Anke Thyen) 为《认识与兴趣》写的后记 , 刊载于 Habermas 2008, *Erkenntnis und Interesse*, 第 367–422 页。

23 关于真理共识论, 参阅 Scheit 1987, *Wahrheit, Diskurs, Demokratie*, 特别是第 86–223 页; 但该文未对哈贝马斯的修正加以评述。

24 参阅 Habermas 1984, *Vorstudien und Ergänzungen zur Theorie des kommunikativen Handelns*, 第 127–183 页 , 重印版刊载于 同一作者 2009, *Philosophische Texte*, 第 2 卷 , *Rationalitäts- und Sprachtheorie*, 第 208– 269 页。

25 参阅 Lafont 1994, "Spannungen im Wahrheitsbegriff" , 刊载于 *Deutsche Zeitschrift für Philosophie 6*, 第 1007–1023 页; Wellmer 1989, "Was ist eine prag- matische Bedeutungstheorie" , 刊 载 于 Honneth/McCarthy u. a. (编) , *Zwischenbetrachtungen. Im Prozeß der Aufklärung*, 第 318–372 页; 也参阅同一作者, 2004, *Sprachphilosophie*, 第 228–239 页。

26 Habermas 2009, *Philosophische Texte*, 第 2 卷 , *Rationalitäts- und Sprachtheorie*, 第 27 页。

27 Habermas 1999, *Wahrheit und Rechtfertigung*, 第 52 页。

28 同上书 , 第 51 页。

29 同上书 , 第 230–270 页。

30 同上书 , 第 85 页。

31 同上书 , 第 284 页。

32 同上书 , 第 307 页。

33 同上书 , 第 297 页。

34 同上书 , 第 286 页以下; Habermas 2005, *Zwischen Naturalismus und Religion*, 第 212 页以下; 参阅 Dews 2001, "Naturalismus und Anti–Naturalismus bei Habermas" , 刊 载 于 *Deutsche Zeitschrift für Philosophie 49/6*, 第 861–871 页。

35 Habermas 1999, *Wahrheit und Rechtfertigung*, 第 11 页。

36 同上书 , 第 97 页以下。

37 同上书 , 第 110 页。

38 同上书 , 第 16 页。

39 Habermas 1999, *Wahrheit und Rechtfertigung*, 第 21 、 44 页。

40 同上书 , 第 26 页。

41 同上书 , 第 17 页; 参阅 Henrich 2007, *Zwischen Bewusstseinsphilosophie und Naturalismus*。

42 Habermas 1999, *Wahrheit und Rechtfertigung*, 第 25 页; 也参阅第 253 页以下。

43 Habermas 2007, "Das Sprachspiel verantwortlicher Urheberschaft und das Problem der Willensfreiheit" , 刊载于 Krüger (编) 2007, *Hirn als Subjekt? Philosophische Grenzfragen der Neurobiologie*, 第 294 页。

44 Habermas 1999, *Wahrheit und Rechtfertigung*, 第 36 页。

45 同上书，第 38 页；参阅 Habermas 2007, “Freiheit und Determinismus”，刊载于 Krüger（编），*Hirn als Subjekt? Philosophische Grenzfragen der Neurobiologie*。他在文中写道：“经验二元论［区分了世界和生活世界，观察和理解。——作者注］不可能是超验地从天上掉下来的。它一定产生自进化的学习过程，在智人与来自危险四伏的环境的挑战的认知对抗中得到了验证。自然历史的延续性，即使还不是一个在理论上令人满意的概念，但在我们想象中至少类似于达尔文的自然进化，保证了——越过被自然科学客体化的自然与由于是主体间共享的，故而被本能地理解的文化之间的鸿沟——人类作为自然存在属于其中的宇宙的统一。”（第 111 页）

46 Habermas 2007, “Das Sprachspiel verantwortlicher Urheberschaft”，刊载于 Krüger（编），*Hirn als Subjekt? Philosophische Grenzfragen der Neurobiologie*, 第 299 页。

47 参阅 Habermas 2012, *Nachmetaphysisches Denken II*, 第 62 页。彼得·迪尤斯（Peter Dews）非常准确地强调指出：“哈贝马斯作品的特点，即混合了反理想主义、反科学主义和一种反自然主义倾向。”（Dews 2001, “Naturalismus und Anti-Naturalismus bei Habermas”，刊载于 *Deutsche Zeitschrift für Philosophie 49/6*, 第 862 页。）

48 Habermas 2007, “Das Sprachspiel verantwortlicher Urheberschaft und das Problem der Willensfreiheit”，刊载于 Krüger（编），*Hirn als Subjekt? Philosophische Grenzfragen der Neurobiologie*, 第 302 页。

49 Habermas 1996, *Die Einbeziehung des Anderen*, 第 123 页。

50 他在最近出版的一部作品中称：“在现代欧洲社会，我们观察到一种偶然意识（Kontingenzbewusstsein）和对未来的更高期待，法律和道德中的平等普遍主义的强化和持续的个体化。”（Habermas 2010, “Ein neues Interesse der Philoso- phie an der Religion?”，刊载于 *Deutsche Zeitschrift für Philosophie*, 第 3–16 页，该处见第 10 页；同一作者 2012, *Nachmetaphysisches Denken II*, 第 109 页。）

51 参阅 Fleischer 1987, *Ethik ohne Imperativ*。

52 Habermas 1992, *Faktizität und Geltung*, 第 41、126 页；参阅著作为同一作者 1983, *Moralbewußtsein und kommunikatives Handeln*, 第 224 页以下。

53 Habermas 1988, *Nachmetaphysisches Denken*, 第 26 页。

54 Habermas 1991, *Erläuterungen zur Diskursethik*, 第 30 页；参阅 Habermas 2008, *Philosophische Texte*, 第 5 卷，*Kritik der Vernunft*, 第 421 页。

55 Habermas 1997, “Noch einmal: Zum Verhältnis von Theorie und Praxis”，刊载于 *Paradigmi. Rivista di Critica Filosofica, Anno XV*, 第 45 期，第 422–442 页；同一作者 1999, *Wahrheit und Rechtfertigung*, 第 319–333 页，该处见第 321 页。

56 Habermas 1992, *Faktizität und Geltung*, 第 389 页以下。

57 Habermas 1996, *Die Einbeziehung des Anderen*, 第 368 页。参阅 Forst 1994, *Kontexte der Gerechtigkeit*, 第 53 页以下，第 295 页以下。

58 理性论证，莱纳·弗斯特（Rainer Forst）这样陈述哈贝马斯的看法——基于合理的理由。“被公认为合理的事物，一定有着公认为合理的理由。理性这事是一桩自我批评的事。”（Forst 1994, *Kontexte der Gerechtigkeit*, 第 300 页。）

59 参阅 Habermas 1991, *Erläuterungen zur Diskursethik*, 第 100–118 页。

60 Habermas 1983, *Moralbewußtsein und kommunikatives Handeln*, 第 113 页以下。在分析罗尔斯的正义概念的《通过理性公用的和解》一文中，哈贝马斯更明确区分了规范和价值："规范决定可以做什么，价值则告诉人们哪些是恰当的行为。公认的规范的约束对接受者毫无例外的一视同仁，而价值则偏好在某些集体中被视为值得追求的东西。…… 另外，规范的应然有效性具有无条件、普遍义务的绝对含义：应然之物所要求的，是对所有人（及对所有接受者）同等善的事物。价值的吸引力具有在文化和生活方式中积淀或吸收的关于善的事物的评定的相对含义：重要的价值判断意味着，总的来看什么对我们（或对我）而言是善的。"（Habermas 1996, *Die Einbeziehung des Anderen*, 第 72 页，也参阅第 310–336 页。）

61 在实践理性的实用主义的、伦理的和道德的应用之间，哈贝马斯做了区分："实用主义问题是从行为者角度提出的，他在给定目标和优先条件的情况下寻找实现其目标的合适的手段。……伦理 – 政治问题来自家庭成员的视角，他们希望在重要的生活问题上弄清楚，他们应共享什么样的生活方式，如何规划他们理想的共同生活。……在道德问题上，我们通过有目的的合作克服问题的目的论角度，完全让位于规范角度，我们从规范的角度检验，如何在平等照顾到所有人利益的前提下规范我们的共同生活。"（Habermas 1992, Faktizität und Geltung, 第 197–200 页，也参阅同一作者 1991, *Erläuterungen zur Diskursethik*, 第 100–118 页。）

62 Habermas 1996, *Die Einbeziehung des Anderen*, 第 43 页。

63 同上。

64 参阅 Forst 1994, *Kontexte der Gerechtigkeit*, 特别是第 270– 306 页。

65 Habermas 1990, *Die nachholende Revolution*, 第 119 页。

66 参阅 Habermas 1996, *Die Einbeziehung des Anderen*, 第 312 页。

67 参阅 Finlayson/Freyenhagen 2011, *Habermas and Rawls. Disputing the Political*。美国哲学家和德国哲学家均从价值多元主义和宽容原则的事实出发，一致认为有必要在道德和伦理之间做出区分。而罗尔斯基于契约论的分配正义，则与哈贝马斯的程序正义相对。对他而言，平均主义的正义观包括，社会基本善应当以有利于最少受惠者的原则进行重新分配。

68 参阅 Habermas 1997, "Versöhnung durch öffentlichen Vernunftgebrauch"，刊载于 Hinsch（编）1997, *Zur Idee des politischen Liberalismus*, 第 169–195 页，Habermas 1996, *Die Einbeziehung des Anderen*, 第 95–127 页，Rawls 1997, "Erwiderung auf Habermas"，刊载于 Hinsch（编）1997, *Zur Idee des politischen Liberalismus*, 第 196–262 页；也参阅 Finlayson/Freyenhagen 2011, *Habermas and Rawls. Disputing the Political*; Rainer Forst 2007, *Das Recht auf Rechtfertigung*, 第 127–188 页。

69 Habermas 1997, "Versöhnung durch öffentlichen Vernunftgebrauch"，刊载于 Hinsch（编），*Zur Idee des politischen Liberalismus*, 第 194 页。

70 Habermas 1991, *Erläuterungen zur Diskursethik*, 第 108 页以下。参阅 Wingert 1993, *Gemeinsinn und Moral*, 第 145 页。弗斯特指出，"伦理合理化空间是三维的，即主观的、主体间的和客观的评价交汇在一起：什么'对我'是善的，与什么'对我们'是善的问题交织在一起，并始终与对什么'本身'是善的反思相结合"。（Forst 2007, *Das Recht auf Recht- fertigung*, 第 105 页；也参阅同一著作第 116、126 页，及第 25–73 页。）

71 Habermas 1991, *Erläuterungen zur Diskursethik*, 第 113 页。关于论证和应用问题的重要意义，参阅 Günther 1988, *Der Sinn für Angemessenheit. Anwendungsdiskurse in Moral und Recht;* 相关批评性观点，参见 Alexy 1994, *Recht, Vernunft, Diskurs*。

72 Habermas 1991, *Erläuterungen zur Diskursethik*, 第 113 页。

73 安可・蒂恩认为，在哈贝马斯的对话伦理中，我们看到了"恢复道德中的伦理的企图"。"在将纯粹的实践理性转化为交往理性理论的框架下，这种恢复是可以理解的。因为这以一个论证过程概念为基础，不能忽视对论证的道德的自我理解。关于道德问题的对话依赖于伦理的背景确定性和前理解的发展。"（Thyen 2004, *Moral und Anthropologie*, 第 356 页。）

74 Habermas 1992, *Faktizität und Geltung*, 第 374 页。

75 Habermas 1996, *Die Einbeziehung des Anderen*, 第 189 页。亚明・那塞希（Armin Nassehi）的断言颇有道理："哈贝马斯相信'社会'及其程序潜力，通过自身实践能使判断正确。哈贝马斯想象的反对力量，是在合理程序中通过法律约束自行出现的那种力量。"（Nassehi 2006, *Der soziologische Diskurs der Moderne*, 第 61 页以下，第 127 页以下。）

76 Habermas 1990, *Die nachholende Revolution*, 第 142 页以下。

77 同上书，第 114-145 页。

78 Habermas 2005, *Zwischen Naturalismus und Religion*, 第 54 页，第 57 页以下。

79 Habermas 1983, *Moralbewußtsein undkommunikatives Handeln*, 第 77 页。参阅 McCarthy 1980, *Kritik der Verständigungsverhältnisse*, 第 371 页。

80 哈贝马斯对最初提出的"理想言说情境"概念做了修正。参阅 Habermas 1984, *Vorstudien und Ergänzungen zur Theorie des kommunikativen Handelns*, 第 125 页以下。

81 哈贝马斯提出了对话的"理性言说情境"标准：所有对话参与者作为具有言语和行动能力的主体，发言机会均等。所有参与者都可提出主张，都可要求辩护。所有参与者，即使面对自己，也应当满足真实性要求。无论对话内外，都不允许强制与胁迫。只有在作为非强制性的言说情境的对话中为所有参与者接受的规范，才能被视为有效，这个有效是理性可接受性意义上的有效，是哈贝马斯确定的有效性标准。

82 Habermas 1985, *Die Neue Unübersichtlichkeit*, 第 229 页。

83 Habermas 1992, *Faktizität und Geltung*, 第 392 页以下。阐述如下："可将本质主义的误解淡化为方法论假设，以作为对比衬托，以令不可避免的社会复杂性的基底显现。在这一简单意义上，理想的交往共同体提供了'纯粹的交往性社会化'模型。"

84 Habermas 1993, *Vergangenheit als Zukunft*, 第 135 页。

85 Habermas 1985, *Die Neue Unübersichtlichkeit*, 第 252 页。显然，哈贝马斯接受了维尔默的批评意见。他认为，"理想言语情境的形式结构或理想的交往共同体的条件，若将它们视为语言真实性的理想消失点的话，不仅是理性的相互理解的理想条件，而且实际上也是理想的相互理解的条件"。（Wellmer 1986, *Ethik und Dialog*, 第 101 页，第 78 页以下。）

86 Habermas 1988, *Nachmetaphysisches Denken*, 第 55 页。

87 哈贝马斯对第四条对话规则做了形式化描述：公开性和包容性；平等沟通；没有欺骗和自我欺骗；更佳论据的非强制的强制力量。Habermas 2005, *Zwischen Naturalismus und Religion*, 第 54 页以下。

88 Habermas 1985, *Die Neue Unübersichtlichkeit*, 第 161 页。

89 Habermas 2008, "Ich bin alt, aber nicht fromm geworden"，刊载于 Funken（编），*Über Habermas*，第 182、185 页。

90 Habermas 2005, *Zwischen Naturalismus und Religion*, 第 7 页。

91 Habermas 2010, "Ein neues Interesse der Philosophie an der Religion. Zur philosophischen Bewandtnis von postsäkularem Bewusstsein und multikultureller Weltgesellschaft". Jürgen Habermas interviewt von Eduardo Mendieta, 刊载于 *Deutsche Zeitschrift für Philosophie 58*, 第 3-16 页；作者同上 2012, *Nachmetaphysisches Denken II*, 第 96-119 页。在哈贝马斯看来，神圣者有一种魅惑权威，因为从家系学来看，道德起源于具有象征结构的神圣者的范围。哈贝马斯在交往行为理论中已解释了这一思想。他在《神圣者的语言化》中表达了如下援引自涂尔干的观点："可批判的有效性要求概念，要归功于断言的真实性与（开始绝非可批判的）规范有效性的趋同。"（Habermas 1981, *Theorie des kommunikativen Handelns*, 第 2 卷，第 109 页。）他认为，"在神圣者的语义中获得解释的规范性共识，……以理想化的、任时空流转而不变的相互一致的形式出现"。"这为所有有效性概念，尤其是真实性概念提供了模型。"（同上书，第 110 页。批评性观点参阅 Wellmer 1986, *Ethik und Dialog*, 第 151 页以下）。

92 Habermas 2012, *Nachmetaphysisches Denken II*, 第 101 页。

93 同上书，第 101 页以下。

94 Habermas 2005, *Zwischen Naturalismus und Religion*, 第 147 页。

95 Habermas 1981, *Philosophisch-politische Profile*, 第 29 页；参阅 Habermas 1999, *Wahrheit und Rechtfertigung*, 第 170 页以下。

96 参阅 Habermas 2008, *Philosophische Texte*, 第 5 卷，*Kritik der Vernunft*, 第 32 页。

97 Habermas 1973, *Legitimationsprobleme im Spätkapitalismus*, 第 163 页。也参阅 Habermas 1981, *Philosophisch-politische Profile*, 第 27 页。哈贝马斯写道："不过，严肃对待自己宣称的哲学，绝不想取代宗教信仰的救赎确定性（Heilsgewißheit）。它从未承诺过救赎，应允过希望或给予过安慰。"哈贝马斯在 1963 年 12 月 4 日致乌尔利希·施密特豪泽（Ulrich Schmidhäuser）的信中写道："我深信，一种放弃以自己的方式在神话、宗教、神学以及基督教传统中获得真理要素的'无神论'，不得不永远是一种干巴巴的理论。"（Bestand Na 60, Vorlass Jürgen Habermas, Archivzentrum der Universitätsbibliothek J. C. Senckenberg, Frankfurt/M..）

98 Bahr（编）1974, *Religionsgespräche*, 第 15 页。参阅 Arens（编）1989, *Habermas und die Theologie. Beiträge zur theologischen Rezeption, Diskussion und Kritik der Theorie des kommunikativen Handelns*。11 位作者在本书中探讨了，宗教作为美德和人道行为的源泉在哈贝马斯思想中具有何种地位的问题。他们得出的结论是，哈贝马斯——尽管他自己承认"天生无宗教感"——赋予世界性宗教的意义类似于道德哲学。概述参见 Reder/Schmidt 2008, "Habermas und die Religion"，刊载于 作者同上（编），*Ein Bewußtsein*

von dem, was fehlt, 第 9-36 页；Maly 2005,“Die Rolle der Religion in der postsäkularen Gesell- schaft”，刊载于 *Theologie und Philosophie 80*, 第 546-565 页；Düringer 1999, *Universale Vernunft und Partikularer Glaube*。

99 参阅 Kuhlmann,“Ohne Trost? Habermas und die Religion”，刊载于 *FAZ*，1988 年 2 月 16 日；Habermas 1991, *Texte und Kontexte*, 第 127-156 页；参阅作者同上 1981, *Philosophisch-politische Profile*, 第 27 页。

100 Habermas 2008,“Ein Bewußtsein von dem, was fehlt”，刊载于 Reder/ Schmidt（编）, *Ein Bewußtsein von dem, was fehlt*, 第 26 页。

101 Habermas 1991, *Texte und Kontexte*, 第 136 页。

102 Habermas 1988, *Nachmetaphysisches Denken*, 第 60 页。《后形而上学思想的主题》这篇文章是他在上文提到的奥胡斯、乌德勒支和哈勒所做报告的文稿。

103 Habermas 2008,“Ein Bewußtsein von dem, was fehlt”，刊载于 Reder/ Schmidt（编）, *Ein Bewußtsein von dem, was fehlt*, 第 26-36 页，该处见第 27 页。

104 Habermas 2005, *Zwischen Naturalismus und Religion*, 第 149 页。

105 同上书，第 268 页。

106 约瑟夫·拉辛格 2005 年 4 月 19 日当选为罗马天主教会教宗。作为教宗本笃十六世，他致力于天主教会的“去世俗化”，反对价值相对主义，并倡导宗教自由不仅仅是宽容，而是一种权利。2013 年 2 月 28 日，他因年龄原因退位。

107 参阅 Horster 2006, *Jürgen Habermas und der Papst*。

108 *Zur Debatte*，1/2004, 第 1 页。

109 Habermas 2005, *Zwischen Naturalismus und Religion*, 第 109 页以下。

110 同上书，第 115 页以下。

111 同上书，第 110 页。

112 1999 年，哈贝马斯在与爱德华多·门迪塔的对谈中甚至说：“当阿多诺想保持对‘跌落时刻的形而上学’的忠诚时，他会起来反抗这种后形而上学思想的后退波。……在这个意图上……我与阿多诺完全一致。”（Habermas 2001, *Zeit der Übergänge*, 第 186 页。）宗教既能让人对过去和现在关于伦理缺失生活的痛苦经验，也能“对那些缺失之物”保持清醒的认识。这根本而言是由科学主义和自然主义的普遍主义主张造成的缺失，幸亏“有对违背根本利益的‘扭曲’的生活关系的规范性描述和自我描述，我们对这种缺失还能略有所知”。（Habermas 2008, *Ein Bewußtsein von dem, was fehlt*, 第 95 页。）

113 *Zur Debatte* 1/2004, 第 6 页以下。Habermas/Ratzinger 2005, *Dialektik der Säkularisierung*, 第 40-60 页，特别是第 56 页以下。

114 Assheuer,“Ruhelos und unbeirrbar”，刊载于 *DIE ZEIT*，2004 年 6 月 17 日；Geyer,“Strukturwandel der Heiligkeit”，刊载于 *FAZ*，2004 年 1 月 21 日；Kissler,“Die Entgleisung der Moderne. Wie Habermas und Ratzinger den Glauben rechtfertigen”，刊载于 *Süddeutsche Zeitung*，2004 年 1 月 21 日。

115 该英文演讲的题目是：“The Resurgance of Religion – A Challenge for a Secular Self-Interpretation of

Modernity?”。

116 教宗本笃十六世的演讲可在线获取，网址：Yhttp://www.papstbesuch.at/content/site/de/home/ansprachen/texte/ article /970.htmly（最后访问时间：2014 年 1 月 28 日）。

117 哈贝马斯 2007 年 2 月 10 日在《新苏黎世报》的评论如下：“教宗本笃十六世在他新近在雷根斯堡的演讲中，出人意料地把关于基督教信仰希腊化和去希腊化的讨论朝着现代性批判转换了方向。由此，对基督教神学是否必须辛苦应对现代的、后形而上学的理性的挑战，给出了否定的回答。教宗援引从奥古斯丁主义到托马斯主义混合了希腊形而上学和圣经信仰的学说，含蓄地否认，在欧洲现代实际发生的关于信仰和知识的讨论有充分理由。虽然他批评了‘人们必须重新退避到启蒙运动的背后，告别现代性的认识’的观点，但他反对破坏综合性世界观的争论的力量。”也参阅 Habermas 2008, “Ein Bewußtsein von dem, was fehlt”，刊载于 Reder/Schmidt（编），*Ein Bewußtsein von dem, was fehlt,* 第 35 页。另外参阅 Lobkowicz, “Ein Beitrag, der das Entsetzen erklärt”，刊载于 *Katholische Zeitung für Politik, Gesellschaft und Kultur*，2007 年 2 月 17 日。

118 1999 年与门迪塔的这段完整对话如下：“对现代性的规范性自我理解而言，基督教不但是先导形态或催化剂；而且从中产诞生了自由和团结共存、自主的生活方式和解放、个体的道德良心、人权和民主等理念的平等的普遍主义，是犹太教正义观及基督教爱的伦理的一种遗产。这一遗产——其核心内涵从未改变——不断得到批判性的吸收和重新诠释。直至今日，除此之外尚无其他替代选择。”（Habermas 2001, *Zeit der Übergänge,* 第 174 页以下。）

119 参阅 Habermas 2008, “Die Dialektik der Säkularisierung”，刊载于 *Blätter für deutsche und internationale Politik 4,* 第 33–46 页；另外参阅作者同上 2012, *Nachmetaphysisches Denken II,* 第 308–328 页，以及 Mayer, “Was ist der Rest? Jürgen Habermas deutet die Rückkehr der Religion”，刊载于 *FAZ*，2008 年 2 月 2 日。

120 参阅 2013 年由 Calhoun/Mendieta/VanAntwerpen 所编的 *Habermas and Religion*，哈贝马斯贡献了一篇篇幅很长的答复文章。针对何塞·卡萨诺瓦（José Casanova）、玛丽亚·埃雷拉·利马（Mar í a Herrera Lima）、玛丽亚·皮亚·拉拉（Maria Pia Lara）、艾米·艾伦（Amy Allen）、马克斯·潘斯基（Max Pensky）、约翰·米尔班克（John Milbank）等人的异议，他捍卫自己关于后世俗社会的后形而上学观点。参阅 Habermas 2009, “Die Revitalisierung der Weltreligionen – Herausforderung für ein säkulares Selbstverständnis der Moderne?”，刊载于 *Philosophische Texte,* 第 5 卷，*Kritik der Vernunft,* 第 387–416 页；作者同上 2012, *Nachmetaphysisches Denken II,* 第 120–182 页。

121 Habermas 2012, *Nachmetaphysisches Denken II,* 第 110 页以下。

122 同上书，第 107 页。

123 同上书，第 75、251 页及第 324 页以下。

124 同上书，第 118 页。

125 参考了标题为《关于信仰与知识的试验：后形而上学思想和世俗的现代性自我理解》的文稿汇编。参阅 Habermas 2012, *Nachmetaphysisches Denken II,* 第 77–95 页，该处见第 104 页。

126 同上书，第 104 页。

127 同上书，第 87 页以下。

128 同上书，第 104 页。“在神话思维中，尚未区分各种不同的有效性要求，如命题真理、规范正确性和表达真实性。”（Habermas 1981, *Theorie des kommunikativen Handelns*, 第 1 卷，第 81 页，第 72 以下。）

129 参阅 Tomasello 2009, *Die Ursprünge der menschlichen Kommunikation*; Habermas 2010, “Bohrungen an der Quelle des objektiven Geistes. Laudatio bei der Verleihung des Hegel-Preises an Michael Tomasello”，刊载于 *Westend 7*, 第 1 卷，第 166–170 页；作者同上 2013, *Im Sog der Technokratie*, 第 166–173 页。

130 Habermas 1988, *Nachmetaphysisches Denken*, 第 100 页以下。

131 哈贝马斯在 1972 年写给普莱斯纳、最初发表在《水星》上的一封公开信中写道：“您的离心定位概念被证明非常有用。对“笑”和“哭”的绝妙诠释证明了，人被迫在身体存在（Leib-Sein）和拥有躯体（Körper-Haben）之间不断建立平衡；他必须克服身体的存在状态（zuständliche Leibexistenz）和客观的躯体存在（gegenständliche Körperexistenz）之间的距离。（Habermas 1973, *Kultur und Kritik*, 第 233 页。）

132 援引卡尔 – 希格贝特·雷贝格 2008 年与哈贝马斯做的书面采访，采访迄今为止未公开发表。

133 哈贝马斯在其作品的若干地方提到威廉·冯·洪堡，特别是其著作 *Über die Verschiedenheit des menschlichen Sprachbaues und ihren Einfluß auf die geistige Entwicklung des Menschengeschlechts, Werke*, 第 III 卷，1963。伊索·卡马汀（Iso Camartin）指出，洪堡的“对话沟通模式”是“社会交往理论概念”的灵感来源。“后来哈贝马斯——超越了洪堡的观点——不仅看到语言是形成思想的工具，而且还看到了社会实践和经验，以及自我和群体身份的形成。”（Camartin 1991, *Von Sils-Maria aus betrachtet*, 第 46 页。）

134 Habermas 2008, Interview mit Karl-Siegbert Rehberg, 原稿，第 1 页以下。

135 重印版刊载于 Habermas 1973, *Kultur und Kritik*, 第 89–111 页。

136 Habermas 1973, *Kultur und Kritik*, 第 108 页；关于这一主题，参阅 Jörke 2005, *Politische Anthropologie*, 第 73–87 页，第 127–131 页。

137 Habermas 1973, *Kultur und Kritik*, 第 107 页。

138 同上书，第 108 页。

139 参阅 Habermas 1981, *Philosophisch-politische Profile*, 第 107–126 页；也参阅卡尔 – 希格贝特·雷贝格为阿诺尔德·盖伦 2004 年出版的全集写的跋，*Philosophie des Mängelwesens*, 第 6 卷，第 653 页。哈贝马斯在《水星》杂志发表的对盖伦的批评参见作品同上，第 218–220 页。

140 当时这个讲座的录音被转录为文字，以盗版形式流传。在下文中我援引的内容除了自己的记录，也包括这份转录的文字，虽然文字未经哈贝马斯授权，里面也偶有一些错误。

141 参阅 Habermas 1988, *Nachmetaphysisches Denken*, 第 28、53 页；作者同上，1999, *Wahrheit und Rechtfertigung*, 第 17 页，第 32 页以下；作者同上，2005, *Zwischen Naturalismus und Religion*, 第 188 页。

142 上述录音文字有以下表述：“仪式行为和禁忌是稳定一种不确定的、从语言互动出发的意识状况的最早的制度，同时通过疏导、融合以及回归和补偿，为交往行为创造激励性基础。”

143 Habermas 2000, “Nach dreißig Jahren: Bemerkungen zu Erkenntnis und Interesse”，刊载于 Müller-Doohm（编），*Das Interesse der Vernunft*, 第 12–20 页。

144 Habermas 1973, *Kultur und Kritik*, 第 118–194 页，该处见第 118 页。也参阅第 195–231 页。

145 同上书，第 196 页；Habermas 1973, *Erkenntnis und Interesse*, 后记，第 390 页。

146 Habermas 1973, *Kultur und Kritik*, 第 132 页。

147 Habermas 1984, *Vorstudien und Ergänzungen zur Theorie des kommunikativen Handelns*, 第 192 页以下。

148 参阅 Habermas 1981, *Theorie des kommunikativen Handelns*, 第 2 卷，第 152 页以下。

149 Habermas 1988, *Nachmetaphysisches Denken*, 第 225 、231 页。

150 同上书，第 220 页以下。

151 他在开头的哲学历史考察中提到了卢梭写给法国政治家纪尧姆－克雷蒂安·德·拉马纽·德·马勒泽布（Chré- tien-Guillaume de Lamoignon de Malesherbes）的一封信。他认为，信的文学体裁反映了态度的转变，他称这种转变是表演性的。由此，他建议，解释“个性”一词的含义要联系到具有语言和行为能力的主体——作为面对其他对话参与者不可替代、独一无二、为自己负责的人——的自我理解。（Habermas 1988, *Nachmetaphysisches Denken*, 第 207 页。）

152 哈贝马斯已在黑格尔的早期著作中看到，“孤独的反思关系被自我认知的个体的互补关系［超越］。自我意识的体验不再被认为具有原发性。相反，对黑格尔而言，它源于互动的体验，在这种体验中，我学习用另一个主体的眼睛看待自己。我自己的意识是视角交叉的衍生物。只有在相互承认的基础上才能形成自我意识，它必定基于我在另一个主体的意识中的反射”。（Habermas 1968, *Technik und Wissenschaft als “Ideologie”*，第 13 页。）

153 Habermas 1981, *Theorie des kommunikativen Handelns*, 第 2 卷，第 13 、69 页。

154 参阅 Joas 1980, *Praktische Intersubjektivität. Die Entwicklung des Werks von George Herbert Mead*; 也参阅 Créau 1991, *Kommunikative Vernunft als “entmystifiziertes Schicksal”. Denkmotive des frü- hen Hegel in der Theorie von Jürgen Habermas*, 第 100–112 页。如约纳斯所指出的那样，米德的行动概念被理解为主体的相互关系，而不是语言交往，克里奥（Créau）批评“把主体承认的互换性作为相同意义构成的基本方面来强调”。这显示出，哈贝马斯“通过黑格尔式阅读”偏离了米德理论。（同上书，第 106 页，第 166 页以下。）

155 在概念上，米德将身份结构描述为“主我”、“客我”和“自我”。根据这些概念，个体的社会发生被解释为源于双重互动：通过感知互动伙伴对自己行为的反应，形成对其观点的看法，并由此形成对由“客我”代表的自己的理解，在心灵内部与“客我”相互作用的“主我”，代表着人作为自然存在的唯一性和独特性。因此，个体能够形成作为主体整体统一的特定的“自我”。参阅 Habermas 1981, *Theorie des kommunikativen Handelns*, 第 2 卷，第 66 页以下，第 92 页以下。

156 同上书，第 150 页以下；也参阅第 162 页。

157 Habermas 1988, *Nachmetaphysisches Denken*, 第 208 页。

158 Habermas 2000, *Zwischen Naturalismus und Religion*, 第 190 页。

159 Habermas 2012, *Nachmetaphysisches Denken II*, 第 45 页。

160 Habermas 2013, *Im Sog der Technokratie*, 第 169 页。

161 Habermas 2012, *Nachmetaphysisches Denken II*, 第 12 页。

162 Habermas 1981, *Theorie des kommunikativen Handelns*, 第 2 卷，第 118-167 页。在这里，哈贝马斯将神圣者的语言化理解为，“文化再生产、社会融合和神圣者基础的社会化，转化为语言交往和以相互理解为取向的行为”。神圣者的权威被“合理共识的权威所取代……神圣者散发出的令人喜悦和惊心的气息，神圣者迷人的力量，被升华，同时被日常化为可批判的有效性要求的约束力”。(同上书，第 163 页，第 118 页以下。对哈贝马斯的批评，参阅 Joas 1997, *Die Entstehung der Werte*, 第 281 页。)

163 Habermas 2012, *Nachmetaphysisches Denken II*, 第 14 、15 页。

164 哈贝马斯在给普莱斯纳的一封公开信中如此表述。Habermas 1973, *Kultur und Kritik*, 第 232 页。

165 Habermas 2005, *Zwischen Naturalismus und Religion*, 第 208 页。

第十四章　著作展

1 参阅 Schirrmacher, “Thomas Mann. Unterhalter deutscher Ausgewander- ter”，刊载于 *FAZ* ，2005 年 8 月 12 日。

2 “握有世界权力”的说法，显然引自形容托马斯·曼具有国际影响力的描述。Raddatz 2010, *Tagebücher 1982-2001*, 第 418 页。

3 Unseld-Berkéwicz 2009, “Glückwünsche der Verlegerin”，刊 载 于 Müller- Doohm/Schopf/Thiele（编）2009, “*… die Lava des Gedankens im Fluss*”. *Jürgen Habermas. Eine Werkschau*, 第51-54页，该处见第52页。

4 Sennett, “Licht im Schattenreich”，刊载于 *DIE ZEIT*, 2009 年 6 月 10 日。他生日两周前在苏黎世大学举行的祝寿大会上，人们目睹了作为对话实践者的哈贝马斯。会议组织者、哲学家格奥尔格·科勒（Georg Kohler）和鲁茨·温格特确定的大会核心议题是：民主政府是否受到全球化的经济强权挟持。在两天多的时间里，哈贝马斯积极参与到热烈的讨论过程中，并对个别报告做了点评。

5 Krüger, “Menschenrecht und Marillenknödel”，刊载于 *Süddeutsche Zeitung*, 2009 年 6 月 18 日。

6 题目取自哈贝马斯 2007 年的一篇文章，“Die Zeit hatte einen doppelten Boden”，最末一次刊载于 Müller-Doohm（编）, *Adorno-Portraits*, 第 18 页。

7 摘自本人谈话记录及哈贝马斯的一篇未发表的文稿。

8 Habermas 2009, “Reminiszenzen an Frankfurt”，刊载于 Müller-Doohm/ Schopf/Thiele（编）2009,*… die Lava des Gedankens im Fluss*, 第 55-58 页，该处见第 55 页。

9 同上书，第 57 页。

10 参考哈贝马斯向我提供的《大学招待宴会致辞》文稿。

11 Habermas 2009, *Philosophische Texte*, 第 1 卷，*Sprachtheoretische Grundlegung der Soziologie*, 第 7 页。

12 Habermas 2008, “Eine Replik”，刊载于 Schmidt/Reder（编）, *Ein Bewußtsein von dem, was fehlt*, 第 94-107 页，该处见第 95 页。

13 2008 年 5 月 8 日，在西班牙纳瓦拉大学举行的詹姆布内奖（Jaime -Brunet-Preis）颁奖典礼上，哈贝马斯也在答谢辞中谈了人权话题。他批评人权政策堕落为相互较量的强国的玩物。“主要通过确保经济自由来保障公民的自主生活的政策”也同样成问题。这种政策破坏了“不同类型的基本权利之间的平衡。

只有当所有类型的基本权利同等程度地共同发挥效力，才能在政治上兑现尊重每个人的尊严的道德承诺。基本权利是不可分割的，所有人在任何地方都享有同等的尊严”。（参阅 Habermas 2009, Discurso de Agradecimiento con Motivo de la Entrega del Premio Jaime Brunet 2008, Universidad Publica de Navarra, Pamplona, 第 3-5 页，该处见第 5 页。）

14 参阅 Habermas 2010, “The Concept of Human Dignity and the Realistic Utopia of Human Rights”，刊载于 *Metaphilosophy* 41, 第 464-480 页；作者同上 2010, “Das Konzept der Menschenwürde und die realistische Utopie der Menschenrechte”，刊载于 *Blätter für deutsche und internationale Politik 8*, 第 43-53 页。

15 讨论的音频文件可在线获取，网址：Yhttp://blogs.ssrc.org/tif/2009/12/04/rethinking-secularism-the-power-o f-religion-in-the-public-sphere/y(末次访问时间：2014 年 1 月 28 日）。哈贝马斯的报告题目为：“The Political – The Relation Sense of a Questionable Inheritance of Political Theology”，重印版刊载于 Mendieta/VanAntwerpen（编），2011, *The Power of Religion in the Public Sphere*, 第 15-33 页。德文版标题为：“Das Politische‹ – Der vernünftige Sinn eines zweifelhaften Erbstücks der Politischen Theologie”，刊载于 *Nachmetaphysisches Denken II*, 第 238-256 页，以及 Mendieta/ VanAntwerpen（编）2012, *Religion und Öffentlichkeit*, 第 28-52 页。

16 Habermas 2011, *Zur Verfassung Europas*, 第 13-38 页，该处见第 32 页以下。也参阅 “Das Konzept der Menschenwürde und die realistische Utopie der Menschenrechte”，刊载于 *Deutsche Zeitschrift für Philosophie 58*, 第 3 期，第 343-357。早些时候，2010 年 5 月，哈贝马斯在普林斯顿大学人类价值研究中心的讲座中谈到了人权和人的尊严。

17 Conze/Frei/Hayes/Zimmermann 2010, *Das Amt und die Vergangenheit*.

18 参阅关于这一话题的典范文章：Mommsen, “Das ganze Ausmaß der Verstrickung”，刊载于 *Frankfurter Rundschau*, 2010 年 11 月 16 日；作者同上，“Vergebene Chancen. ‘Das Amt’ hat methodische Mängel”，刊载于 *Süddeutsche Zeitung*, 2010 年 12 月 27 日；Browning, “Historikerstudie ‘Das Amt’. Das Ende aller Vertuschung”，刊载于 *FAZ*, 2010 年 12 月 10 日；Meyer, “‘Polizeilich näher charakterisierte Juden’. Das deutsche Auswärtige Amt und der Beginn der ›Endlösung‹ in Frankreich”，刊载于 *NZZ*, 2011 年 2 月 2 日。

19 Hacke, “Hitlers willige Diplomaten. Neubeginn trotz personeller Kontinuität: Der Bericht zur Geschichte des Auswärtigen Amtes ist einseitig”，刊载于 *DIE WELT*, 2010 年 10 月 26 日，Frei, “Das Ende der Weizsäcker Legende. Ein Gespräch mit dem Mitglied der Historikerkommission Norbert Frei über das Selbstverständnis des Amtes, die Beteiligung von Diplomaten am Judenmord und den falschen Eifer der ZEIT bei der Verteidigung der alten Mythen”，刊载于 *DIE ZEIT*, 2010 年 10 月 28 日。

20 参阅 Bahners, “Wie einmal sogar Habermas überrascht war”，刊载于 *FAZ*, 2011 年 1 月 14 日。

21 Habermas 2011, “Grossherzige Remigranten. Über jüdische Philosophen in der frühen Bundesrepublik. Eine persönliche Erinnerung”，刊载于 *NZZ*, 2011 年 7 月 2 日；参阅同一作者 2013, *Im Sog der Technokratie*, 第 13-26 页。也参阅 “Jüdische Stimmen im Diskurs der sechziger Jahre”，刊载于 *Münchner Beiträge zur Jüdischen Geschichte und Kultur*, 2012 年第 1 期。

22 援引讲座稿“A Philosophy of Dialogue. First Buber Memorial Lecture”，讲座稿现已发表，刊载于 Habermas 2013, *Im Sog der Technokratie*, 第 27–46 页。该处见第 30、39、45 页。

23 Geyer, “Der gefährlichste mentale Stoff, den man sich denken kann”，刊载于 *FAZ*，2012 年 7 月 21 日。哈贝马斯的演讲题目为“Wie viel Religion verträgt der liberale Staat?”，演讲精简版刊载于 *NZZ*，2012 年 8 月 6 日。也参阅 Graf/Meier（编）2013, *Politik und Religion*。

24 *NZZ*，2012 年 8 月 6 日。

25 同上。

26 同上。

27 *FAZ*，2012 年 7 月 12 日。

28 在 2008 年 6 月 17 日发表于《南德意志报》的一篇题为《赞美爱尔兰人》（*Ein Lob den Iren*）的文章中，他对爱尔兰在全民公投中否决了《里斯本条约》表示理解。公民们反对的是欧洲官僚的“家长式作风”，他们不想被当作“容易上当受骗的选民”。欧洲一体化应当成为被热烈讨论的城市广场话题。2010 年 5 月 12 日，《爱尔兰时报》编辑保罗·格里斯佩（Paul Gillespie）与哈贝马斯进行了一次访谈，哈贝马斯在访谈中重申他 2010 年 5 月 12 日在《时代周报》上表达的批评立场：没有任何一个欧盟国家在举行的欧洲议会选举中，公民除就纯粹的国家问题投票，也对其他问题投票。这些年中，关于欧洲危机，哈贝马斯在几乎所有欧洲重要纸媒上发表了若干谈话。另外，他签名支持提出“重建欧洲”倡议的左翼经济学家和政治学家们《阻止走向毁灭！通过团结和民主应对危机！》的呼吁书，该呼吁书 2013 年 1 月在网上发表。呼吁书可在线获取，网址为：http://www.enropa-neubegruenden.de）

29 Habermas 2012, *Nachmetaphysisches Denken II*, 第 244 页。

30 同上书，第 239 页。

31 同上书，第 255 页。也参阅 Mendieta/VanAntwerpen（编）2013, *Religion und Öffentlichkeit*, 第 28–52 页。

32 援引哈贝马斯 2012 年 5 月 23 日在维也纳颁奖典礼上的演讲文稿。奥地利周报《犁沟》（*Die Furche*）借颁奖典礼之机，对哈贝马斯就欧洲当前危机形势进行了详细的访谈，访谈于当日刊登在该报上，简要介绍了他的“并非人们常说的欧洲联邦国家这种怪物的民主跨国化”设想。（参阅 Habermas 2013, *Im Sog der Technokratie*, 第 115–124 页。）

33 援引哈贝马斯 2012 年 9 月 5 日在奥尔格－奥古斯特－津恩奖颁奖典礼上的演讲文稿，演讲以“Das Dilemma der politischen Parteien”为题刊载于 Habermas 2013, *Im Sog der Technokratie*, 第 125–131 页。

34 Habermas 2013, *Im Sog der Technokratie*, 第 47–64 页，该处见第 57 页。

35 早在 1986 年，哈贝马斯就在杜塞尔多夫的海因里希·海涅研究所的一次会议上发表过讲话。哈贝马斯做的会议开幕报告题目为《海因里希·海涅和知识分子在德国的作用》，报告精简版发表于 1986 年 6 月的《水星》杂志，第 453–468 页，以及 Habermas 1987, *Eine Art Schadensabwicklung*, 第 25–54 页。见上条第 316 页以下，第 338 页以下。

36 2012 年 12 月 14 日所致的答谢辞题目为：“Zeitgenosse Heine. ‘Es gibt jetzt in Europa keine Nationen mehr’”。关于海涅对莱辛的评价，哈贝马斯援引了《论德国宗教和哲学的历史》（*Religion und*

Philosophie in Deutschland), Heine 1968, *Werke. Schriften über Deutschland,* Helmut Schanze 编，第 115 页；参阅 Habermas 2013, *Im Sog der Technokratie*, 第 50 页。

37 Habermas 2013, *Im Sog der Technokratie*, 第 50 页以下，第 52、53、55 页。

38 援引自 2013 年 1 月 22 日题为“Aus der nahen Entfernung. Bei Gelegenheit der Verleihung des Kulturpreises der Stadt München”的演讲稿，刊载于 Habermas 2013, *Im Sog der Technokratie,* 第 187–193 页。哈贝马斯曾在 2010 年 6 月 12 日的《南德意志报》上谈到施塔恩贝格：“‘施塔恩贝格的确是一座巴伐利亚式的朴素无华的城市’，哈贝马斯说。他承认，这座城市‘极其低调’。哲学家居住在这里 38 年了，他用他那本磨起了毛边的远足地图游遍了这个地区。‘我一直把能保持一种不起眼的存在视为一种优势，为此我感激这个城市’，他在被授予荣誉市民身份时这样说。”

39 援引 2013 年 9 月 29 日的答谢辞原稿。

40 Habermas 1981, *Kleine Politische Schriften I–IV*, 第 9 页。

41 Habermas 2013, *Im Sog der Technokratie*, 第 7–10 页。

42 同上书，第 91 页。

43 同上书，第 104 页。

44 同上。

45 同上书，第 105 页以下。

46 同上书，第 109 页。

47 Cerstin Gammelin, “Merkel, Kohl und Europa”，刊载于 *Süddeutsche Zeitung*，2013 年 4 月 29 日。

48 同上。也参阅 Riegert, “Habermas kritisiert Europas Führung”，刊载于 *DW*，2013 年 4 月 27 日。

49 援引自“Jürgen Habermas an der LMU – Eindrücke von einem Meisterdenker, der keiner sein will”一文。本文经克里斯蒂安·策勒（Christian Zeller）授权发表于 *Cogito* 11/2012, 第 17–19 页。

50 同上书，第 218 页。

51 Habermas 1997, *Vom sinnlichen Eindruck zum symbolischen Ausdruck*, 第 105 页。

52 Habermas 2013, *Im Sog der Technokratie*, 第 7 页。

53 同上书，第 53 页。

54 参阅 Greven 2005, “Politik als Ursprung theoretischen Denkens”，刊载于 *Vorgänge. Zeitschrift für Bürgerrechte und Gesellschaftspolitik*, 卷号：44, 期号：3/4, 第 152–165 页，该处见第 161 页。这种对政治性的强调对哈贝马斯的整个社会理论来说具有核心意义，并且它是区别于马克思和阿多诺的批判理论传统的关键点。2006 年 9 月 11 日，维尔默在于保罗教堂举行的阿多诺奖颁奖典礼的演讲中指出：“与马克思一样，阿多诺低估了解放潜力，它们与资本主义经济的出现同样原初地内在于现代的、根本上被视为具有普遍性的民主形态中。因此当哈贝马斯与他们相反，要求一种因马克思的末世论历史哲学和阿多诺对同一性批判的独白式建构而在他们那里都无立足之地的政治概念，是有道理的。阿多诺的弥赛亚主义以及他对改变实践的可能性的不信任，也同样证明了在他的理论中政治性没有一席之地。如果把资本主义的问题置于民主政治的视域中，那么就不仅指出了一个抵抗资本主义经济破坏性后果的可能的对抗力量的视域，而且还重新定义了他们提出的问题。如果因此有理由坚持马克思和阿多诺对资本主义的激进批判，那么必须以不落后于哈贝马斯对问题的民主‘政治化’的形式。”（Wellmer 2007, “Adorno und die Schwierigkeiten einer kritische Konstruktion der geschichtlichen Gegenwart”，刊载于 *West End* 4, 期号：1, 第 138-153 页，该处见第 148 页。）

55 作为哈贝马斯的反对者，德克・A. 摩西（Dirk A. Moses）发现了一种信念共同体，他称为“典型德国人”（German-Germans），并将他们与“非典型德国人”（Non German German）做了区分。后者对民族国家的认同建构功能持怀疑态度，而摩西认为，哈贝马斯从性格及其政治哲学来看均是这类非典型德国人的代表。（Moses 2007, *German Intellectuals and the Nazi Past,* 第 105 页以下。）

56 Habermas 1981, *Kleine Politische Schriften I-IV,* 第 364-367 页。此处为缩写的文章内容。

57 援引了演讲原稿。演讲部分内容 2014 那年 2 月 7 日发表在左翼自由派报纸《共和报》上。Habermas 2014, “‘Für ein starkes Europa’ - aber was heißt das?”，刊载于 *Blätter für deutsche und internationale Politik* 59, 第 85-94 页。

58 Sturm, “Habermas legt der SPD den Finger in die Wunde”，刊载于 *DIE WELT*，2014 年 2 月 2 日。

59 意大利社会科学家卢卡・科奇亚（Luca Corchia）撰写的《哈贝马斯传》首版 2010 年出版，该部传记列出了 4823 种（篇）研究哈贝马斯的书籍及文章，764 种（篇）哈贝马斯本人撰写的书籍和文章。2013 年的第二版列出的关于哈贝马斯的书籍及文章达 6700 种（篇），他本人撰写的著作和文章达 798 种（篇）。荷兰人雷尼・基尔岑（René Görtzen）撰写的是一部内容更全面的多卷本传记，对哈贝马斯的生平调研，涉及的时间跨度更大，但不是最新研究，涉及的关于哈贝马斯的一次和二次文献在数量上恐怕会更多。参阅 Corchia 2010, *Jürgen Habermas. A Bibliography: Works and Studies*; 另外参阅 Görtzen 1986, “Habermas’ Theorie des kommunikativen Handelns. Eine bibliographische Auswahl”，刊载于 Honneth/Joas（编）1986, *Kommunikatives Handeln*, 第 455-518 页；Görtzen 2000, “Habermas: Bi（bli）ographische Bausteine. Eine Auswahl”，刊载于 Müller-Doohm（编）2000, *Das Interesse der Vernunft*, 第 543-597 页。另外还可参考丹麦科学家克里斯蒂安・汉森（Kristian Hansen）和托马斯・格雷格森（Thomas Gregersen）运行的，内容丰富全面、持续更新的网上哈贝马斯论坛中的哈贝马斯生平信息（可从以下网址在线获取：Yhttp://www.habermasforum. dk/y[末次访问时间：2014 年 1 月 28 日]），以及 1995 年由德米特留斯・杜拉曼尼斯（Demetrios Douramanis）编写的传记 *Mapping Habermas. A Bibliography of Primary Literature*。在哈贝马斯 80 岁生日之际，GESIS - 莱布尼茨社会科学研究所推出了一部由玛利亚・岑丝（Maria Zens）编写、按时间顺序呈现的关于哈贝马斯著作的文献。精选的 332 种书籍主要是德语出版物。GESIS（编）2009, *Literatur zu Jürgen Habermas aus fünf Jahrzehnten*。

60 参阅 Hacke 2006, *Philosophie der Bürgerlichkeit,* 第 135 页以下；Hacke 2009, *Die Bundesrepublik als Idee*, 第 102-120 页。

61 Habermas 1984, *Vorstudien und Ergänzungen zur Theorie des kommunikativen Handelns*, 第 499 页以下。也参阅以下著作：作者同上 1988, *Nachmetaphysisches Denken*, 第 184 页。

62 罗伯特・施佩曼说：“事实上，哈贝马斯对我始终彬彬有礼，我对他也是如此。他的辱骂确切来讲是针对吕伯的。”（Spaemann 2012，*Über Gott und die Welt*，第 207 页以下。）毕竟，吕伯相信，作为对话理论家的哈贝马斯将载入哲学史册。然而，在争辩性对话中，对手根本不被接受为对话伙伴。恰恰相反，道德不允许的意图被强栽到对手头上，从而致使作为对话的对话刚开始就已结束。在这种情况下，所谓的对话是用来证明，对手根本没有不受限制的对话能力应有的道德和社会条件。因此，对手充其量只是解放不足、需要思想批判的对话候选人角色。……每种对话理论都推进了不自由（Iliberale），这种不自由没有认识到与听其自然、缄默，甚至遗忘相融的不可或缺的政治及其他社会功能。（Lübbe 2007, *Vom Parteigenossen zum Bundesbürger*, 第 129 页以下。）

63 Spaemann 2012, *Über Gott und die Welt*, 第 207 页。

64 参阅 Honneth 2000, *Das Andere der Gerechtigkeit*, 另外参阅以下著作：作者同上 2007，*Pathologien der Vernunft*。在《时代周报》为霍耐特写的一篇祝贺文章中，哈贝马斯从他的角度总结了这一有争议的立场："在霍耐特看来，关键的规范性参照点并非在平等主义法律下实现道德自由，而是一种成功的自我关系的道德自由的社会实现。"（Habermas, "Arbeit, Liebe, Anerkennung. Von Marx zu Hegel nach Frankfurt und wieder zurück. Zum 60. Geburtstag des Philosophen Axel Honneth", 刊载于 *DIE ZEIT*, 2009 年 7 月 16 日。）

65 Boltanski/Honneth 2009, "Soziologie der Kritik oder Kritische Theorie?", 刊载于 Jaeggi/Wesche（编），*Was ist Kritik?*, 第 81-114 页，该处见第 88 页。

66 参阅 Palazzo 2002, *Die Mitte der Demokratie*。

67 Habermas 1999, *Wahrheit und Rechtfertigung*, 第 230-270 页，该处见第 231 页。

68 Rorty 1989, *Kontingenz, Ironie und Solidarität*, 第 24 页以下。

69 Habermas 1999，*Wahrheit und Rechtfertigung*, 第 259 页；作者同上 1997, *Die Einbeziehung des Anderen*, 第 58 页；参阅 Rorty 2008, *Philosophie als Kulturpolitik*, 第 139 页以下。根据罗蒂的看法，普遍有效性概念是多余的，因为"理性地追求知识应当被理解为一种方法，它除了解决暂时性的当下问题，并无更高的目的。"（同上书，第 142 页。）

70 Habermas 1988, *Nachmetaphysisches Denken*, 第 184 页；作者同上 2008, *Philosophische Texte*, 第 2 卷，*Rationalitäts- und Sprachtheorie*, 第 26 页以下，第 270-315 页，该处见第 308 页。哈贝马斯可以在认识论层面上假设，罗蒂"的论证自相矛盾。……知识的时空背景性的断言，即使它声称具有普遍有效性，也不可能在特定的语境中形成，从而破坏其自身的陈述 - 陈述的原则性的语境限制。"在实际行为层面上，事实真实性和道德正确性的预设，是在主体间相互理解基础上的可靠互动的要求。参阅 Auer 2004, *Politisierte Demokratie*, 第 45-58 页，该处见第 55 页以下。

71 Habermas 2008, *Philosophische Texte*, 第 2 卷，*Rationalitäts- und Sprachtheorie*, 第 308 页。

72 Frank 1988, *Die Grenzen der Verständigung*, 第 21 页。

73 Lyotard 1987, *Der Widerstreit*.

74 Frank 1988, *Die Grenzen der Verständigung*, 第 73 页以下。政治理论家尚塔尔・墨菲（Chantal Mouffe）的批评方向与利奥塔类似，既指向将西方民主模式的理性主义普遍化的目标，也指向在政治冲突情况下相互承认和取得共识的规范性主张。她认为，这些都是根本性的对抗：它们基于根本的差异，只可能是抵死冲突。（Mouffe 2007, *Über das Politische*.）

75 Luhmann 1990, "Über systemtheoretische Grundlagen der Gesellschafts- theorie", 刊载于 *Deutsche Zeitschrift*

für Philosophie 3/38, 第 277-284 页，该处见第 282 页。

76 哈贝马斯认为，交往是一个相互理解的过程，而卢曼将交往视为社会系统的基本单元。根据卢曼的观点，整个社会，包括社会子系统、组织和短暂的互动，都包含交往单元。由此可以得出以下两点。首先，人被从社会的核心领域移出，因为社会不可能有两个基本要素——交往和人：人作为“心灵系统”属于社会环境。卢曼拒绝哈贝马斯提出的主体间性模式，因为这样一来人又被夹带进来，作为主体被当作社会的基础。其次，这涉及修正版的交往概念。在卢曼看来，交往不是要理解说话者真正的意思。而是要把交往理解为经过三个层次（信息、传递、理解）的过程，它独立于交往参与者的意图之外，其目的在于参与这个过程的社会系统的连接能力和继续运转。就此而言，沟通不是目的，理解才是，即在考虑到适用的规则和预期结构的情况下使交往过程继续。曼弗雷德·福尔萨克（Manfred Füllsack）在一篇文章中概括了哈贝马斯和卢曼的社会理论在理论结构上的异同。参阅 Füllsack 1998, “Geltungsansprüche und Beobachtungen zweiter Ordnung. Wie nahe kommen sich Diskurs- und Systemtheorie?”，刊载于 *Soziale Systeme*，期号：1/1998，第 185-198。另外参阅 Füllsack 2010, “Die Habermas-Luhmann-Debatte”，刊载于 Kneer/Moebius（编）2010, *Soziologische Kontroversen*, 第 154-181 页。

77 Luhmann 1998, *Die Gesellschaft der Gesellschaft*, 第 201 页。

78 Habermas 1885, *Der philosophische Diskurs der Moderne*, 第 431、443 页。

79 同上书，第 432 页。亚历山大·克鲁格在出版于 1973 年的《致命的学习过程》（*Lernprozesse mit tödlichem Ausgang*）中虚构了一个场景，在面临大战爆发危险的背景下，在“施皮辛湖饭店地下室”举行的和平研究者会议期间，有一个哈贝马斯阐释卢曼的系统理论的情节。“批判理论的最后一位代表 H，一台敏感的地震仪（Seismograph），躲进酒店的地下室。在这里什么都看不见，因为看见地下室粉刷的白墙不能叫‘看见’，他试图理出一个概貌。整个下午，他证明了一种纯粹控制系统式概念建构的概念帝国主义的缺陷。”（同上书，第 199 页）

后记　内心的罗盘

1 哈贝马斯 2012 年在“哈贝马斯与历史唯物主义”大会上的评论。大会于 2012 年 3 月 23~25 日在乌珀塔尔举行。

2 Habermas 2005, *Zwischen Naturalismus und Religion*, 第 16 页。

3 Habermas 1985, *Die Neue Unübersichtlichkeit*, 第 203 页。

4 同上书，第 202 页。

5 Habermas 2001, *Zeit der Übergänge*, 第 76 页。

6 Habermas 2005, *Zwischen Naturalismus und Religion*, 第 17 页以下。

7 同上书，第 20 页。

8 Habermas 2001, *Zeit der Übergänge*, 第 82 页。

9 Habermas 1985, *Die Neue Unübersichtlichkeit*, 第 205 页以下。哈贝马斯在《认识与兴趣》中首次谈到直觉认识的概念：“如果我们能靠直觉获得直观知识（das Unmiitelbare），那么我们一定能够区分具有直观确定性的直觉和推论性（diskursiv）认识。然而在关于直觉认识的真正源泉的争论中从未达成令人满意的共识；这表明，我们并没有真正辨识出直观知识的直觉能力。……认识过程在所有层面上都是推论性的。”（Habermas 1968, *Erkenntnis und Interesse*, 第 123 页以下。）

10 Habermas 1985, *Die Neue Unübersichtlichkeit*, 第 206 页。

11 Habermas 2005, *Zwischen Naturalismus und Religion*, 第 16 页。在 1984 年发表的《狄尔泰的表达理解理论：我 - 身份和语言交往》的文章中，哈贝马斯写道：“生活史是整个人类物种生命历程的基本单元。它是一个自我划界的系统。它本身就是一个以生与死为界的生命历程，而且是一种可体验的关联与境（Zusammenhang），这种关联与境将生命历程的各个部分用‘意义’联结。生活史由生活联结（Lebensbezüge）构成。生活联结的一侧是我，另一侧是事物和进入到我的世界中的人。”（Habermas 1984, “Diltheys Theorie des Ausdrucksverstehens: Ich-Identität und sprach- liche Kommunikation”，刊载于 Rodi/Lessing [编] 1984, *Materialien zur Philosophie Wilhelm Diltheys*, 第 316-338 页，该处见第 325 页以下。）

12 Habermas 1985, *Die Neue Unübersichtlichkeit*, 第 204 页。

13 同上。

14 Habermas 2005, *Zwischen Naturalismus und Religion*, 第 54 页；作者同上 1999, *Wahrheit und Rechtfertigung*, 第 36 页以下。

15 参阅 Habermas 1991, *Erläuterungen zur Diskursethik*, 第 111 页以下。

16 参阅 Habermas 1988，*Nachmetaphysisches Denken*, 第 184 页。

17 Adorno 1997, *Negative Dialektik, Gesammelte Schriften*, 第 6 卷，第 400 页。

18 Habermas 1988, *Nachmetaphysisches Denken*, 第 184 页以下。歌德《诗歌与真理》（*Dichtung und Wahrheit*）按照意思引用的引文写道：“没有人能反抗神，除了神自己。”（Niemand kommt gegen Gott auf, denn Gott allein.）荷兰哲学家约瑟夫·科拉茨（Jozef Keulartz）认为，哈贝马斯引用的这句话“可被视为其哲学的关键词。……除了神自己，没有任何事物、任何人能反对神，也就是说，历史错误只能通过历史手段予以纠正；唯有理性能治愈它自己带来的伤痛；只有通过彻底的启蒙，才能消除启蒙的危险”。（Keulartz 1995, *Die verkehrte Welt des Jürgen Habermas*, 第 15 页。）

19 保存于施塔恩贝格的哈贝马斯往来信函手稿。

20 Bierbichler, “Die Leut’ sind im Grunde immer wieder gleich gewesen”，刊载于 *DIE ZEIT*，2011年10月6日。

附　录

家谱图

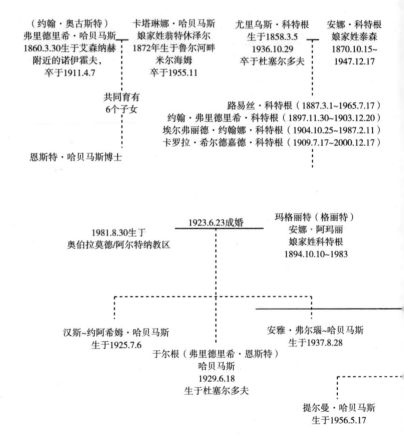

（约翰·奥古斯特）
弗里德里希·哈贝马斯
1860.3.30生于艾森纳赫
附近的诺伊霍夫，
卒于1911.4.7

卡塔琳娜·哈贝马斯
娘家姓翁特休泽尔
1872年生于鲁尔河畔
米尔海姆
卒于1955.11

共同育有
6个子女

恩斯特·哈贝马斯博士

尤里乌斯·科特根
生于1858.3.5
1936.10.29
卒于杜塞尔多夫

安娜·科特根
娘家姓泰森
1870.10.15~
1947.12.17

路易丝·科特根（1887.3.1~1965.7.17）
约翰·弗里德里希·科特根（1897.11.30~1903.12.20）
埃尔弗丽德·约翰娜·科特根（1904.10.25~1987.2.11）
卡罗拉·希尔德嘉德·科特根（1909.7.17~2000.12.17）

1981.8.30生于
奥伯拉莫德/阿尔特纳教区

1923.6.23成婚

玛格丽特（格丽特）
安娜·阿玛丽
娘家姓科特根
1894.10.10~1983

汉斯~约阿希姆·哈贝马斯
生于1925.7.6

于尔根（弗里德里希·恩斯特）
哈贝马斯
1929.6.18
生于杜塞尔多夫

安雅·弗尔瑙~哈贝马斯
生于1937.8.28

提尔曼·哈贝马斯
生于1956.5.17

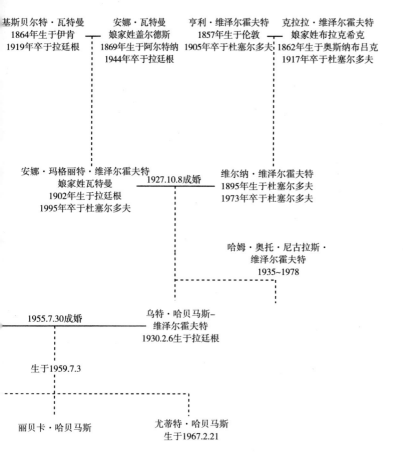

基斯贝尔特・瓦特曼
1864年生于伊肯
1919年卒于拉廷根

安娜・瓦特曼
娘家姓盖尔德斯
1869年生于阿尔特纳
1944年卒于拉廷根

亨利・维泽尔霍夫特
1857年生于伦敦
1905年卒于杜塞尔多夫

克拉拉・维泽尔霍夫特
娘家姓布拉克希克
1862年生于奥斯纳布吕克
1917年卒于杜塞尔多夫

安娜・玛格丽特・维泽尔霍夫特
娘家姓瓦特曼
1902年生于拉廷根
1995年卒于杜塞尔多夫

1927.10.8成婚

维尔纳・维泽尔霍夫特
1895年生于杜塞尔多夫
1973年卒于杜塞尔多夫

哈姆・奥托・尼古拉斯・
维泽尔霍夫特
1935~1978

1955.7.30成婚

乌特・哈贝马斯-
维泽尔霍夫特
1930.2.6生于拉廷根

生于1959.7.3

丽贝卡・哈贝马斯

尤蒂特・哈贝马斯
生于1967.2.21

大事记

1929	弗里德里希·恩斯特·于尔根·哈贝马斯，6 月 18 日出生在杜塞尔多夫，是格蕾特和恩斯特·哈贝马斯夫妇三个孩子中的次子。——在位于贝尔吉施山区的古默斯巴赫度过童年与少年，在这里就读国民小学、中学以及文理高中。
1949~1954	高中毕业。在哥廷根开始大学生活，学习哲学、心理学、德国文学、历史和经济；在苏黎世大学继续学习一个学期，后从 1950/1951 冬季学期开始在波恩大学学习直至毕业。——与卡尔 - 奥托·阿佩尔、威尔弗里德·贝格汉、君特·罗尔巴赫结下友谊。——1954 年，在罗特哈克门下以论文《绝对与历史：论谢林思想中的矛盾》获博士学位。
1954~1956	从事自由记者职业，为各类日报、周报及文化杂志撰稿。——获德国科学基金会（DFG）奖学金。——1955 年 7 月，与乌特·维泽尔霍夫特成婚。
1956~1959	在美茵河畔法兰克福社会研究所做助手。——结识西奥多·W. 阿多诺和夫人格雷特以及路德维希·冯·弗里德堡。参与多个实证调研项目，包括“大学生与政治”项目。——1956 年，儿子提尔曼出生。
1959~1961	获得德国科学基金会提供的教授资格考试资助。辞

去社会研究所的助手职位，在马尔堡政治学家沃尔夫岗·阿本德罗特门下，以论文《公共领域的结构转型》取得教授资格。——1959 年 7 月，女儿瑞贝卡出生。

1961~1964 被海德堡大学哲学系聘任为副教授。——结识汉斯·格奥尔格·伽达默尔、卡尔·洛维特、亚历山大和玛格丽特·米切利希。——“实证主义之争”：与哲学家卡尔·R. 波普尔和汉斯·阿尔伯特关于社会科学的逻辑的论争。——1963 年，出版《理论与实践：社会哲学研究》。

1964 自夏季学期开始接任马克斯·霍克海默在法兰克福大学的哲学和社会学教席。

1965 首次美国研究旅行；在美国与利奥·洛文塔尔、齐格弗里德·克拉考尔和赫伯特·马尔库塞会晤。

1967 女儿尤蒂特出生。秋天，在纽约社会研究新学院担任客座教授（特奥多尔·豪斯讲座）。之后陆续在卫斯理大学、加利福尼亚大学、巴黎法兰西学院等若干大学担任客座教授。

1968 发表演讲和文章，积极推动德国高校的民主化改革；与学生运动代表人物发生争端。——出版《作为“意识形态”的技术与科学》和《认识与兴趣》。

1969 出版《抗议运动与高校改革》。

1970 2 月和 3 月，在普林斯顿大学主持克里斯蒂安·高斯讲座：开设“社会学的语言理论基础”讲座。

1971 与尼克拉斯·卢曼关于系统理论和社会批判理论的争论。——自 10 月份开始，任马克斯·普朗克科技世界生活条件研究所所长。

1972　7月，在纪念瓦尔特·本雅明的讨论会上作《提高觉悟抑或拯救性批判——瓦尔特·本雅明的现实性》的演讲。——10月，举家乔迁，搬入施塔恩贝格的自建住宅。

1973　2月，出版《合法化危机》。——11月，申请慕尼黑大学哲学系名誉教授遭拒。

1974　获斯图加特市颁发的黑格尔奖。

1975　被美茵河畔法兰克福大学授予哲学系名誉教授。

1976　出版《重建历史唯物主义》。——在达姆施塔特被德国语言与文学创作学会授予西格蒙德－弗洛伊德科学散文奖。

1977　参与关于恐怖主义和国家紧急状态的争论。——12月，在格肖姆·肖勒姆80岁寿辰之际首次访问以色列。

1980　1月至4月，在加州大学伯克利分校任客座教授。——9月11日，获得法兰克福颁发的阿多诺奖。——被纽约社会研究新学院授予名誉博士学位。之后陆续被若干大学授予名誉博士学位。

1981　春天，辞去施塔恩贝格马克斯·普朗克社会研究所所长职务。——出版《交往行为理论》。——从10月开始，担任美茵河畔法兰克福歌德大学哲学教授，教学和研究重点是社会哲学和历史哲学。

1983　开始在法兰克福大学授课，开设讲座“现代性理论”。——当选德国语言与文学创作学会会员。

1985　出版《新的非了然性》和《现代性的哲学话语》。——获得慕尼黑市颁发的绍尔兄妹奖；获得黑森州颁发的威廉－雷歇纳尔勋章。

1986 “历史学家之争”：关于犹太人大屠杀唯一性问题的争论。——获得德国科学基金会莱布尼茨奖。——用莱布尼茨奖金资助创立了法学理论研究项目小组。

1987 出版《一种损害赔偿方式》。——获得哥本哈根大学颁发的索宁奖。

1988 2月，出版《后形而上学思想》。——9月，在加州大学伯克利分校做豪伊森哲学系列讲座。——在于巴尔的摩约翰·霍普金斯大学举行的“当代德国精神”国际会议上做报告。——在于英国布莱顿举行的第18届世界哲学大会上，哈贝马斯作了《个体化与社会化：论米德的主体性理论》的报告。

1989 4月，在美茵河畔法兰克福举行维特根斯坦诞辰纪念大会。——6月，被耶路撒冷希伯来大学授予名誉博士学位。——被赠予60岁生日纪念文集《中间反思：在启蒙进程中》。——多次在纽约大学法学院做讲座。——出版《追补的革命》。——参与关于德国重新统一的争论。

1991 3月，出版《对话伦理学阐释》。

1992 出版《在事实与规范之间》。

1994 9月22日，荣休。——被埃文斯顿西北大学聘为永久客座教授。

1995 获海德堡市颁发的雅斯贝尔斯奖。——被特拉维夫大学授予名誉博士学位。

1996 出版《包容他者：政治理论研究》。——5月，香港和首尔的演讲之旅。在首尔韩国哲学协会作演讲《现代性概念：回顾两种传统》。

1998	参与关于克隆、基因技术和意志自由的争论。——出版《后民族格局》；5月，埃及演讲之旅。——6月，在社民党文化论坛发表演讲，与总统候选人格哈德·施罗德讨论。——9月，在瑞士、奥地利和德国联合召开的弗莱堡社会学大会上做报告，报告题目为《30年后评〈认识与兴趣〉》。
1999	获斯图加特颁发的特奥多尔·豪斯奖。——出版《真理与辩护》。——参与关于科索沃战争和基因技术的争论。——7月，为庆祝哈贝马斯70岁寿辰，在法兰克福大学举办主题为《理性的公共领域与公共领域的理性》的跨学科讨论会。——被授予黑森州文化奖。
2000	访问纽约大学法学院。
2001	4月，访问中国，在北京和上海的高校及中国社会科学院发表演讲。——参与关于宗教的公共运用的争论。——10月，在德国书业和平奖颁奖大会上以《信仰与知识》为题致答谢辞。
2002	6月，伊朗之行，在德黑兰作题为《后世俗社会的世俗化》的演讲。——在奥德河畔法兰克福欧洲大学发表演讲《作为文化权利起搏器的宗教宽容》。
2003	公开批评伊拉克战争和美国单边霸权主义。——10月，在奥维耶多被授予阿斯图里亚斯亲王社会学奖。9月，在纪念阿多诺的法兰克福国际学术研讨会上，发表演讲《"我自己是自然的一部分"：阿多诺关于理性与自然的相互缠绕》。
2004	有关自然主义和自由的论争开始。——1月，在慕尼黑天主教学院发表演讲，与罗马教廷枢机主教约

瑟夫·拉辛格进行讨论。——5 月，出版《分裂的西方》。——11 月，获稻盛基金会颁发的京都奖；致答谢辞《公共空间与政治公共领域：我的两个思想主题的生活历史根源》。

2005 出版《在自然主义和宗教之间》。——11 月，在卑尔根大学接受霍尔堡国际纪念奖，发表题为《公共领域中的宗教》的演讲。

2006~2007 3 月，在维也纳接受布鲁诺·克赖斯基奖。——11 月，获北威州国家奖。——11 月，在比勒费尔德市政大厅为哲学家、论战家和公民罗纳德·德沃金致授奖辞，题目为《谁可以拥抱谁？在争论中寻找共识》。

2008 出版《啊！欧洲》。——3 月，先后在蒂尔堡大学尼克萨斯研究院和奥胡斯大学作题为《后世俗社会：这意味着什么？》的报告。——9 月，当选德国哲学协会荣誉会员；在第 21 届德国哲学大会上做报告《从世界观到生活世界》。

2009 2 月，出版五卷本《哲学文集》。5 月，哈贝马斯 80 岁寿辰之际，在苏黎世大学举办主题为“民主是过时模式？后民族格局下民主自决的问题和可能的途径”的会议。——6 月，在法兰克福德意志国家图书馆举办“……流淌的思想熔岩”哈贝马斯 80 寿辰作品展。——10 月，纽约“反思世俗主义”会议；11 月，在莫斯科召开的联合国教科文组织“文化对话中的哲学”会议上做报告。

2010 连续数月发表若干文章和演讲，阐述欧洲一体化项目面临夭折的危险。——9 月，出版《关于欧洲宪法的思考》。

2011　4 月，在柏林的欧洲对外关系委员会做题为《一个支持还是反对欧洲一体化的约定？》的演讲。——9 月，在第 22 届哲学大会上做题为《理由的体现》的报告。——11 月，在巴黎第五大学作报告《从国际法宪法化的角度看欧盟危机》。

2012　3 月，乌珀塔尔大学举行“哈贝马斯和历史唯物主义”大会。——5 月，以色列之行，做布伯纪念讲座，题目为《对话的哲学》。——6 月，出版《后形而上学 2》。

2013　9 月，《哈贝马斯政论文集》第 12 卷，即最后一卷《技术官僚统治的漩涡》出版。11 月，哈贝马斯因为欧洲做出的卓越功勋，获得伊拉斯谟基金会颁发伊拉斯谟奖。

2014　2 月，在波茨坦社民党秘密会议上，以《‘赞成一个强大的欧洲’——可这意味着什么？》为题发表演讲。

哈贝马斯讲座和研讨课名录

根据海德堡大学工作人员和课程总目录，哈贝马斯自1962年夏季学期起登记在“副教授”一栏中：于尔根·哈贝马斯，哲学博士，美茵河畔法兰克福沃尔夫冈大街121号——哲学。

根据法兰克福歌德大学课程总目录，他从1964夏季学期到1971年作为哲学和社会学教授登记在册；从1983到1994年作为哲学教授在册，重点是社会哲学和历史哲学。

自1980年起，哈贝马斯都把讲座和研讨课列入“加注课程总目录”。注释包括课程计划和内容介绍，及一个专业文献清单。加注课程总目录中的课程名称并不完全与盖章的课程列表中的名称一致。

哈贝马斯讲座用的讲稿都是打字机打印的厚厚一沓文本，部分讲稿达250多页。讲座文稿中布满了添加和修改的手写文字。部分讲稿抄本保存在法兰克福大学图书馆档案中心：美茵河畔法兰克福，馆藏 Na 60，于尔根·哈贝马斯赠，档案检索类目“打字稿和原稿”。其中包括“帕累托、涂尔干、弗洛伊德”，“人类学”，“社会科学的逻辑”，“合理性概念 I 和 II”，“谢林”，“历史哲学”及“实证主义、实用主义和历史主义”。

讲座稿抄本中附有详细的出处说明和文献提示。讲座的语言形式反映出其表演性意图，比如讲稿中有这样的表述：“大家要做好心理准备，你们将听到的是一个特别的讲座，每个观点都相当复杂。”或者，“请允许我从一个预测开始”。

这份共列出了150门课的课程名录，不包括哈贝马斯11年间在西北大学开设的讲座和研讨课，这些课程比如涉及20世纪德国哲学、政治哲学、哲学人类学、国际法、宽容与多元文化主义；也不包括在纽约大学（与托马斯·内格尔[Thomas Nagel]和罗纳德·德沃金合作开设）和卢塞恩大学开设的课程。

在海德堡大学从1962年夏季学期起开设的课程

1962年夏季学期

讲座课	革命与传统。18和19世纪的社会哲学
研讨课	科学理论问题

1962/63冬季学期

讲座课	人文科学和社会科学的逻辑
研讨课	科学理论问题

1963年夏季学期

讲座课	谢林哲学
研讨课	谢林关于学术研究方法的讲座
研讨课	科学理论问题

1963/64冬季学期

讲座课	历史主义，实证主义，实用主义
研讨课	新康德主义科学理论
讨论课	控制论基础知识

1964 年夏季学期

讲座课	伽利略，笛卡尔，霍布斯
研讨课	现代经验科学的起源
练习课	米德：心灵，自我和社会

在法兰克福歌德大学自 1964 年夏季学期起开设的课程

1964 年夏季学期

讲座课	社会学历史

1964/65 冬季学期

讲座课	科学理论
研讨课（与耐格特合作）	黑格尔，耶拿现实哲学
研讨课	现代经验科学的起源（伽利略，笛卡尔，霍布斯）
讨论课	博士生讨论课
高年级研讨课	社会整体系统分析

1965 年夏季学期

讲座课	涂尔干，帕累托，弗洛伊德
研讨课	马克斯·舍勒，认识与劳动
讨论课	哲学讨论课
高年级研讨课	家族内社会化过程

1965/66 冬季学期

讲座课	历史哲学
研讨课	自然法权问题

讨论课	哲学讨论课
高年级研讨课	政治社会学问题
学习小组	社会语言学

1966 年夏季学期

研讨课	黑格尔政治著作
讨论课	哲学讨论课
讲座课	新社会学理论方法
高年级研讨课	偏离轨道的社会化过程

1966/67 冬季学期

讲座课	一种哲学人类学的问题
研讨课	黑格尔的康德批判
高年级研讨课	社会发展理论
讨论课	社会学讨论课

1967 年夏季学期休假，接受纽约社会研究新学院特奥多尔·豪斯讲座教授聘任。

1967/68 年冬季学期

讲座课	认识与兴趣
研讨课	唯物主义辩证法
初级专题课	马克斯·韦伯

1968 年夏季学期

讲座课	社会化理论
研讨课	尼采的认识论

讨论课	讨论课（凭邀请）
研讨课	涂尔干，米德，弗洛伊德
高年级练习课	数据分析（与汉斯弗里德·凯尔纳和乌尔里希·奥夫曼合作）

1968/69 冬季学期

讲座课	语言哲学
研讨课	唯物主义认识论问题
练习课	家庭作为社会系统：角色结构和交往形式（与乌尔里希·奥夫曼合作）
讨论课	讨论课（凭邀请）
练习课	组织与官僚（与奥佛合作开设）
练习课	统计学假设检验问题（与乌尔里希·奥夫曼合作）
高年级研讨课	犯罪社会学

1969 年夏季学期

研讨课	唯物主义认识论问题
高年级研讨课	全控机构社会学
研讨课	政治社会学问题

1969/70 冬季学期

研讨课	唯物主义认识论问题
高年级研讨课	功能主义问题
高年级研讨课	语言社会学问题

1970 年夏季学期	
研讨课	解释的逻辑（II）
研讨课	社会子系统功能主义分析
高年级研讨课	语言社会学问题（II）
1970/71 冬季学期	
高年级研讨课	语言社会学问题（III）
研讨课	高文化的产生
研讨课	实践对话的逻辑 I 和 II
1971 年夏季学期	
初级专题课	阅读课
研讨课	社会变迁理论的问题
1975 年夏季学期	
研讨课	交往行为理论
1976 年夏季学期	
研讨课	交往行为理论的问题
1978 年夏季学期	
讲座课	行为理性和社会理性化（有讨论）
1978/79 冬季学期	
讲座课	行为理性和社会理性化（有讨论）

1980 年夏季学期

讲座课	系统与行为：帕森斯社会理论

1981 年夏季学期

讲座课	现代性理论 I
讨论课	讨论讲座课
研讨课	道德理论 I：现代认知主义伦理学
研讨课	学术论文讲评

1983/84 冬季学期

讲座课	现代性理论 II
研讨课	言语行为问题（与卡尔－奥托·阿佩尔合作）
研讨课	认知主义伦理学 II：道德性与德性
讨论课	学术论文讲评

1984 年夏季学期

讨论课	新结构主义（与阿克塞尔·霍耐特合作）
研讨课	法律化问题（与施皮洛斯·希米提斯合作）
研讨课	语言哲学问题（与卡尔－奥托·阿佩尔和查尔斯·泰勒合作）
研讨课	道德哲学和道德意识的发展
讨论课	学术论文讲评

1984/85 冬季学期	学术休假

1985 年夏季学期

讲座课	法哲学 I
	配合讲座课的讨论
研讨课	个性，主体，认同（与阿克塞尔·霍耐特合作）
研讨课	言语行为理论问题（与约翰·R.塞尔合作）
讨论课	学术论文讲评

1985/86 冬季学期

讲座课	法哲学 II
	配合讲座课的讨论
初级专题课	逻辑语义学基础知识
研讨课	个性，主体，认同（与阿克塞尔·霍耐特合作）
讨论课	学术论文讲评

1986 年夏季学期

研讨课	真理理论（与卡尔－奥托·阿佩尔合作）
研讨课	法律化问题（与君特·克劳斯合作）
研讨课	主体性，认同，个性 III(与阿克塞尔·霍耐特合作)
讨论课	学术论文讲评

1987 年年夏季学期	学术休假
1987/88 冬季学期	
讲座课	交往行为理论问题
	配合讲座课的讨论
研讨课	查尔斯·桑德斯·皮尔士的语言哲学（与阿克塞尔·霍耐特合作）
讨论课	法哲学问题（工作小组讨论）
讨论课	学术论文讲评
1988 年夏季学期	
讲座课	民主理论
研讨课	超越客观主义和相对主义（卡尔－奥托·阿佩尔和理查德·J. 伯恩斯坦合作）
研讨课	20 世纪美学理论（与阿克塞尔·霍耐特合作）
讨论课	法律理论工作小组
讨论课	学术论文讲评
1988/89 冬季学期	
研讨课	20 世纪美学理论（与阿克塞尔·霍耐特合作）
讨论课	法律理论讨论小组
讨论课	学术论文讲评

1989年夏季学期

研讨课	查尔斯·桑德斯·皮尔士的实用主义
研讨课	20世纪美学理论（与阿克塞尔·霍耐特合作）
讨论课	法律理论工作小组
讨论课	关于海德格尔后期哲学的争议（与卡尔－奥托·阿佩尔和休伯特·德雷福斯合作）
讨论课	学术论文讲评

1989/90冬季学期

讲座课	20世纪哲学导论
初级专题课	哲学基础课程（与艾克哈特·玛腾斯和赫伯特·施奈德尔巴赫合作）
讨论课	法律理论工作小组
讨论课	学术论文讲评

1990年夏季学期　　学术休假

1990/91冬季学期

讲座课	法哲学 I
讨论课	法律理论学习小组
研讨课	关于理性问题的新文献
讨论课	学术论文讲评

1991 年夏季学期

讲座课	法哲学 II
	配合讲座课的讨论
研讨课	关于理性问题的新文献
讨论课	学术论文讲评

1991/92 冬季学期

讲座课	20 世纪哲学：卡西尔，卢卡奇，海德格尔，维特根斯坦
	配合讲座课的讨论
研讨课	恩斯特·卡西尔的符号形式哲学
讨论课	学术论文讲评

1992 年夏季学期　　学术休假

1992/93 冬季学期

讲座课	维特根斯坦
	配合讲座课的研讨课
研讨课	对话理论问题（与卡尔－奥托·阿佩尔合作）
讨论课	学术论文讲评

1993 年夏季学期

初级专题课	约翰·罗尔斯的政治自由主义
讨论课	对话理论问题（与卡尔－奥托·阿佩尔合作）

研讨课	唐纳德·戴维森和迈克尔·达米特的意义理论（与鲁茨·温格特合作）
讨论课	学术论文讲评

1993/94 冬季学期

讲座课	理性概念 I
研讨课	指称理论（与鲁茨·温格特合作）
讨论课	学术论文讲评

1994 年夏季学期

讲座课	理性概念 II 配合讲座课的讨论
研讨课	真理理论问题（与鲁茨·温格特合作）

1995 年夏季学期

讨论课	博士生和奖学金生讨论课（与弗里德里希·卡姆巴特尔合作）。根据通知

社会研究新学院研究生院，纽约（1967/68）

卫斯理大学人文学院（1972）

加州大学圣芭芭拉分校（1974）

哈弗福德学院；宾夕法尼亚大学，费城（1976）

加州大学伯克利分校，伯克利（1980）

法兰西学院，巴黎（1982）

纽约大学（与罗纳德·德沃金和托马斯·内格尔合作开设讨论课，1989、1998、2001）

西北大学，埃文斯顿（1994~2006，1998、2001、2003 年除外）

石溪大学（2009）

I. Schriften von Jürgen Habermas

1. Monographien, Aufsatzsammlungen, herausgegebene Bücher

1954: *Das Absolute und die Geschichte. Von der Zwiespältigkeit in Schellings Denken*, Inauguraldissertation, unveröffentlicht. Bonn.
1961: *Student und Politik. Eine soziologische Untersuchung zum politischen Bewußtsein Frankfurter Studenten* (zusammen mit Ludwig von Friedeburg, Christoph Oehler, Friedrich Weltz). Neuwied/Berlin.
1963: *Theorie und Praxis. Sozialphilosophische Studien*. Neuwied/Berlin.
1962: *Strukturwandel der Öffentlichkeit. Untersuchungen zu einer Kategorie der bürgerlichen Gesellschaft*. Neuwied/Berlin.
1968: *Technik und Wissenschaft als »Ideologie«*. Frankfurt/M.
1968: *Erkenntnis und Interesse*. Frankfurt/M.
1968: (Hrsg.), *Antworten auf Herbert Marcuse*. Frankfurt/M.
1969: *Protestbewegung und Hochschulreform*. Frankfurt/M.
1970: *Arbeit, Erkenntnis, Fortschritt*. Aufsätze 1954-1970. Amsterdam
1970: *Zur Logik der Sozialwissenschaften*. Frankfurt/M.
1971: *Philosophisch-politische Profile*. Frankfurt/M.
1971: *Theorie der Gesellschaft oder Sozialtechnologie?* (zusammen mit Niklas Luhmann). Frankfurt/M.
1971: *Theorie und Praxis. Sozialphilosophische Studien*. (Neuausgabe). Frankfurt/M.
1973: *Kultur und Kritik*. Verstreute Aufsätze. Frankfurt/M.
1973: *Legitimationsprobleme im Spätkapitalismus*. Frankfurt/M.
1974: *Zwei Reden* (zusammen mit Dieter Henrich). Frankfurt/M.
1976: *Zur Rekonstruktion des Historischen Materialismus*. Frankfurt/M.
1977: Habermas, Jürgen/Rainer Döbert/Gertrud Nunner-Winkler (Hrsg.), *Entwicklung des Ichs*, Köln.
1978: *Politik, Kunst, Religion*. Stuttgart.
1978: (Hrsg.), *Gespräche mit Herbert Marcuse*. Frankfurt/M.
1979: (Hrsg.), *Stichworte zur ›Geistigen Situation der Zeit‹*, 2 Bde. Frankfurt/M.
1979: *Das Erbe Hegels. Zwei Reden aus Anlaß der Verleihung des Hegel-Preises 1979 der Stadt Stuttgart an Hans-Georg Gadamer*. Frankfurt/M.
1981: *Kleine Politische Schriften I-IV*. Frankfurt/M.

1981: *Philosophisch-politische Profile*. Erweiterte Ausgabe. Frankfurt/M.
1981: *Theorie des kommunikativen Handelns*. 2 Bände. Frankfurt/M.
1982: *Zur Logik der Sozialwissenschaften*, 5., erweiterte Auflage. Frankfurt/M.
1983: *Moralbewußtsein und kommunikatives Handeln*. Frankfurt/M.
1983: (Hrsg.), *Adorno-Konferenz 1983* (zusammen mit Ludwig von Friedeburg). Frankfurt/M.
1984: *Vorstudien und Ergänzungen zur Theorie des kommunikativen Handelns*. Frankfurt/M.
1984: (Hrsg.), *Soziale Interaktion und soziales Verstehen. Beiträge zur Entwicklung der Interaktionskompetenz* (zusammen mit Wolfgang Edelstein). Frankfurt/M.
1985: *Der philosophische Diskurs der Moderne. Zwölf Vorlesungen*. Frankfurt/M.
1985: *Die Neue Unübersichtlichkeit. Kleine Politische Schriften V*. Frankfurt/M.
1987: *Eine Art Schadensabwicklung. Kleine Politische Schriften VI*. Frankfurt/M.
1988: *Nachmetaphysisches Denken. Philosophische Aufsätze*. Frankfurt/M.
1990: *Die nachholende Revolution. Kleine politische Schriften VII*. Frankfurt/M.
1990: *Vergangenheit als Zukunft*. Herausgegeben von Michael Haller. Zürich.
1990: *Strukturwandel der Öffentlichkeit. Untersuchungen zu einer Kategorie der bürgerlichen Gesellschaft*. Mit einem Vorwort zur Neuauflage. Frankfurt/M.
1990: *Die Moderne – ein unvollendetes Projekt. Philosophische Aufsätze 1977-1990*. Leipzig.
1991: *Erläuterungen zur Diskursethik*. Frankfurt/M.
1991: *Staatsbürgerschaft und nationale Identität. Überlegungen zur europäischen Zukunft*. St. Gallen.
1991: *Texte und Kontexte*. Frankfurt/M.
1992: *Faktizität und Geltung. Beiträge zur Diskurstheorie des Rechts und des demokratischen Rechtsstaats*. Frankfurt/M.
1993: *Vergangenheit als Zukunft. Das alte Deutschland im neuen Europa?*. Herausgegeben von Michael Haller. München.
1995: *Die Normalität einer Berliner Republik. Kleine Politische Schriften VIII*. Frankfurt/M.
1995: *Theorie des kommunikativen Handelns*, Bd. 1 und 2. Vierte, durchgesehene Auflage 1987 mit einem Vorwort zur dritten Auflage, Frankfurt/M.
1996: *Die Einbeziehung des Anderen. Studien zur politischen Theorie*. Frankfurt/M.

1997: *Vom sinnlichen Eindruck zum symbolischen Ausdruck. Philosophische Essays.* Frankfurt/M.
1998: *Die postnationale Konstellation. Politische Essays.* Frankfurt/M.
1998: *Faktizität und Geltung. Beiträge zur Diskurstheorie des Rechts und des demokratischen Rechtsstaats.* Mit einem Nachwort zur vierten, durchgesehenen und um ein Literaturverzeichnis ergänzten Auflage. Frankfurt/M.
1999: *Wahrheit und Rechtfertigung. Philosophische Aufsätze.* Frankfurt/M.
2001: *Die Zukunft der menschlichen Natur. Auf dem Weg zu einer liberalen Eugenik.* Frankfurt/M.
2001: *Zeit der Übergänge. Kleine Politische Schriften IX.* Frankfurt/M.
2002: *Glauben und Wissen.* Friedenspreis des Deutschen Buchhandels 2001. Sonderdruck. Frankfurt/M.
2003: *Zeitdiagnosen. Zwölf Essays.* Frankfurt/M.
2004: *Wahrheit und Rechtfertigung. Philosophische Aufsätze.* Erweiterte Ausgabe. Frankfurt/M.
2004: *Der gespaltene Westen. Kleine Politische Schriften X.* Frankfurt/M.
2004: *Philosophie in Zeiten des Terrors* (zusammen mit Jacques Derrida). Zwei Gespräche, geführt, eingeleitet und kommentiert von Giovanna Borradori. Berlin.
2005: *Zwischen Naturalismus und Religion. Philosophische Aufsätze.* Frankfurt/M.
2005: *Die Zukunft der menschlichen Natur. Auf dem Weg zu einer liberalen Eugenik?.* Erweiterte Ausgabe. Frankfurt/M.
2005: *Dialektik der Säkularisierung. Über Vernunft und Religion* (zusammen mit Joseph Ratzinger). Freiburg/Basel/Wien 2005.
2006: *Politik, Kunst, Religion.* Stuttgart.
2008: *Ach, Europa. Kleine Politische Schriften XI.* Frankfurt/M.
2008: *Erkenntnis und Interesse.* Neuausgabe. Eingeleitet von Anke Thyen. Hamburg.
2008: *Protestbewegung und Hochschulreform.* Mit einer Nachbemerkung von Alexander Kluge und einer DVD des Dokumentarfils »Ruhestörung«, Frankfurt/M.
2009: *Philosophische Texte*, Bd. 1, *Sprachtheoretische Grundlegung der Soziologie*, Bd. 2, *Rationalitäts- und Sprachtheorie*, Bd. 3, *Diskursethik*, Bd. 4, *Politische Theorie*, Bd. 5, *Kritik der Vernunft.* Frankfurt/M.
2011: *Zur Verfassung Europas. Ein Essay.* Berlin.
2012: *Nachmetaphysisches Denken II. Aufsätze und Repliken.* Berlin.
2013: *Im Sog der Technokratie. Kleine Politische Schriften XII.* Berlin

1954: »Die Dialektik der Rationalisierung. Vom Pauperismus in Produktion und Konsum«. In: *Merkur* 78, S. 701-723.

1955: »Jeder Mensch ist unbezahlbar«. In: *Merkur* 92, S. 994-998.

1955: »Rezension zu: Leopold Schwarzschild: Der Rote Preuße; Auguste Cornu: Karl Marx und Friedrich Engels; Ralf Dahrendorf: Marx in Perspektiven«. In: *Merkur* 94, S. 1180-1183.

1956: »Der Zeitgeist und die Pädagogik. Rezension zu: Max Bense: Das Weltbild unserer Zeit; Walter Dirks und Max Horkheimer: Die Verantwortung der Universität«. In: *Merkur* 96, S. 189-193.

1956: »Notizen zum Mißverhältnis von Kultur und Konsum«. In: *Merkur* 97, S. 212-228.

1956: »Illusionen auf dem Heiratsmarkt«. In: *Merkur* 104, S. 996-1004.

1957: »Das chronische Leiden der Hochschulreform«. In: *Merkur* 109, S. 265-284.

1960: »Verrufener Fortschritt – verkanntes Jahrhundert: zur Kritik der Geschichtsphilosophie. Rezension zu: Peter F. Drucker. Das Fundament für Morgen; Reinhart Koselleck: Kritik und Krise; Hanno Kesting: Geschichtsphilosophie und Weltbürgertum«. In: *Merkur* 147, S. 468-477.

1960: »Ein marxistischer Schelling: zu Ernst Blochs spekulativem Materialismus. Rezension zu: Das Prinzip Hoffnung«. In: *Merkur* 153, S. 1078-1091.

1963: »Parteirügen an Schriftsteller – hüben und drüben«. In: *Merkur* 180, S. 210-212.

1963: »Vom sozialen Wandel akademischer Bildung«. In: *Merkur* 183, S. 413-427.

1963: »Karl Löwiths stoischer Rückzug vom historischen Bewußtsein. Rezension zu: Von Hegel zu Nietzsche; Der Weltbegriff der neuzeitlichen Philosophie«. In: *Merkur* 184, S. 576-590.

1963: »Auf- und Abrüstung, moralisch und militärisch«. In: *Merkur* 185, S. 714-717.

1963: »Eine psychoanalytische Konstruktion des Fortschritts. Rezension zu: Alexander Mitscherlich: Auf dem Weg zur vaterlosen Gesellschaft«. In: *Merkur* 189, S. 1105-1109.

1964: »Von der Schwierigkeit Nein zu sagen. Rezension zu: Klaus Heinrich: Versuch über die Schwierigkeit Nein zu sagen«. In: *Merkur* 201, S. 1184-1188.

1965: »Erkenntnis und Interesse«. In: *Merkur* 213, S. 1139-1153.

1966: »Die Geschichte von den zwei Revolutionen. Rezension zu: Hannah Arendt: On Revolution; Hannah Arendt: Vita activa«. In: *Merkur* 218, S. 479-482.

1966: »Soziologie«. In: *Evangelisches Staatslexikon*. Herausgegeben von Hermann Kunst und Siegfried Grundmann. Stuttgart/Berlin, S. 2108-2113.

1966: »Nachwort«. In: Hegel, G.W.F., *Politische Schriften*. Frankfurt/M., S. 343-370.
1967: »Universität in der Demokratie – Demokratisierung der Universität«. In: *Merkur* 230, S. 416-433.
1968: »Technik und Wissenschaft als ›Ideologie‹? Für Herbert Marcuse zum 70. Geburtstag«. In: *Merkur* 243, S. 591-610.
1968: »Technik und Wissenschaft als ›Ideologie‹? (II). Klassenkampf und Ideologie heute«. In: *Merkur* 244, S. 682-693.
1969: »Demokratisierung der Hochschule – Politisierung der Wissenschaft?«. In: *Merkur* 255, S. 597-604.
1970: »Nachgeahmte Substanzialität. Eine Auseinandersetzung mit Arnold Gehlens Ethik«. In: *Merkur* 264, S. 313-327.
1972: »Zwischen Kunst und Politik. Eine Auseinandersetzung mit Walter Benjamin«. In: *Merkur* 293, S. 856-869.
1972: »Helmuth Plessner zum 80. Geburtstag«. In: *Merkur* 293, S. 944-946.
1972: »Die Utopie des guten Herrschers. Eine Diskussion zwischen Jürgen Habermas und Robert Spaemann« (zusammen mit Robert Spaemann). In: *Merkur* 296, S. 1266-1278.
1972: »Bewußtmachende oder rettende Kritik – die Aktualität Walter Benjamins«. In: Unseld, Siegfried (Hrsg.), *Zur Aktualität Walter Benjamins*. Frankfurt/M., S. 173-224.
1973: »Was heißt heute Krise? Legitimationsprobleme im Spätkapitalismus«. In: *Merkur* 300, S. 345-364.
1976: »Legitimationsprobleme im modernen Staat«. In: Kielmansegg, Peter Graf (Hrsg.), *Legitimationsprobleme politischer Systeme*. Opladen, S. 39-61.
1976: »Legitimationsprobleme im modernen Staat«. In: *Merkur* 332, S. 37-56.
1976: »Hannah Arendts Begriff der Macht«. In: *Merkur* 341, S. 946-960.
1977: »Die Bühne des Terrors. Ein Brief an Kurt Sontheimer«. In: *Merkur* 353, S. 944-959.
1978: »Der Ansatz von Habermas«. In: Oelmüller, Willi (Hrsg.), *Transzendentalphilosophische Normbegründung*. Paderborn, S. 123-160.
1978: »Die verkleidete Tora. Rede zum 80. Geburtstag von Gershom Scholem«. In: *Merkur* 356, S. 96-104.
1978: »Umgangssprache, Wissenschaftssprache, Bildungssprache«. In: *Merkur* 359, S. 327-342.
1978: »Gespräch über anthropologische Grundlagen der Gesellschaft« (zusammen mit Herbert Marcuse). In: *Merkur* 361, S. 579-592.
1981: »Talcott Parsons – Probleme der Theoriekonstruktion«. In: Matthes, Joachim (Hrsg.), *Lebenswelt und soziale Probleme. Verhandlungen des 20. Deutschen Soziologentages zu Bremen 1980*. Frankfurt/M., S. 28-48.
1982: »In memoriam Alexander Mitscherlich«, in: *Psyche* 36, 1982, S. 1060-1063.

1982: »Tod in Jerusalem. Am Grabe von Gershom Scholem am Ende einer Ära«. In: *Merkur* 406, S. 438-439.
1982: »Die Kulturkritik der Neokonservativen in den USA und in der Bundesrepublik. Über eine Bewegung von Intellektuellen in zwei politischen Kulturen«. In: *Merkur* 413, S. 1047-1061.
1983: »Der Eintritt in die Postmoderne«. In: *Merkur* 421, S. 752-761.
1983: »Sloterdijk zwischen Heine und Heidegger. Ein Renegat der Subjektphilosophie«. In: *Pflasterstrand* vom 16. 06. 1983.
1984: »Recht und Gewalt – ein deutsches Trauma«. In: *Merkur* 423, S. 15-28.
1984: »Genealogische Geschichtsschreibung. Über einige Aporien im nachtheoretischen Denken Foucaults«. In: *Merkur* 429, S. 745-753.
1984: »Diltheys Theorie des Ausdrucksverstehens: Ich-Identität und sprachliche Kommunikation«. In: Rodi, Frithjof/Hans-Ulrich Lessing (Hrsg.), *Materialien zur Philosophie Wilhelm Diltheys*. Frankfurt/M., S. 316-338.
1985: »Die Neue Unübersichtlichkeit. Die Krise des Wohlfahrtstaates und die Erschöpfung utopischer Energien«. In: *Merkur* 431, S. 1-14.
1985: »Rückkehr zur Metaphysik – Eine Tendenz in der deutschen Philosophie? Rezension zu: Herbert Schnädelbach: Philosophie in Deutschland 1831-1933«. In: *Merkur* 439/440, S. 898-905.
1985: »Moral und Sittlichkeit. Hegels Kantkritik im Lichte der Diskursethik«. In: *Merkur* 442, S. 1041-1052.
1985: »Wolfgang Abendroth in der Bundesrepublik.« In: *Düsseldorfer Debatte*, S. 54-58; auch: *Forum Wissenschaft*, Heft 4, S. 54-55.
1985: »Rückkehr zur Metaphysik – eine Tendenz in der deutschen Philosophie?«. In: *Merkur* 39, S. 898-909.
1986: »Heinrich Heine und die Rolle des Intellektuellen in Deutschland«. In: *Merkur* 448, S. 453-468.
1986: »Life-forms, Morality and the Task of the Philosopher«. In: Dews, Peter 1986, *Autonomy and Solidarity. Interviews*, S. 191-216.
1986: »Entgegnung«. In: Honneth, Axel /Hans Joas (Hrsg.), *Kommunikatives Handeln. Beiträge zu Jürgen Habermas' »Theorie des kommunikativen Handelns«*. Frankfurt/M., S. 327-405.
1987: »Metaphysik nach Kant«. In: Cramer, Konrad/Hans Friedrich Fulda/Rolf Peter Horstmann/Ulrich Pothast (Hrsg.), *Theorie der Subjektivität*, S. 425-443.
1988: »Die Einheit der Vernunft in der Vielheit ihrer Stimmen«. In: *Merkur* 467, S. 1-14.
1988: »Die neue Intimität zwischen Politik und Kultur. Thesen zur Aufklärung in Deutschland«. In: *Merkur* 468, S. 150-155.
1989: »Ein Brief«. In: Erd, Rainer/Dietrich Hoß/Rainer Jacobi/Peter Noller (Hrsg.), *Kritische Theorie und Kultur*. Frankfurt/M., S. 391-394.
1989: »Volkssouveränität als Verfahren«. In: *Merkur* 484, S. 465-477.
1989: »Über Titel, Texte und Termine oder wie man über den Zeitgeist reflek-

tiert«. In: Habermas, Rebekka/Walter H. Pehle (Hrsg.), *Der Autor, der nicht schreibt*. Frankfurt/M., S. 3-6.

1989: »Grenzen des Neoliberalismus. Gespräche mit Jürgen Habermas«. In: *Frankfurter Hefte* 4, S. 370-374.

1991: »Eine Generation von Adorno getrennt«. In: Früchtl, Josef/Maria Calloni (Hrsg.), *Geist gegen den Zeitgeist: Erinnern an Adorno*. Frankfurt/M., S. 47-53.

1992: »Bürgersinn und politische Kultur«. Rede zum 125-jährigen Stadtjubiläum der Stadt Gummersbach am 18. 05. 1982. In: Böseke, Harry/Klaus Hansen (Hrsg.), *Herzenswärme und Widerspruchsgeist. Oberbergisches Lesebuch*. Gummersbach, S. 21-29.

1993: »Anerkennungskämpfe im demokratischen Rechtsstaat«. In: Taylor, Charles (Hrsg.), *Multikulturalismus und die Politik der Anerkennung*. Frankfurt/M., S. 147-196.

1994: »Overcoming the Past« (zusammen mit Adam Michnik). In: *New Left Review* 203, S. 3-16.

1996: »Heinrich Heine und die Rolle des Intellektuellen in Deutschland«. In: *Merkur* 573, S. 1122-1137.

1997: »Versöhnung durch öffentlichen Vernunftgebrauch«. In: Hinsch, Wilfried (Hrsg.), *Zur Idee des politischen Liberalismus*. Frankfurt/M., S. 169-195.

1997: »Noch einmal: Zum Verhältnis von Theorie und Praxis«, in: *Paradigmi. Rivista di Critica Filosofica*, Anno XV, Nr. 45, S. 422-442.

1997: »Regiert das Recht die Politik?« (zusammen mit Ronald Dworkin und Klaus Günther). In: Boehm, Ulrich (Hrsg.), *Philosophie Heute*. Frankfurt/M./New York, S. 150-176.

1999: »Der europäische Nationalstaat unter dem Druck der Globalisierung«, in: *Blätter für deutsche und internationale Politik* 44, H. 4, S. 425-436.

2000: »50 Jahre Suhrkamp«. In: *50 Jahre Suhrkamp Verlag*. Dokumentation zum 01. 07. 2000. Frankfurt/M., S. 22-26.

2000: »Der liberale Geist. Eine Reminiszenz an unbeschwerte Heidelberger Anfänge«. In: Figal, Günter (Hrsg.), *Begegnungen mit Gadamer*. Stuttgart, S. 51-55.

2000: »Nach dreißig Jahren. Bemerkungen zu *Erkenntnis und Interesse*«. In: Müller-Doohm, Stefan (Hrsg.), *Das Interesse der Vernunft. Rückblicke auf das Werk von Jürgen Habermas seit ›Erkenntnis und Interesse‹*. Frankfurt/M., S. 12-41.

2000: »Globalism, Ideology and Traditions«. Interview mit Johann P. Arnason. In: *Thesis Eleven* 63, S. 1-10.

2000: »Globalization's Valley of Tears«. In: *New Perspectives Quarterly* 17/4, S. 51-56.

2000: »Werte und Normen«. In: *Deutsche Zeitschrift für Philosophie* 48/4, S. 547-564. Wiederabgedruckt in: *Wahrheit und Rechtfertigung*. Erweiterte Ausgabe, Frankfurt/M. 2004, S. 271-298.

2002: »Meine gymnasiale Schulzeit. Ausschnitte aus einer geplanten Autobiographie«. In: *Schwarz auf Weiß. Mitteilungen des Vereins der Förderer und ehemaligen Schüler des Städtischen Gymnasiums Moltkestraße in Gummersbach e. V.*, S. 51-53.

2005: »›Ich selber bin ja ein Stück Natur‹ – Adorno über die Naturverflochtenheit der Vernunft. Überlegungen zum Verhältnis von Freiheit und Unverfügbarkeit«. In: Honneth, Axel (Hrsg.), *Dialektik der Freiheit. Frankfurter Adorno-Konferenz 2003*. Frankfurt/M., S. 13-40.

2007: »Europa: Vision und Votum«. In: *Blätter für deutsche und internationale Politik* 5, S. 517-520.

2007: »Begegnungen mit Gershom Scholem«. In: *Münchner Beiträge zur jüdischen Geschichte und Kultur*, Heft 2, S. 9-18.

2007: »Die Zeit hatte einen doppelten Boden«. In: Müller-Doohm, Stefan (Hrsg.), *Adorno-Portraits. Erinnerungen von Zeitgenossen*. Frankfurt/M., S. 15-23.

2007: »Das Sprachspiel verantwortlicher Urheberschaft und das Problem der Willensfreiheit. Wie lässt sich der epistemische Dualismus mit einem ontologischen Monismus versöhnen?«. In: Krüger, Hans-Peter (Hrsg.), *Hirn als Subjekt? Philosophische Grenzfragen der Neurobiologie. Deutsche Zeitschrift für Philosophie*, Sonderband 15. Berlin, S. 263-304.

2007: »Freiheit und Determinismus«, in: Krüger, Hans-Peter (Hrsg.), *Hirn als Subjekt? Philosophische Grenzfragen der Neurobiologie. Deutsche Zeitschrift für Philosophie*, Sonderband 15. Berlin, S. 101-120.

2007: »Kommunikative Rationalität und grenzüberschreitende Politik. Eine Replik«. In: Niessen, Peter/Benjamin Herborth (Hrsg.), *Anarchie der kommunikativen Freiheit*. Frankfurt/M., S. 406-459.

2007: »Europa: Vision und Votum«. In: *Blätter für deutsche und internationale Politik* 5, S. 517-520.

2008: »Ich bin alt, aber nicht fromm geworden«. In: Funken, Michael (Hrsg.), *Über Habermas*. Darmstadt, S. 181-190.

2008: »Ein Bewußtsein von dem, was fehlt«, in: Reder, Michael/Josef Schmidt (Hrsg.), *Ein Bewußtsein von dem, was fehlt. Eine Diskussion mit Jürgen Habermas*. Frankfurt/M., S. 26-36.

2008: »Eine Replik«. In: Reder, Michael/Josef Schmidt (Hrsg.), *Ein Bewußtsein von dem, was fehlt. Eine Diskussion mit Jürgen Habermas*. Frankfurt/M., S. 94-107.

2008: »Die Dialektik der Säkularisierung«. In: *Blätter für deutsche und internationale Politik* 4, S. 33-46.

2008: »Europapolitik in der Sackgasse. Nicht die Bevölkerung, die Regierungen sind der Hemmschuh«. In: Nida Rümelin, Julian/Wolfgang Thierse (Hrsg.), *European Prospects*. Essen, S. 15-30.

2008: »Vorwort« In: Sandel, Michael J.: *Plädoyer gegen die Perfektion. Ethik im Zeitalter der genetischen Technik*. Berlin, S. 7-16.

2008: »Transnationale Verrechtlichung und Entrechtlichung: Nationale Demokratien im Kontext globaler Politik«. In: Kreide, Regina/Andreas Niederberger (Hrsg.), *Transnationale Verrechtlichung.* Frankfurt/M./New York, S. 9-13.

2009: »Reminiszenzen an Frankfurt«. In: Müller-Doohm, Stefan/Wolfgang Schopf/Franziska Thiele (Hrsg.), *»... die Lava des Gedankens im Fluss«. Jürgen Habermas. Eine Werkschau.* Oldenburg, S. 55-58.

2009: »Die Revitalisierung der Weltreligionen – Herausforderung für ein säkulares Selbstverständnis der Moderne?«. In: Habermas, Jürgen, *Philosophische Texte*, Bd. 5, *Kritik der Vernunft.* Frankfurt/M., S. 387-416.

2009: »Discurso de Agradecimiento con Motivo de la Entrega del Premio Jaime Brunet 2008.« Dankrede aus Anlass der Verleihung des Jaime Brunet Preises 2008. Universidad Publica de Navarra, Pamplona, S. 3-5. Der Text ist online verfügbar unter ⟨http://www.unavarra.es/digitalAssets/112/112044_discursoHabermas_09.pdf⟩ (letzter Zugriff am 28. 01. 2014).

2010: »Das Konzept der Menschenwürde und die realistische Utopie der Menschenrechte«. In: *Blätter für deutsche und internationale Politik* 8, S. 43-53.

2010: »Ein neues Interesse der Philosophie an der Religion. Zur philosophischen Bewandtnis von postsäkularem Bewusstsein und multikultureller Weltgesellschaft«. Jürgen Habermas interviewt von Eduardo Mendieta. In: *Deutsche Zeitschrift für Philosophie* 58, S. 3-16.

2010: »Bohrungen an der Quelle des objektiven Geistes«. Laudatio bei der Verleihung des Hegel-Preises an Michael Tomasello. In: *WestEnd* 7, Heft 1, S. 166-170.

2010: »Kultur des Gegenwartssinns«. In: *DU* 803, S. 36-39.

2011: *Europa und die neue Deutsche Frage: Ein Gespräch mit Jürgen Habermas*, (mit Joschka Fischer, Henrik Enderlein, Christian Calliess). In: *Blätter für deutsche und internationale Politik* 56, S. 45-63.

2013: »Demokratie oder Kapitalismus? Vom Elend der nationalstaatlichen Fragmentierung einer kapitalistisch integrierten Weltgesellschaft«. In: *Blätter für deutsche und internationale Politik* 58, S. 59-70.

2014, »›Für ein starkes Europa‹ – aber was heißt das?«, in: *Blätter für deutsche und internationale Politik* 59, S. 85-94.

II. Sekundärliteratur

50 Jahre Suhrkamp Verlag. Dokumentation zum 1. Juli 2000. Frankfurt/M. 2000.

Abendroth, Wolfgang/Oskar Negt (Hrsg.): *Die Linke antwortet Jürgen Habermas.* Frankfurt 1968.

Adorno, Theodor W.: *Jargon der Eigentlichkeit. Zur deutschen Ideologie.* Frankfurt/M. 1964.

–: *Kulturkritik und Gesellschaft. Gesammelte Schriften*, Bd. 10.2. Herausgegeben von Rolf Tiedemann. Frankfurt/M. 1986.

–: »Was bedeutet: Aufarbeitung der Vergangenheit?«. In: *Kulturkritik und Gesellschaft. Gesammelte Schriften*, Bd. 10.2. Herausgegeben von Rolf Tiedemann. Frankfurt/M. 1986.

–: »Die auferstandene Kultur«. In: *Vermischte Schriften II. Gesammelte Schriften*, Bd. 20.2. Herausgegeben von Rolf Tiedemann. Frankfurt/M. 1986.

–: *Negative Dialektik. Gesammelte Schriften*, Bd. 6. Herausgegeben von Rolf Tiedemann. Frankfurt/M. 1997.

–: »Offener Brief an Max Horkheimer«. In: *Gesammelte Schriften.*, Bd. 20.1. Herausgegeben von Rolf Tiedemann. Frankfurt/M. 1997, S. 155-164.

–/Max Horkheimer: *Briefwechsel.* Herausgegeben von Christoph Gödde und Henri Lonitz, Bd. IV. Frankfurt/M. 1980.

Adorno, Gretel/Walter Benjamin: *Briefwechsel 1930-1940.* Herausgegeben von Christoph Gödde und Henri Lonitz. Frankfurt/M. 2005.

Albert, Hans/Karl R. Popper: *Briefwechsel 1958-1994.* Frankfurt/M. 2005.

Albrecht, Clemes/Günter C. Behrmann/Michael Bock/Harald Homann/ Friedrich H. Tenbruck: *Die intellektuelle Gründung der Bundesrepublik. Eine Wirkungsgeschichte der Frankfurter Schule.* Frankfurt/M./New York 1999.

Alexy, Robert: *Recht, Vernunft, Diskurs. Studien zur Rechtsphilosophie.* Frankfurt/M. 1994.

Alsberg, Paul: *Der Ausbruch aus dem Gefängnis – zu den Entstehungsbedingungen des Menschen.* Kommentiert von Hartmut und Ingrid Rötting, mit einem Vorwort von Dieter Claessens (orig. *Das Menschheitsrätsel. Versuch einer prinzipiellen Lösung.* Dresden 1922). Gießen 1985.

Altmann, Rüdiger: »Brüder im Nichts? Zur Auseinandersetzung von Jürgen Habermas mit Arnold Gehlen«. In: *Merkur* 24/1970, S. 577-582.

Apel, Karl-Otto: »Szientistik, Hermeneutik, Ideologiekritik. Entwurf einer Wissenschaftslehre in erkenntnisanthropologischer Sicht«. In: *Hermeneutik und Ideologiekritik*, Frankfurt/M. 1971, S. 7-44.

–: *Diskurs und Verantwortung. Das Problem des Übergangs zur postkonventionellen Moral.* Frankfurt/M. 1988.

–: *Auseinandersetzungen in der Erprobung des transzendentalpragmatischen Ansatzes.* Frankfurt/M. 1998.

Arendt, Hannah: *Besuch in Deutschland.* Berlin 1993.

Arens, Edmund (Hrsg.): »Habermas und die Theologie. Beiträge zur theologischen Rezeption. Diskussion und Kritik der Theorie des kommunikativen Handelns«. In: *Theologie und Philosophie* 80, 1989, S. 546-565.

Auer, Dirk: *Politisierte Demokratie. Richard Rortys politischer Antiessentialismus.* Wiesbaden 2004.

Baecker, Dirk: »Niklas Luhmann: der Werdegang«. In: Jahraus, Oliver/Armin Nassehi (Hrsg.), *Luhmann-Handbuch*. Stuttgart 2012.
Bahr, Hans Eckhard (Hrsg.): *Religionsgespräche. Zur gesellschaftlichen Rolle der Religion*. Darmstadt/Neuwied 1973.
Baumgart: *Ein Leben in Deutschland 1929-2003*. München 2003.
Becker, Hartmuth: *Die Parlamentarismuskritik bei Carl Schmitt und Jürgen Habermas*. Berlin 1994.
Becker, Jörg (Hrsg.): *Medien zwischen Krieg und Frieden*. Baden-Baden 2002.
Becker, Oskar: *Dasein und Dawesen. Gesammelte Philosophische Aufsätze*. Pfullingen 1963.
Beckert, Jens: »Die Anspruchsinflation des Wirtschaftssystems«. Max Planck Institut für Gesellschaftsforschung. Working Papers 2009/10, S. 1-20.
Beier, Katharina: *Zwischen Beharren und Umdenken. Die Herausforderung des politischen Liberalismus durch die moderne Biomedizin*. Frankfurt/M./New York 2009.
Benhabib, Seyla: *Kritik, Norm und Utopie. Die normativen Grundlagen der Kritischen Theorie*. Frankfurt/M. 1992.
Berger, Thomas/Karl-Heinz Müller: *Lebenssituationen 1945-1948. Materialien zum Alltagsleben in den westlichen Besatzungszonen* (Niedersächsische Landeszentrale für politische Bildung). Hannover 1983.
Bering, Dietz: *Die Epoche der Intellektuellen 1898-2001. Geburt, Begriff, Grabmal*. Berlin 2010.
Biebricher, Thomas: *Selbstkritik der Moderne. Foucault und Habermas im Vergleich*. Frankfurt a. M./New York 2005.
Biegi, Mandana/Jörn Förster/Henrique Ricardo Otten/Thomas Philipp (Hrsg.): *Demokratie, Recht und Legitimität im 21. Jahrhundert*. Wiesbaden 2008.
Blanke, Thomas: »Theorie und Praxis. Der Philosoph im Handgemenge«. In: Müller-Doohm, Stefan (Hrsg.), *Das Interesse der Vernunft*. Frankfurt/M. 2000, S. 486-521.
Blumenberg, Hans/Jacob Taubes: *Briefwechsel 1961-1981*. Herausgegeben von Herbert Kopp-Obestebrink und Martin Treml. Berlin 2013.
Boehlich, Walter/Karlheinz Braun/Klaus Reichert/Peter Urban/Urs Widmer: *Chronik der Lektoren. Von Suhrkamp zum Verlag der Autoren*. Frankfurt/M. 2011.
Böhme, Gernot/Wolfgang van den Daele/Wolfgang Krohn u. a.: *Die gesellschaftliche Orientierung des wissenschaftlichen Fortschritts. Starnberger Studien I*. Frankfurt/M. 1978.
Bohrer, Karl Heinz: »Ästhetik und Politik«. In: *Merkur* 751, 2011, S. 1091-1103.
–/Kurt Scheel: »Zum fünfzigsten Jahrgang«. In: *Merkur* 461, 1996.

Boltanski, Luc/Axel Honneth: »Soziologie der Kritik oder Kritische Theorie? Ein Gespräch mit Robin Celikates«. In: Jaeggi, Rahel/Tilo Wesche (Hrsg.), *Was ist Kritik?*. Frankfurt/M. 2009, S. 81-114.

Bonacker, Thorsten: *Die normative Kraft der Kontingenz. Nichtessentialistische Gesellschaftskritik nach Weber und Adorno*. Frankfurt/M./New York 2000.

Bonß, Wolfgang/Axel Honneth (Hrsg.): *Sozialforschung als Kritik. Zum sozialwissenschaftlichen Potential der Kritischen Theorie*. Frankfurt/M. 1982.

Bormuth, Matthias/Ulrich von Bülow (Hrsg.): *Marburger Hermeneutik zwischen Tradition und Krise*. Göttingen 2008.

Bourdieu, Pierre: *Die politische Ontologie Martin Heideggers*. Frankfurt/M. 1988.

Brandt, Willy: *Wir sind nicht zu Helden geboren. Ein Gespräch über Deutschland mit Birgit Kraatz*. Zürich 1986.

Brecht, Bertolt: *Der aufhaltsame Aufstieg des Arturo Ui*. Frankfurt/M. 1966.

Brodkorb, Mathias (Hrsg.): *Singuläres Auschwitz? Ernst Nolte, Jürgen Habermas und 25 Jahre ›Historikerstreit‹*. Banzkow 2011.

Broszat, Martin u. a. (Hrsg.): *Deutschlands Weg in die Diktatur*. Internationale Konferenz zur nationalsozialistischen Machtübernahme. Berlin 1988.

Brückner, Peter: *Die Mescalero-Affäre. Ein Lehrstück für Aufklärung und politische Kultur*. Hannover 1977.

–: *Versuch, uns und anderen die Bundesrepublik zu erklären*. Berlin 1978.

–: *Das Abseits als sicherer Ort*. Berlin 1980.

Brumlik, Micha/Hajo Funke/Lars Rensmann (Hrsg.): *Umkämpftes Vergessen. Walser-Debatte, Holocaust-Mahnmal und neuere deutsche Geschichtspolitik*. Berlin 2004.

Brunkhorst, Hauke: »Jürgen Habermas. Die rächende Gewalt der kommunikativen Vernunft«. In: Hennigfeld, Jochem/Heinz Jahnsohn (Hrsg.), *Philosophen der Gegenwart*. Darmstadt 2005.

–: *Legitimationskrisen. Verfassungsprobleme der Weltgesellschaft*. Baden-Baden 2012.

–/Regina Kreide/Cristina Lafont (Hrsg.): *Habermas-Handbuch*. Stuttgart 2009.

Buchna, Kristina: *Nationale Sammlung an Rhein und Ruhr. Friedrich Middelhauve und die nordrhein-westfälische FDP 1945-1952*. München 2010.

Bude, Heinz: *Deutsche Karrieren*. Frankfurt/M. 1987.

Calhoun, Craig (Hrsg.): *Rethinking Secularism*. Oxford/New York 2011.

Camartin, Iso: *Von Sils-Maria aus betrachtet. Ausblick vom Dach Europas*. Frankfurt/M. 1991.

Celikates, Robin: »Habermas. Sprache, Verständigung und sprachliche Gewalt«. In: Kuch, Hannes/Steffen Kitty Hermann (Hrsg.), *Philosophien sprachlicher Gewalt*. Weilerswist 2010.

Ceruti, Furio: »Habermas und Marx«. In: *Leviathan* 11, Heft 3/1983, S. 352-375.
Conze, Eckhard/Norbert Frei/Peter Hayes/Moshe Zimmermann: *Das Amt und die Vergangenheit. Deutsche Diplomaten im Dritten Reich und in der Bundesrepublik*. München 2010.
Corchia, Luca: *Jürgen Habermas. A Biography: Works and Studies*. Pisa 2013.
Créau, Anna: *Kommunikative Vernunft als ›entmystifiziertes‹ Schicksal. Denkmotive des frühen Hegel in der Theorie von Jürgen Habermas*. Frankfurt/M. 1991.
Crouch, Colin: *Postdemokratie*. Frankfurt/M. 2008.

Dahms, Hans-Joachim: *Positivismusstreit*. Frankfurt/M. 1994.
Dahrendorf, Ralf: »Zeitgenosse Habermas«. In: *Merkur* 484, 1989, S. 478-487.
–: »Politik. Eine Kolumne. Eine Mark für Deutschland«. In: *Merkur* 497, 1990, S. 579-582.
–: *Über Grenzen. Lebenserinnerungen*, München 2002.
–: *Versuchungen der Unfreiheit. Die Intellektuellen in den Zeiten der Prüfung*. München 2006.
Dehli, Martin: *Leben als Konflikt. Zur Biographie Alexander Mitscherlichs*. Göttingen 2007.
Demirovíc, Alex: *Der nonkonformistische Intellektuelle. Die Entwicklung der Kritischen Theorie zur Frankfurter Schule*. Frankfurt/M. 1999.
Demmerling, Christoph/Gottfried Gabriel/Thomas Rentsch (Hrsg.): *Vernunft und Lebenspraxis. Philosophische Studien zu den Bedingungen einer rationalen Kultur*. Frankfurt/M. 1995.
Dews, Peter (Hrsg.): *Autonomy and Solidarity. Interviews*. London 1986.
–: *»Naturalismus und Anti-Naturalismus bei Habermas«*. In: *Deutsche Zeitschrift für Philosophie* 49/6, 2001, S. 861 -871.
Doering-Manteuffel, Anselm: *Die Bundesrepublik Deutschland in der Ära Adenauer*. Darmstadt 1988.
Douramanis, Demetrios: *Mapping Habermas. A Biography of Primary Literature*. Sydney 1995.
Drieschner, Michael: »Die Verantwortung der Wissenschaft«. In: Fischer, Tanja /Rudolf Seising (Hrsg.), *Wissenschaft und Öffentlichkeit*. Frankfurt/M./Berlin 1996, S. 173-198.
Dubiel, Helmut: *Niemand ist frei von der Geschichte. Die nationalsozialistische Herrschaft in den Debatten des Deutschen Bundestages*. München 1999.
Düringer, Hermann: *Universelle Vernunft und partikularer Glaube. Eine theologische Auswertung des Werks von Jürgen Habermas*. Leuven 1999.
Dworkin, Ronald: *Bürgerrechte ernstgenommen*. Frankfurt/M. 1990.

Ebbinghaus, Julius (Hrsg.): *Die große Not 1946/47*. Sammelbroschüre. Meisenheim/Glan 1947.

Enzensberger, Hans Magnus: »Entrevista«. In: *Jahrbuch für deutsche Gegenwartsliteratur 4/73*. Herausgegeben von Grimm, Reinhold/Hermann Jost. Frankfurt/M. 1969, S. 122-130.

Fach, Wolfgang: »Diskurs und Herrschaft – Überlegungen zu Habermas' Legitimationslogik«. In: *Zeitschrift für Soziologie* 3, Heft 3/1974, S. 221-228.

–/Ulrich Degen (Hrsg.): *Politische Legitimität*. Frankfurt/M./New York 1978.

Farías, Víctor: *Martin Heidegger. Werk und Weltanschauung*. Frankfurt/M./New York 1989.

Fay, Margaret/Ernest Feder/Andre Gunter Frank: *Strukturveränderungen in der kapitalistischen Weltgesellschaft. Starnberger Studien IV*. Frankfurt/M. 1980.

Fest, Joachim: *Ich nicht. Erinnerungen an eine Kindheit und Jugend*. Reinbek b. Hamburg 2006.

Fichter, Tilman/Siegward Lönnendonker: *Kleine Geschichte des SDS. Der Sozialistische Deutsche Studentenbund von 1946 bis zur Selbstauflösung*. Berlin 1977.

Figal, Günter (Hrsg.): *Begegnungen mit Hans-Georg Gadamer*. Stuttgart 2000.

Finlayson, James Gordon/Fabian Freyenhagen: *Habermas and Rawls*. Abingdon/New York 2010.

Fischer, Frank/Mandell, Alan: »Die verborgene Politik des impliziten Wissens: Michael Polanyis Republik der Wissenschaft«. In: *Leviathan* 37, 2009, S. 533-558.

Fischer, Joschka: »Gründungsfigur des demokratischen Deutschland«. In: Funken, Michael (Hrsg.), *Über Habermas. Gespräche mit Zeitgenossen*. Darmstadt 2008, S. 45-57.

Flaig, Egon: »Die ›Habermas-Methode‹ und die geistige Situation ein Vierteljahrhundert danach. Skizze einer Schadensaufnahme«. In: Brodkorb, Mathias (Hrsg.), *Singuläres Auschwitz? Ernst Nolte, Jürgen Habermas und 25 Jahre ›Historikerstreit‹*. Banzkow 2011, S. 67-93.

Fleischer, Helmut: *Ethik ohne Imperativ. Zur Kritik des moralischen Bewußtseins*. Frankfurt/M. 1987.

Forner, Sean A.: »Für eine demokratische Erneuerung Deutschlands. Kommunikationsprozesse und Deutungsmuster engagierter Demokraten nach 1945«. In: *Geschichte und Gesellschaft* 33, 2002, S. 228-257.

Forst, Rainer: *Kontexte der Gerechtigkeit. Politische Philosophie jenseits von Liberalismus und Kommunitarismus*. Frankfurt/M. 1994.

–: *Das Recht auf Rechtfertigung*. Frankfurt/M. 2007.

Frank, Manfred: *Die Grenzen der Verständigung. Ein Geistergespräch zwischen Lyotard und Habermas*. Frankfurt/M. 1988.
–: »Schelling, Marx und Geschichtsphilosophie«. In: *Habermas-Handbuch*. Herausgegeben von Brunkhorst, Hauke/Regina Kreide/Cristina Lafont, Stuttgart 2009, S. 133-147.
Frankenberg, Günter: *Autorität und Integration*. Frankfurt/M. 2003.
–: *Staatstechnik. Perspektiven auf Rechtsstaat und Ausnahmezustand*. Frankfurt/M. 2010.
Franz, Jürgen H.: *Religion in der Moderne. Die Theorie von Jürgen Habermas und Hermann Lübbe*. Berlin 2009.
Frei, Norbert: *Vergangenheitspolitik. Die Anfänge der Bundesrepublik und die NS-Vergangenheit*. München 1996.
Frisch, Max: *Mein Name sei Gantenbein*. Frankfurt/M. 1964.
–: *Gesammelte Werke in zeitlicher Folge*, Bd. 7. Herausgegeben von Hans Mayer unter Mitwirkung von Walter Schmitz, Frankfurt/M. 1986.
Früchtl, Josef/Maria Calloni (Hrsg.): *Geist gegen den Zeitgeist. Erinnern an Adorno*. Frankfurt/M. 1991.
Füllsack, Manfred: »Geltungsansprüche und Beobachtungen zweiter Ordnung. Wie nahe kommen sich Diskurs- und Systemtheorie?«. In: *Soziale Systeme*, Heft 1/1998, S. 185-198.
–: »Die Habermas-Luhmann-Debatte«. In: Kneer, Georg/Stephan Moebius (Hrsg.), *Soziologische Kontroversen*. Berlin 2010, S. 154-181.

Gaus, Daniel: *Der Sinn von Demokratie. Die Diskurstheorie der Demokratie und die Debatte über die Legitimität der EU*, Frankfurt/M./New York 2009.
Gehlen, Arnold/Karl-Siegbert Rehberg: *Arnold Gehlen, Gesamtausgabe*, Bd. 6, *Die Seele im technischen Zeitalter und andere sozialpsychologische, soziologische und kulturanalytische Schriften*. Frankfurt/M. 2004.
George, Christian: *Studieren in Ruinen. Die Studenten der Universität Bonn in der Nachkriegszeit 1945-1955*. Frankfurt/M. 2010.
GESIS (Hrsg.): *Literatur zu Jürgen Habermas aus fünf Jahrzehnten*. Leibniz 2009.
Geuss, Raymond: »Reviewed Works: *Der philosophische Diskurs der Moderne* by Jürgen Habermas«. In: *Zeitschrift für philosophische Forschung* 41, Heft 4/1987, S. 682-685.
Gilcher-Holtey, Ingrid: »Menschenrechte oder Vaterland? Die Formierung der Intellektuellen in der Affäre Dreyfus«. In: *Berliner Journal für Soziologie* 7, 1997, S. 61-70.
– (Hrsg.): *1968. Vom Ereignis zum Mythos*. Frankfurt/M. 2008.
– (Hrsg.): *1968. Eine Zeitreise*. Frankfurt/M. 2008.
Glaser, Hermann: *Kulturgeschichte der Bundesrepublik Deutschland. Zwischen Kapitulation und Währungsreform 1945-1948; Zwischen Grund-*

gesetz und Großer Koalition 1949-1967; Zwischen Protest und Anpassung 1968-1989. Frankfurt/M. 1990.

Glotz, Peter: »Im weichen Fleisch der Motive und Mentalitäten. Jürgen Habermas als politische Figur. Eine Gratulation«. In: *Die Neue Gesellschaft. Frankfurter Hefte* 36, 1989, S. 560-563.

Görtemaker, Manfred: *Thomas Mann und die Politik*. Frankfurt/M. 2005.

Görtzen, René: »Habermas' Theorie des kommunikativen Handelns. Eine bibliographische Auswahl«. In: Honneth, Axel/Hans Joas (Hrsg.), *Kommunikatives Handeln. Beiträge zu Jürgen Habermas' »Theorie des kommunikativen Handelns«*. Frankfurt/M. 1986, S. 455-518.

–: »Habermas: Bi(bli)ographische Bausteine. Eine Auswahl«. In: Müller-Doohm, Stefan (Hrsg.), *Das Interesse der Vernunft. Rückblicke auf das Werk von Jürgen Habermas seit »Erkenntnis und Interesse«*. Frankfurt/M. 2000, S. 543-597.

Graf, Friedrich Wilhelm/Heinrich Meier (Hrsg.): *Politik und Religion. Zur Diagnose der Gegenwart*, München 2013.

Greven, Michael: »Politik als Ursprung theoretischen Denkens. Zur intellektuellen Grundintuition von Jürgen Habermas«. In: *Vorgänge* Heft 3-4/2005, S. 152-165.

Grimm, Dieter: *Die Verfassung und die Politik – Einsprüche in Störfällen*. München 2001.

–: »Integration durch Verfassung«. In: *Leviathan* 32/4, 2004, S. 448-463.

Grondin, Jean: *Hans-Georg Gadamer. Eine Biographie*. Tübingen 1999.

Große Kracht, Klaus: *Die zankende Zunft. Historische Kontroversen in Deutschland nach 1945*. Göttingen 2005.

Guldimann, Tim/Marianne Rodenstein/Ulrich Rödel/Frank Stille: *Sozialpolitik als soziale Kontrolle. Starnberger Studien II*. Frankfurt/M. 1978.

Günther, Klaus: »Im Umkreis von Faktizität und Geltung«. In: *Blätter für deutsche und internationale Politik*, 6/2009, S. 58-61.

–: *Der Sinn für Angemessenheit. Anwendungsdiskurse in Moral und Recht*. Frankfurt/M. 1988.

Habermas-Arbeitskreis: *Jugendkriminalität und Totale Institutionen. Materialien zu zwei Seminaren*. Frankfurt/M. 1972.

Hacke, Jens: *Philosophie der Bürgerlichkeit. Die liberalkonservative Begründung der Bundesrepublik*. Göttingen 2006.

–: *Die Bundesrepublik als Idee*. Hamburg 2009.

Halbig, Christoph/Michael Quante (Hrsg.): *Axel Honneth: Sozialphilosophie zwischen Kritik und Anerkennung*, Münster 2004.

Hamburger Institut für Sozialforschung (Hrsg.): *200 Tage und 1 Jahrhundert. Gewalt und Destruktivität im Spiegel des Jahres 1945*. Hamburg 1995.

Hammerstein, Notker: *Die Johann Wolfgang Goethe-Universität Frankfurt am Main*, Bd. 2, *Nachkriegszeit 1945-1972*. Göttingen 2012.

Heimrod, Ute/Günter Schlusche/Horst Seferens: *Der Denkmalstreit – Das Denkmal? Die Debatte um das »Denkmal für die ermordeten Juden Europas«. Eine Dokumentation*. Berlin 1999.

Hennis, Wilhelm: »Legitimität. Zu einer Kategorie der bürgerlichen Gesellschaft«. In: Kielmansegg, Peter Graf (Hrsg.), *Legitimationsprobleme politischer Systeme*. Tagung der Deutschen Vereinigung für Politische Wissenschaft in Duisburg. Opladen 1976, S. 9-38.

–: *Politikwissenschaft und politisches Denken. Politikwissenschaftliche Abhandlungen*. Tübingen 2000.

Henrich, Daniel C.: *Zwischen Bewusstseinsphilosophie und Naturalismus. Zu den metaphysischen Implikationen der Diskursethik von Jürgen Habermas*. Bielefeld 2007.

Henrich, Dieter: »Was ist Metaphysik, was Moderne? Thesen gegen Jürgen Habermas«. In: *Merkur* 6, 1986, S. 495-508.

–: *Konzepte: Essays zur Philosophie in der Zeit*. Frankfurt/M. 1987.

–: »Was ist verlässlich im Leben? Gespräch mit Dieter Henrich«. In: Bormuth, Matthias/Ulrich von Bülow (Hrsg.), *Marburger Hermeneutik zwischen Tradition und Krise*. Göttingen 2008, S. 13-64.

–: *Fluchtlinien. Philosophische Essays*. Frankfurt/M. 1982.

–: *Die Philosophie im Prozeß der Kultur*. Frankfurt/M. 2006.

Herbert, Ulrich: *Best. Biographische Studien über Radikalismus, Weltanschauung und Vernunft 1903-1989*. München 1996.

–: »NS-Eliten in der Bundesrepublik«. In: Loth, Wilfried/Bernd-A. Rusinek (Hrsg.), *Verwandlungspolitik. NS-Eliten in der westdeutschen Nachkriegsgesellschaft*. Frankfurt/New York 1998, S. 93-115.

Herles, Wolfgang: *Neurose D. Eine andere Geschichte Deutschlands*. München 2008.

Hilmer, Hans/Christoph Sattler: *Bauen und Projekte*. Stuttgart/London 2000.

Hinsch, Wilfried (Hrsg.): *Zur Idee des politischen Liberalismus. John Rawls in der Diskussion*. Frankfurt/M. 1997.

Hobsbawm, Eric: *Das Zeitalter der Extreme. Weltgeschichte des 20. Jahrhunderts*. München 1995.

Hogrebe, Wolfgang: »Von der Hinfälligkeit des Wahren und der Abenteuerlichkeit des Denkens«. In: *Deutsche Zeitschrift für Philosophie*, Heft 54/2006, S. 221-243.

Holberg Prize Seminar (Hrsg.): *The Holberg Prize Seminar: Holberg Prize Laureate Professor Jürgen Habermas, »Religion in the Public Sphere«*. Bergen 2007.

Honneth, Axel: *Das Andere der Gerechtigkeit*. Frankfurt/M. 2000.

– (Hrsg.): *Dialektik der Freiheit. Frankfurter Adorno-Konferenz 2003*. Frankfurt/M. 2005.

–: *Pathologien der Vernunft*. Frankfurt/M. 2007.

–: »Wie man sich einen Professor vorstellt«. In: Funken, Michael (Hrsg.), *Über Habermas. Gespräche mit Zeitgenossen*. Darmstadt 2008, S. 35-44.

–/Thomas McCarthy/Claus Offe/Albrecht Wellmer (Hrsg.): *Zwischenbetrachtungen. Im Prozeß der Aufklärung*. Frankfurt/M. 1989.

–/Hans Joas (Hrsg.): *Kommunikatives Handeln. Beiträge zu Jürgen Habermas' »Theorie des kommunikativen Handelns«*. Frankfurt/M. 1986.

–/Albrecht Wellmer (Hrsg.): *Die Frankfurter Schule und die Folgen*. Berlin/New York 1986.

Horkheimer, Max: *Gesammelte Schriften*, Bd. 4, *Schriften 1936-1941*. Herausgegeben von Alfred Schmidt. Frankfurt/M. 1988.

–: *Gesammelte Schriften*, Bd. 14, *Nachgelassene Schriften 1949-1972*. Herausgegeben von Gunzelin Schmid Noerr. Frankfurt/M. 1988.

–: *Gesammelte Schriften*, Bd. 17, *Nachgelassene Schriften 1941-1948*. Herausgegeben von Gunzelin Schmid Noerr. Frankfurt/M. 1996.

–: *Gesammelte Schriften*, Bd. 18, *Nachgelassene Schriften 1949-1973*. Herausgegeben von Gunzelin Schmid Noerr. Frankfurt/M. 1996.

Horster, Detlef: *Jürgen Habermas und der Papst. Glauben und Vernunft, Gerechtigkeit und Nächstenliebe im säkularen Staat*. Freiburg, Basel, Wien 2006.

Ingram, David: »Foucault and Habermas«. In: Gutting, Garry (Hrsg.), *The Cambridge Companion to Foucault*, Cambridge 2005, S. 240-283.

–: *Habermas Introduction and Analysis*. Cornell 2010.

Iser, Mattias: *Empörung und Fortschritt. Grundlagen einer kritischen Theorie der Gesellschaft*. Frankfurt/M./New York 2008.

Jaeggi, Rahel/Tilo Wesche (Hrsg.): *Was ist Kritik?*. Frankfurt/M. 2009.

Jay, Martin: »Les extrêmes ne se touchent pas«. In: *Geschichte und Gesellschaft* 13, 1987, 542-558.

Joas, Hans: *Praktische Intersubjektivität. Die Entwicklung des Werks von George Herbert Mead*. Frankfurt/M. 1980.

–: *Die Entstehung der Werte*. Frankfurt/M. 1997.

Jonas, Hans: *Erinnerungen*. Nach Gesprächen mit Rachel Salamander. Vorwort von Rachel Salamander. Geleitwort von Lore Jonas. Herausgegeben mit einem Nachwort von Christian Wiese. Frankfurt/M. 2003.

Jörke, Dirk: *Politische Anthropologie*. Wiesbaden 2005.

Jureit, Ulrike: »Geliehene Väter. Alexander Mitscherlich und das Bedürfnis nach generationeller Selbstverortung im 20. Jahrhundert«. In: Freimüller, Tobias (Hrsg.), *Psychoanalyse und Protest*. Göttingen 2008, S. 158-175.

Kailitz, Steffen: *Die politische Deutungskultur im Spiegel des ›Historikerstreits‹. What's right? What's left*. Wiesbaden 2001.

Kailitz, Susanne: *Von den Worten zu den Waffen. Frankfurter Schule, Studentenbewegung, RAF und Gewaltfrage*. Wiesbaden 2007.

Kang, Byoungho: »Werte und Normen bei Habermas. Zur Eigendynamik des moralischen Diskurses«. In: *Deutsche Zeitschrift für Philosophie* 57/6, 2009, S. 861-875.

Kennedy, Ellen: »Carl Schmitt und die ›Frankfurter Schule‹«. In: *Geschichte und Gesellschaft* 12, 1986, S. 380-419.

Keulartz, Josef: *Die verkehrte Welt des Jürgen Habermas*. Hamburg 1995.

Kielmansegg, Peter Graf (Hrsg.): *Legitimationsprobleme politischer Systeme*. Tagung der Deutschen Vereinigung für Politische Wissenschaft in Duisburg. Opladen 1976, S. 9-38.

Kießling, Friedrich: *Die undeutschen Deutschen*. Paderborn/München 2012.

Kleine Geschichte der edition suhrkamp. Redaktion Raimund Fellinger, Mitarbeit Wolfgang Schopf. Frankfurt/M. 2003.

Kleinspehn, Thomas: »Ein öffentlicher Intellektueller. Der Sozialphilosoph und streitbare Demokrat«. Radio Bremen vom 09. 10. 1999.

Klimke, Martin/Joachim Scharloth (Hrsg.): *Handbuch 1968. Zur Kultur- und Mediengeschichte der Studentenbewegung*. Stuttgart 2007.

Klönne, Arno: *Gegen den Strom*. Hannover 1958.

Kluge, Alexander: *Lernprozesse mit tödlichem Ausgang*. Frankfurt/M. 1973.

–: *Chronik der Gefühle*, Bd. II, *Lebensläufe*. Frankfurt/M. 2000.

Kneer, Georg/Stephan Moebius (Hrsg.): *Soziologische Kontroversen. Beiträge zu einer anderen Geschichte der Wissenschaft vom Sozialen*. Frankfurt/M. 2010.

Köller, Wilhelm: *Semiotik und Metapher. Untersuchungen zur grammatischen Struktur und kommunikativen Funktion von Metaphern*. Stuttgart 1975.

Kraushaar, Wolfgang: *Frankfurter Schule und Studentenbewegung*, 3 Bde. Hamburg 1998.

–: »Der nicht erklärte Ausnahmezustand. Staatliches Handeln während des sogenannten Deutschen Herbstes«. In: ders. (Hrsg.), *Die RAF und der linke Terrorismus*, Bd. 2. Hamburg 2006, S. 1011-1025.

–:»Ein Seminar im Brennspiegel der Ereignisse«. In: *Mittelweg* 36, 2008, S. 7-14.

Kroll, Thomas/Tilmann Reitz (Hrsg.): *Intellektuelle in der Bundesrepublik Deutschland. Verschiebungen im politischen Feld der 1960er und 1970er Jahre*. Göttingen 2013.

Krovoza, Alfred/Axel Oestmann/Klaus Ottomeyer (Hrsg.): *Zum Beispiel Peter Brückner*. Frankfurt/M. 1981.

Krüger, Hans-Peter (Hrsg.): *Hirn als Subjekt? Philosophische Grenzfragen der Neurobiologie. Deutsche Zeitschrift für Philosophie*, Sonderband 15. Berlin 2007.

Kuby, Erich: *Nur noch rauchende Trümmer. Das Ende der Festung Brest. Tagebuch des Soldaten Erich Kuby*. Hamburg 1959.

Laak, Dirk van 1993: *Gespräche in der Sicherheit des Schweigens. Carl Schmitt in der politischen Geistesgeschichte der frühen Bundesrepublik*. Berlin 1993.

Lafont, Cristina: »Spannungen im Wahrheitsbegriff«. In: *Deutsche Zeitschrift für Philosophie* 6, 1994, S. 1008-1023.

–: *The Linguistic Turn in Hermeneutic Philosophy*. Cambridge 1999.

Lampe, Gerhard: »Medienfiktionen beim NATO-Einsatz im Kosovokrieg«. In: Albrecht, Ulrich/Gerd Langguth (Hrsg.), »Alte neue Ressentiments: Habermas, die deutschen Intellektuellen und der Antiamerikanismus«. In: *Internationale Politik* 59/2, 2004, S. 67-77.

Lau, Jörg: *Hans Magnus Enzensberger. Ein öffentliches Leben*. Frankfurt/M. 1999.

Laugstien, Thomas: *Philosophieverhältnisse im deutschen Faschismus*. Hamburg 1998.

Leendertz, Ariane: *Die pragmatische Wende. Die Max-Planck-Gesellschaft und die Sozialwissenschaften*. München 2010.

Lehrstuhl für Jüdische Geschichte und Kultur an der Ludwig-Maximilians-Universität München (Hrsg.): *Jüdische Stimmen im Diskurs der sechziger Jahre*. In: *Münchner Beiträge zur Jüdischen Geschichte und Kultur* 6, Heft 1/2012.

Lepenies, Wolf/Helmut Nolte: *Kritik der Anthropologie. Marx und Freud, Gehlen und Habermas. Über Aggression*. München 1971.

Lepsius, M. Rainer: »Kritik als Beruf. Zur Soziologie des Intellektuellen.« In: *Kölner Zeitschrift für Soziologie und Sozialpsychologie*, Heft 1/1964. S. 75-91.

Liehr, Dorothe: »Von der Aktion gegen den Spiegel zur Spiegel-Affäre«. In: Seifert, Jürgen (Hrsg.), *Die Spiegel-Affäre*, 2 Bde. Olten-Freiburg im Breisgau. 2002.

Loredano, Cassio: *Karikaturen*. Mit einem Vorwort von Ronaldo Brito. Göttingen 1995.

Löwenthal, Leo/Siegfried Kracauer: *In steter Freundschaft. Briefwechsel 1921-1966*. Herausgegeben von Peter-Erwin Jansen und Christian Schmidt. Springe 2003.

Löwith, Karl: *Heidegger – Denker in dürftiger Zeit. Sämtliche Schriften*, Bd. 8. Herausgegeben von Klaus Stichweh, Marc B. de Lannay, Bernd Lutz und Henning Ritter. Stuttgart 1986.

Lübbe, Hermann: *Praxis der Philosophie – Praktische Philosophie*. Stuttgart 1978.

–: »Der Nationalsozialismus im politischen Bewußtsein der Gegenwart«. In: Broszeit, Martin u. a. (Hrsg.), *Deutschlands Weg in die Diktatur*. Internationale Konferenz zur nationalsozialistischen Machtübernahme. Berlin 1983, S. 329-349.

–: *Politischer Moralismus. Der Triumph der Gesinnung über die Urteilskraft*. Berlin 1989.

–: *Modernisierungsgewinner. Religion, Geschichtssinn, direkte Demokratie und Moral*. München 2004.

–: *Vom Parteigenossen zum Bundesbürger. Über beschwiegene und historisierte Vergangenheit*. München 2007.

Luhmann, Niklas: »Über systemtheoretische Grundlagen der Gesellschaftstheorie«. In: *Deutsche Zeitschrift für Philosophie* 3/38, 1990, S. 277-284.

–: *Die Gesellschaft der Gesellschaft*, 2 Bde. Frankfurt/M. 1998.

Lyotard, Jean-François: »Grundlagenkrise«. In: *Neue Hefte für Philosophie* 26, 1986, S. 1-33.

–: *Der Widerstreit*. Berlin 1987.

Magenau, Jörg: *Martin Walser. Eine Biographie*. Reinbek bei Hamburg, 2005.

Maier, Willfried: »Stimme oder Körper. Mensch und Natur in Habermas' ›Theorie des kommunikativen Handelns‹«. In: *Kommune. Forum für Politik, Ökonomie und Kultur* 3, 1987, S. 41-56.

Maly, Sebastian: »Die Rolle der Religion in der postsäkularen Gesellschaft. Zur Religionsphilosophie von Jürgen Habermas«. In: *Theologie und Philosophie* 8, 2005, S. 546-565.

Mannheim, Karl: »Das konservative Denken«. In: Wolff, Kurt H. (Hrsg.), *Wissenssoziologie*. Berlin/Neuwied 1964, S. 408-483.

–: »Das Problem der Generationen«, in: Wolff, Kurt H. (Hrsg.), *Wissenssoziologie*. Berlin/Neuwied 1964, S. 509-569.

–: *Ideologie und Utopie*. Frankfurt/M. 1985.

Marcuse, Herbert: *Soviet-Marxism. A Critical Analysis*. New York 1957.

–: *Kultur und Gesellschaft*. Bd. 1 und 2. Frankfurt/M. 1965.

Matuštik, Martin Beck: *Jürgen Habermas. A Philosophic and Political Profile*. Lanham, Maryland 2001.

–: »Singular Existence and Critical Theory«. In: *Radical Philosophy Review* 8/2, 2005, S. 211-223.

Maurer, Reinhard Klemens: »Jürgen Habermas' Aufhebung der Philosophie«. In: *Philosophische Rundschau*. Sonderheft, 24. Jg. Beiheft 8, 1977, S. 3-70.

McCarthy, Thomas: *Kritik der Verständigungsverhältnisse. Zur Theorie von Jürgen Habermas*, Frankfurt/M. 1980.

–: *Ideale und Illusionen. Dekonstruktion und Rekonstruktion in der kritischen Theorie*. Frankfurt/M. 1993.

McGuinness, Brian (Hrsg.): *»Der Löwe spricht ... und wir können ihn nicht verstehen«. Ein Symposium an der Universität Frankfurt anlässlich des hundertsten Geburtstages von Ludwig Wittgenstein*. Frankfurt/M. 1991.

Mehring, Reinhard: *Carl Schmitt. Aufstieg und Fall. Eine Biographie*, München 2009.

Mendieta, Eduardo/Jonathan VanAntwerpen (Hrsg.): *Religion und Öffentlichkeit*, Berlin 2012.

Merseburger, Peter: *Rudolf Augstein. Biographie*, München 2007.
Meyer, Ahlrich: *Täter im Verhör. Die ›Endlösung‹ der Judenfrage in Frankreich 1940 bis 1944*. Darmstadt 2005.
Michalzik, Peter: *Unseld. Eine Biographie*. München 2002.
Mitscherlich, Alexander: *Ein Leben für die Psychoanalyse*. Frankfurt/M. 1983.
Moses, A. Dirk: »Eine Generation zwischen Faschismus und Demokratie«. In: *Neue Sammlung* 40, Heft 2/2000, S. 233-264.
Moses, A. Dirk: *German Intellectuals and the Nazi Past*. Cambridge 2007.
Mouffe, Chantal: *Über das Politische. Wider die kosmopolitische Illusion*. Frankfurt/M. 2007.
Müller, Harro: »Habermas im Zentrum«. In: *Merkur* 438, Heft 8/1985, S. 720-723.
Müller, Jan-Werner: *Verfassungspatriotismus*. Berlin 2010.
–: *Das demokratische Zeitalter. Eine politische Ideengeschichte Europas im 20. Jahrhundert*, Berlin 2013.
Müller-Doohm, Stefan (Hrsg.): *Jenseits der Utopie. Theoriekritik der Gegenwart*. Frankfurt/M. 1991.
– (Hrsg.): *Das Interesse der Vernunft. Rückblicke auf das Werk von Jürgen Habermas seit ›Erkenntnis und Interesse‹*. Frankfurt/M. 2000.
–: *Adorno. Eine Biographie*. Frankfurt/M. 2003.
–: »Theodor W. Adorno and Jürgen Habermas – Two Ways of Being a Public Intellectual: Sociology and Observations Concerning the Transformation of a Social Figure of Modernity«. In: *European Journal of Social Theory* 8/3, 2005, S. 276-281.
–: *Jürgen Habermas. Leben, Werk, Wirkung*. Frankfurt/M. 2008.
–: »Jürgen Habermas. Die Aufhebung der Medienphilosophie im öffentlichen Vernunftgebrauch«. In: Roesler, Alexander/Bernd Stiegler (Hrsg.), *Philosophie in der Medientheorie*. München 2008, S. 117-132.
–: »Sagen, was einem aufgeht. Sprache bei Adorno – Adornos Sprache«. In: Kohler, Georg/Stefan Müller-Doohm (Hrsg.), *Wozu Adorno? Beiträge zur Kritik und zum Fortbestand einer Schlüsseltheorie des 20. Jahrhunderts*. Göttingen 2008, S. 28-50.
–: »Nationalstaat, Kapitalismus, Demokratie. Philosophisch-politische Motive im Denken von Jürgen Habermas«. In: *Leviathan* 4, 2009, S. 501-517.
–: »Spätkapitalismus oder Industriegesellschaft?«. In: Kneer, Georg/Stephan Moebius (Hrsg.), *Soziologische Kontroversen. Beiträge zu einer anderen Geschichte der Wissenschaft vom Sozialen*. Berlin 2010, S. 131-153.
–: »Zukunftsprognose als Zeitdiagnose. Habermas' Weg von der Geschichtsphilosophie bis zum Konzept lebensweltlicher Pathologien«. In Tiberius, Victor (Hrsg.): *Zukunftsgenese. Theorien des zukünftigen Wandels*. Wiesbaden 2012, S. 159-178.
–/Christian Ziegler: »Professionell Heimatloser – Theodor W. Adornos intel-

lektuelle Praxis zwischen Kontemplation und Engagement«. In: Jung, Thomas/Stefan Müller-Doohm (Hrsg.), *Fliegende Fische*. Frankfurt/M. 2008, S. 63-84.

–/Wolfgang Schopf/Franziska Thiele (Hrsg.): »*... die Lava des Gedankens im Fluss. Jürgen Habermas. Eine Werkschau*. Oldenburg 2009.

Nancy, Jean-Luc, *Die Wahrheit der Demokratie*, Wien 2009.

Nassehi, Armin: *Der soziologische Diskurs der Moderne*. Frankfurt/M. 2007.

Negt, Oskar: »Studentischer Protest – Liberalismus – ›Linksfaschismus‹«. In: *Kursbuch*, Heft 13/1968, S. 189-190.

–: »Einheimischer und Welterklärer. Der Philosoph Jürgen Habermas wird 80. Oskar Negt im Gespräch mit Martin Willenbrink«. WDR vom 30. 07. 2009.

Nennen, Heinz Ulrich: *Philosophie in Echtzeit. Die Sloterdijk-Debatte: Chronik einer Inszenierung*. Würzburg 2003.

Neumann, Bernd: *Uwe Johnson*. Hamburg 1996.

Nida-Rümelin, Julian/Wolfgang Thierse (Hrsg.): *Philosophie und Politik 3: Jürgen Habermas und Gerhard Schröder über die »Einbeziehung des Anderen«*. Essen 1998.

Niesen, Peter/Benjamin Herborth (Hrsg.): *Anarchie der kommunikativen Freiheit. Jürgen Habermas und die Theorie der internationalen Politik*. Frankfurt/M. 2007.

Nolzen, Armin: »Der Durchbruch der NSDAP zur Massenbewegung seit 1929«. In: *Hitler und die Deutschen. Volksgemeinschaften und Verbrechen*. Eine Ausstellung der Stiftung Deutsches Historisches Museum. Berlin 2010, S. 44-56.

Oevermann, Ulrich: »Der akademische Lehrer – eine Erinnerung«. In: *Blätter für deutsche und internationale Politik* 54, Heft 6/2009, S. 44-50.

–: »Der Gegenbegriff von Natur ist nicht Gesellschaft, sondern Kultur«. In: Herrschaft, Felicia/Klaus Lichtblau (Hrsg.), *Soziologie in Frankfurt – Eine Zwischenbilanz*. Wiesbaden 2010, S. 369-406.

Offe, Claus: »Die Bundesrepublik als Schattenriß zweier Lichtquellen«. In: *Ästhetik und Kommunikation* 36, Heft 129/2005, S. 149-160.

Ostowoch, Steven T.: »Der philosophische Diskurs der Moderne«. In: *German Studies* 10/3, 1987, S. 631-632.

Ott, Hugo: *Martin Heidegger. Unterwegs zu einer Biographie*. Frankfurt/New York 1988.

Padilla, Heberto: *Außerhalb des Spiels*. Frankfurt/M. 1971.

Paech, Norman/Gerhard Stuby: *Völkerrecht und Machtpolitik in den internationalen Beziehungen*. Hamburg 2013.

Palazzo, Guido: *Die Mitte der Demokratie. Über die Theorie deliberativer Demokratie von Jürgen Habermas*. Baden-Baden 2002.

Palmier, Jean-Michel: *Walter Benjamin. Lumpensammler, Engel und bucklicht Männlein. Ästhetik und Politik bei Walter Benjamin*. Frankfurt/M. 2009.

Payk, Marcus M.: *Der Geist der Demokratie. Intellektuelle Orientierungsversuche im Feuilleton der frühen Bundesrepublik*. München 2008.

Peeters, Benoît: *Jacques Derrida. Eine Biographie*. Berlin 2013.

Pensky, Max: »Jürgen Habermas: Existential Hero?«. In: *Radical Philosophy Review* 8/2, 2005, S. 197-209.

Peters, Bernhard: *Der Sinn von Öffentlichkeit*. Herausgegeben von Hartmut Weßler, mit einem Vorwort von Jürgen Habermas. Frankfurt/M. 2007.

Piper, Ernst Reinhard (Hrsg.): *Historikerstreit*. München/Zürich 1987.

Polanyi, Karl: *The Great Transformation – Politische und ökonomische Ursprünge von Gesellschaften und Wirtschaftssystemen*. Frankfurt/M. 1973.

Pomykaj, Gerhard: »Von 1918 bis 1948«. In: Goebel, Klaus (Hrsg.), *Oberbergische Geschichte*, Bd. 3. Gummersbach 2001, S. 9-13.

Preuß, Ulrich K.: »Carl Schmitt und die Frankfurter Schule: Deutsche Liberalismuskritik im 20. Jahrhundert«. In: *Geschichte und Gesellschaft* 13, 1987, S. 400-418.

Raddatz, Fritz J.: *Tagebücher 1982-2001*. Reinbek bei Hamburg 2010.

Rahm, Claudia: *Recht und Demokratie bei Jürgen Habermas und Ronald Dworkin*. Frankfurt/M. 2005, S. 400-418.

Rammstedt, Otthein: *Deutsche Soziologie 1933-1945. Die Normalität einer Anpassung*. Frankfurt/M. 1986.

Rapic, Smail (Hrsg.): *Habermas und der Historische Materialismus*. Stuttgart 2014.

Rawls, John: »Erwiderung auf Habermas«. In: Hinsch, Wilfried (Hrsg.), *Zur Idee des politischen Liberalismus*. Frankfurt/M. 1997, S. 196-262.

–: *Geschichte der politischen Philosophie*. Frankfurt/M. 2008.

Reder, Michael/Josef Schmidt (Hrsg.): *Ein Bewußtsein von dem, was fehlt. Eine Diskussion mit Jürgen Habermas*. Frankfurt/M. 2008.

Reese, Dagmar: »Zum Stellenwert der Freiwilligkeit. Hitler-Jugend und NSDAP-Mitgliedschaft«. In: *Mittelweg* 36, 2010, S. 63-83.

Reichel, Peter: *Politische Kultur in der Bundesrepublik*. Opladen 1981.

Reijen, Willem van/Gunzelin Schmid Noerr (Hrsg.): *Grand Hotel Abgrund. Eine Photobiographie der Frankfurter Schule*. Hamburg 1988.

Rensmann, Lars: »Bausteine der Erinnerungspolitik. Die politische Textur der Bundestagsdebatte über ein zentrales ›Holocaust-Mahnmal‹«. In: Brumlik, Micha/Hajo Funke/Lars Rensmann (Hrsg.), *Umkämpftes Vergessen. Walser-Debatte, Holocaust-Mahnmal und neuere deutsche Geschichtspolitik*. Berlin 2004, S. 137-160.

Richter, Pavel A.: »Die Außerparlamentarische Opposition in der Bundesrepublik Deutschland 1966 bis 1968«. In: Gilcher-Holtey, Ingrid (Hrsg.), *1968. Vom Ereignis zum Mythos*. Frankfurt/M. 1968, S. 47-74.

Ridder, Helmut/Joachim Perels: »Stationen im Leben eines Juristen: Helmut Ridder im Gespräch mit Joachim Perels«. In: *neue politische literatur* 50, 2005, S. 365-328.

Ronge, Volker: *Bankenpolitik im Spätkapitalismus. Starnberger Studien III*. Frankfurt/M. 1979.

Rorty, Richard: *Kontingenz, Ironie und Solidarität*. Frankfurt/M. 1989.

–: *Stolz auf unser Land. Die amerikanische Linke und der Patriotismus*. Frankfurt/M. 1999.

–: *Philosophie als Kulturpolitik*. Frankfurt/M. 2008.

Rüsen, Jörn/Eberhard Lämmert/Peter Glotz (Hrsg.): *Die Zukunft der Aufklärung*. Frankfurt/M. 1988.

Safranski, Rüdiger: *Ein Meister aus Deutschland. Heidegger und seine Zeit*. München 1994.

Sandel, Michael J.: *Plädoyer gegen die Perfektion. Ethik im Zeitalter der genetischen Technik*. Berlin 2008.

Sandkühler, Hans Jörg: *Philosophie und Nationalsozialismus. Vergessen? Verdrängt? Erinnert?*. Hamburg 2009.

Schäfer, Gerhard: »Die nivellierte Mittelstandsgesellschaft – Strategien der Soziologie in den 50er Jahren«, in: Bollenbeck, Georg/Kaiser Gerhard (Hrsg.), *Die janusköpfigen 50er Jahre. Kulturelle Moderne und bildungsbürgerliche Semantik III*. Opladen 2000, S. 115-143.

Schanze, Helmut (Hrsg.): *Heinrich Heine Werke*, Bd. 4, *Schriften über Deutschland*, Frankfurt/M. 1968.

Scheit, Herbert: *Wahrheit, Diskurs, Demokratie*. Freiburg 1987.

Scherf, Wilfried: *Deutsche Diskurse. Die politische Kultur von 1945 bis heute in publizistischen Kontroversen*. Wilhelmshaven 2009.

Schild, Axel: *Zwischen Abendland und Amerika. Studien zur westdeutschen Ideenlandschaft der 50er Jahre*. München 1999.

Schlak, Stephan: *Wilhelm Hennis. Szenen einer Ideengeschichte der Bundesrepublik*. München 2008.

–/Jens Hacke: »Der Staat in Gefahr«. In: Hacke, Jens/Dominik Geppert (Hrsg.), *Streit um den Staat. Intellektuelle Debatten in der Bundesrepublik 1960-1980*. Göttingen 2008, S. 188-206.

Schlich, Jutta: *Intellektuelle im 20. Jahrhundert*. München/Tübingen 2000.

Schmidt, Alfred/Norbert Altwicker (Hrsg.): *Max Horkheimer heute. Werk und Wirkung*. Frankfurt/M. 1986.

Scholem, Gershom: *Sabbatai Zwi. Der mystische Messias*. Frankfurt/M. 1992.

Schopf, Wolfgang (Hrsg.): *»So müßte ich ein Engel und kein Autor sein«. Adorno und seine Frankfurter Verleger. Der Briefwechsel mit Peter Suhrkamp und Siegfried Unseld*. Frankfurt/M. 2003.

Schörken, Rolf: »Sozialisation inmitten des Zusammenbruchs«. In: Dahlmann, Dittmar (Hrsg.), *Kinder und Jugendliche in Krieg und Revolution*. Paderborn 2000, S. 123-143.

–: *Die Niederlage als Generationserfahrung. Jugendliche nach dem Zusammenbruch der NS-Herrschaft*. Weinheim/München 2004.

Schrader, Lutz: »Der Krieg um Kosovo und der kosmopolitische Rechtspazifismus des Jürgen Habermas«. In: Bilek, Anita/Wilfried Graf/Helmut Kramer (Hrsg.), *Welcher Friede? Lehren aus dem Krieg um Kosovo. Beiträge der Friedensforschung*. Münster 2000, S. 31-61.

Schülein, Johann August: »Von der Kritik am ›szentistischen Selbstmißverständnis‹. Zum Verständnis psychoanalytischer Theorieprobleme«. In: Müller-Doohm, Stefan (Hrsg.), *Das Interesse der Vernunft. Rückblicke auf das Werk von Jürgen Habermas seit »Erkenntnis und Interesse«*. Frankfurt/M. 2000, S. 376-407.

Schwarz, Hans-Peter (Hrsg.): *Die Bundesrepublik Deutschland. Eine Bilanz nach 60 Jahren*. Köln/Weimar/Wien 2008.

Searle, John R.: *Wie wir die soziale Welt machen – Die Struktur der menschlichen Zivilisation*. Berlin 2012.

Snyder, Timothy: *Bloodlands. Europa zwischen Hitler und Stalin*. München 2011.

Söllner, Alfons: »Jenseits von Carl Schmitt«. In: *Geschichte und Gesellschaft* 12, 1986, S. 502-529.

Sonnenfeld, Christa: »Ein Fundstück aus dem IfS-Archiv: Die Freizeitstudie (1957-1958)«. In: *WestEnd* 2, 2010, S. 156-161.

Spaemann, Robert: »Die Utopie der Herrschaftsfreiheit«. In: *Merkur* 291, 1972, S. 735-752.

–: *Zur Kritik der politischen Utopie*. Stuttgart 1977.

–: *Über Gott und die Welt. Eine Autobiographie in Gesprächen*. Stuttgart 2012.

Specter, Matthew G.: *Habermas. An Intellectual Biography*. Cambridge 2010.

Spiller, Stefan: »Der Sympathisant als Staatsfeind. Die Mescalero-Affäre«. In: Kraushaar, Wolfgang (Hrsg.), *Die RAF und der linke Terrorismus*, Bd. 2, 2006, S. 1227-1259.

Stachorski, Stephan (Hrsg.), *Fragile Republik. Thomas Mann und Nachkriegsdeutschland*. Frankfurt/M. 2005.

Staudt, Torlaf/Johannes Radke: *Neue Nazis. Jenseits der NPD: Populisten, Autonome Nationalisten und der Terror von rechts*. Köln 2012.

Stöwer, Ralph: *Erich Rothacker. Sein Leben und seine Wissenschaft vom Menschen*. Göttingen 2011.

Taubes, Jacob: *Vom Kult zur Kultur: Bausteine zu einer Kritik der historischen Vernunft*. München 1996.

–/Carl Schmitt: *Briefwechsel mit Materialien*. Herausgegeben von Herbert Kopp-Oberstebrink, Thorsten Palzhoff und Martin Treml. München 2012.

Taylor, Charles: *Multikulturalismus und die Politik der Anerkennung*. Frankfurt/M. 1993.

Theunissen, Michael: *Kritische Theorie der Gesellschaft*. Berlin/New York 1981.

Thiel, Thomas: *Braucht Europa eine Verfassung? Einige Anmerkungen zur Grimm-Habermas-Debatte*, in: Biegi, Mandana/Jürgen Förster/Henrique Ricardo Otten/Thomas Philipp (Hrsg.), *Demokratie, Recht und Legitimität im 21. Jahrhundert*. Wiesbaden 2008, S. 163-180.

Thumfart, Alexander: »Staat, Integration und Solidarität. Dynamische Grundbegriffe im Staatsverständnis von Jürgen Habermas«. In: Schaal, Gary S. (Hrsg.), *Das Staatsverständnis von Jürgen Habermas*. Baden-Baden 2009, S. 81-109.

Thünemann, Holger: *Das Denkmal für die ermordeten Juden Europas*. Köln 2003.

Thyen, Anke: *Moral und Anthropologie*. Habilitationsschrift. Ludwigsburg 2004.

Tiedemann, Rolf (Hrsg.): *Frankfurter Adorno Blätter II*. München 1992.

Tietgens, Hans: »Studieren in Bonn nach 1945. Versuch einer Skizze des Zeitgeistes«. In: Kulmann, Wolfgang/Dietrich Böhler (Hrsg.), *Kommunikation und Reflexion. Zur Diskussion der Transzendentalpragmatik. Antworten auf Karl-Otto Apel*. Frankfurt/M. 1982, S. 720-744.

Tomasello, Michael: *Die Ursprünge der menschlichen Kommunikation*. Frankfurt/M. 2009.

Traverso, Enzo: *Auschwitz denken – Die Intellektuellen und die Shoa*. Hamburg 2000.

Ueberschär, Gerd R./Müller, Rolf-Dieter: *1945. Das Ende des Krieges*. Darmstadt 2005.

Unseld, Siegfried (Hrsg.): *Zur Aktualität Walter Benjamins*. Frankfurt/M. 1972.

– (Hrsg.): *Politik ohne Projekt? Nachdenken über Deutschland*. Frankfurt/M. 1993.

–: *Reiseberichte*. Frankfurt/M. 2010.

–: *Chronik 1970*. Herausgegeben von Ulrike Anders, Raimund Fellinger, Katharina Karduck, Claus Kröger, Henning Marmulla und Wolfgang Schopf. Frankfurt/M. 2010.

–: *Chronik 1971*. Herausgegeben von Ulrike Anders, Raimund Fellinger und Katharina Karduck. Berlin 2014.

Unseld-Berkéwicz, Ulla: »*Glückwünsche der Verlegerin*«, in: Müller-Doohm,

Stefan/Wolfgang Schopf/Franziska Thiele (Hrsg.), »... *die Lava des Gedankens im Fluss«. Jürgen Habermas. Eine Werkschau.* Oldenburg 2009, S. 51-55.

Verheyen, Nina: »Diskussionsfieber. Diskutieren als kommunikative Praxis in der westdeutschen Studentenbewegung«. In: Klimke, Martin/Joachim Scharloth (Hrsg.), *Handbuch 1968*. Stuttgart 2007, S. 209-221.
Vieth, Andreas: *Die Sensibilität der Religiösen. Eine kritische Auseinandersetzung mit Habermas' Konzeption religiöser Erfahrung*. In: *Zeitschrift für philosophische Forschung* 66/1, 2012, S. 49-744.

Walser, Martin: »Auschwitz und kein Ende«. In: ders., *Über Deutschland reden*. Frankfurt/M. 1988.
–: »Das Prinzip Genauigkeit. Über Victor Klemperer«, in: ders., *Werke in 12 Bänden*, Bd. XI. Herausgegeben von Helmuth Kiesel. Frankfurt/M. 1997.
–: *Erfahrungen beim Verfassen einer Sonntagsrede*. Mit einer Laudatio von Frank Schirrmacher. Frankfurt/M. 1998.
–: *Tod eines Kritikers*. Frankfurt/M. 2002.
–: *Tagebücher 1974-1978*. Frankfurt/M. 2010.
–: *Über Rechtfertigung, eine Versuchung*. Frankfurt/M. 2012.
Walser, Robert: *Sämtliche Werke in zwanzig Bänden*, Bd. 8, Frankfurt/M. 1995.
Walzer, Michael: »Die Tugend des Augenmaßes«. In: Wenzel, Uwe Justus (Hrsg.), *Der kritische Blick. Über intellektuelle Tätigkeiten und Tugenden*. Frankfurt/M. 2002, S. 25-38.
Wehler, Hans-Ulrich: *Entsorgung der deutschen Vergangenheit? Ein polemischer Essay zum ›Historikerstreit‹*. München 1988.
–: »Späte Liebeserklärung an meine Schule«. In: Hansen, Klaus (Hrsg.), *Herzenswärme und Widerspruchsgeist. Oberbergisches Lesebuch*. Gummersbach 1992, S. 29-35.
–: *Deutsche Gesellschaftsgeschichte 1914-1949*, Bd. 4, München 2003.
–: *Eine lebhafte Kampfsituation*. München 2006.
–: *Deutsche Gesellschaftsgeschichte 1949-1990*, Bd. 5, München 2008.
Wehrs, Nicolai: »›Tendenzwende‹ und Bildungspolitik. Der ›Bund Freiheit der Wissenschaft‹ (BFW) in den 1970er Jahren«, In: *Potsdamer Bulletin für Zeithistorische Studien* 42, 2008, S. 6-17.
Weidmann, Bernd: »Karl Jaspers«. In: Jung, Thomas/Stefan Müller-Doohm (Hrsg.), *Fliegende Fische*. Frankfurt/M. 2009, S. 200-229.
Weizsäcker, Carl Friedrich von: *Der bedrohte Friede. Politische Aufsätze 1945-1981*. München 1981.
–: *Lieber Freund! Lieber Feind! Briefe aus fünf Jahrzehnten*. München 2002.
Wellershoff, Dieter: *Zwischenreich. Gedichte*. Köln 2008.

Wellmer, Albrecht: *Ethik und Dialog. Elemente des moralischen Urteils bei Kant und in der Diskursethik*. Frankfurt/M. 1986.
–: »Was ist eine pragmatische Bedeutungstheorie? Variationen über den Satz ›Wir verstehen einen Sprechakt, wenn wir wissen, was ihn akzeptabel macht‹«. In: Honneth, Axel/Thomas McCarthy (Hrsg.), *Zwischenbetrachtungen. Im Prozeß der Aufklärung*. Frankfurt 1989, S. 318-370.
–: »Konsens als Telos der sprachlichen Kommunikation?« In: Giegel, Hans-Joachim (Hrsg.), *Kommunikation in modernen Gesellschaften*. Frankfurt/M. 1992, S. 18-30.
–: *Sprachphilosophie. Eine Vorlesung*. Frankfurt/M. 2004.
–: »Adorno und die Schwierigkeit einer kritische Konstruktion der geschichtlichen Gegenwart«. In: *WestEnd* 4, Heft 1/2007, S. 138-153.
–: »Erinnerung an die Anfänge und eine späte Antwort auf einen fast vergessenen Brief«, in: *Blätter für deutsche und internationale Politik* 6, 2009, S. 48-52.
Weygandt, Wilhelm: *Der jugendliche Schwachsinn. Seine Erkennung, Behandlung und Ausmerzung*. Stuttgart 1936.
Wiehl, Reiner: »Karl-Jaspers-Preis 1995. Laudatio auf Jürgen Habermas«, in: Kiesel, Helmuth (Hrsg.), *Heidelberger Jahrbücher* 40, Heidelberg 1996, S. 15-23.
Wiese von, Benno: *Ich erzähle mein Leben*. Frankfurt/M. 1982.
Wiggershaus, Rolf: *Jürgen Habermas*. Reinbek bei Hamburg 2004.
Wild, Michael: *Generation des Unbedingten. Das Führungskorps des Reichssicherheitshauptamtes*. Hamburg 2002.
Wingert, Lutz: *Gemeinsinn und Moral*. Frankfurt/M. 1993.
–/Klaus Günther (Hrsg.): *Die Öffentlichkeit der Vernunft und die Vernunft der Öffentlichkeit. Festschrift für Jürgen Habermas*. Frankfurt/M. 2001.
Woessner, Martin: *Heidegger in America*. Cambridge 2011.
Wolf, Christa: *Auf dem Weg nach Tabou. Texte 1990-1994*. Köln 1994.
Wolin, Richard: *Heidegger's Children: Hannah Arendt, Karl Löwith, Hans Jonas and Herbert Marcuse*. Cambridge 2001.
Wolters, Gereon: »Der ›Führer‹ und seine Denker. Zur Philosophie des ›Dritten Reichs‹«. In: *Deutsche Zeitschrift für Philosophie* 47, 1999, S. 223-251.
–: *Vertuschung, Anklage, Rechtfertigung. Impromptus zum Rückblick der deutschen Philosophie auf das ›Dritte Reich‹*. Bonn 2004.

Young-Bruehl, Elisabeth: *Hannah Arendt. Leben, Werk und Zeit*. München 1982.

Ziegler, Christian, »Auswahl-Bibliographie zu Theodor W. Adorno ab dem Jahr 2003«. In: Kohler, Georg/Stefan Müller-Doohm (Hrsg.), *Wozu Adorno? Beiträge zur Kritik und zum Fortbestand einer Schlüsseltheorie des 20. Jahrhunderts*. Frankfurt/M. 2008, S. 307-327.

Zimmermann, Rolf: *Philosophie nach Auschwitz*. Frankfurt/M. 2005.
Zoller, Jörg (d. i. Peter Zollinger) (Hrsg.): *Aktiver Streik. Dokumentation zu einem Jahr Hochschulpolitik am Beispiel der Universität Frankfurt*. Darmstadt o. J.
Zöller, Richard (Hrsg.): *Aufklärung heute. Bedingungen unserer Freiheit*. Zürich 1980.

档案目录

《法兰克福评论报》档案（美茵河畔法兰克福）

上贝尔吉施地区档案馆

彼得·苏尔坎普基金会档案，美茵河畔法兰克福（现在内卡河畔马尔巴赫德国文学档案馆）

城市文理高中档案馆，位于摩尔特克街（古默斯巴赫）

《南德意志报》档案（慕尼黑）

波恩大学暨州立图书馆档案馆，手抄本和珍本部

明斯特大学暨州立图书馆档案馆，历史典籍

约翰·克利斯蒂安·森根堡大学图书馆档案中心（美茵河畔法兰克福）

德国联邦档案馆军事档案馆（弗莱堡，布莱斯高地区）

（前纳粹）德国国防军阵亡士兵家属通知办事处（WASt）（柏林）

马尔巴赫德国文学档案馆

国际社会历史研究所（阿姆斯特丹）

《明镜》周刊档案（汉堡）

杜塞尔多夫城市档案馆

古默斯巴赫城市档案馆

法兰克福大学档案馆（美茵河畔法兰克福）

马尔堡菲利普大学档案馆

《时代周报》档案（汉堡）

作者的哈贝马斯档案有五大类：

1. 新闻档案，收藏有约900篇1953~2014年间纸媒发表的文章，包括哈贝马斯撰写的文章以及有关他的文章。这些纸媒主要是全国性的日报和周报，其中有《法兰克福汇报》、《法兰克福评论报》、《新苏黎世报》、《南德意志报》、《日报》、《巴塞尔报》、《周报》、《斯图加特报》、《莱茵信使报》、《星期五报》、《每日镜报》、《时代周报》、《明镜》周刊、《焦点》周刊。此外还有期刊，如《水星》、《新展望》、《新社会》、《哲学评论》、《德国哲学期刊》、《德国与国际政治》、《法理》及《新左派评论》。档案收入的原件或复印件形式的所有文章按时间顺序排序，标注有时间、地点、作者、内容和事件。
2. 访谈档案，收藏了60余篇访谈文章，是哈贝马斯1969~2014年间接受各国采访者对各类话题的采访。
3. 信函往来，是哈贝马斯赠送的信件复印件。其中包括时间跨度很长的以下通信往来：哈贝马斯与西格弗里德·温塞德，哈贝马斯与赫尔穆特·舍尔斯基，哈贝马斯与《水星》杂志（汉斯派·施克和约阿希姆·莫拉斯），哈贝马斯与苏尔坎普出版社。
4. 哈贝马斯1961~1994年任教的全部课程名录，以及这几所大学的通知和公告。
5. 对所谓重大新闻事件和持续性的辩论和论战的集群分析。这些事件有：1953年海德格尔事件；1966年高校改革事件；1967年学生抗议运动；1978年关于赫尔曼·吕伯在“教育勇气”论坛上提出的教育命题的争论；1977年关于左翼激进主义的争论；1986年历史学家之争；1983年围绕增加军备和“公民不服从”的争论；1990年关于德国重新统一的辩论；1991 年第二次海湾战争；从 1991 年至今关于欧洲统一的辩论；1992 年关于政治避难问题的辩论；1998 年关于基因工程（生命伦理）规范性影响的争论；1999 年关于为被杀害的欧洲犹太人建造纪念碑的争论；1999 年关于科索沃战争的辩论；2003 年第三次海湾战争结束时的争论和美国作为规范性权威的争论；2006 年关于那则谣言——哈贝马斯吞下了证明他是纳粹追随者的不利证据——的辩论（纸片事件）；从 2003 年至今关于宗教在后世俗社会中的功能的争论。

图片来源

图 31：Jürgen Bauer, Leidersbach

图 17、25：bpk-images/Foto Abisag Tüllmann, Berlin

图 32、33：Uwe Dettmar，Frankfurt am Main

图 9：©Frankfurter Allgemeine Zeitung GmbH, Archiv, Frankfurt am Main

图 3：Friedrich Wilhelm Fernau, Neuss

图 7：Heimatbildarchiv des Oberbergisches Kreises, Nr.5612

图 20：Architekturbüro Hilmer & Sattler und Albrecht, München

图 34：Barbara Klemm, Frankfurt am Main

第 7 页图：Ev Kriegel,Wiesbaden

第 471 页图：Cássio Loredano, Rio de Janeiro

图 27：Franziska Messner-Rast, St. Gallen/Schweiz

图 1：Konrad R. Müller/Agentur Focus, Hamburg

图 30：Rolf Oeser, Bad Vilbel

图 29：Picture-alliance/dpa

图 5：Städtisches Gymnasium Moltkestraße, Gummersbach

图 13：Universitätsarchiv, Frankfurt am Main

图 24：© Joachim Unseld, Frankfurt am Main, Nr. 242/29

其他图片来源为哈贝马斯私人档案和苏尔坎普出版社档案。

致 谢

《阿多诺传》完成后，我告诉哈贝马斯，我将继续传记研究工作，接下来计划以他的生平和作品为研究对象，追述他所扮演的公共知识分子角色和他身为哲学家和社会理论家的思想旅程。听了我的话，哈贝马斯的反应极为谨慎。对他来说，有个人“钻到自己肚子里东掘西挖”，总觉得有些怪异，他只是这样说道。

在传记研究工作向前推进的过程中，对我的计划，乌特和于尔根·哈贝马斯抱着坦率和开放的心态，同时他们从未丧失距离感。在此特别感谢他们保持了坦诚接纳和有所保留之间的平衡。如果没有机会阅读哈贝马斯的自传提纲，如果没有机会允许我和我的工作人员长时间逗留在哈贝马斯的私人宅邸，对收藏在200多个卷宗中的往来信函进行查看、阅览和评估，如果乌特和于尔根·哈贝马斯不愿意和我进行私人交谈，没有耐心回答我的无数问题，这部传记不可能问世。

虽然作者负责撰写书中所涉方方面面的内容，但促使本书诞生的当然不只印在封面上的作者一人。作为本书宽泛意义上的作者，首先要提到德国科学基金会（DFG）“哈贝马斯作为社会理论家和公共知识分子”和“公共领域中的政治思想”两个项目组的工作人员。克里斯蒂安·齐格勒（Christian Zieler）历经多年建了一个内容丰富全面的哈贝马斯新闻档案，记录和分析了哈贝马斯在媒体上的形象呈现。弗兰齐斯卡·夏洛特·蒂勒（Franziska

Chalotte Thiele），部分在莱弗·埃里克·沃格特伦达（Leiv Erik Voigtländer）的协助下，对哈贝马斯参与或由他引起的论争做了极富条理的话语分析。哈特维希·格尔默（Hartwig Germer）集中从政治思想策略的角度，对自20世纪60年代起发生在左翼自由派和自由保守派之间的争论进行了研究。在此，不仅要感谢所有工作人员联合进行传记研究的那段时间，也感谢他们通过积极批评伴随了这部传记的诞生。感谢德国科学基金会为上述项目提供了5年的资金赞助。

伊娃·吉尔默（Eva Gilmer）花费大量心血辛勤审阅初稿，提出审查意见，才终于得以使之定稿，并付梓成书。她的语言感觉和专业知识使我获益良多，某种程度上她的付出远远超出了一位编辑的常规工作，在此对伊娃·吉尔默表示感谢。同样要感谢克里斯蒂安·海尔布伦（Christian Heilbronn）在打磨终稿过程中内行和专业的表现。

对于本书，一个不可缺少的资料来源是对哈贝马斯的同代人及同路人的书面采访，以及往往长达数小时的交谈，他们中有卡尔-奥托·阿佩尔、君特·弗朗肯贝格、乌尔里希·奥夫曼、克劳斯·奥佛、施皮洛斯·希米提斯等。在此对他们所有人为此付出时间，向我敞开记忆的闸门表示感谢。

另外，对在传记撰写过程中向我提供了重要信息，给我提出这样或那样建议的人们，在此一并表示感谢。他们是：苏珊娜·贝格汉（Susanne Berghahn）、马蒂亚斯·博姆特（Matthias Bormuth）、豪克·布伦霍斯特（Hauke Brunkhorst）、卢卡·科尔夏（Luca Corchia）、约瑟夫·多尔（Josef Dörr）、弗里德里希·威廉·弗尔瑙（Friedrich Wilhelm Fernau）、雷尼·格尔岑（René Görtzen）、阿达尔贝·特赫普（Adalbert Hepp）、弗里德尔姆·赫伯特（Friedhelm Herborth）、阿克塞尔·霍耐特（Axel

Honneth）、托马斯·荣格（Thomas Jung）、马蒂亚斯·耶恩（Mathias Jehn）、奥利佛·克莱珀尔（Oliver Kleppel）、阿尔里希·迈耶（Ahlrich Meyer）、君特·罗尔巴赫（Günter Rohrbach）、威廉·奥特维特（William Outhwaite）、格哈德·珀密凯（Gerhard Pomykaj）、沃尔夫冈·绍普夫（Wolfgang Schopf）、贝恩德·施蒂格勒（Bernd Stiegler）、罗曼·约斯（Roman Yos）、阿尔布莱希特·维尔默、于尔根·沃尔克（Jürgen Woelke）、里夏德·沃林（Richard Wolin）、莱玛·丛斯（Raimar Zons）和多萝西·祖卡（Dorothee Zucca）。衷心感谢在此无法一一提及的对话者和朋友，他们总是耐心倾听我的想法和问题。

2014 年 3 月，于奥尔登堡

索　引

译后记

接下《于尔根·哈贝马斯》这本书的翻译，是因为与哲学大师跨越多年的缘分。

事情要从 2001 年讲起。那时我在德国《时代周报》驻京办事处担任翻译。那年 4 月，哈贝马斯访华，这是一件让中国哲学界奔走相告的轰动的大事。他此次访华是由中国社会科学院哲学所和歌德学院北京分院邀请和安排的。从本书可知，他在访华的两周时间里，在社科院、清华大学、复旦大学等研究机构和高校做了八场演讲。当时《时代周报》驻京记者花久志（Georg Blume）想借哈贝马斯访华这个千载难逢的机会组织一次座谈，他的想法得到了时任歌德学院北京分院院长魏松（Markus Wernhard）的赞同和支持，于是经过多方努力，促成了哈贝马斯与中国知识分子、艺术家的这次历史性的面对面非正式座谈。

座谈于 2001 年 4 月末的一个晚上，在与日坛公园一街之隔的花久志的家中举行。除了哈贝马斯和花久志，参加座谈的有中国摇滚之父崔健、电影导演姜文、作家徐星、哲学家周国平、作家钱宁、北京大学教授和马克思经济思想研究者商德文教授、魏松及《柏林报》驻京记者马振东（Otto Mann）等。中国知识分子和艺术家们与哈贝马斯在座谈中就马克思主义、现代化带来的问题、市场经济条件下社会与文化发展的不平衡、知识分子扮演的角色等话题进行了热烈的交流和讨论。时隔多年，那天的情景仍历历在目，姜文提了第一个问题："哈贝马斯先生，您为什么到中国来？"哈贝马斯说：

“我曾到过日本和韩国。在这两个国家也有些好像到了中国的感觉。每个欧洲知识分子都很想一生中能去一次中国。对西方的我们来说，自18世纪以降只有一个伟大的他者：那就是中央之国。在历史上她曾经是（世界的）中心，也将重新在世界上占据举足轻重的位置。”在座者当然都很想知道，这位现代性的捍卫者对于中国现代化进程中的问题，比如贫富分化，政治和文化发展滞后于经济发展等，会给出什么样的解释，哈贝马斯的回答是：“亚洲在30年中发生的事情，在欧洲经历了250年。马克思称之为原始积累的现代化的第一阶段特别残酷。从乡村到城市的大规模迁徙，城市无产阶级的形成，这些抽象概念的背后是一部部血泪史……当然，历史地看问题并不能证明新出现的悲惨状况的正当性……”2001年5月10日，《时代周报》刊发了花久志写的纪实特稿，报道了此次座谈，在德语国家读者中引起了很好的反响。

哈贝马斯对我那晚的翻译表现给予了肯定，而与思想大师近距离的接触也让我对他的作品和生平产生了兴趣和好奇。所以，时隔多年后，当2015年春，社科文献出版社找到我，问我有没有兴趣翻译《于尔根·哈贝马斯》时，我虽因自己是哲学外行而不免顾虑重重，但当时的确正想找一本书来翻译，心里不觉一动，认为这大概是冥冥中的天意（出版社对我曾为哈贝马斯做过翻译并不知情），还是接下了这本书。面对这样一本书，我当然不至于轻率到认为，能做两小时的座谈口译，就一定能胜任这本书的翻译，这里还有另一个原因。之前社科文献出版社出版的我与另一位译者合译的一部历史学著作（《世界的演变：19世纪史》）得到了不少好评，这让我有了一些自信，相信没有专业学术背景的译者，若有认真负责的态度，肯学习钻研，也还是能胜任一些学术翻译的。

然而，此学术非彼学术。事实很快证明，学术背景的缺失对于翻译此书几乎是难以逾越的障碍。翻译的过程不免如履薄冰，异常煎熬。本书以传主生活的历史时代为背景记述了这位思想大师和公共知识分子的一生，同时也近乎于是联邦德国战后历史的全景式记录，乃至于是包罗政治、经济、社会发展以及涉及哲学、政治学、经济学、社会学、人类学、历史学、生命学等领域的百科全书。仅注释就达1427条，7万多字，另外还涉及若干地名、作品和近千个人名。与此相比，更困难的是把握哈贝马斯涉及面颇广、高度抽象和深奥的理论及其独特的语言，要想理解准确并翻译到位，确实是很大的挑战。再加上本书中有很多汉译不统一，令人纠结和举棋不定的词，和中德文涵义不完全对应导致的翻译障碍，比如，Kommunikation应译作“交往”还是“沟通”？Diskurs译作“话语”、“对话”还是“商谈”，Handeln译作“行为”还是“行动”等，着实让人费脑筋。幸好，哈贝马斯的重要著作都已有了中译本，如《在事实与规范之间》《合法化危机》《交往行动理论》《公共领域的结构转型》《现代性的哲学话语》《后形而上学思想》等，所以我从网上购到了大部分中译本以及一些国内外学者研究哈贝马斯的著作（两部分加起来共有19本），这些书成为我了解和理解哈贝马斯的理论，掌握其特殊概念和术语的汉译，把握其独特的语言风格不可或缺的工具。翻译的过程其实更像是一个学习过程，翻译的三年中，差不多有一半时间是在硬啃这些书，学习研究其中与本书内容有关的章节，以及不厌其烦、反反复复地查阅资料，这倒是应和和佐证了哈贝马斯的一个理论：“不能不学习”（Nicht-nicht-Lernenkönnen）是人类这一物种的一个突出特征。

翻译过程固然艰辛，但能得到这个珍贵的机会，用另一种语言传递这位目前尚健在的如星光般闪耀的思想大师的所思所想，呈现他“流淌的思想熔岩”的生成过程，以及他的哲学家生涯与知识分子介入行动相互交织的独特的人生轨迹，为中国读者架起一座通向其作品史和生活史的桥梁，是何等的幸运。在他75岁生日之际，德里达曾在给他的生日祝辞中说："我衷心祝愿，在这样无力的、危险蛰伏的时代，哈贝马斯其言其文其人还将长久地照亮我们的希望"。若读者能通过阅读本书感受到哈贝马斯的思想和人格魅力，使其言其文其人的光辉照进生活，照亮希望，那么我的工作就是有价值的。

在此，要特别感谢华东师范大学哲学系教授、著名哈贝马斯研究者童世骏先生仔细阅读书稿，提出宝贵意见并拨冗撰写了推荐序。也非常感谢中国社会科学院哲学所原所长谢地坤教授百忙之中抽出时间通阅了书稿并提出了宝贵意见。尤其要感谢我的朋友、中国社会科学院哲学所哲学博士王歌，在我翻译之初就给了我莫大的鼓励，并在我完成初稿后，在极繁忙的工作和生活之余，抽出大量时间逐一耐心为我答疑解惑，解释我所不理解以及理解不到位的哲学背景、语境、术语和表达，使我避免犯下贻笑大方的错误；还要感谢我的大学同窗好友贾红梅，她从事中德法比较研究多年，在涉及法学的内容上给了我很大帮助。另外，要感谢我的"翻译后援团"成员：我的朋友、德国《时代周报》北京办事处前驻京记者花久志（今为驻巴黎记者），和他学汉学的儿子路易（Louis），他们专门抽出时间，一起认真研究讨论我列出的问题，并一一详细作答；我25年前结识的老朋友——海可和沃尔夫冈·施特鲁博尔夫妇（Heike und Wolfgang Ströbel），他们对我的任何问题都来者不拒，随时解答，对我最后的问题清单，他们写来了长达数页的邮件，并打来长途电话详细解释，在此对他们表示无尽的谢意。当然本书的问世离不开编辑段其刚对我的信任和鼓励，也离不开他的勤勉和严谨，在此深表感谢。而传主哈贝马斯为本书撰写的引言是一个巨大的意外惊喜，感激之情更是无以言表。另外，也要感谢我的家人在这三年时间里对我翻译工作的无条件的支持和鼓励。

我不是哲学研究者，再加上能力和水平有限，书中难免存在不当、疏漏和错误之处，希望读者尤其是哈贝马斯研究者不吝指正。

最后，在传主哈贝马斯教授 90 岁生日之际，谨祝他生日快乐！

刘风

2019 年 4 月 15 日于北京

图书在版编目(CIP)数据

于尔根·哈贝马斯：知识分子与公共生活 / （德）斯蒂芬·穆勒-多姆著；刘风译. -- 北京：社会科学文献出版社，2019.7（2021.1重印）

书名原文:Jürgen Habermas: Eine Biographie

ISBN 978-7-5201-4597-8

Ⅰ. ①于… Ⅱ. ①斯… ②刘… Ⅲ. ①于尔根·哈贝马斯－传记 Ⅳ. ①B516.6

中国版本图书馆CIP数据核字（2019）第054881号

于尔根·哈贝马斯：知识分子与公共生活

著　　者 / ［德］斯蒂芬·穆勒-多姆
译　　者 / 刘　风

出 版 人 / 王利民
责任编辑 / 周方茹
文稿编辑 / 赵晶华

出　　版 / 社会科学文献出版社·联合出版中心（010）59367151
地址：北京市北三环中路甲29号院华龙大厦　邮编：100029
网址：www.ssap.com.cn
发　　行 / 市场营销中心（010）59367081　59367083
印　　装 / 北京盛通印刷股份有限公司

规　　格 / 开　本：787mm×1092mm 1/16
印　张：43　插　页：2　字　数：530千字
版　　次 / 2019年7月第1版　2021年1月第2次印刷
书　　号 / ISBN 978-7-5201-4597-8
著作权合同登记号 / 图字01-2014-4573号
定　　价 / 98.00元